I0253220

www.ingramcontent.com/pod-product-compliance
Lightning Source LLC
Chambersburg PA
CBHW050241170426
43202CB00015B/2871
9781777051600

بازاریابی انقلاب ایران
و
پیش و پس از آن

امیر شفقی

بازاریابی انقلاب ایران و پیش و پس از آن
نویسنده: امیر شفقی،۱۳۵۴
طراح جلد: مهدی پوریان
صفحه‌آرایی: پروا ابراهیمی
ویراستار: نیلو نجف‌آبادی
شابک: ۹۷۸-۱-۷۷۷۰۵۱۶-۰-۰
چاپ نخست: اکتبر ۲۰۲۲
ناشر: WorldWide Twilight

کلیهٔ حقوق این اثر محفوظ و متعلق به WorldWide Twilight و مولف می‌باشد. این کتاب مطابق قوانین بین‌المللی به ثبت رسیده و تکثیر آن به هرگونه و شکل -اَلکترونیک، فتوکپی، چاپ، بازچاپ و صوتی- به استثنای نقل قول به‌منظورِ نقد و بررسی، بدون اجازه کتبی ناشر ممنوع است و پیگرد قانونیَ دارد.

Marketing of Iranian revolution and before and after that
Author: Amir Shafaghi,1975
Cover Designer: Mehdi Pourian
Layout Designer: Parva Bassabi
Editor: Niloo Najafabadi
ISBN: 978-1-7770516-0-0
Publisher: WorldWide Twilight

2022, All rights reserved

تقدیم به آیندهٔ شما

۴ بازاریابی انقلاب ایران

فهرست

مقدمهٔ نویسنده ۱۴

فصل اول. بازاریابی و حکومت‌داری ۱۷
۱ - ۱ سیاست، قدرت و بازاریابی ۱۸
۱ - ۲ بازاریابیِ سیاسی ۱۹
۱ - ۲ - ۱ تفاوت بازاریابیِ سیاسی و تجاری ۲۰
۱ - ۲ - ۲ محورهای بازاریابی سیاسی ۲۱
۱ - ۲ - ۳ دموکراسی، بازاریابی و جمهوری اسلامی ۲۲
۱ - ۲ - ۴ پیشینهٔ ارتباط بازاریابی و سیاست در ایران ۲۳
۱ - ۲ - ۵ برندینگِ شخصی در سیاست ۲۴
۱ - ۳ بازارِ انقلاب‌ها و انقلابِ ایران ۲۵
۱ - ۳ - ۱ محصولِ انقلاب‌ها و تاریخ ۲۶

فصل دوم. مفاهیم بازاریابی و انقلاب ۵۷؛ نیاز، خواسته، تقاضا و معامله ۲۹
۲ - ۱ نیاز و انقلاب ۵۷ ۳۰
۲ - ۱ - ۱ نظریهٔ آبراهام مازلو ۳۱
۲ - ۱ - ۲ نیاز قبل از انقلاب ۵۷ ۳۴
۲ - ۱ - ۲ - ۱ تغییرِ نیاز مردم پیش از انقلاب ۵۷ ۳۴
۲ - ۱ - ۲ - ۲ نیازهای اظهارشده انقلابیون ۳۶
۲ - ۱ - ۲ - ۳ نیازهای اظهارنشدهٔ انقلابیون ۳۸
۲ - ۱ - ۳ نیاز بعد از انقلاب۵۷ ۳۹
۲ - ۱ - ۳ - ۱ تلقی از سطح نیازِ مردم و جمهوری اسلامی ۴۰
۲ - ۱ - ۳ - ۲ افولِ سطح نیاز مردم بعد از انقلاب ۵۷ ۴۰
۲ - ۱ - ۳ - ۳ دلایلِ سقوطِ سطح نیاز مردم بعد از انقلاب ۵۷ ۴۲
۲ - ۲ خواسته و انقلاب ۵۷ ۴۳
۲ - ۲ - ۱ خواسته قبل از انقلاب۵۷ ۴۴
۲ - ۲ - ۲ خواسته بعد از انقلاب۵۷ ۴۵
۲ - ۳ تقاضا و انقلاب ۵۷ ۴۷
۲ - ۳ - ۱ تقاضا قبل از انقلاب ۵۷ ۴۸

۲-۳-۲	تقاضا بعد از انقلاب ۵۷	۴۹
۳-۳-۲	مدیریتِ تقاضا و انقلاب ۵۷	۵۰
۴-۲	معامله و انقلاب ۵۷	۵۴
۱-۴-۲	پنج شرطِ معاملهٔ سالم و انقلاب ۵۷	۵۴

فصل سوم. بازار و بازاریابی و انقلاب ۵۷ — ۵۷

۳-۱	شکل‌گیریِ بازار انقلاب ۵۷	۵۸
۳-۲	شکل‌گیریِ بازار جمهوری اسلامی	۵۹
۳-۳	ساختارِ بازار جمهوری اسلامی	۶۰
۳-۳-۱	انواع ساختار بازار و انقلاب ۵۷	۶۰
۳-۴	موانعِ ورود به بازار سیاست در جمهوری اسلامی	۶۳
۳-۴-۱	رشد در ساختارِ بازارِ انحصاریِ سیاستِ جمهوری اسلامی	۶۴
۳-۴-۲	بازار مصادرهٔ اموال در جمهوری اسلامی	۶۵
۳-۴-۳	بازارِ سیاه جمهوری اسلامی	۶۶
۳-۵	بازاریابیِ انقلاب ۵۷	۶۸
۳-۵-۱	بازاریابی برای انقلاب، بازاریابی برای جمهوری اسلامی	۶۸
۳-۵-۲	مراحلِ بازاریابی انقلاب ۵۷ و جمهوری اسلامی	۷۲
۳-۶	فلسفه‌های مدیریتِ بازار و انقلاب ۵۷	۷۴
۳-۶-۱	فلسفهٔ تولید	۷۴
۳-۶-۲	فلسفهٔ کالا	۷۴
۳-۶-۲-۱	نزدیک‌بینیِ بازاریابی در سیاست معاصر ایران	۷۴
۳-۶-۳	فلسفهٔ فروش	۷۷
۳-۶-۴	فلسفهٔ بازاریابی	۷۸
۳-۶-۵	فلسفهٔ بازاریابی اجتماعی	۷۹

فصل چهارم. مدیریت بازار انقلاب ۵۷ — ۸۱

۴-۱	پژوهشِ بازارِ سیاستِ ایران پیش از انقلاب ۵۷	۸۲
۴-۱-۱	مراحلِ تحقیقاتِ بازاریابی و انقلاب۵۷	۸۴
۴-۲	برنامه‌ریزیِ خرد و کلان در جمهوری اسلامی	۸۸
۴-۳	اندازهٔ بازار، تقسیم بازار، هدف‌گذاری در بازار، جایگاه‌یابی در بازار انقلاب ۵۷	۹۲

۴-۳-۱ اندازهٔ بازارِ سیاست و انقلاب ۵۷	۹۲
۴-۳-۱-۱ سهمِ بازارِ سیاست و انقلاب ۵۷	۹۴
۴-۳-۲ تقسیمِ بازار و انقلاب۵۷	۹۶
۴-۳-۲-۱ انواعِ تقسیمِ بازار و جمهوری اسلامی	۹۷
۴-۳-۳ هدف‌گذاری و انقلاب ۵۷	۹۹
۴-۳-۴ جایگاه‌یابی و انقلاب۵۷	۱۰۰
۴-۳-۴-۱ جایگاهِ ایران	۱۰۰
۴-۳-۴-۲ جایگاهِ جمهوری اسلامی در بازارِ داخل	۱۰۱
۴-۳-۴-۲-۱ استراتژیِ نفیِ خویشتن در جمهوری اسلامی	۱۰۱
۴-۳-۴-۴ جایگاهِ جمهوری اسلامی خارج از کشور	۱۰۲
۴-۳-۴-۵ خطا در جایگاه‌یابی	۱۰۳
۴-۴ ارزیابی در جمهوری اسلامی	۱۰۴

فصل پنجم. رویکرد خدماتی، آمیختهٔ بازاریابی و انقلاب ۵۷ — ۱۰۷

۵-۱ انقلاب ۵۷ به‌عنوانِ کالای خدماتی	۱۰۸
۵-۲ وظایفِ حکومت به‌عنوانِ ارائه‌کنندهٔ خدمات و انقلاب ۵۷	۱۱۰
۵-۲-۱ ایجاد تمایز رقابتی و انقلاب ۵۷	۱۱۰
۵-۲-۱-۱ کالای مقایسه‌ای در حکومت‌داری و انقلاب ۵۷	۱۱۱
۵-۲-۲ کیفیتِ خدمات و انقلاب ۵۷	۱۱۲
۵-۲-۳ مدیریتِ بهره‌وری و انقلاب ۵۷	۱۱۵
۵-۳ عناصرِ بازارِ سیاست و انقلاب ۵۷	۱۱۶
۵-۳-۱ متغیرهایِ غیرقابلِ‌کنترل و انقلاب ۵۷	۱۱۶
۵-۳-۲ متغیرهایِ قابلِ کنترل یا آمیختهٔ بازاریابیِ انقلاب۵۷	۱۱۷
۵-۳-۲-۱ آمیختهٔ بازاریابی در جمهوری اسلامی	۱۱۸
۵-۳-۲-۲ برندینگ در جامعهٔ رانتی	۱۱۹
۵-۳-۲-۳ بازاریابی در جامعهٔ رانتی	۱۲۰

فصل ششم. اولین پی، محصول و انقلاب ۵۷ — ۱۲۳

۶-۱ کیفیتِ عملکردِ حکومت به‌عنوانِ کالای خدماتی	۱۲۵

۶-۲	محصولِ حکومتی پیش از انقلاب ۵۷	۱۲۵
۶-۲-۱	استراتژیِ دروغ در مخالفان	۱۲۷
۶-۳	محصولِ حکومتی بعد از انقلاب ۵۷	۱۲۹
۶-۳-۱	سفارشی‌سازیِ محصولِ حکومت برای رهبرِ جمهوری اسلامی	۱۳۰
۶-۳-۲	تکمیل محصول و کاهشِ مشتریِ جمهوری اسلامی	۱۳۱
۶-۳-۳	اصلاحِ محصولِ جمهوری اسلامی	۱۳۲
۶-۳-۴	ضمانتِ محصولِ جمهوری اسلامی	۱۳۲
۶-۳-۵	خدماتِ پس از فروشِ محصولِ جمهوری اسلامی	۱۳۲
۶-۳-۶	ساختِ ایران، نتیجۀ بازاریِ جمهوری اسلامی	۱۳۳
۶-۴	دورۀ عمرِ کالایِ جمهوری اسلامی	۱۳۶
۶-۴-۱	انتروپی و نظام‌های باز و بسته	۱۳۸
۶-۴-۲	انتروپیِ سیاسیِ ایران	۱۳۹
۶-۴-۳	جا ماندن حکامِ ایرانی از مردم	۱۴۰

فصل هفتم. دومین پی، قیمت و انقلاب ۵۷ ۱۴۳

۷-۱	هزینه‌فرصت انقلاب ۵۷	۱۴۴
۷-۲	قیمتِ انقلاب ۵۷ و استقرارِ نظام جمهوری اسلامی	۱۴۵
۷-۳	عواملِ دخیل در قیمت‌گذاری و جمهوری اسلامی	۱۴۷

فصل هشتم. سومین پی، پروموشن و انقلاب ۵۷ ۱۴۹

۸-۱	پروموشن پیش از انقلاب۵۷	۱۵۰
۸-۱-۱	الگوی ۵اِم پیش از انقلاب۵۷	۱۵۱
۸-۱-۱-۱	ماموریت در پروموشن پیش از انقلاب ۵۷	۱۵۱
۸-۱-۱-۲	بودجه در پروموشن پیش از انقلاب ۵۷	۱۵۴
۸-۱-۱-۳	پیام در پروموشن پیش از انقلاب ۵۷	۱۵۵
۸-۱-۱-۴	رسانه در پروموشن پیش از انقلاب ۵۷	۱۵۹
۸-۱-۱-۵	ارزیابی در پروموشن پیش از انقلاب ۵۷	۱۶۱
۸-۱-۲	ابزارهایِ پروموشنی پیش از انقلاب۵۷	۱۶۲
۸-۱-۲-۱	فروشِ شخصی پیش از انقلاب ۵۷	۱۶۲
۸-۱-۲-۲	روابط‌عمومی پیش از انقلاب ۵۷	۱۶۳
۸-۱-۲-۳	پیشبردِ فروش پیش از انقلاب ۵۷	۱۶۵

۸-۱-۲-۴	تبلیغات پیش از انقلاب ۵۷	۱۶۶
۸-۲	پروموشن بعد از انقلاب۵۷	۱۶۷
۸-۲-۱	الگوی ۵ام بعد از انقلاب ۵۷	۱۶۷
۸-۲-۱-۱	ماموریت در پروموشن بعد از انقلاب ۵۷	۱۶۷
۸-۲-۱-۲	بودجه در پروموشن بعد از انقلاب ۵۷	۱۶۹
۸-۲-۱-۳	پیام در پروموشن بعد از انقلاب ۵۷	۱۷۰
۸-۲-۱-۳-۱	پیام‌سازی با شهدای جنگ هشت‌ساله	۱۷۳
۸-۲-۱-۴	رسانه در پروموشن بعد از انقلاب ۵۷	۱۷۵
۸-۲-۱-۵	ارزیابی در پروموشن بعد از انقلاب ۵۷	۱۷۷
۸-۲-۲	ابزارهای پروموشنی بعد از انقلاب۵۷	۱۷۷
۸-۲-۲-۱	فروشِ شخصی بعد از انقلاب ۵۷	۱۷۷
۸-۲-۲-۲	روابط‌عمومی بعد از انقلاب ۵۷	۱۷۸
۸-۲-۲-۳	پیشبردِ فروش بعد از انقلاب ۵۷	۱۷۸
۸-۲-۲-۴	تبلیغات بعد از انقلاب ۵۷	۱۷۸
۸-۳	شعارِ بازاریابی و انقلاب۵۷	۱۷۹
۸-۴	ایونتِ مارکتینگ و انقلاب ۵۷	۱۸۱
۸-۴-۱	دلایلِ برگزاری ایونت توسط حکومت‌ها	۱۸۱
۸-۴-۲	ایونت‌های پیش از انقلاب ۵۷	۱۸۲
۸-۴-۳	ایونت‌های بعد از انقلاب ۵۷	۱۸۴
۸-۵	کپی‌رایت در جمهوری اسلامی	۱۸۸

فصل نهم. چهارمین پی، مکان یا توزیع و انقلاب ۵۷   ۱۸۹

۹-۱	توزیعِ ایدۀ انقلاب۵۷	۱۹۰
۹-۱-۱	کانال در توزیع ایدۀ انقلاب۵۷	۱۹۱
۹-۲	نقش و کارکرد شبکۀ توزیع و انقلاب ۵۷	۱۹۳
۹-۲-۱	نرخِ یکپارچگی و انقلاب ۵۷	۱۹۳
۹-۲-۲	پخشِ مویرگی و انقلاب ۵۷	۱۹۴

فصل دهم. پنجمین پی، نیروی انسانی و انقلاب ۵۷   ۱۹۷

۱۰-۱	نیروی انسانی پیش از انقلاب ۵۷	۱۹۸

۱۰-۱-۱	نیروی انسانی بالقوه و بالفعل پیش از انقلاب ۵۷	۱۹۸
۱۰-۱-۲	آموزش نیروی انسانی پیش از انقلاب ۵۷	۲۰۱
۱۰-۱-۲-۱	اعزام‌های علی‌السویه پیش از انقلاب ۵۷	۲۰۲
۱۰-۲	نیروی انسانی بعد از انقلاب۵۷	۲۰۴
۱۰-۲-۱	اثرِ شخصیت‌پرستی و انقلاب ۵۷	۲۰۶
۱۰-۲-۲	تبعیض در جمهوری اسلامی	۲۰۶
۱۰-۲-۳	تعادلِ نیروی انسانی در جمهوری اسلامی	۲۰۷
۱۰-۲-۴	اقسام نیروی انسانیِ داخلیِ در اختیار جمهوری اسلامی	۲۰۸
۱۰-۲-۵	استفادۀ پروموشنی از ورزشکاران در جمهوری اسلامی	۲۰۹
۱۰-۲-۶	مرگ‌پرستی بخشی از کالای جمهوری اسلامی	۲۱۰
۱۰-۲-۷	تصفیۀ رقبای بالقوه و بالفعل در جمهوری اسلامی	۲۱۱
۱۰-۲-۷-۱	پارادایم‌های حذف رقبای داخلی در جمهوری اسلامی	۲۱۲
۱۰-۲-۷-۲	انواع تصفیۀ در جمهوری اسلامی	۲۱۳
۱۰-۲-۸	تقویتِ شرکای بالقوه و بالفعل در جمهوری اسلامی	۲۱۶
۱۰-۲-۸-۱	رفیق‌بازی حکومتی	۲۱۷
۱۰-۲-۸-۲	بازاریابی رابطه‌مند در جمهوری اسلامی	۲۱۸
۱۰-۲-۸-۳	اصلِ پارتو در جمهوری اسلامی	۲۱۸
۱۰-۲-۹	بازاریابان انقلاب ۵۷	۲۱۸
۱۰-۲-۱۰	شریعتی، موثرترین بازاریاب انقلاب ۵۷	۲۲۰
۱۰-۲-۱۰-۱	شریعتی و سلسله‌مراتب نیازها	۲۲۳
۱۰-۲-۱۰-۲	شریعتی و شناخت از جامعه	۲۲۴
۱۰-۲-۱۰-۳	شریعتی و سازمان روحانیت	۲۲۷
۱۰-۲-۱۰-۴	شریعتی و دنیای مدرن	۲۳۱
۱۰-۲-۱۰-۵	شریعتی، مشروطه و آموزش نوین	۲۳۴
۱۰-۲-۱۰-۶	ماموریتِ شریعتی در پیوند با سایر موارد	۲۳۵

فصل یازدهم. ششمین پی، فرایند در انقلاب ۵۷

۱۱-۱	روندِ بازار سیاست، از مشروطه تا انقلاب ۵۷	۲۴۱
۱۱-۲	جنبشِ مشروطه، بازارِ مشروطه و کالای مشروطه	۲۴۲

243	مقاومت در برابر مشروطیت	11 - 2 - 1
245	شکستِ مشروطه	11 - 2 - 2
247	جنگِ جهانی اول	11 - 3
247	تغییرِ سلسله پادشاهی	11 - 4
248	جنگِ جهانی دوم و رفتن رضاشاه	11 - 5
249	ملی شدن صنعت نفت	11 - 6
249	انقلابِ سفید	11 - 7

255	**فصل دوازدهم. هفتمین پی، تجهیزات فیزیکی و انقلاب 57**
259	**فصل سیزدهم. ماموریت، چشم‌انداز و ارزش‌ها و انقلاب 57**

261	ماموریت پیش از انقلاب 57	13 - 1
262	ماموریت پس از انقلاب 57	13 - 2
264	ماموریتِ پیدا و پنهان جمهوری اسلامی	13 - 2 - 1
270	منابع مورد نیاز برای ماموریت جمهوری اسلامی	13 - 2 - 2
273	کارکردهای ماموریت در جمهوری اسلامی	13 - 2 - 3
275	مکانیزمِ عملکرد ماموریت در جمهوری اسلامی	13 - 2 - 4
277	رویکردها در ماموریت و جمهوری اسلامی	13 - 2 - 5
278	چشم‌انداز و انقلاب 57	13 - 3
278	چشم‌انداز پیش از انقلاب 57	13 - 3 - 1
280	چشم‌انداز بعد از انقلاب 57	13 - 3 - 2
280	ارزش‌ها بعد از انقلاب 57	13 - 4

283	**فصل چهاردهم. محیط بازاریابی و انقلاب 57**	
284	محیط داخلی و انقلاب 57	14 - 1
285	مردم/مشتری و انقلاب 57	14 - 1 - 1
286	محیطِ اقتصادی و انقلاب 57	14 - 1 - 2
288	محیطِ جمعیت‌شناختی و انقلاب 57	14 - 1 - 3
290	محیط سیاسی و قانونی و انقلاب 57	14 - 1 - 4
292	ساختارِ سازمانی جمهوری اسلامی	14 - 1 - 4 - 1

14-1-4-1-1	بُعدِ رسمیتِ ساختار در جمهوری اسلامی	293
14-1-4-1-2	بُعدِ پیچیدگیِ ساختار در جمهوری اسلامی	295
14-1-4-1-3	بُعدِ تمرکزِ ساختار در جمهوری اسلامی	297
14-1-5	محیطِ فرهنگی و انقلاب ۵۷	299
14-1-6	محیطِ تکنولوژیکی و انقلاب ۵۷	301
14-2	محیطِ خارجی و انقلاب ۵۷	301
14-3	مشتری یعنی یک نفر	304
14-3-1	نسبت جمهوری اسلامی با مشتری حکومتی	304
14-3-2	مشتری‌شناسی حکومتی	305
14-3-3	مشتری از دیدگاهِ جمهوری اسلامی	306
14-3-4	مشتریِ ارکان مختلف جمهوری اسلامی	307

فصل پانزدهم. فرایند تصمیم‌گیری خرید و انقلاب ۵۷ — 311

15-1	رفتارِ پیچیده در خرید و انقلاب ۵۷	313
15-2	لزوم درگیری مشتریان با کالا و جمهوری اسلامی	314
15-3	مراحلِ فرایندِ خرید ایدۀ انقلاب ۵۷	315
15-4	عواملِ موثر در خرید ایدۀ انقلاب ۵۷	318
15-4-1	نقشِ عوامل فرهنگی در خرید ایدۀ انقلاب ۵۷	318
15-4-2	نقشِ عوامل اجتماعی در خرید ایدۀ انقلاب ۵۷	319
15-4-3	نقشِ عوامل فردی در خرید ایدۀ انقلاب ۵۷	320
15-4-4	نقشِ عوامل روان‌شناختی در خرید ایدۀ انقلاب ۵۷	322

فصل شانزدهم. رقیب و رقابت و انقلاب ۵۷ — 325

16-1	رقابت‌پذیری و حکومت‌های تمامیت‌خواه	327
16-2	رقابت و دموکراسی	328
16-3	بزرگ‌ترین رقیبِ حکومت‌های توتالیتر	329
16-4	رقبای خوش‌رفتار، رقبای بدرفتار	330

۳۳۰	رقیب‌شناسی در دوران پهلوی	۱۶-۵
۳۳۲	عواملِ موثر در بررسی رقبای سیاسی پهلوی	۱۶-۵-۱
۳۳۴	رقیب‌شناسیِ جمهوری اسلامی	۱۶-۶
۳۳۶	تفاوتِ پهلوی و جمهوری اسلامی در رقیب‌شناسی	۱۶-۶-۱
۳۳۶	رقیب‌تراشی و رقیب‌مداری در جمهوری اسلامی	۱۶-۶-۲
۳۳۷	پنج نیرویِ اصلیِ رقابتِ پورتر در جمهوری اسلامی	۱۶-۶-۳
۳۳۸	واکنشِ رقابتی در جمهوری اسلامی	۱۶-۶-۴
۳۳۹	ابزارِ استراتژیکِ رقابتیِ روحانیون	۱۶-۶-۵

۳۴۱	**فصل هفدهم. صدور انقلاب ۵۷ و بازاریابی بین‌المللی**	
۳۴۲	صدورِ انقلاب ۵۷ به‌عنوان بازاریابی بین‌المللی	۱۷-۱
۳۴۴	جمهوریِ اسلامی و لزومِ ورود به بازارهای بین‌المللی	۱۷-۲
۳۴۴	بازارهایی که باید وارد شد و عملکرد جمهوری اسلامی	۱۷-۳
۳۴۶	نحوهٔ ورود به بازارهای منتخب و عملکرد جمهوری اسلامی	۱۷-۴
۳۴۸	صدورِ انقلاب ۵۷ و آمیختهٔ بازاریابی	۱۷-۵
۳۴۸	پرسش‌ها و پاسخ‌ها در ارتباط با جمهوری اسلامی	۱۷-۶

۳۵۱	**فصل هجدهم. بازاریابی فقهی**	
۳۵۳	بسطِ کالایِ سیاسیِ فقهی	۱۸-۱
۳۵۵	ولایتِ فقیه از منظرِ رفتار سازمانی و مدیریت	۱۸-۲
۳۵۹	آمیختهٔ بازاریابی فقهی	۱۸-۳
۳۶۲	خلاصه‌ای از مفاهیم در بازاریابی فقهی	۱۸-۴

۳۶۳	**فصل نوزدهم. سیر تاریخی قدرت روحانیون**	
۳۶۴	سیر تاریخیِ صعود و افولِ قدرتِ روحانیون	۱۹-۱
۳۶۶	قوت‌های سازمان روحانیت برای استفاده از فرصت انقلاب ۵۷	۱۹-۲
۳۶۹	نگاهی کلی به عملکرد بازاریابی سازمان روحانیت در انقلاب ۵۷	۱۹-۳

۳۷۳	**فصل بیستم. مرجعیت از دست رفته روحانیت**	
۳۷۴	گروهِ مرجعِ پهلوانان	۲۰-۱

۲-۲۰	گروهِ مرجعِ حاکمان	۳۷۶
۳-۲۰	گروهِ مرجعِ روشن‌فکران	۳۷۷
۴-۲۰	گروهِ مرجعِ روحانیون	۳۸۰
۱-۴-۲۰	تغییرِ مرجعیت	۳۸۱
۲-۴-۲۰	استراتژی سازمان روحانیت در قبال تغییرات	۳۸۳
۳-۴-۲۰	تغییر استراتژی برای حفظ مرجعیت	۳۸۴
۴-۴-۲۰	تداوم جدال	۳۸۶
۵-۴-۲۰	تلفیقِ مرجعیت	۳۸۸
۶-۴-۲۰	گروهِ مرجعِ مطرود	۳۸۹
۷-۴-۲۰	تاثیراتِ ملموسِ روحانیونِ سیاسی به‌عنوان گروه مرجع روی جامعهٔ ایرانی	۳۹۰
۸-۴-۲۰	تاثیراتِ عمیقِ حکومتِ روحانیون روی جامعهٔ ایرانی	۳۹۲
پی‌نوشت‌ها		۳۹۶
منابع		۴۱۲

مقدمهٔ نویسنده

فارغ از تعاریف کتابی و شناخته‌شده، هر جایی که نیازی رفع شود بازاریابی رخ داده است. بر این اساس، در دنیای انسانی، برای نخستین کسی که نیازی داشته و برآورده شده بازاریابی صورت گرفته است. دانشی که در دنیایِ ماورای انسانی حتی به پیش از هبوط آدم می‌رود و به بهشت می‌رسد. زمانی که شیطان حوا را فریب می‌دهد و او را به خوردن میوهٔ ممنوعه ترغیب می‌نماید، در واقع نیازی پنهان را در او آشکار می‌کند و سپس با عرضهٔ سیب، کالای مورد نیاز را تامین نموده و بازاریابی می‌کند. سیب کالاست، قیمتش هبوط انسان، محل توزیع‌اش بهشت، روش پروموشن‌اش فروش رودررو و شیطان بازاریاب ماجراست. با این توضیح، بازاریابی از مباحثی‌ست که محدودهٔ قابل تعریفی برای آن وجود ندارد. از خانم خانه‌داری که با خدمات خانه‌داری نیاز اهالی خانه را برآورده می‌کند تا عالِم دینی که احکام می‌فروشد همه بازاریابانی هستند که با فروش چیزی زنده‌اند. در اشتباهی رایج در ایران و به دلیل نقصانِ ترجمهٔ کلمهٔ مارکتینگ، بازاریابی مترادف ویزیتوری قلمداد شده است. اما ویزیتوری تنها بخش بسیار کوچکی از اتمسفر دانش بازاریابی‌ست و در محدودهٔ فروش شخصی جای می‌گیرد.

شرایطِ ایرانِ معاصر همواره از زاویه دید علومی مانند فلسفه، جامعه‌شناسی و علوم سیاسی مورد بررسی قرار گرفته و تحلیل اتفاقات در این مباحث جستجو می‌شود. بخش زیادی از محتوای تولیدی نیز یا خاطره‌گویی‌ست یا اتفاقات به‌صورت جزیره‌ای و غیرپیوسته تحلیل می‌شوند. اما به جرات می‌توان گفت یکی از بهترین راه‌های درک وضعیت امروز و آنچه در تاریخ ایران گذشته، مدل‌ها و تئوری‌های یکپارچهٔ مدیریت و بازاریابی‌ست. دانشی که بر تمام وجوه زندگی معاصر آدمیزاد اثر گذاشته و دریچه‌های نوینی به روی جهانیان باز کرده است. زندگی انسان امروزی، بدون درگیری با وجوه مختلف مارکتینگ امکان‌پذیر نیست و یکی از بهترین و موثرترین شیوه‌ها برای درک پدیده‌های سیاسی و اجتماعی نیز دانش بازاریابی‌ست.

در کتب بازاریابی سیاسی معمولا محتوا، حول محور انتخابات درون کشوری با سیستم سیاسی مشخص می‌چرخد و بیشتر به کاربرد اصول بازاریابی در رقابت بین کاندیداها پرداخته می‌شود. رویکردی که وارد ادبیات سیاسی ایران نیز شده است. به‌عنوان مثال، استفاده از رنگ‌های سبز و بنفش و سود بردن از نماد کلید، مستقیما مرتبط با دانش مارکتینگ سیاسی‌ست. کتاب حاضر نیز در حوزهٔ بازاریابی

سیاسی‌ست اما با توجه به پیچیدگی تاریخِ معاصرِ نظام سیاسی ایران، برای شرایط ویژه این کشور تعبیه شده و حکومت، کالایی خدماتی در نظر گرفته شده که از سوی حاکمان به مردم عرضه می‌شود. در واقع اینجا هدف محدود به شیوه‌هایِ بازاریابیِ کاندیداهای ریاست جمهوری نیست، بلکه بررسی مدیریت بازاریابیِ حکومت‌های پیش و پس از انقلاب و خودِ پدیده انقلاب ۵۷ است. شیوه‌هایی که مورد استفادهٔ نظام پهلوی، مبارزان با پهلوی و به‌خصوص روحانیون قرار گرفتند تا قدرت دست‌به‌دست شود و برای چند دهه در اختیار آن‌ها بماند. با این رویکرد، به‌منظورِ اجتناب از تحمیل بار احساسی بر کلمات، از ذکر عناوین افراد خودداری و تنها در مورد روسای پیشین و حالِ حاضر کشور، گاهی از عنوان شاه یا رهبر استفاده شده است و هر جا کلمهٔ مشتری به‌کار رفته می‌توان جای آن مردم گذاشت و برعکس.

در تهیه کتابِ حاضر، بر اساس ساختار، سرفصل‌ها و مفاهیمِ کُتب مرجعِ مدیریت، مدیریت استراتژیک و مدیریت بازاریابی، داده‌ها و روندها در مدل‌ها جاگذاری شده‌اند تا خروجیِ تحلیلی به دست آید. ضمن اینکه چون تلاش کتاب ارائه الگویی یک‌پارچه از محتوای تحلیلی‌ست مطالب در فصول مختلف به هم گره می‌خورند. ممکن است به واژه یا مفهومی در فصول اولیه اشاره شده باشد اما توضیحات تکمیلی در فصول میانی یا پایانی کتاب ارائه شده باشند. از این‌روی، به‌منظورِ برقراری پیوند بین مباحث، مطالعه تمام فصول کتاب مورد نیاز است.

امیر شفقی

تورنتو - روزگار کرونا

فصل اول

بازاریابی
و حکومت‌داری

پیش از بررسی مباحث اصلی کتاب، پرداختن به برخی مفاهیم پایه‌ای و برقراری ارتباط بین آن‌ها لاجرم می‌نماید. نوعی از بررسی که ضمن پیوند سررشته امور، به مفاهیم، در شبکه‌ای منسجم معنا می‌بخشد. در فصل جاری به ارتباط قدرت، سیاست و بازاریابی می‌پردازیم و نیم‌نگاهی هم به بازار انقلاب‌ها خواهیم داشت. در واقع پیوندِ مدیریت و بازاریابی با حکومت‌داری، که این‌روزها به‌ویژه به‌وقت کارزارهای انتخاباتی سخن از آن بسیار است، دارای ریشه‌های عمیقی‌ست. این از آن‌روست که دنیا یک‌سره در حال تغییر است و اثر مستقیم و غیرمستقیم این تغییرات موجب خلق تحولاتی جدید می‌شود. مثلا آزاد شدن بازارها باعث شکوفایی بازاریابی می‌شود و سپس شیوه‌های بازاریابی به خدمت سیاست‌مداران درمی‌آیند تا بر اقتصاد اثر بگذارند و در نهایت به تغییر ساختار قدرت و جابه‌جایی اقتدار منجر شوند.

سیاست، قدرت و بازاریابی

انسان، همیشه و همواره درگیر کمبود منابع بوده است. هرچه کالایی، مانند طلا، کمیاب‌تر باشد برای آدمیزاد گرانقدرتر است. با این توضیح قدرت ازآن‌روی همیشه برای آدمی اهمیت داشته که ابزاری‌ست برای در اختیار گرفتن منابع کمیاب. لازمهٔ کسب قدرت نیز سیاست‌ورزی‌ست که می‌توان آن را فن شناسایی، کسب و توزیع منابع تعریف کرد. در واقع هدف از سیاست، کسب و حفظ قدرت به‌منظورِ دست‌یابی به منابعِ محدود برای رسیدن به اهداف است. اهدافی که برای حکام گوناگون در دوره‌های مختلف متفاوت می‌باشند. با این اوصاف، چون از یک‌سو سیاست در خدمت حفظ و گسترش قدرت است و از سوی دیگر اشتیاق و نیاز به قدرت، اشخاص را به سمت سیاست سوق می‌دهد، این دو مفهوم، با درهم‌تنیدگی، لازم و ملزوم هم شده‌اند.

برتراند راسل قدرت را توانایی ایجاد تأثیرات مورد نظر در دیگران می‌داند. با این تعریف، بازاریابی و به‌خصوص پروموشن، که فنِ اثرگذاری روی دیگران برای حرکت در جهتی خاص می‌باشد، همیشه دارایِ نقشی کلیدی در جابه‌جایی قدرت بوده است. در واقع شخصِ مشتاق قدرت می‌تواند با استفاده از شیوه‌های گوناگون بازاریابی و به‌خصوص پروموشن، به رسمیت برسد و از منابع جامعه بهره‌برداری کند. با این توضیحات نزاع‌های بشری بر سر منابعِ محدود، همواره باعث پیوندِ

تابعی از تصمیم اکثریت باشند در صورتی که در خرید تجاری، خریدار هر برندی که بخواهد انتخاب می‌کند. در انتخابات معمولاً گزینه‌های کمی وجود دارند، در حالی که در بازار تجاری تنوع محصولاتی که نیازی مشابه را رفع می‌کنند بالاست. انتخابات در یک روز مشخص، به‌صورت هماهنگ برگزار می‌شود و تشریفات خاصی دارد اما خرید تجاری براحتی انجام می‌پذیرد و معمولا روز مشخصی برای آن تعیین نمی‌شود. کاندیدا یا حزب سیاسی نمی‌تواند تنها به‌دنبال بخش کوچکی از بازار باشد و تمرکزی عمل نمایند ولی در بازارِ تجاری ممکن است تنها با به دست آوردن ۲ درصد از سهم بازار موفقیت حاصل شود. هزینه‌فرصت مشارکت در انتخابات به سختی قابل‌محاسبه است در صورتی که در بازار تجاری این‌گونه نیست. در نهایت اینکه اساسا حزب سیاسی و کاندیدای انتخاباتی محصولی بسیار پیچیده است و اغلب، رأی‌دهندگان به جعبه‌ای سربسته از وعده‌ها رای می‌دهند.

محورهای بازاریابی سیاسی

بازاریابی سیاسی به سه زیرشاخه ۱- رقیب‌محور ۲- محصول‌محور ۳- فرایندمحور تقسیم می‌شود. در فعالیت‌های بازاریابیِ رقیب‌محور، ایجاد انگیزه در دیگران با این پیش‌فرض که عموم مردم در پیِ دوری از گزند و زیان هستند صورت می‌گیرد. در محصول‌محور، ورود اصول و تکنیک‌های بازاریابی به حوزهٔ سیاست، فروش محصولات سیاسی یک گروه را مقدور و تسهیل می‌نماید. بازاریابی سیاسی فرایندمحور، برعکس محصول‌محور است و در آن آموزه‌های سیاسی وارد حوزه‌های تجاری می‌شوند تا کسب قدرت از طریق شناسایی و توزیع منابع، برای دست‌یابی به اهداف میسر شود.

بازاریابی سیاسی در ایران پس از انقلاب همیشه رقیب محور بوده است. مسئولین حاکم با ایجاد وحشت از نظام سیاسی پیشین، گروه‌های رقیب مدعی قدرت و برخی کشورهای بزرگ جهان، تلاش زیادی برای جذب عامه مردم با رقیب‌هراسی کرده‌اند. اوایل انقلاب، کمی پس از کاهش قدرت رقبای داخلی با حذف، تبعید و خانه‌نشینی، هم‌زمان با این رقیب‌هراسی، بازاریابی سیاسیِ محصول‌محور نیز در دستور کار قرار گرفت تا تمام منابع به خدمت جا انداختن کالای جمهوری اسلامی درآید. در جریان همین محصول محوری‌ست که در تغییر و تکوین قانون اساسی کلمهٔ مطلقه به ولایت فقیه اضافه می‌شود و آنچه ابتدای انقلاب به جامعه فروخته شده بود تکمیل می‌گردد. نتیجهٔ اجرای هم‌زمان این دو استراتژی،

بازاریابی فرایندمحوری‌ست که سیاست‌زدگی را به تمام ارکان جامعه تسری داده و تحمیل کرده است. مثلا بنگاه‌های اقتصادی به‌جای تمرکز روی شاخص‌های مالی درگیر اتفاقات سیاسی هستند و سازمان‌های نظامی به عرصه‌های اقتصادی و سیاسی ورود می‌کنند.

دموکراسی، بازاریابی و جمهوری اسلامی

دموکراسی که مترقی‌ترین سیستم سیاسی پذیرفته‌شده در دنیاست ابتدا پدیده‌ای اروپایی و غربی بود، اما به‌تدریج در همه‌جای دنیا برای آن بازاریابی صورت گرفت. در قرن بیستم میلادی برخی نظام‌های سیاسی تک‌حزبی، توتالیتر و فاشیستی توانستند در بخش‌هایی از اروپا برای مدتی استقرار یابند، اما به واسطهٔ بحران‌های مختلفی که نتیجهٔ بازاریابی برای دموکراسی بود، سرانجام جای خود را به یکی از اشکال حکومت دموکراتیک دادند.

جمهوری اسلامی نیز متاثر از موج جهانی دموکراسی‌خواهی، برخوردی اقتضایی با این مقوله داشته است. مخالفت روح‌الله خمینی با افزودن کلمهٔ دموکراتیک به اسم حکومت از همین زاویه قابل‌تفسیر است. او می‌گوید "جمهوری اسلامی، نه یک کلمه کمتر نه یک کلمه بیشتر".[۱] افزودن کلمهٔ دموکراتیک به نام حکومت، هویت آن را تحت‌تأثیر قرار می‌داد و محدودیت‌ها، الزامات و توقعاتی در پی داشت که بعدا امکان به‌چالش کشیدن افزودن ولایت فقیه به قانون اساسی را مهیا می‌کرد. پس مخالفت با جای‌گیری این کلمه در اسم حکومت صریح و قاطع ابراز می‌شود. اما در موقعیت‌های دیگر به‌منظورِ جذب حداکثری مشتریِ عمومی، از کلیدواژه‌های دموکراتیک بهره‌برداری شده است. مثلا جملهٔ "میزان رای ملت است"[۲] که به‌عنوان یک فتوای شرعی مطرح شده، به‌صورت انتزاعی پایه‌ای دموکراتیک دارد. اما چون این رویکرد اجرایی نشده و برگزاری درست انتخابات تحقق نیافته، از ابتدا کارکردی پروموشنی داشته است. به‌منظورِ تشریح تبلیغاتی بودن این جمله می‌توانیم به نخستین همه‌پرسیِ بعد از انقلاب که به‌منظورِ انتخاب فرم حکومت بعدی، در ۱۲ فروردین ۱۳۵۸ برگزار شد، اشاره کنیم. اشاره‌ای که می‌تواند مثال ساده‌ای از استفاده از تکنیک‌های بازاریابی به‌منظورِ مانع‌تراشی در برابر دموکراسی نیز باشد.

۱ - در انتخابی که به‌شکل "آری" یا "نه" به نظام جمهوری اسلامی، پیش روی مردم گذاشته شد، غریزهٔ مالکیت افراد به‌خودیِ‌خود تحریک می‌شد و بین داشتن

چیزی یا نداشتن هیچ چیز، آن‌ها را به سوی پاسخ آری سوق می‌داد. در واقع چون برای جمهوری اسلامی آلترناتیوی عرضه نشده بود انتخاب "نه" به معنی از دست دادن همه چیز بود اما گزینش "آری" مالکیتی حتی مبهم را در پی داشت.

۲- در این همه‌پرسی رنگ برگه‌های "نه" قرمز و رنگ برگه‌های "آری" سبز بود. با توجه به اینکه رنگِ سبز، با یادآوری پیشوایان مذهب شیعه برای مردم ایران، بار اعتقادی مثبت داشت، خودبه‌خود گرایش به سمت پاسخ "آری" بالا می‌رفت. حتی در مراسم تعزیه هم همیشه در طرف امام سوم شیعیان از طیف رنگی سبز استفاده می‌شود و طرف مقابل قرمز است. این نکته وقتی اهمیتی دوچندان می‌یابد که روح‌الله خمینی، در شمایل سیدی معمم، کالای حکومتی خود را به‌نمایندگی از پیشوایان مذهبی عرضه می‌کرد.

۳- بر اساس روان‌شناسی رنگ‌ها، مردم بعد از مدتی درگیری، تمایل به ثبات و آرامش داشتند که در رنگ قرمز تجلی نمی‌یافت.

پیشینۀ ارتباط بازاریابی و سیاست در ایران

مارکتینگ در ایران به‌عنوان کشوری باستانی، ریشه‌ای چندهزارساله دارد. مثلا ممهور کردن ظروف سفالی، به نام اساتید سفالگر ایرانی، از نخستین تلاش‌های برندینگ در جامعۀ بشری برای متمایز کردن کالاست. پادشاهان دنیای باستان هم برای حکمرانی، از تکنیک‌های بدوی بازاریابی سود می‌بردهاند. مثلا کتیبه کوروش خود مانیفست بازاریابی یک حکومت باستانی‌ست. اما با رویکرد هستۀ مرکزی این دانش که تلاش برای رفع نیاز مشتری‌ست، ارتباط و پیوند رسمی بازاریابی و سیاست از جنبش مشروطه آغاز می‌شود. زمانی که برای رفع نیازهای جامعه، جنبشی اجتماعی‌سیاسی شکل می‌گیرد و می‌کوشد، با کاهش قدرت مطلق شاه توازن توزیع منابع در جامعه را برقرار نماید. انقلاب مشروطه تلاشی بود جدی به‌منظورِ شکستن شیوۀ توزیع منابعی که برای هزاران سال در انحصار شاهان مانده بود. جنبشی که علی‌رغم تصویب و امضای فرمان آن توسط مظفرالدین‌شاه هرگز به‌درستی اجرا نمی‌شود تا منجر به رفع سطوح مختلف نیاز مردم شود. با این‌حال با اینکه سیکل بازاریابی آن کامل طی نمی‌شود و قدرت کماکان در راس هرم متمرکز می‌ماند فرم مشروطه نیز از بین نمی‌رود. نامه سرگشاده‌ای که کریم سنجابی، شاپور بختیار و داریوش فروهر به محمدرضا پهلوی می‌نویسند و او را دعوت به تمکین مطلق از اصول مشروطیت می‌کنند، خود نشانگر امیدی‌ست که تا آن زمان

به کامل شدن فرایند بازاریابی برای اصول اصلی مشروطه وجود داشته است.[۳] بعد از انقلاب ۵۷ اما روحانیون، قانون اساسی مشروطه را کلا کنار می‌گذارند تا محصولی که قرار بود از آن تولید شود و به رفع نیازهای مردم مبادرت نماید از رده خارج شود. در واقع تا پیش از انقلاب نیاز مردم به تعدیل تجمع قدرت، برآورده نشده بود اما انکار هم نشده بود. قانون اساسی جمهوری اسلامی، با وجود اصل ولایت مطلقه فقیه، کلا منکر وجود چنین نیازی‌ست. شرایطی که در آن روحانیون با بازاریابی و فروش وسیع قوانین جدید، تجمع قدرت توزیع منابع در راس هرم را بیش از همیشه اجرایی کرده‌اند. گویی ویژگی‌های روحی و شخصیتی محمدعلی‌شاه و فضل‌الله نوری، که هر دو با مشروط شدن قدرت به نفع ملت مخالف بودند، ترکیب و در جسمی واحد حلول کرده و تمام منابع را انحصاری در اختیار گرفته است.

برندینگ شخصی در سیاست

در ارتباط بین بازاریابی و سیاست، برندینگ شخصی نیز که در قالب کیش شخصیت[۴] عمری طولانی دارد نقشی اساسی بازی می‌کند. در جوامعی که تقسیم قدرت کاملا هرمی‌ست، بدنهٔ نظام سیاسی برای حفظ جایگاه خود در ساختار حکومت، به برندینگ افراطی رهبر می‌پردازد و از او شخصیتی ماورایی می‌سازد. این ذهنیت و عادت که باید کسی را بزرگ کنی تا از کنار او ارتزاق نمایی، در سیکلی معیوب و مکرر، منجر به تحکیم پایه‌های تمامیت‌خواهی فردی می‌شود. به‌عنوان مثالی از این فرایند می‌توان به برندینگ تقدیس‌گرای طرفداران رهبر اول و ثانیِ جمهوری اسلامی اشاره کرد. نوعی برندینگ شخصی که حتی بیان خاطرات اطرافیانِ فرد را برنمی‌تابد. مثلا وقتی نوه روح‌الله خمینی شوخی او را مبنی بر "ای پاسداران بیوه شهدا را بگیرید. ای کاش من هم یک پاسدار بودم" بیان می‌کند بلوایی از سوی پیروان او بر پا می‌شود.[۵] در مورد خاص روح‌الله خمینی تلاش برای برندسازی در چهار زمینهٔ زیر قابل‌تشخیص است.

۱- شخصیت‌سازی سیاسی: بر مبنایِ این مفهوم، انتخاب مردم بستگی به رابطهٔ آنها با شخص مدعی رهبری دارد و ایدئولوژی، جایگزین حزب سیاسی می‌شود. در روزهای آخر منتهی به انقلاب ۵۷ و بعد از آن، تا زمان مرگ روح‌الله خمینی، به‌شدت شاهد این‌گونه برندسازی سیاسی برای وی هستیم. کارکرد شایعه نیز

در مواردی مانند رویت تصویر او در ماه از همین شخصیت‌سازی سیاسی نشأت می‌گیرد.

۲- تصویر ذهنی از سیاست‌مدار: از آنجا که در بازاریابی سیاسی، تصویرِ ذهنی زیردستان از شخصیتِ رهبر اهمیتی ویژه دارد، حتی در اوج قدرت هم کماکان بایستی به تقویت برند او پرداخت. مثلا گریه‌های حضار هنگام سخنرانی‌های دهۀ ۶۰ خمینی، رفتاری در جهت تقویت تصویرِ ذهنی او در اذهان عمومی‌ست. یا همه‌گیر شدن اعتقاد به امدادهای غیبی، که تلاشی برای پیوند جبهه به مقدسات مذهبی بود، در نهایت به تصویرسازی برای کل نظام جمهوری اسلامی و رهبر منتج می‌شد.[۶]

۳- علمی‌سازی سیاست: در این بخش سیاست‌مداران، از تخصص علمی و تکنیکی خود جهت عرضۀ محصول سیاسی مورد نظر خود بهره می‌برند. خمینی به‌عنوان یک فقیه، با فقهی‌سازی و گنجاندن واژۀ ولایت فقیه در قانون اساسی جمهوری اسلامی، تخصص خود را بر تمام شئونات زندگی مردم تحمیل کرده است. در واقع از این علمی‌سازی، برای غلبه بر رقبای داخلی، با تکیه بر اعتقادات مردم سود برده شده است.

۴- داستان زندگی شخصیت: در کنار سه مورد فوق، تبعیت مردم از محصول ارائه شده توسط یک رهبرِ بالقوۀ سیاسی، متغیری وابسته به داستانِ او نیز می‌باشد. برای تکمیلِ فرایندِ برندینگِ شخصیِ یک رهبر سیاسی، روایتی باورپذیر از شخصیت و سرگذشت او ضروری‌ست. این روایت شامل تاریخچۀ زندگی، اعتقادات، رفتارها و ویژگی‌های اوست. داستانی که مردم از طریق آن با او همذات‌پنداری کرده و حس می‌کنند دارای احترام ویژه‌ای‌ست و ارزش انتخاب شدن را دارد. مثلا در سال‌های مطرح شدن خمینی به عنوان رهبر، روایت زندگی او که بخش پایانی‌اش در اروپا می‌گذشت برای بسیاری از مردم جذاب بوده است. سیدی معمم از اولاد پیامبر همانند فرشته‌ای از پاریس، به‌عنوان مهد دموکراسی و آزادی، می‌آمد و آن‌ها را نجات می‌داد. حتی از تاثیر تصویر خلبان خوش‌سیما و مدرنی که هنگام پیاده شدن از هواپیما به همراه خمینی بود نمی‌توان به‌راحتی چشم‌پوشی کرد.

بازار انقلاب‌ها و انقلاب ایران

انقلاب دهه‌هاست در کشورهای پیشرفته و با ثبات دنیا، از شکل قیام علیه حکومتِ حاکم تغییر کرده و به‌شکل انقلاب صنعتی، علمی، فرهنگی، اجتماعی، اطلاعاتی و تکنولوژیکی درآمده است. اما در کشورهای توسعه‌نیافته، به‌دلیل برآورده نشدن نیازهای اصلی مردم و نشکستن ساختار هرمی قدرت، متاعِ انقلاب کماکان به‌شکل سیاسی آن عرضه می‌شود.

در واقع در کشورهای پیشرفته اساسا متفکران به‌دنبال ارتقاء شرایط خوب به عالی هستند در حالی که در کشورهای گرفتارِ تمامیت‌خواهی، به‌دلیل ناکارآمدی ساختار سیاسی، مردم مجبور به انقلاب‌های سیاسی می‌باشند. انقلاب‌های سیاسی هم معمولا محصولاتی‌اند که توسط مشتاقان قدرت و اغلب با استفاده از مصلحان اجتماعی به مردم فروخته می‌شوند. محصولاتی که ابتدا به‌عنوان یک ایده برای آنها ایجاد نیاز می‌شود و بعد به فروش عمومی می‌رسند.

برای بررسیِ نحوهٔ شکل‌گیری بازار انقلاب‌ها پاسخ به ادات پرسشی مانند کِی (چه کسی)، کی(چه وقت)، کجا، چه، چرا و چگونه، ناگزیر است. مثلا در انقلاب ۵۷ سوالاتی ازاین‌دست که چه اتفاقی افتاد یا انقلاب چیست؟ چرا انقلاب شد یا چه نیازی وجود داشته است؟ چگونه انقلاب شد یا فرایند منتهی به انقلاب ۵۷ چگونه طی شد؟ چه کسی انقلاب کرد یا بازاریابان و فروشندگان انقلاب ۵۷ چه کسانی بودند؟ چه وقت انقلاب شد یا دورهٔ زمانی فروش و بازاریابی انقلاب ۵۷ کی بود؟ انقلاب کجا رخ داد یا بازار انقلاب ۵۷ کجا شکل گرفت؟ به روشن شدن ذهن در خصوص بازار این انقلاب کمک شایانی می‌نمایند.

سوالاتی که علی‌رغم سادگی، بسیار پیچیده‌اند. مثلا تشخیص اینکه انقلاب ایران کجا رخ داده است، شاید به ظاهر آسان باشد و پاسخ داده شود در خیابان‌های شهرهای بزرگ ایران. اما از نظر بازاریابی ماجرا پیچیده‌تر از این پاسخ‌هاست. بازار جایی که نیازهای انسانی درک و برطرف شوند شکل می‌گیرد و انسان‌ها نیازهای خود را از طریق سیستم عصبی درک و رفع می‌کنند. با این رویکرد، بازار انقلاب‌ها در ذهن مردم شکل می‌گیرد نه در خیابان شهرها. اما اینکه چه کسانی ابتدا نیاز به انقلاب در ذهن‌شان شکل می‌گیرد و بعد در خیابان‌ها حاضر می‌شوند و چه کسانی ابتدا در خیابان‌ها حضور می‌یابند و بعد نیاز به انقلاب درون‌شان شکل می‌گیرد، نشانگر عمق درک لزوم خرید محصول انقلاب توسط مردم است.

محصول انقلاب‌ها و تاریخ

آنچه به‌صورت مشترک بر زندگی تمام افراد جامعه اثر می‌گذارد تاریخ است. اینجا که ما ایستاده‌ایم، انتهای خط متداوم تاریخ سرزمینی‌ست که همانند رودی خروشان در حرکت است و به جلو می‌راند. ما خواه‌ناخواه، متاثر از تمام حوادثی هستیم که در گذشته برای محیط اطراف‌مان رخ داده‌اند. اتفاقاتی نظیر حملهٔ اعراب، حملهٔ مغول، جنبش مشروطه و انقلاب ۵۷ آنچه حالا هستیم را ساخته‌اند.
در این مسیر گاهی برای ایده و محصولی به نام انقلاب بازاریابی می‌شود. کالایی که با ایجاد تغییرات بنیادین، در پی مسدود کردن حرکت تاریخی جامعه و سپس ایجاد مسیری جدید است. معدودی در راس هرم قدرت قرار می‌گیرند که بر اساس برداشت‌های شخصی از فلسفهٔ زندگی با تعریف ماموریت‌ها، چشم‌اندازها و ارزش‌های مطلوب خود، خواهان تغییرِ مسیر تاریخ می‌شوند. اما چون جامعه به‌عنوان موجودی زنده و مستقل قوانینِ خود را دارد، نیروی انسانی به سمتی حرکت می‌کند که نیازهایش برآورده شود. پس هیچ گروهِ محدود حاکمی، توانایی تحمیلِ بلندمدت نظراتی که برخلاف تامین نیازهای عمومی باشد را ندارد.
محصول انقلاب ایران نیز از ابتدا خواستارِ تغییر مسیر تاریخ شد اما شکاف عمیق بینِ حاکمیت و مردم، نشانگر عدم موفقیت هیات حاکمه، با وجود صرف تمام منابعِ در دسترس جامعه است. به‌عنوان شاهدی از تمایلِ انسان به ادامه سیر طبیعی حرکت جامعه، می‌توان به علاقه مردم، بعد از انقلاب ۵۷ به سینما و موسیقی دوران پهلوی اشاره کرد. از همان دههٔ ۶۰، اجاره کردن دستگاه ویدیو و تکثیر ترانه‌های "غیرمجاز" روی نوار کاست، نشانه‌ای بود برای دولت‌مردان که نمی‌توانند سیر حرکت جامعه را به کلی تغییر دهند. گویی مردمِ عادی با اتصال به گذشته، در پی تداوم سیر طبیعی تاریخ بودند و گمشده‌ای را می‌جستند.

فصل دوم

مفاهیم بازاریابی
و انقلاب ۵۷
نیاز، خواسته،
تقاضا و معامله

در این فصل به پیوند تحلیلیِ مفاهیم اصلی و اساسی بازاریابی که عبارتند از نیاز، خواسته، تقاضا و معامله با رویدادهای سیاسیِ تاریخ معاصر ایران می‌پردازیم. مفاهیمی که زنجیروار معنا و موضوعیت می‌یابند. یعنی اول نیاز به وجود می‌آید بعد تبدیل به خواسته می‌شود. اگر شرایط فراهم باشد خواسته به مرحلهٔ تقاضا عبور می‌کند اما هنوز معامله‌ای شکل نگرفته است. اگر از سوی عرضه‌کنندگان، به تقاضا پاسخ داده شود تازه معامله امکان‌پذیر می‌شود. با این‌حال تنها زمانی بازار کامل می‌شود که بده‌بستان صورت پذیرد. یعنی اگر تمام مراحل طی شوند اما در آخرین لحظه اتفاقی بیفتد و دریافت جنس و پرداخت هزینه صورت نگیرد تمام مراحل قبلی بی‌خاصیت می‌مانند. قابل‌ذکر اینکه نیازها معمولا در عمیق‌ترین لایه‌های ذهنی مردم قرار دارند و اثرگذاری روی آن‌ها سخت‌تر است. در بازارهای تجاری، بیشترین تمرکز تئوریسین‌ها و بازاریابان حرفه‌ای روی نیاز مشتریان و مصرف‌کنندگان است. در واقع با مطالعه روی نیاز، که اولین حلقه در این زنجیره است، تلاش می‌کنند روی آخرین حلقه که معامله است تاثیر بگذارند.
با این رویکرد در بازارِ سیاست، سیاست‌مدارانی موفقیت بلندمدت خواهند داشت که با توجه به عمیق‌ترین لایه‌های نیاز مردم روی آن‌ها اثر بگذارند. وقوع انقلاب‌ها به‌مثابهٔ معامله‌ای قهری با حکومت دایر، به‌دلیل عدم مطالعه و کم‌توجهی به نیازهایی‌ست که در لایه‌های مختلف جامعه وجود دارند. فارغ از اینکه این نیازها مضرند یا مفید، توجه و پاسخ درخور به آن‌ها، تضمین‌کنندهٔ بقای هر حکومتی‌ست.
در این زنجیره، هر قدر به حلقه‌های اولیه بی‌توجهی بیشتری شود و به معامله نزدیک‌تر شویم کنترل شرایطِ عمومی سخت‌تر می‌شود. مثلا وقتی تقاضا از طریق تظاهرات سراسری و مبارزات مسلحانه شکلِ عمومی بگیرد یعنی قبلا نیازها به خواسته و بعد تقاضا تبدیل شده‌اند و رشد کرده‌اند. اگر به این تقاضا پاسخ داده شود و حکومت جدیدی شکل بگیرد بازار انقلاب کامل شده است. مضاف بر اینکه تعامل با هر یک از این حلقه‌ها، ابزارها و شیوه‌های خود را می‌طلبد.

نیاز[1] و انقلاب ۵۷

آدام اسمیت، فیلسوف اسکاتلندی و پدر اقتصاد نوین، در کتاب "ثروت ملل" تاکید فراوانی روی نیازِ تولیدکنندگان و مصرف‌کنندگان دارد.[2] این رویکرد که نخستین جرقه‌های توجه جدی به نیاز را می‌زند، بعدها در تمام زمینه‌های بازار خود را

نشان می‌دهد و به بازاریابی هم می‌رسد، به‌گونه‌ای که نیاز تبدیل به مهم‌ترین کلمه در اتمسفر بازار و بازاریابی می‌شود. حتی در حوزهٔ ادبیات نیز مارک توآین در کتابی با نام "بشر چیست" با صراحت نشان می‌دهد تمام تلاش‌های آدمیزاد در نهایت در جهت برطرف کردن نیازهای خودش است.[۳] این موضوع را حتی تا مهرِ مادری تعمیم می‌دهد و می‌گوید مادر بیش از هر چیز به‌دنبال رفع نیازِ درونی خود است. کتاب در قالب گفت‌گوی سقراطی بین فردی جوان با عاقل‌مردی جا افتاده نوشته شده تا اثبات کند هستهٔ مرکزی تمام فعالیت‌های آدمی، مرتفع کردن نیاز درونی خود اوست. اساسی‌ترین متغیر بازاریابی و به‌طورکلی زندگی اجتماعی، نیازهای انسانی‌ست که در بافت حیاتی انسان‌ها لانه دارند و شکل دهنده پایه‌های ساختار روانی افراد می‌باشند. هر محصولی که تولید شده و فروش می‌رود، برآورنده یک یا چند نیاز است. نفس وجود نیاز نیز حکایت از عدم دسترسی به یک رضایتمندی اساسی دارد. در واقع نیاز، ناشی از احساس محرومیت و فقدان چیزی‌ست. محرومیتی که آرامش و تعادل فرد را برهم می‌زند و در وی انگیزه‌ای برای برطرف کردن آن پدید می‌آورد. از آنجا که احساس محرومیت در ذهن اتفاق می‌افتد، ممکن است ناشی از کمبودهای فیزیولوژیکی باشد یا به وضعیت روانی انسان بازگردد. ممکن است واقعی باشد یا تحت‌تأثیر محیط بوده و کاذب باشد. وقتی نیازهای انسانی خودبه‌خود تامین نشوند، شخصِ نیازمند دو راه پیش رو دارد. یا به‌دنبال رفع نیاز خود می‌رود یا می‌کوشد آن را به‌نحوی تعدیل نموده و از شدت آن بکاهد. انقلاب ۵۷ نیز محصولی‌ست که قطعا برای رفع نیازی کاذب یا واقعی که در جامعه وجود داشته به مردم فروخته شده است. در آن دوران هرچه به بهمن ۵۷ نزدیک‌تر می‌شویم، تعداد کسانی که به‌جای تعدیل، در پی تامین این نیاز بوده‌اند افزایش یافته است.

نظریه آبراهام مازلو[۴]

مهم‌ترین و مشهورترین تئوری در باب نیازهای انسانی از سوی آبراهام مازلو، پدر روان‌شناسی انسانگرای آمریکایی ارائه شده است. این نظریه که در رفتار سازمانی زیرمجموعه تئوری‌های محتوایی انگیزشی‌ست چرایی رفتارهای برانگیزاننده را مدنظر قرار می‌دهد. به اعتقاد مازلو نیازهای آدمی بر اساس سلسله مراتبی قابل‌طبقه‌بندی هستند که هر لحظه از زمان، شدیدترین آن‌ها رفتار شخص را جهت‌دهی می‌کند. پس از ارضای یک نیاز، انگیزهٔ فرد تغییر کرده و

به‌جایِ نیازهای قبلی، برآوردن سطوح بالاتری از نیاز محرک رفتار می‌شود. مازلو معتقد بود اگرچه هیچ نیازی به‌صورتِ کامل ارضا نمی‌شود، ولی اگر به مقدار کافی برآورده شود، دیگر برانگیزاننده نخواهد بود. بنابراین طبق این نظریه، پیش‌شرط سنجش میزان انگیزۀ هر فرد یا گروهی برای هر نوع تغییری، تشخیص وضعیت نیاز آن‌هاست. در بررسی انقلاب ۵۷ نیز تحلیل نیاز و عوامل انگیزاننده بین مردم عادی، مخالفان پهلوی و روحانیون اجتناب‌ناپذیر است. بر اساس هرم مازلو، نیازهای آدمی در ۵ سطح اصلی طبقه‌بندی می‌شوند. در سطوح پائین‌تر، ابتدائی‌ترین و پایه‌ای‌ترین نیازها و در بالاترین سطوح، نیازهای پیچیده‌تر و شخصی‌تری قرار دارند. نیازهایی که عدم ارضای هریک از آن‌ها می‌تواند اثرات نامطلوبی بر روح و روان افراد بگذارد.

۱ - **نیازهای فیزیولوژیکی:** نیازهای اولیه و حیاتی آدمی مثل خوراک، پوشاک و مسکن می‌باشند و در پایین‌ترین و وسیع‌ترین سطح سلسله‌مراتب قرار دارند. تا زمانی که به‌اندازۀ کافی ارضاء نشوند، بیشترین تأثیر را بر رفتار فرد می‌گذارند و مابقی نیازها، انگیزۀ کمی ایجاد خواهند کرد.

۲ - **نیازهای امنیتی:** نیاز به حفاظت و مراقبت از خود در حال حاضر و آینده است. مواردی مانند رهایی از وحشت، تأمین جانی، امنیت شغلی و روانی در این سطح قرار می‌گیرند.

۳ - **تعلق یا نیازهای اجتماعی:** انسان موجودی اجتماعی‌ست که احساس تعلقِ در ذاتش نهفته است. هنگامی که نیازهای اجتماعی در شخصی اوج می‌گیرند، برای ایجاد و گسترش روابطِ معنی‌دار با دیگران سخت می‌کوشد. این سطح در واقع نیاز آدمیزاد را به تعلق به گروه را نشان می‌دهد.

۴ - **نیاز به احترام:** قدر و منزلتی‌ست که دیگران برای فرد قائل‌اند. به اعتقاد اریک فروم روانکاو آلمانی-آمریکایی، احترام یعنی پذیرفتن دیگران همان گونه که هستند و با همان ویژگی‌های شخصیتی و روانی که دارند.[۵] اگر فرد نتواند نیاز به احترام خود را از طریق رفتاری سازنده برآورده نماید، ممکن است برای جلب توجه و مطرح شدن، به اعمال ضداجتماعی و خرابکارانه متوسل شود.

۵ - نیاز به خودشکوفایی و خودیابی: یعنی به فعلیت درآمدن استعدادهای بالقوهٔ آدمی، هر آنچه که هستند. طبق نظر مازلو "آنچه انسان می‌تواند باشد، باید بشود"

هرم سلسله‌مراتب نیازهای مازلو

در بسط و گسترش نظریه مازلو برخی معتقدند این هرم ممکن است به اشکال مختلفی تغییر کند. مثلا گفته‌اند با وارونه کردنِ هرم افرادی در طول تاریخ بوده‌اند که اصلی‌ترین نیازشان خودشکوفایی بوده و برعکس ترتیب هرم مازلو، سایر نیازهای‌شان پس از آن قرار می‌گرفته‌اند. افرادی با این شکل از سطوح نیاز، مانند بودا، صرفِ‌نظر از مذهب و ملیت‌شان شاخص‌ترین‌های تاریخ‌اند. در جریان انقلاب ایران نیز تصور عمومی بر این بوده که هرم نیازهای روحانیون ایرانی، به اعتبار لباس و توصل به پیشوایان مذهبی وارونه است.

آغاز فرایند خرید هر چیز از جمله ایدهٔ انقلاب با تشخیص نیازی که درون خریدار لانه کرده آغاز می‌شود. در واقع خریدار متوجه احساس محرومیت و وجود مسئله‌ای درون خود می‌شود و به اختلاف بین حالت واقعی و وضعیت مطلوب پی می‌برد و تحریک می‌شود. اگر عاملِ تحریکِ نیاز، درونِ خریدار باشد، به آن محرک درونی و اگر تحریک از بیرون باشد، به آن محرک بیرونی می‌گویند. در انقلاب ۵۷ تنها گروه بسیار کوچکی، که عموما رهبرانِ مخالفان و گروه‌های مرجع به‌حساب می‌آیند، دارای محرک و معیار درونی بوده‌اند. خیل عظیم جمعیت تحریک‌شده‌ای که نیمهٔ دوم سال ۵۷ به خیابان‌ها آمدند، محرک بیرونی داشتند و تحت‌تأثیر محیط اطراف بودند. امروزه می‌دانیم که بیشتر اوقات، خریدار قبل از خرید، با جمع‌آوری اطلاعات از بازار در پیِ انتخاب بهترین و مناسب‌ترین کالاست. اما اگر در اثر هیجانات

محیطی، نیاز شدت بگیرد و از قضا کالایی هم در دسترس باشد، دیگر به جمع‌آوری اطلاعات نمی‌پردازد و ممکن است بدون مطالعه، کالای موجود را برگزینند. رفتار مردم عادی و حتی مخالفان پهلوی در انقلاب ۵۷ چنین است و چنان دچار هیجانِ ناشی از فورانِ نیازِ حاصل از محرک‌های بیرونی می‌شوند که بدون تأمل و بررسیِ انواع محصولات حکومت‌داری، دستِ رد به سینه کالای شاهنشاهی می‌زنند و اولین محصول پیشنهادی که جمهوری اسلامی‌ست را می‌خرند.

نیاز قبل از انقلاب ۵۷

همان گونه که گفته شد، نیاز احساس محرومیت پنهان یا آشکار از آنچه باید باشد و نیست می‌باشد. وقتی نیازی پنهانی، به‌صورت گروهی درون عده زیادی از افرادی که وجوه مشترکی دارند بروز یابد، سینرژی ایجاد می‌کند و تبدیل به نیرویی عظیم می‌گردد. در این حالت، نیروی هزار نفر بسیار بیشتر از هزار نفر است. همان گونه که جهت‌دهی درست این نیروی برآمده از نیازِ جمعی می‌تواند تبدیل به منبع عظیمی از انرژی شود، عدم کنترل و مدیریت آن می‌تواند همچون سیل، ویران‌گر باشد. در طول دههٔ ۵۰ شاهد هم‌افزایی و انرژی بی‌نظیری در تاریخ ایران بین جوانان هستیم که به‌درستی جهت‌دهی و مدیریت نمی‌شود، تا تغییری بنیادین به نفع سازمانی گذشته‌گرا رقم بخورد.

در هر صورت کلیدی‌ترین پرسش در مورد دلایل انقلاب ۵۷ با رویکرد بازاریابی، چرایی نیاز به انقلاب است. با توجه به سلسله مراتب نیازها، اقشار مختلف جامعه کدام یک از سطوح نیاز درون‌شان غلیان کرده بود؟ انقلابیون چه احساس محرومیت شخصیتی، اقتصادی، فرهنگی و اجتماعی داشته‌اند که به سمت انقلاب حرکت می‌کنند؟ عموم مردم احساس محرومیت از چه چیز داشته‌اند؟ سازمان روحانیت چه نیازی درونش داشت؟ نقش حکومت پهلوی و سایر گروه‌ها در شکل‌گیری این نیازها چه بوده است؟ پاسخ به این سوالات، برخی از ریشه‌های انقلاب ۵۷ را روشن می‌کند.

تغییر نیاز مردم پیش از انقلاب ۵۷

نیاز چون متغیر وابسته‌ای از انسان همیشه در تحول است، نسبی بوده و مدام تغییر می‌کند. اصلی‌ترین تفاوت رضاشاه با تمام سران حکومتیِ قبل و بعد از او از همین تشخیص درست نیاز روز جامعه و کوشش برای رفع آن می‌آید. وقتی حکومت قحطی‌زده را از قاجار تحویل می‌گیرد، به‌درستی تشخیص می‌دهد که

جامعه در دو سطح اول و دوم هرم نیازهای مازلو گیر کرده است. پس با مبادرت به گسترش و پایه‌گذاری زیرساخت‌های مدرن در جهت رفع بلندمدت اینگونه نیازها گام برمی‌دارد. تشخیص محمدرضا پهلوی نیز تا حدود زیادی درست بوده است. او به‌خوبی دریافته بود که بایستی ابتدا وضعیت اقتصادیِ جامعه سر و سامان یابد. از همین روی عرصه فعالیت‌های اقتصادی را حتی برای سرسخت‌ترین مخالفانش تنگ نکرده بود.[۶]

با این‌حال سیستم پهلوی دوم در تداوم تشخیص نیاز و تامین آن‌ها دچار اختلال می‌شود. تا پیش از دهه‌های ۴۰ و ۵۰ نیازها عموما محدود و بیشتر در سطوح اول و دوم مازلو بودند. با آغازِ افزایش ثروت عمومی و تغییر سبک زندگی، جامعه به سمت مصرف کالاهای جدید حرکت می‌کند. از دههٔ ۴۰ به بعد وضعیت اقتصادی کَم‌کَم بهبود می‌یابد و با راه‌اندازی و رونق کارخانه‌ها معیشت بهتر می‌شود. همین دوره است که روی تغذیهِ درست دانش‌آموزان تاکید می‌شود و مثلا مصرف شیر در مدارس تسهیل می‌گردد.[۷] یا برنج قوت غالب مردم می‌شود و تا حدودی جای نان را می‌گیرد. هم‌زمان با بهبود اوضاع اقتصادی، به‌لحاظ امنیتی نیز جامعه به ثبات نسبی می‌رسد. دیگر شاهد درگیری‌های داخلی دههٔ سی نیستیم و تهدیدِ خارجیِ جدی نیز وجود ندارد. یعنی حداقل در شهرهای بزرگ سفره‌ها پُرتر می‌شود و امنیت برقرار می‌گردد. این دو بیانگر حرکت در جهت رفع عمومی سطوح اول و دوم نیازهای مازلو هستند. در این زمینه به عدم شناسایی نیاز گروه‌های مرجع و تعامل با آن‌ها نیز می‌توان اشاره کرد.

در این وضعیت، جامعه خودبه‌خود به سمت تامین نیاز سطوح بالاتر، یعنی تعلق به گروه و احترام سوق می‌یابد. یکی از دلایل افزایش شکل‌گیری گروه‌های سیاسی مخالف، بروز همین نیاز بود. افراد با پیوستن به این محافل، در پی کسب هویتی جمعی بودند و نیاز اجتماعی خود را برآورده می‌کردند. دلیل و خاصیت اصلی این عضویت‌ها، در محیطی که همه شبیه هم بودند، ایجاد تمایز برای برخی افراد بود. نیاز به تمایزی که گاهی چنان شدید می‌شود که به‌شکل طغیان در برابر طبقهٔ اجتماعی موروثی بروز می‌نماید.

اختلال در سیستم پهلوی برای تعامل با این نیاز را می‌توان در چند مورد مثال زد. مثلا این که شاه درعین داشتن احساسات ملی بسیار قوی، گروه‌های ملی‌گرا را برنمی‌تابد خلاء وجود گروه‌های مقبول را ملموس‌تر می‌نماید و منجر به تشدید فعالیت‌های زیرزمینی می‌شود. از وجهی دیگر تشکیل گروه بزرگ

حکومتیِ حزب رستاخیز اثری معکوس روی برآورده شدن این نیاز داشته است.[۸] تاسیس این حزب و ادغام احزابی مثل ایران‌نوین و پان‌ایرانیسم در آن در دههٔ ۵۰، مقاومتی محسوب می‌شد در برابر تامین نیاز احساس تعلق به گروه از سوی سیستم حاکم. در واقع حزب رستاخیز ۱- به دلیل همه‌گیر بودن در سطح کشور، فاقد خاصیت ایجاد حس تمایز فردی بود. ۲- به دلیل انحصاری بودن، خاصیت تمایز سایر گروه‌ها را نیز مخدوش می‌کرد.

به‌طور خلاصه می‌توان گفت سیستم پهلوی فوریتِ رفع نیازهای سطوح اول و دوم هرم مازلو را به‌خوبی درک کرده بود اما در تشخیص، تفکیک و رفع نیازهای سطوح بالاتر، به‌خوبی عمل نمی‌کند. البته نباید از نظر دور داشت که در آن دو دهه تعادل عمومی نیازهای جامعه به‌هم خورده بود. در حالی که با استراتژی‌های نظامِ حاکم عده‌ای به سرعت سطوح اولیه نیازهای‌شان برآورده شده بود، تعداد زیادی از مردم کماکان درگیر عبور از نیازهای سطوح پایین هرم مازلو بودند. مدیریتِ فراهم کردن بستر رفع نیازهای همه، با توجه به شکافی که ایجاد شده بود کاری بس دشوار بوده است. به‌بیانی سیستمِ پهلوی در نیمه‌راه عبور تمام جامعه از سطوح اولیهٔ هرم مازلو بود که معدودی که نیازهای اولیه‌شان برآورده شده بود و از غم نان و سرپناه گذشته بودند، صبر نمی‌کنند تا همه از این مراحل عبور کنند و تعادل جامعه را برهم می‌زنند.

برخی نیازهای اظهارشده انقلابیون

۱ - آزادی: نیازی‌ست ناشی از به رسمیت شناخته شدن حق انتخاب فرد. در واقع نشانگر حقِ تعیینِ نحوهٔ پاسخ فرد به شرایطی‌ست که در حال حاضر در آن قرار دارد. آزادی، از روی اختیار زندگی کردن، عقاید خود را ابراز نمودن و از کنترل و فشارهایِ غیرضروریِ خارجی رها شدن است. شیوع بحث نیاز به آزادی، در دهه‌های پایانی حکومت پهلوی بیشتر توسط روشن‌فکرانِ در فرنگ تحصیل‌کرده آغاز شد و به نظر می‌رسد تحت‌تأثیر مبارزات ممالک مستعمره، مانند الجزایر بوده‌اند. با این وجود تعریف درست و دقیقی از آزادی، به تفکیک موضوع، ارائه نمی‌شود تا به‌عنوان متری دقیق، آنچه هست با آنچه باید باشد مقایسه شود. آزادی مذهبی، اقتصادی، فرهنگی و اجتماعی خط‌کشی نشده بود تا مشخص شود جامعهٔ کجاست و کجا می‌خواهد برود. در دوران پهلوی دوم به‌جز مسائل سیاسی، تقریباً در تمام زمینه‌ها، به‌خصوص فعالیت‌های اقتصادی آزادی قابل‌قبولی وجود داشته است.

۲ - استقلال: در دنیایِ مبتنی بر تعاملات وسیع بین کشورها، استقلال که مفهومی نسبی‌ست، برای کشورهایی که به‌صورت مستقیم تحت‌استعمار بوده‌اند واژه‌ای ملموس است. اما در آن روز ایران، به‌خصوص در دههٔ ۴۰ و ۵۰ که شاهد تصمیماتی خلاف خواسته هم‌پیمانان پهلوی، مثل ردِ درخواست اعمال نفوذ برای کاهش قیمت نفت در اوپک هستیم، نیازی هیجانی و کاذب به نظر می‌رسد.[۹] در دنیای امروز نمی‌توان بدون همکاری و هم‌پیمانی با سایر کشورها زندگی کرد و این وابستگی‌ها عموما متقابل‌اند. کلمهٔ خودکفایی که اوایل انقلاب بسیار مورد علاقه دولت‌مردان بود و رویکردی منسوخ به‌حساب می‌آید، ناشی از فهم غلط مفهوم استقلال‌خواهی‌ست.

۳ - رفع فساد: اینجا نیز مانند واژهٔ آزادی، شاهدِ تعریفی جامع از فساد نیستیم تا مشخص شود چه نیازی درون انقلابیون را می‌آزرده است. در واقع شاهدِ تعریف، درجه‌بندی و بیانِ انواع فساد مانند اقتصادی، امنیتی یا اخلاقی نیستیم. همین خلاء وجود شاخص درست، زمینه‌ساز سوءاستفاده از این واژه و جهت‌دهی افکار عمومی با شایعات می‌شود. توجه به حساسیت‌های سال‌های پیش از انقلاب در مورد فساد، به‌خصوص بین مردم عادی، نشانگر محدودهٔ جنسی این مباحث است. در سخنرانی‌های روحانیون، قبل و بعد از انقلاب نیز بیشتر از هر چیز بی‌بندوباری ناشی از آزادی زنان مدنظر است.

۴ - برابری: منظور از برابری، حقوقِ یکسان شهروندی و برخورداری متناسبِ گروه‌های مختلف با عقاید گوناگون، از منابع کشور است. تشخیص و تعمیم برابری، از آنجا که رشد هر انسانی وابسته به تلاش و استعدادهای درونی اوست کاری‌ست بس دشوار. برابری را اگر فرصت‌های برابر برای رشد در نظر بگیریم جامعه در دوران پهلوی دوم از قبل و بعد از آن وضعیت بسیار مناسب‌تری داشته است. تنها همین نکته که فعالیت اقتصادی، حتی برای مخالفان شناخته‌شده حکومتِ حاکم، آزاد بوده نشانگر سطحی قابل‌قبول از برابری‌ست.

همین بررسی کوتاه نشان می‌دهد بسیاری از مخالفان پهلوی، تحلیل درست و مدرّجی از این مفاهیم نداشته‌اند و بدون تعریف معیار و شاخص درستِ اندازه‌گیری، در جَو روانی، دچار نزدیک‌بینی مفرط بوده‌اند.

برخی نیازهای اظهارنشدهٔ انقلابیون

هر قدر به بهمن ۵۷ نزدیک‌تر می‌شویم نیازهای پنهانی مردم و گروه‌های مبارز، که معمولا به‌چشم نمی‌آیند اما اصلی‌ترین محرک خرید هر نوع کالایی، از ایدهٔ یک انقلاب تا آدامس می‌باشند، آشکارتر می‌شود. از آنجا که بسیاری اوقات نیاز بیان‌شده، نیاز واقعی نیست، برای درک درست نیازهای منتج به انقلاب ۵۷ بایستی به لایه‌های روانی عمیق‌تری توجه کرد. مثلا کسی که مبلمان می‌خرد، به ظاهر در پی وسیله‌ای برای راحت نشستن است اما احتمالا نیاز عمیق‌تر او، پرستیژ، احترام و مهم جلوه کردن می‌باشد. به‌بیانی چند تکه چوب و پارچهِ سرهم‌شده نمی‌خرد بلکه در پیِ ساختن بخشی از هویت خود از طریق این کالاست.

بر این اساس همان گونه که درکِ نیازِ واقعیِ خریداران مهم‌ترین وظیفه هر مدیر و بازاریابی‌ست، فهم نیاز واقعی جامعه اولین وظیفه هر روشن‌فکری‌ست. این در حالی‌ست که پیش از انقلاب، تنها نیازِ یک‌پارچه بین گروه‌های مبارز، رفتن شاه بود و کسی که با پی بردن به نیاز واقعی مردم به‌دنبال رفع آن باشد حضور ندارد. این فقدان به‌حدی‌ست که حتی حفظ آزادی‌های زمان پهلوی، مانند آزادی حجاب برای دوران بعد از انقلاب، مورد تأمل قرار نمی‌گیرد. عدم شفافیتی که موجبات تشدید اختلافات و درگیری‌های بعد از وقوع انقلاب را نیز فراهم می‌نماید. در ادامه از برخی نیازهای واقعی و اظهارنشدهٔ گروه‌های مختلف درگیر با انقلاب، تحلیل مختصری ارائه می‌شود.

۱ - **نیاز به منابع:** نیازِ بخشی از مبارزان، استفادهٔ حداکثری از منابع از طریق قرار گرفتن در سلسله‌مراتب بالایِ قدرت در حکومت بعدی بوده است. عملکرد بعد از انقلاب روحانیون نشان داد خمینی و حلقهٔ نزدیکانش در این دسته قرار می‌گیرند. نیاز این بخش از روحانیت، ماندن در جایگاه مرجعیت اجتماعی به‌منظورِ تداوم نفوذ تاریخی، از طریق خرج منابع عمومی کشور بوده است.

۲ - **نیاز به دیده‌شدن:** نیازِ گروهی از مبارزان، دیده‌شدن از طریق اثرگذاری بوده است. برای این عده، فضای بازتر سیاسی یعنی امکانِ بیشتر دیده شدن. برای برخی دیده‌شدن به خاطرِ مخالفت با نظام پهلوی، ایجاد انگیزه و هیجانی مضاعف می‌کرده است. نیاز درونی برخی مبارزان هم این بوده که در سطح جهان

و به‌خصوص بین کشورهایی که تب مبارزاتی در آن‌ها بالا بود، به‌عنوان افرادی انقلابی مطرح شوند. گویی بسیاری انقلاب را برای انقلاب پی‌گرفته‌اند و به‌عنوان مُدِ روز به آن پرداخته‌اند. مثلا شریعتی که متاثر از مبارزات مبارزان ممالکِ مستعمره بوده است، با تمنای تبدیل شدن به استادی پرآوازه از طریق ارائه پرسونا و تولید حجم عظیمی محتوا در قالب نوشته و سخنرانی رفع همین نیاز را پی‌می‌گرفته است. به او متعاقبا به‌طور مفصل خواهیم پرداخت.

۳ - نظم‌گریزی: برای بسیاری از مردمِ عادی، انقلاب فرصتی بوده برای خلاصی از نظمِ شکل گرفته در محیط اطراف. بخش عظیمی از مردم، بدون آگاهی از آنچه پیش‌روست، همراهی با انقلاب برایشان نوعی سرگرمی و آزادسازی انرژی بوده است. نیاز این بخش، نوعی احساس لذت زودگذر ناشی از تخلیه هیجان، از طریق آنارشیسم بوده است. رها کردن پادگان‌ها، اسلحه به‌دست گرفتن و جولان دادن در خیابان‌ها توسط سربازها از همین تمایل می‌آید. ذهن سنتی، که عادت به بخشی از یک سیستمِ بزرگ بودن ندارد، علیه ساختاری که به سمت سیستماتیک شدن می‌رود می‌شورد. روحیه‌ای که با نظم ناشی از مدرنیته راحت نیست و هنوز در هوای زندگی روستایی به سر می‌برد، مثل فنری متراکم، بی‌نظمی ایجادشده را فرصتی برای بازگشت به طبیعت خود می‌یابد.

نیاز بعد از انقلاب ۵۷

بعد از انقلاب، اختلال و اختلاف‌ها کَم‌کَم ازآن‌روی نمایان و جدی شد که نیازهای روحانیون حاکم، که سرخط تمام منابع را در اختیار گرفته بودند، با نیاز سایر گروه‌های سیاسی و به‌خصوص مردم عادی، همخوانی نداشت. گویی گروه حاکم فرصتی تاریخی به‌دست آورده است تا با جدیت، تنها به رفع نیازهای محفلی خود که در پیوند با باورهای مردم شکلی آسمانی و مشروعیتی اعتقادی یافته‌اند بیندیشد. حفظ مزیت‌های دوران پهلوی، به‌مثابهٔ شرط لازم و عرضهٔ مزیت‌های جدید، به‌شکل شرط کافی توقع عمومی از حکومت جدید بوده است. اما

۱- تمرکز بیش از حد گروه حاکم به نیازهای خود، مزیت‌های گذشته را نیز از بین برد.

۲- عدم آگاهی عمومی و حتی گروه‌های مرجع مردمی، نسبت به شروط لازم و کافی، مطالبه‌گریِ رفع نیازها را ابتر گذاشت.

تلقی از سطح نیاز مردم و جمهوریت نظام

تناقضات ماهیتی محصول جمهوری اسلامی، در ادعای جمهوریت، از همان نخستین سخنرانی‌های بعد از انقلاب نمایان شد. وقتی عنوان می‌شود "دل‌خوش به این مقدار نباشید ... شما را به مقام انسانیت می‌رسانیم"[۱۰] به‌جز عدم امکان‌پذیری این وعده‌ها، ادبیات به‌کار رفته، خلاف احترام به شعور عمومی‌ست. جملاتی که ضمن نمایش تلقی روحانیون از سطح نیاز مردم، عدم اعتقاد درونی به جمهوریت را نیز برملا می‌کنند. کسی که در حال حاضر جایگاهی کمتر از مقام انسانیت دارد، تنها شایسته سطوح اول و دوم هرم مازلو بوده، لیاقت جمهوریت را ندارد. به‌بیانی ارائه‌کنندهٔ خدماتی که مردم را، به‌مثابهٔ مشتریانش، انسان نمی‌بینند، ماهیتاً توانایی تولید محصول حکومتیِ مبتنی بر جمهوریت ندارد. چنین نگرشی چون مردم را دارای قوهٔ تشخیص نمی‌داند اعتقادی به اینکه از سوی آنها برای حکمرانی انتخاب شده ندارد. در صورتی که مبنای نظام جمهوری، انتخاب حاکم توسط مردم است. مضاف بر اینکه در رسیدن افراد به انسانیت، قیمومیت تک‌نفره کارساز نیست و تنها با ایجاد زمینه‌های مناسب اقتصادی، فرهنگی و آموزشی‌ست که امکان طی نمودن سیر صعودی در سلسله‌مراتب نیازهای مازلو فراهم می‌شود.

افول سطح نیاز مردم بعد از انقلاب ۵۷

یکی از تفاوت‌های اصلی انسان و حیوان سطح نیازهاست. بر اساس هرم مازلو، نیازِ حیوانات بیشتر در دو سطح اول هرم قرار دارد. البته برخی موجودات مثل زنبور عسل اجتماعاتی ابتدایی که آن هم در راستای رفع نیازهای سطح اول و دوم است تشکیل می‌دهند، اما ذاتاً فاقد توانایی صعود به مراتب بالاترند. برعکس، انسان، تنها موجودی‌ست که پس از برآورده شدن هر سطحِ نیازی، به سطحی بالاتر می‌رود تا به خودیابی می‌رسد. ماه‌های منتهی به انقلاب و کمی بعد از آن، جامعه شاهد تامین نیاز اکثریت مردم تا سطح سوم و چهارم هرم مازلوست. رفتارهای همدلانه مردم عادی کوچه و بازار در آن دوره، نشانگر همین موضوع است. شرایطی که بیش از چند ماه دوام نمی‌آورد و بعد شاهد سقوطی تاریخی هستیم.

نیازهای مردم دوباره به سطوح پایین هرم افول می‌کند و دغدغهٔ اصلی، نیازهای اولیه می‌شود و بدین‌سان نیازهای سطح بالایی که پیش از انقلاب ظهور کرده بودند از دور خارج می‌شوند.

۱- صف‌های طویلی برای تهیه سوخت و اقلام اولیه زندگی تشکیل می‌شود و اقتصاد کوپنی اجرایی می‌گردد.

۲- با وقوع جنگ و موشک‌باران، امنیت و حفظ جان اولویت می‌یابد.

۳- نیاز به تعلق گروهی محدود و کانالیزه می‌شود. پیش از انقلاب سیستم پهلوی فقط احساس تعلق به گروه‌های سیاسی را از بین برده بود و اگر کسی تمایلات دیگری داشت می‌توانست جمع مورد نظر خود را بیابد. اما بعد از انقلاب با غیرمشروع شناخته شدن تمام گروه‌های سیاسی و کم یا بی‌ارزش قلمداد شدن سایر زمینه‌ها، تنها مراکز مذهبی اهلیت یافتند. در واقع جمهوری اسلامی طی دوره‌ای چندساله با گسترش هیات‌های مذهبی و پایگاه‌های بسیج، رفع نیاز به تعلق گروهی را تنها در اینگونه اجتماعات رسمیت بخشید.
از زاویه دیدی این افول سطح نیازها، برنامه‌ریزی‌شده بوده و برآمده از نگاهی‌ست که بروز نیازهای سطح بالای انسانی را رقیب بقای خود ارزیابی می‌کند. از آنجا که شرطِ ولایت یافتنِ فقیه استیلای روانی او بر عموم جامعه است، با برآورده شدن نیازهای سطوح بالای مازلو در تضاد ذاتی‌ست. چون کسی که به مرحلهٔ رفع این نیازها، به‌خصوص سطح احترام و خودیابی رسیده باشد، اجازهٔ استیلای روانی هیچ گروه و فردی را به خود نمی‌دهد. در واقع این افول، استراتژی جمهوری اسلامی در قبال اصلی‌ترین مشتری حکومت یعنی مردم است تا هم در برابر ولایت فقیه تمکین کنند هم حوصله‌ای برای درخواست اصلاح یا تغییر کالای حکومت باقی نماند. سقوطی که ارتباط زیادی با مقدار ثروت افراد ندارد و حتی اشخاص متمول، با درگیری هر روزه در مناسبات غیرمعمول اقتصادی، فرصتِ ارتقاءِ سطح نیازها را از دست داده‌اند.
به‌طور خلاصه پیش از انقلاب، برای بسیاری از رهبران فکری معترض به پهلوی دوم، نیاز تا سطح چهارم و پنجم هرم مازلو بالا رفته بود. بسیاری از مردم عادی هم، یا از دو سطح اول گذشته بودند یا در حال عبور بودند. بعد از انقلاب روشن‌فکر و غیرروشن‌فکر، غنی و فقیر همه به سطوح اول و دوم، نزول و همان جا گیر کرده‌اند. در واقع انقلاب نه تنها به بالا رفتن سطح نیازها کمکی نکرده، بلکه موجبات سقوط عمومی آن را فراهم نموده است. همین موضوع می‌تواند شاخصی کلی برای ارزیابی عملکرد جمهوری اسلامی باشد.

دلایل سقوط سطح نیاز مردم بعد از انقلاب ۵۷

از همان ابتدای بعد از انقلاب، جمهوری اسلامی با شعارهایی مانند "نه شرقی نه غربی جمهوری اسلامی" خود را موجودیتی متفاوت معرفی کرد که احتیاجی به تعامل با دنیا ندارد و مشروعیتی برای نیازهای سایر کشورها قائل نیست. به‌جز وضعیت جهانی، اعمال محدودیت‌های شدید اجتماعی و سرکوب گروه‌های رقیب داخلی، زمینه‌های فراوانی برای دشمن‌تراشی فراهم کردند. در این وضعیت، نظام، ماموریتی برای خود تعریف کرد و بقا را اوجب واجبات برشمرد و بدین‌واسطه نیازِ هستهٔ مرکزی حاکمیت به سطوح اول و دوم هرم مازلو سقوط کرد. وقتی نیازِ خود حاکمیت در سطوح اولیه تعریف می‌شود، بالطبع کیفیت زندگی مردم عادی هم به این سطوح تنزل می‌یابد. از سایر دلایل سقوط سطح نیازها می‌توان به موارد زیر اشاره کرد.

۱ - به‌هم‌ریختگی روانی ناشی از حجم عظیم اخبار مضر یا حاشیه‌ایِ فرهنگی، اجتماعی، اقتصادی و شهروندی. اخبار منفی، ویروس‌وار، ذهن مردم را مشغول می‌کنند و اجازهٔ ارتقاء نیازها به بالاتر از سطوح فیزیولوژیکی و امنیتی را نمی‌دهند. مثلا تغییرِ هر روزه قیمت‌ها، تمرکز افراد را می‌گیرد و زندگی نرمال غیرممکن می‌شود.

۲ - درگیری شدید ذهنی مردم با موضوعات جنسی. با ایجاد حساسیت و محدودیت روی موضوعات جنسی، که در سطوح پایین هرم مازلو جای دارند، مجال سرباز کردن نیازهای متعالی‌تر از مردم گرفته شده است.

۳ - تعدد سازمان‌های ارائه‌کنندهٔ محصولات حکومتی، در ساختار جمهوری اسلامی. سردرگمی عمومی ناشی از تناقضات تصمیمات این مراکز، مفر ارتقاء سطح نیاز مردم را بسته است. مضاف بر اینکه معمولا مصوبات این سازمان‌ها در راستای رفع نیازهای محفلی و شخصی روسا و اعضای آنهاست که طبعا با نیازهای مردم عادی در تعارض می‌باشد.

۴ - نیاز مردم عادی به کالای انقلاب، دهه‌ها پیش برآورده شده و از همان فردای پس از ۲۲ بهمن نیازهای جدیدی جایگزین شده است. نیاز عامه مردم، نه انقلاب هر روزه بلکه تامین سطوح اولیه و بعد حرکت به سطوح بالاتر هرم مازلو است. اگر حاکمیتی انقلاب را نه نیازی موقتی، بلکه به فلسفهٔ زندگی تعبیر کرد، بحران به ماهیتش تبدیل می‌شود و به مردم تسری می‌یابد. بحرانی که آرامش لازم برای

طمانینه و بعد حرکت در مسیر رفع نیازهای سطح بالا را از مردم می‌گیرد. به‌عنوان شاهدی از این فلسفه، با اینکه ایدهٔ انقلاب بیش از ۴۰ سال پیش به مردم فروخته و مصرف شده است، کماکان رهبر ثانی، رهبر انقلاب اطلاق می‌شود.

خواسته[۱۱] و انقلاب ۵۷

خواسته شکل بومی‌شده نیاز است. نیازهای یکسان، منجر به خواسته‌های مشابه نمی‌شوند و این محیطِ اطراف است که به آن‌ها شکل می‌دهد. در واقع بعد از احساسِ نیاز و حسِ محرومیت، ویژگی‌های جمعیت‌شناختی، اقتصادی، فرهنگی، اجتماعی و جغرافیایی روی انتخابِ نحوهٔ برطرف کردن آن تاثیرگذارند. خواسته‌های بشر همواره توسط نیروهای اجتماعی و نهادهای فرهنگی در حال تغییر و تحول‌اند و معمولا تحت‌تأثیر عواملی مانند تاریخ، مذهب، سن، محصول عرضه‌شده و قدرت خرید می‌باشند. در صورتی رضایت مشتری حاصل می‌شود که آنچه برای رفع نیاز عرضه شده، با توجه به شخصیت او، بومی‌سازی شده باشد. معمولا مشکلِ اصلی در تعامل فرهنگ‌ها به‌دلیل وجود پیچیدگی‌هایی‌ست که در همین مرحله، یعنی تبدیل نیازها به خواسته‌ها وجود دارد.

با چند مثال ساده می‌توان روند تبدیل نیاز به خواسته را تشریح کرد.

۱- ظهر است و گرسنه‌ای. به‌طور طبیعی، اگر ایرانی باشی چلوکباب، آمریکایی باشی استیک، ژاپنی باشی سوشی، ایتالیایی باشی اسپاگتی و چینی باشی چاینیزفود هوس خواهی کرد. فیلتر ذهنی هوس غذاهای مختلف توسط افراد گوناگون، فرایند تبدیل نیاز به خواسته را نشان می‌دهد.

۲- از دلایل موفقیت فیلم قیصر بومی‌سازی مفهوم انتقام، با چاقوی ضامن‌داری بود که مولفه‌ای اجتماعی در جامعهٔ ایرانی محسوب می‌شد. اگر انتقام در آمریکا صورت می‌گرفت دست کاراکتر فیلم هفت‌تیر بود و در ژاپن این اتفاق با شمشیر سامورایی می‌افتاد.

۳- در مثال دیگری از شکل بومی گرفتن نیاز، با توجه به شرایط فرهنگی و اقتصادیِ جامعه، می‌توان به رواج ازدواج سفید اشاره کرد.[۱۲] به‌دلیل وجود مشکلات عدیده بر سر ازدواج، نسل حاضر، به‌شکل جدیدی از زندگی دست‌یافته که با وجود عدم زمینه‌های فرهنگی، در حال بومی‌سازی آن است. لازم به توضیح اینکه، در حالی که در احکام فقهی هیچ لزومی به تهیه سند رسمی نیست، روحانیون به‌شدت

با این پدیده مخالف‌اند و اصرار به استناد دارند. این موضع‌گیری را می‌توان در راستای سایر تلاش‌های آن‌ها برای حفظِ بخشی از نفوذ و منافع، به‌عنوان متولیان امر ازدواج و صیغه تعبیر کرد.

خواسته قبل از انقلاب ۵۷

همان‌گونه که در صنعت غذا، شناسایی ذائقهٔ مردم مهم است، برای فروش ایده و کالای انقلاب هم، شناخت ذائقهٔ اندیشه ایرانی اهمیت داشته است. موثرترین تلاشی که منجر به تغییر نظام حاکمیتی شد، بومی‌سازی ایدهٔ انقلاب با توجه به حساسیت‌ها و طرز فکر مردم بود. روشن‌فکران متاثر از انقلاب‌ها و تحولات دنیا، از پیوند مفاهیم مدرن با آموزه‌های سنتی ایرانی، به انقلاب شکلی بومی بخشیدند. تاکید روی تبلیغ فساد جنسی در سینماها و تحریک مردم بر اساس روحیات جامعه مردسالاری که غیرت روی زن را برای خود افتخار می‌دانست، مثال کوچکی از این بومی‌سازی‌ست. شیوه‌های پروموشنی روحانیون مانند استفاده از منابر، دادن فتوا و تحریک احساسات مذهبی نیز بخشی از همین بومی‌سازی‌ست.

در آن دوران، در مقایسه با انقلابیون که سخت مشغول بومی‌سازی اهداف و روش‌های خود بودند، فرم و محتوای عملکرد سیستم پهلوی، در فرایند تبدیل نیازهای مردم به خواسته در جهت مدرنیته، ضعیف‌تر بوده است. حلقهٔ ضعیفِ تلاش‌های پهلوی، بومی‌سازی، تبدیل و انطباق نیازهای مردم به خواسته در مسیر گذار از سنت به مدرنیته بوده است. مدرنیته، بومی‌شده بافت زندگی در ایران نبود و هم‌زمان با تلاش برای صنعتی کردن جامعه، بایستی شاخص‌های بومی‌سازی با قدرت بیشتری نهادینه می‌شدند. اگر بعد از تعیین شاخص‌های مدرنیته، مانند قانون‌گرایی، موانع بررسی می‌شدند، فاصله با وضع مطلوب مشخص می‌شد و بعد برنامه‌های آموزشی و انگیزشی متناسب با مولفه‌های ایرانی اجرایی می‌شدند، نیازها از کانال درست به خواسته تبدیل می‌شدند. مثلا جامعه نیاز به آرامش ناشی از نظم عمومی دارد که تا پیش از این‌ها از طریق نظم سنتی برقرار می‌شده است. حالا اگر قرار است نیاز به این آرامش از طریق نظم مدرن، که با سازمان‌هایی مانند دادگستری و پلیس تجلی می‌یابد، مرتفع شود، بافت فرهنگی بایستی به‌گونه‌ای تغییر کند که مردم خودبه‌خود و ناخودآگاه آرامش را از این طریق طلب نمایند. در مواردی حتی برعکس هم عمل شده است. در حالی که جامعه به سمت نظم مدرن در حرکت بود، تجلیل تبلیغاتی از فرهنگ باستانی که یکی از نمادهای

پر قدرت نظم سنتی‌ست تناقض‌آفرین است. پیوند پادشاهی مدرن با پادشاهان اساطیری در عصر دموکراسی پیامی مبنی بر ارزشمندی ارزش‌های گذشته مخابره می‌کرده است. از یک‌سو بخشی از فعالیت‌های عملی سیستم پهلوی در جهت مدرن کردن زیرساخت‌های جامعه است و از سوی دیگر اجرای برنامه‌هایی مانند جشن‌های ۲۵۰۰ ساله مسیر تبدیل نیازها به خواسته را به گذشته‌های دور پیوند می‌زده است. سیستم پهلوی احتمالا با برگزاری چنین برنامه‌هایی در پی رفع نیاز عمومی به عزت و غرور ملی بوده است. از آنجا که عبور این نیاز به خواسته از طریق مولفه‌های فرهنگی باستانی با روال مدرنیته همخوانی نداشته، سردرگمی و سوتفاهم به‌بار آورده است. عبور نیازهایی ازاین‌دست به خواسته بایستی از طریق ارزش‌های مبتنی بر مدرنیته، مانند موفقیت های جهانی علمی پی‌گرفته می شدند. در این شرایط روحانیونی که طی صدها سال فاصلهٔ مردم معاصر با دنیای باستان را از طریق مولفه‌های مذهبی پر کرده بودند و به آن به‌چشم رقیبِ نفوذ خود می‌نگریستند به میدان می‌آیند و با بزرگ‌نمایی، به تناقض‌های درونی ایجادشده در مردم دامن می‌زنند. در واقع نمایش‌هایی ازاین‌دست، کوشش‌های عملی سیستم پهلوی را به محاق می‌برد و در هیاهوی بازارِ سیاست کم‌رنگ می‌کند. ازاین‌رو سیستم پهلوی پیش از آنکه بخواهد نیاز مردم به عزت و غرور ملی را از طریق پیوند با تاریخ باستانی به خواسته تبدیل کند بایستی با گام‌های آموزشی، ارزش‌های تقویت‌کنندهٔ روند مدرنیته را استخراج و تقویت می‌کرد. نمونه‌های ساده‌ای از این ارزش‌ها را در فرهنگ پهلوانی می‌توان یافت.

خواسته بعد از انقلاب ۵۷

بررسی تاریخ معاصر، به‌خصوص از مشروطه به بعد، نشانگر سنگ‌اندازی فقهی روحانیون در مسیر تبدیل نیازهای عمومی به خواسته از طریق نظم و راه‌کارهای مبتنی بر مدرنیته می‌باشد. مقاومت در برابر مشروطیت، مخالفت با جمهوریت و انقلاب سفید نمونه‌هایی از مخالفت روحانیون با بومی شدن مدرنیته در ایران هستند. این یعنی از ابتدا انتظار بومی‌سازی دموکراسی، به‌عنوان پایهٔ مدرنیته، از طریق این طبقهٔ اجتماعی خطا بوده است. در عوض با انحصار مطلق قدرت و منابع بعد از انقلاب ۵۷ بیشترین تلاش برای تغییر بنیادین و جهت‌دهی ایدئولوژیک خواسته‌های مردم صورت گرفته است.

در واقع سازمان روحانیت پس از در دست گرفتن قدرت، در کوششی معکوس،

تلاش کرد خواسته‌های مردم را با نیازهای خود هماهنگ نماید. سعی شد با تحول در بافت جامعه از طریق مولفه‌های فرهنگی و اجتماعی ترتیب نیاز و خواسته به‌گونه‌ای جابه‌جا شود که منجر به رفع نیاز روحانیون شود. نه تنها رسمیتِ نیازهای مردم به حداقل تقلیل یافت، بلکه تلاش شد بومی‌سازی مولفه‌های فرهنگی و اجتماعی به‌گونه‌ای تقویت شود که به رفع نیازهای محفلی روحانیون منجر گردد. به‌عنوان مثالی از تغییر بافت به‌منظورِ تامینِ اهداف و نیازهای روحانیون می‌توان به تلاش‌های مختلفی که برای نهادینه‌کردن فرهنگ شهادت‌طلبی انجام شده اشاره کرد. با بومی شدن شهادت‌طلبی، نیروی انسانی لازم برای صدور انقلاب در شکل مدافعین حرم تامین می‌شود. حجاب اجباری، ممنوعیت ماهواره، گسترش آموزش‌های مذهبی، حذف مباحث مختلف از کتب درسی، ارزش‌گذاری برای ریش در مردان و مواردی ازاین‌دست، که با صرف منابع خود کشور صورت گرفته‌اند، همه برای تغییر خواسته در بافت جامعه بوده‌اند. به‌طورکلی هم تغییر خواسته‌ها از طریق فقهی کردن تمام مناسبات جامعه با ابزارهای مختلف پروموشنی و محتواسازی پی‌گرفته شده است.

اصرار همراه با تحکم حکومت، برای تغییر خواسته مردم به‌شکل دل‌خواه روحانیت از یک‌سو و تلاش مردم برای حفظ و بسط ذائقۀ بومی خود از سوی دیگر، تعارض شدیدی ایجاد کرده که به بروز اشکال مختلف ناهنجاری منتهی شده است. انواع و اقسام فسادهای اخلاقی و اجتماعی مانند زیاده‌روی در مصرف مشروبات الکلی، نتیجۀ سرکوب خواسته‌های بومی بخشی از مردم ایران می‌باشد. در همین راستا مخالفت‌هایی که گاه‌وبی‌گاه با مراسم نوروز، چهارشنبه‌سوری و شب یلدا به‌چشم می‌خورد نشانگر تقابل ذاتی روحانیون با خواسته‌های بومی‌شده ایرانی‌ست. ریشۀ این تقابل نیز رقابتی‌ست که روحانیون جهت تامین منافع و ماندگاری‌شان با این سنن می‌بینند. نظام پهلوی در بومی‌سازی مفاهیم مدرن و تغییر ذائقۀ مردم عجله کرد، روحانیون اما اساسا آنچه بومی‌ست را قبول ندارند و اهلیتی برای نیازهای جمعیِ جامعه قائل نیستند.

با این‌حال بخشی از دلیل اصلی کنار آمدن مردم با این شرایط، حیاتی نبودنِ شکل خواسته گرفتن بسیاری از نیازهاست. اگر برآوردن نیازهای غیرحیاتی، به‌شکل بومی آن هم اتفاق نیفتد، برای بسیاری از مردم قابل‌تحمل است. مثل اینکه در زندان برای زنده ماندن مجبور باشی هر روز غذای بدمزه‌ای بخوری که نه تنها لذت نبری بلکه اغلب اوقات مریض هم بشوی. این وضعیت وقتی تغییر اساسی می‌کند

که نیازهای اصلی مردم برآورده نشود، یا بقای جمعی تهدید شود.
در حالی که تمام تلاش مشروطه‌خواهان، تعدیل شکل هرمی توزیع قدرت در جامعه بود، تنها تلاش موفق سازمان روحانیت در بومی‌سازی، حفظ همان ساختار هرمی حکومت بوده است. فرهنگ چندهزارسالهٔ پادشاهی، ذائقهٔ مردم را شخصیت‌پرست بار آورده بود و تغییر آن، نیاز و خواست روحانیون نبود. حکومت‌رانی همیشه در ایران موروثی بوده و هر کس بر سرکار آمده، تلاش نموده قدرت را پس از خود برای نزدیکانش به ارث بگذارد. در نظام پادشاهی تا آخرین سلسله، این انتقال قدرت به شکل ولیعهدی فرزند ذکور شاه مشروعیت می‌یافت. در سلسله قاجار این قید، محدودیت بیشتری هم داشته و فرزند ذکوری که مادرش قجر باشد برای ولی‌عهدی مشروعیت داشته است. به همین دلیل ظل‌السلطان، که مادری غیرقجر دارد، بعد از پدرش به پادشاهی نمی‌رسد و حکومت به مظفرالدین‌شاه می‌رسد. بعد از سقوط نظام پادشاهی، در جمهوری اسلامی نیز به‌شکل دیگری، شاهد چیدمان قانون برای حفظ قدرت در دایرهٔ بستهٔ فقه‌ها هستیم.

تقاضا(۱۳) و انقلاب ۵۷

پس از بومی شدن نیاز و شکل خواسته گرفتن آن، به مرحلهٔ تقاضا می‌رسیم. تقاضا برای یک محصول وقتی بروز می‌کند که مشتری توان پرداخت بهای آن را داشته باشد. در واقع خواسته‌هایی که دارای پشتوانه خرید باشند به تقاضا تبدیل می‌شوند. ممکن است فرد ایرانی گرسنه‌ای که نزدیک یک رستوران ایستاده هوس چلوکباب کرده باشد، اما تا زمانی که تومانی برای پرداختِ هزینهٔ غذا ندارد، تقاضا شکل نمی‌گیرد. در صورتی که توان مالی‌اش کم باشد و مثلا به خوردن فلافل بسنده کند، نیاز برآورده می‌شود، اما بومی‌شده نیست و رضایت خاطر کامل کسب نمی‌گردد. دموکراسی، از نظر بازاریابی، به مشتری‌مداری قابل‌تاویل است و به معنی توجه و تلاش برای رفع تمام نیازهای تمام گروه‌های ذی‌نفع جامعه می‌باشد. نیازهایی که با عبور از مرحلهٔ خواسته، به تقاضا رسیده‌اند و بایستی با تقسیم و تخصیص درست منابع مرتفع شوند. با این رویکرد دیکتاتوری وقتی رخ می‌دهد که تنها نیازهای یک نفر، امکان گذر از خواسته و رسیدن به مرحلهٔ تقاضا را پیدا می‌کند و بر تقاضای تمام مردم ارجحیت می‌یابد. تبدیل به خواسته شدن نیازهای رهبر، به این معناست که با گذر از فیلتر ذهنی وی، شخصیت او را به‌خود خواهند گرفت. از آنجا که تمام منابع جامعه در اختیار اوست، محدودیتی برای برآوردن نیازهای خود ندارد

و تمام خواسته‌هایش برآورده شده، از مرحلهٔ تقاضا عبور می‌کنند. همین نامحدود بودن توان او در پرداخت هزینهٔ تقاضاهایش، نظم انسانی جامعه را برهم می‌زند و باعث تحمیل نیازهای او به تمام جامعه می‌شود. در صورتی که گرایش اصلی حاکمان بایستی رفع نیازهای بومی‌شده مردم، به‌عنوان مهم‌ترین مشتری باشد و تمام موضع‌گیری‌های سیاسی داخلی و خارجی، در جهت کسب خشنودی آن‌ها و ارتقاء رضایت عمومی چینش شود.

تقاضا قبل از انقلاب ۵۷

هم‌زمان با تلاش‌های رهبران فکری جامعه برای گذرِ نیازها به خواسته، ارتباطی متقابل و دو طرفه بین آن‌ها برقرار می‌شود که در خلق و استخراج مفاهیم، به یک‌دیگر کمک می‌کنند. یعنی هرچه خواسته‌ها بیشتر شکل گرفته و آشکارتر می‌شوند، نیازها نیز جنبه‌های جدیدتری می‌یابند. در این ارتباطِ متقابل، خواسته‌ها نیازهای قبلی را تشدید می‌کنند تا نیازهای جدید بروز نمایند. نیازهای جدید و تقویت‌شده هم با شکل خواسته گرفتن، به نزدیک‌ترین شکل بومی خود بروز می‌نمایند. پس از این است که شرایط برای رسیدن به مرحلهٔ تقاضا مهیا می‌شود و نیازهای پنهانی، آشکار و همه‌گیر می‌شوند. در واقع تقاضا، مطالبه بیان‌شده برای رفع مجموعه‌ای از نیازهاست که از مرحلهٔ خواسته عبور کرده‌اند.

تقاضا برای انقلاب در نیمه دوم سال ۵۷ است که شکل می‌گیرد و به‌صورت علنی و عمومی، به‌خصوص به‌شکل تظاهرات سراسری، ابراز می‌شود. در این برههٔ کوتاه از زمان، این احساس درونِ گروه‌های مخالف پهلوی شکل می‌گیرد که توان پرداخت بهای ایدهٔ انقلاب را دارند و حالا می‌توانند آن را به‌طور کامل تقاضا نمایند. آزادی زندانیان سیاسی، نطقِ پیام انقلاب شما را شنیدم، خروج شاه از ایران، انحلال شورای سلطنت و در نهایت اعلام بی‌طرفی ارتش مواردی هستند که تقاضا برای محصول انقلاب را به‌صورت کامل و نهایی شکل دادند. آزادی برخی زندانیان سیاسی، که به‌شکل تقاضا گرفتن خواسته کمک شایانی نمود دو نتیجهٔ اصلی در پی داشته است. یکی اینکه خود این زندانیان، با انرژی و خشمی نهفته، وارد جامعه شدند و تقاضای‌شان را فریاد زدند. دیگر اینکه برداشت عمومی از این آزاد کردن‌ها، ضعف و عقب‌نشینی در برابر مخالفان بود نه احترام به نفس آزادی. همین موجب افزایش تمایل به ابراز عمومی تقاضا شد. سخنرانی "پیام انقلاب شما را شنیدم" نیز پیش‌تر این ضعف را کامل نمایان کرده بود.[۱۴] به‌کار بردن لفظ انقلاب توسط

محمدرضا پهلوی، پذیرش و تسلیم در برابر تقاضای مخالفان را نشان می‌داد و به آن مشروعیت می‌بخشید. در این شرایط، که خواسته شکل تقاضا گرفته بود، خروج شاه از ایران هم منجر به از دست رفتن وحدت فرماندهی(۱۵) می‌شود. بیانیهٔ بی‌طرفی ارتش را هم می‌توان قبول نهایی تقاضا از سوی سیستم حکومتی پهلوی دانست. در هر صورت دستگاه پهلوی نتوانست از شکل‌گیری نیاز، بومی شدن آن و تبدیل شدنش به تقاضا در شکل انقلاب جلوگیری کند.

تقاضا بعد از انقلاب ۵۷

بعد از بهمن ۵۷، با قدرت گرفتن روحانیون و کامل شدن بازار انقلاب، همان نیازهایی که باعث بروز ناآرامی شده بودند زیر سوال رفتند. در واقع روحانیون پس از روی کار آمدن، نه تنها تقاضاها و خواسته ها را قبول نکردند بلکه برگشتند سرِ خط که نیازهای دیگران را خود از ابتدا تعریف کنند. تصمیم گرفتند نیازهای مردم را مطابق نظر و نیاز خود، آن‌گونه که صلاح می‌دانستند شکل بدهند. هرچه از تثبیت قدرت بیشتر گذشت، فشارها برای اینکه مردم تنها نیازهای تشخیصی روحانیون را به رسمیت بشناسند بیشتر شد. درعینِ‌حال، از تمام منابع در اختیار استفاده شد تا با ابزارهای پروموشنی، نیازهای تشخیصی، بومی‌شده و به‌شکل خواسته تثبیت شوند.

برخی گروه‌ها و افرادی که با تحلیل درست متوجه اتفاقات محیطی بودند از تقاضای خود عقب‌نشینی نکردند تا بر سر نیازها با روحانیون چانه‌زنی کنند. برخی از گروه‌ها با اقدام مسلحانه تقاضای خود را مطرح کردند. عده‌ای با مهاجرت از تقاضای خود صرفِ‌نظر و گروهی نیز گوشه‌نشینی اختیار نمودند. تقاضای این گروه‌ها بعد از انقلاب ۵۷ در صورتی کامل می‌شد که همراه با توان پرداخت باشد. اما از آنجا که سرخط تمام منابع، در اختیار روحانیون حاکم بود، توان پرداخت سایرین به‌شدت کم شده بود.

از سوی دیگر چون اکثر مردم و گروه‌های سیاسی، حاضر به تغییر و تعدیل نیازهای خود نبودند، نیازهای تحمیلی به‌شکل عمومی و متداوم، شکل خواسته به‌خود نگرفتند تا بعد به تقاضا تبدیل شوند و سیکل کامل گردد. در واقع به‌دلیل زیر سوال رفتن و نفی نیاز مردم و گروه‌های مبارز توسط روحانیون حاکم، این نیازها شکل کاملا بومی به‌خود نگرفتند. در نتیجه محصولی که به‌شکل جمهوری اسلامی به مردم عرضه شد، با شرایط فرهنگی و اجتماعی اکثریت قریب‌به‌اتفاق جامعه سازگاری نیافت.

از همان ابتدا هم علاقه مردم به فضای قبل از انقلاب نشان‌دهنده تقاضای واقعی آن‌ها بود. حکومت با ترفندهای مختلف به‌دنبال تغییر ذائقهٔ همگانی بود، در صورتی که عموم مردم با همین گرایشات کوچک و علاقه‌مندی‌های مختصر نشان می‌دادند چه نیازهایی درون‌شان نهفته است.

طی چند دهه حکومت روحانیون، اعتراضات فردی و جمعی نشانگر رسیدن مردم، در عرصه‌های گوناگون، به مرحله تقاضاست. یعنی نیازها بعد از عبور از خواسته به تقاضا تبدیل شده‌اند. تقاضایی که در ماجرای کوی دانشگاه و وقایع سال ۸۸ اصلاحات سیاسی بود، سال‌های ۹۶ و ۹۸ اقتصادی بود و در جنبش ۱۴۰۱ ابعاد اجتماعی و فرهنگی هم اضافه شد. در واقع اعتراضاتی که بعد از مرگ مهسا امینی شکل گرفت تبدیل به تقاضا شدن عمیق‌ترین نیازهای چند نسل را در اشکال مختلف بروز داد. تقاضایی همگانی که در دفاع از خود تهاجمی شد. با این حال حکومت همواره، بدون توجه به ریشه این تقاضاها که نیازهای انسانی‌ست، به سرکوب شدید آنها مبادرت کرده است.

مدیریت تقاضا و انقلاب ۵۷

تشکیلات مختلف، در برهه‌های زمانی گوناگون، با تقاضاهای چندگانه‌ای روبرو هستند که باید راه تعامل درستِ با آن‌ها را بیاموزند. علی‌رغم این تصور در مدیریت بازار، که ایجاد و افزایش تقاضا همیشه خوب است، گاهی تعدیل و کاهش آن ضروری‌ست. در واقع از وظایف اصلی بازاریابی، اثرگذاری بر ماهیت تقاضا و زمان‌بندی آن به‌گونه‌ای‌ست که سازمان به هدف‌هایش برسد. یکی از مهم‌ترین وظایف حکومت‌ها نیز مدیریت تقاضای مردم در جهت افزایش رضایت عمومی‌ست. مدیریت کردنی که مختص به خود تقاضا نیست و از توجه به نیازهایی که در جامعه شکل می‌گیرند شروع می‌شود. حکومت‌ها باید با حسن‌نیت، شکل‌گیری نیازها را رصد کنند، آن‌ها را به خواسته‌های درست تبدیل نمایند و تقاضاهای عمومیِ به‌حق را بپذیرند. یکی از ملاک‌های به‌حق بودن تقاضا نیز کمک به کل جامعه برای رسیدن به سطوح بالاتر هرم مازلوست. در ادامه انواع تقاضا بررسی می‌شوند.[۱۶]

۱ - **تقاضای منفی:** در تقاضای منفی بخش بزرگی از بازار و مشتریان محصول را دوست ندارند، نسبت به آن بی‌میل‌اند و از آن اجتناب می‌کنند. حتی چون از

هزینه‌ای که باید برای آن بپردازند باخبرند، ممکن است با پرداخت پول از مواجه با آن اجتناب کنند.
این نوع تقاضا برای انقلاب ایران مربوط به دههٔ ۴۰ خورشیدی‌ست که تقاضای عمومی برای تغییرات بنیادین بین عموم مردم منفی بود. تلاش‌های اقتصادی حکومت پهلوی نیز این بی‌میلی را حفظ و تقویت می‌کرد. در سوی دیگر انقلابیون در تلاش بودند زمینه را برای مثبت شدن تقاضا مهیا نمایند و تغییر باورها و عقاید مردم نسبت به ایدهٔ انقلاب را از راه‌های مختلفی پی‌بگیرند. بزرگ‌نمایی ضعف‌های حکومت پهلوی و ترساندن مردم نسبت به از دست رفتن اسلام، از راه‌های تبدیل تقاضای منفی به مثبت بوده‌اند.
مثلا پخش شایعاتی دربارهٔ فساد خانواده سلطنتی و مرگ افرادی مانند جلال آل‌احمد، صمد بهرنگی و غلام‌رضا تختی بزرگ‌نمایی ضعف‌های حکومت پهلوی بودند.[۱۷] جملهٔ معروف "آقا تختی را خودکشی کردند" نشانگر عمقِ تاثیرگذاری این ابزار است. مناسبات درون خانواده پهلوی نیز نُقل محافل بود و بیش از همه خواهر دوقلوی شاه، اشرف پهلوی را نشانه می‌گرفت.[۱۸] بعدها وقتی احتمال دروغ بودن قتل افراد مشهور بالا رفت و مشخص شد از طریق داستان‌سرایی در پی شایعه‌پراکنی بوده‌اند، این امکان قوت گرفت که در مورد فساد خانواده پهلوی هم اغراق شده و از تکنیک مشابهی برای تخریب خاندان سلطنت استفاده شده است. در خطر بودن اسلام هم به اشکال مختلفی بیان می‌شد. همان گونه که خمینی بر سر منبر فریاد وااسلاما سر می‌داد و مردم را می‌ترساند و اعلام خطر می‌کرد، شریعتی نیز به‌خصوص در سخنرانی "پدر، مادر، ما متهمیم" با بیان اینکه تنها یک نسل تا از بین رفتن اسلام فاصله است فریاد وااسلاما سر می‌دهد[۱۹]. یک پیام در دو قالب.

۲- تقاضای صفر: در این نوع تقاضا، ممکن است مشتریان از وجود محصولی بی‌خبر باشند یا علاقه‌ای به آن نداشته باشند. منظور نوعی بی‌تفاوتی و بی‌خبری عمومی از اتفاقاتی‌ست که بین گروه‌های مبارز و حکومت پهلوی در جریان بود. بخش عمده‌ای از جامعه تا اوایل دههٔ ۵۰ تقاضای‌شان برای کالای انقلاب صفر است. درگیری‌های مسلحانه است که کَم‌کَم تقاضا را از حالت صفر به‌حرکت درمی‌آورد. در واقع تلاش‌هایی که در تقاضای منفی بیان شدند اینجا هم حضور دارند با این تفاوت که درگیری‌هایی مانند سیاهکل تقاضای صفر را به‌حرکت وامی‌دارد.[۲۰]

۳- تقاضای پنهان یا نهفته: نیازِ مشتریان به نوع خاصی از کالا زیاد است اما محصولات موجود قادر به برآورده کردن آن نیستند. این حالت مربوط به نیمه اول دههٔ ۵۰ خورشیدی‌ست. در این دوره علی‌رغم اینکه شاه بسیاری از گروه‌های مخالف را سرکوب کرده بود، اما نسلی نوخاسته و متاثر از اماکنی مانند حسینه ارشاد و ایده‌های انقلابی، در لایه‌های مختلف جامعه، در حال شکل‌گیری بود. تقاضای پنهان در این نسل بالاست و سیستم پهلوی از آن غفلت می‌کند. تقاضاهایی که اغلب بعد از انقلاب دوباره شکلی پنهان گرفتند و در پستوی خانه‌ها و اندیشه‌ها مُهر و موم شدند.

۴ - تقاضای رو به پایین: در این نوع تقاضا، مصرف‌کنندگان محصول را کمتر از گذشته خریداری می‌کنند یا اصلاً دیگر نمی‌خرند. در دهه‌های ۴۰ و ۵۰ سیستم پهلوی در دوره‌هایی به‌صورت مقطعی موفق می‌شود تقاضا برای انقلاب را نزولی کند اما هرگز نمی‌تواند آن را کاملا خاموش سازد. بعد از وقوع انقلاب و استقرار جمهوری اسلامی، از همان سال اول هم‌زمان با تصفیه‌های وسیع و قدرت گرفتن روحانیون، شاهد کاهش تقاضا برای محصول جمهوری اسلامی نسبت به گذشته هستیم. یعنی آن حمایت بسیار بالای اولیه کمتر و کمتر می‌شود. کاهش تعداد روحانیون ادوار گوناگون مجلس و روند اعتراضات نیز نشانگر همین تقاضای کاهشی‌ست. اولین اعتراضات وسیع مردمی در جمهوری اسلامی بیست سال بعد از انقلاب در جریان کوی دانشگاه رخ می‌دهد. اعتراض گستردهٔ بعدی، به فاصلهٔ ده سال، در انتخابات سال ۸۸ خودنمایی می‌کند و بعد از آن جامعه شاهد اعتراضات دیگری مانند دی ماه ۹۶، آبان ماه ۹۸، فروردین ۱۴۰۰ و شهریور ۱۴۰۱ بوده است. کم شدن این فاصلهٔ زمانی خود نشانه‌ای‌ست از تقاضای نزولی برای کالای جمهوری اسلامی. به خصوص پیوستگی و وسعت اعتراضات بعد از شهریور ۴۰۱ نشان‌دهنده کم شدن این فاصله زمانی به ماه و هفته و روز است.

۵- تقاضای بی‌قاعده یا نامنظم: خریدهایی که مشتری انجام می‌دهد اما بر اساس فصل، ماه، هفته، روز یا حتی ساعت متغیرند. تقاضای بی‌قاعده که عموما ناشی از هیجاناتِ زودگذر است معمولا همراه با تغییرات محیطی، رنگ عوض می‌کند. انقلاب ۵۷ در سیر تکاملی تاریخ جامعهٔ ایرانی، تقاضایی بی‌قاعده بود که به‌صورت فصلی اوج گرفت و اثرات خود را برجا گذاشت. در آن دوران اگر

اصلاح الگوی تقاضا توسط سیستم پهلوی در دستور کار قرار می‌گرفت احتمالا معامله به‌گونه دیگری جوش می‌خورد. در واقع ایراد برخی به سیستم پهلوی مبنی بر اینکه بایستی با اعتراضات با قاطعیت برخورد می‌کرد و نباید اجازه می‌داد این تقاضای بی‌قاعده کامل شود در همین بخش قابل جای‌گذاری‌ست.

۶- **تقاضای کامل:** وقتی رخ می‌دهد که مشتریان از محصولی که به بازار عرضه شده به مقدار کافی خریداری کنند. تا اینجا، تنها در دو برهه از تاریخ معاصر ایران تقاضا برای تحولات اجتماعی شکل کامل گرفته است که هر دو نیز موقتی بوده‌اند. یکی به هنگام پیروزی انقلاب مشروطه و دیگری بهمن ۵۷. در این دو مقطع، انقلابیونی که از حجم تقاضای ایجادشده راضی بوده‌اند نهایت استفاده را از آن کرده‌اند. اما نتوانستند تقاضای عمومی برای تغییر ساختار هرمی قدرت و تعدیل آن را در همان سطح حفظ کنند و با ارتقاء کیفیت عملکرد خود، مردم را راضی نگه دارند.

۷- **تقاضای بیش از حد:** مقدار تقاضا، بیش از تعداد محصولات عرضه شده است. اختلاف مردم با حکومت‌های پیش و پس از انقلاب همین جا قابل‌تفسیر است. حکام همیشه تقاضای مردم برای اصلاحات را بیش از حد برآورد کرده‌اند و آنقدر مطالبات را نادیده گرفته‌اند که با انباشتگی تقاضا و در نهایت سردرگمی مواجه شده‌اند. دلیل این امر نیز ظرفیت محدود حکومت‌ها در برابر رشد جامعه است. به‌بیانی رشد سطح تقاضا، بیش از ظرفیت حکومت‌هاست. پیش از انقلاب، تنها مطالبات و تقاضاهای سیاسی از طرف حکومت پهلوی بیش از حد برآورد می‌شد. بعد از انقلاب، تقاضاهای معقول اقتصادی، فرهنگی و اجتماعی نیز بیش از حد برآورد می‌شوند.

۸- **تقاضای ناسالم:** مشتریان ممکن است مجذوب محصولاتی شوند که نتایج اجتماعی ناخوشایندی در پی داشته باشند. در آن دوران از دید طرفداران سلطنت و مخالفان انقلاب ۵۷ تقاضای انقلاب، مضر و آسیب‌رسان بوده است. با گذشت زمان و افشای عدم توانایی جمهوری اسلامی در رفع نیازهای گوناگون مردم، تعداد کسانی که به این گروه پیوسته‌اند به‌طرز چشم‌گیری افزایش یافته است. توقع این دسته از مشتریان حکومت پهلوی، از متفکران آن دوره، تشویق عموم مردم به

ترک محصول انقلاب بوده است. غافل از اینکه کالای مذبور، تولید خود این اشخاص است.

معامله و انقلاب ۵۷

معامله به‌عنوان آخرین حلقه در این زنجیره، بعد از تقاضا شکل می‌گیرد. دادوستد به معنی عمل دریافتِ چیزی مطلوب در برابر اعطای مابه‌ازای آن است. آدمیزاد جهت پاسخ به تقاضای خود به چهار شیوهٔ اصلی که عبارتند از خودتولیدی، استعانت از دیگران، اعمال زور و معامله می‌تواند عمل کند. از بین این شیوه‌ها، معامله، پذیرفته‌شده‌ترین روش برخورد با تقاضاست. بازاریابی نیز زمانی کامل می‌شود که مردم تصمیم می‌گیرند نیازها و خواسته‌هایشان را با برقراری ارتباط، دادوستد نمایند. در جریان انقلاب، بعد از کامل شدن تقاضا، بازار جدیدی در سیاست شکل گرفت و رقابت گروه‌های ذی‌نفع برای حداکثرسازی سهم خود آغاز شد. در یک بازار سالم همه مجاز به عرضهٔ محصول خود می‌باشند. اما روحانیون با استفاده از احساسات ناشی از شیوه‌های پروموشنی، بازار را تک‌محصولی و انحصاری کردند و به‌صورت تدریجی به بیشترین سهم بازار رسیدند. در واقع روحانیون، با وعده، تقاضاها را به‌صورت مقطعی آرام می‌کنند تا قدرت را قبضه نمایند. بعد، هم وعده‌ها فراموش می‌شود هم تقاضاهای مردم.

پنج شرط معاملهٔ سالم و انقلاب ۵۷

۱- حداقل دو طرف وجود داشته باشند. در تمام معاملات حکومتی که بعد از انقلاب ۵۷ داخل ایران صورت گرفته، از جمله ۱۲ فروردین ۵۸ همیشه یک طرفِ معامله روحانیون و جمهوری اسلامی بوده‌اند. تمام معاملات صورت گرفته نیز یک‌طرفه بوده‌اند. به‌عنوان نمونه‌ای بارز از بازنده بودن مردم در معامله با جمهوری اسلامی، می‌توان به کشته‌های جنگ ۸ ساله اشاره کرد. معامله‌ای که قرار بود عده‌ای در ازای جان خود رفاه و آسایش برای مردم به ارمغان بیاورند. جان‌ها ستانده شد اما رفاه نیامد. یعنی جان‌ها تحویل داده شد اما وجود انواع فساد و ناامنی نشان می‌دهد روحانیون سهم خود را تحویل نداده‌اند.

۲- هر یک از طرفین باید برای معامله با طرف دیگر چیز مفید و باارزشی در اختیار داشته باشد. از آنجا که بعد از انقلاب تمام معاملات یک‌طرفه بوده است، مردم همواره عمر، منابع کشور و اعتبار خود را عرضه کرده‌اند و در عوض اختلاس، فسادِ

گستردهٔ اقتصادی و بی‌اخلاقی تحویل گرفته‌اند.
۳- هر طرف باید توانایی تحویل سهم خود به طرف مقابل را داشته باشد. در جمهوری اسلامی همواره مبادله و معامله‌ای ناقص با دیگران جریان داشته است. از ابتدای انقلاب، مسئولین جمهوری اسلامی قصد، توانایی و آمادگی روانی و فکری برای تحویل آنچه در وعده‌ها فروخته بودند نداشتند. در واقع آنچه حکومت بایستی به مردم تحویل می‌داد برآوردن نیازهای آن‌ها بود. اما نیازهای خود روحانیون و ماموریت و چشم‌اندازی که از ابتدا برای نظام تعریف شده، امکان تحویل سهم را از آن‌ها گرفته است. در جریان اصلاحات هم اصلاح‌طلبان چیزی را به مردم فروختند که در آن اختیاری نداشتند. اصلاحات، معامله‌ای سه‌وجهی بین مردم، دولت اصلاحات و نهایتا نظام بود. مردم با این تصور که قدرت رئیس‌جمهوری اصلاحات، با پشتوانه رای بیست میلیونی به‌اندازه‌ای است که به اصلاح نظام بپردازد با او معامله کردند. اما دولت اصلاحات وعدهٔ فروشِ مالی غصبی را داده بود که حتی در اختیار خودش نبود. خاتمی این مال غصبی را بدون آنکه اختیاری روی آن داشته باشد، در انتخابات به مردم فروخت و هزینه‌اش را گرفت، اما نتوانست جنس فروخته‌شده را تحویل دهد. مردم یک‌بار دیگر برای به‌دست آوردن آنچه متعلق به خودشان است هزینه کردند، بدون آنکه آن را به‌دست آورند. اصلاحات، بعد از خود انقلاب و جنگ هشت ساله سومین معاملهٔ بزرگی بود که مردم با روحانیون کردند اما شکست خوردند.
۴- هر طرف باید در رد یا قبول پیشنهاد طرف دیگر آزادی عمل داشته باشد. بعد از بهمن ۵۷ با جوِ ایجادشده در جامعه، مردم عموما در رد یا قبول پیشنهادات و وعده‌های حاکمیت آزادی عمل نداشته‌اند. به‌جز آنچه در مورد اولین همه‌پرسی گفته شد، بعد از آن هم کالاهای سیاسی عرضه‌شده، با عبور از فیلتر نظارت استصوابی، به‌شدت محدود بوده‌اند.[۲۱] در واقع مردم هرگز در رد پیشنهادات حکومتی اختیاری نداشته‌اند.
۵- هر طرف باید ضمن علاقه‌مندی به کالا بر این باور باشد که انجام معامله برای او مناسب است. بعد از انقلاب ۵۷ معامله‌های بین حاکمیت و مردم تنها برای حکومت مناسب بوده‌اند. چون سرخط قدرت و منابع در دست حکومت بوده و نتایج تمام معاملات به نفع ماموریت نظام مصادره شده‌اند.

فصل سوم

بازار و بازاریابی
و انقلاب ۵۷

بازار، در معنای آکادمیک خود، مکانی‌ست که خریداران و فروشندگان برای مبادله کالا و خدمات دور هم جمع می‌شوند و دادوستد می‌کنند. مجموعه‌ای از عرضه‌کنندگان و تقاضاکنندگان بالقوه و بالفعلی که دارای نیازها و خواسته‌های مشترکی هستند و می‌توانند آن‌ها را از طریق معامله مرتفع سازند. از آنجا که بازار مستقیما با عوامل انسانی سروکار دارد، تمام مختصاتش حاصلِ رفتارهای مثبت و منفی کسانی‌ست که به آن جان می‌دهند. از منظر این کتاب، از وقتی که انسان نیازی داشته که برآورده شده، بازار شکل گرفته است. با این رویکرد، بازار در مفهومِ ذاتی خود مکانی فیزیکی نیست بلکه فضایی‌ست در ذهن مردم، که ابتدا نیازی در آن شکل می‌گیرد و بعد مرتفع می‌گردد.

شکل‌گیری بازار انقلاب ۵۷

در فصل گذشته تا حلقهٔ معامله بررسی شد. اما به‌دلیل مفصل بودن بحث خودِ بازار، بررسی آن را در این فصل پی می‌گیریم. قبلا گفتیم پس از آنکه نیاز شکل خواسته به خود گرفت و توانایی پرداخت هزینهٔ محصول، تقاضا را امکان‌پذیر کرد، بازار بالقوه شکل می‌گیرد. ظهر است، گرسنه‌ای، نزدیک چند رستوران ایستاده‌ای که همگی چلوکباب عرضه می‌کنند و پول کافی هم داری، این یعنی تقاضا امکان‌پذیر است. از اینجا به بعد بازار و رقابت مفهوم می‌یابند و هر که محصولش رضایت بیشتری جلب نماید، موفق‌تر خواهد شد. در دوران پهلوی، از دههٔ ۴۰، شاهد مطرح شدن نیازهایی در اشکال گوناگون هستیم که بخشی از آن‌ها مانند عدم حق رای زنان واپس‌گرایانه بودند. ولی چون مطرح و بیان عمومی می‌شدند بایستی رفتاری مناسب در قبال آن‌ها پیش گرفته می‌شد. برخی نیازها نیز مانند درخواست پای‌بندی به اصول مشروطه کاملا به‌حق بودند. اما حکومت پهلوی از کنار تمام آن‌ها با کم‌توجهی عبور می‌کند. با تمام پیچیدگی‌هایی که وجود داشت، سیستم در نظام پهلوی، بایستی به دقت این نیازها را شناسایی، دسته‌بندی و تجزیه و تحلیل می‌کرد و با توجه به شرایط، با هر کدام تعامل درستی شکل می‌داد. وقتی چنین نمی‌شود، حتی نیازهای واپس‌گرایانه نیز رنگ حقیقت به‌خود می‌گیرند و قدرت تشخیص مردم را کم می‌کنند. در هر صورت، این نیازها و خواسته‌ها کَم‌کَم شکل تقاضایی قوی به‌خود گرفتند تا در نهایت بازاری تشکیل شد که به تغییر نظام پهلوی انجامید.

در ماه‌های پایانی منتهی به انقلاب ۵۷ در ذهن تمامِ ایرانیان داخل و خارج از کشور، در تمامی اماکنی که بین ذی‌نفعان بحث‌های انقلابی درمی‌گرفت، بازار گسترش یافته بود و اذهان تبدیل به محل مبادلهٔ ایدهٔ انقلاب شده بود. در بعضی محافل، این بازار گرم بود و در برخی مجالس در حد پخشِ خبر بود. وقتی که اخبارِ انقلاب به خانه‌ها رسید و نُقل محفل شب‌نشینی‌ها شد بازار آن رو به تکامل گذاشت. هر قدر به بهمن‌ماه نزدیک‌تر شدیم، بازار گسترده‌تر و همه‌گیرتر شد تا در این ماه کامل و به فروش انقلاب منجر گردید. تا پیش از آن، همه‌هرچه بود نیاز، خواسته و تقاضا بود. پس از آنکه بازار شکلِ کامل گرفت، معامله جوش خورد و بخش عمده‌ای از مردم، با توجه به اعتبار تاریخی روحانیت، بدون تحقیق، تمام منابع کشور را همانند چکی سفید امضاء به آن‌ها واگذار کردند.

شکل‌گیری بازار جمهوری اسلامی

بعد از انقلاب، بازارِ فروش محصول مورد نظر روحانیون که جمهوری اسلامی‌ست تشکیل می‌شود. در واقع همه‌پرسی آری یا نه، بازار فروش جمهوری اسلامی و صدور فاکتور برای آن بود. بازاری که از ابتدا در آن تنها یک عرضه‌کننده وجود داشت. در تجارت، رستوران‌ها، با افزودن ویژگی‌های رضایت‌بخش به غذای خود، با هم رقابت می‌کنند. حال تصور کنید وقتی مشتری توانِ پرداختِ هزینهٔ چلوکباب را دارد، تمام رستوران‌ها با زور گزمه و شحنه تعطیل شوند و فقط یک رستوران بماند. اینجا بازار انحصاری می‌شود و چون رقابتی در کار نیست رستوران‌دار، که خود را ملزم به جلب‌رضایت مشتری نمی‌بیند، غذایی بی‌کیفیت و مسموم عرضه می‌کند. بعد از مدتی گزمه تمام اغذیه‌فروشی‌های کوچک را هم تعطیل می‌کند و رستوران مذکور تنها مرکز ارائه غذا می‌شود. این دقیقا همان اتفاقی‌ست که بعد از انقلاب ۵۷ رخ می‌دهد و یک رستوران می‌مانَد با سرو غذایی مسموم که همه هم مجبور به خرید از آن بودند.

در این برهه از تاریخ، روحانیون وارد پروسهٔ خلق و فروش متاعی می‌شوند که در آن تخصصی ندارند. مثل کسی که هیچ تجربه‌ای در آشپزی ندارد اما اختیار بزرگ‌ترین رستوران منطقه را در دست می‌گیرد. ابتدا تمام پرسنلِ قبلی را اخراج می‌کند و به‌جای آن‌ها افراد معتمد خود را به خدمت می‌گیرد که هیچ سررشته‌ای از آشپزی ندارند و حتی نحوهٔ آب‌پز کردن تخم‌مرغ را نمی‌دانند. تصمیم دیگری که

سرآشپز می‌گیرد تهیه غذاهای جدیدی‌ست که هیچ‌کس تجربهٔ پختن و خوردن آن‌ها را ندارد. استراتژی اصلی روحانیون در بازارِ داخلی برای تداومِ فروشِ جمهوری اسلامی به مردم، استفاده از اصل ولایت فقیه بوده است. در واقع به‌محض صدور فاکتور، از طریق این اصل زمینه برای سرکوب هرگونه رقیبی فراهم شد تا به انحصارِ بازار آن‌ها خدشه‌ای وارد نشود. تقدمِ تعهد به ولایت فقیه بر تخصص در گزینش نیروی انسانی، یکی از کاربردهای این استراتژی می‌باشد. در صورتی که این تقدم و تأخر در دنیای تخصص‌گرای امروز قطعا به گسترش نارضایتی مردم منجر خواهد شد. مهدی چمران، از اسطوره‌های خود جمهوری اسلامی، اعتقاد دارد کسی که شغلی را بدون داشتن تخصص قبول می‌کند بی‌تقواست.[۱] بر این اساس روحانیون از وقتی به اموری که در آن‌ها تخصص نداشتند پرداختند، به‌صورت آشکارا تقوای خود را، به‌عنوان یکی از اصلی‌ترین نقاط تمایز گروه مرجع روحانیت، از دست دادند. جدایی دین از سیاست، از تخصص‌گرایی می‌آید و روحانیون که طی قرن‌ها تنها محصول تولیدی‌شان محتوای مذهبی، تفسیر و پند بوده و کار عملیاتی نکرده بودند بعد از تثبیت قدرت، تمام امور مملکت را انحصاری در اختیار گرفتند.

ساختار بازار جمهوری اسلامی

از نظر علم اقتصاد منظور از ساختار بازار، تعداد عرضه‌کنندگانی‌ست که محصولی یکسان تولید می‌کنند. در واقع عناصر اصلی ساختار بازار شامل تعداد عرضه‌کنندگان، اندازهٔ آن‌ها، شرایط ورود به بازار و تمایزهای ایجادشده در کالا می‌باشند. هدف از انقلاب مشروطه تغییر ساختار بازار سیاست بود. با این تغییر، عرضه‌کنندگان محصولات حکومتی، متنوع می‌شدند و هر کدام می‌توانستند با ویژگی‌های مخصوص، برای خود ایجاد تمایز نمایند. در آن صورت شرایط ورود به بازار سیاست برای همگان تسهیل می‌شد. اتفاقی که عملا نمی‌افتد و مشروطه ناقص می‌ماند. در ادامه انواع ساختار بازار در انطباق با شرایط سیاسی ایران مختصری مورد بررسی قرار می‌گیرند.[۲]

انواع ساختار بازار[۳] و انقلاب ۵۷

۱- ساختار رقابت کامل: در این ساختار که احتمالا بهترین حالت برای بازار سیاست می‌باشد تعداد زیادی تولیدکننده و مشتری وجود دارند. تمام عرضه‌کنندگان،

قیمت‌پذیرند و هیچ‌یک امکان تحمیل شرایط خود به بازار را ندارند. نیاز و تقاضای واقعی مردم آشکار است و گروه‌های سیاسی مدعی، محصولات خود را با قیمتی قابل‌قبول و کیفیتی خوب عرضه خواهند کرد. به‌عبارت دیگر، رقابت کامل موجب می‌شود توانایی‌های گروه‌های مدعی قدرت با نیازهای واقعی مردم تراز شوند. علاقه‌مندی مردم، تعیین‌کنندهٔ قیمت خدماتی‌ست که از سوی گروه‌های سیاسی عرضه می‌شود. هیچ مانعی برای فعالیت افراد با افکار مختلف وجود ندارد و هر صاحب اندیشه‌ای می‌تواند بدون مانع وارد بازار سیاست شود. هیچ‌گونه تبانی و سازشی میان مردم و سیاست‌مداران وجود ندارد و مواضع روی منافعِ عمومی گذاشته می‌شوند. بلوغ سیاسی مردم به‌حدی بالاست که خودآگاه و ناخودآگاه، با تشخیص، خطرات محتمل خارجی را آنها دفع می‌کنند.

۲- ساختار رقابت انحصاری: در این ساختار نیز تعداد زیادی گروه سیاسی، به‌عنوان فروشنده و تعداد زیادی خریدار وجود دارند. اما اینجا سیاست‌مداران از طریقِ ایجادِ تمایز در محصولات خود به رقابت می‌پردازند. در رقابتِ انحصاری، حکومت‌ها می‌توانند در کوتاه‌مدت انحصارگری کنند ولی در بلندمدت گروه‌های دیگری وارد عرصه می‌شوند که بازار را به سمت ایجاد ساختار رقابت کامل می‌کشانند. از انقلاب ایران توقع تشکیل چنین بازاری در سیاست می‌رفته است که شرایطی فراهم نماید تا گروه‌های مختلف بتوانند کالای خود را عرضه کنند. اما این‌گونه نمی‌شود و ساختار به سمتِ انحصار سوق می‌یابد.

۳- ساختار انحصار چندجانبه: در این حالت، تعداد کمی فعال سیاسی به‌عنوان فروشنده و تعداد زیادی خریدار وجود دارند. مثلا تنها دو گروه سیاسی به بازار تسلط دارند. تصمیم یکی از آن‌ها بر تصمیم دیگری اثرگذار است، در برنامه‌ریزی‌های استراتژیک خود، پاسخ رقیب را مورد ملاحظه قرار می‌دهند و حتی ممکن است تبانی کنند. در جمهوری اسلامی، بعد از تثبیت قدرت، با شکل‌گیری دو جناح اصلاح‌طلب و اصول‌گرا دو رقیب زاده شدند تا ویژگی‌های بازار انحصارِ چندجانبه را تداعی کنند. اما از آنجا که قبل از آن، پایهٔ انحصار کامل برای کل نظام گذاشته شده بود این تلاش، نمایشی تبلیغاتی محسوب می‌شود. یعنی درون یک انحصار کامل، دو فرزند زاده شدند که برای سهم‌خواهی بیشتر از منابع کشور به رقابت پرداختند.

۴- **ساختار انحصار کامل در طرف تقاضا:** ساختاری که در آن تنها یک خریدار و تعداد زیادی فروشنده وجود دارند. در این شرایط هیچ‌یک از عرضه‌کنندگان، تعیین‌کنندهٔ قیمت و سایر شاخص‌های بازار نیستند. معمولا خریدار، انحصارگری‌ست که شرایط معامله را به عرضه‌کنندگان تحمیل می‌کند و روی بازار کنترل دارد. در ساختار سیاسی جمهوری اسلامی از یک منظر، شاهد این نوع انحصار هستیم. با جاگذاری اصل ولایت فقیه در قانون اساسی، تنها یک مشتری واقعی برای تمام خدمات مردم وجود دارد. همه مردم فروشنده‌اند اما آنکه محصولش بیشتر موردپسند ولی‌فقیه قرار گیرد از امکانات بهتر و موقعیت‌های برتری برخوردار خواهد بود.

۵- **انحصار کامل:** انحصار کاملِ سیاسی، حالتی است که معمولا یک گروه ایدئولوژیک، تسلط کامل روی محصول حکومتی دارد و می‌تواند مانع ورود دیگران شود. این گروه به‌عنوان تنها فروشنده، قدرت بالایی در تعیین ویژگی‌های کالا و میزان تولید و عرضه دارد و با صرفِ کم‌ترین انرژی بیشترین سود را می‌برد. از آن جایی که در بازار انحصار کامل، هیچ‌گونه رقابتی وجود ندارد، استانداردهای اجباری و انسانی، مانند مبانی حقوق بشر به‌شکل حداقلی اجرا می‌شوند و کیفیت بی‌معناست. شخصی ویژه، کنترلی معنادار و زیاد روی خدمتی که نظام حکومتی باید به مردم ارائه کند دارد. همان گونه که مشخص است جمهوری اسلامی هم‌پوشانی کامل، هم با انحصار کامل در طرف تقاضا و هم با انحصار کامل دارد. یعنی هر دو انحصار هم‌زمان اجرایی شده‌اند. با وجود اصل ولایت فقیه تنها یک مشتری برای همه مردم وجود دارد. درعین‌حال گروه اقلیتی از وابستگان او اختیار تمام منابع را در دست گرفته‌اند و ساختاری دو برابر انحصاری خلق کرده‌اند. نتیجهٔ انحصارِ قدرت همیشه فساد است و نتیجهٔ تمام فعالیت‌های پوپولیستی، برای نمایش عدم انحصار، فساد بیشتر می‌باشد. روندی که به‌عنوان خصوصی‌سازی در ایران صورت گرفت نمونه‌ای از همین نمایش‌هاست. خصوصی‌سازی فرایندی بود که طی آن از محل اموال مصادره‌ای برای تقویت هستهٔ مرکزی قدرت، تامین منابع شد.[۴] در این فرایند بخش زیادی از نیروهای وفادار به نظام، به صنایع و کارخانجات سرازیر شدند و اختیار اقتصاد بیش از پیش به طرفداران ولایت فقیه واگذار شد. وقتی خودِ نظام در شرایط انحصاری به مردم فروخته شده، زیرمجموعه نیز به‌صورت اجتناب‌ناپذیر و با الگوبرداری از قدرت مرکزی، انحصاری

شکل می‌گیرد. به همین دلیل خصوصی‌سازی هرگز در ایران موفق نبوده و تا زمان وجود انحصار کامل سیاسی، موفق نخواهد بود. راه خروج اقتصاد از انحصار، خروج نظام حکومتی و سیاسی از انحصار است.
به‌عنوان نمونه، فقط برشمردن مشاغل شخص رهبر میزان انحصاری بودن قدرت را به‌طور کامل نشان می‌دهد. یا در موردی مشخص‌تر هر بار که برای ضدِولایت فقیه از تریبون‌های رسمی مرگ طلب می‌شود، شاهد نمود و نماد انحصار کامل و همه‌جانبه در تمام زمینه‌ها هستیم. وقتی نتیجهٔ عدمِ اعتقاد به ولایت فقیه مرگ است توقع رشد، در اختیار قرار گرفتن منابع و حتی زندگی عادی برای افرادی که به این موضوع اعتقاد ندارند و در دایرهٔ تنگ قدرت نیستند بی‌جاست. در واقع روحانیون بر اساسِ تفاسیری از مذهب، خط‌کشی‌هایی در جامعه انجام داده‌اند که هر کس از آن‌ها عدول نماید سخت قضاوت و تنبیه می‌شود.

موانع ورود به بازار سیاست در جمهوری اسلامی

قدرتِ بازار انحصارگران، یا از موانعی که بر سر ورود رقبای بالقوه ایجاد می‌کنند ناشی می‌شود یا از سلب توانایی‌های رقبایِ بالفعل. جمهوری اسلامی با اصلِ ولایت فقیه و نظارت استصوابی، هر دو راه فوق را پیش گرفته است. با اعدام، زندان، حصر و اعمال محدودیت‌های اجتماعی‌سیاسی، توان رقابتیِ تمام رقبای بالفعل و بالقوهٔ داخلی را سلب کرده است. به‌طورکلی روحانیون سه نوع مانع اصلی برای ورود رقبا به بازار سیاست ایران ایجاد کرده‌اند.

۱- موانع اقتصادی: مثلِ عدمِ امکانِ رشدِ اقتصادی به غیرخودی‌ها و شریک شدن اجباری در پروژه‌های اقتصادی سودآور. با وجود این مانع، از همان ابتدا امکان بهره‌مندی گروه‌های رقیب از منابع مالی که می‌تواند به تامینِ سایر امکانات ختم شود گرفته شده است. روحانیونی که در زمان پهلوی به‌خاطرِ آزادی فعالیت‌های اقتصادی، خود را مجهز کرده بودند از پتانسیل نهفته در تمول باخبرند. با این مانع، هم تمام منابع را برای کسب نتایج مورد نظر خود بسیج کرده‌اند هم از قوت گرفتن رقبا جلوگیری نموده‌اند.

۲- موانع حقوقی: روحانیون پس از به قدرت رسیدن با وضع قانون اساسی جدید و سایر قوانین، سیستم قضایی کشور را به‌گونه‌ای چینش نمودند که به‌راحتی از

ورودِ هرگونه رقیبی به بازار سیاست جلوگیری شود. ممانعت از ورودی که شکل و توجیه قانونی گرفته و امکان حذف هر نظرِ مخالف، منتقد و رقیبی را فراهم کرده است. قانونی شدن مواردی مانند اصل ولایت فقیه و نظارت استصوابی از این دست موانع می‌باشد. بعد از آن هم با گنجاندن موارد مبهمی مانند اقدام علیه امنیت ملی، تشویش اذهان عمومی و نشر اکاذیب که با آزادی بیان در خود قانون اساسی مغایرت دارند امکان حذف وسیع و قانونی رقبا فراهم شده است. فیلترینگ شبکه‌های اجتماعی، تعطیلی وسیع مطبوعات، احکامِ سنگین قضایی برای معترضان، تصفیهٔ فیزیکی مخالفان و دستگیری فعالانِ حقوق بشر، زنان و محیطِ‌زیست نمونه‌هایی در این زمینه هستند.

۳ - موانع تعمدی: موانعی مانند تبانی، لابی‌گریِ حکومتی و استفاده از زور و اجبار برای حذف رقبا می‌باشند. به‌عنوان مثال حاکمیت امتیاز ویژه‌ای به فرد یا شرکتی می‌دهد تا تأمین‌کنندهٔ انحصاریِ محصول یا خدمتی خاص در بازار باشد. بدین‌وسیله، رقبای بالقوه خودبه‌خود از بازار دور نگه داشته می‌شوند. در جمهوری اسلامی تقریباً در تمام زمینه‌ها، به‌ویژه صنایع پولساز و بزرگ، شاهد این‌گونه موانع هستیم و امکانات به‌صورت انحصاری در خدمت افراد وابسته به روحانیون قرار دارند. استفاده از فتوای مراجع تقلید در موارد ضروری، استفاده از اوباش در اعتراضات و عدم اجازهٔ چاپ کتب ازاین‌دست موانع می‌باشند.

رشد در ساختار بازار انحصاری سیاست جمهوری اسلامی

با قبضه شدن بازار سیاستِ ایران، زندگی و رشد در جمهوری اسلامی از طریق ورودی‌های مشخص و کانال‌های معین به انحصار درآمده است. گویی بیتِ رهبری قیصریهٔ بازار است که در مرکز قرار دارد. حوزه‌های علمیه، انجمن‌های اسلامی، پایگاه‌های بسیج و هیات‌های مذهبیِ خاص ورودی‌های سرِ بازارند. تیم، تیمچه، رسته و راسته‌ها هم کانال‌ها و مسیرهای رشد در این بازار برای رسیدن به قیصریهٔ می‌باشند. شبکه‌ای پیچیده و درهم تنیده که هم راه دارد، هم بیراهه و بن‌بست. بعد از ورود و عبور از درگاه‌ها، وارد کانال‌های رشد می‌شوی. اگر خط و ربط‌ها را بشناسی و درک درستی از استراتژی‌ها و نیازهای روحانیونِ حاکم پیدا کنی، پیش می‌روی و بر اساس استعداد خود، در هم‌سو شدن با هسته‌های قدرت، به قیصریه که مرکز منابع است دسترسی می‌یابی. تمام ورودی‌ها و کانال‌ها هم به‌شدت

تحت‌کنترل بانیان و وفاداران حکومت می‌باشند.

هرچه از انقلاب بیشتر گذشته، با اینکه تعدادِ درگاه‌ها و ورودی‌ها افزایشِ چشم‌گیری یافته و مقدار زیادی هیات، مسجد و پایگاه بسیج خلق شده اما حرکت در کانال‌های رشد سخت‌تر شده است. درگاه‌ها معمولا بزرگ و پذیرا هستند اما هرچه در کانال‌ها جلوتر بروی تنگ‌تر می‌شوند و شرایط به‌دلیل رقابتی که بر سرِ منابع وجود دارد سخت‌تر می‌شود. در حالی که در یک جامعهٔ سالم، ورودی اصلی به کانال‌های رشد، دانشگاه‌ها می‌باشند. در واقع خود تعریف درگاهِ رشد می‌تواند سعادت یک جامعه را تحت‌تأثیر عمیق خود قرار دهد. اما حکومت‌های انحصاری ورودی‌های مخصوص خود را خلق می‌کنند تا رشدِ افراد تحت‌کنترل باشد و کسانی با استعدادِ رقابت، وارد نشوند.

بازار مصادرهٔ اموال در جمهوری اسلامی

بعد از انقلاب ۵۷ و به انحصار درآمدن بازار سیاست در دست سازمان روحانیت، خرده بازارهایی در اتمسفر همان انحصار کامل شکل گرفتند. از مهم‌ترینِ آن‌ها می‌توان به بازار مصادرهٔ اموال سرمایه‌داران و کارآفرینان اشاره کرد. در این بازار، اموالِ مغضوبین بدون آنکه بهای‌شان پرداخت شود در اختیار حلقهٔ موردِ اعتماد روحانیون قرار گرفتند. بسیاری از کارخانه‌ها و مراکز تولیدی و خدماتی از خانه صادق هدایت گرفته تا ایران‌ناسیونال مصادره شدند.(۵) بازاری که در آن تقاضای بیش از حد و تقاضای بی‌قاعده ترکیب شده بودند و چون عرضه اختیاری نبود فقط نیازِ طرف تقاضا برآورده می‌شد.

در واقع روحانیون، تمام کشور را بازاری یک‌سویه می‌دیدند که به‌عنوان متقاضی حق دارند هر منبع ارزشمندی را تصاحب کنند، بدون آنکه بهایش را بپردازند. جالب اینکه بعد از مصادرهٔ اموال، در قانون اساسی، اصلی تعبیه شد که مجوز فروش همین اموالِ مصادره‌ای را در قالب خصوصی‌سازی صادر کرد. اموالی که در تقاضای آن‌ها هزینه‌ای پرداخت نشده بود حالا از محل عرضه درآمدزایی می‌شد. بنیاد مستضعفان و ستاد فرامین امام از مهم‌ترین مراکزی هستند که به ضبط دارایی‌های مغضوبین پرداختند. از همان ابتدا روحیهٔ مصادره چنان بر تازه به حکومت رسیدگان غلبه کرده بود که به‌جز اموال منقول و نامنقول، مفاهیم و ایده‌ها را نیز به نفع خود ضبط می‌کنند. ایدهٔ تشکیل دانشگاه آزاد اسلامی برای علی شریعتی‌ست که در آرزوی حسینیه ارشادی در حدِ یک دانشگاه بوده است،

اما در نبودش به علی‌اکبر رفسنجانی نسبت داده می‌شود.[۶] مصادرۀ خودِ مفهوم انقلاب با اسلامی کردن آن نیز نماد بارز انحصار در مفاهیم است. در برابرِ به‌کارگیری اصطلاح انقلاب اسلامی، واژۀ انقلاب ۵۷ درست است چون در ایجاد نیاز به انقلاب و گسترش تقاضا برای آن تمام گروه‌ها درگیر بوده‌اند. در هر صورت نتیجۀ انحصارِ کامل سیاسی و متعاقب آن انحصار اقتصادی، برهم خوردن نظم بازاری بود که در آن کارآفرینی ارج و قرب داشت. بی‌ثباتی جامعه‌ای که درگیر کشمکش‌های بیرونی و تضادهای داخلی بود در کنار این بازارشکنی‌ها در قالب مصادرۀ اموال، روند رشد بازار رو به ترقی ایران را متوقف کرد. نظم اقتصادی شکل گرفته به‌هم خورد و تولید آشفته شد و انگیزه برای برنامه‌ریزی بلندمدت از بین رفت. هر نوع تجارتی، برای کسانی که مستعد بودند، در کوتاه‌مدت توجیه یافت و ترسِ ناشی از مصادرۀ اموال در جامعه نهادینه شد. پس از در اختیار گرفتن اموال مغضوبین، به‌منظورِ استفادۀ حداکثری از آن‌ها در جهت بقای نظام، افراد وفادار و مورد اعتماد اما بی‌تجربه و غیرمتخصص در راس قرار گرفتند. حجم عظیمی از سرمایه، پول و ثروت به اشکال گوناگون از کارآفرینان نخبه گرفته شد و به فرصت‌طلبانی که بعضاً حتی انقلابی نبودند داده شد و احترام به تولید از بین رفت.

پیش از انقلاب، فعالیت اقتصادی برای هر کسی که استعدادی و انگیزه‌ای داشت آزاد بود. همین باعث شکوفایی و ظهور کارآفرینان توان‌مند شده بود. اما بعد از انقلاب، به‌دلیل تمامیت‌خواهی روحانیون و عدم تمایل به شراکت سیاسی، از پتانسیل‌های هیچ غیرخودی، از جمله کارآفرینان خوش‌نام استفاده نشد و اقتصادِ پیچیدۀ مملکت، به دست کسانی افتاد که زمینۀ فساد مالیِ بالایی داشتند. در همین دوره، تمام اقتصاد بسته شد، نقش دولت پررنگ شد و نظم عمومی حاکم بر بازار از دست رفت. بسیاری از فعالیت‌هایی که پیش از انقلاب رونق داشتند رو به تعطیلی گذاشتند و صنایعی که در خدمت تولید کالا برای جنگ بودند و علی‌الاصول فقط در آن دوران به کار می‌آمدند رونق گرفتند.

بازار سیاه جمهوری اسلامی

بازاری که در انقلاب ۵۷ شکل گرفت را می‌توان به دلیل تاثیرات وسیع، اَبَربازی محلی با اثرات جهانی دانست. تمام کسانی که از انقلاب توقعاتی داشتند و خود را ذی‌نفع آن می‌دانستند اعم از مردم عادی، گروه‌های مبارز، کشورهای همسایه و شرکای جهانی کم‌وبیش داخل این بازار بودند. بعد از انقلاب

و با برهم خوردن نظم جامعه و حاکم شدن شرایط جدید، در ذهن تمام ذی‌نفعان، نیازهای جدیدی بروز پیدا کردند که اجازه و امکان رسیدن به مرحلهٔ تقاضا را نیافتند. یا پنهان ماندند یا سرکوب شدند. نتیجهٔ محدودیت‌های شدیدی که به منظورِ کنترل اوضاع به نفع حاکمیت اعمال شد، پیشی گرفتن تقاضا از عرضه در بسیاری زمینه‌ها بود. غلبهٔ تقاضا بر عرضه، وقتی منابع در انحصار عده‌ای خاص باشد، به تشکیل خرده بازارهای متعدد سیاه منجر می‌شود. بازار ایران پس از انقلاب ۵۷ بازاری سیاه شد که برای بقا در آن بایستی سیاه‌بازی بدانی وگرنه حذف می‌شوی. بخش قابلِ‌توجهی از کنترل‌های شدید حکومتی، بر نگرش‌ها، بینش‌ها و اندیشه‌ها اعمال شد و رقبای سیاسی و مردم عادی هم‌زمان پایش شدند.

از همین جا وسیع‌ترین بازار سیاهی که امکان‌پذیر بود، در ذهن مردم تشکیل شد. وقتی نیازهایی که در ذهن مردم رشد کرده بودند انکار شدند، در اندیشهٔ میلیون‌ها انسان بازارِ سیاهِ نگرش و بینش به وجود آمد. تنوع افکار و نیازها نادیده گرفته شد و هر تفکری که موردپسند روحانیون نبود، به سمت بازار سیاه و غیرقانونی هدایت شد. حتی علایق کوچک مردم به نوع خاصی از موسیقی و هنر یا غرایزی مانند ارتباط با جنس مخالف تنبیه شدند و به سمت بازارهای سیاه رفتند. این محدودیت‌ها به‌خصوص برای جامعه‌ای که حداقل برای دو دهه آزادی‌های زیادی را تجربه کرده بود سخت آزاردهنده بود. مضاف بر اینکه مردم در فاصلهٔ کوتاهِ بین دو نظام حکومتی، عادت کرده بودند بی‌پروا فریاد بزنند و تقاضاهایِ خود را بیان کنند. عامه مردم درگیر خودسانسوری، مخفی کردن تقاضا و گاهاً سرکوب خود شدند تا نیازشان به بقا در بازارهای زیرزمینی و مخفی مرتفع شود.

با این‌حال مردم همیشه، حتی با چندین برابر هزینه، راهی برای رفع نیازهای خود می‌یابند. پارتی‌های پنهانی، الکل نوشیدن‌های مخفیانه و ارتباط نهانی دو جنس ناشی از همان بازار سیاه اندیشه‌ای‌ست که روان جامعه را چندپاره کرده است. مثلا وقتی با نزدیک‌بینی هرگونه ارتباط بین دو جنس خارج از چارچوب ازدواج، محدود و جرم شد، بازارِ سیاه ارتباط بین دختر و پسر شکل گرفت. این بازار سیاه ارتباطات، تا جایی رشد کرد که از آغاز دههٔ هشتاد شروع به خُرد کردن بنیان خانواده نمود. نهادی که در ایران همیشه مقدس بوده و حتی بازاریابان کالاهای مصرفی نیز به اعتبار آن، نوشابه، آب معدنی، چیپس و پفک خانواده را با موفقیت به فروش رسانده‌اند. به‌طورکلی وفاداری تقلیل یافت و ابتدا مردم از حمایت جامعه به حمایت هر کس از خانواده خود رسیدند و این افول تا جایی ادامه یافت که به‌شکل

حمایت هر کس تنها از خودش درآمد. شرایطی که اختلاف بین اعضای خانواده در مسائل مالی و ارث و غیره را تشدید کرد و بنیان خانواده را سُست نمود. برخی از این بازارهای سیاه حتی به‌صورت رسمی درآمدند و مثلا به‌شکل آموزشگاه‌های کنکور به کسب‌وکارهای بزرگی تبدیل شدند. سرکوب سطوح اولیهٔ هرم مازلو، برآوردن بخشی از این نیازها را به خارج از ایران منتقل کرد و حجم عظیمی از ثروت به همسایگانی مانند ترکیه و دبی منتقل شد. در دوران تشدید تحریم‌ها این بازار سیاه به‌شکل وسیعی در ارتباط با انتقال نفت خام خودنمایی کرد و زمینه‌ساز اختلاس‌ها و فسادهای گسترده شد.

بازاریابی انقلاب ۵۷

بر اساس تعاریف کتابی، بازاریابی، مدیریت رابطه‌ای سودمند و سودآور با مشتری است. "سرجیو زیمن"[۷] اعتقاد دارد بازاریابی فعالیتی‌ست راهبردی که بر اقداماتی برای جذب مشتری بیشتر، خرید محصول در دفعات بیشتر برای جذب پول بیشتر متمرکز است. در تعریفی جامع‌تر از سوی فیلیپ کاتلر[۸]، بازاریابی فرایندی اجتماعی و مدیریتی‌ست که به وسیلهٔ آن، هر فردی، نیازها و خواسته‌های خود را از طریق تبادل ارزش با دیگران برآورده می‌سازد. از منظر این کتاب، بازاریابی تجاری خیلی ساده کسب سود و سبک کردن جیب دیگران از طریق کمک به رفع نیازهای آن‌هاست. بازاریابی با فروش متفاوت است. در واقع فروش، نتیجه و نوک پیکان بازاریابی‌ست. بسیاری از مردم در مواجهه با اصطلاح بازاریابی یا آن را معادل ویزیتوری می‌دانند یا هم‌سنگ فروش و تبلیغات تجاری برمی‌شمرند. فروش بخش کوچکی از عملیات بازاریابی بوده، زیرمجموعه پروموشن به‌عنوان یکی از متغیرهای قابل‌کنترل بازار است. چنانچه کل بازاریابی را به کوه یخ تشبیه کنیم، فروش و تبلیغات قله آن می‌باشند. بخشِ اعظم انقلاب ایران هم، همانند کوه یخ زیر آب بود و آنچه مردم و جهانیان در بهمن ۵۷ دیدند تنها نوک کوه بود. کوه یخی که ریشه‌ای هزارساله داشت.

بازاریابی برای انقلاب، بازاریابی برای جمهوری اسلامی

بازاریابی برای انقلابِ ۵۷ را باید از بازاریابی برای حکومت فقه‌ها در قالب جمهوری اسلامی جدا دانست. در ادامه برخی مشخصات بازاری که سال ۵۷ کامل شد و به فروش ایدهٔ انقلاب و جمهوری اسلامی ختم شد بیان می‌شوند.

۱- در بازاریابی برای ایدهٔ انقلاب ۵۷ تمام گروه‌ها درگیرند اما برای بازاریابی محصول جمهوری اسلامی بیشتر روحانیون و هواداران آن‌ها تلاش می‌کنند.
۲- بازاریابی برای انقلاب ۵۷ از دورهٔ مشروطیت آغاز شد و فروش آن در بهمن‌ماه ۵۷ اتفاق افتاد. اما بازاریابی برای حکومت فقه‌ها از قرن چهارم هجری با پایه‌گذاری حوزهٔ علمیهٔ نجف توسط شیخ طوسی آغاز و از دوران صفویه جدی می‌شود.
۳ - در بهمن ۵۷ نیاز تمامی گروه‌های درگیر با انقلاب با سقوط پهلوی برآورده شد. یعنی نیاز به انقلاب مرتفع شد. اما پس از آن، با فروش محصول جمهوری اسلامی، تنها برآورده شدن نیاز عده‌ای که حاکم شده بودند در دستور کار قرار گرفت.
۴- تا پیش از انقلاب، هر روز به پتانسیل خرید ایدهٔ انقلاب افزوده می‌شد. پس از انقلاب انرژی نهفته در بُن‌مایه‌های سیاسی کشور از بین رفت و فقط پتانسیل خرید محصول جمهوری اسلامی به رسمیت شناخته شد.
۵- در ماه‌های پایانیِ منتهی به انقلاب ۵۷ میزان مصرف ایدهٔ انقلاب و تقاضا برای آن به حداکثر رسید. بعد از انقلاب تنها مصرف کالای جمهوری اسلامی مجاز شد و مابقی محصولاتِ بازار، سمی، خطرناک و مهلک اعلام شدند.
۶ - فروش ایدهٔ انقلاب، در کلام و به‌صورت شفاهی اتفاق افتاد اما برای فروش کامل محصولِ جمهوری اسلامی در سه مرحله فاکتور صادر شد. نخستین فاکتور، برای خریدارانِ محصول جمهوری اسلامی به‌صورت قطعی در همه‌پرسی ۱۲ فروردین‌ماه ۵۸ صادر شد. فاکتور بعدی در تاریخ ۱۱ و ۱۲ آذرماه ۵۸ برای فروش قانون اساسی جمهوری اسلامی و ایدهٔ ولایت فقیه به‌صورت قطعی صادر شد. فاکتور سوم حدود ۱۰ سال بعد از انقلاب، وقتی صادر شد که به‌منظورِ تکمیل محصول اولیه، کلمهٔ مطلقه به ولایت فقیه اضافه شده بود.
۷- در بازار انقلاب‌ها همیشه توقعِ نوآوری در شیوهٔ حکومت‌داری وجود دارد. در انقلاب ایران نوآوری در قالب اصل ولایت فقیه به کرسی نشست، اما نه در جهت رفاه و رضایت مشتریان اصلی، بلکه برای تامین اهداف عرضه‌کنندگان کالای انحصاری حکومت.
۸- ارائه و فروش محصول جمهوری اسلامی به‌جای محصول شاهنشاهی باعث تغییری بنیادین از جنس برندینگ مجددِ کامل در برابر برندینگِ مجددِ جزئی شد. در برندینگ مجددِ کامل، حتی نام محصول تغییر می‌کند و کالایی کاملا جدید عرضه می‌شود. در برندینگِ مجددِ جزئی تنها بخش‌هایی از کالا عوض می‌شود.
۹- فروش تمام اجزا محصول جمهوری اسلامی همواره همراه با خشونت بوده است.

خشونتی که بعد از حذفِ حکومت پهلوی به صفِ انقلابیون رخنه کرد و هر روز شدیدتر شد تا در نهایت به حذف فیزیکی، تبعید یا خانه‌نشینی شرکا و مشتریانِ ناراضی جمهوری اسلامی منتهی شد. این خشونت حتی در مورد مشتریانی که از اهمیت و جایگاه بالایی برخوردار نبودند، اما طرز فکر متفاوتی داشتند نیز اعمال شد. مثل کسانی که از ادارات تصفیهٔ شدند یا در گزینش دانشگاه‌ها رد شدند. خشونتی که دامنِ خودِ طرفداران جمهوری اسلامی را هم گرفته و به حذف بالاترین مقامات آن منجر شده است. این خشونت در طول زمان ادامه داشته و نسل‌های متعددی را درگیر با خود نگاه داشته است. اعدام‌های مختلف، زندان‌های حکومتی، برخورد خشن با دانشجویانِ اول انقلاب در اطراف دانشگاه‌ها، خشونت در کوی دانشگاه، سرکوب اعتراضات سال سال ۸۸، آبان ۹۸ و به خصوص شهریور ۱۴۰۱ نشانگر تداوم اعمال خشونت در فروش کالای جمهوری اسلامی‌ست.

۱۰- به استنادِ برخی بندهای تا ابد غیرقابل‌تغییر قانون اساسی، فروشِ محصول جمهوری اسلامی قطعی بوده و هرگز پس گرفته نخواهد شد. وقتی احمدِ خاتمی چهار موضوع اسلامیت، جمهوریت، ولایت فقیه و مذهب رسمی کشور را به‌عنوان چهار اصلِ تغییرناپذیرِ قانون اساسی جمهوری اسلامی ایران برمی‌شمرد، به عدم امکان پس دادن محصولِ حکومتیِ جمهوری اسلامی به روحانیون اشاره دارد.(۹) در همین چهار بند هم، سه مورد آن در تاکید اسلامیت است و از جمهوریت تنها نامی در کلیت نظام به‌جا مانده است. حتی حذفِ پستِ نخست‌وزیری نیز در جهت تمرکز بیشتر قدرت و افزایش اختیارات ولی‌فقیه قابل‌تفسیر است.(۱۰)

۱۱- توصیف خمینی از ویژگی‌های کالایی که قرار بود توسط مردم خریداری شود، در پاریس و بعد از حضور وی در تهران تغییر کرد. کالایی نشان داده شد اما متاع دیگری تحویل داده شد. در واقع گام‌به‌گام هر قدر به تکمیل محصول نزدیک‌تر می‌شویم ویژگی‌های بیشتری از آن نمایان می‌شود.

۱۲- فروش محصول کاملِ جمهوری اسلامی تدریجی بوده است. ابتدا یک انقلاب سیاسی فروخته شد. پس از تثبیت جایگاه با تکیه بر قدرت سیاسی، انقلاب فرهنگی به‌صورتِ تحمیلی به فروش رسید. در نهایت با در دست گرفتن کامل اقتصاد، انقلاب اقتصادی نیز به فروش رسید. تحولات فرهنگیِ مورد نظر روحانیون اگرچه با لفظ انقلاب فرهنگی به مردم فروخته شد و عرضهٔ کالایش در ۲۳ خرداد ۵۹ صورت گرفت اما ذاتاً برآمده از انحصار سیاسی بود.(۱۱) این قاعده در مورد انقلاب اقتصادی نیز صادق است.

۱۳- در برندینگ یکی از نکات مهم در اسم‌گذاری، همخوانی ماهیت کالا با نامی‌ست که برای آن انتخاب می‌شود. جمهوری اسلامی نیز ابتدا با انتخاب اسم شروع می‌شود و بعد چیستی و ماهیتش کامل می‌گردد. در تدوین این اسمِ دوسیلابی، بازارِ هدفِ کلمهٔ جمهوری، روشن‌فکران جامعه بودند و انتخاب این لفظ ابتدا برای خرید حمایت آن‌ها صورت گرفت. پس از فروش کلمهٔ جمهوری، به فاصلهٔ کمی، در دومین همه‌پرسی، اصل ولایت فقیه در قانون اساسی گنجانده می‌شود[۱۲] و از جمهوریت فقط تیتر باقی می‌ماند.
۱۴- محصول فروخته‌شده به‌عنوان جمهوری اسلامی، به‌جز اینکه از ابتدا مناسب نبوده، با گذشت دهه‌ها به‌روز هم نشده است. وقتی این کالا تولید و به مردم فروخته شد مفاهیم و شرایط بازار به‌گونه دیگری بود. مثلا سی آر ام که جزء جدایی‌ناپذیر بازار مدرن است مطرح نشده بود.[۱۳] خدماتِ پس از فروش، گارانتی و وارانتی شکل درستی نگرفته بودند.[۱۴] امکانِ عودتِ کالا مرسوم نبود و بین فلسفه‌های شناخته‌شده بازاریابی در سطح جهان، همه از فلسفهٔ فروش پیروی می‌کردند. وقتی مردم در زندگی روزمره گارانتی و خدماتِ پس از فروش را تجربه می‌کنند و کالای خریداری‌شده را به‌راحتی پس می‌دهند، خودبه‌خود عادت می‌کنند مورد احترام باشند و خدمات خوبی بگیرند. این عادت، به انتظار از مدیریت کلان کشورها نیز تسری یافته و حالا توقع از دولت‌ها و حکومت‌ها نیز بالا رفته است. به همین نسبت، در تعمیم این قاعده به جمهوری اسلامی، اولا از ابتدا باید محصولی با کیفیت عرضه می‌شد و بعد هم در مسیر، خدمات حکومتی تعمیر و به‌روز می‌شد و هم‌پایِ بازار دنیا رشد می‌کرد.
۱۵- امید مردم در جنبش اصلاحات، ایجاد تغییرات تدریجی در کالایِ حکومتیِ خریدرای شده بود. در واقع تغییرات بنیادینی که سال ۵۷ در محصولِ حکومتی پیش آمد رضایتمندی مردم را در پی نداشت. اصلاحات امید تعمیرِ کالای خریداری‌شده را درون خریداران زنده کرد که بی‌ثمر بود.
۱۶- همان‌گونه که در بازارِ آثار هنری، دو رویکرد هنر برای هنر و هنر برای هدفی بالاتر داریم، در تحولات اجتماعی نیز ممکن است جامعه به سمت تحولِ اجتماعی برای تحول اجتماعی یا تحول اجتماعی برای امری والاتر برود. انقلاب ۵۷ برای بسیاری انقلاب برای انقلاب بوده است. چون هدف فقط حذف نظام پادشاهی بوده و برنامه‌ای برای بعد از آن نداشتند.
۱۷- بازاریابی برای ایدهٔ انقلاب، سیکل کامل خود را طی کرد و به بار نشست و

نیازِ گروه‌های مبارز به تغییر رژیم برآورده شد. اما بازاریابی برای جمهوری اسلامی سیکلی ناقص داشته و تنها برخی روحانیون و نزدیکان‌شان از دایرهٔ کامل آن بهره برده‌اند. سیکل بازاریابی در حکومت‌داری وقتی کامل می‌شود که به رضایت مردم ختم شود و به خریدِ همراه با رغبتِ مجدد منجر گردد.

۱۸- در محصول جمهوری اسلامی، چون عرضه‌کننده تعیین‌کنندهٔ شکل و محتواست، بازارِ فروشنده می‌باشد. در این‌گونه بازارها معمولا عرضه‌کننده با بمباران اطلاعاتی و غلو در ویژگی‌ها، محصول را تحمیل می‌کند. در صورتی که در بازارِ خریدار، مشتری‌ست که تعیین می‌کند به چه نوع کالایی نیاز دارد و ویژگی‌های مورد نظرش چه می‌باشند. به‌بیانی محصول جمهوری اسلامی توسط مردم خریده نشده بلکه به آنها فروخته شده است. دموکراسی واقعی بر اساس بازار خریدار شکل می‌گیرد و مردم به‌عنوان خریداران خدماتِ حکومتی، تعیین‌کنندهٔ شرایط بازار سیاسی هستند. در صورتی که در حکومت تمامیت‌خواه، فروشنده تعیین‌کنندهٔ شرایط بازار می‌باشد.

مراحل بازاریابی انقلاب ۵۷ و جمهوری اسلامی

۱ - بازاریابی انقلاب ۵۷: شامل ایجاد نیاز، تبدیل نیاز به خواسته، شکل‌گیری تقاضا و در نهایت انجام معامله است. این مراحل برای حکومتِ روحانیون از هزارسال پیش شروع شده بودند. اما برای کالای انقلاب در زمان ناصرالدین‌شاه و با تاسیس دارالفنون جرقه می‌خورد، با انقلاب مشروطه اولین گام جدی را برمی‌دارد، با تغییر سلسله پادشاهی از قاجار به پهلوی تداوم می‌یابد تا به بهمن‌ماه ۵۷ می‌رسد.

۲ - فروش انقلاب ۵۷ به‌عنوان یک ایده: شروع جدی فروش ایدهٔ انقلاب به‌شکلی که شاهد آن بوده‌ایم، از واقعه سیاهکل است. با یورش مسلحانهٔ هواداران "سازمان چریک‌های فدایی خلقِ ایران" به پاسگاه ژاندارمری سیاهکل، اعتراضات شکلی از براندازی به خود گرفت. متعاقب این واقعه و حدود ۸ سال بعد از آن، تقاضا برای انقلاب کامل شد.[۱۵] در واقع خمینی هم در سخنرانی سال ۴۲ تلاش می‌کند در ملاءعام خود را هم‌تراز شاه قرار دهد اما نه از موضع براندازی بلکه از موضع نصیحت و جایگاه اجتماعی. اما در واقعه سیاهکل تلاش برای هم‌ترازی شکلِ براندازی به‌خود می‌گیرد.

۳ - فروش جمهوری اسلامی به‌عنوان محصول: فروش جمهوری اسلامی به‌عنوان محصول مورد نظر روحانیون بین ۲۲ بهمن‌ماه ۵۷ تا ۱۲ فروردین‌ماه ۵۸ رخ داد. در این فاصلهٔ ۵۰ روزه، تمام مقدمات کار برای فروشِ محصول، تدارک دیده می‌شود و در نهایت با همه‌پرسی فروش نهایی می‌گردد. ابتدا یک اسم به فروش می‌رسد، بعد از آن کالا را مرحله‌به‌مرحله ساخته و تکمیل می‌کنند. فروش این اسم از آن جهت اهمیت دارد که راه را برای به انحصار درآوردن قدرت هموار می‌کند. بعد از این همه‌پرسیِ ناقص، بازار، انحصاری و تَک‌محصولی می‌شود. در واقع بازارِ سیاست ایران تنها برای همان مدت کوتاهِ ۵۰ روزه از انحصار خارج می‌شود. شور و شعفی که اوایلِ تکمیل شدن بازار انقلاب بین مردم ایجاد شده بود، نشانگر میزان اشتیاق عامه مردم به بازار سیاست رقابتی‌ست.

۴ - فروش ولایت فقیه: فاصلهٔ زمانیِ بین همه‌پرسی آری یا نه، تا فروش اصل ولایت فقیه در همه‌پرسیِ قانون اساسی حدود ۹ ماه است. در این بازه زمانی، تدوین قانون اساسی، به‌عنوان مشخص‌کنندهٔ ویژگی‌های محصولی که فروخته شده است، در دستور کار قرار می‌گیرد. ابتدا در پیش‌نویسی که زمان مهدی بازرگان تهیه می‌شود و به امضاء خمینی می‌رسد هیچ اشاره‌ای به اصل ولایت فقیه نمی‌شود.(۱۶) در فاصلهٔ بینِ امضاء پیش‌نویس تا همه‌پرسی برای قانون اساسی، در شورای انقلاب و به مدیریت سید محمد بهشتی، ولایت فقیه به پیش‌نویس اضافه می‌شود. نظر تمام افرادِ اثرگذارِ آن دوره در مورد ایدهٔ ولایت فقیه، از طالقانی گرفته تا بنی‌صدر و مکارم شیرازی منفی‌ست. به گفته بنی‌صدر، مکارم شیرازی در سخنرانی خود، آن روز را روز سیاه تاریخ ایران می‌داند. حتی محمد بهشتی هم موضعی دوپهلو داشته است. از چند نفری که در مخالفت با اصل ولایت فقیه تصمیم به استعفا می‌گیرند تنها مکارم شیرازی بعدا به موافقان آن ملحق می‌گردد و در راس امور می‌ماند. حذف این مخالفان نشانگر خط قرمز و اهمیت این اصل در محصول جمهوری اسلامی‌ست.(۱۷)

۵ - فروش ولایت مطلقه فقیه: محصول فروخته‌شده در فروردین‌ماه سال ۵۸، بعد از اصلاحی که در قانون اساسی در سال ۶۸ صورت گرفت با اضافه کردن کلمهٔ مطلقه، کامل شد. محصولی که درون خود پکیجی از زیرمحصولات سیاسی،

اجتماعی، اقتصادی و فرهنگی داشت و با تغییری بنیادین، تمام شئونات زندگی مردم را تحت‌اثر خود قرار داد.

فلسفه‌های مدیریت بازار و انقلاب ۵۷

در بازاریابی پنج فلسفهٔ اصلی وجود دارد که شرکت‌ها در چهارچوب آن‌ها هدایتِ فعالیت‌های خود را سازماندهی می‌کنند. فلسفه‌هایی که نشانگر سیر تحول علم بازاریابی و رشد و بلوغ شرکت‌ها نیز می‌باشند. هرچه به عصر حاضر نزدیک‌تر شده‌ایم، مدیران از فلسفهٔ تولید بیشتر فاصله گرفته‌اند و به بازاریابی اجتماعی نزدیک‌تر شده‌اند.[۱۸]

۱- فلسفهٔ تولید

از قدیمی‌ترین مفاهیم در فعالیت‌های اقتصادی است. بر اساس آن، مصرف‌کننده محصولی را می‌پسندد که هم در دسترس باشد هم استطاعت خرید آن را داشته باشد. تمرکزِ مدیریت در این فلسفه افزایش کارایی تولید و توزیعِ مناسب است. شرکت‌هایی که از این رویکرد پیروی می‌کنند دست به ریسک بزرگی می‌زنند. چون ممکن است با تمرکز زیاد بر عملیات تولید، از ایجاد ارتباطِ مناسب برای رفع نیاز مشتریان غافل شوند. تا پیش از انقلاب ۵۷، انقلابیون و به‌خصوص تولیدکنندگان محتوا از این فلسفه پیروی کرده‌اند.

۲- فلسفهٔ کالا

بر اساسِ این فلسفه، مشتری کالایی را می‌خرد که بهترین کیفیت، بازده و خصوصیات ابتکاری را دارا باشد. بنابراین، سازمان باید انرژی خود را صرف بهبودِ دائمیِ کالا کند. در این فلسفه، تولیدکنندگان بر این عقیده‌اند که اگر تَله‌موش بهتری ساخته شود، مردم دنیا سریعاً برای خرید آن اقدام خواهند کرد. اما آنها در اشتباه‌اند. خریداران در جستجوی راه حلِ رهایی از خود موش هستند نه یک تَله‌موش بهتر. نتیجهٔ اصلی این فلسفه، نزدیک‌بینی شدید بازاریابی‌ست که همه در تاریخ معاصر ایران گرفتار آن بوده‌اند[۱۹].

نزدیک‌بینی بازاریابی در سیاست معاصر ایران

در سطور مختلفی از این کتاب به نزدیک‌بینی مفرطِ عواملِ دخیل در انقلابِ ایران

اشاره شده است. نزدیک‌بینی در بازاریابی وقتی رخ می‌دهد که عرضه‌کنندگانِ محصول، به‌جای تمرکز روی تجربهٔ مشتری و برطرف کردن نیاز او، روی خودِ محصول متمرکز شوند.[۲۰] این مفهوم ازآن‌روی برجسته است که برای اولین‌بار باعث شد فروشندگان پی‌ببرند کار اصلی‌شان ایجاد ارزش برای مشتریان است. نیازِ مشتریِ عینک، ترمیم بیناییست نه خودِ عینک. این نیاز با لنز نیز قابل‌رفع است. هالیوودی‌ها سرگرمی می‌فروشند نه فیلم سینمایی. کسی که مته می‌خرد در اصل سوراخِ دیوار می‌خرد. این‌ها چند مثال ساده بودند برای توضیح نزدیک‌بینی در مدیریت و بازاریابی.

حکومت‌هایی هم که تمرکز خود را روی محصولاتِ فعلی قرار می‌دهند در واقع توجهی به نیاز واقعی مردم ندارند و تنها زمانِ حال را می‌بینند. این حکومت‌ها دچار بیماری نزدیک‌بینی بازاریابی هستند. خطای بسیاری از فروشندگان خدمات حکومتی این است که به‌جایِ توجه به حس و تجربهٔ مردم از محصولات حکومت، آنقدر روی خودِ محصول تمرکز می‌کنند که از درک نیاز واقعی مردم عاجز می‌مانند. فراموش می‌کنند محصولِ حکومتی، تنها ابزاری‌ست برای رفعِ نیازهای عمومی. حکومت‌ها تشکیل می‌شوند که با ارائه خدماتِ مختلف، زندگی مردم را تسهیل کنند نه خود باری شوند بر دوش آنها. سیاست‌مدارانِ باهوش به فراتر از خصوصیات محصولات خدماتی خود فکر می‌کنند و تلاش می‌نمایند تجربهٔ ویژه‌ای از دوران خود بر جا بگذارند. مردم هم خدمات مناسب حکومت‌ها را همواره در خاطر نگه می‌دارند.

برای اجتناب از نزدیک‌بینی باید توجه داشت یک محصول ممکن است چند نیاز را هم‌زمان مرتفع کند. کسی که اتومبیل مرسدس بنز می‌خرد، تنها وسیله‌ای برای حرکت از نقطه آ به نقطه ب نمی‌خرد بلکه راحتی، امنیت و احترام نیز ابتیاع می‌نماید. با این قاعده، انتظار از محصولی مانند حکومت، قطعا برآوردن یک نیاز نیست و طیف نیازها و خواسته‌های گوناگونی را بایستی مرتفع نماید. بر این مبنا در بررسی محصولی که در فرایند انقلاب ۵۷ فروخته شد بایستی به نیاز واقعی طرف‌های مختلف توجه کرد که چه می‌خواسته‌اند و چه به‌دست آورده‌اند.

نزدیک‌بینی شاهنشاهی: نزدیک‌بینیِ بازاریابی در محمدرضا پهلوی و اطرافیانش ازآن‌روی رخ می‌دهد که محیط تمام کشور و ذهنیات و نیازهای مردم را با آنچه درون خودشان می‌گذشته، منطبق می‌دانسته‌اند. نوعی گره خوردن نیازهای درونی

خود و نزدیکان خود با سرنوشت کشور. مثلا زنده نگه داشتن فرهنگِ باستانی درون شاه شکل گرفته بود اما این نیاز لزوما درون عامه مردم جوانه نزده بود. مردم خواهان رفاه اقتصادی بودند در صورتی که اصلاحات ارضی به آنها زمین می‌داد. روحانیونِ سیاسی در تدارک در دست گرفتن قدرت بودند در صورتی که شاه روی نفوذ روحانیون غیرسیاسی حساب می‌کرد. قوی‌ترین رقیب بالقوهٔ سازمان پادشاهی، سازمان روحانیت بود در صورتی که او کمونیست‌ها را رقیب اصلی خود می‌پنداشت. از وجهی دیگر شخص شاه به‌قدری روی دستاوردهای اقتصادی خود، به‌عنوان بخشی از محصول حکومت، تکیه کرد که فراموش شد، بعد از رفاه اقتصادی قطعا نیازهای سطح بالاتری بروز می‌نماید و بایستی پاسخ درستی برایشان داشت.

نزدیک‌بینی انقلابیون: پیش از انقلاب، روشن‌فکران عنوان می‌کردند خواهان تعدیل ساختار سیاسی هستند. قشر ضعیف اقتصادی هم خواهان بهبود وضعیت معیشتی بود. ابتدا انقلابیون و سپس مردم، دچار بیماری نزدیک‌بینی شدند و تصور کردند انقلاب می‌خواهند. در واقع نیاز واقعی نه انقلاب، بلکه بهبود وضعیت معیشتی و اصلاح ساختار سیاسی بوده است. به‌قدری روی محصول انقلاب تمرکز کرده بودند که فراموش‌شان شده بود نیاز خودشان و مردم، انقلاب نیست بلکه برآورده شدن نیازها در سطوح مختلف هرم مازلوست. تنها گروهی که در جریان انقلاب، دچار نزدیک‌بینی نشد روحانیونی بودند که از ابتدا حداقل در خلوت، نیازهای واقعی خود را می‌شناختند. برای آن‌ها انقلاب وسیله‌ای بود برای دست‌یابی به قدرت به‌منظورِ بهره‌برداری از منابع جهت حفظ سازمان روحانیت.

نزدیک‌بینی روحانیون و جمهوری اسلامی: بزرگترین نزدیک‌بینی سازمان روحانیت عدم درک عمق تغییرات دنیای مدرن، در دست گرفتن انحصاری قدرت سیاسی و اصرار بر حفظ آن است. در مورد جمهوری اسلامی هم نوع خاصی از نزدیک‌بینی را شاهدیم که در آن تمرکزِ بیش از حد روی ماموریت نظام و ولایت فقیه همه را درگیر کرده است. فلسفهٔ وجودی قانون اساسی، تعدیل و تقسیم قدرت و توزیع مناسب منابع در چارچوبی معین است و این تعدیل ارتباطی با احکام فقهی ندارد. اتفاقاً وقتی مذهب و فقه وارد قانون اساسی می‌شوند، توزیع برابرِ فرصت‌ها و منابع را دچار نقصان می‌کنند و تعادل را برهم می‌زنند. مثلا ورود بحث دیه به قوانین کشور بر اساس فقه، به نابرابری زن و مرد منجر می‌شود.

همین جاست که مشخص می‌شود دین از سیاست جداست و مشروعه کردن مشروطه با روح و رسالت قانون اساسی در تضاد بوده و از بین برنده ماهیت آن می‌باشد.

نزدیک‌بینی در اپوزیسیون: اپوزیسیون سیاسی جمهوری اسلامی نیز دچار نزدیک‌بینی مفرط است. مردم خواهان آزادی انتخاب، رفع تبعیض و برخورداری از فرصت‌های برابرند. این نتایج از هر طریقی به‌دست آید و تامین نیاز سلسله‌مراتب مازلو از هر روشی تضمین شود راضی خواهند بود. با این اوصاف، کار اصلی نخبگان و رهبران فکری و اجرایی تشخیص نیاز واقعی مردم و عرضهٔ راه‌کارها و سازوکارهای عملی‌ست. به‌دلیل اهمیت درک نزدیک‌بینی، در ادامه مثالی از فضای ادبیات آورده می‌شود.

کوتوزوف[۲۱] و نزدیک‌بینی: در کتابِ جنگ و صلحِ تولستوی، در جریان جنگ روسیه با ناپلئون یکی از زیردستان کوتوزوف، سردار روسی، وقتی که وی از جنگ امتناع می‌کند به او می‌گوید "مردم می‌خواهند ما بجنگیم، تزار هم همین را می‌خواهد، پس ما باید بجنگیم". اما کوتوزوف در جواب وی می‌گوید "تزار و مردم می‌خواهند که فرانسوی‌ها از خاک کشور اخراج شوند و من اینجا هستم که نیاز واقعی آن‌ها را برآورده کنم". در واقع مردم روسیه خواهان جنگ نبودند، بلکه خواستار خروج فرانسوی‌ها از خاک کشورشان بودند. تولستوی در شخصیت‌پردازی حرفه‌ای خود، بصیرتی حکیمانه به کوتوزوف داده و مدیری که دچار نزدیک‌بینی نیست را در قرن نوزدهم به تصویر کشیده است. او روی لایه‌های عمیق‌تری از نیاز مردم تمرکز می‌نماید، با طمانینه و آرامش برخورد می‌کند و حتی از شهر استراتژیک موردِ مناقشه عقب‌نشینی می‌نماید.[۲۲] اما چون هدفِ واقعی را می‌شناسد به آن می‌رسد. نیروهای مهاجم، پس از به آتش کشیدن شهر، با مشکلِ سوخت و غذا مواجه می‌گردند، شکست می‌خورند و از روسیهٔ تزاری خارج می‌شوند. کوتوزوف بدون خون‌ریزی و تنها از طریق همراهی با طبیعت زندگی، جنگ را می‌برد. تفاوت دیدگاه کوتوزوف با سرداران زیر دستش، به ماهیت انقلاب‌های قرن بیستمی نیز قابل‌تعمیم است.

۳- فلسفهٔ فروش

بر این اساس بنا شده که مشتری، کالا را نمی‌خرد بلکه باید به او فروخت. فلسفهٔ فروش در مورد کالاهای ناخواسته و اجناسی که مردم در پی آن‌ها نیستند و معمولاً

به خرید آن‌ها فکر نمی‌کنند، مانند انواع بیمه و قبر، کاربرد دارد. این روش به‌دلیلِ ذاتِ تهاجمی خود، همواره ریسک بالایی به‌همراه دارد و چون تأکید آن رویِ فروش است، به ایجاد رابطهٔ بلندمدت و ارزشمند با مشتری توجهی ندارد. معمولاً هدف، فروش چیزهایی است که تولید شده، نه تولید محصولاتی که بازار خواهان آن‌هاست. فرض بر این است که مشتریان محصولاتی را که در نتیجهٔ چرب‌زبانی خریده‌اند دوست خواهند داشت، اگر هم نداشته باشند، موضوع را فراموش کرده و دوباره آن را خواهند خرید.

جمهوری اسلامی، برای فروش کالای ولایت فقیه، دقیقا از همین شیوهٔ تهاجمی استفاده می‌کند. برخورد تند خمینی با مهدی بازرگان، که متعاقب مطرح شدن ایدهٔ ولایت فقیه در پی انحلال مجلس خبرگان قانون اساسی است، از همین نگاه نشأت می‌گیرد.[۲۳]

پس از در دست گرفتن قدرت هم، به‌طرز وسیعی از این فلسفه در زمینه‌های گوناگون استفاده می‌شود. چون می‌دانند که بسیاری از محصولاتِ مکملی که حکومت به‌همراه خود آورده، توسط مردم خریده نمی‌شوند بلکه با تبلیغات وسیع بایستی به آن‌ها فروخته شود. مثلا در دوران جنگ با ایجاد شور و هیجان از طریق شعر، موسیقی و مداحی ایدهٔ مقدس بودن جنگ به بسیاری از خانواده‌ها فروخته شد.

۴- فلسفهٔ بازاریابی

این فلسفه که نسبت به فلسفه‌های قبلی مترقی‌تر است، بر مشتری‌مداری و رضایت مشتری تمرکز دارد و بر این اصل استوار شده که با تلاشی هماهنگ، رفع نیازهای ذی‌نفعان بهتر از رقبا صورت پذیرد. عرضه‌کننده با شناخت واقعی مشتریان، در پیِ ساخت و ارائه محصولات یا خدماتی‌ست که نیازهای پیدا و پنهان آن‌ها را در حال و آینده مرتفع سازد. در این فلسفه، بازاریاب شکارچی نیست که به جستجو برای صید مشتری مناسب بپردازد، بلکه باغبانی‌ست که برای تولید محصول مناسب تلاش می‌کند. تا به‌حال هیچ یک از حکومت‌هایی که در ایران روی کار آمده‌اند، به‌طور کامل به مرحلهٔ استفاده از فلسفهٔ بازاریابی نرسیده‌اند و عموما از سه فلسفهٔ اول استفاده کرده‌اند. در صورتی که دنیا، دهه‌هاست از این فلسفه‌ها گذشته و حکومت‌های پایدار و مردم‌پسند، سال‌هاست از رویکرد بازاریابی سود می‌برند. بسیاری از آن‌ها از این مرحله نیز گذشته‌اند و به بازاریابی اجتماعی رسیده‌اند.

۵ - فلسفهٔ بازاریابی اجتماعی

هدف این رویکرد، بالا بردن مسئولیت اجتماعی سازمان است. بر این مبنا شکل گرفته که سازمان ابتدا باید نیازهای بازارِ هدف را شناسایی کند، بعد آن‌ها را در مقایسه با رقبا به‌شکل مفیدتری تامین نماید تا رضایت مشتری و جامعه هر دو فراهم شود. در این فلسفه، تضادهای بالقوه‌ای که میان خواسته‌های مصرف‌کننده، منافع او و رفاه بلندمدت جامعه وجود دارند در نظر گرفته می‌شوند. استراتژی بازاریابی به‌گونه‌ای تنظیم می‌شود که رضایتمندی مشتری و منافع جامعه هر دو تامین شوند. حداکثرسازی حق انتخاب، افزایش سلامت اجتماعی، افزایش کیفیت زندگی و رضایت عمومی انتظاراتی‌ست که در این فلسفه وجود دارد. در دنیای امروز بیشترِ حکومت‌های اثرگذار و پیشرو، از این فلسفه پیروی می‌کنند. یعنی به‌جز آنکه به مردمِ داخل کشور، به‌عنوان مهم‌ترین مشتریان خود توجه می‌کنند و برآوردن نیازهای آن‌ها را در اولویت قرار می‌دهند، به جامعهٔ جهانی نیز نگاهی ویژه دارند. مثلا توجه و تلاش وافر برای حفظ محیطِ‌زیست، ریشه‌کنی فقر و بالا بردن سطح آموزش جهانی از همین نگاه نشأت می‌گیرد.

فصل چهارم

مدیریت بازار
و انقلاب ۵۷

در استنباط‌های سطحی، مدیریت بازار معمولا مترادف با ایجاد تقاضا برای محصول تلقی می‌شود. در صورتی که این مفهوم از دو کلمهٔ مدیریت و بازار تشکیل شده است. به بازار در فصل پیش پرداخته شد. مدیریت هم فرایندی‌ست شامل برنامه‌ریزی، تصمیم‌گیری، سازماندهی، نوآوری، هماهنگی، ارتباطات، رهبری، انگیزش و کنترل. پس در تعریفی ساده می‌توان گفت مدیریت بازار یعنی انجام وظایف فوق در بازار. در مباحث آکادمیک این مفهوم به طیف وسیعی از فعالیت‌ها اطلاق می‌گردد که تجزیه و تحلیل فرصت‌ها، برنامه‌ریزی، تعیین اندازه، تقسیم‌بندی، هدف‌گذاری، جایگاه‌یابی و در نهایت ارزیابی تلاش‌های بازار را درون خود جای داده است. در این فصل به بررسی این اجزا در ارتباط با ایران، پیش و پس از انقلاب می‌پردازیم.

۱- پژوهش بازار سیاست ایران پیش از وقوع انقلاب ۵۷

مهم‌ترین ویژگی هر بازاری، تغییر و دگرگونی‌ست و هیچ حکومتی نمی‌تواند با تکیه بر خدمات فعلی خود، برای همیشه بقا یابد. برای تشخیص و تعامل با تغییرات نیز حکومت‌ها به اطلاعات زیادی در خصوص عوامل محیطی نظیر نیروهای جمعیت‌شناختی، اقتصادی، طبیعی، تکنولوژیکی، سیاسی و فرهنگی، که مردم و حکومت را تحت‌تأثیر قرار می‌دهند، نیاز دارند. هدف نهایی از محیط‌شناسی، یافتن اثر هر یک از عوامل فوق در عناصر آمیختهٔ بازاریابی حکومتی‌ست. تا از این طریق فرصت‌ها و تهدیدها شناسایی شوند و استراتژی مناسب اتخاذ گردد. محیطِ پیچیده و در حال تغییر، همواره فرصت‌ها و تهدیدهای جدیدی به‌همراه می‌آورد و باید دائماً اطراف را در نظر داشت تا از تهدیدها مصون ماند و از فرصت‌ها بهره برد. بازارپژوهی این امکان را برای سازمان‌های اطلاعاتی فراهم می‌کند که بر اساس نیازهای روز جامعه، در ساختارها و محتواهای خدماتی حکومت متبوع خود، تغییر ایجاد کنند و انتروپی را منفی نمایند.

وجود دو بستر تغییر اساسی در دهه‌های ۴۰ و ۵۰ اهمیت بالای نیاز به اطلاعاتِ دقیق، در نظام پهلوی را برای ما روشن می‌کنند. بستر اول آغاز ریشه گرفتن نیاز به تغییر نظام حکومتی بین فعالین سیاسی‌ست. عاملی که در دههٔ ۵۰ قوت می‌گیرد و هرچه به سال ۵۷ نزدیک‌تر می‌شویم نشانه‌های آن بیشتر بروز می‌نمایند تا اینکه از اواسط ۵۶ شدت می‌یابد. بستر اساسی دوم، که از اوایل دههٔ ۴۰ با انقلاب سفید شروع می‌شود،

عبور مردم از مرحلهٔ نیاز به خواسته، در فرایند صنعتی شدن جامعه است. در واقع برای چنین تحول عمیقی بایستی پژوهش‌های وسیع و گسترده‌ای در دستور کار قرار می‌گرفت و تمام تصمیمات مبتنی بر تحلیل اطلاعات اخذ می‌شدند. برای تشخیصِ میزان توجهِ حکومت پهلوی به نیازهای واقعی عمومیِ مرتبط با دو بستر فوق، بایستی دید مراکزی مانند رکن دوم ارتش یا ساواک چه تعداد گزارش در این مقوله‌ها تهیه کرده بودند. ادارهٔ نهم ساواک، به‌عنوان مسئول تحقیق و پژوهشِ وضعیت سیاسی امنیتی، چقدر کار پژوهشی به معنای نیازسنجی بی‌طرفانه و خلاقانه و بر اساس اصول حرفه‌ای انجام داده است. در آن دوران، مقتدرترین و فعال‌ترین بخش سیستم امنیتی کشور ادارهٔ سوم ساواک است که مسئول امنیت داخلی‌ست. همین نکته که ادارهٔ سوم در برابر ادارهٔ نهمِ ساواک فعال‌تر و پرکارتر بوده نشانه‌ای‌ست کوچک از کم‌اهمیت بودن کارِ پژوهشی و تحقیقاتی در برابر کار امنیتی.

در هر صورت برای تشخیص درستِ این موضوع بایستی هم کمیت گزارشات ادارهٔ نهم ساواک و هم کیفیت آن‌ها را در انطباق با تصمیمات شاه مورد بررسی قرار داد. این تطبیق کمک می‌کند مشخص شود چه مقدار گزارش تحلیلیِ مناسب در اختیار شاه قرار گرفته و چقدر از تصمیمات او متکی بر گزارشات و چه میزان ناشی از غریزهٔ فردی‌ست که در هر حال بیمار هم بوده است. این رویکرد وقتی اهمیت ویژه‌ای می‌یابد که می‌بینیم در همان شرایط، بخشی از مخالفان حکومت پهلوی، بی‌وقفه درگیر تولید محتوا بوده‌اند. علی‌الاصول از شواهد و قرائن چنین برمی‌آید که کارِ پژوهشی صریح، چه در دانشگاه‌ها و مراکز تحقیقاتی و چه مراکز امنیتی، یا انجام نمی‌شده یا اگر می‌شده کم بوده و اثرگذار نبوده است. به‌عنوان نشانه می‌توان به برخی تصمیمات و اتفاقات اشاره کرد. مثلا در التهاب‌های غیرآشکارِ سال ۵۶ است که جیمی کارتر ایران را جزیره ثبات منطقه می‌خواند و خودبه‌خود باعث تحریک بیشتر مخالفان می‌شود. دقیقا بعد از همین اظهارنظر است که شاه پیگیر چاپ مقاله "ایران و استعمار سرخ و سیاه" می‌شود.[۱] چاپ این مقاله حدود یک‌ماه و نیم پس از مرگ مصطفی خمینی، همدردی بخشی از مذهبیون احساساتی ایران را نسبت به خمینی برانگیخت. احساسی که بعدها برای تدارک اعتراضات وسیع از آن استفاده شد و به او مشروعیت و جایگاه بالایی در ذهن مردم داد تا اتفاقات بعد از آن، تسریع گردد.[۲] در صورتی که اگر تصمیمات بر اساس نتایج تحقیقات بی‌طرفانه اتخاذ می‌شدند و شرایط روزِ جامعه مدنظر قرار می‌گرفت،

شاید نه اظهارنظر کارتر رسانه‌ای می‌شد و نه مقاله چاپ می‌شد تا به جَری شدن مخالفان منجر نشود.
گویا خود ایالات متحده هم، به‌عنوان متحد استراتژیک کشور، شناخت درستی از جامعهٔ ایرانی نداشته و استراتژی درستی در قبال همسایه شمالی ایران اتخاذ نکرده است. نگرانی و ترس از دومینوی کمونیسم چنان تحلیل‌های داخلی و خارجی را سودار کرده بود که بی‌تعلل، کشور به دامان سازمان روحانیت انداخته می‌شود. کافی بود با رویکردی تحقیقاتی، سخنرانی خمینی در مخالفت با انقلاب سفید تجزیه و تحلیل می‌شد یا سیر تغییر رویکرد روحانیون به در دست گرفتن قدرت سیاسی مورد بررسی قرار می‌گرفت یا کتاب ولایت فقیه خمینی به‌درستی خوانده می‌شد. در مثالی دیگر می‌توان به لزوم کار مطالعاتی در مورد شایعاتی که در خصوص اعضای خانواده سلطنتی و مرگ افراد مشهوری مانند تختی در جامعه بر سر زبان‌ها می‌افتاد اشاره کرد. این‌گونه مطالعات می‌توانست بسیاری از جهت‌گیری‌های جامعه را روشن نماید و به نیازسنجی روشن‌فکران، تحلیل نیاز مردم عادی و تولید محتوای مناسب منجر شود. در این شرایط، ساواک بیشتر از آنکه به جمع‌آوری و تجزیه و تحلیلِ دقیق و وسیع اطلاعات بپردازد و با به‌کارگیری محققان زبده، درصدد فهم چرایی چنین اتفاقاتی باشد بیشترین انرژی خود را در ادارهٔ سوم روی سرکوب فیزیکی مخالفان می‌گذارد.

مراحل تحقیقات بازاریابی و انقلاب ۵۷

مرحلهٔ اول

مرحله‌ای‌ست که در آن مشکل و مسئله، تعیین و تعریف می‌شود. حکومتِ شاهنشاهی یا اصلا تشخیص نداده بود در لایه‌های زیرین جامعه مشکلات و تناقض‌های اساسی وجود دارد یا می‌دانسته اما جدی نگرفته است. در هر دو صورت ضعف فعالیت‌های تحقیقاتی نمایان است. نادیده گرفتن اعتراضات گوناگون تا آخرین ماه‌های حکومت، نشانگر عدم توجه سیستم به نیازهای برآورده نشده است. احتمالا رشد اقتصادی خوب، بخصوص در دههٔ ۴۰ باعث ایجاد این تصور شده بود که تمام نیازها برآورده شده‌اند و هرگونه اعتراضی بی‌معناست. اتفاقاً رشد اقتصادی اگر با رشد سایر بخش‌ها همراه نباشد، خود زمینه‌ساز مشکلاتی می‌شود که تعادل جامعه را برهم می‌زند و اقتصاد را نیز زمین‌گیر می‌کند.

از برخی موضع‌گیری‌های شخصِ شاه، مثلا در مواجهه با خبرنگارانی از بی‌بی‌سی، چنین برمی‌آید که او در برابر اعتراضات، دچار احساسات می‌شده است.[۳] برخوردهایی که یا ناشی از بیماری او بوده‌اند یا غرور از موفقیت‌های اقتصادی. در هر صورت قرار گرفتن در چنین موقعیت‌هایی و انکار احساساتی مشکلات، پیامی مبتنی بر ضعفِ سیستم مخابره می‌کرده و احتمالا گاهی به لجبازیِ مخالفان و منتقدان نیز منتهی می‌شده است. قبول وجود مشکل و بعد تعریف درست آن می‌توانست از بسیاری اتفاقات بعدی جلوگیری نماید. در این شرایط به‌هیچ‌عنوان نباید نقش ارکان نظام پهلوی مانند ساواک و سازمان برنامه و بودجه تقلیل پیدا کند. برای تحولی در حد صنعتی شدن یک کشور، بایستی تیمی بزرگ و قوی دست‌به‌دست هم بدهند، که در آن دوره شاهد چنین چیزی نیستیم. در بیشتر تحلیل‌ها به نقشی که سرکوب‌های ساواک در افزایش نارضایتی داشته اشاره می‌شود. اینجا نقش این سازمان در جمع‌آوری، تحلیل و ارائه اطلاعاتِ درست و دقیق به مدیران بالاسری مدنظر است. اگر از مدت‌ها پیش به‌طور مرتب و مداوم گزارش‌هایی مناسب با تحلیل‌های قوی به شاه عرضه می‌شد و تنها به تک‌گزارش‌ها اکتفا نمی‌شد احتمالا روند اتفاقات در مسیر دیگری طی می‌شد.

مرحلهٔ دوم

شامل جمع‌آوری اطلاعات از منابعِ دست اول و ثانویه است. منابع دست اول داده‌هایی هستند که پیش از این گردآوری نشده‌اند. پرسش‌نامه، مصاحبه و تشکیلِ جلسات طوفان ذهنی نمونه‌هایی هستند ازاین‌دست منابع. استفاده از منابع ثانویه شامل جمع‌آوری و بررسی داده‌هایی‌ست که در حال حاضر وجود دارند. مثل مراجعه به کتب چاپ‌شده یا تحقیقاتی که پیش‌تر انجام شده‌اند. نکتهٔ مهم در این مرحله این است که اطلاعاتِ دست اول از اهمیت ویژه‌ای در برابر اطلاعات دست‌دوم، برای کنترل شرایط محیطی برخوردارند. در سیاست، جاسوسی و خبرفروشی را می‌شود به عنوان نمونه‌ای ساده از جمع‌آوری منابع دست اول در نظر گرفت. برای این مورد در حکومت پهلوی می‌توان به امیرحسین فطانت و سیروس نهاوندی اشاره کرد.[۴] همان دوره در جبههٔ مخالفان نظام پهلوی نیز جمع‌آوری اطلاعات از اهمیت ویژه‌ای برخوردار بوده است. بین گروه‌های مخالف، چون روحانیون در سطح کشور پراکندگی بالایی داشتند و بین توده مردم حضور می‌یافتند، بیشترین داده‌های دست اول در اختیار آن‌ها بود. در واقع روحانیون به دلیل دسترسی به

داده‌های اولیه، مشتری‌شناسی خوبی داشته‌اند و جعبه سیاه ذهن مشتریان انقلاب را، که مردم عادی بودند، بهتر از هر گروه مخالف دیگری می‌شناخته‌اند و به آن اشراف داشته‌اند. در خصوص تلاش روحانیون برای دسترسی به اطلاعات دست اول، پیش از انقلاب، می‌توان به همکاری رفسنجانی در دههٔ ۵۰ با سازمان مجاهدین خلق هم اشاره کرد.[۵] این همکاری خواسته یا ناخواسته نوعی جاسوسی بازاریابی محسوب می‌شود. احتمالا همین عضویت، بعد از انقلاب به کار روحانیون می‌آید و استراتژی خود را در قبال مجاهدین تنظیم می‌کنند. شیوه‌ای که بعدها گسترش می‌یابد و به پرورش مخبران داخلی و خارجی در نظام جمهوری اسلامی می‌انجامد. درج شماره تلفن وزارت اطلاعات در بیلبوردهای شهری برای گزارش حضور مشکوک داعشی‌ها در کشور بعد از حادثهٔ حمله به مجلس یا ارسال پیامک‌های عمومی برای گزارش موارد مشکوک هم جمع‌آوری اطلاعات از منابع دست اول توسط جمهوری اسلامی محسوب می‌شوند.

مرحلهٔ سوم

این مرحله بازپروری و تجزیه و تحلیل داده‌ها را در برمی‌گیرد. داده‌هایی که از سطح جامعه جمع‌آوری شده‌اند بایستی با پردازش جامع و دقیق، به اطلاعات تبدیل شوند تا امکان اخذ بهترین تصمیمات را فراهم نمایند. داده‌ها اگر خام و بدون پردازش‌های آماری و غیرآماری مورد استفاده قرار گیرند می‌توانند زمینه‌ساز تصمیماتی خلافِ جهت منافع ملی شوند. اتکا به نظرات شخصی یا داده‌های خام در دنیای مدرن به‌هیچ‌وجه کارساز نیستند. در واقع اطلاعات پردازش‌شدهٔ منتج از منابع دست اول، بهترین خمیرمایه برای تصمیم‌گیری‌های مدیران سطوح مختلف جامعه می‌باشند.

با این زمینهٔ ذهنی، به نظر می‌رسد سیستم در دوران پهلوی بیشتر از آنکه به اطلاعات توجه کند، به داده‌ها اکتفا می‌کرده است. به‌عنوان مثال، اطلاعات پردازش‌شدهِ ناشی از تحقیقات می‌توانست مشخص نماید که وزن منافع و مضرات به زندان انداختن امیر عباس هویدا چقدر است. پیامِ به زندان انداختن بی‌دلیل نخست‌وزیر ۱۳ ساله برای جامعه این است که او در تمام این سال‌ها خطاکار و فاسد بوده و سیستم یا متوجه نشده یا متوجه بوده اما او را برکنار نکرده است. پیامی که زندانی کردن هویدا برای مردم و مبارزین دارد، تایید فساد و شکنندگی حکومت پهلوی‌ست. این پیام برای مدیرانِ رده‌های مختلف سیستم پهلوی،

امکان زندانی شدن بی‌دلیل، بعد از سال‌ها خدمت است. به نظر، خود هویدا هم بعد از انقلاب به‌نوعی مرگ خودخواسته تن می‌دهد و با اینکه امکان فرار داشته، تسلیم می‌شود تا از عملکرد خود در دادگاه دفاع کند.[۶] به‌دنبال فرصتی برای اثبات خود، مبنی بر عدم فساد است. غافل از اینکه شرایط جدید، خشن‌تر از آن است که مهلت چنین دفاعی به او داده شود. همین موضوع در مورد نمایشِ دادگاه خسرو گلسرخی و کرامت دانشیان از تلویزیون هم صدق می‌کند. در واقع بازخوردهایی که از این اتفاقات در جامعه ایجاد می‌شدند نشانگر خطای محاسباتی سیستم پهلوی‌ست که با تحقیقات قابل پیشگیری بودند.
قبلا گفتیم که روحانیون نسبت به رشد اقتصادی جامعه حساس می‌باشند و تقویت بنیه‌های مالی مردم را برای خود فعالیتی رقابتی قلمداد می‌کنند. اینجا هم از تجربهٔ سیستم پهلوی، در مورد هویدا، مدد گرفته‌اند. در واقع یکی از دلایلی که در جمهوری اسلامی هیچ‌یک از متهمان بزرگ و اصلی یا محاکمه نمی‌شوند یا اگر بشوند زندان رفتن‌شان جدی نیست، اجتناب از تاییدِ ضعفِ نظام است. از سوی دیگر این استراتژی نوعی مصونیت قضایی از سوی جمهوری اسلامی به مقامات رده بالا نیز به‌حساب می‌آید تا وفاداری‌شان به ماموریت نظام حفظ شود و بعضاً با ارتقاء شغلی، تقویت هم بشود. مسئولین جمهوری اسلامی با شناختی که از سیستم پهلوی دارند، از هر چیز که به ضعفِ نظامِ پادشاهی دامن زده، درس گرفته‌اند و خود را مجهز نموده‌اند. بدون توجه به اینکه ممکن است خودشان دچار خطاهایی بزرگ‌تر، از نوع دیگری بشوند.

مرحلهٔ چهارم

این مرحله شاملِ تعبیر، تفسیر و ارائه گزارش دربارهٔ یافته‌هاست. بعد از اینکه داده‌ها به اطلاعات تبدیل شدند بایستی از ابعاد جامعه‌شناسی، روان‌شناسی، سیاسی، مدیریتی و اقتصادی پردازش و تفسیر شوند و در نهایت به‌شکل گزارش عرضه گردند. تفسیرها بایستی بدون سوگیری باشند تا به بهره‌برداری موثرتر مدیران منجر شوند. یک سیستم خوب مدیریت اطلاعات، بین آنچه رهبران جامعه خواهان آن‌ها هستند و چیزی که واقعاً برای ادارهٔ درستِ جامعه نیاز است، تعادل برقرار می‌کند.[۷] در دورهٔ پهلوی نیز ارائه تحلیل‌های درستِ آماری، در مورد ارتباطِ بین مجموعه داده‌ها و اطلاعات، می‌توانست انحراف از استاندارد را نشان دهد. بعد از مرگ شاه، برخی دست‌اندرکاران آن زمان، بی‌توجهی خود شاه و

ترس زیردستان از خشم او را دلیل اصلی کم بودن تحلیل عنوان می‌کنند. باید دید اگر گزارش‌های پی‌درپی تحلیلی و درست ارائه می‌شدند آیا کماکان همان تصمیمات گرفته می‌شدند.

مرحلهٔ پنجم

در مرحلهٔ آخر، سیستم اطلاعات بازاریابی، نتیجه و تفسیر تحقیقات را در زمان مناسب به تصمیم‌گیرندگان اصلی ارائه می‌دهد. به موقع بودن ارائه این اطلاعات برای حکومتی که در بحران به سر می‌برد حیاتی‌ست. باید دید چه مقدار از گزارش‌های ارائه شده به شاه به موقع بوده‌اند. بعد از پهلوی، اولین تحقیقات بازاری که انجام می‌شود، همه‌پرسی ۱۲ فروردین سال ۵۸ برای گزینش جمهوری اسلامی توسط مردم است. این تحقیقات بازار، با اصول علمی سنجش بازار فاصلهٔ بسیاری داشته و پرسش‌نامه آن، که به‌شکل برگهٔ رأی‌گیری در اختیار مردم قرار گرفت، تنها با دو گزینه آری یا خیر، سودار طراحی شده بود. در واقع جمهوری اسلامی از همان ابتدا نشان می‌دهد در دست‌کاریِ آن بخش از تحقیقات بازار که بایستی اعلام عمومی شود، بی‌ملاحظه برخورد خواهد کرد.

۲- برنامه‌ریزی خرد و کلان در جمهوری اسلامی

برنامه‌ریزی که تعیین‌کنندهٔ خط‌مشیِ رشد و بقاست، با ایجاد هماهنگی بین فعالیت‌ها، موجب ارائه استانداردهای عملیِ روشنی برای کنترل امور می‌شود و آینده‌نگری را تقویت می‌کند. معمولا مجموعه‌ها ابتدا به تدوین برنامهٔ استراتژیک مبادرت می‌نمایند. بعد آن را برای هر بخش، به برنامه‌های درازمدت یا سالانه خرد می‌کنند. برنامه‌ریزی استراتژیک به‌منظورِ ایجاد و حفظ تعادل بین توانایی‌های سازمان و فرصت‌های در حال تغییر محیط صورت می‌گیرد. در برنامه‌های بلندمدت عواملی که انتظار می‌رود ظرف چند سال آینده، سازمان را تحت‌تأثیر خود قرار دهند تشریح می‌گردند. در برنامهٔ سالیانه اهداف یک‌ساله، برنامهٔ اجرایی و بودجه توضیح داده می‌شوند.

حکومت‌ها برای برنامه‌ریزی فعالیت‌های خود می‌توانند به سه شیوهٔ اصلی اقدام کنند. شیوهٔ اول برنامه‌ریزی از بالا به پایین است که در آن مدیریت ارشد اهداف کلیهٔ سطوح مدیریتی را تعیین و ابلاغ می‌کند. در برنامه‌ریزی از پایین به بالا بخش‌های مختلف سازمان، اهداف و برنامه‌های خود را تعیین و سپس آن‌ها را

جهتِ اخذ تاییدیه به مدیران سطوح بالاتر ارائه می‌کنند. شیوهٔ سوم بر مبنای تعیین اهداف از بالا و ارائه برنامه از پایین است. در این روش، مدیریت فرصت‌ها و تهدیدها را مطالعه می‌کند تا اهداف کلی را تعیین و ابلاغ نماید. سپس زیرمجموعه، با تهیهٔ برنامهٔ مخصوص برای واحد خود، کلیت سازمان را برای نیل به این اهداف کلان یاری می‌کنند.

در حکومت‌های توتالیترِ سنتی، از آنجا که شهوت و وسواس شدیدی برای مداخله و کنترل جزئیات تصمیم‌گیریِ زیردستان وجود دارد، تمام برنامه‌ریزی‌ها از بالا دیکته می‌شوند و تا پایین‌ترین سطوح رخنه می‌کنند. در صورتی که در جمهوری اسلامی، با توجه به پیشرفت‌هایی که در علوم مدیریتی و استراتژیکی صورت گرفته، برنامه‌ریزی به شیوهٔ سوم مرسوم است. ماموریت‌ها، چشم‌اندازها و اهداف کلان در بالاترین سطوح تعریف شده‌اند و مرتب از طریق تریبون‌های عمومی اعلام و یادآوری می‌شوند. زیرمجموعه‌های نظام، در چارچوب همان ماموریت‌های کلی، آزادی عمل دارند و می‌توانند برنامه‌های خود را داشته باشند و تا زمانی که از مانیفست اصلی عدول نکنند، مورد حمایت می‌باشند.

از این منظر استراتژی آتش‌به‌اختیار، که با انتقادهای فراوانی مواجه شد، در سیستم سازمانی جمهوری اسلامی توجیه کامل دارد.[۸] این استراتژی به‌نوعی تداوم استراتژی مکلف به ادای تکلیف بودن همگانی‌ست که بارها از زبان رهبران جمهوری اسلامی بیان شده است. یعنی نیروی وفاداری که درکِ درستی از ماموریت نظام دارد و حد و مرز آن را می‌شناسد، می‌تواند خودش تصمیم بگیرد و در چارچوب آن اقدام کند. شرط اصلی، وفاداری و تعهد به مانیفست روحانیون و شرط بعدی درک درست مانیفست می‌باشد. با این شگرد، در یک جهت‌دهی کلی، انرژی نهفته در نیروهای وفادار آزاد می‌شود و به سمت مورد نظر رهبران جمهوری اسلامی، بدون نیاز به برنامه‌ریزیِ ریز و کنترل شدید، حرکت می‌کند. در این مسیر حتماً خطاهایی هم از سوی زیردستان رخ می‌دهد، اما تا زمانی که این اشتباهات به ماموریت نظام ضربه‌ای وارد نکنند و ناشی از بی‌وفایی نباشند برخورد جدی با آن‌ها نخواهد شد. مثلا دلیل عدم پیگیری قتل‌های زنجیره‌ای این است که این کشتار در جهت ماموریت حفظ نظام بوده، اما در مکانیزم اجرا خطا رخ داده است.[۹]

در واقع اهداف و استراتژی‌های کلانی مثل حفظ نظام، صدور انقلاب، استفادهٔ اختصاصی از منابع ایران برای پیشبرد اهداف روحانیون و حفظ قدرت تاریخی آن‌ها تعریف شده‌اند. بعد برای هر فرد، گروه و تیمی ماموریتی در راستای اهداف

کلی نظام معین می‌شود. نحوهٔ پیگیری این اهداف توسط زیردستان نیز از طریق علامت‌گذاری خطوط و نقاط استراتژیک تعیین شده‌اند. سیستم ارزشی مخصوصی هم که بر اساس همین ماموریت‌ها و اهداف کلان شکل گرفته، چیدمان شده است. تمام فعالیت‌ها با آن نظام ارزشی ارزیابی می‌شوند و هر کاری که در جهت تقویت ماموریت‌ها باشد ندید مورد قبول است. یک نظام ارزیابی جامع که در آن کوچک‌ترین اقدام افراد به‌صورت محسوس و نامحسوس مورد قضاوت قرار می‌گیرد. به‌عنوان مثال حمله به سفارت عربستان در راستای ماموریت صدور انقلاب قابل توجیه است پس مورد تایید کلی نظام می‌باشد و برخوردی جدی با عوامل آن صورت نمی‌گیرد.[۱۰] کندن تابلوی نام‌گذاری خیابانِ شجریان، در راستای تضعیف موسیقی، که رقیب نفوذ روحانیون و حفظ مرجعیت اجتماعی آن‌هاست، قابل‌توجیه است پس مورد تایید می‌باشد.[۱۱]

دشمنی با آمریکا برای روحانیون اهمیت حیاتی دارد. دلیل این امر این است که سیستمِ ارزشی مغرب زمین به‌گونه‌ای طراحی شده که گسترش آن در جامعهٔ ایرانی، در نهایت به از بین رفتن نفوذ سنتی سازمان روحانیت منجر می‌شود. پس هرگونه اقدامی در جهت دشمنی با آمریکا مورد قبول روحانیون است. آزادی زنان، حقوق بشر، آزادی مطبوعات، اقتصاد آزاد و شفاف و مواردی ازاین‌دست همگی مخالف بقای سازمان روحانیت سیاسی هستند. با همین فرمول می‌توان موضع‌گیری جمهوری اسلامی در قبال تک‌تک مقولات را تحلیل کرد و بین نسبت آن‌ها با ماموریت نظام و موضع روحانیون ارتباط برقرار کرد.

در سیستم برنامه‌ریزی و ارزیابی جمهوری اسلامی، اهمیت افراد هم، بستگی کامل به وزنِ اثرگذاری آن‌ها روی ماموریت‌ها و استراتژی‌های نظام دارد. فارغ از اینکه یک فرد چقدر توانمند یا پایبند به اخلاق و اسلام است، بر اساس کمک یا خطری که برای ماموریت‌های اصلی نظام دارد مورد تشویق یا تنبیه قرار می‌گیرد. مثلا دلیل اصلی اینکه روحانیونِ کهن‌سال از سیستم کنار گذاشته نمی‌شوند و به‌عنوان ذخایر نظام از آن‌ها یاد می‌شود، تجربهٔ زیستهٔ آن‌هاست. این افراد در تمام مراحل شکل‌گیری ماموریت‌ها و سیستمِ ارزیابی جمهوری اسلامی حضوری فعال داشته‌اند، به تکوین آن کمک کرده‌اند و درک بالاتری از ضرورت و چیستی آن‌ها دارند. در صورتی که ممکن است روحانی جوانی که دههٔ ۴۰ را ندیده، از ضرورت حفظ قدرت تاریخی روحانیون غافل باشد و در احساس از دست رفتن نفوذ، با این کهن‌سالان، شریک نباشد. نحوه و شدت برخورد با اقدامات افراد گوناگون نیز بستگی کامل به

اهمیت و وزن آن‌ها در چارچوب ماموریت‌ها دارد. مثلا عدم ارتباط با آمریکا اهمیت بسیار بالایی در حفظ سازمان روحانیت دارد به همین دلیل در تمام طول حیاتِ جمهوری اسلامی به‌عنوان یکی از مهم‌ترین خطِ قرمزها تعریف شده است. یا اگر با بی‌حجابی به‌شدت برخورد می‌شود دلیلش این است که در همان نظام ارزیابی هوشمند، برآورد شده که کاهش اهمیت حجاب می‌تواند آغازی باشد برای کم شدن اهمیتِ احکام فقهی و در نتیجه از بین رفتن نفوذ و قدرت سنتی روحانیون. اگر با فساد مالی برخورد شدید نمی‌شود دلیل اصلی، آن است که ارزیابی شده فساد، سطح درگیری و تعامل افراد با سیستمِ چیده شده را بالا می‌برد و به بقای کوتاه‌مدت و میان‌مدت نظام کمک می‌کند. پس بر اساس مانیفست، جزو خط قرمزهایِ خطرآفرین برای روحانیت نیست. اگر برای برادر معاون رئیس‌جمهوری، به‌خاطرِ قاچاق حرفه‌ای و کلان ارز، تنها دو سال حبس در نظر گرفته می‌شود اما برای کسی که با حجاب اجباری مخالف است ۲۴ سال حبس تعیین می‌شود دلیل اصلی همین سیستم هوشمند ارزیابی حکومت روحانیون است.(۱۲)

عدم ارتباط وسیع با دنیا نیز کاملا جزو برنامه‌های استراتژیک نظام جمهوری اسلامی‌ست. منافع شراکت با کشورهای مختلف دنیا، که منجر به رشد اقتصادیِ شفاف می‌شود، به تمام افراد جامعه می‌رسد. این وضعیت به دو دلیل مورد پسند سازمان روحانیت نیست.

۱- با رشد همه مردم، استیلای روانی روحانیون کم می‌شود و اصل ولایت فقیه تضعیف می‌گردد. در واقع از آنجا که فلسفهٔ وجود ولی‌فقیه، به صورت سنتی، بر اساس نابالغ و مهجور بودن دیگران است، هر فعالیتی که به بلوغ و شعور دیگران ختم شود در سیستم ارزیابی جمهوری اسلامی تضعیف‌کنندهٔ ولی فقیه تشخیص داده می‌شود که باید با آن مقابله شود.

۲- این مشارکت اقتصادی منجر به تبادل شفاف منابع مالی با سایر کشورها می‌شود که نتیجهٔ بلندمدت آن از بین رفتن انحصار کامل روحانیون روی منابع کشور است.

موضع جمهوری اسلامی در قبال حقوق بشر، سازمان‌های بین‌المللی و سایر کشورها نیز همین‌گونه قابل تحلیل است. مثلا همه‌گیر شدن مبانی حقوق بشر به استیلای ولی‌فقیه بر مردم پایان می‌دهد. اینکه بسیاری از کارشناسان به انتقاد از این مواضع می‌پردازند و مثلا برخی حرکت‌های خودسر را محکوم می‌کنند، اما مورد توجه مسئولین جمهوری اسلامی قرار نمی‌گیرد، ازآن‌روست که این اقدامات

در چارچوب ماموریت‌ها و استراتژی‌های نظام توجیه دارند. در واقع تحلیل‌گران سال‌هاست اقدامات و مواضع جمهوری اسلامی را به‌صورت جزیره‌ای مورد توجه قرار می‌دهند، در صورتی که آن‌ها را بایستی در شبکه‌ای کامل از ماموریت‌ها، چشم‌اندازها و ارزش‌ها مورد بررسی قرار داد. اگر ماموریت اصلی نظام، حفظ منافع ملی یا توسعهٔ نیروی انسانی تعریف شده بود قاعدتا تک‌تک این اقدامات به‌گونه دیگری مورد ارزیابی قرار می‌گرفتند.

۳- اندازه، تقسیم‌بندی، هدف‌گذاری و جایگاه‌یابی در بازار انقلاب ۵۷

روحانیون وقتی در آستانهٔ در دست گرفتن قدرت قرار می‌گیرند، با طرح وعده‌ها و شعارهایی مشخص، تمام بازار هدف را مورد توجه قرار می‌دهند. با طرح شعار آب، برق و خانه مجانی، نیاز قشر ضعیف اقتصادی را هدف می‌گیرند و با وعدهٔ آزادی و به مقام انسانیت رساندن جامعه، نیازهای قشر فرهیخته‌تر مورد توجه قرار می‌گیرد. در واقع گویی هوشمندانه قبلا تقسیم بازار صورت گرفته و نیازهای هر بخش شناسایی شده و شعار و وعده متناسب با همان بخش سر داده می‌شود. تا تثبیت قدرت، بزک کرده صحبت می‌کند و نعل وارونه می‌زند اما به‌محض در دست گرفتن قدرت و به نام خوردن حکومت، بازاریابی انبوه جایگزین می‌شود و نیازهای بخش‌های مختلف، کَم‌کَم فراموش می‌شوند و تمام تمرکز حاکمیت روی نیازهای روحانیون حاکم قفل می‌گردد. نیاز به آزادی با حذف گروه‌های رقیب و اعمال محدودیت‌های شدید نادیده گرفته می‌شود، نیازهای زنان با حجاب اجباری تحت‌الشعاع قرار می‌گیرد و وعده‌های اقتصادی هم از همان ابتدا با کمبود ارزاق، موضوعیتش از بین می‌رود. رهبران واقعی اما واقف‌اندکه تعداد زیادی مشتری، با نیازهای متفاوت و خواسته‌های گوناگون در جامعه حضور دارند که امکان جلب‌رضایت بلندمدت آن‌ها به این شیوه مقدور نیست. حتی شرکت‌های تجاری نیز به این امر آگاه‌اند پس محدوده و شیوهٔ فعالیت‌های خود را ابتدا در چهار زمینهٔ زیر بررسی می‌کنند سپس اقدام به تصمیم‌گیری می‌نمایند.

اندازهٔ بازار[۱۳] سیاست و انقلاب ۵۷

نخستین گام برای تخمین اندازهٔ بازار هر محصولی، درک این نکته است که بازار

متشکل از مجموعه مشتریانی‌ست که با نیازها و خواسته‌های مشترک و متفاوت، هنگام تصمیم‌گیری، به طرق مختلف به یک‌دیگر مراجعه می‌کنند. بعد از این مرحله است که میزان وفاداری و ارزش مادی این مشتریان مدنظر قرار می‌گیرد. به‌جز موارد فوق، پتانسیل بازار نیز که تعیین‌کنندهٔ میزان رشد و ترقی بالقوه می‌باشد از اهمیت زیادی در تخمین اندازه برخوردار است. در حکومت‌داری نیز رهبران سیاسی بایستی همواره برآورد دقیقی از اندازهٔ فعلی و آتی بازار خود، در قسمت‌های مختلف داشته باشند. ساده‌ترین شیوه برای برآورد نرخ رشد بازار یک جریان سیاسی، پیش‌بینی اتفاقات و شرایط آتی جامعه است. روش دقیق‌تر، مطالعه روند بازار است. در این روش رشد تقاضای آتی برای یک جریانِ سیاسی، بر اساس تحلیل گذشته پیش‌بینی می‌شود. یکی از این راه‌ها برای تخمین اندازهٔ بازار نظام‌های سیاسی، میزان رشد اعتراضات مردمی‌ست. هر قدر اعتراضات اوج بیشتری می‌گیرند اندازهٔ بازار حکومت‌ها کوچک‌تر می‌شود.

در بررسی شرایط پیش از انقلاب، روند رو به رشد و اوج‌گیری اعتراضات سیاسی، حتی از دید شخصی غیرمحقق کاملا مشهود است. این رشد به‌حدی می‌رسد که خمینی می‌تواند در ماه‌های منتهی به بهمن ۵۷ با استفاده از هوش هیجانی[۱۴]، سایر روحانیون و گروه‌های سیاسی را با خود همراه کند و پتانسیل بازار را به حداکثر برساند. در همان دوران، به همان نسبت که بازارِ اعتراضات رشد می‌کند، اندازهٔ بازار حکومت پهلوی، به دلیل ظهور محصولات جایگزین سیاسی و از میان رفتن محرک‌های رشد، رو به زوال می‌گذارد.

در بررسیِ نظام جمهوری اسلامی نیز شاهدیم که روند اعتراضات، در مسیری مشخص و رو به رشد قرار دارد. هرچه گذشته این بازار بزرگ‌تر و در نتیجه اندازهٔ بازار جمهوری اسلامی کوچک‌تر شده است. همان‌گونه که ذکر شد مجموعه‌های حرفه‌ای چون می‌دانند نمی‌توانند همه‌چیز برای همه‌کس باشند، اهداف خود را بر مبنای ماموریت‌هایِ واقع‌بینانه اولویت‌بندی می‌کنند. رهبران جمهوری اسلامی، از ابتدا با این پیش‌فرض که تمامِ دنیا خریدارِ کالای آن‌هاست، اندازهٔ بازاری به وسعت دنیا برای خود تعریف کرده‌اند. بازاری که جمهوری اسلامی با جملهٔ "تعهد برادرانه نسبت به همه مسلمانان و حمایت بی‌دریغ از مستضعفان جهان" در اصل سوم قانون اساسی برای خود ترسیم کرده، اصلا قابل‌دسترسی و اندازه‌گیری نیست. همین تعریف اشتباه، با توجه به محدودیت منابع، مدیریت جامعه را مخدوش کرده و در نهایت باعث مستضعف شدن مردم کشور به‌عنوان مشتریان اصلی شده است.

سهم بازار[۱۵] سیاست و انقلاب ۵۷

سهم بازار، از حاصل تقسیم میزان فروش یک محصول بر میزان فروش کل محصولات در آن بازار، در یک بازه زمانی مشخص، به‌دست می‌آید. در واقع درصد فروش یک محصول در یک دورهٔ زمانی مشخص، در بازاری معین است. سهمِ بازار در فعالیت‌های سیاسی، بیانگر میزان تمایل ذهنی مردم و تعلق خاطر آن‌ها به یک طیف خاص سیاسی‌ست. پس از انقلاب ۵۷، حباب تخیلات و آرزوهای شیرین گروه‌های مخالف نظام پهلوی، در اولین برخورد با واقعیات می‌ترکد چون تا پیش از آن از اندازه و سهم بازار خود برآورد درستی نداشته‌اند.

در واقع عدمِ محاسبه درست سهم بازار خود توسط گروه‌های سیاسی مختلف در برابر سازمانِ روحانیت و سازمان پادشاهی، سبب شده بود رهبران این گروه‌ها، پیش‌بینی درستی از آنچه در حال وقوع است نداشته باشند و غافل‌گیر شوند. روحانیون اما تخمین حدودیِ درستی از سهم بازار خود داشتند و جملهٔ "من دولت تعیین می‌کنم" خمینی در سخنرانی بهشتِ‌زهرا از همین تخمینِ سهم بازار نشأت می‌گیرد.[۱۶]

بعد از انقلاب نیز روحانیون، با در اختیار گرفتن منابع کشور، از هیچ اقدامی برای تثبیت و گسترش سهم بازار خود ابا نداشته‌اند. با توجه به اینکه شخصیتِ برند جمهوری اسلامی بر مبنای ایدئولوژی روحانیون شیعه شکل گرفته است، طبیعتا رهبرانِ این نظام، از طریق افزایش اعتقاد به این ایدئولوژی، به‌دنبال افزایش سهم بازار خود می‌باشند.

طی چند دهه روی کار بودن جمهوری اسلامی، تلاش روحانیون برای بالا بردن سهم بازار ایدئولوژیِ مبتنی بر ولایت فقیه، چنان منابع جامعه را با خود درگیر نموده که سهمِ بازارِ کشور از تمام محصولات واقعی به‌شدت کاسته شده است. به بیانی وقتی مشغول افزایش سهم بازارِ ایدئولوژیِ جمهوری اسلامی هستی مسلما نمی‌توانی به بالا بردن سهم بازارِ جهانیِ زمینه‌هایی مانند گردشگری کشور فکر کنی و منابع به هدر خواهند رفت. فروپاشی شوروی سابق، چرخش چین به سمت تلاش برای شکوفایی اقتصادی و عدم موفقیت گروه‌هایی مانند القاعده در بلندمدت، نشانگر پایان عصر بازاریابی ایدئولوژی‌ست. کشورهای پیشرفته و حتی در حال توسعه به مرحلهٔ آزادی از ایدئولوژی رسیده‌اند و آنچه می‌خواهند، سهم بازار از منابع انسانی، اقتصادی و فرهنگی‌ست.

از سوی دیگر جمهوری اسلامی با تصور اینکه ایدئولوژی‌اش به‌اندازهٔ کافی سهم بازار داخل کشور را به‌دست آورده، از طریق صدور انقلاب، تلاش می‌کند به سراغ بازارهای دیگر برود. در صورتی که اعتراضات مردمی نشان می‌دهند این متاع در داخل نیز از رونق افتاده است. کالایی که در بازار داخلی خواهان ندارد، توانایی فروش در سایر بازارهایی که به لحاظ مذهبی، فرهنگی، اعتقادی، اقتصادی و اجتماعی شرایط متفاوتی دارند را نخواهد داشت.

سهم بازار در دوران پهلوی به‌گونه دیگری قابلِ بررسی‌ست. علی‌رغم وجود قانون اساسی مشروطه، نظام شاهنشاهی، تمام سهم بازار سیاسی کشور را عملا در اختیار شخص اول قرار داده بود. در این شرایط ایجاد حزب رستاخیز، که تنها اعلام عمومی، به رخ کشیدن و برملا کردن سهمِ صددرصدی پادشاه بود جز جریحه‌دار کردن احساسات و بالا بردن حساسیت گروه‌های مخالف و عامه مردم، نتیجه‌ای نمی‌توانسته داشته باشد. از نگاهی دیگر سیستم پهلوی بدون توجه به اینکه سهم بازار احترام داخلی‌اش در حال کاهش است به‌دنبال افزایش سهم بازار خود، از احترام بین‌المللی بود. برگزاری جشن‌های ۲۵۰۰ ساله، با دعوت از بسیاری از سران کشورهای خارجی، هدفی جز افزایش سهم بازار احترام به نظام شاهنشاهی در جامعهٔ جهانی نداشته است.

در واقع از دید مدیریتی می‌توان گفت در دههٔ منتهی به انقلاب ۵۷ دو سازمان سیاسی کهن و چند سازمان نوپا در جامعهٔ ایرانی حضور داشتند. پادشاهی با قدمتی حداقل ۲۵۰۰ ساله قدیمی‌ترین سازمان موجود در جامعه بود که همیشه حضور داشته و تنها هر چند سال یک‌بار مدیرعامل آن، که پادشاهان مختلف باشند، عوض شده‌اند. سازمان ۲۵۰۰ ساله با بیشترین سهم ملموس بازار سیاست ایران، حکم رهبر بازار را هم یدک می‌کشیده است.

سازمان روحانیت، کهن‌سازمان بعدی‌ست که با قدمتی ۱۰۰۰ ساله بیشترین سهمِ بازارِ غیرملموس را دارا بوده است. بعد از این دو، شاهد ظهور و پایه‌گذاری تعدادی سازمان نوپا، طی دهه‌های منتهی به انقلاب هستیم. مثلا حزب توده تنها ۳۷ سال سن داشته و سازمان چریک‌های فدایی خلق سال ۱۳۵۰ یعنی ۷ سال پیش از انقلاب تاسیس می‌شود. سازمان‌هایی ازاین‌دست، به‌لحاظ ریشه و سهم بازار اصلا با دو کهن‌سازمان دیگر قابل‌قیاس نیستند. این سازمان‌های نوپا با سازمان روحانیت هم‌دست و متحد می‌شوند تا سازمان پادشاهی را از بازار رقابتِ سیاست ایران حذف کنند و با سینرژی زیادی که بین‌شان برقرار می‌شود موفق می‌شوند. در واقع این

گروه‌ها که با آخرین متولی سازمان پادشاهی مشکل داشتند، هیچ تلاشی برای تغییر این متولی نمی‌کنند بلکه بدون توجه به زیرساخت‌های قدرت در جامعه، خودِ سازمان را حذف می‌نمایند. بدین‌سان قدیمی‌ترین سازمان سیاسی کشور اعلام ورشکستگی می‌کند و از بازار می‌رود. سازمان روحانیت و سایر گروه‌های سیاسی می‌مانند با صددرصد سهم بازار ملموس به‌جا مانده. این سازمان‌های کوچک ابتدا برای اطمینان یافتن از حذف رهبر پیشین بازار سیاست ایران، صددرصد سهم بازار را در همه‌پرسی‌های اولیه به روحانیت می‌سپارند. سازمان روحانیت هم ابتدا برای اطمینان از حذف قدیمی‌ترین و قدرتمندترین رقیب خود با این گروه‌ها با مماشات رفتار می‌کند. اما به‌محضِ کم شدن احتمال بازگشت رهبر پیشین بازار، آن‌ها را نیز از بازار سیاست ایران به‌طور کامل حذف می‌کند. به‌لحاظ بازاریابی چند دلیل برای اخذ این استراتژی می‌توان در نظر گرفت.

۱- حضور این سازمان‌های کوچک با نوع ماموریت و چشم‌اندازی که سازمان روحانیت تعریف کرده بود تضاد ماهیتی داشت.

۲- روحانیت مطالعه کامل و دقیقی از آرمانها و استراتژی‌های این سازمان‌های کوچک داشت.

۳- دلایل و الگوی برخورد این سازمان‌ها با پهلوی به‌عنوان رهبر پیشین بازار، برای سازمان روحانیت مسجل کرده بود که در اولین فرصت خود او را هم حذف خواهند کرد. پس پیش‌دستی کرد و تمام سهم بازار را انحصاری در اختیار گرفت.

تقسیم بازار و انقلاب ۵۷

شرکت‌ها معمولا از طریق قسمت‌بندی، هدف‌گذاری و جایگاه‌یابی، ابتدا بازار را به بخش‌های کوچکی تقسیم می‌کنند، بعد بخشی که در آن بهتر می‌توانند خدمات‌رسانی کنند را انتخاب و در نهایت جایگاهی برای خود در آن تعریف می‌نمایند.[۱۷] با توجه به طبقه‌بندی مشتریان در گروه‌هایی با خصوصیات، نیازها و رفتارهای مشخص، هر بخش متشکل از کسانی‌ست که نسبت به مجموعه‌ای از محرک‌ها پاسخ مشابهی نشان می‌دهند. بعد از این سه مرحله، به‌منظورِ ایجاد عکس‌العمل‌های مورد نظر در بازار هدف، آمیختهٔ بازاریابی طراحی می‌شود.

نگاهی به قانون اساسی و نظرات رهبران جمهوری اسلامی نشان می‌دهد در حکومتِ روحانیون، کل دنیا، بر مبنای تفکر صفر و یکی، به دو بخشِ مستضعف و مستکبر تقسیم شده است. با این نوع تقسیم‌بندی، چون در شکل‌گیری انسان‌ها

عوامل متعددی دخیل‌اند، خودبه‌خود افراد عادی در مسیر زندگی، جایی، در جبههٔ مخالف ماموریت‌های نظام قرار می‌گیرند. افرادی که درگیر ماجراهای سیاسی نبوده‌اند اما به خاطر یک اتفاق، یک تصمیم ساده یا یک علاقه ذاتی در زمره مخالفان نظام قلمداد شده‌اند.

انواع تقسیم بازار[۱۸] و جمهوری اسلامی

تقسیم جغرافیایی: در این شیوه، ابتدا بازار به واحدهای جغرافیایی مختلفی مانند مناطق، کشورها، ایالات، استان‌ها، شهرها یا حتی محله‌ها تقسیم می‌شود. بعد مدیران تصمیم می‌گیرند در کدام بازارها حضور پیدا کنند. از جهت جغرافیایی، خود کشور برای جمهوری اسلامی به دو بخش اصلی تهران و سایر مناطق تقسیم شده است و در شرایط گوناگون، استراتژی‌های مختلفی در قبال آن‌ها اخذ می‌گردد. از این دو بخش هم، با توجه به ذات انحصاری و تمرکزگرای حکومت، بیشترین قدرت در پایتخت متمرکز شده و هرچه از تهران دورتر می‌شویم اثر، حضور و نفوذ حاکمیت کمتر به‌چشم می‌آید.

تقسیم جمعیت‌شناختی: بازار بر اساس متغیرهایی مانند سن، اندازهٔ خانواده، دورهٔ عمر خانواده، جنسیت، درآمد، وضعیت شغلی، تحصیلات، مذهب، نژاد، ملیت یا طبقهٔ اجتماعی نیز قابل‌تقسیم‌بندی‌ست. این متغیرها به‌دلیل ارتباط‌شان با خواسته‌ها، رجحان‌ها و میزان مصرفِ هر مصرف‌کننده، متداول‌ترین مبنا برای تعیین و تقسیم‌بندی مشتریان به گروه‌های مختلف هستند. اصلی‌ترین تقسیم بازار در قانون اساسی جمهوری اسلامی جایی‌ست که مذهب رسمی کشور، شیعه دوازده امامی تعیین شده است. بر این اساس جامعه به دو بخشِ شیعیان و سایرین تقسیم شده است. تفکیک جامعه به زنان و مردان و ارائه برخی خدمات حکومتی تنها به مردان، نمونهٔ دیگری از تقسیم بازار جمعیت‌شناختی‌ست. مثلا عدم جایز بودن دوچرخه‌سواری زنان یا عدم امکان انتخاب یک زن به‌عنوان رئیس‌جمهوری ناشی از همین رویکرد در تقسیم بازار است.

تقسیم روان‌شناختی: مشتریان بر اساس سبکِ زندگی یا ویژگی‌های شخصیتی، به گروه‌های مختلفی تقسیم می‌شوند. گاهی حتی افراد یک گروه جمعیت‌شناختی مشابه، مشخصات روان‌شناختی بسیار متفاوتی از خود بروز می‌دهند. پس از

روی کارآمدن جمهوری اسلامی، سبکی از زندگی رواج یافت که پایهٔ آن بر زیاد حرف زدن، تولید ملموس نداشتن، ریش داشتن و پیراهن روی شلوار انداختن بود. این شرایط، که متاثر از سبک زندگی روحانیون است، در اوایل انقلاب و دههٔ ۶۰ به‌شدت تعیین‌کنندهٔ میزان موفقیت افراد در جامعه بود.

تقسیم رفتاری: مشتریان بر مبنای سطح اطلاعات، عقاید و نحوهٔ عکس‌العمل به پدیده‌ها به گروه‌های مختلفی تقسیم می‌شوند. بسیاری از بازاریابان بر این باورند که متغیرهای رفتاری مانند مزیتِ مورد انتظار، میزانِ مصرف، میزانِ وفاداری، مرحلهٔ آمادگی خریدار و عقیده دربارهٔ کالا بهترین نقطه شروع برای تقسیم بازار هستند. از این منظر افراد جامعهٔ ایرانی بر اساس میزان مصرف ایدئولوژی جمهوری اسلامی و به‌خصوص اعتقاد به اصل ولایت فقیه، چه ظاهری چه باطنی، به دو بخش اصلیِ خودی و غیرخودی تقسیم می‌شوند. خودی‌ها هم هر قدر به مرکز قدرت نزدیک‌تر باشند، از خدمات و منابع حکومتی بیشتری سود می‌برند.

تقسیم بازار انبوه و غیرانبوه جمهوری اسلامی

در تقسیم‌بندی به شیوهٔ انبوه یا غیرتفکیکی، به تفاوت‌های موجود میان قسمت‌های مختلف توجهی نمی‌شود و تمام بازار به‌عنوان هدفِ ارائه خدمات مورد توجه قرار می‌گیرد. عرضه‌کننده اقدام به تولید، توزیع و انجام پروموشنِ انبوهِ کالا برای تمام خریداران می‌کند. با قیدِ التزامِ عملی به ولایت فقیه برای تمام ایرانیان، برای جمهوری اسلامی بازاریابی انبوه هم صورت گرفته است. در درون این بازاریابی انبوه افراد با انواع و اقسام تقسیمات نانوشته‌ای روبرو هستند که بر اساس پای‌بندی آن‌ها به ارزش‌های مورد نظر روحانیون صورت گرفته‌اند. تقسیمِ بازاری که در آن ارائه خدمات حکومتی بر اساس میزان اعتقاد و وفاداری به اصل ولایت فقیه متغیر است. با این‌حال تناقض جدی اینجاست که جمهوری اسلامی از یک‌سو با بازاریابی انبوه، محصول یکسانی به همه عرضه کرده و از سوی دیگر بازار را به بخش‌های بسیار زیادی تقسیم کرده است. با یک محصول واحد، هر قدر بازار با متغیرهای بیشتر به قسمت‌های ریزتری تقسیم شود، زمینه‌های تبعیض، گسترش بیشتری می‌یابند. نقل است که هنری فورد، بنیان‌گذار خودروسازی فورد و مظهر بازاریابی انبوه در پاسخ به یکی از مهندسانش که انتقاد مشتریان را مبنی بر درخواستِ خودرو در رنگ‌های مختلف به گوش او می‌رساند می‌گوید، "مشتری می‌تواند هر رنگی را انتخاب کند

به شرط اینکه مشکی باشد". در جمهوری اسلامی نیز گفته می‌شود، همه آزادند، به شرط اینکه برای تمام امور زندگی خود، ولی‌فقیه را قیم خود قرار دهند. در این بخش جایی که مثلا به مراجع تقلیدِ حکومتی خدمات ویژه عرضه می‌شود بازاریابی سفارشی نیز قابل تشخیص است. در قبال بازاریابی انبوهِ جمهوری اسلامی، برخی از گروه‌هایِ مبارزی که بعد از انقلاب در داخل کشور مانده‌اند، به نیچ‌مارکتینگ(۱۹) روی آورده‌اند. مثل ملی‌مذهبی‌ها که علی‌رغم به حاشیه رانده شدن، با تمرکز روی بخش‌های خاصی از بازار تمام تلاش خود را برای حفظ و ماندگاری اندیشه خود، ولو بین عده‌ای محدود، کرده‌اند.

هدف‌گذاری و انقلاب ۵۷

بعد از بررسی و ارزیابی بخش‌های مختلف بازار، وقتِ ورود به یکی از این قسمت‌ها می‌رسد. با فرضِ وجودِ حجمِ تقاضای مطلوب در آینده، مدیریت بایستی در مورد قسمت‌هایی از بازار که ورود به آن‌ها به نفعِ مجموعه است تصمیم بگیرد. انتخابِ هم‌زمانِ چند قسمت هم تنها زمانی توجیه‌پذیر است که با وجود مشتریان مختلف، خواسته‌های اساسی آن‌ها یکسان باشد. برای این منظور معمولا پنج شاخصِ انتخاب بازار هدف یعنی قابلیت اندازه‌گیری، قابلیت دسترسی، قابلیت تمایز، قابلیت اجرا و سودآوری مورد بررسی قرار می‌گیرند.

در زمینهٔ هدف‌گذاریِ بازار، تئوریسین‌های جمهوری اسلامی در قانون اساسی، تمام مستضعفین جهان را مورد توجه قرار داده‌اند. اما وقتی این بازارِ هدف را با پنج شاخصی که بالا ذکر شدند ارزیابی می‌کنیم می‌بینیم تعیین چنین هدفی اساسا امکان‌پذیر نیست. یعنی نه قابل‌اندازه‌گیری‌ست، نه قابل‌دسترسی، نه قابل‌تمایز، نه قابل‌اجرا و نه حتی سودآور.

خارج از قانون اساسی گاهی حتی از سوی طرفداران جمهوری اسلامی، بازارهای هدفی بزرگ‌تر هم تعریف می‌شوند. مثلا وقتی با تکیه بر استراتژی صدور انقلاب آرزو می‌شود دعای کمیل در کاخ سفید برگزار گردد یعنی تمام دنیا بازار هدف محصولات جمهوری اسلامی در نظر گرفته شده است.(۲۰) رویکردی مبتنی بر بازاریابی انبوه که بدون در نظر گرفتن تفاوت‌ها، تمام دنیا و مردمش را مشتری کالای خود می‌پندارد.

در پرداختن به تقسیم و هدف‌گذاری بازار توسط تئوریسین‌های جمهوری اسلامی برای نظام حاکم بر ایران، دو نکتهٔ مشخص به‌چشم می‌آیند.

۱- در هیچ‌یک از تقسیم‌بندی‌ها و هدف‌گذاری‌های فوق خود مردم کشور به‌عنوان مشتری اصلی حکومت مورد توجه قرار نگرفته‌اند.
۲- نوعی آشفتگی و سردرگمیِ ماهیتی را در این امور شاهدیم. یعنی یک‌جا تمام مردم دنیا به‌عنوان بازار هدف معرفی شده‌اند، یک‌جا مستضعفین جهان، یک‌جا طرفداران ولی‌فقیه، یک‌جا وارثان زمین و جای دیگر کشورهای دوست و برادر. این به‌هم‌ریختگی یا می‌تواند نتیجهٔ الگوبرداریِ روحانیون از سیستم مدیریتی حوزه‌های علمیه باشد یا یک استراتژی رقابتی‌ست برای گم شدن ماموریت اصلی نظام جمهوری اسلامی.
در هر صورت این‌روزها به‌دلیل وجود رقابت سنگین، هیچ مجموعه‌ای نمی‌تواند با تمامیت‌خواهی تمام بازار را از آن خود کند. شرکت‌های بزرگ بر اساس مزیت‌های رقابتی، بر سر بازار هدف به توافق می‌رسند و از رقابت خونین پرهیز می‌کنند. بر همین اساس استراتژی اقیانوس آبی، به معنی پرهیز از رقابتِ خشن رواج یافته است.[۲۱] اما ذات تبعیض‌آمیز تقسیم بازار مردم در جمهوری اسلامی، هرگونه امکانی برای رسیدن به اقیانوس آبی، به‌خصوص در داخل کشور را از بین برده است.

جایگاه‌یابی و انقلاب ۵۷

جایگاه، مرتبه‌ای‌ست که یک کالا یا سیستم حکومتی، در مقایسه با سایر رقبا و مدعیانِ حکومت، در اذهان مردم اشغال کرده است. از وظایف حاکمان، خلق برندی از کشور متبوع خود است که نیازهای روانی مردم را در برابر سایر ملیت‌ها برآورده نموده و وجهی معنادار به شخصیت آن‌ها بدهد. وقتی فردی در ملاقات با یک خارجی با افتخار از ملیت خود صحبت می‌کند این نشانگر جایگاه کشور او در ذهن خودش است.

جایگاه ایران

ایران به‌لحاظ تاریخی و اقلیمی، به‌صورت بالقوه، همواره امکاناتِ وسیعی برای جایگاه‌یابیِ درست در اذهان جهانیان داشته است. فرش، پسته، گربه ایرانی، چهار فصل بودن کشور، ذخایر نفت، گاز و معادن، تاریخِ چندهزارساله و ابنیه، شعرا و عرفای نامی و آداب و رسوم سنتی مانند نوروز و یلدا همه زمینه‌های مناسبی برای جایگاه‌یابی حرفه‌ای می‌باشند. از بین بردن این‌همه زمینهٔ تمایز و جایگاه‌یابی،

شاهکار جمهوری اسلامی‌ست که در چارچوب همان ماموریت‌های تعریف شده قابل‌تفسیر می‌باشند. مثلا این‌روزها در دنیا رونقِ گردشگری، فرصتی بی‌نظیر برای جایگاه‌یابی کشورهایی با قدمت تاریخی فراهم کرده است. بسیاری از مردم سفر کردن را راهی برای نشان دادن هویت اجتماعی خود می‌بینند و رفتن به کشورهای کهن، این نیاز را برآورده می‌نماید. جشن‌های ۲۵۰۰ ساله، با تمام انتقاداتی که به آن وارد است از منظر جایگاه‌یابی، به‌خصوص برای رونق گردشگری، برنامهٔ بسیار مناسبی بوده است.[۲۲] در بازاریابی برای صنعتِ گردشگری، این خودِ بازدید نیست که به فروش می‌رسد، بلکه جایگاه اماکن در ذهن مشتریان است که فروخته می‌شود و جشن‌های ۲۵۰۰ ساله، چنین کارکردی می‌یابد. با تمام این تفاسیر، اتفاقات بعد از انقلاب ۵۷ باعثِ از بین رفتن این جایگاه شد و حالا برای بسیاری از مردم جهان، ایران با خشونت، فقر و جنگ جایگاه‌یابی شده است. سازمان روحانیت هرگونه تفکر و گرایش غیرفقهی مانند احساسات ملی‌گرایانه را رقیب خود می‌پندارد و حاضر به استفاده از این ظرفیت‌ها نیست. برای روحانیون تخت جمشید رقیبی‌ست برای اماکن مذهبی.

جایگاه جمهوری اسلامی در بازار داخل

از آنجا که حکومت‌ها در خلاء زندگی نمی‌کنند، یکی از کلیدهایِ موفقیت در بازار فوق رقابتی این‌روزها جایگاه‌یابی حرفه‌ای در ذهن مردم خودِ کشور است. جایگاه یک کشور، در ذهن مشتریان داخلی ارتباط مستقیمی با عزت‌نفس مردم دارد. سیل عظیم مهاجرت، ابراز تنفر بسیاری از جوانان و نقدهای تند منتقدان به وضعیت موجود نشانگر جایگاهی‌ست که کشور، در اثر سیاست‌های جمهوری اسلامی، در ذهن مردم پیدا کرده است. به‌طور خلاصه آنچه جمهوری اسلامی را در داخل کشور و بین مشتریان اصلی‌اش جایگاه‌یابی کرده جنگ، تورم، اختلاس، مرگ‌پرستی، ریاکاری مذهبی، دروغگویی، حجاب اجباری، گشت ارشاد و مواردی ازاین‌دست است.

استراتژی نفیِ خویشتن در جمهوری اسلامی

جمهوری اسلامی در بخشی از تلاش‌های خود برای جایگاه‌یابی بین مردم، از استراتژی نفیِ خویشتن هم استفاده کرده است. در این بخش، سیستم پادشاهی و نظام جمهوری اسلامی به‌عنوان یک طبقهٔ کالایی در نظر گرفته شده‌اند که

کارشان ارائه خدماتِ حکومتی به مردم است. از دید مردم، به‌عنوان مشتری، مقامات جمهوری اسلامی و تمام پادشاهان قبل از آن‌ها یک طبقهٔ اجتماعی محسوب می‌شوند که در مقام عرضه‌کنندگان خدماتِ حکومتی نشسته‌اند. وقتی جمهوری اسلامی به نفی کالای پهلوی می‌پردازد در واقع طبقهٔ کالایی خود را نفی می‌کند. حکامِ تازه به حکومت رسیده، به‌خصوص در دههٔ ۶۰ به‌قدری نگران بازگشت نظام شاهنشاهی بودند که انرژی زیادی صرفِ نفیِ کالای آن دوره کردند و با ایجاد ترس از گذشته، به جذبِ نیروی جوان پرداختند. به‌خصوص با حجم عظیم تولیدات رادیو و تلویزیونی به‌شکل مستند، سریال و کارتن در ژانرهای مختلف طی تمام این سال‌ها، با نفی گذشتهٔ کشور، به‌دنبال دست‌وپا کردن جایگاهی برای خود بوده‌اند. این استراتژی که در دنیایِ بازاریابی شناخته‌شده است، به‌دنبال تغییر تمرکز از کالای قبلی به کالای جدید می‌باشد.

مثلا تیغ دو لبه ژیلت در ۱۹۷۱ به‌عنوان تنها تیغی که بهتر از تیغِ یک لبه ژیلت اصلاح می‌کند معرفی شد. بعد تیغ سه لبه مَچ‌تری با این تبلیغ که از تیغ دو لبه بهتر اصلاح می‌کند روانه بازار شد. ژیلت هر بار که محصول جدید و بهتری ارائه کرده، هوشمندانه به نفیِ گذشته و محصول قبلی خود پرداخته است. اما این شیوه تنها زمانی موفق خواهد بود که محصول جدیدی که ارائه می‌شود، از محصول قبلی کاراتر و بهتر باشد. از آنجا که محصول حکومتی عرضه‌شده توسط جمهوری اسلامی، به مراتب از محصول حکومتی دورهٔ شاهنشاهی بسیار ضعیف‌تر است، این استراتژی شکست‌خورده محسوب می‌شود. علاقه‌مندی کسانی که چند دهه بعد از انقلاب به دنیا آمده‌اند به فضای قبل از انقلاب، نشانگر شکست سیاست نفی گذشته توسط جمهوری اسلامی‌ست. حس نوستالوژی نسل قبل هم کماکان بسیار قوی‌ست و به تمام تبلیغات و تلاش‌های جمهوری اسلامی می‌چربد. در واقع نوعی کمپین‌سازی منفی صورت گرفته تا توجه مشتریان حکومت به کارهای بد رقیب جلب شود، بدون اینکه کار خوبِ قابل‌توجهی از سوی خود جمهوری اسلامی برای ارائه وجود داشته باشد.

جایگاه جمهوری اسلامی در خارج از کشور

جایگاهی که حکومت‌ها در ذهن مردمِ جهان پیدا می‌کنند بسیار متاثر از رفتار، شخصیت و برخورد نفر اول آن کشور است. تک‌تک حرکات و موضع‌گیری‌های مقامات حکومتی، حتی نحوهٔ سخن گفتن و نشستن و پوشش آن‌ها، در تعیین

جایگاه کشور در ذهن دیگران اثر مستقیم دارند. آنچه از ابتدای انقلاب، در اثر مواضع رهبران جمهوری اسلامی، جایگاه کشور را بین اذهان عمومی تعیین کرده، مواردی مانند حکم ارتداد سلمان رشدی، حمله به سفارت آمریکا، دشمنی با اسرائیل، اعدام مخالفان، سرکوب معترضان و حمایت از گروه‌های شبه‌نظامی‌ست.[۲۳] ظاهر و نحوهٔ لباس پوشیدن رهبران سیاسی هر کشور نیز به‌عنوان بسته‌بندی آن‌ها مورد توجه قرار می‌گیرد و بایستی بازتابی از فرهنگ عمومی باشد. بسته‌بندی و ظاهر ارائه شده برای ایرانی‌ها نعلین، عبا، عمامه و قباست که ارتباطی با فرهنگ عامه مردم ایران ندارد. اعراب با عقال و دشداشه، هندی‌ها با ساری و ژاپنی‌ها با کیمونو به جایگاه‌یابی خود در ذهن جهانیان کمک کرده‌اند. اما این لباس‌های سنتی متعلق به همه اعراب، هندی‌ها و ژاپنی‌هاست. بعد از انقلاب لباس و ریش آخوندی، بدون اینکه نمادهایی ایرانی باشند، نشانه‌ای برای تشخیص و تمایز مردم در ذهن جهانیان شدند.

بخشی از تلاش مسئولین جمهوری اسلامی نیز صرف یافتن جایگاهی مناسب در ذهن کشورهای فقیر شده است. به همین دلیل در اوگاندا بیمارستان، در جیبوتی ساختمان پارلمان، در کومور خانه ساخته‌اند و به سریلانکا وام بدون بهره پرداخت شده است.[۲۴] غافل از اینکه این‌گونه جایگاه‌یابی، چون متکی بر جنبه‌های مالی‌ست، متزلزل بوده و منجر به وفاداری نمی‌شود. در صورتی که مردم داخلی و مشتریان اصلی، جایگاه کشور خود را به‌خاطرِ حس وطن‌پرستی و تعلق به خاک می‌ستایند. در واقع از آنجا که در دنیای امروزی، کشورها تمام مواضع خود را روی منافع می‌گذارند، تنها شریک واقعی حکومت‌ها مردم هستند. مشتریانی که چون خود قدرت را به حاکمان عرضه کرده‌اند، شرکای استراتژیک مدعیِ دریافت محصولات حکومتیِ با کیفیت نیز هستند. اما چون اولویت دولت‌مردان جمهوری اسلامی، رضایت شریک اصلی استراتژیک خود نیست و ماهیتاً توان برآوردن نیازهای آن‌ها را ندارد، به سمت شرکای خارجیِ موقتی می‌رود که امروز هستند و فردا نیستند.

خطا در جایگاه‌یابی

در جایگاه‌یابی به‌طور کلی احتمال چهار خطای عمده برای حکومت‌ها وجود دارد.
۱- عدم تعیین جایگاه است که در آن تصویری مبهم از کشور ساخته می‌شود. در این حالت، برای تعیین جایگاه، تصمیم‌گیری نمی‌شود بلکه در اثر رفتارها و مواضع پراکنده، تصویری غیرمنسجم و گاهاً متناقض ساخته می‌شود.

۲- تعیین جایگاه بیش از حد است که در آن رهبران در ارزیابی‌های خود دچار خطا می‌شوند و دربارهٔ کالای حکومتی خود بیش از حد ادعا می‌کنند.
۳- جایگاه‌یابی مغشوش به‌عنوان خطای سوم وقتی‌ست که رهبران جامعه مرتباً جایگاه خود را در بازار تغییر می‌دهند.
۴- جایگاه‌یابی باور نکردنی به‌عنوان چهارمین خطا برای شرایطی‌ست که مشتریان به دلایلی نظیر بی‌صداقتی رهبران و ضعف‌های حکومت آنچه ادعا می‌شود را باور نمی‌کنند.

در بررسی می‌بینیم که جمهوری اسلامی، از ابتدا، جایگاهی دست‌نیافتنی برای خود تعریف کرده، در برخورد با ذی‌نفعان گوناگون آن را تغییر داده و به‌دلیل نامناسب بودن کالای حکومتی‌اش، باورپذیری را از دست داده است.

۴- ارزیابی در جمهوری اسلامی

کنترل به مفهوم ارزیابیِ نتایجِ اجرایِ استراتژی‌ها و برنامه‌های بازاریابی‌ست. بعد از آن، اقدامات لازم به‌منظورِ اعمال اصلاحاتِ مورد نیاز در جهت نیلِ به اهداف صورت می‌گیرد. در کنترلِ بازاریابی، مدیران ابتدا اهداف را در نظر می‌گیرند سپس به اندازه‌گیری نتایجِ حاصله می‌پردازند و بعد دلایل اختلاف بین نتایج حاصله و انتظارات را بررسی می‌کنند. در نهایت تدابیری می‌اندیشند که شکافِ بین نتایج و انتظارات از بین برود. برخلافِ آنچه تصور می‌شود، به نظر می‌رسد جمهوری اسلامی طی تمام این سال‌ها کنترل و ممیزی برنامه‌های خود را به دقت پی‌گرفته است. از آنجا که شرایط حال حاضر کشور را با اهداف و ماموریت‌هایی که ابتدای انقلاب تعیین شده متفاوت نمی‌بیند، اصلاحات را قبول نمی‌کند. این بدان معناست که با وجود نارضایتی فراوان، اصلا انحراف از معیاری نمی‌بیند که بخواهد اصلاحات انجام دهد. آنچه رخ داده نتایج دل‌خواهی بوده که از ابتدا برای خود تعریف کرده‌اند. خواستهٔ عمومی برای اصلاحات هم بی‌اهمیت است چون هیچ‌یک از اهداف و ماموریت‌های نظام بر اساس نیازهای مردمِ کشور چیدمان نشده‌اند.

در این‌گونه شرایط همیشه خطای اصلی جایی‌ست که رهبران با فراموش کردنِ مشتریان اصلی، معیار ارزیابی‌شان تنها اهداف‌شان است و به سهم بازار ذهنی داخلی بی‌توجه می‌باشند. طی سال‌های گذشته، به‌خصوص با ظهور شبکه‌های اجتماعی و بالا رفتن تعداد مراکز آموزشی، سهم بازار جمهوری اسلامی به‌شدت

کاهش پیدا کرده است. این کاهشِ سهم بازار، هم بین عامه مردم و بخصوص جوانان و نوجوانان قابل مشاهده است هم بین مشتریان وفادار به سازمان روحانیت. یکی از عوامل این کاهش شدید سهم بازار، که البته از همان سال‌های اولیهٔ پس از انقلاب شروع شده بود، به‌جز ماهیت اشتباهی نظام، عمدی‌ست که توسط نیروهای نشسته در بدنهٔ خود سیستم قابل‌مشاهده است. این عده به دو دلیل به افزایش نارضایتی‌ها دامن می‌زنند. یکی اینکه نمی‌خواهند در دایرهٔ قدرت، دست زیاد شود و احیانا منافع و منابعی که در اختیار دارند را با کسی شریک شوند. دیگر اینکه، با دورویی از یک طرف عمیقا خواهان براندازی جمهوری اسلامی هستند و از سوی دیگر تمایل دارند تا حد امکان از موقعیتی که نصیب‌شان شده بهره ببرند.

فصل پنجم

رویکرد خدماتی و آمیختهٔ بازاریابی
و انقلاب ۵۷

در این کتاب حکومت‌داری به‌عنوان صنعتی خدماتی در نظر گرفته شده که در تعامل با مردم بایستی در خدمتِ آن‌ها باشد. مثلا نوشتن قانون اساسی، بخشی از محصول خدماتی حکومت‌ها به مردم در نظر گرفته شده است. چون خدمات نسبت به کالاهای فیزیکی، قبل و بعد از مصرف، به‌راحتی قابل ارزیابی نیستند مشتریان هنگام خریدِ آن‌ها با ابهامات بیشتری مواجه‌اند. ابهامی که سبب می‌شود مشتریان به اطلاعاتی که به‌صورت دهان‌به‌دهان و به‌خصوص از طریق آشنایان منتقل می‌شود، بیشتر از تبلیغات در رسانه‌های رسمی اطمینان کنند. مردم معمولا پس از دریافت خدمات، اگر از رفعِ نیازهای‌شان راضی باشند، آن را به دوستان و آشنایان خود توصیه می‌کنند. برای کسی که در پی خرید خدمات خاصی‌ست، این توصیه‌ها بهترین و اطمینان‌بخش‌ترین مبنای تشخیص کیفیت کالای مورد نظر است.

انقلاب ۵۷ به‌عنوان کالای خدماتی

چهار ویژگی مشخص صنایع خدماتی که بر برنامهٔ بازاریابی تاثیر قابلِ‌توجهی دارند به شرح ذیل می‌باشند.[۱]

۱- ناملموس بودن

خدمات برخلاف کالاهای فیزیکی، قابل‌رویت نیستند و قبل از خرید نمی‌توان آن‌ها را مزه‌مزه کرد، لمس نمود، شنید یا بویید. به همین خاطر مردم برای کاهشِ ریسکِ خرید، با جمع‌آوری اطلاعات و علائم و نشانه‌های محیطی به‌دنبال شواهد و مستنداتی می‌گردند تا با استناد به آن‌ها، از کارایی، کیفیت و تناسب خدمتی که دریافت خواهند کرد مطمئن شوند. وظیفه ارائه‌دهندگان خدمات هم آن است که این شواهد و مستندات را هرچه غنی‌تر در اختیار مشتریان قرار دهند و تا جای ممکن محسوس نمایند.

نتایج مصرف انقلاب هم به‌عنوان محصولی خدماتی، که توسط انقلابیون به مردم ارائه می‌شود، پیش از مصرف ناملموس است. تنها با استناد به رضایت مردم و شواهد و آثار به‌جا مانده می‌توان به میزان مفید بودن آن پی‌برد. در واقع انقلابیون ۵۷ بایستی پیش از پیشنهاد این کالا شواهد و قراینی ارائه می‌کردند که مصرفِ انقلاب برای مردم مناسب است. از غفلت‌های این انقلابیون، عدم بررسی نتیجهٔ انقلاب‌هایی‌ست که علیه نظام‌های پادشاهی در سایر نقاط دنیا رخ داده بود. مهم‌ترین نمونهٔ این‌گونه تحولات در اطراف کشور، سرنگونی روسیهٔ تزاری و

آشفتگی‌های اجتماعی بعد از آن بود.[۲] این بررسی می‌توانست برآورد درستی از آنچه بعد از انقلاب ایران علیه بنیاد پادشاهی رخ خواهد داد به دست دهد. با وجود آن‌همه نشانه، روشن‌فکرانِ جامعه، مصرف کالای انقلاب را به مردم تجویز کردند.

۲- تفکیک‌ناپذیر

وقتی خدمتی توسط انسان ارائه می‌شود، خودِ خادم نیز بخشی از خدمت محسوب می‌شود. از آن جا که خودِ مشتری نیز هم‌زمان با تولیدِ خدمت حضور دارد، تاثیر متقابل خدمت، خادم و مشتری بر هم، وضعیت ویژه‌ای با حساسیت و یگانگی بالا به وجود می‌آورد. در این حالت هم مشتری و هم ارائه‌دهنده خدمات بر پیامد خدمت تاثیر می‌گذارند. به‌عنوان مثال، هنگام دریافت خدمات دندان‌پزشکی، هم پزشک حضور دارد هم بیمار و هم خدمات دندان‌پزشکی. این رابطهٔ سه‌وجهی باعث بالا رفتن حساسیت می‌شود. به همین دلیل است که مردم، نتیجهٔ عملکرد حکومت‌ها را جدای از حاکمان نمی‌بینند و شرایط را به پای آن‌ها می‌نویسند. سال ۵۷ مردم دریافت‌کننده و مصرف‌کنندهٔ ایدهٔ انقلاب بودند، اما هم‌زمان با انقلابیون که عرضه‌کننده بودند، به صحنه آمدند و به تکمیل فروش آن کمک کردند. همین شرایط است که باعث می‌شود ارائه خدمات حکومتی، مثل تغییر نظام، حالتی ویژه در سراسر جامعه به وجود آورد. حالتی که اگر برای آن برنامه‌ای مدون وجود نداشته باشد آثار مخربی برجا خواهد گذاشت و در صورت پایین بودن کیفیت خدمت ارائه شده، هیچ‌کس مسئولیت عرضهٔ آن را به‌عهده نخواهد گرفت.

۳- تغییرپذیری

از آنجا که کیفیتِ خدمات کاملا وابسته به خادم، مخدوم و محلِ عرضه است، این‌گونه محصولات بسیار شکننده و متغیر می‌باشند. کوچک‌ترین تغییری در مشتری، ارائه‌کنندهٔ خدمت یا محیط می‌تواند نتایج مصرف کالا را کلا تغییر دهد. همین عاملِ تغییرپذیری شدید است که باعث خروج کنترل اوضاع از دست حکومت پهلوی می‌شود. مردم به‌عنوان دریافت‌کنندگان خدمات حکومتی، سرزمین ایران به‌عنوان محل عرضه و سیستم پهلوی و انقلابیون به‌عنوان رقبای عرضه‌کنندهٔ این خدمات هر سه بر سرنوشت کالای انقلاب اثر می‌گذارند تا تغییرپذیری به حداکثر برسد. بعد از انقلاب هم شرایط همین است. پهلوی حذف می‌شود، رقابت برای عرضهٔ خدمات بین انقلابیون شدت می‌گیرد و اوضاع به‌گونه‌ای پیش می‌رود که

ادامه مسیر جامعهٔ ایرانی به دست جمهوری اسلامی می‌افتد.
برای کنترل کیفیت خدماتی که حکومت‌ها یا مخالفان آن‌ها ارائه می‌کنند سه اقدام ضروری‌ست.
۱- انتخاب، آموزش و استفاده از نیروی انسانی شایسته و ورزیده.
۲- استانداردسازی فرایند انجام خدمات حکومتی در سراسر جامعه.
۳- نظارت مداوم بر میزان رضایتمندی مردم با استفاده از سیستم انتقادات و پیشنهادات و پژوهش‌های رفتار مصرف‌کننده. در واقع دلایل شکست نظام پهلوی را می‌توان در عدم انجام کامل سه اقدام ضروری فوق خلاصه کرد.

۴- فناپذیری

خدمات را نمی‌توان انبار کرد و برای آینده ذخیره نمود. وقتی تقاضا برای دریافت خدمتی یکنواخت است، فناپذیری مشکل عمده‌ای محسوب نمی‌شود، زیرا می‌توان از قبل برای عرضهٔ آن برنامه‌ریزی کرد. اما وقتی در میزانِ تقاضا نوسان زیادی وجود دارد، ارائه‌کنندگان خدمات در گذر زمان با مشکلاتی روبه رو می‌شوند. در مورد کالای خدماتی انقلاب ۵۷ نوسان تقاضا برای آن به‌شدت بالا بوده است. به همین دلیل حکومت پهلوی نتوانست برنامه‌ریزی مناسبی برای روبرو شدن با آن داشته باشد. به‌خصوص در ماه‌های پایانی منتهی به انقلاب، با تظاهرات گسترده و اتفاقاتِ گوناگون هر روزه، مدیریتی تقاضای انقلاب کاری بس دشوار بوده است. با وجود اینکه خدماتی مانند انقلاب غیرقابل‌ذخیره هستند، روحانیون بعد از فروش آن، طی سال‌های حکومت خود، تلاشی وافر برای ذخیره کردن خودِ ایدهٔ انقلاب به طرق مختلف داشته‌اند. این تلاش از رهبر انقلاب خواندن علی خامنه‌ای تا برنامه‌های تلویزیونی دههٔ فجر را دربرمی‌گیرد. اما چون انبار کردنِ خدمات ذاتاً امکان‌پذیر نیست و به مشتری‌زدگی می‌انجامد این تلاش‌ها در ناخودآگاه مردم اثر معکوس گذاشته و حالا بسیاری به اصل انقلاب انتقاد دارند.

وظایف حکومت به‌عنوان ارائه‌کنندهٔ خدمات و انقلاب ۵۷

۱- ایجاد تمایز رقابتی و انقلاب ۵۷

حکومت‌ها و گروه‌های سیاسی رقیب آن‌ها، برای توجیه شایستگی حاکمیت خود

بر مردم، به‌دنبال ایجادِ تمایزی رقابتی می‌باشند. پهلوی مزیت رقابتی خود را بهبود شرایط اقتصادی و مدرنیته قرار داده بود. برای حزب توده این مزیتِ رقابتی، اتحاد توده‌های ستم‌کش بود. روحانیون از ابتدا اسلامی شدن جامعه را مزیت رقابتی اصلی خود عنوان کردند. اما به‌جز روحانیون، گروه‌های مذهبیِ دیگری هم مانند ملی‌مذهبی‌ها و مجاهدینِ خلق بودند که مزیت اسلامی کردن جامعه را به صورت مشترک با روحانیون یدک می‌کشیدند. پس سازمان روحانیت نیاز به یک مزیت رقابتی خاص داشت. این مزیت رقابتی، در قانون اساسی، مکتبی بودن عنوان می‌شود و به‌شکل تئوری ولایت فقیه نمود عینی و عملیاتی می‌یابد. ولایت فقیه که قبلا تا حدودی در حوزه‌های علمیه قوام یافته بود، بعد از در دست گرفتن قدرت، رونمایی عمومی می‌شود. ابزاری رقابتی و قدرتمند، حتی در برابر سایر اسلام‌گرایان، برای از میدان به در کردن رقبا.

کالای مقایسه‌ای در حکومت‌داری و انقلاب ۵۷

کالاهایی که مشتریان هنگام خرید، مشخصات آن‌ها را از نظرِ تناسب، قیمت، کیفیت و ظاهر با هم مقایسه می‌کنند. مردم خدمات حکومت فعلی را با وعده‌های رهبران، تجربیات‌شان از حکومتِ قبلی، مشاهدات و شنیده‌هایشان از کشورهای همگن و سایر حکومت‌های موجود در دنیا مقایسه می‌کنند. در این قیاس هر قدر خدمات حکومتِ خود را ضعیف‌تر ارزیابی کنند نارضایتی بیشتر خواهد شد. در صورتی که رضایت پایین‌تر از حد انتظار باشد، علاقه خود را به آن شیوهٔ حکومت‌داری از دست می‌دهند. اگر در حد انتظار یا بیشتر از آن باشد، احتمالِ اعتراض و تقاضا برای تغییرِ حکومت کم خواهد شد.

پیش از انقلاب هم سیستم پهلوی و هم روشن‌فکران، کشورهای اروپایی و پیشرفته را به‌عنوان همگن برای کشور در نظر گرفته بودند. شاه در تلاش بود به سرعت فاصله را با این جوامع کم کند. انتظارات تحصیل‌کرده‌های از اروپا برگشته هم از حکومت به‌حدی بالا بود که طالبِ خدماتی در حد انگلستان و فرانسه بودند. در واقع بدون آنکه زمینه‌های فرهنگی، اجتماعی و اقتصادی لازم را کسب کرده باشند و سهم و وظیفه خود را انجام داده باشند، خود را با کشورهای صنعتی مقایسه می‌کردند. بعد از انقلاب تمام مبنای مقایسه تغییر کرد. مردم عادی از همان دههٔ ۶۰ شروع به قیاس خدمات جمهوری اسلامی با نظام پهلوی کردند و افسوس خوردن‌ها آغاز شد. این قیاس ادامه‌دار، در طول زمان تشدید شده و حتی به مقایسه ظاهر

خانواده سلطنتی با مقامات جمهوری اسلامی تعمیم یافته است. برای روشن‌فکران و تحلیل‌گران هم، معیار مقایسه و سطح انتظار اُفت نموده و به‌جای دول صنعتی و پیشرفته، شرایط جامعه را با کشورهای توسعه نیافته و در حال توسعه قیاس می‌کنند. در این بحث تناقض اصلی موجود بین جمهوری اسلامی و مردم، که فاصلهٔ نیازها و خواسته‌های آن‌ها را از هم نشان می‌دهد، مربوط به تفاوت تعریف حکومت‌های همگن است. در حالی که مردم کشورهایی مثل کره جنوبی را همگن خود می‌دانند، جمهوری اسلامی با کره شمالی روابط استراتژیک دارد.
جمهوری اسلامی با نمایش آثار جنگ در کشورهایی مانند سوریه، عراق و افغانستان سعی در توجیه شرایط داخلی دارد، اما مردم، به‌خصوص به‌دلیل سفرهایی که داشته‌اند، ظرفیت‌ها و پیشینهٔ کشور خود را با ممالکی مثل ترکیه و امارات مقایسه می‌کنند. در این مقایسه‌ها، هم شرایط حال حاضر این کشورها با شرایط حال حاضر ایران مقایسه می‌شود، هم شرایط این کشورها در دوران پهلوی با شرایط ایران در دوران پهلوی مقایسه می‌شود. مقایسه‌ای چندجانبه که نشان می‌دهد در آن دوران، بسیاری از این ممالک به‌لحاظ رشد و توسعه از ایران عقب‌تر بوده‌اند اما طی دوران جمهوری اسلامی بسیار پیش افتاده‌اند. همین مقایسه‌ها باعث افزایش شدید نارضایتی از محصول حکومتی تولیدی سازمان روحانیت می‌شود. به‌عنوان مثالی از این مقایسه‌ها، اصغر قندچی، بنیان‌گذار ایران کاوه، در خاطرات پیش از انقلابش از کار کردن راننده‌های ترک و کره‌ای روی خودروهای سنگین ایران یاد می‌کند. او در این خاطره‌گویی به‌صورت تلویحی، شرایط بعد از انقلاب کشور را، هم با دوران پهلوی مقایسه می‌کند هم با شرایط فعلی ترکیه و کره جنوبی.[۳]

۲- کیفیتِ خدمات و انقلاب ۵۷

یکی از مدل‌های شناخته‌شده برای سنجش کیفیت خدمات، سروکوال است. این مدل دارای ابعاد گوناگونی‌ست که اینجا ما به‌صورت مختصر به پنج شکاف اصلی مطرح‌شده در آن می‌پردازیم.[۴]

الف- تفاوت بین ادراک رهبران از آنچه مردم انتظار دارند با انتظارات واقعی مردم

وقتی این فاصله زیاد است یعنی مسئولین از نیازهای مردم بی‌خبرند و درک درستی از خواسته‌های عمومی ندارند. همان گونه که قبلا اشاره شد عدمِ وجود

نیازسنجی درست در جامعهٔ ایرانی، به‌گونه‌ای که متغیرهای مختلفِ محیطی را دربرگیرد، همیشه وجود داشته است. گاهی مثل زمان پهلوی، حکومت به برآوردن نیازهای مردم نزدیک شده و گاهی مثل جمهوری اسلامی از آن فاصله زیادی گرفته است. در فصل دوم مفصل به بحث نیازها پرداخته شد.

ب- فاصلهٔ ادراک رهبران و مردم از کیفیت خدمات مطلوب

این شاخص به استانداردهای کیفیِ خدمات اشاره دارد. ممکن است مسئولین حکومتی اساسا معیار و استانداردِ درست و روشنی برای خدماتِ با کیفیت تعریف نکرده باشند. استانداردهای مورد نظر حکومت پهلوی، به‌غیر از حوزهٔ سیاست، دارای شاخص‌های ملموس و مدرجی بود که همان موقع در کشورهای پیشرفته و صنعتی در جریان بودند. استانداردهایی که روحانیون و مذهبیون، پیش و پس از انقلاب عرضه می‌کردند، در تصویری که از حکومت پیامبر مسلمانان و دوران پنج‌سالهٔ خلافت امام اول شیعیان مجسم می‌شد بازتاب می‌یافت. تاکید فراوان روی برقراری عدالت در دوران علی ابن ابی‌طالب نمونه‌ای از همین استاندارد است. در واقع در توصیفات خود با بیان نحوهٔ ادارهٔ جامعه توسط این دو پیشوای دینی، استانداردهای ادارهٔ حکومت اسلامی را بیانِ عمومی می‌کردند. اما چون زمان زیادی از صدر اسلام گذشته، این معیارها مدرج نبودند و تصویرسازی دقیق برای آن‌ها امکان‌پذیر نبود. اینجا توانایی تاریخی روحانیون و مذهبیون برای فروش ایده، تصویر و کلام به کمک‌شان می‌آید و حکومتی با استانداردهایی مبهم به مردم فروخته می‌شود.

ج- فاصلهٔ بین استانداردهای خدماتی اعلام‌شده با آنچه انجام شده است

پاسخ به این پرسش است که آیا استانداردها به‌طور مرتب رعایت شده‌اند. این شاخص، به تلاش و تمایلی که در عملکرد هیات حاکمه برای حرکت به سمت استانداردها صورت گرفته اشاره دارد. زمامداران ممکن است آموزش‌های لازم را ندیده باشند، به‌لحاظ شخصیتی فاقد توانایی‌های بایسته باشند، تمایلی به تامین خدمات در حد استانداردهایِ تعریف شده نداشته باشند یا اساسا به معیارهایی متضاد با استانداردها پای‌بندی نشان دهند. در این صورت، فاصله‌ای معنادار بین خدماتی که حکومت عرضه می‌کند با کیفیتی که مردم انتظار دارند به وجود می‌آید.

روحانیون از ابتدای در دست گرفتن قدرت، به‌طور مدام به کارشکنیِ دشمنان در برابر تحققِ آرمان‌ها اشاره کرده‌اند. ادعای آن‌ها بر این است که تلاش‌های لازم را کرده‌اند اما به‌دلیل ضعفِ نیروهای اجرایی، دشمنی کشورهای خارجی و کارشکنی گروه‌های رقیب جمهوری اسلامی استانداردها به‌صورت کامل محقق نشده‌اند. به‌طور مشخص طرفداران رهبرِ ثانی از همین ابزار برای تبرئه او از مشکلات کشور استفاده می‌کنند.

استدلال آن‌ها بر این است که آرزوی رهبر و تلاش او رسیدن به استانداردهای اعلام‌شده است. اما زیردستان و به‌خصوص مسئولین اجرایی دارای توانایی و شایستگی لازم نیستند. از آنجا که خودِ استانداردِ اعلام‌شده کلی، مبهم و غیرمدرج است امکان راستی آزمایی چنین ادعایی وجود ندارد. برای تشخیص درستی این ادعا بایستی شاخص‌های کمّی وجود داشته باشند. این امر هم به‌دلیل فاصلهٔ زمانی زیاد با صدر اسلام و بدوی بودن جامعه آن روزگار امکان‌پذیر نیست. در این زمینه تنها موردی که طرفداران جمهوری اسلامی به آن تکیه می‌کنند و روی آن فعالیت‌های پروموشنی انجام می‌دهند، ساده‌زیستیِ رهبران جمهوری اسلامی‌ست. این ساده‌زیستی هم طی سال‌های اخیر، که گردش اطلاعات به یمن حضور اینترنت بالا رفته، کاملا زیر سوال است. نیت‌شناسیِ روحانیون برای حرکت به سمت استانداردهای تعریف شده را بایستی از ماموریت، چشم‌انداز، اهداف و ارزش‌های ارائه شده توسط آن‌ها فهمید. در این موارد هم، چون ارزش‌ها بیشتر از سایر موارد قابلیت کمّی شدن دارند شاخصِ ارزیابی مناسب‌تری می‌باشند. به‌طور نمونه باید دید آیا عملکرد روحانیون با عدالتی که قبلا با آن استانداردسازی صورت گرفته، انطباق دارد یا خیر.

د- فاصلهٔ خدمات ارائه شده با آنچه بیان شده است

پاسخ به این پرسش است که آیا به تعهدات برای رسیدن به استانداردها عمل شده یا خیر. منظور نتایج عملی و قابل‌مشاهده در محیط جامعه است. از آنجا که خود استانداردهای اعلام‌شده توسط روحانیون مبهم‌اند تشخیص اینکه آنچه وعده داده شده آیا اجرا هم شده یا خیر بی‌معناست. تنها از طریق قیاس ارزش‌ها می‌توان به‌صورت کلی به برآوردی حدودی دست یافت. مضاف بر اینکه چون بخش مهمی از انتظارات مردم تحت‌تأثیر اظهارات زمام‌داران حکومتی، نیروهای وابسته به آن‌ها و تبلیغات پیش و پس از روی کار آمدن روحانیون است، می‌توان به عدم اجرای وعده‌های

اول انقلاب استناد کرد. کاهش شدید قدرت خرید مردم، اختلاس‌های فراوان، فساد گستردهٔ اخلاقی مقامات، مهاجرت نخبگان، افزایش آمار طلاق و موارد فراوان دیگری که می‌توان برشمرد، فاصلهٔ آنچه بیان شده با آنچه انجام شده را نمایان می‌کنند.

ه- تفاوت بین آنچه مردم انتظار داشته‌اند با آنچه عملا دریافت کرده‌اند

تفاوت آنچه مردم خدمات با کیفیت می‌دانند با آنچه حاکمان مطلوب می‌پندارند، همواره گریبانگیر مردم ایران بوده است. به‌عنوان مثال نظام پهلوی رشد اقتصادی را معیاری برای سنجش کیفیت عملکرد خود می‌دانست در صورتی که روشن‌فکران به رشد سیاسی می‌اندیشیدند. جمهوری اسلامی بر رشد نظامی تاکید دارد، مردم نیاز به رشد اقتصادی دارند.

همان گونه که قبلا هم بیان شد، مردم توقع داشتند بعد از انقلاب مزیت‌های جدیدی به جامعه افزوده شود. نه تنها مزیتی عرضه نمی‌شود بلکه مزایای قبلی نیز از بین می‌رود. عدم وجود درک مشترک از کیفیت خدماتی که توسط حکومت عرضه می‌شود نیز گاهی ناشی از برقراری ارتباط ناقص است. به‌عنوان مثال مردم در زمان پهلوی اول و دوم از مزایای بلندمدت خدماتی که در راستای مدرن کردن جامعه عرضه شده بود آگاهی درستی نداشته‌اند. این اطلاع‌رسانی دقیق و بیان مزایای مدرنیته وظیفه این حکومت‌ها بوده است.

۳- مدیریت بهره‌وری و انقلاب ۵۷

زمامداران همواره برای بالا بردن بهره‌وری، تحتِ‌فشارند. برای بهبودِ بهره‌وریِ خدماتِ حکومتی، بایستی مهارت‌ها را از طریق آموزش بالاتر برد، از تکنولوژی‌های نوین استفاده کرد، مشارکت مردمی را افزایش داد و در نهایت شیوه‌های جدید خدمت‌رسانی ابداع کرد. برای این منظور ممیزی مداوم کیفیت خدمات خود و پایش سایر کشورها، با استفاده از خط‌مشی‌های روشن، اجتناب‌ناپذیر است. برای اندازه‌گیری و ارزیابی عملکرد نیز هر قدر وسایل و ابزارها کمّی‌تر باشند مناسب‌تر هستند.

در واقع حکومت‌ها باید برنامه‌ای جامع برای بهبود کیفیت خدمات خود داشته باشند و با درک درست شرایط، به اصلاحِ ریشه‌ای مشکلات بپردازند و دامنهٔ اصلاحات خود را تنها به تامین رضایت کوتاه‌مدت مردم محدود نکنند.

عناصرِ بازارِ سیاست و انقلاب ۵۷

برای درکِ چارچوبِ فعالیت‌های رهبران جامعه بایستی شناختِ درستی از عناصرِ بازار سیاست داشت. عناصری که به دو دستهٔ اصلیِ قابل‌کنترل و غیرقابل‌کنترل تقسیم‌پذیرند. در بازاریابی، متغیرهایی که امکان کنترل آن‌ها توسط مدیریت وجود دارد آمیختهٔ بازاریابی نامیده شده‌اند.(۵) درک و فهم کارکرد این متغیرها، مهم‌ترین وظیفه هر مدیری‌ست. با توجه به اینکه ما حکومت‌داری را عرضهٔ خدمات توسط سیاست‌مداران در نظر گرفته‌ایم، این اجزای قابل‌کنترل، هفت مورد اصلی می‌باشند.(۶) در این فصل به توضیح کلیِ آمیختهٔ بازاریابی می‌پردازیم و بعد در فصول ششم تا دوازدهم به‌صورت مجزا به تک‌تک آن‌ها خواهیم پرداخت.

متغیرهای غیرقابل‌کنترل و انقلاب ۵۷

در مقابلِ آمیختهٔ بازاریابی به‌عنوان متغیرهای قابل‌کنترل بازار، تعدادِ بی‌شماری متغیر غیرقابل‌کنترل و خارج از اختیارِ مدیریت وجود دارند که به‌صورت مستقیم و غیرمستقیم، بر عملکرد سازمان یا کشور اثراتِ زیادی دارند. از متغیرهای غیرقابل‌کنترل می‌توان به مشتریان، رقبا، شرکا، قوانین بین‌المللی، وضعیت منابع طبیعی و آداب و رسوم کهنِ فرهنگی اشاره کرد. نکتهٔ اصلی این است که حکومت‌هایِ توتالیتر معمولا هیچ متغیری را غیرقابل‌کنترل تصور نمی‌کنند و با انواع و اقسام ترفندها سعی در تحت‌اختیار گرفتنِ همه‌چیز دارند. همین شهوت و وسواسِ کنترل است که در نهایت تعادل و توازنِ موجود بین جامعه و حکومت را برهم زده و اوضاع را از کنترل خارج می‌نماید. به‌عنوان مثال روحیات، خلقیات، رفتارها، نیازها و خواسته‌های مشتریان به‌طورکلی، متغیری غیرقابل‌کنترل است و این عرضه‌کننده کالاست که باید خود را با آن‌ها هماهنگ کند. جایی که حکومتی با فشار، تهدید، تطمیع و استفاده از انواع و اقسام ابزارهای تبلیغاتی، سعی در تغییر این شاخص‌ها در مردم دارد، بازار خدمت‌رسانی حکومتی یا به عدم تعادل دچار شده یا خواهد شد.

مثلا وقتی جمهوری اسلامی، در برابرِ تقاضای مردم برای اصلاحات ساختاری، آن‌ها را از هرج‌ومرج، تجزیه کشور و جنگ داخلی می‌ترساند تلاش می‌کند با اعمالِ کنترل، مردم تقاضای‌شان را ترک کنند. در واقع با بالا نشان دادن هزینهٔ تعمیرات، سعی در کنترلِ رفتار مشتری به نفع خود دارد. تمام تلاش‌هایی که بعد از انقلاب برای تغییر رفتار گروه‌های مدعیِ حکومت شد، در همین چارچوب قابلِ‌بررسی هستند.

برخی از اعضای این گروه‌ها با تغییر رفتار خود، به درونِ حاکمیت غلتیدند و بعضاً به موقعیتی نیز رسیدند و بعضی بر سر مطالبهٔ نیازهای خود ایستادند. از متغیرهای غیرقابل‌کنترلی که جمهوری اسلامی نتوانسته روی آن‌ها اثر بگذارد می‌توان به قوانین بین‌المللی مانند منشور حقوق بشر که بر اساس نوعی اجماع جهانی شکل گرفته‌اند اشاره کرد. آداب و رسوم کهن ایرانی مثل نوروز و یلدا نیز که با ارزش‌های سازمان روحانیت رقابت دارند، جزو متغیرهای غیرقابل‌کنترل هستند که علی‌رغم تلاش‌های صورت گرفته حذف آن‌ها توسط حکومت میسر نشده است.

متغیرهای قابل‌کنترل یا آمیختهٔ بازاریابی انقلاب ۵۷

پس از تصمیم‌گیری در مورد نحوهٔ تقسیم بازار، تعیین بازار هدف و چگونگی جایگاه‌یابی، آمادگی لازم برای ترکیبِ عناصرِ آمیختهٔ بازاریابی به‌دست می‌آید. متغیرهای قابل‌کنترل بازاریابی برای محصولات فیزیکی و غیرخدماتی عبارتند از محصول، قیمت، مکان و پروموشن که آن‌ها را به "چهار پی (4P)" نیز می‌شناسیم. با توجه به ویژگی‌های اختصاصی کالاهای خدماتی، برای آن‌ها سه "پی" اضافه نیز در نظر گرفته می‌شود که عبارتند از نیروی انسانی، شواهد فیزیکی و فرایند ارائه خدمات. این هفت مورد یا همان آمیختهٔ بازاریابی خدمات، که متغیرهای قابل‌کنترل بازار می‌باشند، تنها ابزارهای در اختیار مدیران می‌باشند که می‌توان با تغییر و تحریک آن‌ها، از بازار عکس‌العمل گرفت. مجموعه ابزارهایی که رهبران می‌توانند به وسیلهٔ آن‌ها روی میزان تقاضا برای محصول حکومتی‌شان اثر بگذارند. به‌عنوان مثال با کم کردن قیمت، در نظر گرفتن تخفیف، اضافه کردن یک ویژگی خاص به محصول، انتخابِ نحوهٔ تبلیغ می‌توان روی تصمیم‌گیری مشتریان اثر گذاشت.
چالش اصلیِ حکومت پهلوی، در به‌کارگیری آمیختهٔ بازاریابی، عدم درک دقیق مرحلهٔ خرید ایدهٔ انقلاب توسط مردم بود. نظامِ پهلوی یا متوجه حرکت گام‌به‌گام بازاریابان برای فروش ایدهٔ انقلاب نبود یا متوجه بود اما خود را مشغول به بخش پرهیاهوی انقلاب نمود. همین عدم توجه باعث اقدام دیر هنگام شاه برای انجام اصلاحات می‌شود. روحانیون اما پس از در دست گرفتن قدرت به‌خوبی می‌دانستند برای چه کاری، چرا، چه وقت، چگونه، کجا و برای چه کسی از کدام ابزار آمیختهٔ بازاریابی استفاده نمایند. مثلا با درگیری‌های دههٔ ۶۰ از همان ابتدا دریافتند که محصول‌شان مناسب بازار ایران نیست، پس با به‌کارگیری شیوه‌های پروموشنی به بازارگرمی روی آوردند.

در هر صورت هیچ فرایندِ خریدی، از جمله خریدِ ایدهٔ انقلاب، یک‌باره اتفاق نمی‌افتد و قبل از قطعی شدن، مراحلی را طی می‌کند که هر فروشنده‌ای بایستی از آن‌ها آگاه باشد. عدم این آگاهی باعث از دست رفتن بازار می‌شود. مثلا ممکن است فروشنده‌ای با این تصور که همه کالایش را می‌شناسند، به تبلیغات ایجاد رجحان نسبت به رقبا بپردازد. اما اگر در مورد مرحلهٔ خرید اشتباه کرده باشد و بخش اعظم بازار هدف، حتی نام کالا را نشنیده باشند، تلاش‌هایش برای نشان دادن برتری بیهوده خواهد بود. به این مقوله در فصل پانزدهم به‌صورت مفصل خواهیم پرداخت.

آمیختهٔ بازاریابی در جمهوری اسلامی

روحانیون در تمام دوران حکومت خود، با تسلطی که بر آمیختهٔ بازاریابی داشته‌اند، از آن به شیوه‌های گوناگونی استفاده کرده‌اند. طیِ فصول آینده به نحوهٔ این استفاده خواهیم پرداخت. اینجا تنها به کاربردِ خودِ بازاریابی در اقتصاد ایران پرداخته می‌شود. در جامعه‌ای که انحصاری‌ست و رانت در آن ریشه دوانده، متغیرِ قابل‌کنترل و غیرقابل‌کنترل داخلی مفهوم زیادی ندارد. در این‌گونه سیستم‌ها اکثر متغیرها برای کسی که در ساختارهای دولتی، رانت یا نفوذ دارد قابل‌کنترل‌اند. به‌عنوان مثال، به‌صورت پیش‌فرض، قوانین مصوب در مجلس جزو متغیرهای غیرقابل‌کنترل و مستقل برای همه محسوب می‌شوند. اما صاحبانِ رانت و نفوذ، امکان اثرگذاری و حتی تغییر این قوانین به نفع خود را دارند.

نمادِ کاملِ این موضوع، تغییر قانون اساسی کشور در بازنگری و حذف شرطِ اجتهاد در سال ۶۸ به نفع خامنه‌ای‌ست. در واقع آنچه در کتب مرجعِ بازاریابی تعریف و تشریح شده، در جوامعی با اقتصاد آزاد و شفاف کاربرد دارد. در کشورهایی که رانتِ قدرت، ثروت و اطلاعات وجود دارد و بازار برابری را تجربه نمی‌کند، اکثر متغیرها برای وابستگان به حکومت به‌نحوی قابل‌کنترل می‌باشند. به‌عنوان مثالی دیگر از همین موضوع و اثرگذاری رانت‌های ریشه‌دار در تصمیمات کلان، می‌توان به تصویب اولین لایحهٔ قانون اصلاحات ارضی اشاره کرد. ملاکان بزرگی که به عضویتِ مجلس درآمده بودند، علی‌رغم فشار شاه، در مصوبه به‌گونه‌ای عمل کردند که منافع‌شان حفظ شود و بتوانند تا ۴۰۰ هکتار زمین آبی یا ۸۰۰ هکتار زمین دیم را برای خود حفظ کنند.[۷]

وقتی ساختارِ کلی کشوری انحصاری‌ست، رانت ویروس‌وار به پایین‌ترین لایه‌های جامعه نیز نفوذ می‌کند و لزوما مربوط به جابه‌جایی‌های بزرگ مالی نیست. مثلا در

حوزهٔ فرهنگ، ابتدا تولید و پخش محصولی مانند فیلم ممنوع اعلام می‌شود تا در جامعه احساس کمبود به وجود آید. بعد به کسی که به مراکز قدرت وصل است، به‌صورت پنهانی، اجازهٔ تولید زیرزمینی داده می‌شود. کالا تولید می‌شود و در بازار سیاه با قیمتی بالا توزیع می‌گردد. از بالا هم به عوامل کنترل‌کننده دستور شفاهی داده می‌شود، ممانعتی ایجاد نگردد.

یا مثلا در شرایط تورمی و بحرانی، قیمت تمام شده ماکارونی برای تولیدکننده X تومان است. دولت به‌صورتِ دستوری قیمتِ فروش را Y تومان تا آخر ماه رمضان اعلام می‌کند. در حالی که تولید با این قیمت امکان‌پذیر نیست، یکی از تولیدکنندگان بر اساس زدوبندی پنهانی ادعا می‌کند، به‌منظورِ تنظیم بازار، با همان قیمتِ Y تومان قادر به تامین کالاست. تا آخرِ ماهِ رمضان با ضرر به تامین بازار می‌پردازد. بعد ادعا می‌کند بیش از این توانایی ندارد و با سندسازی چند برابرِ زیان خود را به دولت اعلام می‌کند. رانت دولتی حمایت‌کننده به کمک می‌آید و با دریافت ضرر و زیان ادعایی از منابع دولتی، همه با هم منتفع می‌شوند.

در نمونهٔ دیگر، مثلا قیمت ساختمانی متعلق به بانک در مزایده X میلیارد تومان اعلام می‌شود. مدیر عاملِ رانت‌خوار، به‌گونه‌ای برنامه‌ریزی می‌کند که ساختمان به فروش نرسد. از طرف دیگر به یکی از مشتریانِ ساختمان که از قضا دوستش می‌باشد، قول کم کردن قیمت را به شرط دریافت سهم خود می‌دهد. به بهانهٔ عدم فروش ملک به‌دلیل قیمت بالا، از هیات مدیره مصوبه‌ای دریافت می‌شود مبنی بر کاهش قیمت تا Y میلیارد تومان. زدوبند کامل شده و هر کسی سهم خود را برمی‌دارد.

برندینگ در جامعهٔ رانتی

برندینگ از ریشه‌ای‌ترین مفاهیمی‌ست که از آغاز زندگی اجتماعی همواره همراه بشر بوده است. در واقع از وقتی که بشر شروع به علامت‌گذاری روی دارایی‌های خود کرد، تا آن‌ها را از دارایی‌های دیگران متمایز نماید و نشان دهد چه چیزهایی متعلق به اوست، برندینگ آغاز شده است. با این توضیح، برندینگ، پیوندی جدا نشدنی با حس مالکیت آدمیزاد داشته و ریشه در احساس تعلق دارد.

این مالکیت در گذشته بیشتر شکلی فیزیکی داشت، اما هر قدر به عصرِ حاضر نزدیک‌تر شده‌ایم، مالکیتِ معنوی اهمیت بیشتری یافته است. حسِ مالکیت نیز احساسی شخصی و فردی‌ست که باعثِ تحکیم فردیت و استقلالِ انسان‌ها شده و

هویت فردی آن‌ها را شکل می‌دهد. برند به‌عنوان موجودی که در عالمی تجارت بیشتر از هر بخش دیگری شبیه موجودات زنده است و می‌توان برای آن حیاتی معنوی در نظر گرفت، در جامعهٔ انحصاری، که رانت را اجتناب‌ناپذیر می‌کند، اساسا امکان رشد و ظهور و وجود نمی‌یابد. اگر هم ادعا شود برندهایی در بازار وجود دارند، قطعا نیمه‌جان می‌باشند. چون پایهٔ رشد شخصی برند، بر بالندگی ناشی از رقابت و فردیت است. فردیت هم با اصولی مانند ولایت فقیه سر سازگاری ندارد.

بازاریابی در جامعهٔ رانتی

مبنای بازاریابی بر رقابت است و در انحصار مفهوم خود را از دست می‌دهد. در واقع پیاده‌سازی اصولِ بازاریابی ضدِ رانت است. با مثالی می‌توان موضوع را روشن‌تر کرد. فرض کنید در شرکتی ساختمانی و نیمه دولتی، بازاریابی برای فروش برجی اداری و در حال ساخت به شما واگذار شده است. بهترین راه برای فروش یک‌جای چنین ساختمانی، فروش سازمانی آن به موسسات و ادارات و شرکت‌های بزرگ است. اگر برنامه‌ریزی شما درست باشد بایستی مثلا با هدف قرار دادن ۱۰۰۰ شرکت بزرگ، با مکاتبه و اطلاع‌رسانی، موجی وسیع در بازار ایجاد کنید. موجی که بر اثر آن، هم توجهات به سمت برج جلب شود هم حالتِ رقابتی در بازار به وجود آید. اما هم توجه به کالا و هم ایجاد حالت رقابتی، با شرایط بازار انحصاری سازگاری ندارند. توجه، باعث حساسیت بازار روی قیمت و نحوهٔ معامله برج می‌شود که برای معاملات پنهانی حکم سم را دارد.

حتی اگر موفق شوید برج را با قیمتی بالاتر از حد کارشناسی بفروشید ممکن است اخراج شوید. دلیلِ اخراج در لایه‌های پنهانِ تصمیم‌گیری، برهم زدن رانتی‌ست که قرار بوده شکل بگیرد. در واقع مدیران شرکت، ابتدایِ کار برای اینکه به سهامداران نشان دهند شیوه‌های معمول کارساز نیستند، با این اطمینان که موفق نخواهید شد، کار را به شما واگذار کرده‌اند. اما با توفیق در شیوه‌های درستِ علمی، ناگهان غافل‌گیر می‌شوند و چون شفافیت در بازار ایجاد شده، مجبور به فروش برج می‌شوند. موفقیت شما، رانتی که قرار بوده با فروش این برج شکل بگیرد را برهم زده است. فرصتی که قرار بوده از طریق آن، با زدوبندهای پنهان، مبالغی کلان رد و بدل شود خراب شده است. از این منظر شفافیتِ اطلاعات، که باید به بهبود عملکرد مدیریت منتج شود، در بازار انحصاری، باعث اختلال در رانت می‌شود. در بازار رانتی، مدیران رده بالا در انتخاب مشاوران و مدیران بازاریابی خود دنبال

کسی می‌گردند که رانت داشته باشد و آنکه بر اساس اصول علمی کار را پیش ببرد، مزاحم‌شان خواهد بود. همین شرایط باعثِ گسترشِ تصاعدی رانت می‌شود و تنها کسانی که به هسته‌های قدرت دسترسی دارند موفق خواهند بود.

فصل ششم

اولین پی (P)

محصول

و انقلاب ۵۷

محصول به‌عنوان نخستین و مهم‌ترین عنصر آمیختهٔ بازاریابی، هر آن چیزی‌ست که برای رفع نیازی به بازار عرضه می‌شود.

شکل، ویژگی‌ها، کیفیت، دوام، تعمیرپذیری، سبک و طراحی همگی در محدودهٔ این متغیرِ قابل‌کنترل قرار می‌گیرند. به‌صورت ملموس‌تر می‌توان به گارانتی، بسته‌بندی، نام‌گذاری، خدماتِ پس از فروش و مواردی از این‌دست اشاره کرد. با این توضیح محصول محدود به کالای فیزیکی نیست و ممکن است به خدمات، اشخاص، اماکن، سازمان‌ها، ایده‌ها، عقاید و حتی فعالیت‌ها اشاره داشته باشد. در این کتاب ما انقلاب را به‌عنوان یک ایده و جمهوری اسلامی را یک کالای خدماتی در نظر گرفته‌ایم.

هر محصولی که به بازار عرضه می‌شود دارای سطوحی‌ست. محصولات حکومتی هم همواره داری سطوحی از سلسله‌مراتب فایده می‌باشند.

۱- اساسی‌ترین سطح و اصلی‌ترین خدمت یا مزیتی که مشتری "واقعا" می‌خرد، مزیتِ صرف است. این مزیتِ صرف برای مردم، در قبال حکومت‌ها، ناشی از برآورده شدن نیازهای فیزیولوژیکی و امنیتی آن‌هاست.

۲- در سطح دوم، مزیتِ صرف، به کالای اساسی تبدیل می‌شود. که در حکومت‌داری می‌توان به ساختار نظام سیاسی و مجموعه قوانین مصوب تعبیرش کرد.

۳- در سطح سوم، کالای مورد انتظار، که مجموعه‌ای از ویژگی‌ها و شرایط مورد توقع خریداران هنگام خرید است، شکل می‌گیرد. کالای مورد انتظار در حکومت‌داری خدماتی‌ست که توسط قوای سه‌گانه کشور و سایر سازمان‌های اصلی مانند ارتش و رسانهٔ ملی ارائه می‌شوند.

۴- سطح چهارم، اضافه کالا نام دارد که خواسته‌های مردم را ورای انتظارات آن‌ها برآورده می‌سازد.

امروزه رقابت اصلی در بازار روی همین اضافه کالای خدماتی، یعنی سطح چهارم است. مثلا وقتی در کشوری مسلمان، به مناسبت ماه رمضان، برخی فروشگاه‌ها کالاهای خود را به نصف قیمت عرضه می‌کنند، نوعی اضافه کالای اقتصادی به مردم داده‌اند. واکسن مجانی برای کرونا هم در بسیاری از کشورها حکم اضافه کالای درمانی دارد. با اینکه اضافه خدمات برای حکومت‌ها هزینه‌زاست، خیلی زود به مزایای مورد انتظار تبدیل می‌شود. برای دوران پهلوی می‌توانیم به توزیع رایگان شیر در مدارس اشاره کنیم. از همین روست که مردم در مقام مقایسه، از بسیاری مزایای خاص حکومت پهلوی به نیکی یاد می‌کنند.

کیفیت عملکرد حکومت به‌عنوان کالای خدماتی

به‌دلیلِ ناملموس بودن و تغییرپذیریِ خدمات، مهم‌ترین موضوع برای مشتریان اطمینان از کیفیت آن‌هاست. در یک تعریف مشتری‌مدارانه، کیفیت به معنی ویژگی‌ها و مشخصاتِ فراگیر یک کالا یا خدمت است که بر توانایی آن در برآوردن نیازهایِ بیان‌شده و نشدهٔ مشتریان تاثیر می‌گذارد. کیفیت فراگیر، راه حلِ ایجادِ فایده و تامینِ رضایتِ مشتری‌ست. بر این اساس، در یک استراتژیِ بازاریابیِ حکومتی، با رویکرد کیفیتِ فراگیر می‌توان گفت

۱- کیفیت باید مورد تصدیق و باور مردم باشد.

۲- کیفیت نه فقط در گفتار و برنامه‌های تبلیغاتی، بلکه باید در تمام رفتارها و فعالیت‌های حکومت ملموس باشد.

۳- لازمهٔ حفظ و ارتقاء کیفیت، تعهد کامل رهبران حکومت به برآوردن نیازهای مردم است.

۴- حفظ و ارتقاء کیفیت، نیازمند تعامل با شرکای قوی‌ست.

۵- گاهی برای اصلاح و بهبود کیفیت خدمات حکومتی دیر می‌شود.

۶- کیفیت شرط لازم است اما شرط کافی نیست.

۷- تلاش برای ارتقاء کیفیت باعث نجات کالایی که ذاتاً با نیازهای مردم سازگار نیست نمی‌شود. در کشورهای پیشرفته دنیا، مردم از مطالبه کیفیت مطلوب در خدمات عبور کرده‌اند و آن را شرط لازم می‌دانند و لزومی به چانه‌زنی در مورد آن نمی‌بینند. تصورشان این است که اگر کالا یا خدماتی کیفیت ندارد، حق حضور در بازار را ندارد. اما در حکومت‌های انحصاری و خودکامه، مردم درگیر مطالبهٔ دریافت خدماتی با حداقل کیفیت، در مقایسه با استانداردهای روز جهانی می‌مانند.

محصول حکومتی پیش از انقلاب ۵۷

اینکه کالای حکومتی، در طول تاریخ ایران پادشاهی بوده بدین معناست که قدرت و منابع به‌صورت هرمی توزیع می‌شده‌اند. مهم‌ترین عامل در تعیین وضعیتِ مردم، پادشاهانی بوده‌اند که راس هرم قدرت قرار می‌گرفته‌اند. انتقال قدرت از یک سلسله پادشاهی به سلسهٔ بعدی هم همواره همراه با خشونت، جنگ و اعمالِ زور بوده است. از این نظر رضاشاه تنها کسی‌ست که سلسله پادشاهی را بدون تلاش برای ریختن خون آخرین پادشاه سلسله قبل عوض می‌کند. او تنها سرسلسله‌ای‌ست که تغییر

بنیادین ایجاد نمی‌کند و همه‌چیز را زیرورو نمی‌کند و جامعه برای اولین‌بار شاهد انتقال درست قدرت است. در واقع برندینگ مجدد جامعهٔ ایرانی به‌صورت جزئی و با حفظ قوت‌های سلسله قبلی صورت می‌گیرد. همین، یکی از دلایل موفقیت او در تاریخ معاصر است. رضاخان بعد از آنکه تلاشش برای ارائه محصول جمهوری ناکام می‌ماند و همچنان نظام پادشاهی ناگزیر می‌نماید، هم قانون اساسی مشروطه را حفظ می‌کند، هم از رجالِ سیاسی قاجار استفاده می‌کند و هم از بین آن‌ها همسر اختیار می‌کند.[1] در این بین البته، واگذاری بدون چالش شدید قدرت و پذیرش تغییرات توسط احمدشاه، فارغ از دلایلی که داشته، قابل‌تقدیر است. اگر او هم مانند پدرش محمدعلی‌شاه، در برابر سیر تغییراتِ تاریخ مقاومت می‌کرد، شاید هرگز فرصتی و فراغتی برای رضاشاه جهت ایجاد زیرساخت‌هایی مانند دانشگاه تهران و راه‌آهن فراهم نمی‌شد.

تا عصر حاضر محصول حکومتی پادشاهی، با اشکال مختلف، در همه‌جای دنیا مرسوم بوده است. کارنامهٔ هر یک از این پادشاهان هم بیانگر کیفیت محصولی‌ست که به جامعه عرضه کرده‌اند. به تاریخ معاصر که می‌رسیم مبانی حکومت‌داری به‌صورت عملی، در اثر تحولات همه‌جانبه، تغییر می‌کنند. فلسفه‌های نوین سیاسی مطرح می‌شوند و در بسیاری از مناطقِ دنیا فرم توزیع قدرت تغییر می‌کند. ایران هم از این قاعده مستثنی نیست. جنبش مشروطه و طرح جمهوریت در واقع متاثر از شرایط جامعهٔ جهانی بوده‌اند. با این‌حال به‌دلیل موانع متعددی که وجود داشته، نوع عرضهٔ کالای حکومت در ایران تغییر نمی‌کند و به همان شکل هرمی و پادشاهی باقی می‌ماند.

محصولی که محمدرضا پهلوی به‌عنوان کالای خدماتی حکومت خود به مردم ارائه می‌کرد هم، حکومت پادشاهی بود. اما این محصول با توجه به تحولات وسیع قرن بیستم، که نیازهای مردم را در همه زمینه‌ها تغییر داده بود بایستی به‌صورت اساسی اصلاح می‌شد. کشورهای پیشرفته جهان، هر یک به‌شکلی که مناسب فرهنگ و شرایط‌شان باشد و نیازهای مردم را برآورده نماید دموکراسی را به‌عنوان کالایی حکومتی، پذیرفته‌اند. محصول حکومت شاهنشاهی هم، با توجه به علاقهٔ شخص شاه به مدرنیته، بایستی با شرایط روز دنیا انطباق می‌یافت و به‌نحوی کارشناسانه به‌روز می‌شد. حکومت شاهنشاهی به‌عنوان متاعی اصل اما قدیمی، در فرم و محتوا تاریخش به سر رسیده بود و نیاز به بازنگری داشت. بهترین مبنا برای آغاز بازنگری هم اصول مشروطه بود. در این کتاب تقریباً در تمام فصول در

مورد سیستم پهلوی صحبت شده است. هر کدام از این موارد در واقع بخشی از ویژگی‌های محصول پهلوی را نمایان می‌کنند.

استراتژی دروغ در مخالفان

در کنار تمام مواردی که در فصول مختلف کتاب به محصول محمدرضا پهلوی پرداخته شده است اینجا قصد داریم به بررسی یکی از استراتژی‌های مخالفینش در برابر کالای او بپردازیم. در واقع سوای اینکه کیفیت کار محمدرضا پهلوی چه بود و ویژگی‌های محصولش چه بودند، شاهد نوعی برخورد شخصی با او از طرف مخالفان هستیم. این برخوردِ شخصی را در قبالِ رضاشاه هم می‌توان دید. روشن‌فکران نمی‌توانند شخصیت شاه را از محصولی که عرضه می‌کند تفکیک نمایند. گویی چنان دچار مسئلهٔ شخصی با خود شاه هستند که عملکرد او را در حرکت به سمت مدرنیته نمی‌بینند یا نمی‌خواهند ببینند. یعنی به ویژگی‌های محصول دقتِ زیادی ندارند و بیشتر درگیر شخصیت ارائه‌کنندهٔ خدمات هستند. همین باعثِ نوع شدیدی از نزدیک‌بینی بین روشن‌فکران می‌شود و به اشکال مختلفی بروز می‌نماید.

یکی از این اشکال، شایعه‌پراکنی و دروغ‌پردازی وسیعی‌ست که اثراتِ بلندمدت و کوتاه‌مدتی بر جامعه می‌گذارد. دروغ بودنِ بخشی از فعالیت‌های پروموشنی مبارزان پیش از انقلاب، برای تقویت و ارتقاء ایدهٔ انقلاب نزد مردم، از اساس خلاف اخلاق فروش هر کالایی‌ست. وقتی در مورد مرگ تختی و صمد بهرنگی دروغ گفته می‌شود و کشته‌های ۱۷ شهریور بالاتر از تعداد واقعی اعلام می‌شود، کالایی که قرار است به مردم عرضه شود، پیش از مصرف مسموم شده است.[۲]

اگر هدف از پس دادن کالای حکومتی پهلوی، به خاندان پهلوی، ساخت محصول حکومتی جدیدی بوده که نیازهای مردم را برآورده نماید، از همان ابتدا این کالا توسط سازندگان و بازاریابانش با دروغ سمی شده بود. در واقع حکومت پهلوی تنها در موردِ عدمِ وجودِ آزادی سیاسی سرپوش می‌گذاشت، اما برخی بازاریابان ایدهٔ انقلاب، با مشروعیت دادن به دروغ، ریشهٔ اخلاقیات را بیش از پیش خشکاندند و فرهنگ توجیهِ هدف توسط وسیله را گسترش دادند.

داستان‌سرایی در مورد مرگ افراد مطرح جامعه حتی اگر انقلاب نمی‌شد هم اثرات مخربش برجا می‌ماند. جلال آل‌احمد به‌عنوان یکی از اصلی‌ترین داستان‌سرایان این عرصه، معلمی روحانی‌زاده است که حدود ۴۲۰ متر زمین در بهترین نقطهٔ تهران،

یعنی دزاشیب، از نظام شاهنشاهی گرفته اما علیه همان نظام دروغ‌پردازی می‌کند.[۳] این عملکرد مالی با توجه به پیشینهٔ خانوادگی، وقتی در کنار شایعه‌پراکنی‌ها و ادعاهای نوشتاری او قرار می‌گیرد تناقضی آشکار و چندوجهی را نشان می‌دهد. او که در کتاب‌هایش بر روشن‌فکری و مدرنیته می‌تازد، اهمیت سرنوشت مردم را در حد قصه‌بافی تقلیل می‌دهد و به بازی می‌گیرد.

در هر صورت روشن‌فکری و خیرخواهی و نویسندگی با دروغ جمع‌پذیر نیستند مگر آنکه هر سوژه‌ای را مستمسکی برای بازی با کلمات ببینی. این عملکرد او به‌عنوان یکی از بازاریابانِ اثرگذار تغییر ساختار حکومت، نشانگر نوع نگاهش به عامه مردم بوده، ذاتاً نمی‌توانسته منجر به تولید و فروش محصول حکومتی سالم شود. همان دروغ‌های به ظاهر کوچکِ دههٔ ۴۰، در آستانهٔ انقلاب، با وعده‌هایِ بدونِ پشتوانه روحانیون ادامه پیدا می‌کند و آشکارا محصولی نشان داده می‌شود اما چیز دیگری تحویل داده می‌شود. محصولی که پیش از ساخت و در مرحلهٔ طراحی، بر پایهٔ دروغ به مشتری شکل بگیرد، قطعا نمی‌تواند نیازهای مردم را برطرف کند و تبدیل به ابزاری در دست رهبرانی می‌شود که تنها در پی برآوردن نیازهای خود هستند. وقتی پایهٔ طرح اولیهٔ محصول بر ادعایی باطل باشد، دروغ به‌شکلِ ویروسی بیماری‌زا، شیوعی مدام و تصاعدی می‌یابد تا جامعه را به فساد بکشاند. در نهایت این دروغ‌ها به پایین‌ترین لایه‌های جامعه نشت می‌یابد و به تمام وجوه زندگی مردم رسوخ می‌کند. فساد اخلاقی، سیاسی، اقتصادی و فرهنگی به‌همراه می‌آورد و منجر به انحراف جامعه می‌شود.

متاسفانه در دوران جنبش مشروطه هم شاهد همین ترفند از سوی مخالفان محمدعلی‌شاه هستیم. برای مقابله با او به مادرش، که دختر امیرکبیرِ محبوب است، انواع نسبت‌های خلافِ عفت داده می‌شود.[۴] همین رویهِ غیراخلاقی توسط برخی روزنامه‌نگارانِ دههٔ بیست و سی ادامه می‌یابد و در نهایت آن را در شعارهای انقلاب ۵۷ در قبال بانوی اول کشور نیز شاهدیم. اینجاست که خطایِ روشن‌فکران دوران پهلوی، به‌عنوان رهبرانِ فکری جامعه، بیش از پیش نمایان می‌شود. به‌جای هدایت مردم به سمت دروغ نبودن و دروغ نگفتن، خود به آتش دروغ‌گویی هیزم می‌ریزند و شعله‌ورش می‌کنند. روشن‌فکرانی که نیاموخته بودند پیش‌زمینهٔ آزادی از بین رفتن هرگونه دروغ‌گویی حکومتی‌ست، تحولات سیاسی کشور را رقم می‌زنند. برقراری حکومت دیکتاتوری، دروغ به آزادی‌ست و این دروغ را نمی‌توان با دروغ از بین برد.

به‌جز بحث‌های فرهنگی در زمینهٔ دروغ‌گویی بایستی بحث حقوقی و قانونی را نیز اضافه کرد. از نظر قوانین کشور دروغ گفتن جرم محسوب نمی‌شود مگر شهادت دروغ. وقتی قوانینِ مصوبِ کشور دروغ‌گو را مجرم نمی‌شناسند، هر کسی در هر جایگاهی به خود اجازه می‌دهد به مردم دروغ بگوید و از عواقب ملموس عمل خود در امان باشد، پیگرد قانونی نشود و جرمی متوجهش نباشد. دروغ‌گو در هر سطحی که باشد و دروغش هر قدر آثار مخرب روحی، روانی، مالی، اقتصادی و اجتماعی داشته باشد مجرم محسوب نمی‌شود

محصول حکومتی بعد از انقلاب ۵۷

تحولات سیاسی اخیر ایران در سه مرحلهٔ فروشِ ایدهٔ انقلاب، فروشِ جمهوری اسلامی و فروشِ ولایتِ فقیه به مردم صورت گرفته است. در جریان انقلاب ۵۷ و در فرایند فروش محصول حکومتی جدید، اول ایدهٔ انقلاب توسط تمام گروه‌های مخالف پهلوی، مانند توده‌ای‌ها، ملی‌مذهبی‌ها، روحانیون، چریک‌های فدایی خلق و مجاهدین خلق به مردم فروخته می‌شود. بعد از کامل شدن فروش ایدهٔ انقلاب در ۲۲ بهمن‌ماه ۵۷، فروش ایده و کلمهٔ جمهوری اسلامی در دستور کار روحانیون قرار می‌گیرد. در نهایت محصول جمهوری اسلامی با مرکزیت ولایت فقیه توسط عده‌ای از همان روحانیون به مردم عرضه و فروخته می‌شود. روحانیون برای انحصار کامل قدرت، ابتدا برای ایده‌ای با عنوان جمهوری اسلامی بازاریابی می‌کنند و آن را در همه‌پرسی ۱۲ فروردین ۵۸ به فروش می‌رسانند. در این روز کالایی انحصاری به مردم عرضه می‌شود که هیچ رقیبی در برابرش نیست. اما به‌قدری بازارپسند بازاریابی می‌شود که حتی توده‌ای‌ها به آن پاسخ آری می‌دهند.[۵] بعد از آنکه ایدهٔ جمهوری اسلامی فروخته شد، خودِ محصولِ جمهوری اسلامی، که در قالب قانون اساسی شکل گرفته بود، به فروش می‌رسد.

فروش کلمهٔ جمهوری اسلامی، با ظرفیتی که در تفاسیر گوناگونِ آن وجود داشت، این فرصت را به رهبرانِ تازه به قدرت رسیده می‌داد که محتوا را بر اساس نیازهای خود شکل دهند. بر این اساس بخش اصلی محصول جمهوری اسلامی، بعد از فروش طراحی شده است. در واقع اکثریت مردم ابتدا تنها هستهٔ مرکزی کالا را خریدند و بعد حکومت بر اساس خواسته‌ها و منافع خود به لایه‌های آن شکل داد. گو اینکه همان هستهٔ مرکزی که عرضه شد هم، کاملا نامفهوم و کلی بود و هیچ تجربهٔ نزدیک و مدرجی نسبت به استفاده از آن وجود نداشت.

در آن دوره در لزوم فروش ایدهٔ انقلاب به مردم، تمام مبارزان به‌عنوان اثرگذارانِ جامعه، اتفاق نظر دارند. در مرحلهٔ بعد، برای فروش ایدهٔ جمهوری اسلامی، بیشتر روحانیون و مذهبیون به پیروی از خمینی موافق‌اند و دیگران هم در ظاهر یا باطن مخالفتی ندارند. در واقع چون ماهیت جمهوری اسلامی شکل نگرفته و فعلا در حد یک نام است، مخالفت و مقاومتی جدی را شاهد نیستیم. در مرحلهٔ آخر و برای فروش تئوری ولایت فقیه، تنها گروهی از روحانیون، که خود بخش کوچکی از کل مذهبیون هستند تلاش می‌کنند. در هر صورت محتوا و مشخصات محصول ارائه شده با عنوان جمهوری اسلامی و با محوریت ولایت فقیه، تنها نیاز بخش بسیار کوچکی از عرضه‌کنندگان ایدهٔ انقلاب را برآورده می‌کرد.

سفارشی‌سازی(۶) محصول حکومت برای رهبر جمهوری اسلامی

سفارشی‌سازی وقتی اتفاق می‌افتد که تولیدکننده، مثلا خودرویی اختصاصی برای رئیس یک کشور می‌سازد. بعد از انقلاب و در جریان تولید و فروش کالای جمهوری اسلامی مسئولین حکومت، طبق سفارش خمینی با افزودن ولایت فقیه به آن، سفارشی‌سازی کرده‌اند و محصولی برای رفع نیازهای او تولید نموده‌اند. مهم‌ترین گروه ذی‌نفع محصول انقلاب، در درجه اول عموم مردم و در درجه بعد گروه‌های سیاسی مبارز بوده‌اند. اما کالای حکومتی جدید در نهایت برای یک نفر سفارشی‌سازی می‌شود. در دنیای رقابتیِ تجاری، مشتری می‌تواند برای ساختِ خودرویی ویژه به شرکتی خاص سفارشی مخصوص بدهد و ویژگی‌های کالای مورد نظر خود را تعیین کند اما هزینه را خودش باید پرداخت نماید. در سفارشی‌سازیِ کالای جمهوری اسلامی برای خمینی، هزینه از منابع کشور، عمر، مال و جان مردم پرداخت شده است نه سفارش دهنده.

سفارشی‌سازی در دورهٔ رهبر دوم هم، در موارد متعددی قابل‌مشاهده است و این فرایند بر اساس نیازهای او با قدرت بیشتری پی‌گرفته شده است. بعد از مرگ خمینی محصولی که برای او سفارشی‌سازی شده بود، با تغییراتی که در قانون اساسی اعمال شد مجددا با نیازها و شرایط رهبر جدید هم‌سو شد. مثلا حذف شرط اجتهاد از قانون اساسی برای رهبر جدید و افزودن کلمهٔ مطلقه به ولایت فقیه بخشی از سفارشی‌سازی بود. بسطِ بساطِ مداحی و تاسیس سازمان بسیج مداحانِ اهل بیت نیز به‌عنوان ابزاری پروموشنی در خدمت شخصیت‌سازی برای رهبر جدید از همین دست ترفندهاست. در هر صورت هم‌سوسازی هدفمند روابط و

قوانین و مناسبات بر اساس نیازها و شرایط این دو رهبر، نشانگر مافوق قانون بودن نیازهای رهبران جمهوری اسلامی‌ست.

تکمیل محصول و کاهش مشتری جمهوری اسلامی

با نگاهی به سیرِ فروش محصولات جمهوری اسلامی از ایدهٔ انقلاب تا تئوری ولایت مطلقه فقیه، می‌بینیم که هر قدر به مرحلهٔ فروش محصول نهایی نزدیک‌تر شده‌ایم، از تعداد شرکا که درعین‌حال بخش موثری از مشتریان هم هستند کاسته می‌شود. اینجا منظور جدا شدن و زاویه پیدا کردن گروه‌های مبارز با نظام پهلوی از جمهوری اسلامی‌ست. این به‌خودی خود نشانگر ناقص، معیوب و نامناسب بودن کالای عرضه‌شده و عدمِ انطباقِ آن با نیازها و خواسته‌های عمومی‌ست. در صورتی که در فرایند فروش کالای مرغوب و سالم، بایستی هر روز به تعداد مشتریان افزوده گردد. بعد از گروه‌های سیاسی، ریزش مشتری به مردم عادی می‌رسد و در اشکال مختلف خود را نشان می‌دهد و تا جایی پیش می‌رود که حتی فرزندان بلندپایه‌ترین شخصیت‌های نظام، مشتری آن نیستند. حضور گستردهٔ فرزندان مسئولین در کشورهای غربی، از بازماندگان بنیان‌گذار گرفته تا فرزندان مدیران میانی حکومتی، نشان‌دهنده نامرغوب بودن کالای حکومتی تولیدی‌ست. اگر محصول خوبی تولید شده بود، نوه‌ها و نتیجه‌های خمینی از همین محصول استفاده می‌کردند و با حضور در سوئیس و کانادا، مشتری محصول خدماتی حکومت‌های این کشورها نمی‌شدند. مانند صاحب کارخانه‌ای که غذای آماده تهیه و در سراسر فروشگاه‌های زنجیره‌ای و غیرزنجیره‌ای کشور پخش می‌کند. اما خود هر روز از منزل غذا می‌آورد و حاضر نیست حتی یک وعده از تولیدات کارخانه‌اش را به فرزندانش بخوراند.

اصلاح محصول جمهوری اسلامی

لازمهٔ حذف نشدن شرکت‌ها از بازار، بازنگریِ دائمی در محصولات است. به‌عنوان مثالی در تجارت کالا، نوکیا با بی‌توجهی به تغییر نیاز مشتریان، محصول خود را به‌روز نکرد به همین دلیل بی‌رحمانه از بازار حذف شد. حکومت‌ها هم اگر در محصولی که به مشتریان خود عرضه می‌کنند بازنگری نکنند و نیازهای مردم را مشروع ندانند در نهایت موجبات حذف خود از بازار را فراهم می‌کنند. این اصلاحات و به‌روزرسانی همیشگی برای شرایطی مانند ایران ضرورتی دوچندان به نسبت کشورهای توسعه یافته دارد. چون محصولِ حکومتی‌اش از همان ابتدای عرضه با

گنجاندن کلمهٔ ولی‌فقیه، از دایرهٔ نیاز بومی‌شدهٔ معاصر اکثریت مردم، خارج شده بود. در واقع اگر کشور به دموکراسی گذر کرده بود و کالای حکومتی عرضه‌شده رضایت مردم را جلب می‌کرد، اصلاحات کوچک، به مثابه برندینگ جزئی، کافی بود. اما با وجود مشکلات به وجود آمده نیاز به کالایی که تمام سطوحش متناسب باشد کاملا احساس می‌شود. با این‌حال جمهوری اسلامی به‌جای به‌روز کردن محصول خود، طی چند دههٔ گذشته با انواع و اقسام فیلترینگ، در پی کم کردن تقاضا از طریق کاهش آگاهی مردم نسبت به وجود کالاهای با کیفیت‌تر در بازار جهانی سیاست است.

ضمانتِ محصول جمهوری اسلامی

آنچه فروشندگانِ کالایِ جمهوری اسلامی به‌عنوان تضمینِ ناملموس به مردم ارائه کردند، پیوند زدن خود با اعتقادات مذهبی آن‌ها، وام گرفتن از اعتبار پیشوایان مذهب شیعه و به‌خصوص امام سوم شیعیان بوده است. از ابتدا با پیوند خود به حکومت‌های صدرِ اسلام و به‌خصوص شیوهٔ حکمرانیِ امام اول شیعیان، به‌دنبال ارائه ضمانت‌نامه‌ای معتبر، برای محصولِ حکومت خود بوده‌اند. بدون توجه به اینکه محصول‌شان متناسب با منشأ تضمین نیست و ممکن است با این پیوند، اعتبار آن را نیز نزدِ احساسات و عقاید مردم خدشه‌دار کند.

خدمات پس از فروش محصول جمهوری اسلامی

کالای جمهوری اسلامی، به‌جز اینکه از ابتدا به رفعِ نیازهای مردم منجر نمی‌شده، خدماتِ پس از فروشی نیز ارائه نکرده است. مثل اینکه بنزی پیش خرید کنی و مبلغش را کامل پرداخت کنی و سند قطعی بزنی اما خودرویی قدیمی با نقص فنی فراوان تحویل بگیری که اصلا حرکت نمی‌کند. هر روز همه باید کمک کنند تا راه بیفتد و راه که افتاد به عقب برود به‌جای جلو. کمپانی فروشنده هم هیچ‌گونه تعمیر و تعویضی را متقبل نگردد. در واقع در کالای جمهوری اسلامی از آنجا که فروش به‌عنوان پایان کار تلقی شده و با همه‌پرسی سند قطعی زده شده، خدمات پس از فروش معنای خود را از دست داده است. به‌محض فروش کالای جمهوری اسلامی، مقامات حکومتی تنها در پی رفع نیازهای مکتبی و محفلی خود برمی‌آیند و تقاضای مشتریان برای خدمات پس از فروش از یاد می‌رود.

بازاریابی، چه برای یک آدامس چه برای یک سیستمِ حکومتی، از پیش از تولید

محصول و مرحلهٔ تشخیص نیاز شروع می‌شود و تا ابد ادمه دارد. ازاین‌روی تا ابد ادامه دارد که وقتی محصولی فروخته شد، توقع خرید مجدد وجود دارد. وقتی خود خریدار نبود، فرزندانش خرید کنند و فروش محصول نسل به نسل ادامه یابد. برای خرید مجدد محصول، درست بودن ذات کالا و ارائه خدمات پس از فروش امری‌ست اجتناب‌ناپذیر. اما بعد از فروش کالای جمهوری اسلامی، کار تمام شده تلقی گشته و این نگرش که فروش تازه آغازِ تعهد است، نادیده گرفته شده است. کالایی نامناسب فروخته شده و فروشنده با در دست داشتنِ سرخطِ منابع و ابزارهای گوناگون قدرت، متاعِ فروش رفته را پس نمی‌گیرد. هیچ‌گونه خدمات پس از فروشی هم ارائه نمی‌کند و مشتری را هر روز مجبور به استفاده از محصول معیوبش می‌نماید. خدمات پس از فروشی که حکومت باید به مردم می‌داد، تعمیر و اصلاح هرگونه خرابی و ناکارآمدی در قانون اساسی و فعالیت‌های اجرایی در حوزه‌های سیاسی، اقتصادی، فرهنگی، آموزشی و اجتماعی بود.

عدم تعمیر ناکارآمدی‌هایی مانند وجود اصل ولایت فقیه در قانون اساسی، حذف گروه‌های رقیب، تصمیم به ادامه جنگ، روابط بین‌الملل ضعیف، سانسور، تحمیل حجاب و مشکلات اقتصادی عدیده مانند تورم و رکود و رانت حکایت از عدم اعتقاد مسئولین جمهوری اسلامی، به ارائه هرگونه خدمات پس از فروش دارد.

ساخت ایران، نتیجهٔ بازاری جمهوری اسلامی

یکی از نتایج مصرف محصولاتِ جمهوری اسلامی طی سال‌های بعد از انقلاب، عدمِ اقبال عمومی مردم به کالاهای ساخت ایران است. یعنی کالای کلان و ناقص حکومتی باعث از بین رفتن محصولات تولیدی کارخانه‌ها شده است. در صورتی که پیش از انقلاب محصولاتی مانند پیکان، کفش ملی و ارج باعث مباهات مردم بودند. اوایل دههٔ نود شعار سالی برای تشویق عمومی به مصرف کالای ساخت ایران خلق و توسط رهبر اعلام عمومی شد. این شعار تلاشی برای تغییر الگوی مصرف، بر اساس دستورالعمل حکومتی بود. توصیه‌ای که هرگز، حتی از سوی عواملِ حکومتی جدی گرفته نشد چون بر اساس اصول بازار نبود. یعنی حتی خود عوامل حکومت هم به مصرف کالاهای ساخت ایران روی خوش نشان ندادند. در ریشه‌یابی عدم اقبالِ کالاهای ساخت ایران نزد ایرانیان، چالش‌های متعددی پیش روست که نشان می‌دهند توصیه‌های دستوری و غیرکارشناسی به تنهایی کارساز نیستند. در واقع پیش از توصیه به خرید کالای داخلی، باید ریشه‌های این عدم اقبال بررسی

شوند. اینکه چه دلایلی باعث شده مشتریانی با ملیت ایرانی، حتی محصولات درجه چندم کشورهای در حال توسعه را به ساخت ایران ترجیح دهند.
مهم‌ترین نکته بازمی‌گردد به استراتژی بقای جمهوری اسلامی. وقتی استراتژی کلی نظام، بقا و حفظ نظام است نه پیشرفت و تعالی آن، ناخودآگاه این ذهنیت بسط می‌یابد که هر آینه ممکن است نظام فرو بپاشد. نظامِ با ثبات، به بقا نمی‌اندیشد چون از آن مطمئن است و رشد را پی‌گیری می‌کند. تلقین حس فروپاشی کشور، احساسی از موقتی بودن همه‌چیز را به صاحبان کالا و کارخانه‌دارها القا می‌نماید. ناخودآگاه بر آن می‌شوند که تمام اهداف را کوتاه‌مدت بچینند و هرچه سریع‌تر پولی از بازار جمع کنند. خاطرات مصادرهٔ اموال ابتدای انقلاب هم مزید بر علت است. بی‌اعتمادی به کالای ساخت ایران از عدم اعتماد مردم به محصول اصلی، که جمهوری اسلامی‌ست نشأت گرفته و به‌صورت قیاسی از بالا به پایین‌ترین لایه‌های جامعه نفوذ کرده است.
نکتهٔ دیگر برخواسته از انحصار بازار سیاست ایران است. وقتی اصلِ نظام جمهوری اسلامی بر اساسِ انحصار به وجود آمده، انحصارطلبی امری مشروع و پسندیده قلمداد می‌گردد. در شرایط انحصار نیز کیفیت و برآوردن نیاز مشتری از اولویت خارج می‌گردد. چون رقابتی وجود ندارد تا بر مبنای آن نگرانیِ از دست رفتن مشتری ایجاد شود. مسئولیت جذب مشتری ایرانی به سمت کالای ساخت ایران بدون تردید بر عهدهٔ صاحبان کالاست چون منابع اصلیِ مالی و غیرمالی در اختیار آن‌ها می‌باشد و توانایی اثرگذاریِ بیشتری بر جامعه دارند. اما صنایع اصلی کشور عموما در دست افراد حکومتی‌ست و حتی صنایع کوچک و متوسط نیز طی این سال‌ها آموخته‌اند برای حفظِ خود بایستی به زدوبندهای پنهان با افراد حکومتی روی آورند. با این اوصاف توصیه به مردمی که درآمدهای اندک دارند و عموما حقوق بگیرند، آب در هاون کوبیدن بوده است. تا اصلاحی روانی و انقلابی ساختاری در نظام سیاسی کشور صورت نگیرد، در بر همین پاشنه خواهد چرخید.

دور باطل بدقولی: در اتمسفرِ بازاریابی، برند چیزی نیست جز قولی که صاحب کالا تلویحاً یا تحقیقاً به مشتری، مبنی بر حفظ همواره کیفیت و کمیت محصول خود می‌دهد. برندهای شاخص، نوعی تعهد سازمانی برای تامینِ منافعِ مشخص به خریداران می‌دهند. صاحبان کالا نیز دقیقا با الگوبرداری از جمهوری اسلامی، در ماه عسل روابط مشتری و صاحب کالا، همه‌چیز را شیرین نشان می‌دهند،

اما پس از اندکی، بدقولی‌ها شروع می‌شود، اعتمادها سلب می‌گردد و کالایِ بی‌کیفیت به مشتری عرضه می‌شود. این دور باطل، که به تمام بازار سرایت کرده و بی‌اعتقادی به متاع ایرانی را همه‌گیر کرده، از ابتدای انقلاب ۵۷ ادامه دارد.
نخستین بدقولی‌ها در بازار کشور، توسط رهبرِ اول و اطرافیانش صورت گرفت که به وعده‌های خود پشت کردند. همان گونه که مسئولین جمهوری اسلامی قول برندیِ خود را که در سخنرانی‌های اول انقلاب داده بودند زیر پا گذاشتند و پس از رونق بازارشان تعهد خود به ارتقاء کیفیت زندگی مردم را فراموش کردند، صاحبان کالا نیز از همان الگو پیروی کرده‌اند. وقتی صاحب کالایی بعد از رونق کسب‌وکارش از کمیت و کیفیت کالای خود می‌زند و قولش را زیر پا می‌گذارد، مشتری دلیلی برای ساختن با بدقولی در خود نمی‌یابد. این بدقولی‌ها، همان گونه که منجر به بی‌اعتمادی به نظام سیاسی شده، بی‌اعتمادی بینِ آحاد جامعه را نیز گسترش داده است. در واقع مردم ایران هزینه‌هایی بسیار بیشتر از حد معمول برای دریافت خدمات حکومتی به روحانیون پرداخت کرده‌اند اما با بدقولی، کالایی با کیفیت بسیار پایین دریافت می‌کنند.

عزت‌نفس تجاری: عزت‌نفس عمومی از آن دست مفاهیمی‌ست که هر کشوری را تحت‌تأثیرِ خود قرار می‌دهد و آینده تجاری ملت‌ها بدان بستگی مستقیم دارد. این مفهوم که به معنایِ دوست داشتن خود است، از شروطِ لازم برای بروزِ انقلابی احساسی، برای خریدِ کالای وطنی‌ست. وقتی حکومت به نیازهای معمولی مردم وقعی نمی‌گذارد، احساسی از بی‌ارزشی و بی‌اهمیتی درون جامعه و به‌خصوص نسل جوان ریشه می‌گیرد. عزت‌نفس اُفت می‌کند و شخص هر چیز که مربوط به خودش باشد، مثل کالای ساخت کشور خودش را پس می‌زند. مضاف بر اینکه جمهوری اسلامی با اجرای استراتژی نفی خویشتن نیز، که پیش از این توضیح داده شد، به از بین رفتن این احساس دامن زده است. هدف کوبیدن نظام شاهنشاهی بوده بدون توجه به اینکه آن نظام، گذشتهٔ همین مردم است.

خلق و حفظ: اگر برندینگ را خلق و بعد حفظ برند بدانیم، جامعهٔ ایرانی هیچ‌گاه مشکلِ خلق نداشته و همیشه مسئله مدیریت، حفظ و نگهداری بوده است. همان گونه که جمهوری اسلامی خود را حکومتی انقلابی می‌داند که از ثبات و آرامش گریزان است، مدیران و صاحبان کالا نیز می‌خواهند فاتح باشند نه حاکم

و می‌خواهند بروند نمی‌خواهند برسند. مشتری ایرانی، همان‌گونه که از رفتار حکومت مطمئن نیست، اطمینان ندارد این‌بار که به فلان رستوران می‌رود یا فلان کالا را می‌خرد، همان منافع و خدماتِ قبلی را دریافت خواهد کرد. روحیۀ بی‌توجهی به نیاز مشتری در ساختار سیاسی کشور به بسیاری از صاحبان کالا سرایت کرده، آن‌ها نیز سهل‌انگارانه با برندهای خود برخورد می‌کنند.

سرگردانی بین سنت و مدرنیته: شرایطِ جامعه و بازار ایرانی، علی‌رغم حرکتی که در دهۀ ۴۰ و ۵۰ شروع شد و به سمت مدرنیته می‌رفت، با وقوع انقلاب سرگردان مانده است. نه کاملا مدرن و فردگرایانه شده، نه سنتی و بر اساس عرف باقی مانده است. از سویی از باورها و رفتارهای سنتی خود به‌قدری فاصله گرفته که اجرایی کردن آن‌ها کمتر امکان‌پذیر است، درعین‌حال کاملا مدرن و مستند نیز نشده که شفافیت، حرف اول را بزند. در جامعۀ فردگرا با بازار آزاد، تجار می‌دانند حمایتی از طرفِ طایفه ندارند و تنها با اتکا بر موجودیت خود پیروز خواهند شد. در نظام قبیله‌ای اما، فرد خود را تسلیم قوانین قوم می‌نماید، در عوض قبیله نیازهای وی را تامین می‌کند. برخی تجار ایرانی در اثر فلسفۀ وجودی جمهوری اسلامی، چنان بین سنت و مدرنیته درگیر مانده‌اند که نه اتکا بر موجودیت خود و نه شیوه‌های سنتی برایشان کارساز نیست. در این شرایط اگرچه مظاهر زندگی مدرن هستند اما پایۀ تفکرات کماکان قومی‌قبیله‌ای‌ست. اگر عضو گروهی و دسته‌ای خاص نباشی، هرگز نمی‌توانی با تکیه بر خویشتنِ خویش به جایگاهی برسی و حتی شغلی برای خود دست‌وپا کنی. قوم و قبیله نامش و شکلش به گروه و دسته تغییر کرده است.

دورۀ عمر کالای^(۷) جمهوری اسلامی

از آنجا که محصولات چرخۀ عمری مشخص دارند و هر مرحله نگرش‌ها و تلاش‌های خاص خود را می‌طلبد، فروشندگان با چالش‌ها، فرصت‌ها و مسائل متفاوتی روبرو هستند. منحنی دورۀ عمر کالا بیانگر این واقعیت است که محصولات اگر خود را به‌روز نکنند، پس از طی مراحل معرفی و رشد و بلوغ، قطعا به مرحلۀ افول خواهند رسید. این منحنی به‌صورتِ سنتی معمولا ناقوسی شکل می‌باشد و شامل چهار مرحلۀ معرفی، رشد، بلوغ و زوال است.^(۸)

در مرحلۀ معرفی معمولا رشد فروش محصول کند است و بازاری بالقوه

به وجود می‌آید. ایدهٔ انقلاب، در دههٔ ۴۰ به بخش‌های محدودی از جامعه معرفی شد. این معرفی در سال‌های اول دههٔ ۵۰ توسط گروه‌های مختلف مخالف حکومت پهلوی ادامه پیدا کرد. به‌بیانی فروش این ایده به کندی پیش رفت تا اینکه در دههٔ ۵۰ خورشیدی سرعت گرفت.

رشد، دوره‌ای‌ست که کالا در بازار مورد قبول واقع می‌شود. این مرحله برای انقلابِ ایران مربوط به سال‌های میانی دههٔ ۵۰ خورشیدی‌ست که اعتراضات رو به گسترش گذاشت و درگیری‌ها و تظاهرات خیابانی شتاب گرفت. از نیمه دومِ سال پنجاه و شش که مقالهٔ "ایران و استعمار سرخ و سیاه" چاپ شد این شتاب بیشتر هم شد. رشد در سال ۵۷ ادامه یافت و اتفاقاتی مانندِ آتش‌سوزی سینما رکس و تظاهرات هفده شهریور تهران سرعت آن را بسیار بالا می‌برد.[۹] در واقع رشد فروش ایدهٔ انقلاب در مدت‌زمان کوتاهی به اوج خود می‌رسد و خروج شاه آن را تکمیل می‌کند.

در مرحلهٔ بلوغ، چون کالا توسط اکثر خریداران بالقوه پذیرفته شده، از رشد فروش کاسته می‌شود، اما مشتریان قبلی حضور دارند. بلوغِ کالای انقلاب با خروج شاه شروع می‌شود، با بازگشت خمینی ادامه می‌یابد و در همه‌پرسیِ اولِ روحانیون برای انتخاب نظام جمهوری اسلامی به انتها می‌رسد. رهبران و تئوریسین‌های پروموشنی روحانیون با این استراتژی که انقلاب کماکان ادامه دارد تلاشی مصنوعی دارند برای اینکه نشان دهند ایدهٔ انقلاب کماکان در دورهٔ بلوغ به سر می‌برد و در حال رشد است. به‌کار بردن لفظ انقلاب در مفاهیمی مانند رهبر انقلاب و ضدانقلاب نتیجهٔ همین تلاش است. اما برای مردم عادی، بیست و دوم بهمن‌ماه ۵۷ این کالا تماما مصرف شده است. نکتهٔ قابلِ‌توجه این است که برای بسیاری از مردم عادی، که در اثر هیجانات زودگذر درگیر انقلاب شده بودند، دورهٔ عمر کالای انقلاب به مانند دورهٔ عمر کالاهای مد، زودگذر بود. همانند بازار مکاره برای دورهٔ کوتاهی برگزار شد و محصولِ انقلاب به اکثر ایرانیان فروخته شد.

دورهٔ عمر کالای جمهوری اسلامی متفاوت است. معرفی کالای روحانیون دقیقا بعد از فروش ایدهٔ انقلاب انجام شد. در واقع انتهای دورهٔ بلوغ فروش ایدهٔ انقلاب هم‌زمان شد با معرفی کالای جمهوری اسلامی از سوی روحانیون. رشد فروش این محصول با سرعت بسیار بالا طی شد تا در فاصله‌ای ۵۰ روزه بعد از ۲۲ بهمن‌ماه، در اولین همه‌پرسی به فروش برسد. اما تا اینجا تنها اسم جمهوری اسلامی فروخته شده است و مشخصات کالا معلوم نیست. از اینجا به بعد روحانیون شروع می‌کنند

به معرفی مشخصات کالای جمهوری اسلامی. فاصلهٔ ۸ ماهه‌ای که بین اولین و دومین همه‌پرسی وجود دارد مرحلهٔ رشد فروش ویژگی‌های اصلی کالای جمهوری اسلامی‌ست. این ویژگی‌ها به‌شکل قانون اساسی تدوین می‌شوند و علی‌رغم وجود اختلافاتی که بین مقامات، در مورد ویژگی‌هایی مانند ولایت فقیه وجود دارد، در هیجانی عمومی به فروش می‌رسند. با این‌حال هنوز به یک جهش برای بلوغِ نهایی نیاز است. پس در سومین همه‌پرسی با جاگذاری کلمهٔ مطلقه پیش از ولایت فقیه در قانون اساسی، بستهٔ محصول کامل می‌شود.
دورهٔ بلوغ فروش کالا ادامه دارد تا می‌رسیم به انتخاباتِ ریاست جمهوری سال ۷۶ که به اوج می‌رسد. در واقع جایی که نظام نتیجهٔ انتخابات به نفع جریان اصلاحات را می‌پذیرد، اوج مرحلهٔ بلوغ فروش کالایی‌ست که به نام جمهوری اسلامی حدود بیست سال پیش از آن، به مردم فروخته شده بود. بعد از این به دورهٔ افول وارد می‌شویم. دورهٔ افولِ کالای جمهوری اسلامی دقیقا از ماجرای کوی دانشگاه و درگیری نیروهای نظام با دانشجویان و مردم آغاز می‌شود. در واقع از جایی که نظام، اصلاحات را در عمل رد می‌کند، وارد فاز افول می‌شود و طی تمام سال‌های باقی مانده عمر خود در همین مرحله می‌ماند. مقامات جمهوری اسلامی نمی‌توانند با قبول اصلاحات انتروپی را منفی کنند و در سراشیبیِ افول می‌افتند. اعتراضات گستردهٔ سال ۸۸، آبان ۹۸ و به خصوص شهریور ۱۴۰۱ نقاط عطفی در مرحلهٔ افول به‌حساب می‌آیند. از دیگر دلایل شروع دورهٔ افول می‌توان به ظهورِ فناوری‌های جدید، گردش بالای اطلاعات، ظهور نسل جدید، تغییر ذائقهٔ مردم، رشد کشورهای منطقه و گسترش فساد بین مقامات جمهوری اسلامی اشاره کرد.

انتروپی[۱۰] و نظام‌های باز و بسته

هر سیستمی شامل اجزایی‌ست که برای رسیدن به هدفی مشترک با یک‌دیگر در تعامل‌اند و از سه بخشِ اصلیِ ورودی، فرایند و خروجی تشکیل می‌شود. با این تعریف، از موجودات تک‌سلولی گرفته تا حکومت‌ها و کهکشان‌ها را می‌توان به‌عنوان سیستم در نظر گرفت و بررسی کرد. از ویژگی‌های اصلی سیستم‌ها انتروپی‌ست که حکایت از تمایل آن‌ها به کهولت، بی‌نظمی و نابودی دارد. انتروپی مثبت نشانگر حرکت سیستم به سمت نابودی‌ست و تلاش برای منفی کردن انتروپی، به مفهوم بازسازی سیستم در جهت ادامه حیات می‌باشد. در واقع کلیهٔ سیستم‌های فیزیکی، مکانیکی، سیاسی و اجتماعی به‌تدریج در عناصر، مواد و انرژی دچار تغییر

حالت می‌شوند که همراه با تمایل به بی‌نظمی، ازهم‌پاشیدگی و بی‌تعادلی، آن‌ها را به سوی نابودی سوق می‌دهد. بر اساس این مفهوم سیستم بسته‌ای که با محیط اطراف ارتباط ندارد، چون انرژی، داده و مواد جدید از محیط دریافت نمی‌کند، به مرور دچار کهولت می‌شود و از هم می‌گسلد.

اما در سیستم‌های باز، که به‌منظورِ دادوستد ماده و انرژی با محیط اطرافِ خود ارتباطِ متقابل دارند، امکانِ ترمیم و اصلاحِ ساختار برای زنده ماندن وجود دارد. در واقع سیستم‌های باز می‌توانند با وارد کردن انرژی اضافی از محیط، کاهشِ انرژی درونی خود را جبران کرده، از فروپاشی نجات یافته و رشد کنند. فقط سیستم‌های بازی که در جهت عکس قانون انتروپی حرکت نمی‌کنند و به اصطلاح انتروپی را منفی می‌کنند می‌توانند با پویایی به رشد ادامه دهند. در سیستم‌های سیاسی هم وجود نظر و عقیدهٔ منتقد و مخالف در ساختار قدرت، به منزلهٔ ورود انرژی تازه است که آن‌ها را از ابتلا به بیماری‌های مختلف مصون می‌دارد.

انتروپی سیاسی ایران

تابه‌حال سیستم‌های حکومتی در ایران با درجات مختلفی بسته بوده‌اند. به همین دلیل بعد از رسیدن به اوج بلوغ وارد فاز افول شده‌اند و نتوانسته‌اند برای بلندمدت، با منفی کردن انتروپی به بقای خود ادامه دهند. قدرت در دایره‌ای محدود از افراد، دست‌به‌دست شده و به‌طور متناوب، شاهدِ ظهور و سقوط فراوان حاکمیت‌های گوناگون در تاریخ ایران هستیم. جنبش مشروطه از همین منظر که تلاشی بود برای باز کردن سیستم بستهٔ قدرت قابل‌ستایش است. با این رویکرد، یکی از دلایل بنیادین سقوط نظام پهلوی و مثبت شدن انتروپی آن، بسته بودن سیستم سیاسی به‌دلیل نپذیرفتن شروطِ مشروطه است. با تحولاتی که شاه در زمینه‌های گوناگون در جامعه ایجاد کرده بود، سیستم در حال باز شدن کامل بود و نمی‌شد همه‌جای سیستم باز شود اما بخش سیاسی بسته بماند. یا اصلا نبایستی به سمت مدرنیته گام برداشته می‌شد یا باید در برنامه‌ای جامع تمام زیرسیستم‌ها هم‌سو باز می‌شدند.

جمهوری اسلامی اما از ابتدا با تقسیم بازاری که صورت داد، به‌عنوان سیستمی کاملا بسته حیات خود را آغاز نمود. با ردِ صلاحیت‌های گسترده، تصفیهٔ نیروی انسانی به اشکال مختلف، سانسور و فیلترینگ شدید، سخت شدنِ سفر به خارج به دلایل اقتصادی و مشکلات صدور ویزا، تیره شدن روابط بین‌المللی به‌خصوص

بعد از تسخیر سفارت آمریکا و مشکلات ناشی از جنگ، ورودی‌های سیستم تا جای ممکن کنترل شدند. در کنار این موارد سیستم سیاسی با شدتی بیشتر بسته شد. برای درک شدت بسته بودن سیستم سیاسی، کافی‌ست نگاهی به میانگین سنی مسئولان رده بالای جمهوری اسلامی، که پست‌های کلیدی را طی سال‌های متوالی به‌طور متناوب در اختیار داشته‌اند بیاندازیم. شعار مرگ بر ضدولایت فقیه نیز شدت بسته بودن ساختار سیاسی کشور را نشان می‌دهد. وقتی برای نظر مخالف مرگ طلب می‌شود، قطعا از ورود منتقد به ساختار قدرت شدیدا جلوگیری خواهد شد. با تمامِ این احوال به نظر می‌رسد سیستم جمهوری اسلامی از کارکرد انتروپی به‌خوبی آگاهی دارد و نسبت به آن حساس است.

جا ماندنِ حکام ایرانی از مردم

در ایران معاصر، برعکس مردم و جامعه که همواره راهی برای ارتباط با سایر اجتماعات یافته‌اند و خود را به‌روز کرده‌اند، سیستم‌های حکومتی، به‌دلیل بسته بودن نتوانسته‌اند با اصلاحات، انرژی لازم را از محیط دریافت کنند و خود را با شرایط انطباق دهند و در نهایت از مردم جا مانده‌اند. این قاعده به‌خصوص در مورد قاجاریه و جمهوری اسلامی مصداق‌های فراوانی دارد. به‌بیانی، اگرچه ایرانِ معاصر هیچ‌گاه نتوانسته به سیستمی کاملا باز، مانند کشورهای پیشرفته، تبدیل شود اما ذاتاً به دلایل مختلف و پارامترهای گوناگونِ فرهنگی، اقتصادی و جغرافیایی نمی‌توانسته مانند کره شمالی شود. در کره شمالی، هم ساختار سیاسی حکومت بسته است هم مردم و جامعه در شرایط بسته زندگی می‌کنند. به همین دلیل با سیستمی یک‌دست بسته مواجهیم که حکومت و مردم، سال‌هاست بی‌حرکت مانده‌اند. اما شرایطِ جامعهٔ ایرانی متفاوت است و اکثر اوقات مردم از مسئولین سیاسی جلوتر بوده‌اند و در تعامل با دنیا خود را به‌روز کرده‌اند.

در دوران قاجار، از آنجا که جامعه ذاتاً بسته بود و به‌لحاظ تکنولوژی امکان کمتری برای ارتباطِ زیاد با دنیای باز وجود داشت، هم حاکمیت و هم مردم در سیستمی بسته محبوس بودند. با اولین اعزام دانشجو به فرنگ در دوران محمدشاه و تاسیس دارالفنون، اوایل حکومت ناصرالدین‌شاه، سیستم کمی باز می‌شود و افکار و ایده‌های جدیدی به جامعه وارد می‌گردد. همین وضعیت باعث جلو افتادن تحصیل‌کردگان از حاکمان قجر می‌شود و به انقلاب مشروطه ختم می‌گردد. یکی از دلایلی که ناصرالدین‌شاه تمایلی به فرستادن دانشجو به اروپا نداشت را می‌توان

در همین نگرانیِ جا ماندن بیش از پیش از روشن‌فکران و تحصیل‌کردگان جست. بعد از انقلاب مشروطه، اعزام دانشجو به خارج از سر گرفته شد و در دوران رضاشاه بسیار مورد توجه قرار گرفت و باعث باز شدن مجدد سیستم شد. طوری‌که همین تحصیل‌کردگانِ با بورسیه دولتی، بعدها انقلاب ۵۷ را پایه‌ریزی کردند. در دورهٔ پهلوی دوم، در کنار اعزام دانشجو به خارج، افزایش امکان مسافرت عامه مردم به اروپا، ورود تلویزیون، گسترش سینما، رونقِ تورنمنت‌های ورزشی جهانی و برگزاری جشنواره‌هایی مانند جشن هنر شیراز در نهایت به بازتر شدن سیستم جامعه منجر گردید. اما علی‌رغم باز شدن سیستم اجتماعی، کماکان با ساختار سیاسی بسته مواجهیم. در واقع اگرچه محمدرضا پهلوی آرمان‌های بلندی داشت و درکش از مدرنیته از بسیاری روشن‌فکران بالاتر بود اما حلقهٔ تنگ قدرت، انعطاف او را در برابر تحولات سیاسی کم کرده بود.

در جمهوری اسلامی هم سیاست اعزام دانشجو پی‌گرفته شد. اما تصمیم‌گیری‌های برخواسته از ذاتِ انحصاریِ حکومتِ جدید و تلاش برای کنترلِ ورودی‌ها باعث شد اعزام‌ها رانتی شود و مفری برای اختصاص منابع بیشتر به وابستگان حکومت گردد. با این وجود، رونق جهانی گردشگری، افزایش سفر به خارج از کشور، افزایش مهاجرتِ مردم عادی و نخبگانی که در رفت‌وآمد به کشورند و ظهور اینترنت و شبکه‌های اجتماعی، اراده حکومت برای کنترل ورودی‌های سیستم را شکست داده‌اند. مردم به‌دلیل ارتباطِ فراوانیِ که به طرق مختلف با دنیای خارج برقرار می‌کنند راحتی، رشد و شکوفایی سایر سیستم‌های اجتماعی و حکومتی را می‌بینند و به‌مثابه سیستمی باز، خود را بازیابی می‌نماید. اینجا، جا ماندن حاکمان از مردم با شدت زیادی قابل‌رویت است. در واقع از یک طرف سیستم حکومتی جمهوری اسلامی در تمام زمینه‌ها بسته‌تر از گذشتگان عمل می‌کند از طرف دیگر سیستم جامعه به دلایلی که ذکر شد بازتر از تمام تاریخ شده است. بر اساس قانون انتروپی همیشه این سیستم‌های بسته هستند که رو به نابودی دارند و سیستم‌های باز و هوشیار، مانند سیستم مردمی ایران، راهی به سوی آینده دل‌خواه باز می‌کنند.

فصل هفتم

دومین پی (P)

قیمت

و انقلاب ۵۷

هر کالایی که به فروش می‌رسد قیمتی را مطالبه می‌نماید. این قیمت، که حساس‌ترین بخش بازار است، در نقطهٔ تلاقیِ عرضه و تقاضا نمایان می‌شود. معنی لغوی قیمت سنجش، ارزیابی، اندازه و معیار است. معنی آن در بازار عبارت است از ارزش مبادله‌ای کالا و خدمات. هزینه‌ای‌ست که برای دریافت ارزشی پرداخت می‌شود و به صورتِ واحدِ پولی بیان می‌گردد. ولی چون معمولا ارزش کالا به‌طور واقعی و کمّی قابل تشخیص نیست، ارزش درک‌شده از محصول توسط مشتری‌ست که مبنای فهمِ سودمندی آن قرار می‌گیرد. به این معنی که ارزش یک کالا نه با ویژگی ذاتی آن، نه حتی با میزان کار انجام‌شده برای تولید آن، بلکه بر اساس اهمیتی که در راستای رفع نیازهایِ خریدار پیدا می‌کند تعیین می‌شود.[۱] کلید اصلی در برقراری رابطه‌ای مداوم و سودمند با مردم، ایجاد ارزش‌هایی‌ست که به افزایش رضایتمندی آن‌ها منجر شود. رضایتمندی نیز متغیری‌ست وابسته به کاراییِ درک شده از محصول توسط مشتری، در مقایسه با انتظاراتی که او داشته است. در حکومت‌داری نیز اگر کارایی محصول حکومت کمتر از حدِ موردِ انتظار باشد، مردم ناراضی خواهند شد. اگر در حد انتظارات باشد رضایتمند خواهند بود و اگر بیش از انتظارات باشد، مشعوف خواهند شد. مشتریانِ مسرور تجربهٔ خوب‌شان در مورد محصول را به دیگران و به‌خصوص نسل بعدی نیز منتقل می‌کنند و تبلیغات دهان‌به‌دهان به‌جریان می‌افتد. به همین دلیل سیاست‌مداران باهوش معمولا وعده‌هایی در حد توان خود می‌دهند. بعد می‌کوشند چیزی فراتر از تعهدات داده‌شده به مردم ارائه کنند.

هزینه‌فرصت[۲] انقلاب ۵۷

هزینه‌فرصت یعنی عایدی سودآورترین انتخاب منهای عایدی انتخاب انجام شده. مثلا اگر شما از بین چند طرحِ اقتصادی، موردی با ۱۰٪ نرخِ بازگشت را انتخاب کنید در صورتی که سودآورترین طرح ۱۲٪ عایدی داشته، هزینه فرصت از دست رفته ۲٪ است. هدف اصلی از طرح بحث هزینهٔ فرصت، که بیشتر در پروژه‌های اقتصادی مطرح می‌گردد، بررسی نحوهٔ تخصیص بهینه منابع موجود است. این مفهوم، نقش مهمی در تضمین تخصیص درست منابع بازی می‌کند و محدود به هزینه‌های مالی نیست. هر چیزِ ارزشمندی که در انتخاب کالای جدید از آن صرفِ‌نظر شده باشد می‌تواند به‌عنوان بخشی از هزینهٔ فرصت تلقی گردد. به‌عنوان مثالی در این زمینه می‌توان به زمان یا لذت از دست رفته اشاره کرد.

هزینه فرصت برای جامعه‌ای که از میان گزینه‌های مختلف حکومت‌داری یکی را انتخاب کرده، از مقایسه هزینهٔ آن انتخاب با بهترین انتخابی که می‌توانسته کند به دست می‌آید. با این حساب، هزینه‌فرصت مردم ایران مساوی‌ست با منفعت حاصل از استقرارِ حکومتی کاملا دموکراتیک در زمینه‌های اقتصادی، فرهنگی، سیاسی، اجتماعی و تکنولوژیکی منهای منفعتی که از انتخاب انقلاب و جمهوری اسلامی، در این زمینه‌ها، نصیب ملت شده است. هزینه فرصت معمولا بین انتخاب‌های موجود محاسبه می‌شود. با تقاضای انقلاب از سوی مردم، حکومت پهلوی جزو انتخاب‌های بالقوه نبوده است. یعنی کالایی بود که داشتند اما آن را رد کردند. با این وجود رابطهٔ هزینه منفعت در نظام جمهوری اسلامی به‌قدری ناامیدکننده بوده که بسیاری حالا، هزینه‌فرصت انتخاب انقلاب ۵۷ را با تداوم حکومت پهلوی نیز می‌سنجند. این ادبیات که اگر شاه می‌ماند حالا وضعیت رفاه اجتماعی چگونه بود نشانگر مقایسه و محاسبه هزینه‌فرصت با حکومتی‌ست که مرجوع شد.

قیمت انقلاب ۵۷ و استقرار جمهوری اسلامی

قسمت عمده هزینه‌هایی که مردم برای انقلاب ۵۷ پرداخته‌اند، هزینه‌های ضمنی یا غیرنقدی[۳]ست. بخشی هم هزینه‌های آشکارند[۴] که جامعه به‌صورتِ نقدی متحمل شده است. در جوامع دموکراتیکی که از اقتصاد و بازار آزاد برخوردارند روابطی مشخص، تعریف شده و شفاف بین عرضه، تقاضا و قیمت محصول وجود دارد. مردم این جوامع چون عادت به محاسبه دارند این روابط شفاف را به عرصه حکومت‌داری نیز گسترش می‌دهند و مناسبات‌شان با احزاب بر اساس محاسبات کمّی تنظیم می‌شود. جمهوری اسلامی نیز به‌عنوان یک محصول حکومتی، قیمت و هزینه‌ای برای مردم داشته است. اما از آنجا که هیچ رابطهٔ منطقی و معینی بین عرضه، تقاضا و قیمت وجود ندارد، تشخیص هزینه‌های انقلاب و حکومت بعد از آن، با توجه به ابعاد وسیع تغییرات، تحقیقی مستقل می‌طلبد.

به‌طور خلاصه اما می‌توان گفت قیمتی که مردم برای متاع انقلاب و استقرار کالای جمهوری اسلامی پرداخته‌اند شامل تمام هزینه‌های مالی، جانی و زمانی از بعد از انقلاب مشروطه تا زمان حال است. هزینهٔ این انتخاب حداقل شامل منابع کشور، تاریخ کهن‌دیار، اعتقادات مذهبی، اعتبار بین‌المللی، ساعات عمر مردم، سلامت روانی و خون‌هایی‌ست که از زمان مشروطیت ریخته شده‌اند. تمام منابع مادی هدر رفته، استعدادهای سرکوب شده، بهای خون‌های ریخته شده،

نفرساعت عمری که بر باد رفته، مدت زمانی که برای برگشتن اعتبار بین‌المللی نیاز است و مقدار انرژی لازم برای برگرداندن آزادی‌های دوران پهلوی و روحیهٔ شاد مردم، گوشه‌ای از محاسباتی‌ست که هزینهٔ استقرار جمهوری اسلامی را نشان می‌دهد. در واقع گویی روحانیون با خشمی نهفته، کالا آب زده‌اند و برای محصول معیوب حکومتی خود، بدون هیچ تخفیفی، همه‌چیز مردم را مطالبه نموده‌اند. ثمن معامله‌ای که مردم پرداخت کرده‌اند، هرگز با منفعتی که دریافت نموده‌اند هم‌سنگ و هم‌ارزش نبوده است. قیمتی که پیشنهاد نشده بلکه با استفاده از تکنیک‌های بازارگرمی به مردم تحمیل شده است. از کارهایی که روحانیون طی تمام این سال‌ها انجام داده‌اند بی‌ارزش نشان دادن خدمات حکومت پهلوی و سایر نحله‌های سیاسی‌ست. از ابتدای انقلاب سایر کالاهای سیاسی، مانند دموکراسی، اجازهٔ عرضه نیافتند تا مردم بر اساس نرخ اعلامی، ارزش آن‌ها را بسنجند. در صورتی که باید جنگ قیمت بین مدعیان حکومت درگیرد تا بیشترین ارزش با کمترین قیمت ارائه شود. گروه‌های مبارز، با زندان‌ها و گرفتاری‌های مختلف قبل از انقلاب، بهای برآورده شدن نیازشان به انقلاب را پرداختند، اما بعد از انقلاب با به انحصار درآمدن قدرت، ارزش مورد انتظار نصیب‌شان نشد. اتفاقاً کسانی که به نسبت دیگران کمترین هزینهٔ ملموس را پرداخته بودند، بر مسند امور نشستند و تمام منافع را از آن خود کردند. از همین جا خودمداری به‌جای مشتری‌مداری نشست.

با این‌حال هزینهٔ اصلی و بهای سنگین وقوع انقلاب و روی کارآمدن جمهوری اسلامی را بیشتر از همه مردم عادی، دقیقا از روز بعد از کامل شدن بازار انقلاب و فروش جمهوری اسلامی پرداخت کرده‌اند. مردم وقتی از منافعِ حاصل از خرید کالا خرسند خواهند بود که ارزش دریافتی‌شان بیشتر از هزینهٔ پرداختی‌شان باشد. لازمهٔ چنین معامله‌ای نیز انصاف برآمده از ذهنیت بُرد بُرد است. حکومت‌های دموکرات رابطهٔ خود با مشتریان اصلی‌شان را بر اساس استراتژی برنده‌برنده تنظیم می‌کنند. مناسبات به‌گونه‌ای‌ست که هم از خود نامی نیک در تاریخ به‌جا بگذارند، هم برنده اصلی، در دوره‌ای که بر سرکار بوده‌اند، مردم باشند. اما در حکومت‌های استبدادی بازی از ابتدا برنده‌بازنده چیدمان می‌شود. چشم‌انداز و ماموریت به‌گونه‌ای تعریف می‌شود که برد حُکام، لاجرم باعث باختِ مردم خواهد شد. البته در تاریخ هیچ‌گاه این استراتژی حکومتی برای همیشه دوام نیاورده است. هنگامی که مردم از باخت‌های پی‌درپی خسته شوند و به ستوه آیند، بازی شکل بازنده‌بازنده خواهد گرفت. مثلا با بروز جنگ داخلی یا از بین رفتن منابع کشور همه بازنده خواهند بود.

مرور آنچه در سال‌های حکومت جمهوری اسلامی رخ داده، نشانگر یک بازی برنده‌بازنده تمام عیار است. حکومت از همه‌جهت برنده توزیع منابع کشور بوده است و مردم با گرفتار شدن در انواع فقرِ مادی و معنوی بازنده تمام عیار شرایط.

عوامل دخیل در قیمت‌گذاری و جمهوری اسلامی

هنگام قیمت‌گذاری روی محصولات سه عاملِ اصلی مدنظر قرار می‌گیرند.

۱- تقاضای بازار و بالاترین ارزشی که مشتری برای محصول قائل است: این معیار بیانگر بیشترین بهایی‌ست که حکومت می‌تواند از مردم مطالبه نماید. به هنگام انقلاب و ماه‌های پس از آن، تقاضای بازار برای کالای جدید حکومتی، به‌قدری بالا بود که هرگونه قیمت‌گذاری منتج به خرید می‌شد. از این فرصت استفاده شد و بیشترین قیمت متصور برای کالای حکومتی جمهوری اسلامی تعیین شد.

۲- رقابت و ارزشی که محصولات رقبا برای مردم به ارمغان می‌آورند: ماه‌های اولیهٔ انقلاب که هنوز خطرِ گروه‌های رقیب جدی‌ست و امکان از بین رفتن محصولِ جمهوری اسلامی زیاد است، روحانیون با گروه‌های مبارز مماشات می‌کنند. در واقع برای جایگاه‌یابی اولیه در بازار، قیمت‌گذاریِ نفوذی صورت می‌گیرد.(۵) در این مرحله چون گروه‌های سیاسی هنوز نسبت به هزینه‌ای که پرداخت خواهند کرد حساس‌اند، مسئولین جمهوری اسلامی ابتدا قیمت را پایین تعیین می‌کنند. بعد از آن، به‌محض جاافتادن محصول، قیمت‌ها بالا می‌رود.

۳- استراتژی قیمت‌گذاری: نیتِ روحانیونی که حکومت را در دست گرفتند از ابتدا قیمت‌گذاری بسیار بالا برای کالای خود بوده است. ایدهٔ تشکیل جمهوری اسلامی با محوریت ولی‌فقیه، به‌عنوان کالایی بسیار گران‌قیمت از مدت‌ها پیش در محافل مکتبی و حوزوی پرورش یافته بود. در واقع استراتژی قیمت‌گذاری، بعد از جا افتادن حکومت، پرستیژی بوده است بدون اینکه محصولِ با کیفیتی عرضه شده باشد.(۶)

فصل هشتم

سومین پی(P)

پروموشن
و انقلاب ۵۷

تمامی فعالیت‌هایی که مزایای کالا را به اطلاع مشتریان می‌رسانند و آن‌ها را تشویق به خرید می‌کنند پروموشن محسوب می‌شوند. پروموشن که در لغت به معنای بالا بردن و ارتقاء دادن است، در اتمسفر بازاریابی به هر فعالیتی اطلاق می‌شود که به فروش یا پیش بردن جایگاه کالا و شرکت در ذهن مشتری منتهی شود. در این فصل دو موضوع را برای فعالیت‌های پروموشنی، پیش و پس از انقلاب، بررسی می‌کنیم.

در ابتدای هر بخش، از الگوی ۵ام (5M) برای تحلیل فعالیت پروموشنی رقبای قدرت سیاسی استفاده می‌کنیم.[۱] ۵ام الگویی‌ست که مدیران بازاریابی بعد از تقسیم بازار، هدف‌گذاری و تعیین جایگاهِ دل‌خواه به سراغ آن می‌روند تا با توجه به سایر عناصر آمیختهٔ بازاریابی، برنامهٔ تبلیغاتی خود را بچینند. بر اساس این الگو، ۵ مرحلهٔ اصلی در تصمیم‌گیری برای تبلیغات عبارتند از تعیین هدف، تعیین بودجه، انتخاب رسانه، تدوین پیام و ارزیابی اثرگذاریِ فعالیت‌هایی که صورت گرفته است. ما اینجا، به‌منظورِ طبقه‌بندی راحت‌تر مطالب، این الگو را برای تمام فعالیت‌های پروموشنی استفاده می‌کنیم. در واقع با اینکه تبلیغات زیرمجموعه پروموشن است اما می‌توان الگوی برنامه‌ریزی آن را برای تمام پروموشن در نظر گرفت. موضوع بعدی که در هر بخش به آن پرداخته خواهد شد، چهار زیرشاخه فعالیت‌های پروموشنی‌ست که عبارتند از فروش شخصی، روابط‌عمومی، پیشبرد فروش و تبلیغات.[۲] در تشریح وضعیت پیش از انقلاب ابتدا به توضیح خودِ این موارد می‌پردازیم و بعد شرایط کشور را بررسی می‌کنیم.

پروموشن پیش از انقلاب ۵۷

پیش از انقلاب، جامعهٔ ایرانی به‌لحاظ فعالیت‌های پروموشنی دوپاره است. یک طرف، حکومت پهلوی ایستاده با تمام کانال‌های رسمی ارتباطی و امکاناتِ فراوان مالیِ ناشی از موفقیت‌های اقتصادی. طرف دیگر، انقلابیونی ایستاده‌اند که از امکانات کمتری برخوردارند اما با به‌کارگیری هم‌زمان هر چهار ابزار پروموشنی، در پی رخنه در ذهن مردم به‌منظورِ فروش کالای حکومتی خود هستند. بین این مبارزان و مخالفانِ حکومت پهلوی نیز روحانیون دارای بیشترین قدرت پروموشنی هستند اما چون نفوذی نامحسوس دارند کمتر به‌چشم می‌آیند. ازاین‌روی تنها گروهی که به‌لحاظ توانایی‌های پروموشنی، امکان رقابت با آن‌ها را داشت خود حکومت شاهنشاهی بود که به دلایل مختلفی از این پتانسیل استفاده نمی‌شود

و در نهایت منابعِ کشور به روحانیون واگذار می‌گردد. جنگی که در آن حساسیت به محیط اطراف و خلاقیت در تولید محتوا بر امکانات فراوان غلبه می‌کند.

الگوی ۵ام پیش از انقلاب ۵۷

۱- ماموریت در پروموشن پیش از انقلاب ۵۷

برای یک فعالیت پروموشنی، اهداف گوناگونی قابل‌تصورند. اما سه هدف اصلی که معمولا چیدمان فعالیت‌های پروموشنی بر اساس آن‌ها صورت می‌گیرد عبارتند از ایجاد آگاهی در مشتریان بالقوه و بالفعل، ترغیب به خرید کالا و یادآوری حضورِ محصول در بازار. در ادامه به توضیح این سه هدف پروموشنی، پیش از انقلاب برای حکومت پهلوی و مخالفانش می‌پردازیم.

الف- پروموشن خبری پیش از انقلاب ۵۷

در این نوع پروموشن، هدف اطلاع‌رسانی‌ست. فرایندی که طیِ آن بازار در جریانِ عرضهٔ کالای جدید قرار می‌گیرد، خدمات تشریح می‌شوند، نگرانی‌ها در مورد مصرف کالا برطرف می‌شوند، ترس خریداران تعدیل می‌شود، نحوهٔ عملکرد کالا توضیح داده می‌شود و تصویر ذهنی مطلوبی از آنچه قرار است مصرف شود ساخته می‌شود. نقد اصلی به سیستم پهلوی در این قسمت، عدم بیان و تشریح و اطلاع‌رسانی درست مزایای مدرنیته است. خبررسانی مُدرج، درست، دقیق و اثرگذار در مورد اینکه بعد از اجرای برنامه‌ها، چه مزایایی برای جامعه به وجود خواهد آمد صورت نمی‌گیرد. همین خلاء اطلاع‌رسانی در مورد مدرنیته باعث می‌شود مخالفانِ پهلوی از فضا به نفع خود استفاده کنند و به نسبت استراتژی و جهان‌بینی مخصوص خود، با انگشت گذاشتن روی نقاط حساس جامعه، مردم را علیه نظام حاکم بشورانند. روحانیون روی آزادی زنان، گسترش فساد و از دست رفتن اسلام تاکید می‌کنند. برخی گروه‌ها با تکیه بر مسائل اقتصادی روی حاشیه‌نشینی و زاغه‌نشینی انگشت می‌گذارند. بعضی نیز مدرنیته را وابستگی به دنیای غرب و از دست رفتن استقلال کشور نشان می‌دهند.

اینجا نظام پهلوی با رها کردن محتوایِ تولیدی در سینماها، که آن روزگار جزو اصلی‌ترین سرگرمی‌های مردم بود، به ادعای از دست رفتن اسلام و گسترش فساد صحه می‌گذارد. با عدم مدیریت مهاجرت روستاییان به شهرهای بزرگ نیز اختلافِ طبقاتی را به‌چشم می‌آورد. در واقع آنچه ظاهرا به‌چشم می‌آید

تاییدی‌ست بر ادعای مخالفان. برای این ضعفِ پهلوی دو دلیل می‌توان برشمرد. یا سیستم توانایی تکنیکی لازم برای نشان دادن مزایای اصلی صنعتی شدن را ندارد و نمی‌تواند آن را از مسائل حاشیه‌ای جدا کند و پروموشن خبری را مدیریت نماید، یا خودش هم به بلوغ کافی برای درک مزایای اصلی مدرنیته نرسیده و آن را سطحی اجرایی و ترویج می‌کند. دلیل هرچه بوده نشانگر ضعف اطلاع‌رسانی سیستم پهلوی‌ست چون این وظیفه عرضه‌کننده و فروشنده است که در مورد مزایای کالایش اطلاع‌رسانی درست کند.

مخالفان از این ضعف بهره می‌برند و بیشترین پروموشن خبری خود را روی تبلیغات منفی برای سیستم پهلوی متمرکز می‌کنند و کمتر در مورد کالای پیشنهادی خود اطلاع‌رسانی می‌نمایند. تنها بین مذهبیون است که در مورد حکومت اسلامی، با استفاده از الگوهای صدر اسلام، مشخصات کالای پیشنهادی تا حدودی بیانِ عمومی می‌شود. در این بین سیستم پهلوی نه در موردِ توسعه کالای خود خبررسانیِ درست می‌کند و نه پروموشن مخالفان را جدی می‌گیرد. اعلامِ عمومی شاه مبنی بر اینکه "صدای انقلاب شما را شنیدم" دیر هنگام بود چون مردم اینجا از پروموشن ترغیبی هم گذشته بودند و تقریباً تغییر بنیادین را قبول کرده بودند.

ب- پروموشن ترغیبی پیش از انقلاب ۵۷

برای زمانی‌ست که به‌دلیلِ تشدید رقابت، هدف اصلی، روی ایجاد تقاضایِ انتخابی برای یک محصولِ خاص متمرکز شده است. سخت‌ترین بخش پروموشن در این مرحله اتفاق می‌افتد چون تلاش می‌شود برای کالای ارائه شده ایجاد رجحان شود، برداشت‌های ذهنی خریداران نسبت به ویژگی‌های مثبت کالا تقویت شوند، ترغیب شوند پذیرای فروشندگان محصول باشند و کالا را هم اکنون بخرند. سیستم پهلوی در این مورد دو جا کم‌کاری می‌کند.

۱- ترغیب مردم به ایجاد حس همدلی عمومی قوی برای رفتن به سمت مدرنیته از طریقِ اجرای برنامه‌هایی که چیده شده بودند. در واقع سهیم کردن کارگران در سهام و سود شرکت‌ها و کارخانه‌ها در انقلاب سفید، در همین راستا بود اما فعالیت‌های پروموشنی کافی انجام نشده بود. یعنی شاه به‌طور عملی برای ایجاد همدلی گام برداشت، اما به‌دلیل عدم وجود یک کمپینِ پروموشنی قوی و بلندمدت، احساسی که لازم بود مردم به وجد بیایند و برای چند دهه با او

همراهی کنند ایجاد نشد. عدم اعتقاد به لزوم چنین پروموشنی ممکن است ناشی از احساس غرور سیستم پهلوی باشد یا ناآگاهی به اهمیت آن.

۲- پروموشن قوی برای حفظ خودِ سازمان پادشاهی در برابر مخالفان این نظام حکومتی. یعنی ترغیب مردم به حفاظت از سازمان پادشاهی در برابر گروه‌هایی که مدعی حکومت بودند. احتمالا عدم توانایی در انجام این‌کار الف- ناشی از عدم به‌روز شدن خود سازمان پادشاهی با قبول مشروطه بوده است. ب - عدم تمایل به استفاده از شیوه‌های نوین مارکتینگ و پروموشن برای جذب و حفظ مشتری بوده است. البته با توجه به تغییراتی که در دنیا اتفاق افتاده بود، پروموشن برای نظام پادشاهی منهای مشروطه ضدِتبلیغ بود. در واقع چون محصولی که عرضه می‌شد پادشاهی مشروطه نبود، هرگونه پروموشنی برای آن به ضرر سیستم تمام می‌شد. این همان اتفاقی‌ست که می‌افتد و سیستم پهلوی با برگزاری جشن‌های دوهزاروپانصدساله و مواردی ازاین‌دست علیه خود پروموشن می‌کند. اگر نظام پادشاهی مشروطه شده بود و پروموشن قوی ترغیبی برای آن به‌کار گرفته می‌شد بسیاری از رقبای نوپا بی‌خاصیت می‌ماندند.

در این بین مخالفان، بدون معرفیِ کاملِ حکومتِ جایگزین و تنها با استفاده از ضعف‌های سیستم پهلوی موفق می‌شوند پروموشن ترغیبی خود را پیش ببرند و یک انقلاب را به مردم بفروشند. تمام تلاش‌های انقلابیون، به‌صورت علنی، روی ایجادِ رجحان برای کالایی که ابعادش به‌درستی مشخص نیست در برابر محصول پهلوی متمرکز می‌شود. این فعالیت‌های ترغیبیِ مخالفان، هر قدر به انقلاب نزدیک‌تر می‌شویم شدیدتر می‌شود و به سمت نظام اسلامی هدایت می‌گردد. ایجاد رجحانی که حتی در شعارهایی مانند "نظام شاهنشاهی، عامل هر فساد است/جمهوری اسلامی، مظهر عدل و داد است" کاملا عیان است.

ج- پروموشن یادآوری پیش از انقلاب ۵۷

این دست پروموشن‌ها در مورد کالاهایی که در مرحلهٔ بلوغ به سر می‌برند و مردم قبلا آن‌ها را ترجیح داده‌اند اهمیت دارد. مثل شرکتی جا افتاده که مشتریان بسیاری دارد و تنها در مناسبت‌های خاص از تلویزیون پیام تبریک می‌فرستد. بلوغ سیستم پهلویِ دوم در دههٔ ۴۰ اتفاق می‌افتد که تقریباً در تمام زمینه‌های اقتصادی، ورزشی و فرهنگی شاهد شکوفایی هستیم. انتهای این دهه آغاز دورهٔ افول در منحنی چرخهٔ عمر نظام پهلوی‌ست. انجام پروموشن‌های موثرِ یادآوری

برای موفقیت‌های این دوران و تداوم آن تا دهۀ ۵۰ اهمیت فراوانی داشته است. اما در همین دوره برخورد نادرست سیستم با برخی از این موفقیت‌ها اثر معکوس می‌گذارد. یعنی نه تنها بهره‌برداری پروموشنی از آن دوره نمی‌شود بلکه خودِ آن موفقیت‌ها ابزاری می‌شوند در دست مخالفان حکومت برای تدارک محتوای پروموشنی ضدِحکومتی.

در این مورد می‌توان به برخورد حکومت با تختی اشاره کرد. برنامه‌های پروموشنی مناسب می‌توانستند از او برای یادآوری دوران بلوغ پهلوی دوم استفاده کنند و به‌عنوان نشانه‌ای از رشد جامعه به او توجه نمایند. اما بی‌مهری سیستم منجر به مشکلات مالی و روانی برای او می‌شود و در نهایت خودکشی‌اش تبدیل می‌شود به ابزار تبلیغاتیِ قویِ ضدحکومتی در دست مخالفان.[۳] در واقع بی‌برنامه‌گی سیستم برای بهره‌برداری پروموشنی از فرصت‌های به وجود آمده در دهۀ ۴۰ باعث می‌شود خود آن موفقیت‌ها تبدیل به تهدید شوند.

در این دوره انقلابیون به‌جز تمرکز بر ضعف‌های سیستم پهلوی، پروموشن‌های یادآوری مخصوصِ خود نیز تدارک می‌بینند. برای تاکید بر نامناسب بودن کالای پهلوی شروع می‌کنند به خاطره‌سازی از درگیری‌هایی که با حکومت داشته‌اند. با یادآوری اتفاقاتی مانند سیاهکل و ۱۵ خرداد سعی می‌کنند از هر فرصتی برای افزایش نیاز به تغییر بنیادین استفاده کنند. قصۀ حسن و محبوبه که توسط شریعتی نوشته شده از همین دست یادآوری‌هاست.

۲- بودجه در پروموشن پیش از انقلاب ۵۷

مقدار منابع مالی مورد نیاز برای انجام فعالیت‌های پروموشنی‌ست. پنج عاملِ اصلی که برای تعیین بودجه بایستی مدنظر قرار داد عبارتند از مرحلۀ عمر کالا، سهم بازار، شدت رقابت، فراوانی پروموشن و جانشین‌پذیری کالا. شیوه‌های اصلی تعیین بودجه هم عبارتند از روش در حد استطاعت که در آن بر اساس توانایی واقعی مجموعه، بودجه تعیین می‌شود. در روش دوم از ابتدا درصد مشخصی از فروش جاری یا پیش‌بینی شده به‌عنوان بودجه در نظر گرفته می‌شود. روش سوم برابری با رقباست که در آن با بررسی و تحقیق در موردِ میزانِ بودجه‌ای که رقبا اختصاص داده‌اند تصمیم‌گیری می‌شود. آخرین روش، هدف و انجامِ کار است که در آن ابتدا اهداف تعیین می‌شوند، بعد کارهای لازم برای رسیدن به آن‌ها مشخص می‌شوند و در نهایت هزینه معین می‌گردد. این شیوه حرفه‌ای‌ترین و بهترین روش تخصیص بودجه است.

با توجه به چهار پارامتری که بالا برای انتخاب شیوهٔ تخصیص بودجه بیان شد بهترین راهِ اختصاصِ بودجهٔ پروموشن برای پهلوی، هدف و انجام کار بوده است. چون بیشترین منابع مالی و غیرمالی کشور در اختیار حکومت بود، سهم بازارش در اذهانِ عمومی در حال کاهش بود، گروه‌های مختلف رقیب مثل توده‌ای‌ها حضور داشتند و با توجه به گسترش دموکراسی در دنیا کالای حکومتی‌اش جانشین‌پذیر شده بود. با این‌حال نشانه‌های زیادی وجود دارد که بودجه‌های پروموشن، بر اساس تحقیقاتِ بازار تخصیص نمی‌یافته‌اند. مثلا وقتی امکانات و بودجهٔ لازم برای پروموشن زیرپوستی به‌منظورِ اثرگذاری در ناخودآگاه مردم برای مقابله با واپس‌گرایی وجود داشته، موضوع بی‌محابا در مقاله "ایران و استعمار سرخ و سیاه" در موقعیتی نامناسب بیان می‌شود. چاپ این مقاله به همان نسبت که نیاز به بودجه نداشته خالی از ظرافت بوده است.
در همین دوران، بین مخالفان، بیشترین بودجه بعد از حکومت در اختیار سازمان روحانیت بوده است. منابع مالی ناشی از اوقاف، وجوهات و سایر درآمدها قابلِ‌توجه بوده‌اند. سایر گروه‌ها اما با محدودیت منابع دست‌به‌گریبان بودند، به همین دلیل بهترین شیوهٔ بودجه‌بندی برای آن‌ها در حد استطاعت بوده است. همین باعث می‌شود بسیاری از مبارزان به سمتِ هزینه کردن آنچه صددرصد در اختیار داشتند، یعنی زمان خود، سوق یابند. در واقع برای بسیاری از مبارزان، زمانی که می‌توانستند صرف ترویج عقاید خود کنند یا در زندان سپری نمایند، به‌عنوان بودجهٔ پروموشن ایدهٔ انقلاب قابل‌ذکر است. در مواقعی نیز این بودجه به‌شکل هزینه‌های جانی خود را نشان می‌داده‌اند.

۳- پیام در پروموشن پیش از انقلاب ۵۷

جان کلام تمام فعالیت‌های پروموشنی در پیام جمع می‌شود. انتخاب محتوای پیامی که با ظرافتِ حرفه‌ای و هدفمند کدگذاری شده باشد، از موثرترین بخش‌های این فعالیت است. مراحل اصلی برای تدارک و انتخاب پیام مناسب عبارتند از تهیه، ارزیابی، انتخاب، اجرا و بررسی مسئولیت‌های اجتماعی. در مرحلهٔ تهیه پیام بایستی توجه داشت بسیاری اوقات مردم در چارچوبی قیاسی از راه‌های منطقی، حسی، اجتماعی یا بر اساس رضایت درونی تحت‌تأثیر قرار می‌گیرند. در مرحلهٔ ارزیابی و انتخاب، سه پارامتر مطلوبیت، استثنایی و باورکردنی بودن پیام مهم هستند. در مرحلهٔ اجرا چون بعضی پیام‌ها منطق و برخی عواطف مردم را نشانه می‌گیرند،

چگونه بیان کردن پیام بسیار مهم است. پارامترهایی مانند سبک، لحن، قالب و عبارت‌بندی در اجرای پیام، نشانگر میزان تاثیرگذاری احتمالی آن است. از جنبه مسئولیت اجتماعی نیز اطمینان از اینکه آنچه تهیه شده، بر اساس معیارهای اجتماعی و قانونی‌ست و گروه‌های ذی‌نفع را نمی‌رنجاند اهمیت بالایی دارد.

به‌عنوان نمونه‌ای شناخته‌شده از فعالیتِ پروموشنی در دوران پهلوی می‌توانیم مقاله "ایران و استعمار سرخ و سیاه" را بررسی کنیم. این مقاله، به‌لحاظ سبک انتقال پیام، در پی عرضهٔ پارامترهای منطقی برای مقابله با واپس‌گرایی‌ست. در واقع منطقِ مخاطب را هدف قرار می‌دهد. در صورتی که جامعهٔ ایرانی، به‌خصوص در آن زمان، به‌شدت تحت‌تأثیر نوشته‌های سرشار از احساسات بوده است. به همین خاطر بخش‌های منطقی مقاله اصلا به‌چشم نمی‌آمده‌اند و مخاطب با گزینش انتخابی، برداشت‌های احساسی از آن‌ها می‌کرده است. لحن نیش‌دار، قالب کوتاه و عبارت‌بندی صریح مقاله هم برای بیان مطلبی با آن وسعت و اهمیت مناسب نبوده‌اند. در حالی که فرهنگ ایرانی آمیختهٔ با استعاره، ایهام و کنایه است و ادبیات کشور قرن‌ها بر این مدار چرخیده و مردم از این شیوه لذت می‌برند، هیچ‌گونه کدگذاری حرفه‌ای و ظریفی را هم برای انتقال پیام در این مطلب شاهد نیستیم. همین بی‌توجهی به ذائقهٔ ایرانی باعثِ اثرِ معکوسِ مقاله می‌شود. تاثیرِ احساسی این نوشته، وقتی اوج می‌گیرد که حدود ۵۰ روز پیش از آن فرزند ارشد خمینی در نجف دچار مرگ ناگهانی شده بود و پیکان تیز شایعات به سمت ساواک نشانه می‌رفت.

در واقع این مقاله به‌لحاظ مسئولیت اجتماعی نیز باعث رنجش دیگران می‌شود. مجموعه این شرایطِ متناقض، ابزاری به دست مخالفان پهلوی می‌دهد که برندینگ شخصی خمینی را یک گام بلند به جلو ببرند و با تعمیق حس همدردی، به ارتقاء تصویر او کمک کنند. نتیجهٔ این بهره‌برداری، به‌جز افزایش آگاهی عمومی نسبت به وجود خمینی، مشروعیت‌بخشی به جایگاه او نیز می‌باشد. این‌گونه القا می‌شود که سیستم حکومت، قدرت و اهلیت او را به‌عنوان رقیب پذیرفته است. گویی خودِ نویسندگان و تهیه‌کنندگان مقاله هم به غیرحرفه‌ای بودن نوع انتقال پیام واقف‌اند که از نام مستعار استفاده می‌کنند. مضاف بر اینکه خودِ مستعار بودن نام نویسنده، عاملی می‌شود برای ایجاد حساسیت بیشتر.

در کل به نظر می‌رسد سیستم پروموشنی پهلوی اعتقادی به کدگذاری غیرمستقیم پیام‌های خود نداشته است. در این بخش عدمِ توانایی این سیستم

در مدیریتِ ارتباط شخصِ شاه با دیگران را هم می‌توان مدنظر قرار داد. در واقع نوع دیالوگ‌های شاه نوعی احساس غرور بیش از حد را منتقل می‌نماید. نحوهٔ ارسال پیام توسط او و ادبیاتی که به‌کار می‌گیرد کارشناسی شده نیست. شاه که خود مجری روند مدرنیزاسیون است و در حال شکل دادن و پرورش طبقهٔ متوسط تحصیل‌کرده می‌باشد، از برقراری ارتباط مناسب و کارشناسی شده با قشر دست‌پرورده خود ناتوان است. ضعفی که باعث ایجاد نوعی رنجش می‌شود و طبقهٔ متوسط هم چون نمی‌تواند بین آنچه به‌دست آورده و آنچه از دست می‌دهد توازن برقرار کند احساساتی برخورد می‌کند و به انحاء مختلف به مخالفت با او برمی‌خیزد. یا مثلا وقتی شاه در پی تشکیل حزب رستاخیز به حزب توده اشاره دارد که اگر راضی نیستید می‌توانید به سرزمین مورد علاقه خود بروید، چون پیام به‌درستی منتقل نمی‌شود، امکان تحریف سخنانش به مخالفانش داده می‌شود. این تحریف به‌گونه‌ای صورت می‌گیرد که گویی شاه گفته هر کس عضو حزب رستاخیز نمی‌شود از ایران برود.[۴] در زیرمجموعهٔ سیستم هم برای مثال از عدمِ تنظیم درستِ پیام می‌توان به اظهارات ازهاریِ نخست‌وزیر، اشاره کرد که تظاهرات را نوارهای ضبط شده می‌خواند و باعث عکس‌العمل بیشتر جامعه می‌شود. در هر صورت با طراحی مناسب پیام پروموشنی، بخش زیادی از راه خودبه‌خود طی می‌شد و مواردی ازاین‌دست نشان می‌دهد سیستم پروموشنی در دورهٔ پهلوی، با وجود امکان تخصیص بودجهٔ کافی، هوشمندانه عمل نکرده است.

اتفاقاً در همین دوره، پیام‌هایی که از طریق مخالفان حکومت، به‌صورت مستقیم و غیرمستقیم خلق می‌شوند، از ظرافت بسیاری در کدگذاری برخوردارند. مثلا خمینی در پاریس، که مخاطبش دنیای غرب است و با استعاره و ایهام میانه‌ای ندارد، مستقیم پیام می‌دهد. او در مواجهه با خبرنگار و مخاطب جهانی پیام‌های با محتوای دموکراسی‌خواهی را به‌صورت صریح ارسال می‌نماید تا برای خود جایگاه‌یابی کند. اما متن سخنرانی سال ۴۲، که مخاطب داخلی دارد، پر از ایهام است و کاملا کدگذاری شده عرضه می‌شود. در سخنرانی‌ها و اطلاعیه‌های اوایل انقلاب، که هنوز قدرتش تثبیت نشده، پیام‌هایش برای مردم عادی با وعدهٔ آب و برق مجانی، بدون کدگذاری پیچیده است تا به‌راحتی فهمیده شوند. اما برخی رویکردهایش مثل نوع نگاهش به علم اقتصاد به‌گونه‌ای کدگذاری شده‌اند که فقط روحانیون هم‌فکرش متوجه آن‌ها می‌شوند.

به‌عنوان مثال‌هایی از کدگذاری غیرمستقیم اما هنرمندانه پیام، توسط سایر مخالفان

حکومت پهلوی هم می‌توان به ترانه‌هایی مانند جنگل، بوی خوب گندم و جمعه، فیلمی مانند گوزنها و سخنرانی‌های حسینیه ارشاد اشاره کرد.[۵] یک نمونهٔ کامل از پیام کدگذاری شده غیرمستقیم، کتاب ماهی سیاه کوچولوی صمد بهرنگی‌ست که به مانیفست چریک‌های فدایی خلق تبدیل می‌گردد. کدبرداری از پیام‌های مستتر در سخنرانی‌ها و بیانیه‌های گروه‌های مخالف حکومتِ وقت هم مغفول مانده بود. سخنرانی خمینی در موردِ انقلاب سفید یا محتوای نظریه ولایت فقیه او همان موقع بایستی کدبرداری می‌شد و با برنامه‌ریزی، واکنش حرفه‌ای به آن نشان داده می‌شد. مثلا اگر آن بخش سخنرانی که در مورد حق رای زنان است کدبرداری می‌شد و بعد پیامی با کدگذاری حرفه‌ای از سوی حکومت خلق می‌شد، که مواضعِ خمینی در قبالِ زنان را به‌چالش بکشد، احتمالا مانعِ همراهیِ بخشی از جامعه با برنامه‌های او می‌شد. به‌بیانی اگر سیستم‌های زیرمجموعه حکومتِ پهلوی، دقیق و منسجم و یک‌پارچه عمل می‌کردند بایستی پیام پنهان در محتوای تولیدی مخالفان کدبرداری و سپس به زبان اثرگذار و قابل‌فهم به مردم منتقل می‌شد. این تعلل دستگاه‌های پهلوی باعث می‌شود تا وقتی این تفکرات اجرایی نشده‌اند مردم به ایدهٔ اصلی پشتِ آن‌ها پی نبرند.

قیاس حجم محتوای کدگذاری شدهٔ مخالفان در برابر سیستم پهلوی نیز ضعف عملکرد زیرمجموعه‌های نظام شاهی را بیش از پیش برملا می‌کند. در برابر حجم عظیم تولید محتوای ضدحکومتی، محتوای ماندگار، اثرگذار و درخور به نفع نظام حاکم بسیار ناچیز است. از معدود محتواهای کدگذاری شده، که شکلی انتقادی از تمام گروه‌های اجتماعی به خود می‌گیرد، شهرِ قصهٔ بیژن مفید است که کماکان طرفداران بسیاری دارد.[۶] در سوی دیگر و بین مخالفان اما، با حجم متنوعی از تولید محتوا در اشکال مختلف از سوی گروه‌های گوناگون روبروییم.

با این‌حال تنها گروهی که به‌صورت اختصاصی حجمِ زیادی محتوا برایش تولید می‌شود روحانیون هستند. از بین خود روحانیون، مطهری بی‌وقفه در حال تولید محتواست و تولیدات شریعتی و سایر مذهبیون هم در نهایت به خدمت روحانیون درمی‌آید.[۷] در مقام مقایسه کمّی و کیفی، تولید محتوایِ اختصاصیِ سایرِ گروه‌های سیاسی یا بسیار کم است یا همه‌گیر نمی‌شود. تولید محتوایِ اثرگذارِ فراوانی هم که در قالب شعر، فیلم‌نامه و ترانه عرضه می‌شوند معمولا عمومی‌اند و به خدمتِ اختصاصی یک گروه سیاسی خاص درنمی‌آیند. در واقع اگر دههٔ ۴۰ و ۵۰ را دهه‌های جنگ عملی بین مدرنیته و سنت بدانیم، محتوای مورد نیاز توسط متولی

مدرنیته که سیستم پادشاهی بود به‌اندازهٔ کافی تولید نمی‌شود. در عوض حجم زیادی محتوا توسط دیگران برای ترویج سنت تولید و به جامعه عرضه می‌شود.

۴- رسانه در پروموشن پیش از انقلاب ۵۷

پس از تنظیم پیام، نوبت به انتخاب رسانه‌ای می‌رسد که وظیفه انتقال محتوای تولید شده را به موثرترین وجه ممکن عهده‌دار شود. تصمیمات این مرحله عبارتند از انتخاب رسانهٔ اصلی، ناقل رسانه‌ای، زمان‌بندی، محدودهٔ جغرافیایی، بررسی میزان دسترسی مطلوب، فراوانی و اثربخشی هر رسانه. دسترسی بیانگر تعداد کسانی‌ست که آن رسانهٔ خاص در دسترس‌شان قرار دارد. فراوانی به معنای امکان تکرار پیام در آن رسانه در فواصل زمانی کوتاه است و اثربخشی استعداد آن رسانه در به‌کارگیری عواملی مانند نور، حرکت و رنگ می‌باشد.

رسانه‌های اصلی در دورهٔ پهلوی، برخلاف حالا که کانال‌های ماهواره‌ای و شبکه‌های اجتماعی همه‌گیرند، تلویزیون، رادیو و مطبوعات بودند که تماما در اختیار حکومت قرار داشتند. در واقع رسانه‌های در اختیار مخالفان و مبارزان، هیچ کدام عمومیت، توان و اثرگذاری رسانه‌های در اختیار حکومت را نداشته‌اند. به انقلاب منتهی شدن اعتراضات با رسانه‌های محدود انقلابیون، عدم بهره‌گیری دستگاه‌های زیرمجموعه نظام پهلوی از رسانه‌های تحت‌کنترلش را به‌خوبی مشهود می‌نماید. در سوی دیگرِ کارزار، یکی از مهم‌ترین رسانه‌های در اختیار مخالفان، بدن خود آن‌هاست. جایی که انسانی از تن خود به‌عنوان رسانه استفاده می‌کند، ناقل پیام با رسانه یکی می‌شود. این یکی شدن را پیش از انقلاب بین مبارزان، بسیار شاهدیم. استفاده از حرکات دست، صورت و به‌خصوص حنجره و بهره‌گیری از شیوه‌های بازیگری برای بازاریابی ایدهٔ انقلاب، بین مبارزان بسیار متداول بوده است. از دیگر رسانه‌های در خدمتِ مخالفان می‌توان به نوار کاست، دیوارهای شهر برای دیوارنویسی، مساجد به‌عنوان نقطه فروش[۸]، تریبون حسینیه ارشاد، کرسی دانشگاه‌ها، شب‌نامه‌ها، کتب و جزوات چاپی اشاره کرد.

در بخش رسانه، انتخاب ناقل پیام نیز اهمیت ویژه‌ای دارد. مثلا در تیزر تلویزیونی، وقتی پزشکی در مورد اثرات مثبت یک داروی خاص صحبت می‌کند ناقل پیامی مورد اطمینان محسوب می‌شود. از این منظر شریعتی، با ظاهر غربی و به‌روز و کراوات و چهرهٔ فتوژنیک و صورتی تراشیده و موهای ریخته، به‌عنوان ناقل پیام‌های مذهبی به دانشجویان و روشن‌فکران، بی‌نقص است. داریوش اقبالی با

تُنِ صدای مناسب، وقار در صحنه، صورت استخوانیِ همراه با ریش به‌عنوان ناقل پیام اعتراضی از طریق ترانه بی‌نظیر است. بهروز وثوقی با میمیک صورت حرفه‌ای، فیزیک بدنی منعطف و تسلط تکنیکی بر نقش به‌عنوان ناقل پیام اعتراضی از طریق تصویر عالی‌ست.

یکی از غفلت‌های اساسی نظام پهلوی عدمِ توجه به سینما به‌عنوان موثرترین رسانهٔ دهه‌های ۴۰ و ۵۰ است. سینما خیلی پیش‌تر از تلویزیون به‌عنوان مهم‌ترین سرگرمی مدرن شهرهای بزرگ کشور، جای خود را در زندگی مردم باز کرده بود. حاصلِ انقلاب سفید، به‌عنوان بزرگ‌ترین چرخش جامعهٔ ایرانی از سنت به مدرنیته، جنگی تمام عیار در لایه‌های مختلف جامعه بود. از سوی دیگر، آغاز اوج‌گیری سینمای ایران با موفقیت بی‌نظیر فیلم گنج قارون، بعد از سال ۴۴، با همین جنگ درونی هم‌زمان می‌شود. اما به‌دلیل غفلت نظام پهلوی از اثرگذاری بالای سینما، این رسانهٔ جدید به یکی از بُرنده‌ترین ابزارهای ضدمدرنیته تبدیل می‌شود. در واقع فیلم‌ها در هم‌زمانی اوج‌گیری سینما با اوج‌گیری جنگ بین سنت و مدرنیته، مستقیم و غیرمستقیم، یا علیه پایه‌های مدرنیته محتوا عرضه کرده‌اند یا به ترویج سنت پرداخته‌اند.

۱- با حجم زیاد انواع محتوای جنسی، ترس به درون جامعهٔ مردسالار می‌اندازند که اختیار زنان از دست‌شان در رفته است. برای جامعهٔ مردسالار، تا زمانی که فرهنگ جنسی جاری در این فیلم‌ها، تفریحی خارج از منزل محسوب می‌شود حساسیت‌برانگیز نیست. به‌محض اینکه این فرهنگ بسط می‌یابد و به خانه‌های مردم می‌رسد و مردان، دختران و همسران خود را در معرض تاثیرپذیری از این محتوا می‌بینند عکس‌العمل شدید نشان می‌دهند. درعین‌حال روحانیت، به‌عنوان اصلی‌ترین متولی سنت، بهانه کافی می‌یابد تا فریاد وااسلاما سر بدهد و مدرنیته را منکوب نماید.

۲- تولید حجم زیاد محتوای جاهلی مستقیما سنت را ترویج می‌کند. هم‌زمان با انقلاب سفید، پیام اعدام طیب حاج‌رضایی برای بسیاری از لات‌ها و محله‌گردان‌ها، پایان دوران یکه‌تازی‌شان بود. سینما در این شرایط بی‌وقفه در حال تولید محتوای جاهلی‌ست تا فرهنگی که در دنیای واقعی رو به زوال بود زنده بماند.

۳- بخش مهم و اثرگذاری از محتوای تولیدی سینمای پیش از انقلاب اعتراضی‌ست. بعد از انقلابِ سفید، با جدی شدن مدرنیته، انسان ایرانی تحت‌فشار قرار می‌گیرد تا به‌جای عادات و ارزش‌های سنتی، خود را با نظمی نوین هماهنگ نماید.

نوعی تغییر درونی که خواه‌ناخواه تعارضات درونی و بیرونی زیادی به‌همراه داشت. سینما، بدون نقد درست و پرسش‌گری، با دامن زدن به این تعارضات، پتانسیل لازم برای بازگشت جامعه به سنت را فعال می‌نماید. پتانسیلی که از طریق تخریب سیستمِ آموزش نوین، تقابل با شهرنشینی، ترویج بی‌قانونی، فقرستایی، مرگ‌ستایی، تضعیفِ سازمان‌های مدرن و تحریک به اقدام چریکی آزاد می‌شود.

۵- ارزیابی در پروموشن پیش از انقلاب ۵۷

در مرحلهٔ ارزیابیِ فعالیت‌های پروموشنی، دو اثر مورد بررسی قرار می‌گیرند. یکی اثرِ ارتباطی و دیگری اثرِ فروش. در اثرِ ارتباطی به موفقیت در برقراری ارتباط و تغییر احساسات و نگرش مردم توجه می‌شود و شکل‌گیری افکار عمومی سنجیده می‌شود. این اثر وقتی مورد ارزیابی قرار می‌گیرد که میزان آگاهی مردم در مورد محصول کم باشد و ویژگی‌های کالا از رقبا قابل‌تمیز نباشد.

در ارزیابی پروموشن‌های پهلوی، از نظر اثر ارتباطی، به عینه شاهدیم که با آن‌همه امکاناتِ در اختیار و سازمان‌های فعال، در برابر فعالیت مخالفانی با منابعی محدودتر، بی‌اثر بوده‌اند. گفت‌گوی روان و ساده‌ای بین حکومت و مخالفان برقرار نمی‌شود و اطلاعات، جریانی دو طرفه و همیشگی نمی‌یابد. در واقع چون ارتباط مناسب برقرار نمی‌شود اصلا به مرحلهٔ تغییر نگرش و احساسات نمی‌رسد. در ارزیابی اثرِ فروش مواردی مانند ایجاد زمینهٔ فروش، برگشت سرمایه، رضایت مشتری، سهمِ بازار و سودِ بیشتر قابل‌اندازه‌گیری می‌باشند. در ارزیابی این اثر نیز می‌بینیم که از آغازِ دههٔ ۵۰، سهمِ بازار مخالفان هر روز در ذهن مردم بالاتر می‌رود تا در نیمه دوم سال ۵۷ به اوج می‌رسد. به ثمر نشستن انقلاب، به مفهوم موفقیت کامل پروموشن مخالفان، از نظر اثرگذاری فروش، نسبت به دستگاه‌های زیرمجموعه حکومت پهلوی‌ست.

در ارزیابی فعالیت‌های پروموشنی، به‌غیر از دو اثر فوق، دریافت بازخورد مستمر نیز اهمیت ویژه‌ای دارد. در این زمینه می‌بینیم که بین گروه‌های مبارز، روحانیون به‌دلیل پراکندگی در سطح کشور از امکانات بیشتری برخوردار بوده‌اند. این قشر طی دهه‌های متمادی، به خاطر لزوم حضور بین مردم عادی برای امرار معاش، بازخوردهای متناوبی دریافت می‌کرده‌اند و نبض حرکت جامعه را بهتر از هر گروهی در دست داشته‌اند. به همین خاطر، نزدیک شدن انقلاب را زودتر از دیگران حس می‌کنند و خود را پیش‌تر از سایرین برای در دست گرفتن قدرت آماده می‌نمایند.

به‌طور خلاصه و بر اساس الگوی ۵ام می‌توان فعالیت‌های پروموشنی پیش از انقلاب مخالفان را به شرح زیر تقسیم‌بندی کرد.

۱- ابتدا هدف‌گذاری مبنی بر سرنگونی رژیم شاهنشاهی و در دست گرفتن قدرت صورت می‌گیرد.

۲- بودجهٔ مناسب پروموشن از سوی حامیان انقلاب به‌صورت مالی مثلا از سوی بازاریان و جانی از طرف سایر گروه‌ها تامین می‌گردد.

۳- با استفاده از تمام متون قدیمی و جدید پیام‌هایی تهیه و کدگذاری می‌شوند.

۴- از هر رسانهٔ ممکن مانند بدن مبارزان، دیوارهای شهر، کتب و جزوات برای انتقال پیام استفاده می‌شود.

۵- در نهایت با انقلاب ۵۷ بازخورد آخر دریافت می‌شود.

ابزارهای پروموشنی پیش از انقلاب

همان گونه که عنوان شد ۴ ابزار اصلی پروموشنی در بازار وجود دارند که در ادامه، برای دورهٔ زمانی پیش از انقلاب، به تک‌تک آن‌ها می‌پردازیم.

۱- فروش شخصی پیش از انقلاب ۵۷

هرگونه پروموشنی که طی آن عرضه‌کننده رودررو با یک یا چند خریدارِ احتمالی وارد تعامل می‌شود و محصول را به‌صورت شفاهی عرضه می‌نماید فروشِ شخصی‌ست. ویزیتوری، فروش سمیناری، فروش کنفرانسی و حتی فروش کالا پشت پاچال مغازه‌های سطح شهر، فروش شخصی محسوب می‌شوند. پیش از انقلاب، تنها خودِ حکومت پهلوی برای فروش مدرنیته و روحانیون برای فروش سنت امکان فروش شخصی وسیعی داشتند.

پهلوی به خاطر اینکه ادارهٔ کشور به عهده‌اش بود و نیروی انسانی وسیعی در سراسر کشور در ادارات و ارتش و سازمان‌ها به خدمتش درآمده بودند امکان فروش شخصی فراوانی داشته است. ایجاد سپاه دانش، سپاه بهداشت و سپاه ترویج و آبادانی از همین توانایی نشأت می‌گیرد. اینکه هدفِ تعریف شده برای این سه سپاه چقدر آماده‌سازی عمومی برای پذیرش مدرنیته بوده یک بحث است و اینکه چقدر خدمات روزانه عرضه کرده‌اند بحثی دیگر. یعنی یک وقتی از نیروی انسانی فقط برای بهبود زندگی روزمره مردم سود می‌بری، یک وقتی از آن‌ها برای تغییر نگرش کلی مردم به زندگی و پذیرش خدمات آینده حکومت در قالب مدرنیته

بهره می‌بری. برای ارزیابی عملکرد این سه سپاه جهت آماده کردن جامعه برای مدرنیته بایستی اثرِ فروش و اثرِ ارتباطی آن‌ها اندازه‌گیری شوند. اما به‌طورکلی می‌توان گفت، با توجه به اینکه انقلاب بالاخره اتفاق افتاد، این سه سپاه و سایر ارکان حکومت اثر ارتباطی ناچیزی داشته‌اند و نتوانسته‌اند نگرش مردم به مدرنیته را تغییر دهند.

بین مخالفان هم تنها روحانیون به‌خاطرِ حضور وسیع در اماکن مذهبی، به‌عنوان مکانی برای فروش شخصی در سراسر کشور، امکان عرضهٔ محصولات سنتی خود به‌صورت رودررو را داشته‌اند. بعدها نیز از این امکان حداکثر استفاده برای فروشِ کالای جمهوری اسلامی می‌شود. در واقع با توجه به اینکه بالاترین حد تعامل مثبت بین فروشنده و مشتری در فروشِ حضوری میسر است و بین مخالفان پهلوی تنها روحانیون از این امکان به‌صورت وسیع برخوردار بوده‌اند خودبه‌خود امتیازی ویژه در اختیارشان بوده است. از نقاط دیگری که به فروش شخصی ایدهٔ انقلاب کمک شایانی کرده‌اند می‌توان به حسینیه ارشاد و کرسی‌های دانشگاهی اشاره کرد. حسینیه ارشاد از طریق مطهری به‌صورت مستقیم و از طریق شریعتی به‌صورت غیرمستقیم به خدمت روحانیون درمی‌آید. کرسی‌های دانشگاهی هم در برابر تعدد و گستردگی اماکن مذهبی و مساجد، اثر زیادی نداشته‌اند و اساسا مخاطب عامی که بعدها مشتری وفادار محصولات جمهوری اسلامی می‌شود، پامنبری‌ست. به‌لحاظ تسلط بر تکنیک‌های فروشِ شخصی نیز روحانیونی که قرن‌ها شغل‌شان فروش احکام فقهی از طریق کلام بوده، آمادگی بیشتری داشته‌اند و در این زمینه کارکشته‌تر از سایرین بوده‌اند.

۲- روابط‌عمومی پیش از انقلاب ۵۷

به‌عنوان یکی از زیرمجموعه‌های پروموشن، فرآیندی‌ست که در آن رسانه‌های جمعیِ رسمی به مراکز عقیده‌سازیِ مردم تبدیل می‌شوند. روابط‌عمومی، انجام فعالیت‌های پروموشنی از طریق رسانه‌های رسمی مانند اخبار و برنامه‌های جدی و تحلیلی در رادیو، تلویزیون، مطبوعات و خبرگزاری‌هاست. این ابزار ازآن‌روی در سیاست همواره دارای اهمیت بالایی بوده که با رسمیت ذاتی خود مورد اطمینان و باورِ مردم است. روابط‌عمومی، پلی‌ست برای تجزیه و تحلیل و انتقال اطلاعات و نظرات و ایجادِ تصویری واضح و دل‌خواه از تشکیلات حکومتی در زمینه‌های مختلف، به‌منظورِ افزایش هم‌سویی و هماهنگی در علایق و منافع. کارشناسان

حرفه‌ای روابط‌عمومی می‌دانند چطور شفاف بنویسند، صحبت کنند و با تجزیه و تحلیل انتقادی امور کشور، به حل مشکلات احتمالی حکومت و مردم به‌صورت متقابل اقدام کنند. برنامه‌ریزی در روابط‌عمومی فرایندی بلندمدت است که بایستی در آن، با صبر و حوصله، در جهت جلب‌رضایت هرچه بیشترِ مردم برای ایجاد وفاداری، اقدام کرد. حوصله‌ای که به نظر می‌رسد در حکومت پهلوی کمیاب است و بدون توجه به بافت جامعه، تغییرات سریعی هدف‌گیری شده‌اند. در حکومت پهلوی، روابط‌عمومی حرفه‌ای می‌توانست در ایجاد زمینه‌های لازم برای عرضۀ کالاهای جدیدی مانند انقلاب سفید، جایگاه‌یابی مجدد سازمان پادشاهی، ایجاد علاقه‌مندی به مدرنیته، تحت‌تأثیر قرار دادن گروه‌های هدفی مانند نخبگان مبارز سیاسی، دفاع از دستاوردهای اقتصادی حکومت شاهنشاهی و ایجاد تصویر ذهنی کلی مثبت از مجموعه حاکمیت موثر واقع شود. از روابط‌عمومی برای کنترل بحران‌های مختلف سیاسی و اجتماعی سال‌های آخر عمر پهلوی نیز به‌خوبی می‌شد استفاده کرد. دغدغۀ اصلی روابط‌عمومی، در سطح حاکمیت، بایستی بازگویی واقعیت‌های جامعه باشد و آنجا که پای اسرار حکومتی در میان است، میان حقوق مردم و این اسرار به بهترین نحو ممکن توازن برقرار شود. به‌عنوان مثال، یکی از بزرگ‌ترین ضربه‌هایی که به حکومت پهلوی وارد شد از ناحیه پنهان کردن بیماری محمدرضا پهلوی بود. احتمالا شاه به‌دلیل نگرانی از سوءاستفاده مخالفان و عدم تمایل به نمایش ضعف، بیماری خود را پنهان کرده است. اینجا باز مشروطه مطرح می‌شود. اگر حکومت شاهنشاهی، با قبول مشروطه، مردم را به‌عنوان شریک استراتژیک حکومت خود انتخاب کرده بود این نگرانی پیش نمی‌آمد و مردم خود از او محافظت می‌کردند. در آن شرایط اگر مردم احساساتی ایران از بیماری وی از طریق تکنیک‌های روابط‌عمومی باخبر بودند، مماشات بیشتری می‌کردند. مضاف بر اینکه وقتی اختیار تمام منابع کشور به‌صورت امانت در دست کسی‌ست، وظیفه اخلاقی اوست که صاحبان اصلی را از مسئله‌ای تا این حد مهم باخبر نماید. قرار گرفتن در شرایطِ بیماریِ مهلکی مانند سرطان، به‌لحاظ روانی نیز اثرات مختلفی روی فرد دارد. متزلزل شدن رابطه با محیط اطراف، اجتناب‌ناپذیر می‌نماید و مردم حق دارند از چنین وضعیتی باخبر باشند. در این اوضاع معمولا فرد بیمار، روابطش یک‌طرفه می‌شود و به سمت گرفتن انرژی مضاعف از محیط برای ادامه حیات خود می‌رود. این گرفتن انرژی ممکن است به‌شکل رفتارهای سلطه‌گرانه ظاهر شود و به قدرت‌نمایی ختم گردد. شاید احساساتی شدن شاه در مصاحبه با

خبرنگاران خارجی و تصمیماتی مانند تشکیل حزب رستاخیز، برگزاری جشن‌های ۲۵۰۰ ساله و چاپ مقاله "ایران و استعمار سرخ و سفید" و مواردی ازاین‌دست، متاثر از بیماری او بوده‌اند.
از آنجا که پیش از انقلاب بیشترین تریبون‌های رسمی در اختیار حکومت پهلوی بودند، بالطبع امکانِ بیشترین بهره‌برداری از تکنیک‌های روابط‌عمومی نیز برای عواملِ حکومت میسر بوده است. شاه در نطق معروف "صدای انقلاب شما را شنیدم" دقیقا از ابزار روابط‌عمومی در حیطهٔ پروموشن استفاده می‌کند، اما چون ظرافت‌های کار رعایت نمی‌شود، نتیجه معکوس می‌شود. اینجا شاه به‌عنوان صاحب کالای حکومتی، در نقش ناقل پیامِ خودش ظاهر می‌شود و همین حساسیت‌ها را چند برابر می‌کند. به زبان بازاریابی، شاه در پی اعلام این مطلب بوده که نیاز شما را شنیدم، آن را قبول دارم و در پی رفع آن برخواهم آمد. اما در زمان خواندن این پیام مردم از مرحلهٔ خواسته نیز گذشته بودند و درخواست‌شان شکل تقاضا به‌خود گرفته بود و حاضر به عقب‌گرد برای مذاکره بر سر نیازها نبودند. در واقع تکنیک روابط‌عمومی برای برخورد با نیاز با تکنیک برخورد با تقاضا متفاوت است. مضاف بر اینکه چون شاه به‌صورتِ مستقیم اعتراف کرد تا آن لحظه صدای انقلاب را به‌عنوان نیاز ابراز شده نشنیده بوده، پیامش به حساب ضعف مدیریتی او گذاشته شد و به ضدروابط‌عمومی تبدیل شد. اثر دیگر این نطق، مشروعیت بخشیدن و تایید کردن انقلاب است. استفاده از واژهٔ انقلاب توسط شاه، از تریبون رسمی، خودبه‌خود به انقلاب رسمیت بخشیده است. همین عدم توجه به ظرافت‌های نهفته در ارسال پیام روابط‌عمومی موجب می‌شود این نطق بیشتر از آنکه به او کمک کند، موجب تضعیف کالایش شود. در همین دوره اما مخالفان هر روز بیشتر به اهمیت ابزارهای روابط‌عمومی پی می‌برند و آن‌ها را به سود خود به‌کار می‌گیرند. نوع درج خبرِ خروج شاه در مطبوعات، با تیتر ۸۴ سیاه، از همین زاویه قابل‌توجه است.(۹)

۳- پیشبرد فروش پیش از انقلاب ۵۷

مجموعه‌ای از ابزارهای محرک، متنوع و اغلب کوتاه‌مدت است که برای تحریک به خریدِ سریع‌تر و بیشتر طراحی می‌شوند. عکس‌العملِ مورد انتظار در قبالِ برنامه‌های پیشبرد فروش معمولا خرید است. برای این تکنیک عموما از ابزارهایی مانند کوپن، سَمپل، جوایز، پاداش‌ها، سیاست یکی بخر دو تا ببر، استرداد بخشی از وجه، چند قلم کالا با یک قیمت استفاده می‌شود. مثلا خمینی پیش از برگزاری

همه‌پرسی ۱۲ فروردین، با هدف بالا بردن انگیزه برای شرکت در این رفراندوم، از این تکنیک استفاده می‌کند و از وعدهٔ آب و برق مجانی به‌عنوان ابزار انگیزشی کوتاه‌مدت برای فروش حداکثری کالای جمهوری اسلامی سود می‌برد.
البته مهم‌ترین نکته در به‌کارگیری پیشبرد فروش این است که هرگز منجر به جذب بلندمدت خریداران و ایجادِ وفاداری نمی‌شوند. افرادی که با این شیوه جذب می‌شوند، به‌دنبال معامله‌گری هستند و تخفیف، تحریک‌شان می‌کند. از همین روی، بسیاری از کسانی که این‌گونه خریدار پروپاقرص جمهوری اسلامی شده بودند، چون به وعده‌ها عمل نشد، نیاز معامله‌گری خود را از طروق دیگر برآورده نمودند و در حد وسع، به رشوه‌خواری و رانت‌بازی روی آوردند. در هر صورت همان گونه که روحانیون، کاملا حرفه‌ای از تمام ابزارهای بازاریابی برای فروش کالای خود بهره برده‌اند، نظام پهلوی هم می‌توانست در مقاطع حساس از پیشبرد فروش واقعی و صادقانه سود ببرد و به تعدیل مواضع مخالفان کمک کند.

۴- تبلیغات پیش از انقلاب ۵۷

تبلیغات در ادبیات بازاریابی استفاده از رسانه‌های جمعی در شکل تیزرهای تلویزیونی، بیلبوردهای شهری، آگهی روزنامه‌ها و مجلات است و برعکس روابط‌عمومی، مستلزم پرداخت هزینهٔ مستقیم می‌باشد. با توجه به ماهیت تبلیغات، پیش از انقلاب، استفاده از رادیو، تلویزیون، مطبوعات و فضاهای شهری برای پخشِ آگهی‌های ظریفِ تبلیغاتی، به‌منظورِ اطلاع‌رسانی، ترغیب و یادآوری، بیش از هر گروهی در اختیارِ حکومت پهلوی بوده است. در همان دوره در بازار آزاد کارآفرینان نخبه‌ای که صاحب کالا شده بودند از شیوه‌های مختلف تبلیغاتی به بهترین نحو ممکن برای عرضهٔ کالای خود سود می‌برده‌اند. هنوز بعد از گذشت سال‌ها بهترین تبلیغات و پروموشن‌ها، در حوزهٔ کالاهای تجاری، متعلق به پیش از انقلاب است. مثلا تبلیغاتی که شرکت‌هایی مانند ارج و کفش ملی انجام می‌داده‌اند، از طراحی لوگو گرفته تا خلق پیام‌های موثر، بسیار جلوتر از زمان خود بوده‌اند. وجود این‌گونه تبلیغات در جامعه، هرگونه بهانه‌ای را مبنی بر اینکه دانش چنین اموری در کشور وجود نداشته از بین می‌برد و کم‌کاری زیرمجموعه سیستم پهلوی را نمایان می‌کند. از این منظر بزرگ‌ترین ضعف حکومت پهلوی عدم به‌کارگیری علم روز بازاریابی دنیا در حکومت‌داری‌ست. در جبههٔ انقلابیون هم می‌توان چاپ جزوات را به‌عنوان بروشور و کاتالوگ محصول دید و اعلامیه‌ها را تراکت‌هایی دانست که

در محلات پخش می‌شدند. این شیوه‌ها در مرحلهٔ بعد، منجر به تبلیغات دهان‌به‌دهان با اثر فراوان می‌شده‌اند.

پروموشن بعد از انقلاب ۵۷

در ادامه همانند پیش از انقلاب الگوی ۵ ام را در تمامی فعالیت‌های پروموشنی جمهوری اسلامی بررسی می‌کنیم.

۱- ماموریت پروموشن بعد از انقلاب ۵۷

پیش از این اهداف سه‌گانه خبری، ترغیبی و یادآوری برای فعالیت‌های پروموشنی ذکر شدند. در جمهوری اسلامی با اینکه از ابتدای کار هر سه هدف فوق پی‌گرفته می‌شوند اما توجه به اهداف ترغیبی و یادآوری عمق بیشتری دارد.

الف - پروموشن خبری بعد از انقلاب ۵۷

بعد از انقلاب ۵۷ روحانیون نیازی به راه‌اندازی پروموشنِ خبریِ دقیق در موردِ مشخصاتِ کالای جمهوری اسلامی نمی‌دیدند و محصول، پیش از آنکه اطلاع‌رسانی دقیق صورت بگیرد، به فروش می‌رسد. از غلیان هیجانات فصلی استفاده می‌شود و یکسره به سراغ تشویق مردم برای انتخاب کالای جمهوری اسلامی می‌روند. یعنی بین اعلام خبر وجود کالای حکومتی جمهوری اسلامی و ترغیب مردم به انتخاب آن، هیچ فاصلهٔ زمانی معناداری وجود ندارد. بعدها هم که در قدرت تثبیت می‌شوند، اطلاع‌رسانی دقیق و عمومی در مورد پتانسیل‌های مختلف نهفته در کالای روحانیون، مانند نیت هزینهٔ منابع کشور در جهت صدور انقلاب، صورت نمی‌گیرد. در واقع مواد خام تحویل جامعه می‌شود و پیش از فرصت برای تحلیل آن، فروش کامل می‌شود. مناظره‌های تلویزیونی هم عموما بعد از فروش کالا ترتیب داده می‌شوند.[۱۰] مثلا در مورد عوارض مصرف ولایت فقیه، به‌عنوان مهم‌ترین بخش محصول حکومت، اطلاع‌رسانی عمومی نمی‌شود. در واقع اثرات مصرف کالا بیان نمی‌شود که مبادا منجر به عدم قبول آن شود.

به‌جای پروموشن خبررسانی، فعالیت‌های دیگری مانند جا انداختن کلمهٔ انقلاب اسلامی به‌جایِ کلمهٔ انقلاب در دستور کار قرار می‌گیرد و برای سالیان دراز، به‌صورت مکرر و گسترده مورد تاکید قرار می‌گیرد. نحوهٔ طراحی و عرضهٔ محتوای پروموشنی حکومت، طی تمام این سال‌ها، به‌گونه‌ای‌ست که گویی کالای جمهوری

اسلامی همان کالای انقلاب است. در صورتی که این دو محصول ویژگی‌های کاملا متفاوتی دارند، بازاریابان متفاوتی داشته‌اند، در دو زمان متفاوت فروخته شده‌اند، شیوه‌های پروموشنی متفاوتی داشته‌اند، انگیزه‌های مردم برای خرید آن‌ها متفاوت بوده، مراحل فروش آن‌ها متفاوت بوده و دو گونه نیازِ مختلف از دو گروه متفاوت را برآورده کرده‌اند.

یکی از دلایل زیرکانه این پیوند، استفاده از بار مثبت ذاتی‌ست که کلمهٔ انقلاب برای بسیاری به‌همراه دارد و به‌طور ناخودآگاه، به ارتقا، رشد و تعالی پیوند می‌خورد. مضاف بر اینکه کماکان برای برخی، به‌خصوص نسل انقلابی، با توجه به مشکلاتی که با حکومت پهلوی داشتند، خودِ ایدهٔ انقلاب با کیفیت است، از خرید آن دفاع می‌کنند و وقوع آن را اجتناب‌ناپذیر می‌بینند. از همین رو روحانیون از ابتدای انقلاب تلاش می‌کنند به‌جای ایجاد آگاهی، با پیوند کالای نامرغوب جمهوری اسلامی به کالای انقلاب، برای خود اعتبارسازی کنند.

در این راستا حتی به رهبر ثانی جمهوری اسلامی، رهبر انقلاب اطلاق می‌شود. در صورتی که کالای انقلاب چند دهه پیش فروخته و مصرف شده است. رهبر انقلاب خواندن خامنه‌ای البته بر اساس استراتژی صدور انقلاب و تداوم نهضت هم قابل‌تفسیر است. در صورتی که پیش از این هم بیان شد که انقلاب ذاتاً کالایی فصلی‌ست.

ب - پروموشن ترغیبی بعد از انقلاب ۵۷

روحانیون پروموشنِ ترغیبی را از پیش از انقلاب برای کالای خود آغاز می‌کنند. در کوران انقلاب، بی‌درنگ به ایجاد رجحان برای محصول جمهوری اسلامی در برابر رقبا می‌پردازند و با تولیدِ حجم بالایی از محتوای هدفمند، به تخریبِ نظام پادشاهی و به‌خصوص شخص شاه می‌پردازند. اندکی بعد با آغاز جنگ، بخشی از ماموریت‌های نظام مانند صدور انقلاب به جبهه گره می‌خورند و شیوه‌های ترغیبی، ماهیتی مقدس می‌یابند. با حضور جوانان در نبرد، فعالیت‌های پروموشنی یک تیر و چند نشان می‌شوند. هم صدور انقلاب پیگیری می‌شود، هم سیستم جامعه به بهانه حضور دشمن بسته می‌شود، هم حذف رقبا توجیه می‌یابد و هم‌زمان جامعه برای نهادینه کردن و نهایی کردن محصول جمهوری اسلامی در قالب همه‌پرسی سوم آماده می‌شود. در تمام طول این فرایند، پروموشن ترغیبی پیونددهنده این اهداف است. در ادامه راه، فعالیت‌های پروموشنی به خدمت ماموریت اصلی

حکومت درمی‌آید و با تولید حجم قابلِ‌توجهی محتوای ترغیبی مقدس، بقای نظام به اعتقادات و موجودیت مردم و تمامیت ارضی کشور گره می‌خورد.

ج - پروموشن یادآوری بعد از انقلاب ۵۷

جمهوری اسلامی با استفادهٔ انحصاری از رسانه‌های داخلی همواره درحالِ گوشزد کردن دلایلی‌ست که چند دهه پیش مردم ایدهٔ انقلاب را خریداری کرده‌اند. بدین‌منظور انواع برنامه‌های مستند، خبری و حتی کارتن، که به نکوهشِ سیستمِ پهلوی می‌پردازند، به خدمت حفظ و تثبیت این دلایل در ذهن مردم درآمده‌اند. بیشترین فعالیت پروموشنی یادآوری نیز هرساله در فاصلهٔ زمانی ۱۲ تا ۲۲ بهمنی صورت می‌گیرد که با زیرکی و ظرافت، دههٔ فجر نام‌گذاری شده است. برگزاری ایونت‌های مختلفِ ورزشی و هنری و اجرای برنامه‌های گوناگون تفریحی در ادارات و مدارس طی این یازده روز، در حوزهٔ پروموشنِ یادآوری قابل‌دسته‌بندی هستند. هم‌زمان تلاش می‌شود این برنامه‌ها با خاطرات خوشی همراه شوند و جایگاه‌یابی مجدد کالای جمهوری اسلامی از طریق ایجاد رجحان و برتری، در برابر کالای شاهنشاهی، مقدور شود. در واقع تا بهمن‌ماه ۵۷ تمام برنامه‌های پروموشنی با هدف سرنگونی حکومت شاهنشاهی طرح‌ریزی می‌شوند. بعد از آن با نگرانی از تکرار ۲۸ امرداد و بازگشت شاه، برنامه‌ها با چرخشی هوشمندانه به سمت ایجاد شرایطی که این بازگشت را غیرممکن کنند می‌چرخند.[۱۱] از همین روست که تمرکز روی ارائه تصویری خشن، کهنه و ظالم از حکومت پهلوی در تمام سطوح جامعه گسترش می‌یابد. روحانیون با شناخت دقیقی که از ریشه‌های نظام شاهنشاهی در کشور دارند می‌دانند کماکان آنچه به‌صورت جدی تهدیدشان می‌کند سازمان پادشاهی با قدمتی چندهزارساله است.

۲- بودجه در پروموشن بعد از انقلاب ۵۷

بعد از انقلاب منابعِ عظیم مالی و نیروی انسانیِ کشور، در اختیار روحانیون قرار می‌گیرد. به همین دلیل جمهوری اسلامی هیچ محدودیتی در تخصیصِ بودجه برای ترویج ماموریت‌ها، چشم‌اندازها و ارزش‌های خود احساس نمی‌کند. در واقع خود را پای‌بند به هیچ‌یک از اصول بودجه‌بندی پروموشنی نمی‌بیند. برای تضمین بقای خود از صرف هیچ هزینه‌ای در زمینه‌هایی مانند ایجاد نفرت از نظام پادشاهی و دول غربی روی‌گردان نیست.

۳- پیام در پروموشن بعد از انقلاب ۵۷

اولین پیامی که بعد از قوت گرفتن احتمال قدرت گرفتنِ خمینی به گوشِ دیگران می‌رسد "هیچِ" معروف در پاسخ به پرسش از احساسش، بدو ورود به ایران است. هیچی که می‌تواند نشانگر موارد زیر باشد.

الف - اعتماد به نفس کسی که رهبری آینده جامعه را حق خود می‌داند.

ب - ناشی از نگاهی‌ست که کشور را تنها به‌شکل منابعی سرشار می‌بیند.

ج - نشانگر عدم تعلق خاطر به کشور نزد کسی‌ست که حدود یکسال پیش فرزندش را به‌عنوانِ عزیزترین دارایی در نجف به خاک سپرده است.

د - از جهان وطنی شخصیت او نشأت می‌گیرد.

ه - ناشی از غرور پیرمردی حدود هشتادساله است که چشم تمام جهان به او دوخته شده است.

و - از نگاهی عارفانه می‌آید که جیفه دنیا را بی‌ارزش می‌داند.

ر - نشان از سنگدلی دارد.

ز - پاسخی‌ست سبک‌سرانه و سرخوشانه به پرسشی حیاتی.

از بررسی لحن و متنِ سخنرانی بهشتِ‌زهرای وی درمی‌یابیم که این "هیچ"، ناشی از نوعی احساسِ قدرتِ بی‌حساب در آستانۀ دست‌یابی به منابعی سرشار، به‌منظورِ پیش بردنِ ایده‌ها و ایدئولوژی‌هاست. فریادِ "من تو دهن این دولت می زنم" با لحنی تحکم‌آمیز و تهدیدآمیز در نخستین سخنرانی، رگه‌های شخصیتی خودمحور که بعدها ولایت فقیه را پایه‌گذاری می‌کند عیان می‌نماید. تعداد من‌های ابراز شده و محل قرارگیری آن‌ها در جملات، در همین سخنرانی، موضع فروشندۀ کالای جمهوری اسلامی نسبت به مشتریانش را نشان می‌دهد. حتی در جملۀ "من به پشتیبانی این ملت دولت تعیین می‌کنم" ابتدا من است و بعد ملت. همین نکات ظریف در روان‌شناسی فروش، نشانگر فروشنده‌محور بودن بازاری‌ست که در آن حق با مشتری نخواهد بود. برخلاف تصورِ عمومی، برخی از جملات منتسب به خمینی مانند "اقتصاد مال خر است" ناشی از بی‌سوادی او نیست و اتفاقاً کارکردی استراتژیک دارند. این جملات، پیام‌های کدگذاری شده‌ای هستند که فقط سازمان روحانیت و به‌خصوص افراد نزدیک به او، در آن زمان، قادر به کدبرداری بودند. با وجود عیان بودن ریشه‌های چنین جملاتی، در بسیاری از تحلیل‌ها می‌بینی که اصل موضوع پنهان مانده و تحلیل‌های ساده‌ای برای آن‌ها ارائه می‌شود. مثلا همین

جمله، بازتاب یکی از کلیدی‌ترین استراتژی‌های روحانیون برای بقا از طریق منابع مالی‌ست. خیلی ساده علم اقتصاد یعنی مالیات و مالیات دشمن وجوهات است. در واقع روحانیونی که برای قرن‌ها در دریافت و مصرفِ وجوهات حسابرسی نشده بودند و به صلاح‌دید خود منابع مالی‌شان را صرف کرده بودند، علم اقتصاد را که به شفافیت می‌انجامد، دشمنِ نفوذِ خود یافته بودند. از همین روی به تحقیر این علم در جهتِ کم کردن اهمیت آن پرداختند تا اقتصاد کماکان بر مدار حضور خودشان بچرخد و بهره‌برداری بی‌حساب از منابع کشور در سال‌های آتی میسر گردد. خمینی با تحقیر علم اقتصاد دشمنی با مدرنیته را عیان بیان می‌کند و نشان می‌دهد تمام هدفِ در دست گرفتن قدرت، دست‌یابیِ بی‌بازخواست به منابع کشور است. مقاومت در برابر پیوستن به اف. ای. تی. اف نیز از همین زاویه قابل‌فهم است.(۱۲)

در مرورِ دوره به دوره هم می‌بینیم که پیام‌های گوناگون پروموشنی روحانیون، با در نظر گرفتنِ شرایط، با دقت و وسواس زیادی تعبیه و ارسال شده‌اند. در اولین سال‌های پس از انقلاب، تکرارِ مکررِ واژه‌هایی مانند رژیم ستم‌شاهی، با هدف نهادینه کردن نفرت از کالای رقیب اصلی، تعبیه می‌شوند. بعد هم که کَم‌کَم پیام‌هایی برای بقا و توسعه بازار جمهوری اسلامی تهیه و طراحی می‌شوند، انتخاب کلمات کلیدی، با وسواس همراه است. در واقع هر کدام از این کلمات بار بخشی از برنامهٔ جامع پروموشنی که در خدمت ماموریت اصلی نظام است را به دوش می‌کشند. هر جا که نیاز بوده، اصطلاح و کلمه خلق نیز شده است. مفاهیمی که در پیوند، به شبکه‌ای یک‌پارچه تبدیل می‌شوند تا به اثرگذاری بیشترِ یک‌دیگر کمک کنند.

اصطلاحاتی مانند وحدتِ کلمه، امتِ اسلامی، مردمِ همیشه در صحنه، ایادیِ استکبارِ جهانی، نایبِ بر حق، امتِ شهیدپرور، شهرِ شهیدپرور، خونِ شهدا، راهِ شهدا، همه‌گیر شدن لفظِ امام برای خمینی، تاکید بر اصطلاحاتی مثل مقام معظم رهبری، رهبر معظم انقلاب، مقامِ عظمای ولایت، مقامِ شامخ ولایت، معظّم‌له و تاکید بر عبارت نظام مقدس جمهوری اسلامی نشانگر پیام‌سازی در قالب مفاهیم در یک سیستم هوشمند است. مثلا تاکید بر مقدس بودن نظام جمهوری اسلامی یک استراتژی رقابتی‌ست به‌منظورِ مصونیت‌بخشی به کالا در برابر رقبا. یا وقتی خامنه‌ای خود را به‌جای دیپلمات انقلابی معرفی می‌کند و در نماز جمعه با اسلحه و چفیه ظاهر می‌شود، کدگذاری پیام در جهت صدور ایدهٔ انقلاب است.

پیام‌سازی و کدگذاریِ استراتژی‌هایِ جمهوری اسلامی در قالبِ نام‌گذاریِ معابر

هم صورت گرفته است. هیچ بزرگراه و خیابانی در تهران به نام بروجردی نیست اما بزرگ‌ترین اتوبان‌های شهر به نام فضل‌الله نوری از بزرگ‌ترین مخالفان مشروطیت، کاشانی از بزرگ‌ترین مخالفان مصدق، مُدرس یکی از بزرگ‌ترین مخالفان جمهوریت، نواب‌صفوی از نخستین تروریست‌های تاریخ معاصر کشور و اسدآبادی آمر ترور ناصرالدین‌شاه می‌باشند.(۱۳) وقتی برای فضل‌الله نوری احترام قائلی یعنی مشروطه را قبول نداری، وقتی برای کاشانی احترام قائلی یعنی ملی‌گرایی را نمی‌پسندی. وقتی برای مُدرس احترام قائلی یعنی جمهوریت برایت بی‌مفهوم است و وقتی برای نواب‌صفوی و اسدآبادی احترام قائلی یعنی به ترور اعتقاد داری. در نام‌گذاری روزها هم شاهدیم با وجود نویسندگان کتب اربعه هیچ روزی به نام آن‌ها نیست. در عوض یک روزِ اختصاصی برای محمدباقر مجلسی نویسنده بحارالانوار در نظر گرفته شده است. احترام به محمدباقر مجلسی ادای دینی‌ست به راه‌یابی جدی روحانیت به ساختار قدرتِ رسمی در دوران صفویه.

روحانیون در طولِ تاریخ امتیازِ اختصاصی سیستم آموزشی کشور را در اختیار داشته‌اند. بعد از تاسیس دارالفنون این امتیازِ تهدید شد و رقیبی جدی برای آن پیدا شد. با تداوم تقویت نظام آموزشی جدید در زمان رضاشاه و محمدرضا پهلوی، اختیار سیستم آموزشی بیش از پیش از دست روحانیون درآمد. آموزش هم از استراتژیک‌ترین و مهم‌ترین نقاط قوت تاریخی روحانیون بوده است. وقتی سیستم آموزش کشوری دست سازمان و گروه خاصی‌ست یعنی نسل‌های آینده طبق ساختارِ موردِپسند و محتوای تولیدی آن سازمان پرورش می‌یابد.

از دست رفتن کامل سیستم آموزشی به معنای از بین رفتن اصلی‌ترین اهرم نفوذ روحانیون بود که به حیات سنتی آن‌ها پایان می‌داد. از سوی دیگر روحانیون نتوانسته بودند ساختار و محتوای آموزشی خود را به‌روز کنند تا در رقابتی برابر با حریفِ تازه از راه رسیده، دست‌وپنجه نرم کنند. پس بعد از انقلاب و به‌محض در اختیار گرفتن کامل قدرت تلاش نمودند تسلطی همه‌جانبه بر سیستم آموزش نوین پیدا کنند.

در واقع در دورهٔ حکومت پهلوی، بخشی از مدرنیته چنان در جامعه نهادینه شده بود که امکان حذفش برای روحانیون مقدور نبود. در تمام این موارد سعی شد این بخش‌های غیرقابل‌حذف به ابزاری در خدمت روحانیون تبدیل شوند. یکی از این مظاهر، سیستم آموزش جدید است. روحانیون تلاش کردند با تسلط حوزه بر دانشگاه آموزش نوین را مقهور و تحت‌کنترل آموزش سنتی درآورند.

تداوم برگزاری نماز جمعه در دانشگاه تهران به بهانه تمام نشدن ساخت مصلا بعد از گذشت سال‌ها، پیام‌سازی از طریق سیستم آموزشی‌ست. در همین راستا می‌توان تاسیس دانشگاه عدالت توسط هاشمی شاهرودی، مفید توسط موسوی اردبیلی و امام صادق توسط مهدوی کنی را تلاشی عملی برای مقهور نمودن آموزش آکادمیک دانست. حتی دانشگاه آزاد هم، زیرنظر رفسنجانی تاسیس می‌شود. کسانی که تحصیلات دانشگاهی ندارند اما می‌توانند دانشگاه تاسیس کنند در صورتی که برعکس آن امکان‌پذیر نیست.

پیام مستتر در مقبره‌سازی عظیم برای خمینی، به‌گونه‌ای که امکان تخریبش حتی بعد از سرنگونی جمهوری اسلامی به سادگی مقدور نباشد، نمادسازی برای به رخ کشیدن موفقیت جمهوری اسلامی در ماموریت بقاست. وقتی در زمان حیات خمینی، بعد از نام وی سه بار اما بعد از نام پیامبر مسلمانان یکبار صلوات فرستاده می‌شد، پیامی در جهت تقویتِ کیشِ شخصیت در آن مستتر است. پیام نهفته در خلق شعارهایی با مضمون مرگ بر سایر ملیت‌ها، در خدمت استراتژی‌های رقابتی جمهوری اسلامی‌ست. جاگذاری نشان رسمی الله و تغییر پرچم کشور نیز به‌لحاظ هویت‌سازی تصویری، در جهت بسط ارزش‌های مذهبی برای جمهوری اسلامی از اهمیت ویژه‌ای برخوردار است. برداشتن سمبل شیر و خورشید، به‌عنوان نمادی از تلاش برای چیرگی ارزش‌های فقهی بر هویت ایرانی قابل‌تفسیر است. نمادِ شیر و خورشید بازتابی از تاریخِ باستانی ایران بود و آن را به پیش از اسلام پیوند می‌داد. حذف آن تلاشی‌ست برای تضعیف تاریخ ایران باستان که سازمان روحانیت همیشه با آن احساس رقابت داشته است.

مواردی مانند تغییر مناسبت‌های تقویم، سرود ملی، تعطیلات رسمی، نام معابر، نام برج شهیاد، نام شهرها، نام‌گذاری روزهای سال مثل روز پاسدار، قرار دادن عکس رهبران اول و ثانی در تمام ادارات، چاپ عکس روحانیونی مثل مدرس روی اسکناس، توزیع گسترده و مجانی رسالهٔ خمینی و تدوین واحد دانشگاهی با عنوان وصایای امام را می‌توان در برنامهٔ پروموشن روحانیت جاگذاری کرد و تحلیل نمود. حتی ارسال پیام تسلیت به مناسبت مرگ افراد مختلف توسط رهبر جمهوری اسلامی نوعی پیام‌سازی‌ست.

پیام‌سازی با شهدای جنگ هشت‌ساله

جمهوری اسلامی پیوندی سه‌وجهی بین کشته‌های جنگ ایران و عراق، کشته‌های

کربلا و بقای سازمان روحانیت برقرار کرده است. در واقع کشته‌های جنگ هشت‌ساله خمیرمایه‌ای بسیار قوی برای تولید محتوای پروموشنی، در جهت ماموریت بقا، در اختیار جمهوری اسلامی قرار داده‌اند. از آنجا که آدمیزاد به‌صورت غریزی جاودانگی را در فرزندآوری جستجو می‌کند، وقتی فرزندش در راه آرمانی از دست برود، ناخودآگاه جاودانگی‌اش با ارزش‌های آن آرمان گره می‌خورند. دراین‌حالِ روحی، اگر کسی آن ارزش‌ها را به‌چالش بکشد، موجودیت و حس جاودانگی خانواده شهید را تهدید کرده است. جمهوری اسلامی با علم به این موضوع از طریق پروموشن، خون این کشته‌شدگان را به ارزش‌های خود گره زده است تا برای خانواده شهید تهدیدِ موجودیت جمهوری اسلامی مساوی با تهدید موجودیت خودش باشد. از همین روست که بعد از گذشت چند دهه از انقلاب و جنگ، شهادت کماکان ارزش به‌حساب می‌آید. چون با هر خونی که ریخته می‌شود، با کمک ابزارهای پروموشنی، مکانیسم پیوند خون ریخته شده با ارزش‌های جمهوری اسلامی فعال می‌شود و تعداد افراد بیشتری را مدافع بقای حکومت می‌کند. حتی تلاش جمهوری اسلامی برای شهید اعلام کردن مواردی مانند کشته‌های هواپیمای ۷۵۲ اوکراینی از همین زاویه قابل تحلیل است.

از سوی دیگر، جمهوری اسلامی با استفادهٔ مکرر از نمادهای مذهب شیعه و به‌خصوص واقعه کربلا، در پی برقراری پیوندی عمیق بین کشته‌های جنگ ایران و عراق با کشته‌های کربلا بوده است. پیوند ارزش‌های جمهوری اسلامی به خون کشته‌های جنگ و بعد پیوند خون کشته‌های جنگ به خون کشته‌های کربلا، باعث پیوند جمهوری اسلامی به واقعه کربلا شده است. نتیجه اینکه اگر کسی موجودیت جمهوری اسلامی را تهدید کند گویی هم موجودیت کشته‌های جنگِ هشت‌ساله و هم موجودیتِ خون‌های ریخته شده در کربلا را تهدید کرده است. گونه‌ای پیوند که تهدیدِ جمهوری اسلامی به تهدیدِ ماهیت و هویت خود مردم منجر شود. جمهوری اسلامی با این پیوندها خود را هم به عمیق‌ترین نیاز درونی خانواده شهدا یعنی جاودانگی گره زده، هم با عمیق‌ترین عواطف مذهبی عموم مردم پیوند برقرار نموده است. شبکه‌ای درهم تنیده، با سه وجه اصلی، که با ابزارهای پروموشنی به‌هم گره خورده‌اند. تلاش برای تحکیم این پیوند به‌صورت مستمر و هر روزه، از ابتدا در دستور کار جمهوری اسلامی قرار داشته است. مثلا رونق تعزیه و گسترش تکایای عزاداری، بعد از انقلاب به‌عنوان ابزارهای پروموشنی به‌منظورِ گسترش پیوند جمهوری اسلامی با دو وجه دیگر این شبکه، از همین زاویه قابلِ تحلیل است.

به‌جز موارد فوق، در گامی فراتر در سال‌های اخیر شاهد واژه‌سازی‌های جدیدی مانند سربازِ ولایت نیز بوده‌ایم. بر اساس آنچه در مورد مکانیسم پیوند خون شهدا با ارزش‌های جمهوری اسلامی بیان شد، وقتی کسی در راه ولایت فقیه جان خود را از دست می‌دهد در واقع خونش با ولایت فقیه گره می‌خورد. خانواده کشته‌شدگان حالا شرط جاودانگی خود را در بقای ولایت فقیه می‌بینند.
این پیوند سه‌وجهی از طریق فعالیت‌های پروموشنی نظام به اشکال مختلفِ خبری، یادآوری و ترغیبی کدگذاری شده‌اند. در نهایت شبکه‌ای هوشمند تشکیل شده که حکم چراغ راهنمای نیروهای در خدمت روحانیون را دارد. خط و خطوطی که در جای‌جای جامعه نشانه‌گذاری شده‌اند و به تشخیصِ مانیفست توسط زیرمجموعه منجر می‌شوند. برخی از ابزارهای پروموشنی برای برقراری این پیوندها عبارتند از نام‌گذاری مناسبت‌ها، ساختمان‌ها، خیابان‌ها، محله‌ها و میدان‌های شهرها یا ساختن برنامه‌های متعدد رادیو تلویزیونی، راه‌اندازی کاروان شهدا، خاک‌سپاری نمادین شهدا در اماکنی مانند دانشگاه و حتی حضور رهبر در منزل این کشته‌ها، همگی در همین راستا قابل‌تفسیرند. یکی از دلایل رشد سریع فرزندان مقامات جمهوری اسلامی در سیستم حاکم این است که این افراد از کودکی با این نشانه‌گذاری‌ها و اهمیت‌شان آشنا می‌شوند و چگونگی حرکت در چارچوب مانیفست را می‌آموزند.

۴- رسانه در پروموشن بعد از انقلاب ۵۷

جمهوری اسلامی از هیچ رسانهٔ رسمی و غیررسمی برای پیشبرد ماموریت خود چشم‌پوشی نکرده است. پس از انقلاب، در کنار تقویت رسانه‌های سنتی، رسانه‌های مدرنی مانند رادیو، تلویزیون، روزنامه‌ها و نشریات هم به‌صورت کاملا کانالیزه به خدمت روحانیون درآمدند. شدت انحصار رسانه‌ها کاملا به میزان اثرگذاری آن‌ها بستگی داشته است. با توجه به اینکه بیشترین اثرگذاری برای رادیو و تلویزیون بوده، در حیطهٔ اختیار رهبر قرار گرفته‌اند. بعضی مطبوعات مانند کیهان، رجانیوز و یالثارات به‌صورت مستقیم ماموریت‌ها، ارزش‌ها و نشانه‌گذاری‌های مورد نظر کالای جمهوری اسلامی را اعلام می‌کنند. برخی رسانه‌ها نیز در چارچوب همین ماموریت‌ها خواهان اصلاحات هستند. آنچه مسلم اینکه هیچ رسانه‌ای که ماموریت‌های اصلی نظام را به‌چالش بکشد ماندگار نخواهد بود.
با گسترش رسانه‌های جدیدی مانند شبکه‌های اجتماعی و ماهواره‌ای، ابتدا تلاش زیادی برای سانسور و محدود کردن آن‌ها صورت گرفت. بعد از عدم موفقیت کامل

در این راه، استراتژی نفوذ و جهت‌دهی به این رسانه‌ها نیز در دستور کار قرار گرفت. با تشکیل سپاه سایبری هم‌زمان به جمع‌آوری اطلاعات، جهت‌دهی افکار عمومی و جاسوسی از افراد مبادرت شد. روحانیت در کنار رسانه‌های مدرن از رسانهٔ سنتی خود نیز غافل نبوده است. پس از تثبیت قدرت، ساخت و ساز اماکن مذهبی به‌عنوان مهم‌ترین نقطه فروش حضوریِ ایده‌های روحانیت، بسیار گسترش یافت طوری که تعداد مساجد و امامزاده‌های ساخته شده توسط روحانیون، در برابر مدرسه‌سازی قابل‌قیاس نیست. در واقع گسترش این مراکز کارکردی چندجانبه دارد. از یک منظر اماکن مذهبی و به‌خصوص مساجد، محل سنتی آموزش سازمان روحانیت محسوب می‌شوند. با گسترش این اماکن تقویت و گسترش سیستم آموزش سنتی و حوزوی در برابر سیستم آموزشی مدرن و دانشگاهی در دستور کار قرار گرفته است. از منظری دیگر به‌عنوان رسانه‌ای پروموشنی برای ارسال پیام به گروه‌های مختلفِ ذی‌نفع نیز مورد بهره‌برداری قرار می‌گیرند. نمونهٔ بارز این بهره‌برداری را می‌توان در نماز جمعه دید که به‌عنوان رسانه‌ای اختصاصی، کارکردهای مختلفی دارد. نکتهٔ دیگری که باید بدان اشاره کرد این است که تمام ساعاتی که سخنرانی روحانیون در مساجد، مهدیه‌ها و حسینیه‌ها از رادیو و تلویزیون پخش می‌شود، نمادی‌ست از تسلط رسانه‌های سنتی روحانیون بر رسانه‌های رسمی و مدرن موجود. همان رابطه‌ای که بین دانشگاه و سازمان روحانیت با برگزاری نماز جمعه برقرار شده اینجا هم تکرار شده و رسانه‌های مدرن به خدمت رسانه‌های سنتی سازمان روحانیت درآمده‌اند.

به‌جز موارد فوق‌الذکر، در جمهوری اسلامی از آدم‌ها هم به‌عنوان رسانه استفاده شده است. مثلا سربند بستن رزمندگان در جبهه یا الله اکبر گفتن مردم در شب ۲۲ بهمن، نمونه‌هایی از رسانه‌سازی از انسان‌هاست. رهبران جمهوری اسلامی از بدن خود هم در راستای ارسال پیام استفاده کرده‌اند. در تحلیل زبان بدن آن‌ها موارد متعددی را می‌توان برشمرد. حالت دست خمینی در دیدارهای جمعی، به‌عنوان نمادی از دست کشیدن ولی بر سر مردم، نوعی نشانه‌گذاری بصری‌ست برای استیلای تئوری ولایت فقیه. در زمان رهبر دوم افزایش نقش مداحان حکومتی به‌عنوان رسانه‌های انسانی، که وظایف مختلفی مثل قهرمان‌سازی و انتقال برخی پیام‌های اختصاصی او را به‌عهده دارند قابل‌ذکر است. به‌لحاظ فقهی، قطعا خامنه‌ای به‌اندازهٔ خمینی، عمر خود را در حوزه صرف نکرده و اطلاعاتش بسیار کمتر از اوست. پس به همان نسبت برای اهلیت یافتن بین مردم، به رسانه‌های بیشتری نیاز بوده است.

۵ - ارزیابی در پروموشن بعد از انقلاب ۵۷

علی‌رغم آنچه تصور می‌شود جمهوری اسلامی برآورد دقیقی از نتایج اجرای برنامه‌های پروموشنی خود دارد. در واقع چون کار اصلی خودِ روحانیون در طول تاریخ تبلیغ و بازارگردانی بوده است، اهمیت کار روی افکار عمومی به‌منظورِ کنترل اوضاع را به‌خوبی می‌دانند. به همین خاطر به ارزیابی مداوم برنامه‌های اجرایی خود و رقبا می‌پردازند. برای این منظور هر دو اثرِ ارتباطی و اثرِ فروش مورد ارزیابی مداوم قرار می‌گیرند. در مورد مردم، به‌عنوان اصلی‌ترین رقیب حکومت، با ارزیابی اثرِ ارتباطی و اثرِ فروش، به‌صورت مداوم پایش می‌شوند و نگرش‌ها و دیدگاه‌های‌شان بررسی می‌شود. اما با توجه به اهمیت اثرِ ارتباطی بیشترین تمرکز روی همین اثر است. درعین‌حال برای بررسی اثرِ فروش، گروه‌های رقیب هم مورد پایش قرار می‌گیرند و احتمالا مواردی مانند افزایش سهم بازار ذهنی مشتریان رقبا، شیوه‌های پروموشنی آن‌ها و نوع پیامی که ارسال می‌کنند مانیتور می‌شوند.

ابزارهای پروموشنی بعد از انقلاب ۵۷

۱ - فروش شخصی بعد از انقلاب ۵۷

همان گونه که قبلا ذکر شد این ابزار پروموشنی، فروش چهره‌به‌چهره و شفاهی‌ست که روحانیون طی قرن‌ها به‌طور گسترده بدان مبادرت ورزیده‌اند و در آن متبحر شده‌اند. بعد از انقلاب ۵۷ فروش شخصی محصولات جمهوری اسلامی بیش از پیش فراگیر و عملیاتی شد. حضور وسیع روحانیون در مراکز مختلف مدیریتی، تاسیس نهاد رهبری در موسسات آموزشی، تشکیل ستاد نماز جمعه و پایگاه‌های بسیج، تماما در خدمت فروش رو در روی محصولات روحانیون هستند. به‌بیانی روحانیونی که پیش از انقلاب به دوره‌فروشی ایده‌های خود مشغول بودند، بعد از انقلاب صاحب بزرگ‌ترین فروشگاه‌های زنجیره‌ای به اشکال مختلف شدند. درعین‌حال به فروش سمیناری هم توجه ویژه‌ای شده است. هرجا که به‌خصوص در مناسبت‌های مرتبط با عزاداری، جمعی گرد هم آمده‌اند، فروش سمیناری محصولاتِ روحانیون صورت گرفته است. کارکرد اماکنی مانند مساجد، نمازجمعه‌ها، هیات‌های عزاداری و حتی مجالس ختم که یک روحانی به سخنرانی می‌پردازد، فروش سمیناری‌ست. امر به معروف و نهی از منکر در سطح خیابان

به ویزیتوری برای فروش کالای اصلی یا کالاهای زیرمجموعه جمهوری اسلامی قابل‌تعبیر است. از طریق ترغیب عامه مردم به امر به معروف و نهی از منکر تلاش شده همه به ویزیتورهای مجانی کالای حکومتی تبدیل شوند. تماس با دفتر مراجع تقلید و سوال در مورد مسائل دینی را نیز می‌توان به‌عنوان فروش تلفنی احکام مدنظر قرار داد.

۲ - روابط‌عمومی

بعد از پیروزی انقلابیون در بازار انقلاب، روابط‌عمومی به مفهوم در اختیار داشتن تریبون‌های رسمی کشور، به‌صورت انحصاری در یدِ قدرتِ روحانیون قرار گرفت. نتیجهٔ انحصار رادیو، تلویزیون و مطبوعات درج گزینشی اخبار بوده است. مثلا لحن و جمله‌بندی رویدادها و اخبار مربوط به رقبا، به‌گونه‌ای‌ست که در نهایت، به تداوم انحصار بازار سیاست ایران منجر شوند.

۳ - پیشبرد فروش

انگیزاننده‌های کوتاه‌مدتِ فروشِ محصول به‌صورت پیوسته در دستور کار روحانیون قرار داشته‌اند. امتیازهای مختلفی مانند دادن پست‌های مدیریتی کوچک و بزرگ، تخصیص منابع مالی به سازمان‌های خاص و تشویق‌هایی مانند سفرهای خارجی، انگیزاننده‌هایی هستند که همواره مورد توجه حاکمان فعلی بوده‌اند. از این ابزار در مناسبت‌هایی مانند راهپیمایی ۲۲ بهمن و سالگرد فوت خمینی، با پذیرایی و اختصاص وسیلهٔ ایاب‌وذهاب به‌صورت ویژه استفاده شده است.

۴ - تبلیغات

شامل کلیهٔ فعالیت‌های مربوط به ارتقاء محصول جمهوری اسلامی از طریق رسانه‌های جمعی‌ست. پخش تیزرهای مختلفِ تبلیغاتی از سازمان‌های زیرمجموعه نظام، نصب تابلوهای ترویجی توسط شهرداری‌ها، نصب فراوان تابلوی نام شهیدان سرِ کوچه‌ها و معابر و ساخت تعداد زیادی سریال‌های ایدئولوژیک، تامین بودجهٔ فیلم‌های سینمایی خاص مانند بایکوت و قلاده‌های طلا، ساخت کلیپ‌های مخصوص شبکه‌های اجتماعی را می‌توان نمونه‌هایی از به‌کارگیری تبلیغات توسط جمهوری اسلامی دانست.[۱۴]

شعار بازاریابی و انقلاب ۵۷

شعار، بازتابی کوتاه و پرمغز از ماموریت‌های تعریف شده برای یک تشکیلات است و در بهترین حالت، خلاصه‌ای از ایده‌آل‌های رهبران را مطرح می‌کند. در سطح کلان اگر شعارها با ذات کالای سیاسی یک حکومت همخوانی نداشته باشند ضدِتبلیغ می‌شوند و مفری برای شکل‌گیری رانت‌های مختلف می‌گردند. به‌عنوان مثال، معمولا هر ساله در پیام نوروزی رهبر، شعاری عمومی مطرح می‌شود که چون با ذات انحصاری مدیریت کشور همخوانی ندارد، بهانه‌ای برای شکل‌گیری رانت‌های کوچک و بزرگ و تخصیص بودجه‌های کلان به کنفرانس‌ها، سمینارها، تحقیقات و شرکت‌های صوری می‌شود.

شعارها به دوگونه‌اند. اصلی یا تگ‌لاین[۱۵] که مستقیما به ماموریت پیوند خورده است و مکمل یا اسلوگان[۱۶] که وابسته به زمان و مکان هستند و کارکردشان بر حسب موقعیت تغییر می‌یابد. شعارهای مکمل به پیشبرد مرحله‌به‌مرحله محصول کمک می‌کنند و از طریق آن‌ها گاهی به شعار اصلی استراحت داده می‌شود. به‌عنوان مثال در ژاپن با روی کار آمدن هر امپراتورِ جدیدی یک شعار اصلی، که خط‌مشی کلی عصر او را نشان می‌دهد، تعبیه می‌شود. "صلح متوازن" شعار اصلی امپراتور ناروهیتوست[۱۷] و در کنار آن هر شعار دیگری شکل بگیرد کمکی و مکمل خواهد بود.[۱۸]

با این توضیحات در بررسی شعارهای انقلاب ۵۷ هیچ اثری از تگ‌لاین نمی‌بینیم و همه‌هرچه هست مکمل، کمکی و اسلوگان‌هایی برآمده از شرایط روز می‌باشند که پس از کم شدن کارکردشان از بین رفته‌اند. در واقع تگ‌لاینِ ثابتی که برآمده از ماموریت اصلی انقلابیون در کوران انقلاب باشد و نیازهای بلندمدت مردم را نشانه‌گرفته باشد و هنوز کاربرد داشته باشد نمی‌یابیم. همین خلا باعث می‌شود روحانیون با خلق شعارهای کمکیِ موقت، به‌راحتی جامعه را به سمت ماموریت‌ها و اهداف خود هدایت کنند. تغییر ماهیت خود شعارهای کمکی، ماه‌های پیش و پس از انقلاب، نشانگر بلاتکلیفی و بی‌ثباتی محصولی‌ست که قبل از انقلاب به مردم فروخته شد اما بعد از انقلاب به آن‌ها تحویل داده شد.

این روند در طول حیات خودِ جمهوری اسلامی هم ادامه داشته است. در واقع جمهوری اسلامی هم با الگوبرداری از دوران انقلاب، به‌منظورِ حفظ حالت ژله‌ای و فرار از تعهد به مردم، تگ‌لاین ارائه نکرده است. دلیل این‌کار افزایش انعطاف

نظام برای حفظ بقای خود در شرایط گوناگون است. هر دوره‌ای، با توجه به شرایط محیطی، شعارهای کمکی و موقتی خلق می‌شوند تا به بقای سازمان روحانیت کمک کنند. مثلا تا مدت‌ها گمان می‌رفت شعار "نه شرقی نه غربی جمهوری اسلامی" شعار اصلی‌ست. اما با گذشت زمان، بلوک شرق تبدیل شد به متحد استراتژیک روحانیون و این شعار کارکرد خود را از دست داد.

شعارهای تا نیمه اول ۵۷: تا پیش از اوج‌گیری اعتراضات و تظاهرات خیابانی، بیشتر شعارها یا در جهت نشان دادن چهره‌ای غیرملی از سیستم پهلوی هستند یا به‌دنبال ترور شخصیتی افرادی مانند شاه، بختیار و فرح پهلوی می‌باشند. تمام شعارها جهت نفیِ کالای حکومتی موجود سر داده می‌شدند. این شعارها چون تهییجی، تاکتیکی و مشتری‌مدارانه بودند و بر اساس نیازهای آشکار شده انقلابیون، از دل جماعت، استخراج شده بودند به یاد ماندنی شدند. شعارهایی خوش‌ساخت، آهنگین، هدفمند و موجز که چون از زبان روان، کلمات ساده و ادبیات خودجوش برای خلق آن‌ها استفاده شده بود به‌راحتی در خاطر می‌ماندند و بر زبان جاری می‌شدند.

شعارهای نیمه دوم ۵۷: در این دوره که بعد از حضور خمینی در پاریس شروع می‌شود، شعارها خلق نمی‌شوند، ساخته می‌شوند. گویی مذهبیون که زودتر از دیگران نزدیکی انقلاب را حس کرده‌اند، با ارسال پیام‌های هدفمند از طریق شعارهای عمومی، سعی در به انحصار درآوردن بازار انقلاب و پس از انقلاب دارند. شعارهایی که هویت ایرانی، چه به‌لحاظ کمّی و چه کیفی، کمترین سهم را در آن‌ها دارد و بیشتر محتوایی اسلامی و ایدئولوژیک می‌گیرند و از زیبایی‌شان کاسته می‌شود. از اینجا به بعد، بخشی از شعارها به‌صورت هدفمند در خدمت خلق شخصیتی کاریزماتیک از خمینی قرار می‌گیرند. در واقع از حول محور مفاهیم به حول محور یک فرد، برای تثبیت جایگاه او تغییر می‌کنند. البته شعارهایی هم برای برخی بازارهای هدف خاص مثل ارتشیان برای انفعال و جذب آن‌ها سر داده می‌شود.

شعارهای بعد از بهمن ۵۷: در تمام دوران انقلاب به‌دلیل هیجان بیش از حد، تمام شعارها اغراق‌آمیزند. این اغراق، بعد از انقلاب، وقتی با کوشش برای ایدئولوژیک کردن مفاهیم همراه می‌شود، شعارها را مصنوعی می‌کند و از حالت

مردمی خارج می‌نماید. در واقع هر جا شعارها در خدمت گروهی خاص قرار گرفته‌اند و جنبه حکومتی یافته‌اند، زیبایی و اثرگذاری آن‌ها کاهش یافته و به فراموشی سپرده شده‌اند. چند سال بعد در اعتراضات مردمیِ سال‌های ۷۸ و ۸۸، شعارها دوباره خودجوش می‌شوند. شعارهایی که بین معترضین و دانشجویان خلق می‌شوند و به‌لحاظ اثرگذاری، زیبایی و وزن، قابلِ‌توجه می‌باشند. مواردی مانند نه غزه نه لبنان جانم فدای ایران، دکتر برو دکتر، چون ناشی از خرد جمعی و حس و حال مردمی هستند به یادماندنی می‌شوند. در نهایت در اعتراضات شهریورماه ۱۴۰۱ همه‌گیر شدن شعار "زن، زندگی، آزادی" فصل جدیدی از تحولات درونی جامعه را به رخ کشید. این شعار به‌جز هدف گرفتن ارزش‌های جمهوری اسلامی، به لایه‌های زیرین فرهنگ جامعه در قبال زنان هم هجوم برد. هجومی که مردان جامعه آنرا پذیرفتند و همراهی کردند.

ایونت مارکتینگ(۱۹) و انقلاب ۵۷

افزایش شدت رقابت در بازارهای امروزی دیده شدن، درک شدن و تحت‌تأثیر قرار دادن مشتریان را بیش از پیش دشوار کرده است. از همین رو در پارادایم جدید بازاریابی، ارائه دهندگان خدمات تلاش می‌کنند با برگزاری ایونت‌ها، نشست‌ها، مهمانی‌ها، کنفرانس‌ها، گردهمایی‌ها، نمایشگاه‌ها و مسابقات به مشتریان بالقوه و بالفعل دسترسی پیدا کنند و فرصت تعامل رودررو را خلق نمایند. بازاریابی ایونتی در کشورداری از این جهت بسیار کارآمد است که مخاطبان و نظام حاکم را در موقعیتی دوستانه قرار می‌دهد. برخلاف تبلیغات و روابط‌عمومی، که پیامی جمعی و یک‌طرفه از طریق نشریات، رادیو، تلویزیون یا تابلوهای شهری برای میلیون‌ها مشتری پخش می‌شود، در بازاریابی ایونتی، افراد به‌صورت مستقیم مورد توجه قرار می‌گیرند تا تأثیرات مثبتی روی آن‌ها گذاشته شود.

دلایل برگزاری ایونت توسط حکومت‌ها

در قرنِ حاضر وقتی حکومت‌های توتالیتری مانند آلمان نازی به ارزش، اهمیت و کارکرد برگزاری ایونت‌های سیاسیِ برنامه‌ریزی‌شده پی‌بردند، تلاش کردند به‌طور مرتب از مزایای سینرژیِ ناشی از اجتماعات انسانی بهره ببرند. سخنرانی‌های هیجانی هیتلر و طولانی‌مدت کاسترو در این زمینه قابلِ‌توجه و بررسی هستند.

امروزه تئوریسین‌های حیطه بازاریابی سیاسی، می‌دانند اگر در ایونت‌ها به‌صورت هدفمند احساسات مخاطبین را نشانه بگیرند، فرصت‌های منحصربه‌فردی جهت تعامل و هم‌افزایی فراهم می‌شود. انگیزهٔ برگزاری ایونت توسط حکومت‌ها با توجه به نوع ایونت، نتایج و مزایای مورد انتظار می‌تواند متفاوت و متغیر باشد. برخلافِ ایونت‌های تجاری که در محیطی شاد و مفرح برنامه‌ریزی و برگزار می‌شوند، ایونت‌های سیاسی ممکن است فضایی خشک و ایدئولوژیک داشته باشند، سوگواری باشند یا به‌شکل تجمعات اعتراضی بروز نمایند. به‌لحاظ سازماندهی هم ایونت‌های سیاسی به دو دستهٔ برنامه‌ریزی‌شده و خودجوش قابل‌تقسیم می‌باشند. بسیاری از ایونت‌های اعتراضی، خودجوش شروع می‌شوند. اما ایونت‌های حکومتی از ابتدا جهت‌دار پی‌گرفته می‌شوند تا به نتایج مورد نظر برسند. در هر حال برای بررسی ایونت‌های سیاسی به‌عنوان شیوه‌ای از بازاریابیِ حکومتی، مهم‌ترین سوالات عبارتند از اینکه هدف از برگزاری این رویدادها چیست، مشتریان آن‌ها چه کسانی هستند و خریدِ چه کالایی قرار است تشویق شود. در ادامه ایونت‌های مهم تاریخ معاصر، در دو مقطعِ پیش و پس از انقلاب مورد بررسیِ مختصر قرار می‌گیرند.

ایونت‌های پیش از انقلاب ۵۷

۱- جشن‌های ۲۵۰۰ ساله: بزرگ‌ترین ایونت حکومتی دوران پهلوی دوم است که نظام شاهنشاهی با هدفِ تقویت وجه ایرانی کشور، به‌خصوص در سطح بین‌المللی، اسپانسر و برگزارکننده آن می‌شود. محصول اصلی عرضه‌شده در این ایونت تصویری اصیل و باستانی از ایران بود. همان گونه که قبلا هم گفته شد روحانیون با تاریخ پیش از اسلام احساس رقابت می‌کنند و با هر تلاشی برای تقویت آن مقابله می‌نمایند. در کنار این موضوع، اشکالات اجرایی و جو حاکم بر جامعه هم سبب می‌شود نه تنها از آن‌همه تلاش استفادهٔ بهینه نشود، بلکه دستاویزی شود برای حملهٔ مخالفان به حکومت وقت. حیف‌ومیل زیاد، باستان‌گرایی، کسب اعتمادبه‌نفس کاذب، تلاش برای جایگزینی سنن باستانی به‌جای فرهنگ اسلامی و کوشش برای کسب حمایت بین‌المللی اتهاماتی بود که متوجه شخص شاه شد. در بخش‌هایی از این کتاب به مزایا، معایب و تناقض‌های این ایونت پرداخته شده است.

۲- ایونت احزاب قانونی: تشکل‌هایی مانند حزب ایران‌نوین، حزب مردم، حزب

پان ایرانی‌ست و حزب ایرانیان ایونت‌هایی رسمی و دستوری برگزار می‌کردند. این گردهمایی‌ها چون در چارچوب کلی حکومت پهلوی بودند هیچ‌گاه از اهمیت ویژه‌ای برخوردار نمی‌شوند.

۳- تظاهرات مردمی: هدف از برگزاری تظاهرات خیابانی، به‌عنوان ایونتی خودجوش، ابراز نارضایتی از کالای حکومتی پهلوی بود. ایونت‌هایی که هرچه به سال ۵۷ نزدیک‌تر می‌شویم، برنامه‌ریزی‌تر می‌شوند تا در نهایت رنگ و بوی اسلامی می‌گیرند و به خدمت روحانیون درمی‌آیند.

۴- مرگ تختی: تشییع پیکر غلامرضا تختی را می‌توان یکی از بزرگ‌ترین ایونت‌های پیش از انقلاب برشمرد. گرایشِ تختی به جبههٔ ملی و علاقه‌اش به مصدق و شایعاتی که در مورد اختلافاتش با غلامرضا پهلوی بر سرزبان‌ها بود، سبب بهره‌برداری سیاسی و ضدحکومتی از این مراسم خاک‌سپاری شد.

۵- عاشورا و تاسوعا: مراسم عاشورا و تاسوعا بزرگ‌ترین ایونت سالانه، خودجوش و مذهبی‌ست که اهمیتش پیش و پس از انقلاب، در اتفاقات سیاسی کشور غیرقابل‌انکار است. یکی از مزایایی که به روحانیون پیش از انقلاب نسبت به گروه‌های رقیب رجحان می‌داد، توانِ ماهیتی آن‌ها در استفاده از ظرفیت‌های این ایونت بزرگ بود. مثلا خمینی سال ۴۲ از اجتماعِ عصرِ عاشوراىِ مردم برای سخنرانی خود استفاده می‌کند. در صورتی که گروه‌هایی مانند توده‌ای‌ها ذاتاً امکان استفاده از آن را نداشتند. وقتی خمینی اذعان می‌دارد ما هرچه داریم از محرم و صفر است به ظرفیت‌های نهفته در این دو ماه برای بهره‌برداری به نفع ماموریت‌ها و چشم‌اندازهای جمهوری اسلامی اشاره می‌کند. با این‌حال از آنجا که اسپانسرِ اصلیِ برگزاریِ عاشورا و تاسوعا خود مردم هستند و احساس دین به کسی ندارند، هیچ حکومتی در ایران روی آن کنترل صددرصد ندارد.

۶- مجالس روضه و سخنرانی‌های مذهبی: پیش از انقلاب شاهد تعدادِ بسیار زیادی ایونت‌های کوچک به‌شکل مجالس مذهبی در سراسر کشور هستیم. برگزاری جلسات سخنرانی احمد کافی در مهدیهٔ تهران، که اثرگذاری بالایی بر قشر سنتی داشت، از همین قسم ایونت‌هاست.

۷- ایونت‌های مخفیانه: ایونت‌هایی که توسط گروه‌های سیاسیِ خاص مانند توده‌ای‌ها، ملی‌مذهبی‌ها، چریک‌های فدایی خلق و مجاهدین به‌صورت جلسات خصوصی، مخفیانه و غیرقانونی برگزار می‌شدند و بعضاً اثرات مقطعی زیادی برجا می‌گذاشتند.

۸ - شب‌های شعر گوته: ایونتی‌ست که در مهرماه سال ۵۶ با ابتکارِ کانون نویسندگان ایران و همکاری انجمن روابط فرهنگی ایران و آلمان و انستیتو گوته، طی ده شب برگزار شد. این برنامه که با حضور هزاران نفر، بازتاب وسیعی در جامعه داشت و در آن افرادی از گروه‌های مرجع مختلف به سخنرانی پرداختند، عملا تبدیل شد به تریبونی در دست بازاریابان انقلاب برای فروش ایدهٔ انقلاب.

۹ - جشن هنر شیراز: این ایونت به مدت یازده سال در شیراز و تخت جمشید برگزار شد. برای برگزاری این جشن سازمانی به نام جشنِ هنر زیرنظر نظام پادشاهی تاسیس شده بود. هدف از برگزاری آن گسترش، بزرگداشت و ارتقاء هنرهای اصیل ملی و شناساندن هنر و هنرمندان خارجی در ایران بود. جشنواره‌ای که باعث برقراری ارتباط وسیع و همه‌جانبه بین هنرمندان ایرانی و خارجی می‌شود و زمینهٔ شکوفایی بسیاری از استعدادهای داخلی را فراهم می‌نماید. این جشنواره از آن جهت که به رشد و معرفی گروه‌های مرجع جدید جامعه، در زمینه‌های مختلف هنری، کمک زیادی می‌کند از اهمیت ویژه‌ای در تحریک روحانیون برای مخالفت با پهلوی برخوردار است.

ایونت‌های بعد از انقلاب ۵۷

رهبران جمهوری اسلامی از همان ابتدای کار، قدرتِ تاثیرِ ایونت‌های مختلف و پتانسیل‌های نهفته در آن‌ها را می‌شناختند. به همین دلیل با حساسیت بالا، هرگونه تجمعی بایستی از فیلترهای گوناگونی رد شود.

۱- سخنرانی بهشت‌زهرای خمینی: نخستین ایونت پس از انقلاب است که روحانیون به زمینه‌سازی برای نهایی کردن فروش کالای حکومتی مورد نظر خود مبادرت می‌نمایند. با غیرقانونی اعلام کردن دولت بختیار، اتمام تاریخ مصرف کالای حکومت پهلوی اعلام می‌گردد. هم‌زمان با بیان ویژگی‌هایی از کالای حکومتی

جدید از طریق وعده‌هایی احساسی، اقتصادی و معنوی، فروش و مصرف حکومت روحانیون پایه‌ریزی می‌شود.

۲- فراخوان مجاهدین: بزرگ‌ترین ایونت غیرِخودجوش و سازمان‌یافته از سوی یکی از رقبای روحانیون، مربوط به ۱۸ و ۱۹ خردادماه سال ۶۰ است. در آن دو روز، سازمان مجاهدین خلق، نیروی انسانی در اختیار خود را که حکم بازاریابان کالایش را داشتند، به خیابان‌ها فراخواند تا به‌صورت رودررو به عرضهٔ محصول خود مبادرت نمایند.

۳- مرگ خمینی: جمهوری اسلامی از تشییع پیکر رهبر اول که به واسطهٔ محبوبیتش تبدیل به ایونتی بسیار بزرگ شد از چند جهت سود برد. در همان ایام، با پوشش تبلیغاتی وسیع، آن را به‌عنوان تاییدی بر کیفیت محصول خود به رخ کشید. بعد، روز مرگ خمینی با سه هدف تعطیل رسمی اعلام شد. الف - استفادهٔ مکرر از این روز به‌عنوان ابزاری برای پروموشن یادآوری به‌منظورِ فروش مجدد کالای جمهوری اسلامی. ب - رونق‌بخشی به ایونتی که قرار بود هرساله برگزار شود و در آن ماموریت‌های نظام یادآوری و پیام‌های جدید ارسال شوند. ج - به‌منظورِ نشانه‌گذاری ثابت در تقویم هرساله، برای نیروهای در خدمت حکومت، تا ماموریت‌های اصلی را گم نکنند و با ارجاع به آن در چارچوب مانیفست بمانند.

۴- تجمع خرداد سال ۸۸: بزرگ‌ترین ایونت خودجوش ضدحکومتی‌ست که علی‌رغم عدمِ صدور مجوز، در جریانِ جنبش سبز، بعد از ظهر روز ۲۵ خرداد ۸۸ برگزار می‌شود و جمعیتی بالغ بر دو میلیون نفر خیابان مرکزی شهر را پر می‌کنند. این اعتراضات که در خارج از ایران نیز به‌صورتِ تجمعات گوناگون خودنمایی کرد در واقع شکایت مصرف‌کنندگان از کالای عرضه‌شده توسط جمهوری اسلامی بود.

۵- عاشورا و تاسوعای ۸۸: ایونتی که به‌شکلی گسترده و با حضور میلیونی مردم در تهران و سایر شهرها شکل گرفت و با شدیدترین واکنش جمهوری اسلامی، به‌عنوان عرضه‌کنندهٔ کالای حکومتی، مواجه شد. همان گونه که عنوان شد اسپانسر اصلی عاشورا به‌عنوان بزرگ‌ترین ایونت مذهبی، مردم عادی هستند. اما جمهوری اسلامی بعد از این سال، با اختصاص بودجه‌های حکومتی تلاش کرد اسپانسر آن بشود و از حالت خودجوش خارج و تحت‌کنترل خود درآورد. بودجهٔ فراوانی که از سوی شهرداری برای هیات‌ها و تکایای محلی در نظر گرفته شده

است کوششی‌ست برای وابسته کردن این ایونت به سیستم حکومتی.

۶- تشکیل ایونت‌های منطقه‌ای برای کشورهای اسلامی: برگزاری این دست نشست‌ها در راستای تسهیل استراتژی صدور انقلاب و با هدف کسب اعتبار منطقه‌ای قابل‌تفسیر است.

۷- ایونت‌های کوچک مذهبی: دلیل برگزاری این ایونت‌ها، که معمولا در مناسبت‌های مذهبی، به‌شکل جلسات قرآن و هیات‌های هفتگی برگزار می‌شوند و همراه با مداحی هستند، بعضاً جشن یا عزاداری به مناسبتِ تولد یا درگذشتِ پیشوایان مذهبی‌ست. در مکانیزمِ پروموشنیِ جمهوری اسلامی، بخشی از هدف این ایونت‌های کوچک جذب نیرو، یادآوری ماموریت‌های تعریف شده در نظام، تبادل اطلاعات و تقویت کیش شخصیت رهبر است. در واقع جلساتی‌ست برای به‌روزرسانی و هماهنگی ویزیتورهای کالای جمهوری اسلامی.

۸- سخنرانی‌های رهبران جمهوری اسلامی: ایونت‌های کوچکِ حکومتی هستند که در زمانِ رهبر اول در جماران و در دورهٔ رهبر ثانی در بیت برگزار می‌شوند. شرکت‌کنندگان، یا بازاریابان سطح بالای حکومتی‌اند که به‌شکل شریک درآمده‌اند یا بازاریابان معمولی می‌باشند. در هر صورت با توجه به موقعیت آن‌ها پیام‌های مورد نظر که در برنامهٔ جامع بازاریابی تدوین شده عرضه می‌شود.

۹- راه‌پیمایی روز قدس و ۲۲ بهمن: تلاش جمهوری اسلامی همواره بر این بوده که به این دو ایونت وجهی خودجوش و مردمی بدهد. اما وجود تیم‌های اجرایی برگزارکننده، تخصیص بودجه در مراکز مختلف قدرت، پوششِ خبری وسیع، در نظر گرفتن تسهیلات حمل و نقل و سایر مشوق‌های کوتاه‌مدت، عیان‌کنندهٔ دستوری و حکومتی بودن آن‌هاست. اهداف این دو ایونت را می‌توان به شرح زیر برشمرد.

الف- قدرت‌نمایی: اوایل انقلاب، به‌خصوص در دههٔ ۶۰، از آنجا که به‌صورت خودجوش برگزار می‌شدند، به‌عنوان نمادی از رضایت مشتریان از کالای حکومت در برابر گروه‌های رقیب مورد استفاده قرار می‌گرفتند. اما هرچه گذشته با افزایش نارضایتی‌ها، بیشتر حالت دستوری و دولتی پیدا کرده‌اند و حالا کاملا کلیشه‌ای برگزار می‌شوند. حکومت گاهاً با نمایش تصاویر سال‌های گذشته یا مصاحبه با

جوانان غیرمذهبی در جریان راه‌پیمایی، در پی مُهر تاییدی‌ست بر موجودیت و اهلیت ماموریت کالای خود. هدف از نشان دادن طیف مختلف شرکت‌کنندگان نیز نمایش تنوع مشتری راضی از کالای حکومت است.

ب- استفاده از سینرژی حاصل از تهییج: فریاد زدن مسئول شعار، تحریک شرکت‌کنندگان و استفاده از سینرژیِ جمعی در برهه‌هایی از زمان، به‌خصوص سال‌های اول استقرار جمهوری اسلامی به‌منظورِ ایجاد رعب در رقبا صورت می‌گرفته است.

ج- تشخیص خودی از غیرخودی: برای بخش حراست بسیاری از ادارات دولتی، حضور کارمندان در این مراسم، به مفهوم تایید وفاداری آن‌ها به نظام است. عدم حضور سیگنالی‌ست از مشتری ناراضی بالقوه.

د- بیشتر شناخته شدن: اعلامِ عمومیِ ماموریت‌ها، چشم‌اندازها و ارزش‌ها، به‌خصوص در دههٔ ۶۰، از دلایل برگزاری این دو ایونت بوده‌اند. یادآوری برای کسانی که می‌دانند و اطلاع‌رسانی به کسانی که نمی‌دانند. در واقع از طریق سخنرانی‌ها و شعارهایی که سر داده می‌شد، امکانِ اشتراک‌گذاری ایده‌ها، افکار و اهداف فراهم می‌شد و هویت‌سازی برای جمهوری اسلامی پیش می‌رفت. کارکردی که طی سال‌های متمادی با تکرار زیاد، خاصیت خود را از دست داده است.

ه- جذب نیروی وفادار جدید: انگیزهٔ قوی دیگر، جذبِ مشتریانِ جدید برای کالای جمهوری اسلامی است. ایونت‌ها به‌دلیل برخورد و تعامل مستقیم مشتری با عرضه‌کنندگان کالا، بسیار اعتمادساز هستند. از سوی دیگر قرار گرفتن در جمعی که همگی به کالایی مشخص معتقدند، بر اساس قاعدهٔ هم‌رنگ جماعت شدن، زمینه‌ساز جذب افراد جدید می‌شود.

ر- آموزش: حضور در این دو ایونت به وفاداران کالای نظام کمک می‌نماید به درکِ بهتری از ویژگی‌های محصول دست یابند و پیام‌های کدگذاری شده را مستقیما از سوی سخن‌رانان دریافت کنند و خود را به‌روز نمایند.

ز- یادآوری: اهرم‌های استراتژیک جمهوری اسلامی، با تکیه بر مزایای وعده

داده‌شده، یادآوری می‌شوند و از فراموشیِ دلایلِ وجودی جمهوری اسلامی جلوگیری می‌شود. با ارائه سخنرانی توسط مسئولین نظام ماموریت‌ها، چشم‌اندازها، خط قرمزها و حساسیت‌ها برای وفاداران به کالای جمهوری اسلامی مرور می‌شوند.

و- برقراری ارتباط نزدیک: ایجاد ارتباط نزدیک بین فروشندگان کالای حکومتی و مشتریان عادی، از دیگر اهدافِ برگزاری این ایونت‌هاست. با پخش تصاویر پیاده‌روی مسئولین بلندپایه که همان فروشندگان ارشد می‌باشند، تلقین می‌شود که آن‌ها نیازها را می‌شناسند و پاسخ‌گوی تقاضاها هستند.

۱۰- ایونت ۱۴۰۱ شهرهای مختلف دنیا: بعد از اعتراضات وسیعی که داخل کشور متعاقب مرگ مهسا امینی شکل گرفت، نهم مهرماه، معادل اول اکتبر ۲۰۲۲ ایونت‌های بزرگی که به صورت تظاهرات اعتراضی در بیش از ۱۵۰ شهر جهان برپا شد ابعاد بین‌المللی به خود گرفت.[۲۰] در این تظاهرات تنها در تورنتو، حدود پنجاه درصد ایرانیان این شهر شرکت کردند. بعد از آن در تاریخ ۲۲ اکتبر، تظاهرات بزرگی با مشارکت ایرانیان اروپا در برلین برگزار شد.[۲۱]

کپی‌رایت در جمهوری اسلامی

کپی‌رایت مجموعه‌ای از حقوقِ انحصاری مانند نشر، تکثیر و الگوبرداری از یک اثر است که به ناشر یا پدیدآورنده تعلق می‌گیرد. پذیرش این قانون در اکثر کشورهای دنیا در زمانه‌ای که تولید محتوا از اهمیت ویژه‌ای برخوردار است نشان‌دهنده خط و ربط فکری رهبران جوامع می‌باشد. این قانون به چند دلیل در جمهوری اسلامی به‌درستی اجرا نمی‌شود و از سوی حاکمیت اصراری به پیگیری آن نیست.

الف - روحانیون خودشان چیزی خلق نمی‌کنند که با اجرای قانون کپی‌رایت منافع‌شان حفظ شود.

ب - روحانیون اساسا به خلق چیز جدید، به‌خصوص در قالب تولید محتوا، اعتقاد ندارند و تفسیر قواعد اسلام به‌شکل احکام فقهی را برای خودشان و مردم کافی می‌دانند. در واقع برای ایشان نوآوری، خلاقیت و خلق مفاهیم نوین معنا ندارد چون همه‌چیز را در قالب فقه و تفسیر نوآوری‌های قدیمی کافی می‌دانند.

ج - اگر قانون کپی‌رایت اجرا شود خلق فکر و ایده دارای ارزش مادی می‌شود و این یعنی ظهور رقبای جدید برای فقه.

فصل نهم

چهارمین پی(P)
مکان یا توزیع
و انقلاب ۵۷

از مهم‌ترین چالش‌های تولیدکنندگانِ کالا و مدیرانِ بازاریابی انتقال محصول به بازارهای هدف است. این متغیر که در آمیختهٔ بازاریابی به مکان تعبیر شده، یک عنصر جغرافیایی‌ست برای قرار دادن کالا در دسترس مشتریان بالقوه و بالفعل در زمان و مکان مناسب. اهمیت این موضوع به‌قدری‌ست که سازمان‌ها، برای افزایش سرعت واکنش در مواجهه با نیازهای متغیر بازار، همواره در پی تقویت مزیت‌های رقابتی پایدار خود از طریق طراحی کانال‌های توزیع یک‌پارچه می‌باشند. در فرایند طراحی چنین سیستمی، که از هدر رفتن منابع و انرژی هم جلوگیری کند، واقع‌بینی، توجه به شرایط محیطی و سازگاری با اهدافِ بلندمدت و کوتاه‌مدتِ تعریف شده ضروری‌ست. از همین روی نخستین کار در طراحی یک سیستم مناسب توزیع کالای حکومتی، بررسی، پایش و تجزیه و تحلیل دقیق نیازهای خدماتی مردم است. در این نیازسنجی بایستی پراکندگی جغرافیایی، میزان تاثیر و تنوع محصولات حکومتیِ رقبا نیز مورد توجه قرار گیرند. در مرحلهٔ بعد، با توجه به ویژگی‌های محصول حکومتی که با شناسایی و ارزیابی وجوه اقتصادی، نظارتی و تعهدی شیوه‌های مختلف توزیع تعیین می‌شوند، هدف‌ها مشخص می‌شوند و موانع به حداقل می‌رسند. بررسی تمام این مراحل برای توزیع ایدهٔ تشکیل یک حکومت جدید یا تداوم بقای یک حکومتِ دایر ضروری می‌باشد و معمولا حتی در موفقیت فروش یک ایدئولوژی به مردم کارساز است.

توزیع ایدهٔ انقلاب ۵۷

حکومت‌ها معمولا از تمام امکاناتی که در اختیار دارند، به‌خصوص نیروی انسانی، سود می‌برند تا مزایای برنامه‌های کوتاه‌مدت و بلندمدت خود را در ذهن مردم توزیع نموده و در نهایت نهادینه کنند. وقوع انقلاب و نفی کالای پهلوی توسط مردم نشانگر عدم عملکرد مناسب دستگاه‌های زیرمجموعه حکومت، در توزیع موثر محاسن کالای شاهنشاهی و برنامه‌های آتی آن است. در واقع اگر مدرنیته را ایده‌ای ببینیم که بایستی مزایای آن بین مردم توزیع می‌شد، بخشی از دلیل رد شدن کالای حکومت پهلوی از سوی روشن‌فکران و مردم، غفلت از پخش مناسب محاسن این ایده است. ضعفی که به‌صورت کوتاه‌مدت و بلندمدت، هم خود سیستم حکومتی و هم مردم را تحت‌تأثیر قرار می‌دهد.

پیش از انقلاب، حکومت پهلوی در مقایسه با رقبا، بیشترین نیروی انسانی بالفعل را در اختیار داشت. اگر سرنوشت این افراد با حاکمیت گره می‌خورد و با برنامه‌های

مدرنیته هم‌راستا می‌شدند، خودبه‌خود تبدیل به فعال‌ترین توزیع‌کنندگان کالای حکومتیِ پهلوی می‌شدند. در آن سوی ماجرا، نخستین مشتریان ایدهٔ انقلاب، گروه‌های مرجع جامعه هستند. در واقع این کالا ابتدا در ذهن برخی گروه‌های اثرگذارِ سیاسی شکل می‌گیرد و بعد در ذهنِ دیگران توزیع می‌شود و در فرایندی ویروسی، ذهن‌به‌ذهن حرکت می‌کند تا تمام بازار را می‌پوشاند.

در جریانِ توزیع ایدهٔ انقلاب ایران، اتفاقات مختلفی رخ می‌دهند که باعث افزایش سرعت و گستردگی توزیع می‌شوند. بعضی از این اتفاقات تبدیل به نقطه عطفی برای توزیع ایده می‌شوند. به‌عنوان مثال یکی از این نقاط عطف واقعه سیاهکل است که در توزیع ایدهٔ انقلاب بالقوه، از دو جهت دارای اهمیت ویژه می‌باشد.

۱- به‌دلیل هیجان ذاتی ماجرا، خبرش به سرعت پخش می‌شود و دهان‌به‌دهان می‌چرخد و اذهان را درمی‌نوردد.

۲- چون رودررویی مستقیم است و شکلی از جنگ فیزیکی می‌گیرد، موجب بسط ایدهٔ مبارزهٔ مسلحانه می‌شود. در واقع در این جریان نیروهای مخالف پهلوی خود را در موقعیتی هم‌تراز با حکومت پهلوی قرار می‌دهند و این اثر روانی زیادی بر جامعه می‌گذارد.

در هر صورت با هر رویارویی مستقیم و غیرمستقیمی که اتفاق می‌افتد، ایدهٔ تغییر کالای حکومتی بیشتر توزیع می‌شود. بعد از آن هرچه می‌گذرد دایرهٔ توزیع ایدهٔ انقلاب وسیع‌تر و سرعت انتقال بیشتر می‌شود تا در نهایت سال ۵۷ به‌شکل گسترده‌ای بین عموم مردم پراکنده می‌گردد. بعد از آنکه به‌اندازهٔ کافی توزیع شد و موردِ پذیرش قرار گرفت، در بهمن‌ماه ۵۷ با کمکِ تمام گروه‌های مبارز، به فروش نهایی می‌رسد. با این اوصاف بازاریابی برای ایدهٔ انقلاب ایران از نوع ویروسی بوده است. این روش اغلب به‌شکل دهان‌به‌دهان جلوه می‌کند و شیوه‌ای کم‌هزینه اما بسیار موثر است. نوعی از بازاریابی که در آن هر کسی ممکن است تبدیل به بازاریاب شود و بدون کنترل و با سرعت بالا، ایده را به تعداد زیادی از افراد منتقل نماید.

کانال در توزیع ایدهٔ انقلاب ۵۷

کانالِ توزیع[1] زنجیره‌ای از واسطه‌هاست که از طریقِ آن‌ها، ایده، محصول یا خدمت به مشتری نهایی منتقل می‌شود. سازمان‌ها معمولا از طریق کانال‌های توزیع با مشتریان خود ارتباط برقرار می‌کنند، اطلاعات مفیدی از بازار جمع‌آوری می‌نمایند، خدمات خود را به مشتریان عرضه می‌دارند، فعالیت‌های قبلی خود را

کامل می‌کنند و برای خود مزیت رقابتیِ پایدار ایجاد می‌نمایند. کانال‌های توزیع ایدهٔ انقلاب و جمهوری اسلامی، که امکان استفادهٔ هم‌زمان آن‌ها نیز وجود داشته، بر اساس تعداد و نوع واسطه‌ها، به شرح زیر است.

۱- تولیدکننده/مصرف‌کننده: ساده‌ترین و کوتاه‌ترین کانالِ توزیع است و در آن تولیدکننده خودش به‌صورتِ مستقیم، محصولش را به مصرف‌کننده می‌فروشد. در این شیوه، تولیدکنندگان ایدهٔ انقلاب را به‌صورت مستقیم به اولین واسطه که ممکن است مردم عادی یا گروه‌های اثرگذار جامعه باشند، می‌فروخته‌اند. کسانی که به‌طور مستقیم تحت‌تأثیر رهبرانِ گروه‌های مبارز، انقلاب را پذیرفتند در این گروه قرار می‌گیرند.

۲- تولیدکننده/خرده‌فروش/مصرف‌کننده: در این کانالِ توزیع، تولیدکنندگان مستقیما درگیر فروش ایدهٔ انقلاب نیستند و بین آن‌ها و مصرف‌کنندگان یک واسطه وجود دارد. می‌توان اعضای رده پایین گروه‌های مخالف رژیم پهلوی، که ایدهٔ انقلاب را به خانواده‌ها و دوستان خود منتقل می‌کردند، در این گروه جای داد.

۳-تولیدکننده/عمده‌فروش/خرده‌فروش/مصرف‌کننده: متداول‌ترین کانال توزیع است که بین تولیدکنندگانِ ایدهٔ انقلاب و مردم دو واسطه وجود داشته است. ابتدا ایدهٔ انقلاب به افراد اثرگذاری مانند گروه‌های مرجع فروخته می‌شود و بعد این اشخاص با توجه به جایگاهی که در جامعه دارند به پخش عمده آن می‌پردازند. می‌توان از اساتیدی که در حسینیه ارشاد پای سخنرانی‌ها می‌نشستند به‌عنوان عمده‌فروشانِ ایدهٔ انقلاب یاد کرد. در همین حسینیه ارشاد، ترتیب کانال را می‌توان به این شکل دید اول سخنران، بعد اساتید و دانشجویان حاضر در سخنرانی، بعد سایر دانشجویان و بعد مردم عادی. روحانیونی که اواخر دوران پهلوی با خمینی در ارتباط مستقم بودند نیز، عمده‌فروشان ایدهٔ اسلامی شدن انقلاب بودند.

۴- تولیدکننده/عامل/عمده‌فروش/خرده‌فروش/مصرف‌کننده: طولانی‌ترین نوعِ کانالِ توزیع با سه واسطه اصلی‌ست. مثلا جایی که مراجع تقلید، در شهرهای گوناگون، دفتر نمایندگی می‌زنند این نوع کانال برای آن‌ها شکل گرفته است.

همان گونه که در بررسی انواع کانال مشخص است، پیش از انقلاب، روحانیون کامل‌ترین کانال‌های ارتباطی را در اختیار داشته‌اند و از تمام آن‌ها استفاده کرده‌اند. این بهره‌برداری همه‌جانبه، از کانال‌های توزیع، ادامه داشته تا اینکه در سال ۵۷

با استفاده از همین امکان و با مهندسی رویدادها کلمهٔ انقلاب اسلامی به‌صورت عمومی جایگزین کلمهٔ انقلاب می‌شود. طراحی کانال‌های توزیع معمولا نیاز به برنامه‌ریزی و صرف زمان و هزینه دارد. اما برای روحانیونی که طی قرن‌ها شبکه‌ای غیررسمی اما قوی در کشور برای خود ساخته بودند از پیش مهیا بود. کانال‌هایی که قبلا به آن‌ها کمک کرده بود محصولات فقهی خود را در ناخودآگاه مردم جاگیر کنند، در جریان انقلاب هم کمک کرد محصولات مطلوب خود را به‌راحتی بفروشند.
یکی از کارکردهای اصلی سیستم توزیع، فرایند تفکیک‌سازی‌ست که از سه وظیفه زیر تشکیل می‌شود.
وظیفه اول تجمیع محصولات مختلف توسط کانال توزیع است. در این مورد روحانیون حاضر در طول کانال‌ها با جمع‌آوری پیام‌ها و نقطه نظرات رهبران روحانیت انجام وظیفه می‌کرده‌اند.
وظیفه دوم تفکیک و جداسازی پیام‌ها از نظر هدفمندی و اثرگذاری‌ست.
وظیفه سوم متناسب‌سازی انواع پیام، جهت پاسخ به ترجیحات مشتری‌ست. اینکه چه پاسخی به چه کسی داده شود.
با توجه به پیشینه در توزیع ایده‌های فقهی، روحانیون هر سه وظیفه فوق را طیِ قرونِ متمادی، به‌صورت حرفه‌ای تمرین کرده‌اند و انجام داده‌اند. در اینجا هم مانند پروموشن، هیچ‌یک از گروه‌های مبارز، سیستمِ توزیعی به قوت روحانیون نداشتند و تنها نظام شاهنشاهی بود که به واسطهٔ ادارهٔ رسمی کشور امکاناتش بیشتر از آن‌ها بود.
از این منظر هم می‌بینیم که محصول حکومتی بعد از انقلاب ۵۷ در نبود نظام پادشاهی لاجرم نصیب روحانیون می‌شد و تنها خویشتن‌داری و تدبیر خودشان می‌توانست از این اتفاق جلوگیری نماید. بعد از انقلاب، روحانیونی که قبلا امکان بهره‌برداری از انواع کانال‌های توزیع را داشتند، کانال‌های توزیع حکومتی و دولتی را نیز انحصاری در اختیار خود گرفتند. انحصاری چندجانبه در توزیع برای عرضهٔ کالاهای جمهوری اسلامی و بعد اصل ولایت فقیه.

نقش و کارکرد شبکه توزیع در انقلاب ۵۷

نرخ یکپارچگی و انقلاب ۵۷

یک‌پارچه‌سازی که در تحولات اجتماعی منجر به وحدتِ دیدگاه‌ها، اهداف، اطلاعات و استراتژی‌ها می‌شود از اهمیت ویژه‌ای در فروشِ انبوه ایده‌ای مانند انقلاب

برخوردار است. عوامل متعددی که ممکن است در جریانِ توزیعِ ایده، یکپارچگی درون‌گروهی را کم کنند ناشی از تعارضاتی هستند که به‌دلیل ابهام در نقش‌ها، وظایف، اختلافات ادراکی و وابستگی زیاد به وجود می‌آیند. انشعابات گوناگون در گروه‌های مختلف مبارزِ پیش از انقلاب حکایت از پایین بودن نرخ یکپارچگی آن‌ها و وجود تعارضات داخلیِ زیاد دارد. در صورتی که در همان دوران، روحانیون بالاترین نرخِ یکپارچگی را دارند و تعارضات داخلی‌شان حداقل است. از نتایج این انسجام می‌توان به تحویل به موقع کالای روحانیون، سهولت و صرف حداقل زمان برای دسترسی به کالای آن‌ها، عدمِ اختلاف‌نظرِ فاحش بین نظراتِ خمینی و شاگردانش، نظارت و پیگیری دائمی به‌منظورِ اصلاح سوءبرداشت‌ها، داشتن آزادی کامل برای گشتن و حضور در اماکن مذهبی و سینرژیِ ناشی از کارِ گروهی نام برد. در واقع روحانیون در تمام مراحل تکمیل و توزیع کالای خود به‌خوبی می‌دانند که شرکایی به‌شکل حلقه‌های متصل به‌هم هستند و موفقیت و شکست‌شان در گرو هم است. اوج این یکپارچگی، در بهمن‌ماه ۵۷ قابل مشاهده است. پس از آن با ارائه محصول جمهوری اسلامی و ولایت فقیه، نرخِ یکپارچگی شروع به افت می‌کند و در نهایت بین نزدیکان و شاگردان خمینی باقی می‌ماند. بعد از آن هم با اختلافات درونی، مانند حذف حسینعلی منتظری از قائم‌مقام رهبری، این نرخ کمتر هم می‌شود.[۲] در نهایت با اختلافات گوناگونی که بین اصلاح‌طلبان و اصول‌گرایان رخ می‌دهد به پایین‌ترین سطحِ بعد از انقلاب تنزل می‌یابد.

پخش مویرگی[۳] و انقلاب ۵۷

اگر بازار را به بدن موجودی جاندار تشبیه کنیم، شبکه توزیع شبیه سیستم گردشِ خون با تمام شاهرگ ها، مویرگ ها و قلب تپنده است. در پخشِ مویرگی، ایدهٔ اصلی این است که محصولات در تمام بازارها در دسترس باشند و به بیشترین خریداران ممکن عرضه شوند. در این نوع پخش، نقش نیروی انسانی، که با پایین‌ترین سطوح کانالِ توزیع نیز در ارتباط است، بسیار حیاتی می‌باشد. با این اوصاف در کنار سازمان پادشاهی، سازمان روحانیت تنها گروهی بود که به پخشِ مویرگی آنهم از نوع گرم دسترسی داشت. در پخش سرد، بازاریاب سفارش می‌گیرد و بعد محصول ارسال می‌شود. اما در پخشِ گرم، بازاریاب محصولات را همراه خود دارد و با سر زدن به فروشگاه‌ها، کالای مورد نیاز را همان لحظه تحویل می‌دهد. با نگاهی به شیوهٔ کار روحانیون درمی‌یابیم که از قرن‌ها پیش همیشه کالای خود را همراه

داشته‌اند و هر جا که بوده‌اند و ذهنی آماده یافته‌اند، در جا اقدام به فروش ایده‌های خود نموده‌اند.

این امکانِ پخشِ مویرگی امتیازی ویژه برای روحانیون به‌همراه داشته است. کم بودن هزینه‌ها نسبت به سایر شیوه‌ها، جمع‌آوری اطلاعات مردم، پخش‌شوندگیِ بالا به‌خصوص برای کالایی مانند ایدهٔ انقلاب، پاسخ سریع به ابهامات و سوالات خریدارانِ بالقوه، افزایش سهم بازار از طریق ارتباط مکرر با مردم، افزایش گردش اطلاعات و در نهایت امکان ردیابی ایدهٔ فروخته‌شده از طریق تعامل مداوم، بخشی از این مزایا می‌باشد. از سوی دیگر، پخش مویرگی همیشه هزینه‌های بالایی دارد. اما چون روحانیون حین انجام شغل خود مبادرت به بازاریابی برای خود می‌کرده‌اند از عهدهٔ آن برمی‌آمده‌اند. در واقع فروش محصولاتِ مخصوص روحانیون همیشه هزینهٔ کمی برای آن‌ها داشته است چون، در حین انجام وظایف روزمره به ترویج خود می‌پرداخته‌اند. در صورتی که مشاغل دیگر مبارزان، ارتباطی به مبارزات‌شان نداشته و بایستی وظایف شغلی روزمره خود را نیز انجام می‌داده‌اند.[۴] بازاریابی مویرگی به مدیریت منابع انسانی نیز نیاز دارد. در این زمینه هم می‌بینیم که ساختار مدیریتی حوزه، هرچند به‌صورتِ سنتی، طی قرن‌ها شکل گرفته و طلاب سازماندهی شده‌اند.

به‌طور خلاصه، در اختیار داشتن کانال کامل و مناسب و استفاده از پخشِ مویرگی گرم، برای توزیع ایدهٔ اسلامی شدن انقلاب، تا حد زیادی توانایی روحانیون را برای فروش کالای مورد نظرشان بالا برده بود. مزیت رقابتی بزرگی که برای دست‌یابی به اهداف تعریف شده محفلی، در برابر سایر گروه‌ها، به آن‌ها قوت بخشیده بود.

فصل دهم

پنجمین پی (P)
نیروی انسانی
و انقلاب ۵۷

کیفیتِ عرضهٔ خدمات، توسط هر مجموعه‌ای، کاملا متکی بر توانایی‌هایِ نیروی انسانی آن است. در شرکت‌های آی تی مهارتِ مهندسان نرم افزار، در کارگزاری‌های بیمه تسلطِ کارشناسان بر دستورالعمل‌ها و در حوزهٔ بانک‌داری نزاکتِ کارمندانِ شعب، معرف مجموعه هستند. به همین دلیل سازمان‌های خدماتی موفق، با آگاهی از بستگی رشد و نابودی‌شان به کیفیتِ عملکرد نیروی انسانی، در استخدام و آموزش کارکنان خود به افزایش مهارت‌های ارتباطیِ میان‌فردی، با تمرکز بر رضایت مشتری، اهمیت زیادی می‌دهند. از این منظر در صنایع خدماتی، بازاریابی داخلی و خارجی به‌طور هم‌زمان و موازی مورد نیازند. بازاریابی خارجی شرح و توصیف اموری‌ست که به‌طور روزمره برای آماده‌سازی، قیمت‌گذاری، توزیع و ترویج خدمت به مشتریان انجام می‌شود. بازاریابی داخلی، که از آن به‌عنوان برندینگ کارفرما[1] هم می‌توان یاد کرد، رضایت ناشی از محیط مطلوب برای کارکنان را دربرمی‌گیرد. در واقع پایداری در عرضهٔ خدمات خوب، ناشی از نهادینه شدن نگرش مشتری‌مدارانه و هوشیارانهٔ بازاریابی، در تمامِ سطوحِ سازمان و بین تمام کارکنان است. در حکومت‌داری هم از نظر سیاسی، تعاملِ دائمی بین حکام و مردم، اجتناب‌ناپذیر است. معیار قضاوت عملکرد حکومت‌ها نیز بر دو پایهٔ کیفیت فنی کار آن‌ها و رفتار حرفه‌ای‌شان استوار است. بر این اساس ارائه‌کنندگان خدمات حکومتی، هم بایستی با مردم ارتباطی صادقانه برقرار کنند هم از لحاظ فنی کارآمدی بالایی داشته باشند. منظور از مهارت فنی برای یک سیاست‌مدار، توانایی تشخیص نیازهای مردم و انطباق مواضع سیاسی خود با آن‌هاست. منظور از رفتار حرفه‌ای هم مواردی مانند توان اعتمادسازی‌ست.

نیروی انسانی پیش از انقلاب ۵۷

نیروی انسانی بالقوه و بالفعل پیش از انقلاب ۵۷

پیش از انقلاب، به‌لحاظ در اختیار داشتن نیروی انسانی بالقوه و بالفعل، تنها دو مدعیِ اصلی برای در دست گرفتن قدرت وجود داشتند. اولی خودِ حکومتِ پهلوی‌ست که به‌عنوان ذی‌نفع حاکم، بیشترین نیروی انسانی بالفعل را در اختیار داشت. چیدمان ساختار سیاسی و اداری کشور سبب شده بود همه‌جا افراد زیادی در ازای حقوق و مزایا به خدمت پهلوی درآیند. شاه به‌جز این، طی چند دهه، ارتش مجهز و نیرومندی نیز تدارک دیده بود. مدعی دیگر روحانیتی‌ست که هم نیروی

انسانی بالقوهٔ زیادی در طبقهٔ اجتماعی خود پرورش داده بود هم با قرن‌ها بازاریابی برای اندیشه‌های خود، بین عامه مردم، طرفداران بسیاری داشت. روحانیونی که طی تاریخ به اشکال مختلفی مانند ملا، آخوند و شیخ در جامعه حضور داشته‌اند، این امکان برایشان فراهم بوده که کاملا قانونی و پذیرفته‌شده در سراسر کشور حرکت کنند، با توده مردم ارتباط بگیرند، اندیشه‌های خود را بفروشند و به زبان و عمل برای خود بازاریابی کنند. مضاف بر اینکه با تاسیس حوزه‌های علمیهٔ متعدد و مراکز آموزشی دیگری مانند مدرسهٔ حقانی و انجمن حجتیه، ابعاد جدیدی به فعالیت‌های آن‌ها افزوده شده بود.[۲]

یکی از خطاهای محاسباتی گروه‌های مبارز و عواملِ حکومت پهلوی همین جاست. اگر برآورد درستی از قدرت نیروی انسانیِ بالقوهٔ سازمان روحانیت وجود داشت شاید به‌گونه‌ای عمل می‌شد تا این نیرو بالفعل نشود. مقایسه نیروی انسانی در اختیار حکومت وقت و روحانیون، با سایر جریان‌های فکری، قدرت واقعی قطب‌های سیاسی کشور و نفوذ و اثرگذاری آن‌ها را نشان می‌دهد. در مقام مقایسه، نیروی انسانی در اختیار گروه‌هایی مانند توده‌ای‌ها، چریک‌های فدایی، مجاهدین خلق و حتی ملی‌مذهبیون عدد ناچیزی‌ست. اگرچه نیروی انسانی در اختیار این گروه‌ها، تحصیل‌کرده‌تر از افراد تحت‌تأثیر روحانیون بودند اما تجمیع کمیت نیروی انسانی با خرافات و احساسات را در جامعهٔ در حال گذار به مدرنیته نمی‌توان دست کم گرفت. جامعهٔ سنتی بی‌سوادی که مستعد خشونت است، روحانی سنتی کم‌سواد را به خود نزدیک‌تر از سایر گروه‌ها می‌بینند. نگاهی به درگیری‌های اوایل انقلاب در اطراف دانشگاه، که از سوی طرفداران عامی روحانیون به خشونت کشیده می‌شد و پاسخِ مباحث تئوریک با قمه و چماق داده می‌شد، موید این نظر است. بعد از انقلاب هم دلیل تشکیل سریع و وسیع سپاه پاسداران، بسیج و کمیته، نیروی انسانی بالقوهٔ فراوانی‌ست که روحانیون در اختیار داشتند.

در مثالی دیگر می‌توان به برخی سادات اشاره نمود که به خاطرِ نوعی تعصب خونی، به‌خصوص در دورهٔ انقلاب، به سمت خمینی گرایش داشتند و از او با لفظِ پسرعمو یاد می‌کردند. دیگرانی هم که جزو سادات نیستند، همیشه برای نوادگان پیامبر احترامی خاص قائل بوده‌اند. عاملی که با غلظتی کمتر، به خامنه‌ای هم کمک می‌کند و نوعی مصونیت اعتقادی برایش فراهم می‌نماید. این طرفداری، اگرچه در طول زمان کم‌رنگ‌تر شده و رو به ضعف نهاده، اما در برهه‌هایی از زمان به روحانیون برای فروش کالایشان کمک کرده است. در هر صورت موضوعاتی

ازاین‌دست در افزایش تعداد نیروی انسانیِ در اختیار روحانیون و افزایش نفوذ خمینی اثرگذار بوده‌اند. مضاف بر اینکه در آن دوران تعدادی مبارز موثر بی‌گروه هم وجود داشتند که هدفشان تنها نفیِ کالای پادشاهای بود. در خلاء قدرت، حاصل تلاش این عده نیز به کام روحانیون شد.

نیروی انسانیِ در اختیار سازمان روحانیت با وجودِ کمیت بالا ضعف‌هایی هم داشت. یکی از این ضعف‌ها عدم حضور وسیع خود روحانیون در بدنهٔ دولت بود و دیگری عامی بودن طرفداران. پیش از انقلاب روحانیون عموما در مشاغلِ دولتی، یا قاضی می‌شدند یا دفتردار. ضعف ناشی از عدم حضور در ساختار بروکراتیک کشور، بلافاصله پس از انقلاب، در تمام ارکان و به اشکال مختلفی مثل نهاد نمایندگی رهبری در دانشگاه‌ها جبران شد. ضعف ناشی از عامی بودن طرفداران روحانیت را نیز علی شریعتی با تامین نیروی انسانی فرهیخته مرتفع نمود. تا پیش از آن، بیشتر طرفداران روحانیت، مردمی مذهبی، متعصب و کم‌سواد بودند که با رشد جامعه، هر روز از تعدادشان کاسته می‌شد. بازاریابی برای مذهب، به شیوهٔ شریعتی، عاملی شد برای جذبِ بخش قابل‌توجهی از دانشجویان معترضی که یا از فرنگ برگشته بودند یا تحت‌تأثیر اساتید از فرنگ برگشته بودند. بدین‌سان نیروی انسانیِ اولیهٔ مورد نیاز برای در اختیار گرفتن حکومت توسط روحانیون، تکمیل شد.

درعین‌حال، وزن اثرگذاریِ گروه‌های مختلف در وقوع انقلاب و تشکیل حکومت بعدی را هم بایستی در نظر گرفت. از مهم‌ترین شاخص‌های بررسیِ میزانِ اثرگذاری محسوس نیروی انسانی گروه‌های مختلف مبارز، تعداد کشته‌های هر یک از آن‌ها پیش از انقلاب است. بیشترین اثرگذاری محسوس، برای گروه‌هایی بود که رویکرد مسلحانه داشتند. یکی از خطاهای محاسباتی گروه‌های مبارز وقتی رخ می‌دهد که تصور می‌کردند ابزاری که برای نفیِ کالای پادشاهی به‌کار برده‌اند، برای تشکیل حکومت بعدی نیز کارساز است. همان گونه که گفته شد انقلاب و حکومت بعد از انقلاب، دو کالا با دو ویژگی متفاوت بودند که موفقیت در فروش یکی لزوما تضمین‌کنندهٔ فروش دیگری نبود و هر یک ملزومات خود را داشتند. شیوه‌های این گروه‌ها برای فروش کالای انقلاب و نفی کالای شاهنشاهی موثر بود اما برای فروش حکومتِ بعد از انقلاب، ابزارهای در اختیار روحانیون، کارسازتر بود. به‌عبارت ساده‌تر، شیوه و ابزاری که برای فروش انقلاب موثر بود به کار فروش نوع حکومت بعدی نمی‌آمد و گروه‌های مختلف از این نکته غافل بودند.

خطای محاسباتی دیگری که برخی از این گروه‌ها مرتکب شدند تصور اثر یکسان

شیوه‌های نفی کالای پادشاهی با نفی کالای حکومتیِ روحانیون بود. این گروه‌ها بعد از در دست گرفتن قدرت توسط سازمان روحانیت، به همان شیوه‌ای که با حکومت پهلوی مبارزه می‌کردند به مبارزه با حکومت روحانیون پرداختند. اقدامات مسلحانه سازمان مجاهدین خلق با الگوبرداری از شیوه‌هایی که به نفی کالای پادشاهی منجر شد، برای نفی کالای روحانیون، خطای محاسباتی بود. چون نظام پادشاهی علاقه‌ای به خشونت نداشت، اما حکومت نوپای جمهوری اسلامی از همان ابتدا نشان داده بود در اعمال خشونت دستِ بالای تمام گروه‌ها را دارد و خشونت را با خشونتی شدیدتر پاسخ می‌دهد.

آموزش نیروی انسانی پیش از انقلاب ۵۷

در تمام طول تاریخ معاصر ایران، همواره جدالی پنهان و آشکار بین سیستم آموزش نوین با سنتی، در جریان بوده است. روحانیونِ عصر قاجار، دارالفنون را رقیب سیستم آموزش سنتی می‌پنداشته‌اند. احساسی که کماکان به قوت خود باقی‌ست. از همین روست که مثلا امام جمعه مشهد صراحتا امیرکبیر را عامل بی‌دینی مردم معرفی می‌کند و در اظهاراتی کم‌سابقه، نظر واقعی روحانیت سنتی را در مورد آموزش نوین لو می‌دهد.(۳) موضع‌گیری و ابراز نگرانی خامنه‌ای در مورد آموزش علوم انسانی نیز ناشی از همین دغدغه است.(۴) نگاهی به تاریخچۀ سیستم آموزش معاصر نشان می‌دهد ریشه دواندن دانشگاه‌ها در کشور ناشی از اقتدار رضاشاه بود. اما بعد از او گویی این تقابل تاریخی، با سهل‌انگاری، نادیده‌گرفته می‌شود تا در نهایت به پیروزی حوزه بر دانشگاه ختم می‌گردد. این کوتاهی هم در اجازۀ تاسیس مدارس نوین به روحانیون رخ می‌دهد هم در حضور وسیع آن‌ها در سیستم آموزشی به‌عنوان معلم و استاد دانشگاه. اتفاقی که برعکسش هرگز نمی‌افتد. در هر صورت دیدگاهی که می‌گوید مقامات جمهوری اسلامی قدر تحصیلات را نمی‌دانند گمراه‌کننده است. بی‌قدرومنزلت بودن تحصیلات آکادمیک، نتیجۀ کم‌شعوری حاکمیت نیست بلکه نشأت‌گرفته از هوشیاری روحانیون، در تشخیص قدرت این علوم، در تخریب منافع تاریخی آن‌هاست. یکی از ریشه‌ای‌ترین دلایل عدم مجال طرح و بسط موضوعات مرتبط با توسعه در ایران را نیز بایستی در تقابل آن‌ها با منافع روحانیت جستجو کرد. خیلی ساده، لازمۀ توسعه، آموزش آکادمیکی‌ست که روحانیون از اساس با آن مشکل دارند. مضاف بر اینکه توسعه ذاتاً با سنت در تعارض است.

لازمهٔ رشد پایدار هر کشوری قطعا تولید محتوای مناسب و هدفمند آموزشی، در تمام سطوح تحصیلی‌ست. بررسی اینکه محتوای واحدهای درسی دهه‌های ۴۰ و ۵۰، به‌خصوص در علوم انسانی، چقدر در خدمت آماده کردن نسل بعدی برای زندگی در جامعه‌ای مدرن بوده، بسیار راه‌گشاست.

به عنوان مثالی از لزوم انطباق مفاهیم و محتوای آموزشی، با نیازهای نسلی که در حال ورود به جامعهٔ صنعتی‌ست، می‌توان به ستایش سنتی فقر در جامعه اشاره کرد. نهادینه شدن فقرپرستی در ضمیر ناخودآگاه جامعه، نتیجهٔ سیستم آموزشِ سنتی‌ست که قرن‌ها در اختیار روحانیون بوده است. با کمی تأمل درمی‌یابیم ترویج این نگرش، یک استراتژی قدیمی‌ست، برای حذف رقبای بالقوهٔ ثروت، پیش از آنکه بالفعل شوند. از منظری دیگر، ارزشمند بودن فقر طی تمام این سال‌ها، استراتژی سیستم آموزشی روحانیت برای تشویقِ پرداخت وجوهات و صدقات بیشتر نیز است. با توجه به اینکه فقرپرستی در تعارض کامل با اهمیت کارآفرینی و ایجاد ارزش افزوده در مدرنیته است، باید دید چقدر از محتوای آموزشی در سیستم پهلوی به فقرستیزی اختصاص داشته است. البته می‌توان ادعا کرد در سطوح بالای آموزشی، وقتی موسسه‌ای کوچک و مذهبی مثل حسینیه ارشاد، اثرش رویِ تحولات جامعه، به تنهایی، بیش از تمام سیستم آموزش رسمی کشور بوده، یعنی محتوای آموزشیِ دانشگاه‌ها مناسب تدوین نشده بودند. در واقع همین که محتوای تولیدی چند نفر، با مخاطب محدود، بر کل جامعه تحمیل می‌شود، نشانگر سیستم آموزش عالی ضعیف آن دوره است.

اعزام‌های علی‌السویه پیش از انقلاب ۵۷

در زمینهٔ اعزام دانشجویانی که بعدا معترض به نظام شاهنشاهی شدند سوال اصلی این است که اعزام‌ها چقدر بر اساس نیازهای جامعه‌ای در مسیر توسعه بوده‌اند؟ چند درصد از دانشجویان، به تحصیل در علومِ مورد نیاز جامعه‌ای که در حال مدرن شدن است پرداخته‌اند؟ اعزام‌ها چقدر سازماندهی شده بوده‌اند؟ اهداف و ماموریت اعزام‌ها چه بوده‌اند؟ اگر اهدافی وجود داشته چقدر مدون بوده‌اند؟ دانشجویان چقدر در مورد ماموریت‌ها و اهمیت آن‌ها توجیه بوده‌اند؟ حکومت خودش چقدر می‌دانسته که به فارغ‌التحصیل چه رشته‌هایی نیاز دارد؟ آیا هیچ اولویت‌بندی بر اساسِ رشته‌های مورد نیاز جامعه وجود داشته است؟ برای بعد از بازگشت این دانشجویان چه برنامه‌هایی وجود داشته است؟

عدم وجود پاسخ قانع‌کننده به این پرسش‌ها، نشانگر علی‌السویه بودن سیستم آموزش عالی در دوران پهلوی‌ست. مسلم اینکه اگر اعزام‌ها بر اساس نیازهای کشوری در گذر به مدرنیته تدوین شده بودند، به‌جای رشته‌هایی مانند تاریخ، ادبیات و فلسفه رشته‌های کاربردی‌تری مانند علوم پایه، اقتصاد، مدیریت، حقوق و علوم سیاسی مورد توجهِ ویژه قرار می‌گرفتند. جامعه در حال گذار بیش از هر چیز به روشن‌فکر مدیریتی، اقتصاددان و تکنسین فنی نیاز دارد. در شرایطی که محل تامین بودجهٔ بورس‌های تحصیلی دولت بوده، ماموریت‌ها بایستی به‌گونه‌ای تدوین می‌شدند که به رشد ساختارهای اقتصادی و اجتماعی جامعه کمک کنند. اینکه دانشجویی از ایران، با بورسیه دولتی عازم سوربن فرانسه بشود تا پیرامون عمر خیام، هند و کامنولث یا فضائل بلخ تز بنویسد، بیشتر از آنکه به ادارهٔ مناسب جامعهٔ ایران کمک کند، به درد تکمیل اطلاعات دانشگاه‌های غربی می‌خورده است.(۵) این بهانه که جو آن‌روز دنیا آن‌گونه بوده هم قابل‌قبول نیست چون، تصمیم‌گیری‌های کلان حکومتی برای ادارهٔ کشوری در گذار، نبایستی همچون جهت‌گیری‌های عامیانه، تابعی از جو حاکم بر جامعه باشند. درعین‌حال زمینه‌های فرهنگی جامعه نشان می‌دهند احتمالا بخشی از زیرمجموعه نظام شاهی، به‌منظورِ حفظ میز و موقعیت خود، تمایل چندانی به جذب قشر تحصیل‌کرده در مدیریت و اقتصاد کشور نداشته‌اند. از این منظر شاید بتوان بزرگ‌ترین خطای شاه را عدم تیم‌سازی، با استفاده از نیروی تحصیل‌کرده و آماده برای اعمال تغییرات بنیادین در جامعه دانست.

از دیگر تناقضات آن دوره با روند مدرن شدن جامعه، یکی عدمِ تعادل در جابه‌جایی نیروی انسانی ارشد سیاسی‌ست و دیگری عدم استفادهٔ وسیع از نیروی انسانی تازه‌نفس در مناصب بالای سیاسی و حلقهٔ اول نزدیکان شاه. محمدرضا پهلوی در دوران سلطنت خود سی و سه بار نخست‌وزیر عوض می‌کند که ذات این‌گونه جابه‌جایی نیروی انسانی با توسعه همخوانی ندارد. با اینکه عمده رشد کشور دقیقا زمانی اتفاق می‌افتد که هویدا برای طولانی‌مدت در سمت نخست‌وزیری باقی می‌ماند اما ابقاء بیش از حد او در این پست، خود نوع دیگری از عدم تعادل را نشان می‌دهد. به‌لحاظ مدیریتی، هویدا بایستی به موقع جای خود را به نیروی مناسب واگذار می‌کرد. با این‌حال در همین دوره نیز جانشین‌پروری نمی‌شود و نخست‌وزیران بعد از او هیچ کدام از تازه نفس‌ها نیستند.

اشکال دیگر عدم به‌کارگیری مناسب و وسیع جوانانی‌ست که در بهترین دانشگاه‌های

روز دنیا تحصیل‌کرده بودند. با وجود آن‌همه نیروی لایق و تازه‌نفس در دهه‌های ۴۰ و ۵۰ واگذاری ادارهٔ کشور به نخست‌وزیرانی که از دههٔ ۲۰ و ۳۰ در راس امور مملکتی بودند، نوعی کهنه‌گی و سکون را تداعی می‌کرده است. این نیروها یا نباید برای تحصیل روانه می‌شدند یا وقتی شدند و بازگشتند بایستی با برنامه‌ریزی دقیق، از حداکثر ظرفیت و طراوت آن‌ها بهره‌برداری می‌شد. درغیر این‌صورت کمپلکس شدن بخشی از آن‌همه انرژی، اجتناب‌ناپذیر بوده است.

به‌عنوان مثالی از اثرات مثبت به‌کارگیری نیروی انسانی تازه‌نفس می‌توان به وجوه مثبت عملکرد علینقی عالیخانی در سمت وزیر اقتصاد اشاره کرد.[۶] این روند اگر در تمام زمینه‌ها رخ می‌داد و تداوم می‌یافت، تیم‌سازی حرفه‌ای برای گذر به مدرنیته امکان‌پذیر می‌شد. در هر صورت وقت بسیاری از استعدادها به‌صورت مفید پر نمی‌شود تا کمتر مجال ایده‌پردازی‌های غیرضروری بیابند. تمام این‌ها به تناقضی ساختاری منجر می‌شود و تمام این تناقضات زمانی‌ست که شاه یک‌تنه انقلابی سفید رنگ را رقم زده است.

نکتهٔ دیگری که بایستی مورد توجه قرار داد تعارضی‌ست که در سبکِ زندگی مدرن خود محمدرضا پهلوی با نوع حکومتش وجود داشته است. در واقع وقتی به شیوهٔ سنتی سلطنت می‌کنی بایستی سبک زندگی‌ات نیز سنتی باشد. اگر مدرن زندگی می‌کنی روش حکمرانی‌ات هم باید مدرن باشد. همین سبک مدرن زندگی باعث می‌شود شاه تک‌همسر بماند و دیرتر پسردار شود. نگرانی از اینکه بعد از او ولی‌عهد جوان، که تنها یک برادر دارد، نتواند از پس مخالفان برآید احتمالا در محاسبات شاه دخیل بوده است. در واقع ساختار پادشاهی ایران به‌شکلی بود که برای سبک زندگی شاهان قاجار که پرهمسر و فرزند بودند طراحی شده بود. این شیوه با زندگی شاهی مدرن همخوانی نداشت و بایستی ساختار حکومت زودتر تعدیل می‌شد.

نیروی انسانی بعد از انقلاب ۵۷

اگر فقر واقعی را عدم امکان انتخابِ موجودیتی برتر از آنچه هستیم بدانیم، افراد مستعد در دوران پهلوی، امکان این انتخاب را داشتند. همین فرصت، منجر به راه‌اندازی بزرگ‌ترین کارخانه‌ها و تربیت شاخص‌ترین کارآفرینان، ورزش‌کاران و هنرمندان می‌شود. با این تعریف، با روی کارآمدن جمهوری اسلامی، فقر گسترش بی‌سابقه‌ای در ایران یافته است چون افرادِ مستقل و مستعد، به‌راحتی نمی‌توانند

موجودیتی برتر از آنچه هستند برگزینند.

برای تشخیص ریشه‌های رویکرد جمهوری اسلامی به نیروی انسانی، شرایط خودِ خمینی به‌عنوان بنیان‌گذار و رهبر اول به‌اندازهٔ کافی گویاست. او در ۶۲ سالگی تبعید می‌شود و در ۷۷ سالگی به کشور بازمی‌گردد.[۷] وقتی کسی در اواخر دههٔ هشتم زندگی، با ۱۵ سال دوری، عدم شناخت کافی از شرایط روز جامعه، عدم استفاده از ساده‌ترین ابزارهای زندگی اجتماعی مثل گواهینامه رانندگی، بدون آنکه یک روز سابقهٔ ادارهٔ یک سازمان کوچک مدرن را داشته باشد، به مدیریت ارشد سازمانی به عریض و طویلی یک کشور گمارده می‌شود، فاجعه مدیریتی اجتناب‌ناپذیر است. مضاف بر اینکه ۱۵ سالی که او در کشور حضور نداشته، جامعهٔ ایرانی عمیق‌ترین تحولات و دگرگونی‌ها را تجربه کرده بود و در هیچ زمینه‌ای با سال ۴۳ قابل‌قیاس نبود. در واقع او به دلیل سبک زندگی و دوری از کشور از یک خلاء کامل ارتباطی بازمی‌گشت. نوه او در مصاحبه‌ای اشاره می‌کند بعد از قدرت، هرگز از جماران خارج نمی‌شود.[۸] به بیان ساده، خلاء ارتباطی کماکان ادامه داشته و خمینی از سال ۴۳ که از ایران خارج می‌شود تا زمان مرگش در سال ۶۸ در جامعه حضورِ جدی ندارد تا شاهدِ عینیِ نتیجهٔ مصرف محصولی که تولید کرده باشد.

در شرکت‌های بزرگ دنیا معمولا گزینه‌های مختلفِ مدیرعاملی را از سال‌ها پیش آماده می‌کنند. کاندیداهای مورد نظر هیات مدیره، در پست‌های مختلف سازمانی گماشته می‌شوند تا همراه با آموزشِ ضمن‌خدمت و کسب تجربه، برای بالاترین جایگاه سازمانی آماده شوند. اتفاقی که بعد از انقلاب در هیچ‌یک از سطوح مدیریتی جامعه نمی‌افتد. خمینی در راس هرم سازمانیِ کشور قرار می‌گیرد و شاگردان بی‌تجربه‌اش مناصب بالای مدیریتی را اشغال می‌کنند. فاجعه بعدی وقتی‌ست که معیار این مدیران، برای انتخاب زیردستان، ایدئولوژی‌ست نه تخصص. از منظری دیگر بعد از تثبیت قدرت خمینی، مدیران طویل‌المدت جامعه حتی از بین مبارزان دست اول پیش از انقلاب انتخاب نمی‌شوند و شاگردان او که عموما جزو مبارزان تراز اول نبوده‌اند، قدرت را در دست می‌گیرند. این موضوع ازآن‌روی اهمیت ویژه دارد که نشان‌دهندهٔ فاصلهٔ جمهوری اسلامی حتی با آرمان‌های انقلابیون اصلی‌ست. وضعیتی که بعد از مرگ خمینی تشدید می‌شود و قدرت در دستان دو تن از شاگردان او، خامنه‌ای و رفسنجانی، قبضه می‌گردد و در نهایت با گذشت زمان به انحصار یکی از آن‌ها درمی‌آید.

اثر شخصیت‌پرستی و انقلاب ۵۷

از شاخصه‌های فرهنگی، برای تشخیص میزان سلامت سیاسی یک جامعه، نگاه و نسبت مردم با حاکمان است. در جوامع سلامت، رهبر و رئیس دولت بودن تنها یک شغل سطح بالاست که اتفاقاً به‌خاطرِ مسئولیت سنگین، پاسخ‌گویی سنگینی در پی دارد. در این شرایط رئیس کشور شمایل قهرمانی به خود نمی‌گیرد و وضعیت انسانی‌اش با دیگران برابر می‌ماند. اما با نگاهی به تاریخ معاصر ایران، رواج شخصیت‌پرستی را پیش و پس از انقلاب شاهدیم و گویی از دوران قاجار با اعطای القاب تملق‌آمیز حادتر شده است. در این بین تمایل خود رهبران و روشن‌فکران به عرضهٔ تصویری بی‌نقص از خود به وسیلهٔ پرسونا با رویکرد یونگی هم تشدیدکنندهٔ ماجراست.[۹]

ارائه پرسونا، شخصیت‌سازی و شخصیت‌پرستی برای خمینی نیز از پیش از انقلاب آغاز می‌شود و با ترفندهای پروموشنی، زمینهٔ خلق کاراکتری کاریزماتیک از او فراهم می‌گردد و این روال تا بعد از مرگش ادامه می‌یابد. مثلا گریه حضار هنگام سخنرانی‌های او و قابل‌رویت بودن تصویرش در ماه، هم سطح توقع مردم از تحولات اجتماعی و رهبر آینده را نشان می‌دهد هم زمینه‌های شخصیت‌پرستی عمومی را برملا می‌کند. از دیگر عوامل خلقِ شخصیتی کاریزماتیک برای خمینی، فاصلهٔ سنی زیاد اطرافیانش از اوست. اتفاقاً کسانی مانند محمود طالقانی و محمدکاظم شریعتمداری که از این نظر به او نزدیک‌ترند، تحمل نمی‌شوند و از دور حذف می‌گردند.[۱۰] به‌بیانی فاصلهٔ سنی و نسبت استادی خمینی با بسیاری از زیردستانش به‌نوعی سرسپردگی عاطفی منجر می‌شود و به شخصیت‌پرستی عمومی می‌انجامد. برعکس، تمام اطرافیان نزدیک شاه مثل اسدالله علم، هویدا و فردوست تقریباً هم سن و سال خود او می‌باشند.

تبعیض در جمهوری اسلامی

ریشه‌های شکل‌گیری تبعیض از نوعِ جمهوری اسلامی را بایستی در قانون اساسی و تقسیم بازاری که در آن صورت گرفته جست. شاخص‌ترین وجه تبعیض در جمهوری اسلامی، لزوم انتخاب رئیس کشور از بین فقه‌های معمم است. معیاری که بر مبنای فهم فقهی عده‌ای از روحانیون شکل گرفته و خود را محق به قضاوت تا خصوصی‌ترین لحظات و رفتارهای شخصی تمام آدم‌های دنیا می‌داند و بر این اساس زمینهٔ تبعیض را به‌طور بی‌سابقه‌ای گسترش می‌دهد.

تعادل نیروی انسانی در جمهوری اسلامی

خمینی از آغاز، برای ایجاد تعادلِ نیروی انسانی به نفع خود، به‌گونه‌ای عمل می‌کند که منافع محفلی و مکتبیِ مورد نظرش تامین شوند. انطباق در انتخاب آدم‌ها برای پست‌های مختلف سازمانی، به‌شکلی‌ست که به بقای جمهوری اسلامی منتج شوند.

مثلا او از سال‌ها پیش به استعدادِ سرسپردگیِ صادق خلخالی پی‌برده بود. ویژگی‌هایی مانند تندخویی، بی‌ملاحظه‌گی، مرگ‌پرستی، سطحی‌نگری و جنون لحظه‌ای را نیز در او تشخیص داده بود. شناختی که باعث می‌شود بلافاصله بعد از انقلاب در بزنگاهی تاریخی، به‌عنوان حاکم شرع و رئیس دادگاه‌های انقلاب، انتخاب شود و تصفیه‌های مورد نظر را انجام دهد.[۱۱] با این انتخاب ضمن حذف سریع مخالفانِ بالفعل اولیه، خشونت‌ها و اعدام‌ها، رعب و وحشتی در جامعه ایجاد می‌کنند که به پای صادق خلخالی گذاشته می‌شوند نه شخص او. یا هنگامی که از وجاهت مهدی بازرگان استفاده می‌کند و او را به‌عنوان نخست‌وزیر برمی‌گزینند در واقع به‌دنبال خریدن زمان برای تثبیت خود است.[۱۲] هر دوی این افراد، به‌محض عبور از شرایط بحرانی اولیه، کنار گذاشته می‌شوند و آدم‌های دیگری با قابلیت‌های مورد نیازِ روز جایگزین می‌شوند. درعین‌حال خمینی به دلیل اشتراک در درک اهمیت و توانایی برخورد اقتضایی با شرایط سیاسی مختلف، در تمام دوران حکمرانی خود نزدیک‌ترین رابطه را با رفسنجانی داشته است. رفسنجانی با سابقهٔ فعالیت‌های اقتصادی خانوادگی، اصول بازار و بازاریابی را به‌خوبی می‌شناخته و از اهمیت برخورد اقتضایی باخبر بوده است. این همان ویژگی‌ست که او را نسبت به خامنه‌ای در فاصلهٔ نزدیک‌تری به خمینی قرار می‌داد.

با این‌حال عدم تعادل عمیقِ نیروی انسانی در جمهوری اسلامی از ابتدا وجود داشته است. مثلا اوایل انقلاب میانگین سنی کسانی که بدون داشتن سابقهٔ کار مدیریتی، صاحب‌منصبان اصلی شدند، بسیار پایین بود. بعد از گذشت چند دهه، میانگین سنی بسیار بالا رفته است. اوایل انقلاب تصمیماتِ هیجانیِ ناشی از شور جوانی زیاد بود و حالا کندی و تاخیرِ ناشی از اقتضای سنی مشهود است. به‌عنوان نمونه‌ای ساده از کندی روند تصمیم‌گیری می‌توان به جایگزینی تعطیلی شنبه‌ها به‌جای پنجشنبه‌ها، برای هماهنگی با اقتصاد دنیا اشاره کرد. این تصمیم ساده که موجب افزایش بهره‌وری و کارایی می‌شود، سال‌هاست معلق مانده است. تعطیل ماندن جمعه، چون با ماهیت سازمان روحانیت پیوند خورده، دارای اهمیت ویژه‌ای برای آن‌هاست.

اما عدم جابه‌جایی پنجشنبه با شنبه، ناشی از تاخیر در تصمیم‌گیری به‌دلیل ضدتوسعه بودن روحانیون کهن‌سالی‌ست که بر مسند امور تکیه زده‌اند. این عدم تعادل، به پایین‌ترین سطوح مدیریتی و کاری نیز سرایت کرده و با وجود بی‌کاریِ وسیع جوانان، بسیاری از مناصب مدیریتی کماکان در اختیار بازنشستگان است. یا حضور افرادی که به‌دلیل داشتن اندیشه‌های ضدبازارِ آزاد در دهۀ ۶۰ قدرت گرفته‌اند و کماکان بر همان مدارِ فکری می‌اندیشند، در مناصب اقتصادی، تناقضی ذاتی‌ست که ناشی از آفت‌های انحصارطلبی در راس هرم حکومت می‌باشد.

اقسام نیروی انسانی داخلی در اختیار جمهوری اسلامی

در یک تقسیم‌بندی کلی دو قسم نیروی انسانی در اختیار جمهوری اسلامی قرار دارد.

۱- یک بخش خود روحانیون معممی هستند که به‌شکل اصلاح‌طلب و اصول‌گرا با عضویت رسمی در سازمان روحانیت، به عرضۀ کالای جمهوری اسلامی می‌پردازند و مدافع طبقۀ اجتماعی خود هستند. از کارهایی که بعد از انقلاب در دستور کار قرار گرفت افزایش کمّی روحانیون بود. با این وجود هر قدر به افزایش کمّی توجه شده از کیفیت این نیروها بیشتر کاسته شده است. مثلا توجهی گذرا به تغییر ظاهری روحانیون، طی چند دهۀ گذشته، میزان فاصلۀ آخوندهای حکومتی از روحانیون قدیمی را نمایان می‌کند. قدیم‌ترها رسم بود آخوندها زیر عمامه زاهدانه موی سر خود را بسیار کوتاه می‌کردند. حالا بسیاری از آن‌ها مقداری از موی بلند خود را از زیر عمامه بیرون می‌ریزند. همین تغییر در ظاهر، نمادی‌ست از دگرشِ سبک زندگی این طبقۀ اجتماعی در گذر سال‌های بر سر قدرت بودن. حتی برخی از آن‌ها تنها به‌وقت لزوم عمامه به سر می‌گذارند که این خود نماد کامل استفادۀ ابزاری‌ست از فرم روحانیت.

۲- بخش دوم، غیرمعمم‌هایی هستند که منافع خود را در رفع نیاز ولی‌فقیه جستجو می‌نمایند. در این طیف، هم طرفدارانی راضی به حقوق و مزایای اندکِ ماهیانه وجود دارند، هم لابی‌های پیچیده‌ای که منابع اصلی کشور در اختیار آنهاست. اهمیت افرادِ حاضر در لابی‌های پیچیده به‌قدری بالاست که ذخیره‌های نظام تلقی می‌گردند. در واقع ذخایر نظام به طیفی از افراد اشاره دارد که شکل شریک حکومتی گرفته‌اند و به‌وقت لزوم قابلیت انجام کارهای ویژه، به نفع روحانیون را دارند. در این چینشِ نیروی انسانی، وفاداری به نظام و التزام عملی به ولایت فقیه

معیار اصلی سنجش است. اصطلاح دخایر نظام، ضمن برملا کردن عدم تعادل نیروی انسانی، نشانگر تفاوت ذخیرهٔ نیروی انسانی کشور از ذخیرهٔ نیروی انسانی نظام است. موضوعی که اهمیت تخصص‌گرایی را از بین برده، تعادل نیروی انسانی را برهم زده و نشانگر یکی دیگر از نمادهای تبعیض، در تقسیم بازار جمهوری اسلامی‌ست.

استفادهٔ پروموشنی از ورزش‌کاران در جمهوری اسلامی

با نگاهی گذرا به چند دههٔ اخیر، پُرواضح است ورزش برای حاکمیت همواره ابزاری سیاسی، در حوزهٔ پروپاگاندا و تبلیغات بوده است. اما شکل، شدت و اهمیت این استفاده متغیری وابسته به شرایط بوده و تغییراتی ملموس داشته است. دههٔ ۶۰ اوج این نگاه ابزاری‌ست که نظام هنوز در پی تثبیت و اثبات موجودیت خود بود. بارزترین مثالش حرکت محمدحسن محبی در مسابقات جهانی کشتی ۱۹۸۵بوداپست می‌باشد. محبی به‌عنوان نفر دوم، هنگام برافراشته شدن پرچم و نواخته شدن سرود ملی آمریکا، با قهرمانی ویلیام شر، به دستور مسئولین وقت از سکو پایین آمد و مدال خود را زمین انداخت. در آن دوره، این‌گونه حرکات نمایشی، برای جایگاه‌یابی حکومتی نوپا در عرصه بین‌المللی، اهمیتی حیاتی داشت. مضاف بر اینکه اقبال جهانی به ورزش‌های انفرادی مثل کشتی، که ایران در آن همیشه سرآمد بوده، بسیار بالا بود و این‌گونه خودنمایی‌ها کاملا به‌چشم می‌آمد. مثالی دیگر از آن دوره، قهرمانی علیرضا سلیمانی در سنگین‌وزن مسابقات جهان ۱۹۸۹ مارتینی و ایستادن او بر سکویی‌ست که دو طرفش کشتی‌گیران روس و آمریکا بودند و به‌عنوان نمادی از شکست شرق و غرب مورد بهره‌برداری قرار گرفت.
دو نمونهٔ دیگر، یکی تقدیر از حمید استیلی به‌خاطرِ تک گل، به تیم فوتبال آمریکا در مسابقات جام جهانی ۱۹۹۸ فرانسه است. این گل از نظر تبلیغاتی برای جمهوری اسلامی از چنان اهمیتی برخوردار بود که واکنش و تقدیر هیجانیِ خامنه‌ای را در پی داشت. مورد دیگری که موضع سیاستی ثابت به‌خود گرفته، اجتناب از مقابله با ورزش‌کاران اسرائیلی‌ست. این سیاست اولین‌بار در سال ۱۹۸۳ عملیاتی شد.[۱۳] پس از آن ورزش‌کاران در رشته‌های مختلف، با بهانه به رسمیت نشناختن اسرائیل از رودررویی منع شده‌اند. برخورد انحصارطلبانه‌ای که باعث هدر رفتن استعدادهای بی‌شمار ورزشی شده است.
اما به‌طورکلی با گذشت زمان اهمیت این دست تبلیغات پرحاشیه و زمخت برای

جمهوری اسلامی کمتر شده است. حالا به‌جای استفادهٔ ابزاری از نیروی انسانی ورزش‌کار، پروپاگاندای مطلوب حاکمیت با شیوه‌های ظریف پروموشنی، در دل فعالیت‌هایی مانند سپاه سایبری، جنگ‌های نیابتی، انرژی هسته‌ای، پیوندهای استراتژیک با دول شرقی و نفوذ سیاسی و فیزیکی در دنیا پی‌گرفته می‌شوند. از این منظر طی چند دههٔ گذشته جمهوری اسلامی همراه با رشد دانش پروموشن، خود را به‌روز کرده است.

مرگ‌پرستی، بخشی از کالای جمهوری اسلامی

در روانکاوی با اشاره به شعارِ "زنده باد مرگ" فالانژیست‌های اسپانیا، مرگ‌پرستی گسستن هرگونه پیوند با زندگی تفسیر می‌شود. در واقع مرگ‌پرست که از ویژگی‌های بارزش تمایل به تخریب و ویران‌گری‌ست، مجذوب چیزهایی مانند جسد، زوال، تباهی و سیاهی می‌شود. بدون توجه به آینده همیشه در گذشته به سر می‌برد، به‌شدت از قوانین موجود دفاع می‌کند و هیچ‌گونه تغییری را برنمی‌تابد. تنها قاتل و مقتول و توانا و ناتوان را می‌شناسد و وقتی با دیگری رابطه برقرار می‌کند، که صاحب اختیار او باشد. آرزوی کشتن، آزارگری، ستایش قدرت و تمایلِ تبدیل چیزهای زنده به بی‌جان، از ویژگی‌های دیگر مرگ‌پرستان است. در مقابل، زندگی‌پرست شیفته حیات است و عشق به زندگی، رشد، بالندگی، استقلال و غلبه بر خودشیفتگی نشانه‌های او هستند. زندگی‌پرست به‌جایِ جستجوی ایمنی و ثبات در پدیده‌های کهنه، با گرایش به نمودهای تازه، شیفته انعکاس حیات در همه‌چیز است. با این اوصاف از جمله شرایطِ گسترش مرگ‌پرستی در جامعه، فقدان امنیت، فقر اقتصادی، مشکلات روانی، بی‌عدالتی اجتماعی و عدم وجود آزادی است. جامعه‌ای که در آن آزادی و عدالت نادیده گرفته شود، مرگ‌پرستی رشد می‌کند. مثال‌های بارز وجوه مرگ‌پرستی در جمهوری اسلامی، تمایل به جنگ، تمایل به تخریب آثار تاریخی، عدم تمایل به تغییر قانون اساسی، علاقه به متون قدیمی، تمایل به استیلای روانی روی تمام جامعه و تصفیهٔ نیروی انسانی مخالف حکومت است. همه‌گیر شدن چادر مشکی به‌جای گُل‌گلی، سر دادن شعار مرگ بر کشورها و افراد، برگزاری جشن تولد گورستانی، برگزاری نخستین سخنرانی رهبر جمهوری اسلامی در گورستان، ساخت مقبره‌ای عظیم و مجلل برای رهبر اول، نعمت دانستن جنگ، حکم اعدام‌های بی‌شمار و بیان جملهٔ "بکشید ما را و بریزید خون ما را"، نمونه‌هایی از ترویج مرگ‌پرستی‌اند.[۱۴] با این‌حال جنبش اعتراضی ۱۴۰۱

که با محوریت زنان و دختران ایرانی شکل انقلابی تاریخی‌فرهنگی به خود گرفت و روسری‌ها از سر برداشته و سوزانده شد واکنشی در برابر مرگ‌پرستی حکومتی می‌باشد. نوعی از مرگ‌پرستی که آثارش به محیط زیست هم رسیده و هر گونه حیاتی را در کشور تهدید می‌کند.

تصفیهٔ رقبای بالقوه و بالفعل در جمهوری اسلامی

بعد از انقلاب با توجه به رویکرد جمهوری اسلامی به منابع انسانی، گویی تئوریسین‌های نظام در پی از بین بردن نسل مخالف خود هستند. از یک طرف در کنار تصفیه‌های وسیع فیزیکی و غیرفیزیکیِ مخالفان، شرایط ازدواج و تولید نسل برای جوانانی که اعتقادی به جمهوری اسلامی ندارند و اکثریت جامعه را تشکیل می‌دهند سخت‌تر شده است. از طرف دیگر از طریق مشوق‌های مالی و ارگانی و امکانات گوناگون، فرزندآوری بین وفادارن جمهوری اسلامی تشویق می‌شود تا نسلی که به ماموریت‌های نظام اعتقاد دارد افزایش یابد. نوعی برنامه‌ریزی بلندمدت که در نهایت به تغییر کامل بافت جامعه به نفع نظام حاکم منجر شود. یکی از دلایل عدم احساس نگرانی و ناراحتی از افزایش تعداد مهاجرین نیز همین تمایل به تغییر بافت جامعه می‌باشد. در این شرایط با توجه به معیار شایستگی در جمهوری اسلامی که وفاداری به ولی‌فقیه است، رشد نرمال خطرناک می‌باشد. در هر زمینه‌ای، از فعالیت محیطِ‌زیستی، کارآفرینی، هنری، علمی و تحقیقاتی گرفته تا روزنامه‌نگاری اگر مستقل رشد کنی به مرگ نزدیک‌تر می‌شوی. موضوعی که باعث از بین رفتن استعدادهای زیادی شده است.

پارادایم‌های حذف رقبای داخلی در جمهوری اسلامی

تصفیهٔ نیروی انسانی توسط جمهوری اسلامی در چهار پارادایمی که در مقاطعی هم‌پوشانی هم دارند قابل‌دسته‌بندی‌ست.

۱- در پارادایم اول، حذف فیزیکی مخالفانِ جدی و سرسختی که حکم رقبای بالفعل جمهوری اسلامی را داشته‌اند در دستور کار قرار می‌گیرد. اعدام‌های اوایل انقلاب، سال ۶۷ و ترورهای داخلی و خارجی در همین پارادایم قابلِ‌بررسی‌ست. بخشی از هدف این فرایند، که مرعوب‌سازی و ایجاد وحشت عمومی‌ست، به‌خصوص اوایل انقلاب، از طریق اعدام مجرمانِ مواد مخدر و فواحش نیز محقق می‌گردد.

۲- پارادایم دوم، اخراج و تصفیهٔ نیروهایی‌ست که با ارزش‌ها و ماموریت‌های

جمهوری اسلامی هم‌سو نبودند اما خطر وجودشان، ارزش ریسکِ حذف فیزیکی را نداشت. انقلاب فرهنگی و پاک‌سازی ادارات، کارخانجات و ارتش جلوه‌هایی از این تصفیهٔ می‌باشند.

۳- در این پارادایم تمامی ورودی‌های سیستم‌های دولتی و حکومتی برای راه‌یابی غیرخودی‌ها مسدود می‌شوند و فیلترهای کنترل مراکز اصلی تصمیم‌گیری کشور، در حد نظارت استصوابی، بالا می‌روند. در سطوح پایین‌تر، گزینش اعتقادی حراست ادارات و دانشگاه‌ها اجرایی می‌شود. در واقع در دو پارادایم قبلی پاک‌سازی صورت گرفته و در اینجا از ورود هرگونه نیروی غیرخودیِ جدید ممانعت می‌شود.

۴- پارادیم آخر نظارت دائمی برای تصفیهٔ نیروی انسانیِ حاضر در سیستم است. افرادِ خنثی یا هم‌سویی که با گذشت زمان به‌صورت بالقوه و بالفعل، به رقبای کوچک و بزرگ انحصار روحانیون تبدیل شده‌اند تصفیهٔ می‌شوند.

در واقع روحانیون از همان ابتدا سیاستی مشخص را در زمینهٔ نیروی انسانی پی‌گرفته‌اند. پاک‌سازی، جلوگیری از ورود غیرخودی‌ها و نظارت شدید برای حذف خودی‌هایی که غیرخودی شده‌اند. در تمام این فرایند، هم‌زمان و مستمر، جذب، جایگزینی و تولید نیروی انسانیِ خودی هم پیگیری شده است. خط‌کش اصلیِ ارزیابی کیفیت عملکرد نیروی انسانی نیز وفاداری به اصل ولایت فقیه تعیین شده است. بعد از انقلاب، با تغییر مبنای شایسته‌سالاری، معیار شایستگی نه تخصص و تعهدِ کاری و اخلاقی بلکه وفاداری به هستهٔ مرکزی روحانیتی تعیین شد که منابع کشور را در اختیار دارد. ملاکی که از یک طرف، با مسدود کردن ورودی، برای سرمایه‌های انسانیِ مستقل، چند نسلی که می‌توانستند در خدمت ایجاد و حفظ رضایت مردم باشند را ضایع کرد. از طرف دیگر با باز کردن همان ورودی‌ها برای وفاداران به روحانیت، به جذب نیروی انسانی بی‌کیفیتی که با الگوبرداری از خود اصل ولایت مطلقه فقیه، به‌عنوان بزرگ‌ترین انحصارگر منابع، زمینهٔ فساد در آن‌ها بالا بود پرداختند. از دلایل دیگرِ عدم اجازهٔ حضورِ نیروهای شایسته اما غیرخودی در ساختار حکومت، تلاش برای مخفی کردن اثرات مصرف کالای جمهوری اسلامی در لایه‌های خود حکومت است. از یک طرف ترس از درزِ مدارک و شواهدِ سمی بودن کالای جمهوری اسلامی وجود دارد. از طرف دیگر نگرانی از لو رفتن رازهای نهفته در کانال‌های پیچیدهٔ رشد، عمیق است. نوعی دلواپسی از برملا شدن اسرار و ناکارآمدی‌ها توسط غیرخودی‌هایی که هر آن ممکن است از حاکمیت خارج شوند. در مقام مقایسه، از دلایلی که رضاشاه توانست منشأ خدمات بسیاری شود، استفاده

از ظرفیت‌های نیروی انسانی قاجار بود. در صورتی که جمهوری اسلامی نه تنها از نیروهای شایسته و متخصص زمان پهلوی استفاده نکرد، بلکه بسیاری از نیروهای توان‌مندی که بعد از انقلاب پرورش یافته بودند را نیز حذف نمود.

حذف خودی‌هایی که غیرخودی شده‌اند، همواره چنان شدید بوده که نزدیک‌ترین حلقهٔ مرکزی قدرت هم از آن مصون نمانده است. شرایطی که نشان می‌دهد کالای ولایت فقیه، به‌عنوان محصولی مضر و ناسالم، حتی به تولیدکنندگان خود هم آسیب می‌زند. حذف منتظری به‌عنوان یکی از پدیدآورندگان تئوری ولایت فقیه، احمد خمینی به‌عنوان فرزندِ بانی حکومت ولایت فقیه و رفسنجانی به‌عنوان مجری تئوری ولایت فقیه نشانگر شدت مسمومیت کالایی‌ست که روزانه به مصرف عمومی می‌رسد.(۱۵) این حذف کردن‌ها وقتی به فرزندان ناخلف مسئولین می‌رسد پرسروصداتر هم می‌شود. در واقع نسل اول مسئولین جمهوری اسلامی با برنامه‌ریزی و سرمایه‌گذاری روی نسل بعدی خود، آن‌ها را برای پست‌های مدیریتی آینده آماده کرده‌اند. عملکرد روح‌الله زم یا احمد رضایی برخلاف این برنامه‌ریزی، بقای کوتاه‌مدت و بلندمدت جمهوری اسلامی را تهدید می‌کند.(۱۶) با هر اعتراضی از سوی این افراد که ذخیرهٔ استراتژیک نیروی انسانی نظام هستند، به‌جز کم شدن یکی از این ذخایر، خطر تحریک فرزندانِ سایر مقامات و سرکشی آن‌ها هم افزایش می‌یابد. دلیل تنبیه شدیدا قهری این بخش از خودی‌هایِ غیرخودی‌شده، ارسال پیام مستقیم به فرزندان سایر مسئولین است که برنامه‌های بلندمدت نظام را به‌هم نریزند و بقیه را تحریک نکنند. موضوع دیگر اطلاع این بخش از نیروی انسانی از اسرار، لابی‌ها و کدگذاری‌های پیچیدهٔ نظام است. خطر لو رفتن این کدها توسط این نیروها بیشتر از هر جایی‌ست. با این اوصاف انقلاب نه تنها بچه‌های خودش بلکه بچه‌های بچه‌هایش را هم می‌خورد و این تسلسل ادامه دارد. گویی مکانیزم جمهوری اسلامی، خودکار، هر که مقابل ماموریتش قرار بگیرد را از دَمِ تیغ می‌گذراند.

انواع تصفیهٔ در جمهوری اسلامی

جمهوری اسلامی در مقاطع مختلف به اشکال گوناگون اقدام به حذف رقبای بالقوه و بالفعل خود نموده است. حذف‌هایی که گاهی سیاست مستقیم بوده‌اند و گاهی اثرات جانبی ماموریت‌ها و چشم‌اندازهای تعریف شده می‌باشند. اینجا به چند مورد اشاره می‌شود.

۱- تصفیه‌هایی که به سرعت و با دادگاه‌های نمایشی و کوتاه‌مدت در اولین روزها و ماه‌های قدرت گرفتن روحانیون انجام می‌شود و حلقهٔ نزدیکان شاه و مسئولین ارشد دوران پهلوی را درمی‌نوردد. در این شکل از تصفیهٔ، عجله و سرعت‌عمل نشان‌دهنده ترس از بازگشت نظام پادشاهی‌ست.

۲- تصفیهٔ به‌شکل اعدام انفرادی و گروهی مخالفان محبوس در زندان‌های جمهوری اسلامی، بدون محاکمه یا با محاکمه‌های سرپایی، نوع دیگری از حذف نیروی انسانی‌ست. اعدام‌های سال ۶۷ یکی از وسیع‌ترین و پرسروصداترین تصفیه‌های این‌گونه است.

۳- تصفیهٔ جمعی، از طریق خانه‌نشینی، زندان و تبعیدِ اجباری، وسیع‌ترین موج تصفیهٔ نیروی انسانی سیاسی‌ست که نیروهای هم‌رزم روحانیون در برابر نظام پهلوی را در برمی‌گیرد.

۴- تصفیه‌های وسیع نیروی انسانیِ شاغل در بخش‌های دولتی و خصوصیِ مصادره‌شده، به‌شکل بازنشستگی و بازخریدیِ اجباری، که افراد عادی جامعه را نیز شامل می‌شود. برای این شکل از تصفیهٔ که از ژاندارمری و ارتش تا کارخانجات و ادارات و دانشگاه‌ها را دربرگرفت، کوچک‌ترین بهانه و کمترین نشانه عدم سازگاری کفایت می‌کرده است. نمونه‌ای از این قسم تصفیه‌ها، ممنوع‌الکاری هنرمندانِ پیش و پس از انقلاب است.

۵- تصفیهٔ نیروی انسانی اثرگذار گریخته از کشور که به‌شکل ترورهای برون‌مرزی با اعزام ماموران مخفیِ داخلی یا استفاده از مزدوران خارجی در دستور کار قرار گرفتند. افرادی مانند شاپور بختیار، شهریار شفیق و فریدون فرخزاد را شامل می‌شود.(۱۷)

۶- تصفیهٔ نیروی انسانی اثرگذار باقی مانده در کشور، که در قتل‌های زنجیره‌ای نمود عینی یافتند. در این نوع تصفیه‌ها حذف گروهی، مانند اتوبوس نویسندگان نیز مدنظر بوده است.(۱۸) در بین کشته‌شدگان این تصفیه، وجود کودکی نه‌ساله به نام کارون حاجی‌زاده که احتمالا هدفی ناخواسته بوده، نماد کاملی از شعاع، شدت و موج خشونت این نوع تصفیه است.(۱۹)

۷- تصفیهٔ غیرمحسوس از طریق رویدادی مانند جنگ ایران و عراق، نوع دیگری‌ست. به‌جز گروه‌های مخالف جمهوری اسلامی که در دههٔ ۶۰ به‌صورت مشخص و قهری تصفیه شدند، تعداد زیادی جوانِ پرانرژی و آرمان‌گرا در جامعه حضور داشتند که در عضویت هیچ گروهی نبودند. جنگ ۸ ساله باعث از بین رفتن نسلی شد که

با شور، بدنهٔ مبارزه با رژیم پهلوی را تشکیل می‌داد و به همان نسبت پتانسیل مخالفت با جمهوری اسلامی را داشت. در این دوره، به همان نسبت که کشته و مجروح بدحال در جامعه باقی ماند، فرصت ازدواجِ بخش قابلِ توجهی از دختران دهه‌های ۴۰ و ۵۰ از بین رفت.

۸- تصفیهٔ نامحسوس به‌شکل مهاجرت، نوع دیگری از حذف نیروی انسانی‌ست که از همان سال‌های اول انقلاب شروع و با گذشت زمان تشدید شده است. طی اولین سال‌ها، مهاجرت و تبعیدِ اجباری بیشتر گریبان گروه‌های مخالف جمهوری اسلامی را می‌گرفت. اما هرچه از مصرف کالای جمهوری بیشتر گذشته، دامنهٔ مهاجرت وسیع‌تر شده، به افراد غیرسیاسیِ بیشتری سرایت کرده و به تخلیهٔ ژنتیکی کشور منجر شده است.

۹- تصفیه به‌شکل حصر خانگی، نوع دیگری‌ست که برای نزدیکان حلقهٔ اصلی قدرت در نظر گرفته شده است. اهمیت این تصفیه از آن‌روست که نشان می‌دهد حذف، در نزدیک‌ترین حلقه‌های قدرت، مختص به دههٔ ۶۰ نیست.[۲۰] این بخش از تصفیه‌ها، تغییرِ دایرهٔ قدرت درون نظام را نیز نشان می‌دهد. گویی سال‌هاست حلقهٔ جدیدی در بیت رهبری تشکیل شده که حتی بسیاری از مسئولین بلندپایه قبلی و فعلی را بدان راه نیست.

۱۰- تصفیه در شکل رواج خواسته یا ناخواسته اعتیاد هم قابل‌مشاهده است. در واقع بعد از انقلاب به همان نسبت که استفاده از مشروبات الکلی به‌صورت قهری محدود می‌شود، مصرف مواد مخدر بیشتر می‌گردد. رشد عجیب مغازه‌های فروش اختصاصی تنباکو، قلیان و سیگار در دههٔ نود خورشیدی ناشی از همین رویکرد است.

۱۱- تصفیه از طریق سانسور، شیوهٔ حذف نامحسوس هنرمندانی‌ست که برخورد قهری فیزیکی با آن‌ها توجیه ندارد. در این شکل از تصفیه با کشتن تدریجیِ قدرت زایش و خلاقیت هنرمند، پتانسیل نهفته در نوآوری از کار میفتد. سانسور، کشتن بدون خون‌ریزی روح یک اثر و پدیدآورنده آن است.

۱۲- تصفیهٔ مخالفان با ترور شخصیتی، نوع دیگری از حذف نیروی انسانی، از معادلات قدرت است. در این شیوه، به‌خصوص با تله‌های جنسی، سعی در از بین بردن اعتبار و کارکرد مخالفان بالقوه و بالفعل است.

۱۳- تصفیه با اهرم‌های مالی، به‌شکل فشار به فعالین اقتصادیِ مستقل، ابزار دیگری‌ست. در واقع از آنجا که قرار نیست هیچ شرکتی، تجارتی و شخصیتی از نظر اقتصادی آنقدر توان‌مند شود که شکل تهدید بالقوه بگیرد، تقسیم منافع

با حکومت اجتناب‌ناپذیر است. در این شرایط فشار به کارآفرینانی که حاضر به تسهیم منافع نیستند تا آنجا افزایش می‌یابد که سلامت روانی خانوادگیِ طرف مقابل از بین می‌رود.

۱۴- تصفیه از طریق بی‌خاصیت‌سازی، استراتژی نامحسوس دیگری‌ست که در آن رهبران معترضی که حضورشان در داخل، هزینه‌های حقوق بشری دارد، با تبعید خودخواسته، به خارج از کشور منتقل شوند. پیش‌فرض این استراتژی بر کاهش شدت اعتراض مخالفان در اثر رفاه بوده است. این بی‌خاصیت‌سازی گاهی موفق بوده و گاهی ناموفق.

۱۵- تصفیه از طُرُق دیگری مانند اسیدپاشی و مقابله با بدحجابی نیز بروز کرده است. ریشهٔ استراتژی‌های جمهوری اسلامی در قبال زنان، به تمایلِ حفظ نفوذ تاریخی روحانیون بازمی‌گردد. پیامد آزادی زنان، کم شدن قدرت احکام فقهی است. هرگونه آزادی، زیبایی و شادی با سرمنشأ زنان اهرم‌های روانی و مذهبیِ در اختیار روحانیون را به خطر می‌اندازد، چون جامعهٔ شاد کمتر نیاز به پرداخت وجوهات و صدقه و نشستن پای مراسم عزاداری دارد.

۱۶- کشتار و زندانی کردن معترضان در اعتراضاتی مانند کوی دانشگاه، وقایع سال ۸۸، آبان ۹۸، شهریور ۱۴۰۱ گونهٔ دیگری از تصفیه نیروی انسانی‌ست.

تقویت شرکای بالقوه و بالفعل در جمهوری اسلامی

هم‌زمان با سیاست‌های تصفیه، استراتژی تقویت و گسترش فعالیت‌های نیروهای وفادار به جمهوری اسلامی هم در دستور کار بوده است. در این فرایند، کسانی که ظاهری یا باطنی، التزام به ولایت فقیه دارند، از امکانات مختلفی برخوردار می‌شوند. به‌عنوان مثال، لازمهٔ دریافت جواز برای مشاغلی مانند قهوه‌خانه وابستگی به حکومت می‌باشد. گسیل نیروهای وفادار از بخش‌های نظامی و اطلاعاتی، به مدیریت شرکت‌های ظاهرا خصوصی نیز در راستای تقویت نیروهای خودی قابل‌تحلیل است. با این استراتژی، ضمن کنترل منابع اقتصادی در جریان خصوصی‌سازی، امتیازی هم به وفاداران نظام تعلق می‌گیرد. مدرک‌سازی با لابی‌گری تا حد دکترا برای خودی‌ها از دانشگاه‌های خاصی مانند عدالت مشروعیت‌بخشی به حضور این نیروها در سطوح مختلف مدیریتی کشور است. نتیجهٔ چنین روالی، عادی شدن ترور شخصیتی و علمی زیردستان توان‌مندی‌ست که توسط بالادستانی با مدارک جعلی، تحمل نمی‌شوند.

رفیق‌بازی حکومتی[۲۱]

رفیق‌بازی سیاسی، شیوه‌ای جانب‌دارانه در اعطای مناصب حکومتی به دوستان مورد اعتماد است. نوعی تفاهم دو طرفه، بین به‌کارگماررنده و گماشته به‌منظورِ بهره‌برداری از منافع قابل‌دست‌یابی. گماشته هیچ‌گاه، حتی دیدگاهی متضاد با به‌کارگماررنده ابراز نمی‌کند و در عوض به کارگمارنده، فرصت و امکان بهره‌مندی از منابع را به او می‌دهد. گماردن دوستان و آشنایان به سمت‌های بالای حکومتی، بدون توجه به صلاحیت‌ها و صرفاً به‌دلیل روابط شخصی و خانوادگی، بارزترین شکل رفیق‌بازی حکومتی‌ست که همیشه آفتی برای ایران معاصر بوده است.

شروع جدی رفیق‌بازی حکومتی در تاریخ معاصر به فتحعلی‌شاه قاجار می‌رسد. او برای اجرای وصیت‌نامه آقامحمدخان، با زادوولد بسیار تلاش می‌کند نیروی انسانی وفادار به قاجار را تامین نماید. شاهزاده‌هایی که عموما از شایستگی لازم برخوردار نبودند و دچار گرفتاری‌ها و عقده‌های درون قومی بودند.

نمونهٔ بارز این‌گونه شاهزاده‌ها ظل‌السلطان پسر ارشد ناصرالدین‌شاه است که آثار خساراتش به محیطِ‌زیست و ابنیه تاریخی هنوز پابرجاست.[۲۲] در حکومت پهلوی هم نزدیک‌ترین حلقه به محمدرضا پهلوی، مانند حسین فردوست، از دوستان قدیمی او هستند. به‌جز این نوع از رفیق‌بازی، پیوندهای خانوادگی نیز بین سردسته‌های سیاسیِ پیش از انقلاب یعنی سران حزب توده، روحانیون و جبههٔ ملی قابلِ‌توجه می‌باشد. گویی نوعی تقسیم‌کار صورت گرفته تا اختیار گروه‌های اصلی مدعی قدرت، از دست خانواده‌های پرنفوذ خارج نگردد.[۲۳] بعد از انقلاب ۵۷ هم رفیق‌بازی سیاسی کماکان پابرجا می‌ماند و نسبت‌های خانوادگی و دوستی‌های اعتقادی، شدیدتر از همیشه تعیین‌کنندهٔ میزان رشد فرد می‌شوند.

با روی کار آمدن روحانیون و افراد وابسته به آن‌ها، به‌منظورِ خارج نشدن اختیار منابع از کنترل گروه حاکم، ازدواج‌های درون‌گروهی وسیعی برنامه‌ریزی می‌شود. گسترش شدید پیوندهایی ازاین‌دست منجر به تشکیل کلونی غیرقابل‌نفوذی در ادارهٔ کشور می‌شود که در نهایت به فامیل‌سالاری، خون‌سالاری و ژن‌سالاری به‌جایِ شایسته‌سالاری منتهی می‌گردد. اهمیت این نسبت‌ها از آن‌روست که نشان می‌دهد سران کشور کماکان به زندگی قومی‌قبیله‌ای اعتقاد دارند، در همان چارچوب سنتی زندگی می‌کنند و جای مردم، تا اینجای کار در عرصه‌های سیاسی خالی‌ست.

بازاریابی رابطه‌مند(۲۴) در جمهوری اسلامی

بازاریابی رابطه‌مند به معنی مدیریت تمامی نقاطی‌ست که در آن‌ها بین مشتریان و شرکت تماس برقرار می‌شود. جمهوری اسلامی با به‌کارگیری این ابزار بازاریابی، تلاش نموده با شکل‌دهی و کنترل نقاط تماس، امکان نهادینه کردن اصول خود را فراهم نماید. نتیجه، ایجاد یک شبکه کامل و وسیع بازاریابی، متشکل از مدیران ارشد نظام، نیروهای بسیج، سپاه پاسداران، هیاتی‌ها، نیروهای وزارت اطلاعات، سازمان‌های زیرنظر رهبر و حراست غیرفیزیکی ادارات می‌باشد. در مرور مناصب مدیریتی می‌بینیم که تمام افراد، به‌نوعی به یکی از گروه‌های فوق تعلق دارند. با این وجود با گسترش شبکه‌های اجتماعی و افزایش رفت‌وآمد مردم به سایر کشورهای دنیا، توان جمهوری اسلامی در مدیریت نقاط تماس کاهش یافته است. مثلا پخش عکس چماق‌دارانی که در اعتراضات گوناگون به ضرب و شتم و سرکوب مردم می‌پردازند باعث ترس این افراد شده و با احتیاط بیشتری اقدام می‌کنند. در واقع شبکه‌های اجتماعی تبدیل به یک نقطه تماس مردمی شده که حکومت روی آن کنترل کامل ندارد.

اصل پارتو(۲۵) در جمهوری اسلامی

جمهوری اسلامی، با اجرای اصل پارتو با صرف هزینه برای خودی‌ها از هزینهٔ انبوه برای کسب رضایت عمومی اجتناب نموده است. قانون پارتو می‌گوید ۸۰ درصد نتایج از ۲۰ درصد علل ناشی می‌شوند. برای جمهوری اسلامی هم ۲۰ درصد طرفدار وفادار، ۸۰ درصد اهداف را محقق خواهد کرد. مثلا با خشونت ۲۰ درصدِ مشتریان وفاداری که به‌صورت سنتی با انگیزه‌های مختلف طرفدار حکومت هستند، ۸۰ درصدِ کنترل اوضاع داخلی تامین می‌شود. پس از ابتدا، به‌جای تمرکز برای رفع نیاز عامه مردم، سرمایه‌گذاری روی گروهی کوچک اما وفادار صورت گرفته است.

بازاریابان انقلاب ۵۷

بازاریاب کسی‌ست که در پی رفع نیاز مشتریان بالقوه و بالفعل، از طریق عرضهٔ محصول یا خدمتی مناسب، با شیوه‌های درست ارتباطی‌ست. همان گونه که در مقدمهٔ کتاب هم بیان شد در اشتباهی رایج در ایران، بازاریاب مترادف ویزیتور قلمداد شده است در صورتی که از مادری که با خدمات خانه‌داری نیاز اهالی خانه

را برآورده می‌کند تا عضوی از سازمان روحانیت که احکام دینی می‌فروشد همه بازاریاب می‌باشند.[۲۶] در یک تقسیم‌بندی کلی می‌توان گفت دو گونه بازاریاب داریم. نوع اول آکادمیک هستند که رشته بازاریابی خوانده‌اند، نوع دوم کسانی که رشته‌ای دیگر خوانده‌اند و بعد به بازاریابی راه یافته‌اند. بازاریابان انقلاب ۵۷ که جملگی از دستهٔ دوم بودند به چند دستهٔ زیر قابل‌تقسیم می‌باشند.

۱ - **بازاریابان ایدهٔ انقلاب:** هر کسی که به هر نوعی در ایجادِ نیاز به تغییر بنیادینِ سیاسی در ذهن مردم موثر بوده، بازاریاب ایدهٔ انقلاب محسوب می‌شود. طیف بسیار وسیعی که حتی می‌توان انقلابیون خارجی را که روی ذهن انقلابیون ایرانی اثر گذاشتند در آن گنجاند. در این بین اما سهم اصلی از آن کسانی‌ست که در فعالیت‌های خود، نیاز را از طریق بومی‌سازی به خواسته تبدیل کردند.

۲ - **بازاریابان ایدهٔ انقلاب اسلامی:** تمام کسانی که با تمایلات اسلامی، در فعالیت‌های پروموشنی خود، به انقلاب جهتی اسلامی دادند و با اضافه کردن اسلام به انقلاب برای آن هویت‌سازی نمودند بازاریابان ایدهٔ انقلاب اسلامی هستند.

۳ - **بازاریابان کالای جمهوری اسلامی:** در درجه اول، شخص خمینی و در درجه بعد تمام افراد با نفوذی که مستقیم و غیرمستقیم مردم را به قبول کالای جمهوری اسلامی تشویق نمودند می‌باشند. وقتی خمینی در جواب مهدی بازرگان، نخست‌وزیر وقت می‌گوید: "جمهوری اسلامی، نه یک کلمه کمتر و نه یک کلمه بیشتر" به‌عنوان صاحب کالا و مدیر ارشدِ بازاریابی جمهوری اسلامی اظهارنظر می‌کند.

۴ - **بازاریابان محصول ولایت فقیه:** اگرچه موضوعاتی از جنس ولایت از صدر اسلام وجود داشته و بعد از امام دوازدهم شیعیان بیشتر مورد توجه قرار گرفته است، اما بازاریابان اصلی ایدهٔ ولایت فقیه، با رویکرد سیاسی مرتضی انصاری، خمینی و منتظری هستند.[۲۷] انصاری نیازی را آشکار می‌کند که طی سالیان متمادی از مرحلهٔ خواسته و تقاضا می‌گذرد. خمینی و منتظری کالای آن را تولید می‌کنند و در نهایت افرادی مانند حسن آیت، سیدمحمد بهشتی و برخی اعضای مجلس خبرگانِ قانون اساسی فروش آن را تسهیل و تسریع می‌نمایند.[۲۸]

۵ - بازاریابان محصول ولایت مطلقه فقیه: بازاریابان اصلی مطلقه شدن ولایت نیز در درجه اول خمینی و بعد افرادی مانند علی مشکینی، رفسنجانی و خامنه‌ای بوده‌اند.[۲۹] سال ۱۳۶۸، هنگام تجدیدنظر در قانون اساسی با گنجاندن کلمهٔ مطلقهٔ امر، در اصل پنجاه و هفتم، این کالا به فروش می‌رسد.

شریعتی موثرترین بازاریاب انقلاب ۵۷

شریعتی یکی از مهم‌ترین بازاریابان ایدهٔ انقلاب ۵۷ است که در بومی‌سازی نیاز جامعه به تغییر بنیادین، بیش از دیگران موثر بوده است. پرداختن به او، دریافت تصوری کلی از شرایط آن روز کشور را آسان می‌کند و بخشی از نقدی که اینجا به او صورت می‌گیرد را می‌توان به تمام مخالفان پهلوی تسری داد. او در قامت یک بازاریاب حرفه‌ای، بازتولید محصولی قدیمی، پروموشن، بسته‌بندی، فروش شخصی و برندینگ مجدد صاحبان آن کالا را هم‌زمان پیش می‌برد. به‌لحاظ مراحل مختلف بازاریابی نیز هم‌زمان ایجاد نیاز، تبدیل نیاز به خواسته و تبدیل خواسته به تقاضا را انجام می‌دهد. در واقع شریعتی همزمان با ایجاد احساس نیاز به تغییر، از طریق مولفه‌های مذهبی آن را به خواسته تبدیل می‌نماید و با ترویج شهادت‌طلبی، هزینهٔ تقاضا را تامین می‌کند.

بازاریابی در قامت جوانی مستعد و جویای نام که نیاز شدیدش به احترام و اثرگذاشتن را از کوتاه‌ترین راه ممکن، یعنی استخراج محتوای تولیدی گذشتگان و عرضه در بسته‌بندی جدید، برآورده کرده است. این حجمِ عظیم تولیدات، برای جوانی که در ۴۴ سالگی از دنیا می‌رود، ناشی از مجموعه شرایطی‌ست که او را می‌سازند. در واقع شریعتی، به‌عنوان تولیدکنندهٔ قهار محتوا، خود محصول شرایطی‌ست که در آن رشد و زندگی کرده است. برای شناخت محصولات او بایستی به عوامل سازنده خودش توجه کرد. خود او در شکل‌گیری شخصیت پیامبر اسلام چهار عاملِ محیط، ژن، تاریخ و خود را موثر می‌داند. از همین عوامل با کمی اغماض برای تحلیل مختصر او می‌توان سود برد.

۱ - محیط

نخستین و مهم‌ترین عامل در ساخته شدن شخصیت هر کس خانواده است. شریعتی در خانه‌ای رشد می‌کند که پدرش، محمدتقی شریعتی، یک روحانیِ کت شلواری‌ست و اجدادش نیز روحانی بوده‌اند. گرایش ناخودآگاه آدمیزاد به سمت

گروهی‌ست که به آن تعلق دارد و شریعتی نیز از این قاعده مستثنی نیست. اگر در تاکسی نشسته باشید و راننده با تاکسی دیگری تصادف کند، ناخودآگاه به سمت حمایت از راننده خود گرایش پیدا می‌کنید. ارزش‌ها و ایده‌آل‌های پرورش یافتن در خانواده‌ای روحانی در ناخودآگاه او هم نشسته و خود را به ذهن او تحمیل کرده‌اند. در واقع او را می‌توان در تولید محتوا و حتی فرم حضور در جامعه، دقیقا تداوم کار پدرش دید. در یک فرایند ابتدا پدر سنت‌شکنی می‌کند و لباس روحانیت از تن به درمی‌آورد و بعد پسر، در ادامه کار پدر، کروات هم می‌زند و صورتش را می‌تراشد. چه بسا اگر رضاشاه بر سر کار نیامده بود، پدرش در کسوت و لباس روحانیت می‌ماند و خودِ او نیز به یک روحانی سنتی تبدیل می‌شد. با این زمینه، آثار او را می‌توان ادای دینی به طبقهٔ خانوادگی‌اش دانست. مثلا جایی که می‌گوید پای هیچ سندی امضای یک روحانی نیست، دقیقا به اجداد روحانی خود ادای دین می‌کند. حتی انتخاب نام شریعتی هم کاری هوشمندانه بوده است. با اینکه نام فامیلش مزینانی‌ست همه‌جا شریعتی امضاء کرده است. نامی که به‌لحاظ فرم و محتوا با رسالتی که برای خودش در نظر گرفته، همخوانی دارد و ناخودآگاه مخاطب حس می‌کند وی متخصص شریعت است و نام فامیلش تاییدی می‌شود بر تخصصش. ماموریتی که او خودآگاه یا ناخودآگاه، برای خود تعریف کرده بود، حفظ فرهنگ و طبقهٔ اجتماعی اجدادی‌اش بوده است. او که تک‌پسر ارشد خانواده‌ای سنتی‌ست خود را وارث تمام ذخیرهٔ فرهنگی و اجتماعی خانوادگی و اجدادی می‌داند و برای حفظ آن از هیچ تلاشی فروگذار نیست. از نظر جمعیت‌شناسی خانواده نیز، تک‌پسری‌ست که بین چند خواهر رشد می‌کند. معمولا این‌گونه فرزندان، به‌دلیل توجه اعضای خانواده و به‌خصوص خواهران، امنیت عاطفی بالایی احساس می‌کنند و جسارت و اعتمادبه‌نفس زیادی در بیان بی‌پروای نظرات خود می‌یابند. مضاف بر اینکه پدرش میزبان و مجری برگزاری جلسات مذهبی در منزل خود می‌باشد. اینکه شریعتیِ جوان خود را در چنان جایگاهی می‌یابد که تولید انبوه محتوای خود را بدون نیاز به مرور و نگرانی از آثار جانبی، بلافاصله توزیع کند، ناشی از همین گونه شرایط و اطمینان‌هاست.

به‌لحاظ محیط عمومی هم در مشهدی رشد می‌کند که دههٔ ۲۰ و ۳۰ خورشیدی، شهری‌ست کاملا مذهبی با امکانات رفاهی اندک. بعد از لیسانس و گرفتن بورس تحصیلی، از این اتمسفر یک‌سره پرتاب می‌شود به پاریسی که در اوایل دههٔ ۶۰ میلادی، پانزده سال از جنگ دوم جهانی فاصله گرفته است. بازتاب تناقض‌ها و

سرخوردگی‌های ناشی از مقایسه این دو محیط را بعدها در احساسی که از طریق برخی نوشته‌هایش منتقل می‌کند می‌توان دید. نکتهٔ دیگری که در بررسی محیط بایستی مورد توجه قرار بگیرد اختلافات فرهنگی‌ست که در هر صورت بین خانوادهٔ پدری و خانوادهٔ همسر شریعتی وجود داشته است.[۳۰]

۲ - ژن

ظاهر روشن‌فکرانه و متفکرانه شریعتی، با موهای ریخته و صورت خوش‌تراش حاصل ژن اوست. توانایی بالای بدنی و ذهنی‌اش در تمرکز بر ماموریتی که برای خود تعریف کرده بود و تولید حجم وسیعی از محتوا و گاهاً ۴۸ ساعت نخوابیدن و نوشتن هم به نظر ژنتیک است. حس سمپاتی و امپاتی بسیاری قوی او، که به تولیداتش رنگ و بوی احساسیِ قوی می‌زنند و مخاطب را با خود درگیر می‌کنند نیز ژنتیک است.

۳ - تاریخ

به‌دلیل رشد در محیط خانواده‌ای مذهبی و حضور مداوم در کانون نشر حقایق اسلامی، که توسط پدرش بنیان‌گذاری شده بود، بیشترین اثر تاریخی را از اسلام گرفته است. یعنی هم با تاریخ اسلام بیشتر آشنا بوده و هم اثر این تاریخ در شکل‌گیری شخصیتش بیشتر از تاریخ ایران بوده است. تاثیری که بعدها در جای‌جای آثارش، به‌خصوص وقتی که به صدر اسلام می‌پردازد، خودنمایی می‌کند.

۴ - خود[۳۱]

خود، نتیجهٔ تصمیم‌های فردی، آگاهانه و ارادی‌ست و پیوندی عمیق با نیازهای هر کس دارد. اینکه چه مقدار از شاکلهٔ شخصیتی یک تولیدکنندهٔ محتوا نتیجهٔ تصمیم و اراده خود اوست را می‌توان تا حدودی از لابلای دست نوشته‌ها، دلنوشته‌ها و خاطرات اطرافیان دریافت. تناقض اصلی در محتوای تولیدی و سبک زندگی شریعتی همین جا رخ می‌دهد. علی‌رغم محیط خانوادگی و تاریخی، که از آن به‌شدت اثر گرفته و به آن معتقد است، می‌خواهد خودی روشن‌فکر و امروزی بسازد. انتخاب پوشش نیز در ارائه کاراکتر او بسیار موثر بوده است. از ابتدا تا انتها همیشه او را با بسته‌بندی یک‌پارچه‌ای که شامل کت و شلوار و کروات است و مناسب رسالتش می‌باشد می‌بینیم. برای یک برندِ شخصی حفظ بسته‌بندی

یکسان به‌منظورِ تسهیل در باورپذیری، به‌خاطرآوری و جایگاه‌یابی ضروری‌ست. در واقع شریعتی با همین عناصر سیستم پهلوی را هم فریب می‌دهد و تا حدود زیادی اجازهٔ نشر افکار خود را می‌یابد. سیستمی که متوجه نمی‌شود او با ارائه پرسونا از خود، لابلای محتوایی که عرضه می‌کند، استراتژی‌های اصلی سازمان روحانیت و به‌خصوص شیعهٔ سیاسی را که در رقابت تاریخی با سازمان پادشاهی‌ست، تقویت می‌نماید.

شریعتی و سلسله‌مراتب نیازها

در این بررسی مهم‌ترین پرسش، چیستی نیاز عمیق خود او برای تبدیل شدن به بازاریابی چنین قهار است. بهترین مرجع برای تشخیص نیازها و انگیزه‌های شریعتی، در انبوه مطالبی که به‌جا گذاشته، کویریات، گفت‌گوهای تنهایی، کتبی مانند طرحی از یک زندگی و خاطراتی‌ست که در مورد او بیان شده‌اند. در بررسی این منابع به این نتیجه می‌رسیم که نیازهای او در سلسله‌مراتب مازلو، بین سطوح بالای هرم در نوسانی دائمی بوده‌اند. سطح اول نیازهای او با وجود استخدام رسمی، شرایط خوب اقتصادی دههٔ ۴۰ و ۵۰ و کمک‌های اطرافیان و به‌خصوص همسرش همیشه تامین بوده و مشکلات معیشتی نداشته است. در سطح دوم و امنیت هم همواره از سوی خانواده حمایت شده و مشکل سرپناه نداشته است. تهدیدی هم که به واسطهٔ سیستم امنیتی کشور احساس می‌کرده، خودبه‌خود محرکی برای تولید محتوای خلاقانه بوده است. ضمن اینکه این‌گونه تهدیدها برای بسیاری در آن دوره احترامِ سایر مبارزین را هم به‌همراه می‌آورده است. در سطح سوم و نیاز به روابط اجتماعی و عضویت در گروه هم مشکلی نداشته و با حضور در جمع دانشجویان، مخاطبان و تجمعات کوچک مبارزان این نیاز مرتفع می‌شده است. مضاف بر اینکه در دهه‌های ۴۰ و ۵۰ روابط خانوادگی و فامیلی نیز گسترده بود.

با این توضیحات خودبه‌خود به سطوح چهارم و پنجمِ هرم مازلو یعنی نیاز به احترام و خودیابی می‌رسیم. نیاز به احترامی که او را وادار به‌حرکت برای تولید انبوهی از مطالب می‌کرده و لاجرم با نیاز به خودشکوفایی تلفیق می‌شده است. درهم آمیختگی عجیبی از دو سطح از نیاز که در لحظات تولید محتوا، علت و معلول هم می‌شده‌اند. در واقع نیاز به احترام عامل اصلی شیوهٔ زندگی و نحوهٔ کارش به‌عنوان بازاریاب انقلاب است و در این مسیر لذت ناشی از خودیابی، انگیزاننده ادامه راهش می‌شده است. نیازی که شدتش به‌شکل آشوب و اضطرابی مستمر با قلمی توانا

و زبانی شیوا، به محتوایش منتقل می‌شود و بعد، از طریق کتب و سخنرانی‌ها به دانشجویان و مخاطبانش انتقال می‌یابد. سپس از طریق همین مخاطبانِ پخش می‌شود و به ذهن و روح جامعه تزریق می‌گردد و در نهایت تبی همگانی به وجود می‌آورد. نیازی که تنگی وقت را بهانه می‌کند تا با عجله، تولید انبوه و خلاقانه اما نامنظم و آشفتهٔ خود را توجیه نماید و او را به چنان شتابی مبتلا می‌کند که هرگز به بلوغِ و خلوصِ مینیمال نوشتن نزدیک نمی‌شود و انسجام ذهنی و یکپارچگی وجودی در تولیداتش تبلور نمی‌یابد.
عجله‌ای که گویی خاصیت دوره‌ای‌ست که او در آن به تولیدِ محتوا پرداخته است. شاه برای صنعتی شدن، شریعتی برای گفتن و مردم برای بازگشتن به بی‌نظمیِ سنتی عجله دارند. تنها گروهی که با طمانینه، منتظر نشسته تا در بزنگاهی تاریخی قدرت را در دست بگیرد روحانیت است. در هر صورت بخش قابلِ‌توجهی از تولیدات شریعتی نتیجهٔ داشتن وقت آزادی‌ست که می‌توانست به کمکِ رشد کشوری در حال توسعه بیاید. در ادامه به بخش‌های مختلفی خواهیم پرداخت. اما پیش از ورود به این مباحث بایستی خاطرنشان کرد شریعتی در تولید محتوا، به‌قدری در موضوعات گوناگون اظهارنظر کرده که طرفداران متعصب و مخالفان سرسختش برای هر نقدی، جمله‌ای در دفاع یا حمله به او می‌یابند. برای اجتناب از این تلهٔ روانی بایستی به قاطبهٔ فکری و به‌خصوص احساسی که در جامعه ایجاد کرده توجه نمود و نباید در دام جملات او گرفتار شد. در مورد اتمسفر کلی ذهنی او تنها توجهی آماری به عناوین آثاری که به‌جا گذاشته کافی‌ست.

شریعتی و شناخت از جامعه

بخش زیادی از تولیدات شریعتی عکس‌العملی‌ست در برابر دنیای غرب. اما لازمهٔ شناخت جامعه‌ای که به اظهارنظر در مورد آن می‌پردازی کار کردن در آن است و شناخت او، به‌عنوان تحصیل‌کرده‌ای از فرنگ برگشته، از جامعهٔ غربی کامل و جامع نیست. با چند سال زندگی محدود دانشجویی، همراه با سه فرزند، نمی‌توان درک درستی از بطن فرهنگ و مناسبات کشوری مانند فرانسه، به‌عنوان بخشی از دنیای غرب داشت و دموکراسی را عمیقا فهمید. فهم عمیق روال حرکت سیاسی، اقتصادی و فرهنگی دنیا وقتی میسر می‌شود که با طبقات مختلف جامعه زندگی کنی و شرایط و قوانین کار و شغل، با امور روزمره‌ات گره بخورد. شریعتی هیچ‌گاه در چنین موقعیتی قرار نمی‌گیرد و دموکراسی را زندگی نمی‌کند. در عوض با توجه به

جو حاکم بر دنیا، تحت‌تأثیر روانی و احساسی بخشی از نامداران آن جوامع، مانند سارتر و ماسینیون، به ایران بازمی‌گردد.[۳۲]
او که با افکاری شیعی، در اوج جوانی و نامجویی‌ست، بخشی از وجود و ذهنش برای همیشه در فرانسه جا می‌ماند و تناقضی اساسی بین سبک زندگی و افکارش به وجود می‌آورد. وقتی خودش، که دارای روحی سرکش است تبعیت کامل از امام را مطرح می‌کند این تناقض به حداکثر می‌رسد. جلال آل‌احمد هم، به‌عنوان یکی از بازاریابان انقلاب، بدون زندگی و شناختِ درست از مغرب زمین، با تازیانه به جان آن می‌افتد. این بازاریابان، که هر دو روحانی‌زاده هستند و مدرن‌ستیزی ظریفی را در نوشته‌های خود پی‌گرفته‌اند، با درکی ناقص از محصولات حکومتی غربی، سعی در برندینگِ مجددِ کامل و ایجاد تغییرات بنیادین در محصول حکومتی ایران دارند. شریعتی پا را فراتر از این می‌گذارد و در کنار برندینگِ مجددِ کاملِ محصولِ حکومتی ایران، به برندینگِ مجددِ جزئی محصولاتِ روحانیون نیز، با رویکردی کاملا مثبت مبادرت می‌کند. در برندینگِ مجددِ جزئی، اصل محصول همانی‌ست که بوده و تنها با کمی تغییر، در لایه‌های سطحی‌ترِ کالا، سعی می‌شود نگاه و احساس مشتری به آن تعدیل شود. این همان کاری‌ست که شریعتی با تاثیر ناقصی که از دنیای غرب گرفته، در قبال محصولات روحانیون می‌کند.
شریعتی پس از بازگشت به کشور هم فرصت کافی برای شناخت جامعهٔ ایرانی، در حدی که بتوان برای آن نسخه پیچید، به خود نمی‌دهد و سریع شروع به عرضهٔ انبوه محتوا و تئوریزه کردن همه‌چیز می‌کند. در این مسیر به‌گونه‌ای حرکت می‌کند که گویی کانال‌های فکری مشخصی برای خود تعریف کرده و حاضر به خروج از آن‌ها و دیدن بطن جامعه نیست. به‌عنوان مثالی از عدم شناخت او می‌توان به بیگانگی‌اش با فرهنگ پهلوانی اشاره کرد. در صورتی که زندگی در جامعهٔ ایرانی، به‌خصوص در دهه‌های گذشته، عجین با مسلک و مرام پهلوانی و عیاری بوده است. اگر زورخانه دههٔ ۳۰ و ۴۰ را نشناسی تحلیلت از جامعهٔ آن‌روز به خطا می‌رود. آن سال‌ها محلات سنتی شهرها در قرق کلاه مخملی‌هایی بود که شریعتی، به‌عنوان تولیدکنندهٔ محتوای یک انقلاب، هرگز با آن‌ها تعاملی ندارد که به شناخت واقعی جامعه برسد. او که هیچ‌گاه در حوزهٔ علمیه حضور جدی نداشته حتی شناختش از سازمان روحانیت هم درست و کامل نیست. برعکسِ احمد کسروی که با درکِ کاملِ حوزه، کسوت روحانیت را رها می‌کند و به مقابله با آن می‌پردازد، شناخت او از آنچه در بطن جامعهٔ روحانیت و درون حوزه‌های علمیه می‌گذرد ناقص است.[۳۳]

این نکاتِ ریز ازآن‌روی مهم هستند که نشان می‌دهند یکی از بازاریابان اصلی انقلاب، در فاصلۀ ۳۰ تا ۴۰ سالگی، به‌محض برگشتن از فرنگ، شروع به نسخه پیچیدنِ انبوه برای جامعه‌ای می‌کند که آن را نمی‌شناسد.

اگر شریعتی را به‌عنوان یک سیستم ببینیم، برای تولید محتوای بازاریابی انقلاب، از سه بخشِ داده‌های ورودی، فرایند تولید محتوا و محصولات خروجی تشکیل شده است. اکثر اطلاعات ورودی به این سیستم، از جنس داده‌های اسلامی و شیعی هستند. بخش کوچکی از ورودی‌ها از منابع غربی می‌باشند که ناشی از زندگی دانشجویی و عدم تسلط کافی بر منابع غربی‌ست. حتی موضوعی که او برای تز پایان دوره‌اش در دانشگاه سوربن ارائه می‌کند غربی نیست و به شهر بلخ می‌پردازد. در واقع او با نوع نمره‌ای که می‌گیرد و موضوعی که برای تزش انتخاب می‌کند، اساسا سیستم آموزشی غرب را هم به‌درستی نشناخته است.(۳۴) بخش بعدی، فرایند تولید محتوا در ذهن اوست. در این بخش قدرت بسیار بالایی در پردازش، تلفیق و تولید مفاهیم گوناگون در قالب محتوا دارد. اما تمایل به بی‌نظمی، که حتی در زندگی روزمره او نیز نمود کامل داشته، منجر به خروجی‌های غیرآکادمیک می‌شود. ورودی‌های کامل اسلامی و ناقص غربی، بی‌نظمی ناشی از محیط سنتی کودکی و عجله برای دیده‌شدن، به خروجی‌های نامنظم منجر می‌شوند.

به‌لحاظ متدلوژی تحقیقاتی نیز منابع در اختیار شریعتی، به‌عنوان یک نویسنده و محقق، بدون استثنا ثانویه بوده‌اند و از داده‌های اولیه و میدانی استفاده نکرده است. داده‌های ثانویه سهل‌الوصول‌ترین، دم دستی‌ترین و راحت‌ترین منابعی هستند که یک محقق می‌تواند از آن‌ها استفاده کند. داده‌هایی که چون برای اهداف دیگری تهیه شده‌اند، به‌راحتی مُحَقِق را به خطا انداخته و در چارچوب خاصی محصور می‌نمایند. به‌خصوص وقتی به موضوعات اجتماعی می‌پردازی، تکیه بر داده‌های اولیه راه‌گشاست. در واقع اگر قرار باشد به ادبیات قرون گذشته بپردازی مجبوری به مطالعات کتابخانه‌ای روی بیاوری. اما در جامعه‌شناسی نمی‌توان با منابع دست‌دوم برای جامعه نسخه پیچید و امکان خطا بسیار بالا می‌رود. از ساده‌ترین راه‌های دست‌یابی به منابع اولیه می‌توان به مشاهده مستمر جامعه یا در شیوه‌های علمی‌تر به تهیه پرسش‌نامه و مصاحبۀ حرفه‌ای اشاره کرد که شریعتی از این فضا بسیار دور است. بدون آنکه به‌درستی به بررسی میدانی جامعه بپردازد، در انحصار کتاب‌ها و داده‌های ثانویۀ گذشتگان محصور می‌ماند. نتیجۀ انحصار در منابع ثانویه، حکومتی انحصاری خواهد بود. برای ارائه کالای مناسبِ جامعه بایستی همان قدر که روی

محصولت تمرکز می‌کنی روی مشتری واقعی هم مطالعه کنی. او که به‌قول خودش همانند محصلی دبیرستانی ولع عجیبی در خواندن داشته، به‌دلیل الینه‌گی در کتاب‌ها، دانسته‌هایش همه دست‌دوم و ناشی از منابع ثانویه می‌باشند. تمام این فرایند در دهۀ چهارم زندگی او اتفاق می‌افتد که اساسا هنوز فرصتی برای شناخت جامعه پیدا نکرده است. در این شرایط، جامعه‌ای که دچار قحط‌الرجال تولید محتوا شده، از تشخیص میزان مفید بودن آنچه عرضه می‌شود عاجز می‌ماند و همه‌هرچه به دستش می‌رسد می‌بلعد.

در واقع شریعتی با استراتژی نیچ مارکتینگ و با استفاده از قانون پارتو محصولی تولید می‌کند برای بخشی کوچک اما اثرگذار جامعه. مشتری تولیدات او دانشجویانی هستند که اگرچه بسیار اثرگذارند اما وضعیت واقعی جامعه و تمام مردم را نمایندگی نمی‌کنند. با اینکه مصرف‌کنندۀ کالای او تمام جامعه است اما مشتری و خریدار محصولش بخش کوچکی از جامعه می‌باشد. کالا قرار است نیاز تمام جامعه را مرتفع نماید اما بر اساس نیاز بخش کوچکی از جامعه طراحی شده است. خطر چنین خطایی، عدم تشخیص نیاز واقعی جامعه‌ای‌ست که در گذار به مدرنیته، نیاز به نظم فکریِ ناشی از محتوای مناسب دارد.

از وجهی دیگر او در تولید محصولی که مصرف‌کنندۀ آن تمام جامعه است، بر اساس تشخیص فردیِ خود مواد اولیه و منابع را هم گزینشی انتخاب می‌کند. محقق در انتخاب گزینشی، آنچه را که خود تمایل دارد می‌بیند و بخشی از حقایق را نادیده می‌گیرد. مثلا در ارجاع به غرب از هایدگر بسیار می‌گوید اما از شاگرد او، هانا آرنت، به عنوان اعجوبه فلسفۀ سیاسی هیچ نمی‌گوید.[۳۵] به بسط افکار نویسندگانی مانند آرتور کویستلر، جرج اورول و اینیاتسیوسیلونه نیز نمی‌پردازد.[۳۶] با اینکه در پیِ انقلاب است، ارجاعی اثرگذار به کتاب قلعۀ حیوانات نمی‌دهد و به حکومت‌های توتالیتری مثل هیتلر و استالین نمی‌پردازد و خطر برپایی چنین رژیم‌هایی را در ایران نادیده می‌گیرد. با این انتخابِ گزینشی او بیشتر در پی یافتن منابعی‌ست که باورهای شکل گرفته‌اش را تایید کنند.

شریعتی و سازمان روحانیت

در بررسی سیر تاریخی قدرت گرفتن روحانیون می‌بینیم که این قشر از زمان صفویه شریک جدی حکومت شده‌اند و بالطبع نطفه‌های در اختیار گرفتن قدرت از همان زمان در ذهن‌شان بسته شده است. به هنگامه جنبش مشروطه، به‌دلیل خطری که

از جانب تغییرات ساختاری جامعه احساس کردند، به‌صورت جدی‌تری به فکر حکومت‌داری و حضور رسمی در عرصهٔ سیاسی کشور افتادند. اما با توجه به رشدِ سریع مبانی کشورداری در دنیای مدرن، ابزار مناسب و کافی در اختیارشان نیست و مبانی عملی و علمیِ قابل‌رقابت ندارند. در این شرایط، محتوای تولیدی شریعتی که خطر قدرت گرفتنِ سازمان روحانیت را یا دست کم می‌گیرد یا کلا نادیده می‌انگارد، به کمک روحانیون می‌آید. در واقع او بخش‌هایی از تشیع را نقد می‌کند بدون آنکه به‌درستی، وسعت حضور و نفوذ بازاریابان همان بخشِ نقد شده را در نظر بگیرد. در صورتی که با مطالعه همین تاریخ معاصر می‌توان به نمونه‌های بسیاری از تمایل روحانیون برای در دست گرفتن قدرت دست یافت. نقش سلبی این قشر در تمامی گلوگاه‌های تاریخ معاصر، به هنگام گذار به مدرنیته، کاملا مشهود است. کافی بود به میزان علاقه حوزه و روحانیت به بحارالانوار محمدباقر مجلسی، که خود منتقد شدید آن است، دقت بیشتری می‌کرد. یا تلاش‌های فضل‌الله نوری در جریان مشروطیت برای سوق دادن حکومت به سمت روحانیت را بررسی می‌کرد. یا به موارد دیگری مانند تحریم رادیو تلویزیون، جنبش خزینه و سنگ‌اندازی در انقلاب سفید می‌پرداخت تا تمایل به قدرت را ببیند. شریعتی متوجه سیستم هوشمند سازمان روحانیت نبود که چگونه می‌تواند از حجم عظیم تولیدات او آنچه برای بقای خود نیاز دارد انتخاب کند و مابقی را نادیده بگیرد و به‌کار نبندد. سکوت هوشمندانه و عدم موضع‌گیری خمینی در قبال او و از همین روست که می‌داند این محتوای تولیدی، در حال خدمت به کدام یک از بخش‌های سازمان روحانیت است. در واقع او با مباحثی که مطرح می‌کند، خودآگاه یا ناخودآگاه، تبدیل به ابزاری در دست اقلیتی از روحانیون می‌شود که روبه‌رشد بودند و تمایل به در دست گرفتن قدرت حکومتی داشتند.

در این شرایط شریعتی نیروی انسانی، احساس مثبت همگانی و مواد اولیهٔ محصولی که روحانیت از زمان مشروطیت برای در دست گرفتن کامل قدرت کم داشت تولید و در اختیارش گذاشت. در مورد نیروی انسانیِ مورد نیاز روحانیت در همین فصل توضیح داده شد. در مورد احساس مثبت همگانی باید اشاره کرد که نوع نوشتار شریعتی و سحر قلمش، احساس عمیق و خوش‌بینانه‌ای را به قلب مخاطبش نسبت به مذهب، که متولیان آن روحانیون هستند، تزریق می‌کند. از این منظر اصلی‌ترین کار شریعتی، در بیان مسائل اجتماعی و تاریخی، سودار کردن احساسیِ آن‌ها به جهتی خاص می‌باشد که در علوم انسانی بایستی به‌شدت از آن اجتنابَ کرد.

مثل بازاریابی عمل می‌کند که از شدت علاقه به کالای غیرفوری خود، چنان با احساسات مشتری بازی می‌کند که خرید آن از نان شب، که کالایی فوری‌ست، واجب‌تر به نظر برسد. به‌طورکلی وقتی به کالا علاقه شدید وجود دارد، اما نیازهای جامعه در بزنگاه تاریخی تشخیص داده نمی‌شود، شرایط منجر به تولید و فروش کالایی غیرفوری با استفاده از ابزارهای احساسی می‌شود. برای عرضهٔ کالاهای اجتماعی بایستی بخش منطقی ذهن مخاطب مورد هدف قرار بگیرد تا به نتیجهٔ درست برسد، در صورتی که سبک نوشتاریِ شریعتی، بخش احساسی مخاطب را نشانه می‌گیرد. وقتی مسائل منطقی را احساساتی به ذهن مخاطب خود تزریق کنی، اگر ذره‌ای خطا داشته باشی، آثارش جبران‌ناپذیر خواهد بود. از این منظر می‌توان گفت بخشی از کاری که شریعتی انجام داد ایجاد احساس نیاز بسیار شدید و مثبت نسبت به مذهب به‌عنوان بخشی از فرهنگ جامعه بود. این بخش نه تنها تمام فرهنگ نبود بلکه منطبق با نیاز جامعه در حال گذار هم نبود. در مورد مواد اولیهٔ محصولِ مورد نیاز روحانیون هم به چند نکتهٔ اصلی باید توجه کرد.

الف- بخش اعظم تولید محتوای شریعتی شیعی‌ست. متولیان رسمی و صاحبان سنتی کالاهای شیعی در جامعه هم روحانیون می‌باشند. وقتی کالایی را که اختیارش با دیگران است تقویت می‌کنی، آن دیگران می‌توانند کالا را هرگونه که خود صلاح بدانند به‌کار بگیرند. در واقع تقویت یک کالا لاجرم به تقویت صاحبان آن کالا منجر می‌شود. اینجاست که شریعتی تبدیل می‌شود به بازاریاب کالایی که از آنِ دیگران است و علی‌رغم تمام خدمتی که می‌کند، همان صاحبان کالا نیز او را به دخالت بی‌جا متهم می‌کنند.

ب- روحانیون از برخی کتب و نظریات شریعتی استفادهٔ گزینشی می‌کنند. با اینکه رویکرد او به بخشی از مذهب، انتقادی‌ست و مثلا از اسلامِ بدون روحانیت حرف می‌زند اما نوشته‌هایی مثل ثار و به‌خصوص کتاب امام و امت او، در فرایند تولید و پروموشن حکومت روحانیون، مورد استفادهٔ ویژه قرار می‌گیرند. کتاب امام و امت اگرچه پایه‌گذار نظریه ولایت فقیه نیست اما چون خارج از فضای حوزوی به تایید آن می‌پردازد، حکم تقویت‌کننده و مشروعیت‌دهنده، بین غیرروحانیون پیدا می‌کند. در واقع برای اولین‌بار این نظریه از سوی کسی که مورد وثوق بسیاری از دانشجویان بود با ادبیاتی غیرحوزوی بیان می‌شود و به‌صورت وسیع مورد مصرف جامعه قرار می‌گیرد.

ج- از سوی دیگر چون او مسائل حوزوی را در شکل غیرحوزوی بیان می‌کند،

همان قدر که برای سازمان روحانیت منفعت داشته خطرناک نیز بوده است. روحانیون برای قرن‌ها تلاش کرده‌اند با بسته نگه داشتن حوزه‌های علمیه، از علنی شدن مکانیزم‌ها و استراتژی‌های درونی خود جلوگیری نمایند. بزرگ‌ترین مشکل روحانیون با شریعتی از همین جا نشأت می‌گیرد که او مسائل و استراتژی‌های اصلی حوزوی را در قالبی آکادمیک مطرح کرده است. اگر پاسخ به شریعتی در قالب آکادمیک با مبانی علم روز دنیا مانند جامعه‌شناسی و روان‌شناسی مدرن داده شود، تمام استراتژی‌های تاریخی روحانیون نقد علمی می‌شود و این بقای سازمان روحانیت را به خطر می‌اندازد. از این منظر بزرگ‌ترین گناه او در معرض نقدِ مدرن قرار دادن اندیشه‌های حوزوی‌ست.

با وجود اینکه شریعتی اندیشه‌ها، درونیات و زندگی خود را از کودکی تا مرگ، بیشتر از دیگران در معرض دید قرار داده، نقد او به چند دلیل همیشه همراه با چالش است.

الف- چون او بخش احساسی مخاطبان خود را برای بیان موضوعات منطقی هدف گرفته، هرگونه نقدی به او حساسیت‌های بخش احساسی مخاطب را تحریک می‌کند. در واقع حتی پاسخ‌های منطقی به بحث‌های او واکنش‌های احساسی برمی‌انگیزد.

ب- موضوع دیگر مربوط به تلفیق مفاهیم توسط اوست. برای نقد نیاز به تفکیک اجزای محتواست. چون او مباحث مختلف را تلفیق کرده، این تجزیه و نقد باعث بروز تنش بین طرفداران مباحث مختلف می‌شود.

ج- موضوع دیگری که جامعه را در قبال او دسته‌دسته می‌کند عدم توانایی تفکیک مکانیزم ذهنی او از محتوای تولیدی‌اش است. به‌لحاظ مکانیزم ذهنی، انگیزهٔ فراوان برای انجام ماموریت، توان ذهنی بالا در تلفیق مفاهیم و سیستم پردازش اطلاعات بسیار قوی، از او یک تولیدکنندهٔ قهار محتوا ساخته است. گویی ذهنش با قدرت یک‌سره در حال یافتن پاسخ برای پرسش‌هایی‌ست که طرح کرده است. این مکانیزمِ ذهنی برای بسیاری از ایرانیان چنان جذابیتی داشته که خودبه‌خود مخاطب را جذب کرده و از توجه و دقت در درستی محتوا باز داشته است.

د- برای تشخیص کیفیت محتوای تولیدی او بایستی به ورودی‌های ذهنش دقت کرد. وقتی ورودی‌های حجیمِ سنتی و ناقصِ مدرن وارد مکانیزمی قوی، عجول و گذشته‌گرا می‌شوند، لاجرم به نوع خاص و مشخصی از خروجی منتهی می‌شوند که لزوم نقد را کم‌رنگ نشان می‌دهند.

ه- طرفدارانش با تاکید فراوان روی کلمهٔ دکتر، نوعی پوشش محافظتی برایش

ساخته‌اند تا از نقد مصون بماند. این تاکید که به نظر می‌رسد ابتدا عکس‌العملی در برابر تشکیک در مورد مدرک تحصیلی او بوده، خودبه‌خود تبدیل به یک ضربه‌گیر برای نقد محتوای تولیدی او شده است.

ر- طرفدارانش با این ادعا که هر کس به نقد شریعتی بپردازد به‌دنبال شهرت و نامجویی‌ست نوعی سپر دفاعی برای او ساخته‌اند.

ز- برخی به او وجهی مظلومانه می‌دهند تا از نقد مصون بماند.

در هر صورت این ترفندها در مکانیزم فکری و عملی خود او جایی ندارند و قائل به هیچ‌یک از موارد فوق نبوده است.

در نهایت شریعتی پیش از آنکه نتیجهٔ مصرفِ تولید محتوایش را ببیند از دنیا می‌رود و فاصلهٔ حدود یک‌سال‌ونیمی که بین مرگ او تا انقلاب وجود دارد از اهمیت ویژه‌ای در تاریخ معاصر ایران برخوردار می‌شود. بیست ماهی که اثرگذاری محتوای تولیدی او هر روز بیشتر می‌شود و آن‌همه عجله و اضطراب در گفتن و نوشتن نتیجه‌اش به‌شکل چرخشِ مسیر تاریخی حرکت جامعهٔ ایرانی به سمت گذشته بروز می‌کند. در واقع احساس محرومیتی که در نتیجهٔ فقدان وجود فیزیکی او، در اثر مرگش به وجود می‌آید گرایش جامعه به سمت نوشته‌هایش را بالا می‌برد. جوان‌مرگ شدنش هم مزید بر علت می‌شود تا محبوبیت و اثرگذاری آثارش در آن برهه از زمان افزایش چشم‌گیری بیابد. شایعاتی که پیرامون کشته شدنش توسط ساواک پخش می‌شود، به این توجهات دامن می‌زند و وقتی پنج ماه بعد همین شایعات در مورد مرگ مصطفی خمینی قوت می‌گیرد، نوعی پیوند روانی بین او و خمینی در ذهن مردم برقرار می‌گردد. در این آشفته بازار، انتقاداتش به روحانیت سنتی نادیده گرفته می‌شود تا روحانیون از بخش‌های مورد نیاز خود بهره ببرند و بر مسند امور نشستن خود را توجیه نمایند. بعد از آن هم از نوشته‌هایی مانند ثار استفاده کنند و با نهادینه کردن شهادت‌طلبی، بقای جمهوری اسلامی را طولانی نمایند. در آن دوره جَو به‌گونه‌ای‌ست که طولانی‌ترین خیابان تهران که اتفاقاً حسینیه ارشاد نیز در آن قرار دارد به نام او ثبت می‌شود تا این دو نام بیش از پیش به‌هم گره بخورند.

شریعتی و دنیای مدرن

شریعتی دچار نزدیک‌بینی مفرط بازاریابی‌ست چون به‌جای توجه به نیاز واقعی جامعه، فقط روی محصولات تولیدی خود تمرکز دارد. این نزدیک‌بینی را در ۱- عدم

اعتقاد وی به تخصص‌گرایی ۲- عدم درک حرکت جامعهٔ جهانی به سوی یکپارچگی و در نهایت ۳- اهمیت کمی که برای فعالیت‌های اقتصادی قائل بود می‌توان دید. او که به تخصص‌گرایی اعتقاد قلبی ندارد با اندیشه‌ای سنتی به‌دنبال تبدیل شدن به حکیمی مدرن است. در صورتی که در اثر گسترش علوم معاصر، امکان همه‌چیز دانی از بشر گرفته شده است. ترجیح او در انتخاب بین مصلح اجتماعی، که شمایلی حکیمانه دارد، با عالم اجتماعی، که متخصص است، مصلح اجتماعی‌ست. در نهایت همین که سیستم درسی حوزوی را بر سیستم تحصیلی مدرن، که تقسیم‌بندی وسیع و دقیقی بر اساس تخصص دارد ارجح می‌داند، نشانگر عدم اهمیت تخصص‌گرایی در عمیق‌ترین لایه‌های ذهنی اوست. از همین روست که هر قدر تولیداتش خلاقانه هستند به همان نسبت از دقتی که هر روز با اهمیت‌تر می‌شود به‌دورند.

ویژگی اصلی تاریخ معاصر دنیا، حرکت به سمت یکپارچگی در فرم و محتواست. تسهیل در اشتراک‌گذاری تجارب بشری، به واسطهٔ راحتیِ ناشی از وسایل ارتباطیِ گوناگون، امکانی‌ست که تاریخ معاصر از آن بهره مند است. شریعتی در حالی که خود از نمادهای یکپارچگی جهانی، مثل کراوات استفاده می‌کند به روند کلی حرکت جامعهٔ بشری به سوی یکپارچگی بی‌توجه است. درعین الگوبرداری از سبک زندگی اساتید فرانسوی خود در ظاهر و فرم، به‌شدت گذشته‌گراست و به حال و آینده، با توجه به روال تاریخ، بی‌تفاوت است. از نشانه‌های گذشته‌گرایی او می‌توان به منابع تحقیقی مورد استفاده‌اش، فضای ضداقتصادیِ آثارش و بی‌نظمی خودش اشاره کرد. در مورد منابع تحقیقی او قبلا صحبت شد. بی‌توجهی به بخش اقتصادی زندگی نیز در او چنان قوی‌ست که تمام بار زندگی را به‌دوش همسرش می‌اندازد. حسی که به آثارش هم منتقل شده است. در حالی که فرصتی که در اختیار خود او برای کار فرهنگی قرار می‌گیرد، نشأت گرفته از اوضاع خوب اقتصادی دهه‌های ۴۰ و ۵۰ خورشیدی ایران است. آرامشی که سبب می‌شود حداقل سطح اول نیازهای مازلو برای او برآورده شوند و فراموش کند نجاتِ جهان سوم از فعالیت‌های سالم اقتصادی عبور می‌کند. اثرگذاری اصلی شریعتی همین جا خودنمایی می‌کند. او متوجه نیست که در پرداختن به موضوعات اجتماعی بایستی ابتدا زیرساخت‌های اقتصادی جامعه ساخته شوند. در واقع محتوای تولیدی شریعتی در گلوگاهی که جامعه در حال عبور کامل از نیازهای سطح اول و دوم مازلوست، ذهنیت جامعه را به‌هم می‌ریزد و به کمک روحانیون می‌آید تا دوباره سقوط نیازها رقم بخورد.

بخشی از جامعه که شامل شهرهای بزرگ و دانشجویان بود، از نیازهای سطوح پایین گذشته بودند اما عمدهٔ مردم هنوز درگیر این عبور بودند و تلاش حکومت پهلوی، رد کردن جامعه از این مرحله بود.
از این منظر بزرگ‌ترین نقد به شریعتی، و البته سایر مبارزان، عدم درک حساسیت این برهه از تاریخ از نظر ساختارهای اجتماعی و اقتصادی، در عبور به بی‌نیازی عمومی از نان شب است. یعنی اساسا یا متوجه سیر حرکت تاریخی جامعه نیست یا آن را نادیده می‌گیرد. این نگرش در کم‌ارزش جلوه دادن بُعد اقتصادی زندگی، همان طور که قبلا هم اشاره شد، یکی از اصلی‌ترین استراتژی‌های روحانیون برای حفظ نفوذ و بقای تاریخی خود بوده است. شریعتی با فضا و حس آثارش در این راه، به اصلی‌ترین نیاز روحانیون که دسترسی راحت به منابع کشور است کمک شایانی می‌کند.
در مورد بی‌نظمی باید گفت شریعتی مقاومت درونی بسیار بالایی در برابر جزئی از یک سیستم بودن دارد. برای او غیرقابل‌تحمل است در زنجیرهٔ نیروی انسانی، برای حرکت به سمت توسعه یک حلقه باشد، دیگر اعضا را به‌هم وصل کند و به‌اندازهٔ توان و ظرفیت خود به انجام وظیفه بپردازد. این ذهنیت وقتی با تمایل عمیق او برای تبدیل شدن به استادی بزرگ گره می‌خورد، باعث تحتِ‌فشار قرار گرفتن خودش و دیگران می‌شود. نظم مدرنیته برای او غیرقابل‌تحمل است و تمام توان خود را به‌کار می‌گیرد تا جامعه دوباره به نظم سنتی بازگردد. یکی دیگر از تناقضات اصلی همین جا رخ می‌دهد، چون نمی‌توان در دنیای مدرن با نظم سنتی موفق بود. این تمایل به نظم سنتی در جای‌جای زندگی خود او نیز نمود دارد و به‌شکل بی‌نظمی در دنیای مدرن بروز می‌کند. در واقع زندگی شخصی و محتوای تولیدیِ بی‌نظم او ناشی از همان تمایل به نظم سنتی‌ست. با توانایی‌هایی که دارد، این تمایل شدید درونی و شخصی را به تمام جامعه نیز تحمیل می‌کند و جامعه‌ای در آستانهٔ مدرنیته را دچار اختلال می‌نماید. جامعه نیز که تازه در این راه قدم برداشته و هنوز به نظم مدرنیته عادت نکرده و بخش عظیمی از آن از نظم و فرهنگ روستایی فاصله نگرفته، مستعد چنین رویکردی‌ست تا با قدرت، همه‌چیز را برهم بزند. نوع نظمی که در جامعهٔ روستایی و سنتی برقرار است به کار جامعهٔ صنعتی نمی‌آید و او که خود پرورش یافته در بستر آن نوع نظم است، تمام تلاش خود را برای بازگشت می‌کند. وقتی جامعه با زیرساخت‌ها و تمایلات مدرنیته، به نظم سنتی بازمی‌گردد انواع و اقسام ناهنجاری، فساد و ناهمگونی بروز می‌کند و ادامه می‌یابد.

نمود کامل آن نظم سنتی حوزه‌های علمیه است و شریعتی دقیقا کاری را انجام می‌دهد که در راستای خواست سازمان روحانیت و منطبق با نیاز آن است.

شریعتی، مشروطه و آموزش نوین

او هیچ‌گاه به جنبش مشروطه‌ای که بیشتر ایرانی و مردمی‌ست تا اسلامی نمی‌پردازد. اگر سه گروه رقیب قدرت را بعد از مشروطه ۱- نظام شاهی ۲- روحانیت ۳- مردم در نظر بگیریم از حجم و حتی عناوین تولیدات شریعتی می‌توان دریافت تمام‌وقت در جبههٔ روحانیت جنگیده است.

مشروطیت شکستن ساختار سنتی توزیع منابع به نفع توده مردمِ عادی بود. اگرچه او به تیغ و طلا و تسبیح به‌عنوان ابزارهای استعماری می‌تازد اما دقیقا در مورد نقطه عطفی تاریخی، که از بین برندهٔ این سه ابزار است، سکوت می‌کند و به آن نمی‌پردازد. در واقع در عمل، از طریق محتوای تولیدی‌اش، برای از بین رفتن انحصار منابع به نفع مردم قدم واقعی بر نمی‌دارد. در تاریخ معاصر ایران تنها جنبش مشروطه است که به نفع توده مردم می‌باشد و او، در حجم عظیم تولید محتوای خود، با چند اشاره کوتاه سکوتی معنادار پیشه می‌کند. قطعا چند جمله دربارهٔ ملک‌المتکلمین گفتن و از او ستایش کردن، دلیل احترام شریعتی به انقلاب مشروطه نیست.(۳۷)

این نپرداختن به‌دلیل ۱- عدم درک کارکرد جنبش مشروطه در تعدیل ساختار قدرت برای حرکت به سمت رفاه و آزادی توده مردم است. ۲- از عدم اعتقاد او به تعدیل ساختار قدرت به نفع مردم نشأت می‌گیرد. ۳- یا ناشی از میل و نیاز شدید او به دیده شدن است که قطعا با کار روی انبوه داده‌های ثانویهٔ اسلامی، به‌جای مشروطه، مقرون به نتیجه‌تر بوده است. در هر صورت نپرداختن به مشروطه او را از تلاش برای توزیع مناسب منابع کشور به نفع مردم دور می‌کند و به خدمت روحانیت درمی‌آورد. در دست داشتن انحصاریِ منابع، برای تداوم حفظ سازمان روحانیت مهم‌ترین نیاز روحانیون است. در واقع شریعتی از طریق فضای ضداقتصادیِ آثارش و سکوت در قبال مشروطه، تمام قد به سازمان روحانیت برای انحصار منابع کشور کمک می‌کند.

اهمیت تاسیس دارالفنون توسط امیرکبیر از دو جهت قابلِ‌بررسی‌ست. هم بخش مهمی از ریشه‌های جنبش مشروطه در این تاسیس نهفته است هم جامعه تداوم اعزام دانشجو را مدیون این مدرسه می‌باشد. با این‌حال شریعتی که در پرداختن به

شخصیت‌های محبوبش، از تاگور و ژُرژ گروویچ گرفته تا پیامبر اسلام، چنان قهارانه عمل می‌کند که گویی شخصیت آن‌ها را به خود گرفته، از امیرکبیر نمی‌گوید.[۳۸] در واقع او که شخصا سیستم آموزش نوین را به حوزوی ترجیح داده و با بورسیه به فرنگ رفته، خود را وام‌دار کسانی که در عزیمتش به پاریس موثر بوده‌اند نمی‌داند و حرفی از آن‌ها نمی‌زند. این سکوت در قبال امیرکبیر می‌تواند دلالیل مختلفی مثل موارد زیر داشته باشد. ۱- عدم اعتقاد شریعتی به مدرن شدن جامعه ۲- عدم اعتقاد او به شیوهٔ کار امیرکبیر در مدرن کردن جامعه ۳- عدم اعتقادش به مدرن شدن سیستم آموزشی ۴- عدم درک شرایط دنیای پس از انقلاب صنعتی ۵- یا شاید از ابتدا قصد او استفادهٔ ابزاری از سیستم آموزش نوین بوده تا بتواند آن را در برابر سیستم سنتی نقد کند. با توجه به مقاومت شدید درونی او در برابر نظم مدرنیته تمام موارد فوق قابلِ‌توجه هستند. قبلا گفته شد که در اختیار گرفتن کامل نظام آموزشی از مهم‌ترین خطوط استراتژیک روحانیون است و شریعتی صراحتا سیستم آموزش حوزوی را به نوین ترجیح می‌دهد و برای حفظ این نقطهٔ استراتژیک به آن‌ها کمک می‌کند.

ماموریت شریعتی در پیوند با سایر موارد

در بررسی موثرترین بازاریاب انقلاب، مهم‌ترین نکته ماموریتی‌ست که او برای خود تعریف کرده است. در واقع از دست رفتن اسلام شیعی برای شریعتی مساوی با بیهوده شدن گذشته و از بین رفتن هویت اجدادی‌اش بوده است. پس ماموریت خود را حفظ این میراث در نظر می‌گیرد و از این منظر نیاز فردی و خانوادگی‌اش را به تمام جامعه تحمیل می‌کند. ماموریت او، فارغ از اینکه چگونه درونش شکل گرفته، بسیار نزدیک به نیاز سازمان روحانیت بود. همین جاست که با فریاد وااسلامای روحانیون هماهنگ می‌شود و دغدغهٔ اصلی آن‌ها را که از بین نرفتن سازمان روحانیت است پوشش می‌دهد. روحانیتی که در آستانهٔ از دست دادن نفوذ تاریخی خود بود، به بقا نیاز داشت و کلیتِ ماموریت شریعتی هم، حفظ میراث پدری‌اش یعنی مذهب بود. نزدیکی این ماموریت به آن نیاز، خواسته یا ناخواسته، شریعتی را به خدمت سازمان روحانیت درمی‌آورد.

برای تشخیص نسبت دقیقِ شریعتی با تحولات جامعهٔ ایرانی نیز بایستی به نسبت مواضع او در قبال نیازهای تاریخی و استراتژیک سازمان روحانیت نگاه کرد. همان گونه که گفته شد او مثلا در مواردی مانند نحوهٔ توزیع منابع کشور و سیستم

آموزشی، که برای بقای سازمان روحانیت حیاتی بودند، کاملا در جهت رفع نیازهای روحانیون فعالیت کرده است. سکوت و بعضاً مخالفت او با انقلاب سفید و اصلاحات ارضی، که شکستن فئودالیسم به نفع مردم است نیز از همین دست خدمت‌هاست.

برای تشخیص میزان بهره‌برداری جمهوری اسلامی از محتوای تولیدی او هم بایستی به انطباق کمّی و کیفی محتوای تولیدی‌اش با ماموریت‌ها، چشم‌اندازها، استراتژی‌ها و ارزش‌های این نظام پرداخت. سه مورد از محورهای اصلیِ نظام جمهوری اسلامی را اگر تشکیل امت اسلامی، اصل ولایت فقیه و ظهور منجی بدانیم در هر سه مورد محتوای تولیدی شریعتی به آن‌ها کمک شایانی کرده است. در مورد امت اسلامی و ولایت فقیه قبلا صحبت شد.

در خصوص منجی نیز نوشتار شریعتی با مضمون انتظار اعتراضی به یکی از ستون‌های اصلی بقای جمهوری اسلامی منجر شده است. به‌جز موارد فوق اصطلاحات مستضعف و مستکبر که بازار هدف جمهوری اسلامی را تعیین می‌کند و مبنای اصلی تخصیص منابع کشور است نیز توسط او همه‌گیر شده است. در واقع اگرچه شریعتی به روحانیت سنتی تاخته و به اسلام بدون روحانیت پرداخته اما در عمل حیاتی‌ترین کمک را به پیشبرد استراتژی‌های اصلی سازمان روحانیت، به‌خصوص بخشِ سیاسی آن کرده است. در بررسی عملکرد او نباید در تلهٔ مواضع تاکتیکی او در مواردی مانند روزه یا لباس روحانیت گرفتار شد. با توجه به موارد فوق آنچه او کرده کمک به استراتژی‌های تاریخی و اصلی سازمان روحانیت برای بقا بوده است.

به‌طور خلاصه وقتی ماموریتِ حفظ طبقهٔ اجتماعی و فرهنگ خانوادگی فرد، با نیاز به دیده‌شدن، احترام و خودشکوفایی او درهم می‌آمیزند و توانایی‌های شخصی و ظاهری نیز منطبق با شرایط‌اند، نیرویی عظیم درونش به‌حرکت درمی‌آید. نیروی که در بزنگاه تاریخی ظهور می‌کند و تمام ویژگی‌های لازم برای انجام ماموریت، در قامت بازاریاب یک انقلاب، در کشوری خاورمیانه‌ای را داراست. مهم‌ترین ویژگی او در تولید محتوا، توانایی ذهنش می‌باشد که در تلفیق هنرمندانه و احساسی مفاهیم، نمود یافته و بعد با بسته‌بندی ظاهری خودش، مورد قبول بازار قرار گرفته است. وقتی از فرنگ بازمی‌گردد با حجم وسیعی از منابع ثانویه، به‌شکل هزاران کتاب، که از صدها سال پیش در حیطهٔ اسلام باقی مانده‌اند، اما به‌روز نشده‌اند، مواجه می‌گردد. گویی به گنجی ناب دست‌یافته باشد، آسان‌ترین و سریع‌ترین راه را انتخاب می‌کند و به‌جایِ درگیری با بطن جامعه، برای استخراج مفاهیم واقعی،

با رجوع به این داده‌ها، محصولاتی تولید می‌کند که به سرعت ماموریت و نیازهای درونی‌اش را مرتفع نماید.

در انتها تولیدات انبوهی از او به‌جا می‌ماند که علی‌رغم خلاقانه بودن، بخش زیادی از آن‌ها قابلیت مصرف خود را از دست داده‌اند. محتوای تولیدی او در قالب اسلامیات که در خدمت فروش ایدۀ انقلاب، تقویت استراتژی‌های اصلی سازمان روحانیت و پروموشن خود روحانیون شیعه بوده، محصول نهایی‌اش تولید و مصرف شده است. اجتماعیات هم چون متدلوژی علمی ندارند و اصول اصلی تحقیقات علوم انسانی در آن‌ها رعایت نشده، مناسب بهره‌برداری نیستند. تنها آنچه به‌لحاظ برندینگ شخصی ممکن است به ماندگاری نام او بیانجامد محصولاتی مانند گفت‌وگوهای تنهایی‌ست که کمتر در خدمت ماموریت او بوده‌اند و بازتابی از تجربۀ زیستۀ شخصی او می‌باشند.

فصل یازدهم

ششمین پی (P)

فرآیند

انقلاب ۵۷

فرآیند به‌عنوان یکی از متغیرهای قابل‌کنترل بازاریابی خدمات، به میزان منتظر ماندن مشتری و مسیر و مراحلی که برای دریافت خدمت بایستی طی شود اشاره دارد. هر قدر ساده‌تر، سریع‌تر و مدون‌تر باشد و کیفیت کالا در آن بهتر حفظ شود، در افزایش رضایت مشتری نقش بیشتری خواهد داشت.

فرایند شکل‌گیری کالای حکومتی روحانیون، با ریشه‌ای هزارساله، حداقل به تاسیس حوزهٔ علمیهٔ نجف توسط شیخ طوسی بازمی‌گردد.(۱) درعین‌حال فرایند معاصر بازاریابی آن، از تلاش مشروطه‌خواهان برای تغییر ساختار سیاسی کشور شروع می‌شود. در واقع در طول تاریخ، کالای سیاسی سازمان روحانیت در حال تکوین است و روحانیون در حال آماده کردن خود می‌باشند. انقلاب مشروطه نیاز به حکومت‌داری را در آن‌ها برملا می‌کند و بازاریابی آغاز می‌شود. وقتی به دههٔ ۴۰ می‌رسیم، فروش نیز به‌عنوان بخشی از بازاریابی شکل می‌گیرد. با عزیمت خمینی از نجف به پاریس این فرایند به خروجی نهایی خود نزدیک‌تر می‌شود. حضور او در مغرب زمین، هر چند کوتاه‌مدت است اما شدتِ مثبت شدن انتروپی حکومت شاهنشاهی را به بالاترین حد می‌رساند. موقعیتی که با عرضهٔ خمینی در شرایط جدید، نیاز مردم به تلفیق زندگی سنتی و معاصر را مرتفع می‌نماید. در آخرین مرحلهٔ این فرایند، بازگشت خمینی از تبعید، نه تنها بازگشت به سنت را تداعی می‌کند بلکه چون این منجی از مهدِ آزادی، یعنی فرانسه می‌آمد حسی معاصر نیز ایجاد می‌کرد. از دید بازاریابی، تمام این اتفاقات بخش‌هایی از فرایندی‌ست که در طول زمان جاری بوده‌اند. در سیستم‌های سیاسیِ گوناگون، آنچه انتروپی را منفی می‌کند و باعث بقای نظام می‌شود اصلاحات مدام به‌منظورِ انطباق ساختار کشور با نیازهای مردم است. سیستم در نظام پهلوی، نتوانست انتروپی را منفی کند تا خروجیِ فرایند انقلاب، شکلِ نهایی نگیرد. شاید اگر در آن دوره اصلاحات به‌صورت هم‌زمان در تمامی بخش‌ها صورت می‌گرفت، خروجیِ فرایندی که شکل گرفته بود، به فروش قطعی ایدهٔ انقلاب منتهی نمی‌شد.

بعد از انقلاب فرایند تازه‌ای شکل می‌گیرد. با تزریق ورودی‌های جدید، که مهم‌ترین آن‌ها در قانون اساسی تعبیه شده‌اند، تکوینِ محصول حکومتی روحانیون آغاز می‌شود و در مقاطع مختلفی، مانند بازنگری قانون اساسی، شکل نهایی به خود می‌گیرد. در ادامه مسیر، تلاش‌هایی که روحانیون برای بقا و منفی کردن انتروپی انجام داده‌اند را می‌توان در مواردی مانند ادامه جنگ با عراق، راه‌اندازی جریان اصلاحات، راه‌اندازی جنگ‌های نیابتی و سرکوب نیروهای مخالف به وضوح مشاهده کرد.

روند بازار سیاست، از مشروطه تا انقلاب ۵۷

روند، که به‌حرکت صعودی و نزولی بازار طی یک دورهٔ زمانی مشخص اشاره دارد، توالیِ رخ دادن وقایعی‌ست که دارای تحرک و دوام می‌باشند. همان گونه که ذکر شد، جدی شدن بازاریابی برای در دست گرفتن حکومت توسط روحانیون، به جنبش مشروطه‌ای باز می‌گردد که هدفش تعدیل و واگذاری بخشی از قدرت و منابع کشور به مردم بود. بعد از آن روحانیون به صرافتِ جدی برای در دست گرفتن قدرت افتادند و بازار حکومت‌داری ایران وارد روندی شد که لازمهٔ شناخت آن تشخیص نشانه‌گذاری‌های کوچک و بزرگ مسیر است. نشانه‌هایی که ممکن است اتفاقات کوچکی به نظر برسند اما به‌دلیل شعاع اثرگذاری می‌توانند مسیر تاریخی یک کشور را تغییر دهند. این مهم در ایران چشم‌گیرتر هم است چون پرورش نیروی انسانی ماهر، سیستماتیک نشده و بعضاً اهمیت برخی رخدادهای کوچک کمتر از رویدادهای بزرگ نیست. معمولا تغییرات مثبت و منفی در اثر ظهور و سقوط استعدادهای فردی و خودجوش رخ می‌دهند و گاهی جای خالی یک نفر می‌تواند تمام مسیر تاریخ را تحت‌تأثیر قرار دهد. مثلا اگر ولی‌عهد هجده‌سالهٔ ایران در دوران انقلاب بزرگ‌تر بود شاید روند اتفاقات جور دیگری رقم می‌خورد. یا در دورهٔ قاجار اگر امیرکبیر کشته نمی‌شد یا عباس میرزا فوت نمی‌کرد احتمالا تاریخ ایران مسیر دیگری طی نموده بود.[۲] امیرکبیر، مقارن با آغاز سلطنت ناصرالدین‌شاه، تنها در سه سال و سه ماه توانست خدمات بسیاری به جامعه عرضه کند. اگر فرصت بیشتری در دوران ۵۰ سالهٔ ناصری می‌یافت، قطعا ایران به‌شکلی جدی‌تر ترقی می‌کرد.

با این‌حال چون بررسی تک‌تک این اتفاقات مدنظر این کتاب نیست، لاجرم در این فصل، به‌منظورِ تشخیص نشانه‌های روند تکمیل بازار انقلاب، به رخدادهای بزرگ بین مشروطه و انقلاب ۵۷ می‌پردازیم. در واقع از آنجا که تشخیص روند بازار انقلاب، مستلزم کنکاش رخدادهای اجتماعی و سیاسی و پیامدهای آن‌هاست، بررسی مختصرِ اثرات تحولات بین دو انقلاب، اهمیت ویژه‌ای دارد. پیش از آغاز این بحث باید اشاره کرد بین این دو مقطع زمانی، دنیا شاهد تغییرات زیادی‌ست. بین این تحولات، براندازی و تغییرات بنیادین سیستم‌های سیاسی در سراسر جهان، از روسیهٔ تزاری گرفته تا آفریقا و آمریکای لاتین، اثر زیادی روی انتخابِ تغییر بنیادین در ایران داشته‌اند. به بیانی در دوران جنبش مشروطه، که تحولی تدریجی بود، در جهان هم شاهد تغییرات بنیادین نیستیم اما بعد از آن تغییرات بنیادینی

در جهان رخ می‌دهند که به الگوی مبارزان ایرانی تبدیل می‌شوند. همین نشان می‌دهد روشن‌فکران ایرانی در انقلاب ۵۷ با نزدیک‌بینی، تحت‌تأثیر جو جهانی و بدون توجه به پارامترهای داخلی، به سمت تغییرات بنیادین متمایل شده‌اند.

۱- جنبش مشروطه، بازار مشروطه و کالای مشروطه

جنبش مشروطه، آغاز تحولات اجتماعی و سیاسی ایران معاصر است. تا پیش از آن، در نبودِ قانون جدی و اثرگذار، تصمیم‌گیری در مورد نحوهٔ تخصیص عمده منابع کشور و سایر موارد مهم، به میل شخص شاه، که برابر با قانون و خود قانون بود، بستگی داشت. در این اوضاع، مشروطه‌خواهان به‌دنبال تعیین و تصویب قانونی هستند که اختیارات شاه را تعدیل و ادارهٔ کشور را در قالبی قابل‌کنترل، طرح‌ریزی نماید. مشروطه همانند بازاری‌ست که روح حاکم بر آن از تقسیم اختیار منابع و منافع کشور شکل گرفته است. یکی از علل اصلی ظهور جنبش مشروطه، خودِ شاهان قاجار هستند. بی‌توجهی‌های مدیریتی آن‌ها، نیازی نهانی برای بهبودِ کالای حکومت از طریق اصلاحات ایجاد کرده بود که با تاسیس دارالفنون و انتقال مشاهداتی از اروپای مدرن به داخل کشور، توسط این جنبش آشکار شد. ازاین‌رو تاثیر امیرکبیر که با تاسیس دارالفنون و دعوت از اساتید فرنگی این نیاز را عیان کرد در تاریخ معاصر بسیار پررنگ است. البته نباید از تاثیر تغییرات سیاسی همسایه شمالی ایران بی‌توجه گذشت. جنبش مشروطه دقیقا در همان دوره‌ای‌ست که نیکولای دوم در روسیهٔ تزاری، مشروط شدن سلطنتش به قانون‌گذاری در مجلس دوما را می‌پذیرد.(۳)

در هر صورت کالایی که به‌صورت انقلاب مشروطه به جامعه عرضه شد دارای ویژگی‌های منحصر به فردی‌ست که آن را حتی با فاصلهٔ هفتاد و دو سالهٔ از انقلاب ۵۷ بسیار مترقی‌تر می‌نماید.

الف- با ارائه قانون اساسی در پی تعدیل ساختار حکومت به‌صورت تدریجی‌ست. در صورتی که انقلاب ۵۷ تغییری بنیادین بود که با حفظ شکل هرمی قدرت به پیچیدگی آن افزود. جامعهٔ ایرانی هنوز هم به‌نوعی حکومت مشروطه نیاز دارد که بقای سیاست‌مداران مشروط به برآوردن نیازهای مردم، از پایین‌ترین سطح هرمِ مازلو تا بالاترین آن باشد.

ب- فرایندِ تبدیل نیاز به خواسته به شکلی کاملا بومی و منطبق با شرایط اتفاق افتاده بود. در صورتی که نتیجهٔ انقلاب ۵۷ بومی‌شده نیست و با زندگی روزمره

مردم عادی سنخیتی ندارد.
ج- چون مشروطه برآمده از نیاز واقعی مردم بود، مبارزان مطالبات واضح‌تر و مشخص‌تری داشتند. در صورتی که در انقلاب ۵۷ مطالبه انقلابیون تنها رفتن سیستم پادشاهی‌ست بدون اینکه به جایگزین فکر شده باشد.

مقاومت در برابر مشروطیت

مشروطیت با محصولی که شاهان به‌صورت رسمی و روحانیون به‌صورت غیررسمی، طی قرن‌ها به‌عنوان دارندگان بیشترین سهم نفوذ در بازار ذهن مردم عرضه می‌کردند رقیب بود. اگر تا پیش از آن قدرت در دست شاهان و روحانیون بود و هر کدام به عرضهٔ کالای خود مشغول بودند، مشروطه برهم‌زننده این قاعده بود و تلاش داشت بخشی از قدرت را به سایر گروه‌های ذی‌نفع جامعه انتقال دهد. با طرح موضوع قانون اساسی و مشروط کردن تصمیمات شاه به رعایت آن، هر دو گروه فوق به‌نحوی به مخالفت برخاستند. پادشاه، شاهزاده‌ها و اطرافیان‌شان، مشروطه را محدود شدن دسترسی‌شان به منابع و قدرت معنا می‌کردند. تعلل مظفرالدین‌شاه، برخورد خشن محمدعلی‌شاه و بعد کوشش شاهان پهلوی برای اعمال نفوذ بر مجالس و افزایش اختیارات خود در قانون اساسی، ناشی از تمایل آن‌ها برای حفظ سهم نفوذ خود در بازار ادارهٔ کشور می‌باشد.
گروه دیگر، روحانیونی بودند که قانون اساسی را رقیب احکام فقهی می‌پنداشتند که تا پیش از آن، چارچوب‌های رفتاری، احکام قضایی و تا حدودی نحوهٔ توزیع منابع را تعیین می‌کرد. با آمدن قانون اساسی، چارچوب‌های جدیدی تعریف می‌شد که احکام فقهی را کم‌رنگ می‌کرد. مضاف بر اینکه وقتی سازمان‌هایی مثل مجلس در جایگاه تصمیم‌گیری واقعی قرار می‌گرفتند، رقیبی برای قدرت غیررسمی روحانیتی که برای قرن‌ها در جامعه نفوذ داشت به‌حساب می‌آمدند. نماینده‌ای که در جایگاه قانون‌گذاری می‌نشیند، قرار است کاری را انجام دهد که تا پیش از آن بخش عمده‌اش، با تعیین احکام فقهی و صدور فتوا، به اختیار روحانیون بوده است.
مشروطه برای سازمان روحانیت رقیب نورسیده‌ای بود که در تعامل با آن، هم باید قدرت سازمان پادشاهی کم می‌شد هم قدرت روحانیون حفظ و افزایش می‌یافت.
روحانیونِ هوشیار اگرچه مشروطه و مجلس و قانون اساسی را تهدیدی برای نفوذ خود می‌دیدند اما از فرصتی که به واسطهٔ آن برای ورود به ساختار رسمی مدیریت کشور به وجود آمده بود غافل نبودند. برخی از آن‌ها مانند فضل‌الله نوری به مخالفت

مستقیم پرداختند و برخی با آن همراهی کردند. اما در مشروعه کردن مشروطه، که افزایش قدرت روحانیون در برابر ساختار پادشاهی‌ست، هیچ‌یک مخالف نیستند. موضعی زیرکانه که درعین ایمن ماندن نفوذشان در تحولات، با ورود احکامِ فقهی به قانون اساسی مشروطه، به قدرتِ رسمی خود بیافزایند، به آن رسمیتِ مدرن ببخشند و قانون را نامحسوس مال خود کنند. روحانیونی که خود را نماینده تام‌الاختیار خداوند روی زمین می‌دانند و هیچ‌گونه شراکتی را به‌خصوص با مردم عادی برنمی‌تابند، از این تهدید فرصت می‌سازند و نفوذ خود را گسترش می‌دهند. روحانیون برای مقابله با مشروطه شیوهٔ خود را به‌کار می‌برند و از آنجا که قدرت قهری ندارند به آنچه در آن استادند، یعنی شیوه‌های بازاریابی، پناه می‌برند. در واقع اعلام نگرانی برای از دست رفتن اصول اسلام به واسطهٔ مشروطیت، توسط اشخاصی مانند فضل‌الله نوری، کاملا کارکرد تبلیغاتی و پروموشنی داشته است. روحانیون برای دسترسی به قانون اساسی و مجلس، به‌عنوان کانال‌های جدید فروش محصولات‌شان، به تبلیغات از طریق ایجاد ترس روی می‌آورند. این مکانیسم بارها از طریق این قشر به‌کار گرفته شده است و حسن مدرس نیز برای مقابله با طرح‌های رضاشاه از همین ترفند پروموشنی سود می‌برد. شیوه‌ای که از آن بعدها خمینی و شریعتی هم، با اعلام اینکه وقت تنگ است و اسلام در حال از بین رفتن است استفاده می‌کنند.

در این سبک تبلیغاتی، که این‌روزها از آن در شرکت‌هایی خودرویی، سیستم‌های ایمنی و حتی جی پی اس های ردیابی کودکان استفاده می‌شود، از عامل ترس برای جلب توجه و ترغیب مخاطبان سود برده می‌شود. به‌محض ایجاد ترس، بخش ناخودآگاه مخاطب فعال می‌شود و اگر شما برای از بین بردن نگرانی راه حل و محصولی داشته باشید، پرفروش می‌شود. در گام نخست ترس ایجاد می‌شود که اسلام در حال از بین رفتن است. در جوامع سنتی هم چون بسیاری از ارزش‌های افراد برگرفته از مذهب است، از بین رفتن اسلام مساوی می‌شود با نابودی ارزش‌ها و در نتیجه هویتی که برای آن‌ها ساخته شده است. ترس که ایجاد شد بلافاصله حضور روحانیون در قدرت رسمی یا بایکوت طرح های مترقی، به‌عنوان راه حلِ مشکل عرضه می‌شود و به فروش می‌رسد.

در مشروطه روحانیت با همین شیوه تا حدودی به اهداف خود می‌رسد. اما بعد از آن اعدامِ فضل‌الله نوری، هشداری جدی می‌شود در مورد از بین رفتن اعتبار سازمان روحانیت. تلنگری که سبب می‌شود روحانیون، عزم خود را جزم کنند تا

پس از انقلاب ۵۷ تمام قدرت را قبضه کنند. در واقع این شیوه همواره یکی از اصلی‌ترین حربه‌های روانی آن‌ها برای فروش محصولات بوده است و استفاده از ترفندِ به خطر افتادن اسلام، کاربردی‌ترین شیوهٔ پروموشن روحانیون است.

مکانیسم پروموشن از طریق ترس را جمهوری اسلامی هم بعد از انقلاب به کرّات به‌کار گرفته است. ترس از بی‌دینی، ترس از تجزیهٔ کشور، ترس از دشمن خارجی، ترس از جنگ داخلی و ترس از جهنم را ایجاد می‌کنند و بعد به سرعت کالای خود را به‌عنوان راه حل عرضه می‌نمایند. برای هر کدام از موارد فوق هم کالای مورد نظر را در اختیار دارند. از این منظر می‌توان ادعا کرد بسیاری از شیوه‌های پروموشنی و تبلیغاتی معاصر، قرن‌ها توسط ادیان به‌کار گرفته شده‌اند و اخیرا از مذاهب به بازار تجارت راه یافته‌اند. تمام ادیان از هزاران سال پیش مکانیزم‌های مختلفی را برای جذب و حفظ پیروان خود به‌کار برده‌اند. این شیوه‌ها امروزه همان کارکرد را در برقراری ارتباط بین مشتریان و صاحبان کالا دارند که پیش از این بین روحانیون و پیروان مذاهب داشته‌اند. با این رویکرد مذاهب را هم می‌شود کمپین‌های کامل بازاریابی در نظر گرفت.

شکست مشروطه

با اینکه شاهان قاجار و پهلوی، به‌عنوانِ متولیان رسمی کشور، پای‌بندی چندانی به روح مشروطه نداشتند اما فرم آن را حفظ کرده بودند. با روی کار آمدن جمهوری اسلامی، هم فرم از بین رفت هم محتوا. طراحی قانون اساسی در کالای حکومتی جمهوری اسلامی به‌گونه‌ای‌ست که نه تنها ابزاری برای تعدیل قدرت راس هرم و تخصیص عادلانه منابع کشور نیست بلکه به عدم تقسیم منابع و منافع با مردم، هم تقدس بخشیده هم پوششی قانونی داده است. جایی که رهبر جمهوری اسلامی در توضیح بازار هدف توزیع منابع کشور، با استفاده از آیات قرآن، عنوان می‌کند منظور از مستضعف، صالحان و وارثان زمین هستند در واقع به توزیع ناعادلانه منابع کشور تقدس بخشیده است.[۴]

تا پیش از جنبش مشروطه، قدرت انحصاری پادشاه، بیشتر جنبهٔ عرفی و اجتماعی داشت و برای آن تایید مردم گرفته نمی‌شد. در صورتی که در جمهوری اسلامی از قانون، که قرار بوده در خدمت مردم باشد، استفادهٔ برعکس شده و خود ابزاری برای اهلیت بخشیدن به قدرت انحصاری شده است. یعنی قانونی که ذاتاً قرار بوده به مردم کمک کند، خود ابزاری شده برای رسمیت یافتن محرومیت آن‌ها از منابع

کشور. این شرایط بغرنج باعث شده جامعهٔ ایرانی، با تصویب قانون اساسی جمهوری اسلامی، به دوران پیش از مشروطیت با شرایطی بدتر پرتاب شود. بدتر از این جهت که در زمان شاهانِ قبل از مشروطه، قانونِ اساسی وجود نداشت و تنها شاه بود و مملکت. اما حالا ولایت فقیه به‌جز اینکه اختیاراتی فراتر از تمام شاهان گذشته دارد قانون را نیز از آن خود کرده و به وسیلهٔ آن به قدرت خود رسمیت بخشیده است. این جنبه قانونی و شرعی پیدا کردن حکومت تک‌نفره، اوضاع را به‌شدت پیچیده‌تر از قبل نموده و شرایطی بغرنج برای مردم ایجاد کرده است.

اگر مردم، پادشاهان و روحانیون را سه راس مثلث مدعی حکومت ببینیم بعد از انقلاب، سلسله پادشاهی به‌طور کامل حذف شده است، مردم در تعدیل ساختار قدرت ناکام باقی مانده‌اند و در عوض روحانیت تمام قدرت رسمی و غیررسمی را انحصاری در اختیار گرفته است. در هر صورت بیشترین مسئولیت با پادشاهانِ بعد از مشروطه است که قدرت، دانش و منابع کافی برای هدایت جامعه به سمت دموکراسی را داشتند. در آخرین گامِ مشروطه‌خواهی، اگر سیستم پهلوی در برابر نفوذ روحانیون، به‌عنوان رقیبی دیرینه، محصول مشروطه را می‌پذیرفت و با مطالعه جمعیت‌شناختی، بخشی از قدرتِ سیاسی را به‌صورت کارشناسی شده به مردم واگذار می‌کرد، احتمالا انقلاب ۵۷ رخ نمی‌داد. یعنی اگر به شریک جدید قدرت، که مردم عادی بودند، بهای کافی داده می‌شد و با این بخش از جامعه پیوند استراتژیک برقرار می‌شد، نه خودِ حکومتِ پهلوی حذف می‌شد نه مردم از معادلات قدرت کنار گذاشته می‌شدند. روحانیون کنترل می‌شدند و ایران همان مسیری را طی می‌نمود که حکومت‌های پادشاهی مشروطه دنیا پیموده‌اند.

نتیجهٔ این تعلل، استفادهٔ روحانیون از درگیری بین گروه‌های مبارز و سیستم پادشاهی‌ست تا در اولین فرصتِ ممکن اقدام به حذف نظام پادشاهی از بازار سیاست نمایند. در تمام این سال‌ها روحانیون، ظاهرا هم با مردم هم‌دست‌اند هم با نظام پادشاهی، تا اینکه هر دو را با هم شکست می‌دهند. بعد با مشروعه کردن کامل قانون اساسیِ پس از انقلاب، آنچه در جنبش مشروطه به‌صورت محدود انجام داده بودند تکمیل می‌شود. روحانیونی که از همان اولین تلاشِ جامعه برای تعدیل کالای حکومت از طریق قانون اساسی، قوانین شرعی را به‌طور رسمی وارد مبانی حکومت‌داری می‌نماید، تلاش خود را ادامه می‌دهند تا این رسمیت بخشیدن به حضور قوانین فقهی در قانون اساسی، در انقلاب ۵۷ کامل می‌شود و فقه تمام آن را پر می‌کند.

۲- جنگ جهانی اول

بعد از جنگ اول جهانی، چینش و ساختار قدرت در جهان تغییر می‌کند. از بین رفتن ابرقدرتی مانند عثمانی و به وجود آمدن جمهوری ترکیه، که با ایران مشترکات فرهنگی و اجتماعی زیادی دارد، نیاز مردم به برقراری نظام حکومتی جدید را تشدید می‌کند. در همین سال‌هاست که روسیهٔ تزاری نیز که همسایه شمالی ایران است، سلطنت مشروطه را برنمی‌تابد و فرومی‌پاشد و نظام غیرتزاری شکل می‌گیرد. در واقع تغییر کالای حکومتی در نزدیک‌ترین کشورها، از نظر جغرافیایی و فرهنگی، امکان اینکه در ایران نیز نیاز به تغییرات، بومی شود ملموس می‌نماید. جنگ اول جهانی، در ۱۹۱۴، که مصادف است با سلطنت احمدشاه، وقتی رخ می‌دهد که از امضاء فرمان مشروطیت توسط مضفرالدین شاه تنها هشت سال گذشته است.

۳- تغییر سلسله پادشاهی

دورهٔ گذار از قاجاریه به پهلوی، یعنی بین سال‌های ۱۲۹۹ تا ۱۳۰۴، پنج سالی‌ست که جمهوری به‌عنوان کالای جایگزین پادشاهی، از طرف رضاخان به مردم معرفی می‌شود. اما این جایگزینی با مخالفت روحانیون روبرو می‌شود تا در نهایت زمامداری، به‌شکل سابق حفظ شود. در این دوره که به جابه‌جایی قدرت می‌انجامد، تنها، عرضه‌کننده از قاجاریه به پهلوی تغییر می‌کند و کیفیت آن افزایش می‌یابد. نیاز اصلی روحانیت در مخالفت با جمهوریت، که اساسا مدرن‌تر از نظام پادشاهی‌ست، کماکان نگرانی از دست رفتن نفوذ است. در نظام جمهوری، ریاست کشور مستقیم یا غیرمستقیم از سوی مردم انتخاب می‌شود و انتقال موروثی قدرت از بین می‌رود. این فرایند دو خطر برای نفوذ تاریخی سازمان روحانیت داشت.

الف- روحانیون همیشه بخشی از قدرت خود را از مشروعیت پادشاه می‌گرفتند و از حمایت شاهان برخوردار بودند، که با از بین رفتن نظام سلطنتی تکیه‌گاه روحانیون در قبال روشن‌فکران از بین می‌رفت.

ب- در جمهوری از بین سه رقیب اصلی قدرت، رقیب تازه از راه رسیده که مردم است، تقویت می‌شد و روحانیون در این نظام هیچ فرصتی برای افزایش نفوذ خود نمی‌یافتند. برعکسِ مشروطه، که درون خود فرصتی برای روحانیون داشت، جمهوری برای روحانیون همه تهدید است. مگر اینکه خودشان جای پادشاهان را بگیرند و نظام جمهوری تحت‌کنترل و زیرمجموعه آن‌ها شکل بگیرد. گویی با

هوشیاری می‌دانند اگر قدرت به مردم منتقل شود، امکان در اختیار گرفتن کامل آن برای همیشه از آن‌ها سلب می‌گردد. پس ترجیح می‌دهند ساختار سیاسی فعلا به همان شکل سابق بماند و خود را تقویت کنند تا در فرصتی مناسب جابه‌جایی قدرت را کامل به نفع خود رقم بزنند.

با این‌حال مطرح شدن نظام جمهوری از سوی رضاخان، خودبه‌خود برقراری حکومتی غیرموروثی را که تا پیش از آن سابقه نداشت، در ذهن روشن‌فکران قابل‌پیگیری نشان می‌دهد. شاید اینکه خمینی بعدها تنها به آوردن کلمهٔ جمهوری رضایت می‌دهد از همین روست که قبلا توقع جامعه، حداقل در حد جمهوری، بالا رفته است. دلیل دیگر هم می‌تواند این باشد که نظام‌های جمهوری طیفی را در برمی‌گیرند که می‌توان آن‌ها را به تمامیت‌خواهی نزدیک کرد. در هر صورت بعدها در حکومت روحانیون، با کلمهٔ جمهوری، به نظام خودکامه جدید، شکلی مدرن داده می‌شود. در این دوره، از دیگر مخالفان براندازی کالای حکومتی پادشاهی، محمد مصدق است.[۵] به زبان بازاریابی مصدق در پی تغییر محتوای محصول حکومتی با حفظ بسته‌بندی آن بوده است. حفظ سمبلیک نظام پادشاهی و انتقال قدرت اجرایی به سردار سپهی که توان اجرای اصلاحات را داشته باشد. دورهٔ پنج‌سالهٔ فوق پانزده تا بیست سال بعد از امضای فرمان مشروطیت توسط مظفرالدین‌شاه را در برمی‌گیرد.

۴- جنگ جهانی دوم و رفتن رضاشاه

وقوع و خاتمهٔ جنگِ جهانی دوم و تبعید رضاشاه تمام معادلات داخلی را برهم می‌زند و دوباره به روحانیونی که نفوذشان در اثر اقتدار وی کم شده بود و در لاک دفاعی فرو رفته بودند، امکان تجدید قوا می‌دهد. رضاشاه، که زمان برکناری از قدرت، در اوج پختگی ۶۳ ساله است و سه سال پس از تبعید از دنیا می‌رود، فرصت کافی برای انتقال مناسب قدرت به پسرش نمی‌یابد و محمدرضا در محیطی متزلزل، بر تخت می‌نشیند. شرایطی که به ضعف کالای حکومتی پادشاهی منجر می‌شود و فرصتی مناسب برای تجدید قوای روحانیون و بررسی و مرور خواسته‌ها در اختیارشان می‌گذارد. در این اثنا اتحاد کاشانی با سیستم پهلوی علیه مصدق نیز به استحکام بیشتر موقعیت سازمان روحانیت کمک می‌کند. ضمن اینکه محمدرضا پهلوی خود نیز اعتقادات مذهبِی سنتی قوی‌تری نسبت به پدرش داشته است. جابه‌جایی قدرت از رضاشاه به محمدرضا حدود سی و پنج سال بعد از امضاء فرمان مشروطیت توسط مظفرالدین‌شاه اتفاق می‌افتد.

۵- ملی شدن صنعت نفت

نهضت ملی شدن نفت، که از مهم‌ترین اتفاقات تاریخ معاصر ایران می‌باشد، در فرایند شکل‌گیری کالای حکومتی جمهوری اسلامی، بسیار اثرگذار بوده است. مهم‌ترین تاثیر اکتشاف نفت در ایران، فراهم کردن امکانات مالی برای حرکت جامعه به سمت مدرنیته‌ای بود که بقای روحانیون را به خطر می‌انداخت. فارغ از اینکه بعدها چقدر از درآمدهای نفتی در اختیار مردم قرار گرفت، بار معنایی خودِ کلمهٔ ملی شدن هم اهمیت تاریخی دارد. چون ملی شدن یعنی تعلق اصلی‌ترین منبع کشور به همهٔ مردم. در واقع نقطه عطفی تاریخی‌ست که در آن شاهد افزایش حساسیت عمومی در قبال منابع کشور هستیم. به‌صورت وسیع و جهانی اعلام شد آنچه در این سرزمین وجود دارد متعلق به مردم آن است. خود این حرکت حاصل نوعی بیداری سیاسی در قبال منابع کشور بود و درعین‌حال باعث افزایش حساسیت در قبال منابع کشور شد.

مدتی بعد از آن محمدرضا پهلوی با تخصیص درآمد حاصل از همین منبع، اوضاع اقتصادی را سر و سامان می‌دهد و رفاه در جامعه بالا می‌رود. اتفاقی که پس از آن تکرار نشد و قبل از آن هم به دلایل مختلف سابقه نداشته است. درعین‌حال افزایش قیمت نفت و سرازیر شدن ثروتِ ناشی از فروش آن به جامعه، از چند جهت روی تقاضا برای انقلاب اثر می‌گذارد.

الف- افزایش مظاهر مدرنیته که مرجعیت اجتماعی روحانیون را تهدید می‌کرد.
ب- حمله به شخص شاه به بهانهٔ بی‌هدف خرج کردن و حیف‌ومیل اموال.
ج- افزایش نقدینگی و تورم سال ۵۵.[۶]
د- عیان شدن ثروتی که روحانیت سیاسی احساس می‌کند با استفاده از آن می‌تواند آمال و آرزوهای تاریخی خود را به کرسی بنشاند.

توزیع ثروتی که آثارش حتی به دوران بعد از پهلوی نیز تسری می‌یابد. مثلا تجهیزات نظامی خریداری‌شده در زمان پهلوی، که هنگام جنگ ایران و عراق مورد استفادهٔ جمهوری اسلامی قرار گرفت و کشور را نجات داد، به یمن فروش نفتی‌ست که ملی شده بود. نفت چهل و پنج سال بعد از امضای فرمان مشروطیت توسط مظفرالدین‌شاه ملی می‌شود.

۶- انقلاب سفید

انقلاب سفید که حدود بیست و دو سال بعد از به حکومت رسیدن محمدرضا به

پادشاهی و حدود ۵۷ سال بعد از امضاء فرمان مشروطیت اجرا می‌شود، اصلاح ناقص کالای پادشاهی‌ست. اشتیاق فراوان شاه برای اصلاحات، با مقاومت‌های جدی روبرو می‌شود و از سوی ملاکان و روحانیون به طرق مختلف تحت‌فشار قرار می‌گیرد، اما او کار را پیش می‌برد. در واقع اگر همان سه بخشِ مدعی قدرت یعنی نظام پادشاهی، سازمان روحانیت و مردم را در نظر بگیریم، انقلاب سفید قطعا تعدیل ساختار به نفع مردم بوده است اما ناقص. یعنی بدون دست زدن به سهم قدرت نظام پادشاهی اتفاق افتاده و در مسیر اجرای خود بیشتر به از بین رفتن قدرت روحانیون تمرکز داشته است. قدرت اصلی نظام پادشاهی از جنبه سیاسی می‌آید که انقلاب سفید با این بخش از ساختار کاری ندارد. از دید بازاریابی اساسی‌ترین ایرادی که به انقلاب سفید وارد است، عدم تدارک، پیش‌بینی و اجرای اصلاحات سیاسی در محصول خدماتی جدید حکومت است. در اصول نوزده‌گانه انقلاب سفید، تنها در اصل پنجم، با عنوان اعطای حق رای به زنان، تعدیلی اندک صورت گرفته که قطعا کافی نبوده است.

در واقع انقلاب سفید تعدیل ساختار قدرت بود اما نه از بالای هرم، بلکه از وسط هرم. این باعث می‌شود پیش از آنکه هرم دوباره ساخته شود و میانهٔ آن، که قبلا با خان‌ها پر شده بود، با متخصص و بروکرات پر شود، جامعه فرو بریزد. مقاومت خان‌های راه یافته به مجلس در برابر اولین لایحهٔ اصلاحات ارضی، خود می‌توانست هشداری اجتماعی محسوب گردد. در واقع این خان‌ها تنها زمین‌دار نبودند و در سطوح مختلف سیاسی نیز حضور و نفوذ داشتند. با اصلاحات ارضیِ دستورالعملی، بدنهٔ هرم نه تنها ضعیف شد بلکه با این احساس که شاه تنها قدرت دیگران را تعدیل کرده، کینه او را هم به دل گرفت. نکتهٔ مهم اینکه وقتی میانه هرم به‌لحاظ اقتصادی و اجتماعی اصلاح می‌شود، اما بخش سیاسی بدون تغییر می‌ماند، تعادل جامعه به‌هم می‌خورد و نوعی هرج‌ومرج پنهان رخ می‌دهد که در نهایت به تغییر ساختار سیاسی نیز منجر می‌گردد. به‌عبارتی نمی‌شود ساختار اقتصادی چندهزارسالهٔ کشور را برهم زد و بعد در تقدیر از همان سنت‌های چندهزارسالهٔ جشن‌های عظیم برگزار کرد و درعین‌حال توقع داشت راس هرم بر همان مبنای قبلی روی کار بماند. نمی‌شود ساختارهای اجتماعی را برهم زد و بعد در زمینهٔ سیاسی برعکس عمل کرد و با تاسیس حزب اختصاصی، در جهت انحصار بیشتر قدرت، گام برداشت. همین تناقضات، بلاتکلیفی در ماموریت سازمانی را افزایش می‌دهد و به سست شدن وفاداری به کالای پهلوی می‌انجامد.

فارغ از عدم وجود اصلاحات سیاسی در انقلاب سفید، سازمان روحانیت به‌عنوان یکی از سه مدعی اصلی قدرت، که ماندگاری‌اش به خطر افتاده، از اصلی‌ترین مخالفان آن است. در بررسی دقیق‌تر اصول نوزده‌گانه انقلاب سفید درمی‌یابیم در هیچ بندی منافع روحانیون تامین و تضمین نشده است و منابع به سمت مردم سرازیر شده‌اند. سه مورد از اصول نوزده‌گانه انقلاب سفید، یعنی سپاه دانش، انقلاب آموزشی و تحصیلات رایگان و اجباری، اصلاحاتی هستند که به‌منظورِ تقویت سیستم آموزش نوین در نظر گرفته شده‌اند. در حالی که سیستم آموزشی کشور، به‌صورت تاریخی، در اختیار روحانیون بوده و از خط قرمزهای آن‌هاست. زنان هم همیشه از نقاط استراتژیک اعمال نفوذ روحانیون روی جامعه بوده‌اند. حق رای زنان برای بقای سازمان روحانیت خطر بلندمدت دارد. قبلا گفته شد که آزادی زنان قدرت بسیاری از احکام فقهی را کم می‌کند. به‌جز این مورد، زنان همیشه ابزاری بوده‌اند برای تحریک مردان، جهت انجام کاری که بقای سازمان روحانیت را تضمین کند. سایر اصول مطرح‌شده در انقلاب سفید هم به نوعی جایگاه تاریخی روحانیون را تهدید می‌کرده‌اند. مثلا دو اصل سهیم کردن کارگران در سود کارخانه‌ها و واگذاری سهام کارخانه‌های دولتی و واحدهای بزرگ صنعتی، موجب رشد طبقهٔ متوسطی می‌شد که استعدادش برای فاصله گرفتن از مذهب بیشتر از کشاورزان است.

در میان اصول انقلاب سفید، اصلاحات ارضی، حساسیت‌های ویژه‌ای برمی‌انگیزد و مستقیم و غیرمستقیم منافع روحانیون را تحت‌الشعاع قرار می‌دهد. اصلاحات ارضی به‌عنوانِ شاخص‌ترین اصل اصلاح اقتصادی، بین اصول نوزده‌گانه انقلاب سفید، بیشتر اَز آنکه نتایج اقتصادی در پی داشته باشد، پیامدهای اجتماعی و سیاسی به‌همراه می‌آورد. یعنی به‌جز اینکه جای اصلاحات سیاسی در انقلاب سفید خالی بود، جامعه برای سایر اصلاحات هم به‌اندازهٔ کافی آماده نبود. شاه با لغو نظام ارباب رعیتی، با اشتیاق، به‌دنبال تسریع عبور جامعه از وضعیت سنتی به مدرنیته بود. اما چون این عبور به‌شکل دستوری اتفاق افتاد، به میزان آمادگی جامعه توجه نشد. اعمال دستوری تغییرات اجتماعی و اقتصادی کلان، در جامعه‌ای که حدود نیمی از جمعیت آن، با گرایشات مذهبی و سنتی، حتی سواد خواندن و نوشتن نداشتند و نمی‌توانستند به زودی بدنهٔ هرم را پر کنند، آشفتگی نامحسوسی ایجاد کرد که روحانیت از آن بهره برد.

شاه به‌خوبی دریافته بود جامعه نیاز به جراحی یک بیماری کهنه دارد اما همان گونه

که جراحی مقدماتی دارد، اصلاحات بزرگ حکومتی نیز مراحل و پیش‌فرض‌هایی از جنس متغیرهای اقتصادی، اجتماعی، فرهنگی و سیاسی دارد. این آمادگی‌ها در حرکت مرحله‌به‌مرحله جامعه و جایگزینی نیروی انسانی به سمت مدرنیته به دست می‌آیند. در این گذار، نیروی انسانی متخصصی پرورش می‌یابد که نه تفرعن مالکانه دارد نه حرف شنوی و تواضع رعیتی را برمی‌تابد. گروهی مانند معلم‌ها، مهندس‌ها، مدیران، پزشکان و حقوقدانان که به‌صورت مستقل و متکی بر توانایی‌های خود در پی رفع نیازهای سطوح مختلف هرم مازلو می‌باشند. وقتی کسی متکی بر موجودیتِ خود اقدام به رفع نیاز می‌کند، وابستگی‌اش در تمام زمینه‌ها به سازمان روحانیت کم می‌شود. اما این طبقهٔ اجتماعی را نمی‌توان دستوری به جامعه تزریق کرد. در هر صورت برخی دلایل اصلی مخالفت روحانیون با اصلاحات ارضی را می‌توان به شرح زیر بر شمرد.

الف- خارج شدن اختیار موقوفات، که درصد قابلِ‌توجهی از املاک کشور را شامل می‌شد از دست روحانیت.
ب- تضعیف رابطهٔ مالی که طی سالیان متمادی بین روحانیون و ملاکان شکل گرفته بود.
ج- کم شدن درآمد روحانیون از وجوهات مذهبی به‌دلیل خرد شدن و تقسیم املاک بین رعایا.
د- کم شدن نفوذ مرجعیت روحانیت و کم اثر شدن احکام فقهی در اثر مدرن شدن جامعه.

در واقع اصول این انقلاب رقیب جدید قدرت که مردم باشند را تقویت می‌کرد، به قدرت پادشاه دست‌اندازی نمی‌کرد و روحانیون را به‌شدت، در کوتاه‌مدت و بلندمدت، تضعیف می‌نمود. اگر شاه همراه با این تحول، مردم و گروه‌های ملی‌گرا را شریک استراتژیک قدرت سیاسی می‌کرد ضلع سوم، که روحانیون باشند، نمی‌توانست این گروه‌ها را جذب کند. درعین‌حال خود این گروه‌ها نیز توان تشخیص و بلوغ لازم برای وزن دادن به منافعی که نصیب‌شان شده، نداشتند و صبر نکردند تا در زمان درست، شریک قدرت سیاسی نظام پادشاهی بشوند. اگر این گروه‌ها و مبارزین انرژی اصلی خود را صرفِ فعالیت‌های تولیدی و ساختن زیرساخت‌های اقتصادی می‌کردند، مشکلات سیاسی هم در یک دورهٔ زمانی حل

می‌شد و حکومت پادشاهی خودبه‌خود درون مدرنیته شکل عوض می‌کرد. در تمام این مدت روحانیون با صبر، به تحریک گروه‌های مختلف می‌پردازند تا ابتدا نظام شاهی و بعد دیگران را به‌طور کامل از دور خارج نمایند.

فصل دوازدهم

هفتمین پی(P)

تجهیزات فیزیکی
و انقلاب ۵۷

شواهد یا تجهیزات فیزیکی به‌عنوان آخرین متغیرِ قابل‌کنترل بازارِ خدمات، ابزاری‌هایی هستند در اختیار رهبران و مدیران به‌منظورِ بالا بردن کیفیت کالاهای خدماتی غیرملموس که معمولا با استفاده از ابزارها، امکانات و تجهیزات فیزیکی میسر می‌شود. همان طور که قبلا هم گفته شد، چون خدمات ذاتاً ناملموس‌اند برای ایجاد تجربه‌ای بهتر در مشتری، عناصر ملموسی همراه آن‌ها به مردم ارائه می‌شوند. به‌عنوان مثال، نوع صندلی دندانپزشک و امکان عکس‌برداری از دندان‌ها داخل مطب، روی کیفیت ارائه خدمات اثر مستقیم دارند. هر قدر تجهیزات پزشکیِ مناسب‌تری در اختیار باشد احتمال رضایتمندی مشتری بیشتر می‌شود. یا رستورانی که فقط میز و صندلی و غذای خوبی دارد در برابر رستورانی که علاوه بر این‌ها دارای نورپردازی زیبا و موسیقی زنده است کیفیت خدماتش نازل‌تر است. در بانک‌ها نما، مبلمان و قرار دادن دستگاهِ پول‌شمار درونِ شعب، کیفیت بالای خدمات را برای مشتریان ملموس می‌سازند. این‌ها همان شواهد فیزیکی هستند که در بازاریابی خدمات، ایجاد تمایز می‌کنند.

مهم‌ترین شواهد فیزیکی که پیش از انقلاب در اختیار بازاریابان ایدهٔ انقلاب قرار دارد و به فروش آن کمک شایانی می‌کند اسلحه‌ای‌ست که توسط برخی گروه‌ها، وارد دور مبارزات می‌شود. سلاح باعث می‌شود احتمال پیروزی انقلابیون نزد افکار عمومی بالا برود و حرفه‌ای به نظر برسند. در کنارِ آن می‌توان به معماری مدرن حسینیه ارشاد و محل قرارگیری آن اشاره کرد. حسینیه ارشاد شمال شهر تهران، در یکی از مناطق خوب و بدور از بافت سنتی بنا شد. از نظر معماری هم برعکس رسوم سنتی، که اماکن مذهبی را به‌شکل تکیه و مسجد بنا می‌کردند، حسینیه به‌شکل تماشاخانه‌ای ساخته شد که شیب داشت و مخاطبین روی صندلی می‌نشستند. مکانی که هم در آن قرآن تفسیر می‌شد، هم نمایشگاه‌های هنری و تئاتر برگزار می‌شد و برخی سخنرانانش کت‌شلواری و کراواتی بودند. این شرایط کمک زیادی می‌کند که کالای اسلامی در بسته‌بندی جدید، به‌روز و مدرن به فروش برسد. در واقع مجموعه این شرایط به‌شکل شواهدی از تایید کیفیت کالایی که در حسینیه ارشاد، در قالب سخنرانی و محتوا به فروش می‌رسید، درمی‌آید.

بعد از انقلاب از مهم‌ترین شواهدِ فیزیکی که در به قدرت رسیدن روحانیون اثر دارد، لباس آن‌هاست که مردم ایران مدت‌ها برای آن احترامی ویژه قائل بوده‌اند. با احساساتی که در جریان انقلاب به وجود آمده بود و احترام روحانیون نزد

مردم بالا رفته بود، این لباس نشانه‌ای شده بود از کیفیت بالای کالای صاحب لباس. به‌جز این، روحانیون از تمام تجهیزات و منابعِ به‌جا مانده از دورهٔ پهلوی، به‌منظورِ ایجاد رجحان برای کالای خود نیز استفاده کردند. حتی تجهیزات نظامیِ به‌جا مانده از دوران شاه، به کمک روحانیون می‌آید و ابزاری می‌شود در دست نیروهایی مثل سپاه، بسیج و کمیته برای فروش کالای جمهوری اسلامی به اشکال مختلف.

فصل سیزدهم

ماموریت، چشم‌انداز و ارزش‌ها
و انقلاب ۵۷

مأموریت[۱] به‌عنوان دورترین هدف کلان، محور و نقطه ثقل تمام فعالیت‌های حیاتی هر مجموعه‌ای می‌باشد و تبیین آن، بر اساس نیاز ذی‌نفعان، مهم‌ترین وظیفه پایه‌گذاران هر سیستمی‌ست. ماموریت، فلسفه و ماهیت وجودی تشکیلات را نمایان می‌کند و به چرایی حضور آن در محیط پاسخ می‌دهد. تعریف ماموریت چنان مهم است که تک‌تک اجزا سیستم را به‌شدت درگیر خود می‌کند و بر سرنوشت تمام اعضا، به قوی‌ترین وجه ممکن اثر می‌گذارد. از این‌روی برای دست‌یابی به تحلیلی درست از رفتارهای کوچک و بزرگ رهبران و پیروان آن‌ها، بایستی به آن رجوع کرد. جواب به پرسش‌هایی مانند چرا هستیم؟ هستیم که چه کنیم؟ سازمان برای چه شکل گرفته است؟ سازمان چه تعریفی از خود دارد؟ ماموریت سازمان را تشریح می‌کنند. مثلا ممکن است شرکتی ماموریت خود را فراهم نمودن این امکان قرار دهد که تمام افراد بتوانند همان چیزهایی که ثروتمندان می‌خرند بخرند (والمارت) یا ماموریت، خوشحال کردن مردم باشد (والت دیسنی). مأموریت کاملا متاثر از شخصیت و ارزش‌های اصلی بنیان‌گذاران سازمان می‌باشد و انعکاسی از جهان‌بینی، باورها و اعتقادات آن‌هاست. به همین دلیل مثلا کسی که مدافع حقوق حیوانات است نمی‌تواند برای یک کشتارگاه صنعتی، ماموریتی مناسب تعریف کند. در عرصه خدمات حکومتی هم، اگر بین ارزش‌های بنیادین مردم و رهبران سیاسی کشور فاصله زیاد باشد، منجر به تدوین ماموریتی می‌شود که سقوط اخلاقی، اجتماعی و حتی اقتصادی و در نهایت بی‌تعادلیِ جمعی اجتناب‌ناپذیر است. فاصله‌ای که منابع کشور را می‌بلعد و نیازهای جامعه، به‌عنوان مشتری اصلی حکومت را نادیده می‌گیرد و در نهایت به فروپاشی محیط منجر می‌شود. مضاف بر اینکه امروزه شرکت‌های بزرگ دنیا، در فرایند تدوین ماموریت خود، تلاش می‌کنند در کنار توجه به مشتریان و ذی‌نفعان داخلی و نزدیک، مسئولیت‌ها و فعالیت‌های اجتماعی و اخلاقی پذیرفته‌شده در جامعهٔ جهانی را نیز در نظر بگیرند.

برای تدوین ماموریت دو راه اصلی وجود دارد. برخی مجموعه‌ها اول به بررسی وضع موجود می‌پردازند، بعد آینده دل‌خواه را ترسیم می‌کنند و در نهایت به تحلیل شکاف بین این دو مبادرت می‌نمایند. برای این‌ها وضع موجود اصالت دارد و تاثیر گذشته بر آینده را مدنظر قرار می‌دهد

دستهٔ دوم، مجموعه‌هایی هستند که ابتدا آینده مطلوب را ترسیم می‌کنند، بعد وضع فعلی را بررسی می‌کنند و در نهایت به تحلیل شکاف می‌پردازند. این‌ها اصالت را به آینده می‌دهند.

ماموریت پیش از انقلاب ۵۷

شاه در کتاب "به سوی تمدن بزرگ"، ضمن ارائه گزارشی از عملکرد گذشتهٔ خود، برنامه‌های آتی را نیز اطلاع‌رسانی عمومی می‌کند. در واقع در دوران پهلوی دوم، از بین دو روش فوق، برای خلق یک ماموریت جامع، آینده دل‌خواه ترسیم شده است. این یعنی سیستم، اصالت را به آینده داده و برای آن چشم‌انداز تعریف کرده است. اما به نظر می‌رسد بخش دوم و سوم این روشِ تدوین ماموریت، که بررسی وضع موجود و تحلیل شکاف است، یا انجام نشده یا اگر شده، بر اساس واقعیت‌های جامعه نبوده است. چون اگر ماموریت، با کارشناسی همه‌جانبه، بر اساس این سه گام به‌درستی تدوین شده بود، شاهد فاصلهٔ معنادار ناگهانی بین جامعه و حکومت نبودیم. بسیاری از خطاهای سیستم پهلوی، که در فصول مختلف این کتاب به آن‌ها اشاره شده، ناشی از همین غفلت است. کار اصلیِ شاه به‌عنوان رئیس کشور، فقط تعیین کارشناسانه و دقیق ماموریت‌ها، چشم‌اندازها و ارزش‌ها و بعد فعال کردن مکانیزم‌های اجرایی درست، برای انجام آن‌ها بوده است. بعد از این مراحل، تنها بایستی بر این فرایندها، نظارتی دقیق می‌کرد تا خطای معناداری رخ ندهد. همه‌هرچه او به‌جز این کرده از زندگی شخصی و خانوادگی‌اش زده است.

در بررسی گروه‌های مختلفِ مخالف نظام پهلوی هم می‌بینیم هیچ‌یک امکانات کافیِ مالی، نیروی انسانی و توان کارشناسی برای چنین تحلیل جامعی، جهت تدوین ماموریت در حد یک کشور نداشته‌اند. همین ضعف باعث می‌شود نه اصالت را به آینده بدهند نه به حال، تا بعد بتوانند شکاف بین آنچه هست با آنچه باید باشد را تحلیل کنند. تنها، به‌صورت سطحی و احساسی، از آنچه هست سخن می‌رود و از آنچه باید باشد، تصویری بومی‌شده که نیازهای مردم را برآورده کند نمی‌بینی. چرایی وجود مبارزان، به‌عنوان پرسشی که ماموریت را تعیین می‌کند، تنها سرنگونی حکومت پهلوی بود و این‌ها بودند تا شاه برود. ماموریتی ناقص، کوتاه‌مدت، واکنشی و هیجانی که چون نسبتی با نیازهای عمیق مردم نداشت، نمی‌توانست تصویری روشن از آینده‌ای مطلوب ارائه کند. این ماموریت هیجانی، با وجود تسخیر قلب‌ها ذهن‌ها را بسته بود. برای بسیاری از مبارزان، شرط لازم برای آینده بهتر، سقوط حکومت شاهنشاهی بود اما نداشتن شرط کافی، داشته‌های قبلی جامعه را نیز بر باد داد. در واقع نزدیک‌بینی چنان غالب شده بود که ماموریت، چشم‌انداز، اهداف و ارزش‌ها همه یکی شده بودند و تنها در انقلاب خلاصه می‌شدند.

در همین اوضاعِ بی‌ماموریتیِ همگانی، تنها روحانیون بستهٔ کاملی از ماموریت‌ها، چشم‌اندازها و ارزش‌ها داشتند. این گروه، حکومت اسلامی را از قرن‌ها پیش در لایه‌های مختلفِ آموزشی خود جاگیر کرده بودند و به کمک شریعتی به‌روز نموده بودند. نوعی از حکومت‌داری که با پرورش و بسط ایدهٔ ولایت فقیه، شکل نهایی به خود گرفته بود. حتی برای این شیوه از حکمرانی، با ارجاع به صدر اسلام و شهر مدینه، سمپل و نمونه هم عرضه می‌شد. یعنی ماموریتی که با ارجاع به هزار و چهار صد سال پیش، اصالت را به گذشته می‌دهد، آینده را با امت اسلامی ترسیم می‌کند و در پی آن است که شکاف موجود را با کمک اصل ولایت فقیه پر کند.

ماموریت پس از انقلاب ۵۷

بیانیهٔ مأموریت، سندی‌ست که در آن ضمن تعریف اهداف بلندمدت و منحصربه‌فرد یک سازمان، به چرایی وجود مجموعه پاسخ داده می‌شود. بیانیه‌ای که معمولا با دربرگیری ماموریت ها، چشم‌اندازها، ارزش‌ها و مزیت‌های رقابتی سازمان، راهنمای عملی کاملی برای تمامی ذی‌نفعان است. از نخستین و مهم‌ترین کارهای روحانیون، پس از در دست گرفتن قدرت، تبدیل قانون اساسی کشور به بیانیهٔ ماموریتِ[۲] سازمان روحانیت شیعه می‌باشد. به‌عنوان نشانه‌ای از این تبدیل، می‌توان به پاراگراف دوم مقدمهٔ قانون اساسی اشاره کرد که مکتبی بودن به‌عنوان مزیت رقابتی و نقطه تمایز از سایر نهضت‌ها مطرح شده است. بعد از آن هم این موضوع یازده بار در متن تکرار شده است. در صورتی که مکتبی بودن، نقطه تمایز سازمان روحانیت است و ربطی به کشور ایران ندارد. نقطه تمایز ایران می‌تواند نیروی انسانی جوان، طبیعت چهار فصل، آثار تاریخی، ذخایر انرژی، فرهنگ غنی و مواردی ازاین‌دست باشد.

برای تشخیص شکل بیانیهٔ ماموریت دادن به قانون اساسی و تلفیق کلیدواژه‌های سنتی و محفلیِ سازمان روحانیت با مفاهیم مدرن ذکر دو نکته ضروری‌ست.

۱- در این تلفیق، روحانیون از خاصیت مفاهیمی مانند ماموریت و چشم‌انداز سازمانی، که در کتب چند دههٔ اخیر دنیا مطرح شده‌اند، آگاهی داشته‌اند. در واقع این تبدیل زیرکانه، با آگاهی و بهره‌برداریِ کامل از اصول علم مدیریت استراتژیک بوده است. لزوم تهیه بیانیهٔ ماموریت، اولین‌بار به توصیهٔ پیتر دراکر سال ۱۹۷۴ میلادی مطرح شد.[۵] اینکه چطور روحانیونی که عموما در آموزش نوین حضور ندارند

و رشته‌های مدیریتی نمی‌خوانند، به فاصلۀ بسیار کمی بعد از مطرح شدن چنین مبحثی، اصول آن را به کار گرفته‌اند و آیا مشورتی به آن‌ها داده شده، می‌تواند راهگشای بسیاری از پرسش‌ها باشد.

۲- مأموریت‌ها، چشم‌اندازها، ارزش‌ها و نقاط تمایز سازمان روحانیت قبلا به‌صورت بومی در شکل سنتی تولید شده بودند. در کنار آنها مباحثی مانند مستضعف و مستکبر که توسط شریعتی همه‌گیر شدند هم در تکوین قانون اساسی به‌شکل بیانیه، بسیار کارساز بوده‌اند.

با این‌حال، بیانیۀ ماموریتی که در شکل قانون اساسی برای سازمان روحانیت تهیه شده، سودار، شلوغ، شعاری و پر از جملات غلوآمیز است. متنی که در آن، به‌جز در نام جمهوری اسلامی ایران، حدود یک‌صدوهفتاد بار کلمۀ اسلام به‌کار رفته، در صورتی که حدود سی بار کلمۀ ایران را می‌بینیم.(۳) در برابر پانزده بار کلمات مربوط به فقه، دو بار ترکیب مردم ایران را می‌بینیم. شش بار مستقیما از خمینی نام برده شده که دو بار آن با پیشوند حضرت آیت‌الله العظمی و چهار بار با کلمۀ امام همراه است.(۴) شانزده بار هم به آیات قرآن ارجاع داده شده است. بر وجه اسلامی بودن جمهوری اسلامی به کرّات تاکید شده، اما کلمۀ جمهوری تنها در ترکیب اسم نظام به‌کار رفته است. در واقع به وفور کلمات مخصوص طبقۀ اجتماعی روحانیون در آن به‌کار رفته است. در نهایت، با اینکه نام حکومت جمهوری اسلامی ایران است اما در توضیحاتی که پیش از اصول قانون اساسی آمده، در دو بخش، به تشریح حکومت اسلامی و شیوۀ مورد نظر آن پرداخته شده است. با این شرایط این ادعا که قانون اساسی جمهوری اسلامی بر اساس قانون اساسی کشور فرانسه نوشته شده، استراتژی زیرکانه و گمراه‌کنندۀ نعل وارونه زدن، برای مدرن نشان دادن آن است. قانون اساسی جمهوری اسلامی دارای حدود ۱۳۰۰۰ کلمه است. در صورتی که قانون اساسی دوران پهلوی دوم حدود ۲۵۰۰ کلمه، ترجمۀ قانون اساسی فرانسه به فارسی حدود ۶۴۰۰ کلمه و ترجمۀ قانون اساسی آمریکا حدود ۷۳۰۰ کلمه دارند. بر اساس تعداد کلمات، قانون اساسی آمریکا و فرانسه نزدیک به هم می‌باشند، جمهوری اسلامی تقریباً دو برابر آن‌هاست و حکومت پهلوی یک سوم آن دو می‌باشد. این مقایسه ساده، ضمن اینکه غیرطبیعی بودن قانون اساسی جمهوری اسلامی را نشان می‌دهد، نیاز به بازنگری در قانون اساسی دوران پهلوی را نیز گوشزد می‌کند. با این‌حال چون محور اصلی قانون اساسی آن دوران مجلس بوده و اکثر تصمیمات در آن مشروط به نظر نمایندگان می‌باشد، کماکان روح نیمه‌جان

مشروطه در آن جاری‌ست.
بعد از تبدیل قانون اساسی به بیانیهٔ ماموریتِ سازمان روحانیت، لاجرم، تعادل جامعه برهم خورد. چون وقتی قانون اساسی یک کشور تبدیل به بیانیهٔ ماموریت یک سازمان خاص می‌شود، تمامی منابع کشور به سمت آن ماموریت سرازیر می‌گردد و هرگونه هزینه‌ای در راستای استراتژی‌های آن، توجیه قانونی می‌یابد. با این توضیحات، روشن شدن چرایی و فلسفهٔ وجودی این حکومت و ماموریت آن، بسیاری از ابهامات را رفع می‌کند. آیا اصلا ماموریت مشخص و یک‌پارچه‌ای برای آن تعریف شده است؟ جمهوری اسلامی هست که چه بکند؟ آیا ماموریت تعریف شده مطابق نظر و نیاز مردم است؟ آیا توان و استعداد انجام چنین ماموریتی در تشکیلات جمهوری اسلامی وجود دارد؟

ماموریت‌های پیدا و پنهان جمهوری اسلامی

دو مرجع اصلی برای تشخیص ماموریتی که روحانیون برای نظام جمهوری اسلامی در نظر گرفته‌اند، وجود دارد. یکی قانون اساسی‌ست که قبلا گفته شد، تبدیل به بیانیهٔ ماموریت سازمان روحانیت شیعی شده است. دیگری مواضع اصلی و مستمر رهبران اول و ثانی است. بررسی این دو مرجع نشان می‌دهد که از همان نخستین روزهای قدرت گرفتن روحانیون، سه مفهوم اصلی برای تعریف ماموریتِ مطلوب آن‌ها به‌صورت جداگانه یا در ترکیب، مورد استفاده قرار گرفته‌اند. در واقع بقای جمهوری اسلامی تا برپایی حکومت عدل الهی در تمام دنیا، از طریق تشکیل امت اسلامی با صدور انقلاب به بهانه مبارزه با استکبار جهانی، چکیده ماموریتی‌ست که روحانیون اعلام کرده‌اند. به‌بیان مارکتینگی، بازار هدف تمام دنیاست، محصول حکومت اسلامی‌ست، استراتژی اصلی صادرات است، محل تولید جمهوری اسلامی‌ست، منابع مورد نیاز برای ساخت و فروش محصول از ایران تامین می‌شوند اما سود به سازمان روحانیت تعلق می‌گیرد. در تجزیهٔ ماموریت بیان‌شده، سه محورِ ملموسِ حفظ نظام، صدور انقلاب و مبارزه با استکبار جهانی قابل‌تشخیص است که در ادامه به تحلیل مختصری از آن‌ها می‌پردازیم و بعد اشاره‌ای هم به ماموریت پنهانی روحانیون خواهیم داشت.

۱- حفظ نظام تا برپایی حکومت عدل الهی

این بخش از ماموریت، از همان نخستین سخنرانی‌های خمینی در مدرسهٔ فیضیه،

با تاکید بر ادامه نهضت تا تشکیل حکومت اسلامی، مورد اشاره قرار گرفته است.(۶) روحانیونی که از چند دهه قبل، به تزلزل جایگاه‌شان در دنیای مدرن پی‌برده بودند و حتی به‌طور علنی نگرانی خود را در مواقعی مانند سخنرانی سال ۴۲ خمینی مطرح کرده بودند، از فرصت به دست آمده استفاده می‌کنند و به سرعت نیاز خود به بقا را اعلام عمومی می‌کنند. خمینی در سخنرانی مدرسهٔ فیضیه، مستقیما اشاره می‌کند که تابه‌حال شعار مردم ادامه نهضت تا مرگ شاه بوده است، از این به بعد بایستی تا برپایی حکومت عدل الهی، نهضت ادامه یابد. در واقع به همه ماموریت می‌دهد که تا برپایی حکومت عدل الهی، از طریق ادامهٔ نهضت، موجبات بقای سازمان روحانیت را فراهم نمایند. بعد از آن هم، جملاتی با مضمون حفظ نظام اوجب واجبات است، به کرّات از رهبر اول و ثانی شنیده می‌شود. در قانون اساسی هم هشت بار به برپایی حکومت اسلامی، که یعنی بقا تا آن زمان، اشاره مستقیم شده است.

از سوی دیگر حکومت عدل الهی که خمینی بدان اشاره می‌کند همان حکومتی‌ست که با ظهور منجی برپا خواهد شد. پیوند بین این دو مفهوم نشان می‌دهد منظور هر دو رهبر اول و ثانی، حفظ و بقای جمهوری اسلامی به هر قیمتی تا تحویل آن به منجی برای برپایی حکومت عدل الهی‌ست. این ماموریت و موضع، به اشکال گوناگونی توسط سیستم پروموشنی نظام، به کرّات، مستقیم و غیرمستقیم تکرار شده است. از انواع و اقسام کانال‌های ارتباطی استفاده شده تا پیام، با کدگذاری و بدون کدگذاری، به همه منتقل شود و در ناخودآگاه مردم بنشیند. به‌عنوان مثال، لشگر صاحب زمان خواندن نیروهای ایرانی در جنگ هشت‌ساله یا شعار "خدایا خدایا تا انقلاب مهدی از نهضت خمینی محافظت بفرما" از همین دست محتواهای پروموشنی‌ست.

با این‌حال حدود سه سال بعد از انقلاب، خمینی جمله‌ای بسیار کلیدی بیان می‌کند که تضاد و تناقض این بخش از ماموریت را با آنچه درون سازمان روحانیت می‌گذرد برملا می‌نماید. او می‌گوید "حفظ نظام از جان امام زمان هم واجب‌تر است".(۷) از این جمله دو برداشت می‌توان داشت یکی اینکه فقهه‌ای شیعه تولید محتوای خود را که بر آن اساس جمهوری اسلامی بنا شده و اسلام می‌نامند، برتر از فهم خود منجی که به زعم‌شان صاحب کالاست می‌دانند. دیگر اینکه نشان می‌دهد برای روحانیون، تشیع هدف است نه ابزاری برای رسیدنِ انسان به سعادت. معنای کلمهٔ شیعه، رهرو می‌باشد و از این منظر تشیع ابزاری برای رسیدن انسان به

سعادت معرفی شده است، اما برای روحانیون، خود تبدیل به هدف شده است. در واقع هدفی‌ست که در لایه‌ای عمیق‌تر، به ابزاری برای ماموریت اصلی جمهوری اسلامی تبدیل شده است. این تناقض‌ها نشان می‌دهند علی‌رغم اعلام عمومی صورت گرفته، ماموریت اصلی جمهوری اسلامی، حفظ نظام با هدف تحویل آن به منجی برای برقراری عدالت نیست بلکه خود نظام و سازمان روحانیت است. یعنی در پاسخ به چرایی وجود جمهوری اسلامی می‌توان گفت هست تا باشد. درک این موضوع خود نشانه‌ای‌ست برای رسیدن به ماموریت ناگفتهٔ روحانیون، که کمی جلوتر به آن خواهیم پرداخت. در ادامه به دو نکتهٔ ظریف بازاریابی در دل مفهوم حفظ نظام می‌پردازیم.

الف- وقتی بقا به‌عنوان ماموریت تعریف می‌شود یعنی محصول تولیدی حکومت و نتیجهٔ مصرف آن برای مشتری آنقدر مطلوب و راضی‌کننده نیست که نظام خودبه‌خود و بر اساس رضایت مردم حفظ شود. ماموریت بقا تنها در اوقات بحرانی، مثل شیوع بیماری‌های همه‌گیر، قابل‌توجیه است. در واقع چون این بخش از ماموریت تنها نیازهای روحانیون را برآورده می‌کند و با نیازهای مردم ایران سازگار نیست، خودبه‌خود ایجاد وفاداری نمی‌کند. جالب اینکه این موضوع را روحانیون از همان ابتدا می‌دانند که به همه ماموریت حفظ نظام را می‌دهند.

ریشهٔ عدم انطباق جمهوری اسلامی با نیازهای مردم را در چارچوب ماموریت، در موارد متعددی می‌توان دید. به‌جز اینکه اساسا مشتری حکومت، مردم ایران نیستند، در مواقعی که به همین مردم اشاره شده هم ایرادات زیادی قابل‌مشاهده است. مثلا در قانون اساسی جایی که در اصل سوم به رفع نیازهایی مثل مسکن و آموزش پرداخته می‌شود، به‌طور صریح به مردم ایران ارجاع داده نمی‌شود و به‌صورت کلی و گنگ، به افراد و مردم اشاره می‌گردد. این ابهام ازآن‌روی مهم است که می‌توان از آن برداشت کرد، در تامین نیازهای اولیه نیز مستضعفین جهان و وارثان زمین اولویت دارند. مضاف بر اینکه رفع این‌گونه نیازها مستقیما وظیفه دولت جمهوری اسلامی در نظر گرفته شده است نه نظام جمهوری اسلامی. وقتی یکی از ماموریت‌های دولت، به‌عنوان یکی از زیرمجموعه‌های نظام، رفع نیاز مردم تعریف می‌شود، اما وظیفه خود نظام رفع نیاز وارثان زمین است، خودبه‌خود تضادی عملیاتی پیش می‌آید. یعنی چون نظام به دولت چیرگی دارد لاجرم منابع به سمت ماموریت‌های نظام سرازیر می‌شوند نه دولت. یک استراتژی گیج‌کننده در قبال مردم، با چیدمان پلیس خوب و پلیس بد، که هیچ‌کس را در قبال نیازهای

مردم عادی پاسخ‌گو نمی‌کند.
ب- نکتهٔ دوم توجه به اثراتی‌ست که تعیین حفظ نظام، به‌عنوان ماموریت اصلیِ بیان‌شده جمهوری اسلامی، در تمام شئونات زندگی مردم بر جا گذاشته است. با رویکردی قیاسی، وقتی برای راس هرم ماموریتی در نظر گرفته می‌شود، حالتی روحی و روانی در رهبران جامعه ایجاد می‌کند که ناخودآگاه، پله پله، به پایین‌ترین طبقات اجتماعی تسری می‌یابد. نتیجه اینکه گویی تک‌تک ایرانیان، نگران بقای خود هستند و با یکی را دو تا کردن خانه، خودرو و اموال در اضطرابی دائمی، راهی به سوی بقا می‌جویند. همان دغدغه‌ای که از عدم بقا در ذهن و روح رهبران جامعه رسوخ کرده و تمام هدف‌گذاری‌ها و استراتژی‌های آن‌ها را تحت‌الشعاع قرار داده، به فردفردِ جامعه سرایت کرده و روح همه را بیمار نموده است.

۲- صدور انقلاب برای تشکیل امت اسلامی

امکان‌پذیری تشکیل امت اسلامی، که تمام مسلمانان جهان را زیر پوشش خود بگیرد و شرایط را برای تشکیل حکومت عدل الهی فراهم نماید از اساس جای تردید دارد. موانعی مانند مناسبات کلان بین‌المللی، عرب‌زبان و سنی‌مذهب بودن بخش اعظم مسلمانان و حضور کشورهایی مانند ترکیه، تشکیل چنین امتی را همواره به‌چالش می‌کشند. مضاف بر اینکه در خود ایران هم اسلام تنها بخشی از فرهنگ مردم است و عموما با مفاهیمی مانند امت اسلامی همذات‌پنداری وجود ندارد. در هر صورت ابزارِ تشکیل امت اسلامی صدور انقلاب است که به اشکال و ادبیات متنوع، هم در قانون اساسی هم توسط رهبران جمهوری اسلامی، در مقاطع مختلفی بیان شده است. در قانون اساسی، سه بار در توضیحات پیش از شروع اصول، یک‌بار در اصل شانزدهم و یک‌بار در اصل یک‌صد و بیست و چهارم به صدور انقلاب پرداخته شده است. در توضیح شیوهٔ حکومت اسلامی، صراحتا به تداوم انقلاب در داخل و خارج، به‌ویژه در گسترش روابط بین‌المللی اشاره شده است .در برنامهٔ دوم بیست‌سالهٔ جمهوری اسلامی، از آن به‌عنوان الهام‌بخش در جهان اسلام یاد شده و در نامه خمینی به گورباچف نیز به توضیح آن پرداخته شده است.[۸]
این صدور، از همان ابتدا، به‌قدری مهم است که خمینی در شرایط عدم ثبات و نابسامانی‌های اوایل انقلاب، هشدارهای سفیر وقت ایران در عراق، مبنی بر حملهٔ قریب‌الوقوع صدام را نادیده می‌گیرد.[۹]
اما صدور یک کالا به‌لحاظ بازاریابی وقتی توجیه دارد که در بازاری محدود،

موفق بوده باشد. در صورتی که کالای جمهوری اسلامی هنوز به مصرف عمومی داخلی نرسیده بود که نتایج آن مشخص شود. از منظری دیگر، وقتی مجموعه‌ای درگیر بقاست، در نیازهای سطح یک و دو مازلو گیر کرده و آنقدر گرفتاری داخلی دارد که نمی‌تواند با صدور ارزش‌های خود موجبات رستگاری دیگران را فراهم کند. با این دو نکته، یعنی عدم تایید کالا و درگیری با بقا، به این نتیجه می‌رسیم که صدور انقلاب و حفظ نظام، به‌عنوان دو عنصر موازی و هم‌وزن، در ذات با هم تناقض دارند مگر اینکه هدف از صدور انقلاب، بقا باشد. یعنی صدور انقلاب، به‌عنوان یک استراتژی رقابتی، برای حفظ نظام به‌کار گرفته شده باشد. منظور از بررسی مختصر این تناقض، رسیدن به این نکته بود که ماموریت اصلی بیان‌شده، بقاست. بقایی که به‌خاطرِ اهمیتش ماموریت اصلی سپاه، به‌عنوان ارتش اختصاصی روحانیون، حفظ نظام تعریف شده است. به بحث صدور انقلاب به‌عنوان بازاریابی بین‌المللی در فصل هفدهم کامل پرداخته خواهد شد.

۳ - مبارزه با استکبار جهانی

این بخش از ماموریت هم، به اشکال مختلفی مطرح شده است. مثلا در اصل یک‌صد و پنجاه و چهار قانون اساسی صراحتا آرمان جمهوری اسلامی، حمایت از مستضعفین در برابر مستکبرین در هر نقطه از جهان عنوان می‌شود. یا در بخش مربوط به توضیح حکومت اسلامی، خودِ انقلاب ایران به عنوان پیروزی مستضعفین در برابر مستکبرین تعریف می‌شود. این یعنی مشتری اصلی جمهوری اسلامی، مستضعفین جهان می‌باشند. اما با وجود این‌همه تاکید، مبارزه با استکبار جهانی مفهومی گنگ، ناشناخته و بیش از حد وسیع است که مرزهای آن به روشنی قابل‌ترسیم نیست و از توان رقابتی هر کشوری خارج می‌باشد.

وقتی رهبر جمهوری اسلامی وارثان زمین را به‌عنوان مستضعفین تعریف کرد، تلاش نمود تا کمی به این ابهام پاسخ دهد و محدودهٔ مشتریان حکومت جمهوری اسلامی را مشخص کند. با این‌حال، این‌گونه هدف‌گذاری‌ها، در ذات خود چنان گنگ‌اند که هرگونه برداشت محفلی را ممکن می‌کنند. وقتی حکومتی مردم داخل کشور را به‌عنوان مشتری خود تعریف می‌کند، محدودهٔ عملکرد مشخص است و تمرکز به وجود می‌آید. ولی وقتی مشتری مستضعفان جهان‌اند، تمرکز حکومتی از بین می‌رود و محدودیت منابع، سبب ارائه خدماتی ناقص، حتی به مشتری داخلی طرفدار نظام می‌شود.

از سوی دیگر، در ماموریت جمهوری اسلامی، استکبار جهانی در قالب استعمار دولتی دیده شده است. یعنی دولت‌هایی که در پی استعمار ملت‌ها از طریق انحصار درآوردن منابع آن‌ها هستند. در صورتی که خود جمهوری اسلامی، با انحصاری که در زمینه‌های گوناگون سیاسی، اقتصادی، فرهنگی و اجتماعی ایجاد کرده، تبدیل به حکومتی استعماری شده است. وقتی در محدودهٔ یک کشور، که مدیریتش در اختیار است، توان برطرف کردن استعمار وجود ندارد ادعای مبارزه با استعمار جهانی، عملا در حد کارکرد تبلیغاتی و پوپولیستی سقوط می‌کند. مبارزه با استعمار جهانی پیوندی ماهیتی با صدور انقلاب دارد. یعنی انقلاب صادر می‌شود که امت اسلامی تشکیل شود و مستکبران از بین بروند. اما با توجه به تناقضاتی که قبلا ذکر شدند می‌توان نتیجه گرفت مبارزه با استکبار، بهانه‌ای‌ست برای حفظ نظام.
همان گونه که اشاره شد هر دو مفهومِ صدور انقلاب و مبارزه با استکبار جهانی در خدمتِ بقا و حفظ نظام قرار دارند. حالا بایستی به لایه‌های مختلف مفهوم خودِ بقا پرداخت و به ماموریت بیان نشدهٔ روحانیون رسید. چون روحانیت گاهی نعل وارونه زده و نیاز اصلی خود را پشت الفاظ نهان کرده است. اگر مثل هر گروه اجتماعی دیگری، منظور بقای عادی باشد، روحانیون در دوران پهلوی هم در جامعه حضور داشتند و بقای‌شان از بین نرفته بود. اینجاست که از بقا می‌توانیم نقبی بزنیم به نیاز پنهان روحانیون یعنی حفظ قدرتِ نفوذ و مرجعیتِ اجتماعی. برای رسیدن به این نیاز پنهان، بررسی روند تاریخی حضور روحانیون در جامعه و گرایشات مردم عادی معاصر لازم است. آنچه در یک‌صدسال اخیر در جامعهٔ ایرانی در همراهی با جامعهٔ جهانی رخ داده، باعث شده روحانیون خطر از دست رفتن نفوذ تاریخی خود و مرگ قریب‌الوقوع این سازمان را در دوران معاصر حس کنند. این احساس خطر باعث شده اولویت آن‌ها در تمام تلاش‌های دهه‌های اخیر، حفظ موجودیت خود به‌عنوان گروه مرجع اصلی جامعه باشد، تا از مرگ قریب‌الوقوع سازمان متبوع خود جلوگیری کنند. یعنی ماموریت نه بقای جمهوری اسلامی و نه بقای اسلام، که بقای سازمان روحانیت با حفظ و ارتقاء سطح نفوذ تاریخی‌ست.
تمام ماموریت‌ها و اهدافی مانند صدور انقلاب و حمایت از مستضعفین جهان، با صرف تمام منابع کشور، استراتژی‌های رقابتی فرار به جلو برای عقب انداختن مرگ یا تضعیف سازمان روحانیت بوده‌اند.
علت اصلی ترس روحانیون، در از بین رفتن سازمان روحانیت هم عدم توانایی خود آن‌ها در سازگاری با دنیای مدرن است. هر محصول، ایده و سازمانی که نتواند

به‌صورت واقعی خود را با تغییرات محیطی سازگار نماید، قطعا در جریان حرکت تاریخ حل می‌شود و از بین می‌رود. سازمان روحانیت به‌جای اینکه خود را با دنیای تازه هماهنگ کند، در پی آنست که تمام دنیا را شبیه خود کند. مسیحیت، پس از کنارگذاشته شدن از سیاست آموخت به‌عنوان نهادی معنوی بقای خود را حفظ کند. اما روحانیت شیعی که نتوانسته با اصلاح در محصولش، خود را با تغییرات دنیای مدرن منطبق کند، حالا فرصتی یافته تا به هر قیمتی، ولو از دست رفتن اعتبارِ تاریخی، اعتقادات قلبی مردم و منابع موجود، نفوذ خود را گسترش دهد و دنیا را به رنگ خود درآورد.

منابع مورد نیاز برای ماموریت جمهوری اسلامی

یکی از خاصیت‌های ذاتی ماموریت، هدایت منابع به سمت مورد نظر تعیین کنندگان آن است. اما لازمهٔ تزریق منابع به سمت ماموریت، تامین آنهاست. همان گونه که در فصل اول بیان شد، به‌دلیل محدودیت‌ها، تمام تلاش جویندگان قدرت، دست‌یابی به منابع است. سازمان روحانیت شیعه هم همیشه مترصدِ به دست آوردن منابع برای پیش بردن اهداف مکتبی و محفلی خود بوده است. این تامین منابع، به‌منظورِ تحقق ماموریت‌های آشکار و نهانِ سازمان روحانیت، در قرن حاضر از طریق کشور ایران، میسر می‌شود. فرصتی به‌دست می‌آید و منابع سرشاری که شامل ثروت‌های ملی و نیروی انسانی‌ست، به‌صورت انحصاری در اختیار روحانیون قرار می‌گیرند.

۱- ثروت‌های ملی: این ثروت شامل مواردی مانند ذخایر انرژی، معادن، منابع طبیعی و پتانسیل‌های گردشگری‌ست. بر اساس آنچه بیان شد، هستهٔ مرکزی تفکر روحانیون، دسترسی به منابع است. متغیری که با آن تصمیم‌گیری می‌کنند و استراتژی‌های خود را می‌چینند. در واقع مصرف منابع و ثروت ایران، بدون هیچ محدودیت و بازخواستی، تنها در جهت تحقق ماموریت روحانیون توجیه دارد. توجیهی که حتی در صورت تشخیص در خدمت ماموریت نبودن کالاهای اساسی، سوبسید آنها قطع خواهد شد. دلیل اختصاص بودجه‌های چندصدمیلیون‌دلاری در جنگ‌های نیابتی، کمک‌های بلاعوض به کشورهایی مثل سوریه، لبنان و گروه‌های مختلف خارجی را همین جا بایستی جست. در واقع بدون بازخواست بودن و مسموع نبودن هرگونه اعتراضی در مورد این کمک‌های بی‌دریغ، در راستای تحقق ماموریت بودن آنهاست. بودجه‌ها و هزینه‌های سرسام‌آوری که از دید مردم عادی

و حتی کارشناسان سیاسی، غیرمنطقی به نظر می‌رسند، در چارچوب ماموریت نظام، توجیه دارند.

بر اساس ماموریت بیان‌شده روحانیون، حتی در قانون اساسی مشتری اصلی حکومت، مستضعفین جهان تعریف شده‌اند. بر اساس تحلیل رهبر جمهوری اسلامی، منظور از مستضعفین جهان، وارثان زمین است. وارثان زمین هم صالحان خواهند بود. تشخیص اینکه چه کسانی صالحان و در نتیجه وارثان زمین هستند هم بر عهدهٔ ولی‌فقیه است. او در برداشت فقهی خود از آیات قرآنی تشخیص داده مثلا مبارزان فلسطینی، لبنانی و سوری وارثان زمین خواهند بود. پس در نظر گرفتن هرگونه بودجه‌ای برای این وارثان، توجیه‌پذیر است. به‌طورکلی، آنچه به نام حیف‌ومیل منابع عنوان می‌شود، در بیانیهٔ ماموریت روحانیون، حتماً توجیهی برایش وجود دارد. ولی امر مسلمین خواندن رهبر یا شایعاتی مانند ارتباط او با امام زمان نیز به‌منظورِ تقویت مشروعیت او برای انجام ماموریت و تخصیص بودجه است.

احتمالا بخشی از منابع، مانند رسوایی‌های مالی شهرداری و دکل نفتی گم‌شده هم به‌صورت غیرشفاف در خدمت ماموریت نظام هزینه می‌شوند.[۱۰] یعنی بخشی از درآمد شهرداری به وارثان زمین پرداخت می‌شود و بعد در حسابرسی‌ها یا افشاگری‌ها برملا می‌گردد. اما چون مجموعهٔ نظام می‌داند کجا هزینه شده، حساسیت به خرج نمی‌دهد. بخشی از اموال هم که خود مسئولین یا اطرافیان آن‌ها به‌شکل اختلاس، رانت، زمین‌خواری و حقوق‌های نجومی تصاحب می‌کنند، پرداختِ مستقیم به وارثان زمین است. یعنی ولی‌فقیه تشخیص داده این افراد وارثان زمین و صالحان هستند و باید از منابع ایران به آن‌ها پول پرداخت شود. در قانون اساسی هم مستقیم ذکر شده که حکومت روحانیون حکومت صالحان است پس اختصاص هرگونه بودجه به روحانیون توجیه اساسی دارد. مخالفت رهبران جمهوری اسلامی با مباحثی مانند "اِف اِی تی اِف" هم ازآن‌روست که این مکانیزم‌های بین‌المللی، تخصیص بودجه‌های این‌چنینی برای حرکت به سمت ماموریت بیان‌شده جمهوری اسلامی را محدود و بعضاً غیرممکن می‌کنند.

از منظری دیگر، خطاب ایران به‌عنوان مملکت امام زمان، دقیقا به تعلق منابع کشور به منجی اشاره دارد. بر این مبنا، هرگونه هزینه کردن منابع جهت حفظ نظام با استراتژی صدور انقلاب تا ظهور منجی برای تحویل جمهوری اسلامی به او توجیه‌پذیر است.

مسئول تخصیص و تقسیم بودجه به وارثان زمین و صالحان، برای رسیدن به حکومت عدل الهی که منجی برپاکنندهٔ آن است نیز ولی‌فقیه می‌باشد. وقتی تمام منابع کشور متعلق به امام زمان است یعنی حتی مالکیت خصوصی تنها تا زمانی که در راستای تحقق ماموریت نظام، به آن نیاز نباشد، معنا دارد. با این شرایط، هر آینه اگر لازم باشد، اموال شخصی مردم می‌تواند مصادره و خرج ماموریت شود. اتفاقی که در مصادره‌های اوایل انقلاب نیز افتاد. مقدار ثروت حداقلی که توزیع می‌شود هم به‌منظورِ جلوگیری از شورش است تا روحانیون بتوانند ماموریت خود را پیش ببرند. اگر این خطر وجود نداشت، که مردم تمام منابع را از سازمان روحانیت پس بگیرند، این توزیع حداقلی نیز صورت نمی‌گرفت.

درعین‌حال روحانیون از بخشی از منابع که در تضاد با ماموریت اصلی‌شان، یعنی حفظ و ارتقاءِ نفوذ سازمان روحانیت است بهره‌برداری نمی‌کنند. برای این مورد، مشخصا می‌توان به پتانسیل بالای کشور در گردشگری غیرمذهبی اشاره کرد که از دو جهت با ماموریت روحانیون در تضاد است.

الف- حضور وسیع گردشگران در داخل کشور و ارتباط وسیع با دنیای بیرون، منجر به باز شدن سیستم جامعه می‌شود و تقاضا برای ارتقاء سطح زندگی و مدرنیته را بین مردم بالا می‌برد. مدرنیته هم که دشمن مرجعیت تاریخی روحانیون است.

ب- اماکن بزرگ و کوچک مذهبی، به‌جز اینکه بخش مهمی از اهداف پروموشنی کالای حکومتی روحانیون را پیش می‌برند، منبعی برای درآمدزایی هم هستند. در این شرایط، اماکن تاریخی گردشگری، به‌عنوان رقیبی برای مراکز مذهبی قلمداد می‌شوند.

۲- نیروی انسانی: در مورد نیروی انسانی، به‌عنوان بخش دوم منابعِ در اختیار روحانیون، در فصل دهم توضیحاتی داده شد. اینجا هم اشاره‌ای مختصر به آن می‌شود. وقتی برای سازمانی در موضع حکومت، انسان‌ها منبع و مواد اولیه‌ای ضروری برای تحقق ماموریت هستند، قابل خرج شدن به اشکال گوناگونی مانند شهید، ذخیرهٔ نظام یا سپر انسانی می‌باشند. در واقع مردم ایران نه تنها به‌عنوان مشتریان و ذی‌نفعان اصلی حکومت تعریف نشده‌اند، بلکه منابعی هستند که با صلاح‌دید ولی‌فقیه می‌توان آن‌ها را به‌شکل مواد خام، برای تحقق ماموریت خرج کرد. ارزیابیِ اهمیت، کارکرد و کیفیت منابع انسانی هم بر اساس استعداد آن‌ها، در پیش بردن ماموریت آن سازمان مورد توجه قرار می‌گیرد. این یعنی کسانی که به ماموریت نظام اعتقاد ندارد یا دارای استعدادِ به خدمت گرفته شدن برای تحقق

ماموریت نیستند، نه تنها مواد اولیهٔ مفیدی نمی‌باشند بلکه به احتمال قوی مضر نیز خواهند بود و نبودشان بهتر از بودنشان است.
منطق ارسال پیام تسلیتِ فوت توسط رهبر جمهوری اسلامی نیز اینجا قابل‌درک است. تنها، وقتی که فعالیت‌های کسی در جهت پیشبرد ماموریت جمهوری اسلامی باشد، خانواده‌اش استحقاق دریافت پیام تسلیت دارد. یا دلیل اینکه در مجموعهٔ نظام، حساسیت روی آسیب دیدن یک نیروی بسیجی بسیار بالاست، اما در مورد کشته‌های اعتراضات و سقوط هواپیما و مواردی ازاین‌دست پنهان‌کاری می‌شود را همین جا باید جست. چون نیروی وفادار، حتی اگر بی‌سواد و بی‌اخلاق باشد، در جهت تحقق ماموریت مواد اولیهٔ مفیدتری‌ست نسبت به دیگرانی که ممکن است حتی نخبه علمی باشند.

کارکردهای ماموریت و جمهوری اسلامی

کارکرد اصلی ماموریت، وقتی نمایان می‌شود که به‌عنوان راهنمایی جامع، تبلوری از وظایفی که تک‌تک اعضای جامعه باید پی بگیرند و انجام دهند باشد. اما همین راهنمای جامع، اگر برگرفته از نیازهای روزمره و بلندمدت مردم نباشد، در تناقضی آشکار، منجر به هرج‌ومرج روانی و اقتصادی می‌شود. تناقضی که در ایران هم، باعث عدم تامین نیازهای اولیهٔ مردم در برابر تحقق ماموریت بقای سازمان روحانیت شده است. کارکرد کلی دیگر ماموریت، وحدت‌بخشی به اهداف و تخصیص درست منابع به فعالیت‌های گوناگون است. در این کارکرد، وقتی ماموریت‌های نظام حاکم، برگرفته از نیازهای واقعی مردم نباشند، منابع، با اتلاف، به سمت رفع نیازهای عمومی هدایت نمی‌شوند و خودِ ماموریت، ضمن دامن زدن به سردرگمی‌ها، مخل یکپارچگی و انسجام می‌گردد. تناقض و اتلاف منابعی که از ابتدای روی کار آمدن جمهوری اسلامی هم شاهد آن هستیم.
از نکات قابلِ‌توجه دیگری که پیش از این هم اشاره شد اینکه، روحانیت قبل از انقلاب، تنها گروهی بود که انشعاب رسمی نیافت. یکپارچگیِ ملموسی که بعد از انقلاب هم ادامه پیدا می‌کند و فقط در سال‌های اولیه، در موارد معدودی مانند اختلافات خمینی و شریعتمداری، عدم انسجام شدید را شاهدیم. نوعی آگاهی و هم‌پیمانیِ اکثریت روحانیون در قبال کارکردِ ماموریت نظام. مجموعه رفتارهایی که ناشی از رسوخ ماموریت و چشم‌انداز در وجود تمام اعضاست. گویی با وقوف جمعی، همانند آنچه در انقلاب مشروطه اتفاق افتاد و با وجود مواضع مختلف،

در مشروعه شدن قانون اساسی متحد بودند، بر سر ماموریت حفظ سازمان روحانیت توسط جمهوری اسلامی هم اختلاف نظری وجود ندارد. نوعی آگاهیِ غریزیِ‌سازمانی، با توافقی نانوشته و ناگفته، از بستگیِ کامل بقا و حیات شغلی معممِ اصلاح‌طلب و اصول‌گرا، به تداوم حیات سازمان روحانیت. در واقع در حکومت روحانیون، پیوستگی کاملی بین ماموریت‌ها، چشم‌اندازها و تعاریف واژگان، با تک‌تک موضع‌گیری‌های مسئولین وجود دارد.

نکتهٔ جالب اینکه تمام این مشخصات از ابتدا به‌صورت مستمر در معرض دید جهانیان بوده و چیزی پنهان نشده است. تا جایی که حتی در سایت خمینی و خامنه‌ای، این مسائل به‌صورت فیش‌های تحقیقاتی در اختیار عموم قرار گرفته‌اند. دلیل این بیان عمومیِ را بایستی در سیستم پروموشنی روحانیون جست. در این مکانیزم، این اعلام عمومیِ بی‌پروا، نوعی تبلیغ و ترویج ماموریت محسوب می‌شود. تاکید روی این‌گونه فعالیت‌ها و مواردی مانند ردیف بودجه‌ها و هزینه‌هایی که در قالب تاسیس بنیادها و مراکز مختلف می‌شود، گوشزد نمودن عزم دست‌یابی به ماموریت است. یا عدم واکنش شدید در برابر مختلس‌های فراری از کشور، ضایعات تولید و هزینه‌های پرتی دیدن آنها از سوی روحانیون است.

با وجود اعتقاد راسخ به ماموریت حفظ سازمان روحانیت، بین اصول‌گرایان و اصلاح‌طلبانِ معمم، اختلاف اصلی آنها نیز همین جا قابلِ‌بررسی‌ست. اصلاح‌طلبان، بدون ارتقاء کیفیت کالای فقهی، در پی اصلاحات روبنایی می‌باشند. در صورتی که به اعتقاد اصول‌گرایان، این اصلاحات به تضعیف کارکرد احکام فقهی منجر شده، سازمان روحانیت را ضعیف کرده و در نهایت از بین خواهد برد. در این بین، جریان سومی که با توجه به مبانی مدرنیته، به ارتقاء و به‌روز کردن خودِ کالای فقهی بیندیشد وجود ندارد.

با این زمینهٔ ذهنی و با توجه به کشش ذاتی فرد به سمت گروهی که به آن تعلق دارد، اکثر مواضع روحانیونِ خُرد و کلان، جایی از ماموریت‌ها و ارزش‌های نظام قابل تحلیل است. مثلا جایی که رئیس‌جمهوریِ مُعمم اصلاحات، فعالیت‌های خود را در چارچوب نظام تعریف می‌کند، وفاداری کاملش به ماموریتِ حفظ سازمان روحانیت را نشان می‌دهد.(۱۱) یا در طیف اصول‌گرا، وقتی از سوی یکی از مسئولین مُعمم عنوان می‌شود "اگر قرار بر رفاه و پیشرفت بود که شاه بهتر انجام می‌داد" دقیقا به ماموریت اشاره دارد. در واقع با ماموریتِ تعریفی، مواردی مانند آسایش همگانی، رفاه عمومی و حفاظت از آثار ملی، چون با ذات حرکت جامعه

به سمت تشکیل امت اسلامی از طریق صدور انقلاب همخوانی ندارد، در چارچوب وظایف نظام حاکم نمی‌گُنجد. بر این اساس، ملاک ارزیابی عملکرد هیچ‌یک از مسئولین جمهوری اسلامی رفاه و آرامش مردم نیست تا با سنجش شاخص‌های این پارامترها، فاصله با شرایط ایده‌آل تعیین شود و بعد اقدامی صورت بگیرد. البته گاهاً بعد از ایجاد حساسیتِ ناشی از بیان صریح و آشکارسازی لایه‌های پنهان ماموریت و هدف روحانیون، این گفته‌ها تکذیب می‌شوند.[۱۲]

بر اساس معیارها و اهداف تعریف شده در راستای ماموریت، ادعای پیشرفت از سوی مسئولین نیز درست است.[۱۳] مثلا ادعای مسئول مُعممی که می‌گوید طی ۴۲ سال گذشته به اندازهٔ ۱۵۰ سال کار انجام شده، در چارچوب ماموریت نظام، درست است.[۱۴] ابتدای انقلاب به‌عنوان نقطه صفر پیشرفت روحانیت در نظر گرفته شده و بعد در مواردی مانند صدور انقلاب، دسترسی به منابع و به‌خصوص حفظ سازمان روحانیت ارزیابی صورت گرفته است. مثلا محاسبه شده که به‌اندازهٔ ۱۵۰ سال منابع مالی ذخیره شده است. از این منظر عموم مردم و روشن‌فکران ایرانی، نیاز به مترجم زبان حوزوی دارند تا اظهارات و صحبت‌های روحانیونِ بر سرکار ترجمه شود. با توجه به اتفاقات جهانی چند دههٔ گذشته و عدم توانایی در به‌روزرسانی و هماهنگی با دنیای مدرن، با نزدیک‌بینی، برآورد شده که اگر قدرت کامل سیاسی را در دست نگرفته بودند، سازمان روحانیت تابه‌حال بسیار ضعیف شده بود. از آنجا که به‌غیر از حفظ سازمان روحانیت، منابع مالی کافی از طریق ایران برای تداوم بقا به‌دست آمده، پیشرفت در انجام ماموریت، مثبت ارزیابی می‌شود. اختلاف اصلی سازمان روحانیت با مردم همین جاست چون معیارهای روحانیون برای کار انجام شده، با عرف و نُرمِ پذیرفته‌شده زندگی، متفاوت است. شاخص مورد توجه مردم برای ارزیابی رشد، مواردی مانند رفاه و آزادی‌ست اما معیار حکومت از سنجش عملکرد، مأموریت‌های محفلی‌ست. از همین روی اعتراض به نبود رفاه تنها در صورتی شنیده می‌شود که ماموریت نظام را با چالش اساسی روبرو کند.

مکانیزم عملکرد ماموریت در جمهوری اسلامی

قبلا اشاره شد که ماموریت، با پاسخ به چرایی وجود هر سازمانی، به آن انگیزهٔ ماندگاری می‌دهد و خطوط اصلی حضور در محیط را تعیین می‌کند. در مورد انسان هم ماموریتی که در پاسخ به چرایی حضورش در این دنیا برای خود تعیین می‌کند، ذهنش را آرام کرده و موجب هدایت تمام انرژی های جسمی و روحی او در آن

جهت می‌شود. حال اگر کسی، در یک فرایند شخصی سالم، توان یافتن پاسخ این پرسش را نداشته باشد، ممکن است جذب ماموریت تعریفی یک گروه ایدئولوژیک شود. در واقع با توسل به چرایی تعریف شده توسط یک سازمان، چرایی شخصی‌اش را پیدا کند.[۱۵] اینکه کسی با وقف کامل خود برای ماندگاری یک سازوکار حکومتی، دست به هر علمی می زند، از کارکرد همین مکانیزم نشأت می‌گیرد. رابطهٔ ذوب‌شدگان ولایت با نظام جمهوری اسلامی نیز از همین جنس است. هر روز با تزریق ماموریتِ تعریف شده توسط روحانیون، خود را سرپا نگه می‌دارند.[۱۶] در واقع مهم‌ترین نکته در مورد ماموریت، مکانیزم عملکرد آن در ذهن انسان است. ماموریت، چون به چرایی وجود آدمیزاد پاسخ می‌دهد و درعینِ‌حال به نیازِ جاودانگی انسان گره می‌خورد، خاصیت مسخ‌کنندگی شدیدِ ذهنی دارد. نوعی کشش ذاتیِ مسحورکننده که باعث وقف خودآگاه یا ناخودآگاه فرد برای تحقق آن می‌شود. این کشش ذاتی، بسیاری اوقات ماموریت را تبدیل به موجودی مستقل و نیرومند می‌کند که با تسلط بر انسان‌ها آنها را شدیدا تحت‌کنترل خود درمی‌آورد. موجود زنده‌ای که برای تغذیه، منابع محیطی را به درون می‌کشد و هر قدر بزرگ‌تر باشد، به غذای بیشتری نیاز دارد. فقط بخشی از ماموریت بیان‌شده جمهوری اسلامی، مبنی بر تشکیل امت اسلامی، به‌قدری بزرگ است که برای زنده ماندن، استعداد بلعیدن تمام منابع دنیا را دارد. ماموریتی که با گرانشی عظیم، ابتدا با قدرت، تمام منابع ایران را به درون می‌کشد و بعد سایر منابع محیطی موجود را تزریق می‌کند تا به حیات خود ادامه دهد. ماموریتی چنان مست و مسخ‌کننده که اختیارش حتی در دست رهبران جمهوری اسلامی نیست و آن‌ها را نیز تحت‌تسلط خود درآورده و رهایی از آن به سختی امکان‌پذیر است. بر این اساس تا وقتی مکانیزم کشورداری در ایران گره‌خورده به این قانون اساسی‌ست آمدن و رفتن آدم‌ها تاثیری نخواهد داشت و هرکه بر جایگاه رهبری تکیه بزند مقهور ماموریت آن شده، تبدیل به ابزاری برای تحقق آن می‌گردد. ماموریتی با کشش و گرانشی بسیار بالا که روحانیون را در چنان بن‌بستی قرار داده که ممکن است حتی با انتحار به سوی تحقق آن گام بردارند و در این مسیر خسارات جبران‌ناپذیری به تمام محیط وارد کنند. در واقع جمهوری اسلامی چون از ابتدا به‌صورت پروژه‌ای با ماموریتی مشخص اما تاریخ انجامی نامشخص تعریف شده، با اضطراب و اضطرارِ دائمی، استعداد بی‌مانندی در مصرف منابع محیطی دارد. با این اوصاف، خطرناک‌ترین چیز برای هر انسان، سازمان و نهادی، تدوین غلطِ ماموریت و ماموریتِ غلط است.

روحانیون حاکم بر ایران، با نوع ماموریتی که برای خود تعریف کرده‌اند و گره آن به آخرالزمان، نابودی یا تضعیف سازمان متبوع خود را به خاتمه دنیا پیوند زده‌اند. با این زمینهٔ ذهنی که اگر قرار است نفوذ سازمان روحانیت شیعه کم بشود باید دنیا از بین برود. تفکری که در آن، ادامه حیات بشر بدون نفوذ سازمان روحانیتِ شیعه معنا ندارد. با این اوصاف، این سازمان خود را وارد سیکلی بسته کرده که نه با اصلاح درونی، حاضر به‌همراهی با قافله بشری‌ست نه ادامه زندگی را بدون نفوذ همه‌جانبه خود برمی‌تابد. از یک طرف حاضر به پذیرش تغییرات بشری نیست و از طرف دیگر گره خوردن به آخر زمان، موتور محرکهٔ آن شده است. نوعی پیوند آخرالزمانی که موجب گسترش مرگ‌پرستی شده، ایران را پایگاه بسط حضور خود در دنیا کرده و از جنگی که سازمان روحانیت را از بین نبرد، واهمه ندارند. ممکن است جامعهٔ جهانی، با تصوری که از قدرت و تسلط خود بر محیط دارد، تعامل کج‌دار و مریز با ماموریت جمهوری اسلامی را فرصتی برای تامین منافع خود ببیند. غروری که در نهایت منجر به حرکت خزندهٔ این ماموریت می‌شود و تمام سیستم‌های دنیا را آلوده می‌نماید. به‌بیان ساده، دنیا ممکن است هدف‌گذاری‌هایی مانند برگزاری شب‌های قدر در کاخ ورسای پاریس و حسینیه کردن کاخ سفید را شوخی بگیرد.[۱۷] اما این اهداف، وقتی با کشش و گرانش شدید ماموریت همراه شوند، می‌توانند آثار بسیار مخربی به‌جا بگذارند و دنیا را تحت‌تاثیر خود قرار دهند. در واقع حتی بعد از سقوط جمهوری اسلامی ممکن است عوامل باورمند به ماموریت آن، در سطح دنیا پخش شوند و با منابعی که طی این سال‌ها در اختیار گرفته‌اند، چرایی زندگی خود را در تحقق آن ماموریت جستجو نمایند.

رویکردها در ماموریت و جمهوری اسلامی

حداقل سه رویکرد در مورد ارتباط بین بازاریابی و ماموریت قابل‌شناسایی‌ست. اولین رویکرد، فروش تمام محصولات تولیدی، به همه است. دومین رویکرد، که پیچیده‌تر می‌شود، خلق محصولاتی‌ست که به‌منظورِ برآورده کردن نیازهای برآورده نشدهٔ بازارهای هدف عرضه می‌شوند. سومین رویکرد که فلسفی‌ست، ارتقاء و بالا بردن ابعاد زندگی مادی و معنوی مردم در سراسر دنیاست.

با نگاهی به فعالیت‌ها و موضع‌گیری‌های جمهوری اسلامی می‌بینیم، اگرچه هیات حاکمه از ابتدای انقلاب، درگیر بحث بقا بوده‌اند، اما هم‌زمان هر سه رویکردِ فوق به‌صورت تاکتیکی دنبال شده‌اند. مثلا وقتی آرزوی حسینیه شدن کاخ سفید بیان

می‌شود، نشانگر رویکرد اول و تمنای فروش تمام محصولات جمهوری اسلامی به همه مردم دنیاست. تولید کالای ولایت فقیه برای برآوردن نیازهای خود روحانیون، نشانگر عملیاتی شدن رویکرد دوم است. در نهایت وقتی خمینی در سخنرانی بهشت‌زهرا می‌گوید "ما علاوه بر اینکه زندگی مادی شما را می‌خواهیم مرفه بشود، زندگی معنوی شما را هم می‌خواهیم مرفه باشد" در واقع با هدف گرفتن بُعد مادی و معنوی زندگی مردم رویکرد سوم را تداعی می‌کند.

چشم‌انداز[۱۸] و انقلاب ۵۷

ماموریت، چرایی وجود سازمان را تعیین می‌کند اما چشم‌انداز به این پرسش که قرار است به کجا برسیم پاسخ می‌دهد. تصویری در وصف آینده و وضعیت آتی جامعه، بعد از تحقق ماموریت و دست‌یابی به اهداف، در پناه برنامه‌های اجرایی. این مفهوم، که معمولاً نتیجهٔ الگوبرداری یا خلاقیت رهبران فکری‌ست، در ابعاد مختلفی مانند وضعیت اقتصادی، اجتماعی، فناوری، آموزشی و فرهنگی معنا می‌یابد. چشم‌انداز ترسیمی برای جامعه باید سطوح مختلف نیاز عامه مردم را در نظر بگیرد، آینده‌ای دور اما مطلوب را به تصویر بکشد، ایجاد هیجان، انگیزه و تحرک نماید و درعین بلندپروازانه بودن، واضح، قابل‌درک و ملموس باشد. با این شرایط، در تعیین چشم‌اندازهای ایده‌آل، همیشه خطر افتادن در دام اتوپیاگرایی غیرواقعی وجود دارد چون روشن‌فکران و رهبران جوامع، گاهی بدون توجه به شرایط فعلی، به فکر ساخت آرمان‌شهری می‌افتند که تنها در ذهن خودشان قابل‌دست‌یابی‌ست. نوعی تلهٔ روانیِ سهمگین که آن‌ها را از خودبی‌خود می‌کند و مست از هیجانی کاذب، گیج می‌نماید.

چشم‌انداز پیش از انقلاب ۵۷

برای چشم‌اندازِ ترسیمی از جامعهٔ مدرن، در دوران پهلوی دوم، نمونه‌های قابل ارجاعی در دنیا وجود داشت. ارجاعی که به دلیل محدودیت‌های ارتباطی، برای مردم عادی، قابل‌لمس نبود. اگر سیستم پهلوی، حین اجرای برنامه‌های توسعه خود، مزایای مدرنیته را در یک بازه زمانی مشخص، در ذهن مردم نهادینه می‌کرد، دست‌یابی به اهدافش امکان‌پذیر بود. به‌جز خود حکومت پهلوی، ملموس‌سازی این چشم‌انداز بر عهدهٔ روشنفکران درس‌خوانده با بودجهٔ دولتی در جوامع مدرن هم

بود. اما اکثر این روشن‌فکران، یا از روی کینه به پهلوی یا به دلیل سطحی‌نگری، با سانسور و نادیده گرفتن دستاوردهای مثبت مغرب زمین، تصویری مخدوش، خراب و یکسره بی‌بندوبار و از دنیای غرب به مردم ارائه می‌کردند. درصد بالایی از مردم که به‌دلیل کم‌سوادی و عدم مسافرت به کشورهای غربی، شخصا تصوری از آزادی، مدرنیته و رفاه نداشتند، به تصویر عرضه‌شده توسط این روشن‌فکران اعتماد کردند و حالتی تدافعی در برابر مدرنیته گرفتند. چه بسا افراد بی‌سوادی که گرفتاری‌های مختلف دهه‌های ۲۰ و ۳۰ را دیده بودند و بعد رشد اقتصادی دهه‌های ۴۰ و ۵۰ را درک کرده بودند، فهم‌شان از مسیری که جامعه طی می‌نمود بیشتر بود. از سوی دیگر، جوانی و خامی بسیاری از رهبران مبارز علیه حکومت پهلوی باعث شده بود ۱- به دلیل عدم وجود تجربهٔ زیستهٔ قابل‌اتکا در شرایط مختلف، فاقد پختگی باشند. ۲- در اثر خواندن چند جزوه و کتاب و شرکت در گعده‌های بسته، با دانشی محدود و درکی ناقص از مکاتب مختلف سیاسی، غرق در آرمان‌گرایی لاهوتی شوند. سرانِ بیست‌وچندساله و دنیا ندیده‌ای که با اعتمادبه‌نفس، چشم‌انداز عرضه‌شده را رد می‌کنند و در پی تغییر مناسبات چندهزارساله قدرت برمی‌آیند. در این بین مشخصا، نوعی لجبازی ناشی از مشکل شخصی با شخص شاه و نظام پهلوی را نیز می‌توان حس کرد. بخشی از این لجبازی احتمالا نشأت گرفته از الگوی زندگی شاه بوده است. تصور او بر این بوده که سبک زندگی‌اش مایه غرور و مباهات مردم خواهد بود. غافل از اینکه آن تصاویر در برخی احساس فاصله و سرخوردگی ایجاد می‌نموده است. نکته‌ای که روحانیون از آن باخبرند و بر سر قدرت، در فرایندی پروموشنی، زندگی خود را در ساده‌زیستی، به مردم عادی نزدیک نشان می‌دهند.

در هر صورت روشن‌فکران و مخالفان شاه نمی‌توانند به محاسن و معایب حکومت پهلوی وزن درست بدهند، برآیند واقعی نیروهای محیطی را درک کنند و بین احساسات شخصی با مصالح کشور تعادل برقرار کنند. پس به تخریب چشم‌انداز ارائه‌شده توسط شاه می‌پردازند و از مکانیزم تبلیغات ترس، که پیش از این توضیح داده شد، سود می‌برند تا دستاوردهای پهلوی را نفی کنند. خود این گروه‌ها هم اکثرا چشم‌انداز درست و دقیقی که برآورنده نیازهای مختلف مردم باشد، نداشته‌اند. تمام دورنمای‌شان که محدود به سقوط رژیم پهلوی و رفتن همیشگی شاه بود، در بهمن‌ماه ۵۷ محقق می‌شود و بعد از آن هیچ. بین این گروه‌ها، تنها روحانیون به‌صورت محفلی و مبهم، چشم‌انداز راه‌اندازی حکومت اسلامی با محوریت ولی‌فقیه

را درون خود پرورده بودند.

چشم‌انداز بعد از انقلاب ۵۷

چشم‌انداز کلانی که بعد از انقلاب توسط سازمان روحانیت ترسیم می‌شود، برقراری حکومت عدل الهی‌ست. مفهومی مبهم و غیرمدرج که هیچ تصویر واضحی از آن وجود ندارد و بیشتر شبیه اتوپیایی فلسفی‌ست. روحانیت، در آستانهٔ دست گرفتن قدرت، با طرح وعده‌ها و شعارهایی مشخص، برای تمام بازار هدف، چشم‌اندازهای ملموسی نیز ترسیم می‌کند. با طرح شعار آب و برق و خانه مجانی، نیاز قشر ضعیفِ اقتصادی را هدف می‌گیرد و با وعدهٔ آزادی و انسان کردن انسان‌ها نیازهای قشر فرهیخته‌تر را هدف قرار می‌دهد. گویی قبلا هوشمندانه تقسیم بازار صورت گرفته، نیازهای هر بخش شناسایی شده و چشم‌انداز مناسبِ هر گروه طراحی شده است. اما به‌محض تثبیت قدرت و به نام خوردن حکومت، چشم‌انداز آزادی با حذف گروه‌های رقیب و اعمال محدودیت‌های شدیدی مانند حجاب اجباری تحت‌الشعاع قرار می‌گیرد و وعده‌های اقتصادی هم از همان ابتدا با کمبود ارزاق موضوعیتش از بین می‌رود. چشم‌اندازهای وعده داده‌شده فراموش می‌شوند و تمام تمرکز حاکمیت روی چشم‌انداز سازمان روحانیت شیعه قفل می‌گردد.

روحانیون بعد از آن هم یک سند و یک بیانیهٔ استراتژیک صادر می‌کنند. در سند چشم‌انداز بیست‌ساله، سعی شده در زمینه‌های مختلف، دورنمایی ترسیم شود. سندی که چون واضح، قابل‌فهم و برانگیزننده نیست و به تغییرات نسل‌های آینده و تحولات دنیا توجه نکرده، اساسا فاقد ویژگی‌های حرفه‌ای‌ست. در بیانیهٔ گام دوم انقلاب هم ماموریت نظام تغییر نکرده، چشم‌اندازی معرفی نشده و فقط دستورالعمل‌هایی ارائه شده‌اند. این نشانگر آن است که اگرچه مجموعه نظام جمهوری اسلامی اصول علم استراتژیک را می‌شناسد، اما استفادهٔ محفلی از آن، کارکرد اصلی این اصول را مخدوش کرده است.

ارزش‌ها[۱۹] بعد از انقلاب ۵۷

ارزش‌ها، پاسخ به چگونگی‌ها را می‌دهند. معیارهایی هستند تا اعضا بدانند چطور وظایف خود را برای رسیدن به چشم‌انداز انجام دهند. اصول هدایت‌کننده و باورهای عمیقی که بر نگرش و رفتار عمومی تأثیر می‌گذارند و مردم از طریق آن‌ها پی می‌برند با خودشان و دیگران چگونه رفتار کنند. ارزش‌هایی که در نظام

جمهوری اسلامی با محوریت ولایت فقیه تبلیغ و ترویج می‌شوند، بازتابی از شغل و روحیۀ خود فقه‌ها می‌باشند.

فارغ از مناسب یا نامناسب بودن تعریف ارزش‌های فقهی برای جامعه‌ای امروزی، چون روحانیون مشتریان اصلی خود را مردم ایران نمی‌دانند، لزومی در توجیه و انطباق آن‌ها با نیازهای عمومی ندیده‌اند. از سوی دیگر، با توجه به دامنۀ وسیع طرح ارزش‌ها در اسلام، برداشت‌ها، از اولویت و اهمیت آن‌ها در حد تفاسیر و سلایق شخصی سقوط کرده‌اند. از همین‌روست که ارزش‌ها، هم‌راستا با ماموریت‌های جمهوری اسلامی ارائه شده‌اند و بیش از آنکه روی اصول مذهب حساسیت وجود داشته باشد، روی موضوعاتی مانند حجاب، که حتی جزو فروع دین نیستند، تاکید می‌شود.

فصل چهاردهم

محیط بازاریابی
و انقلاب ۵۷

محیط شامل ذی‌نفعانی‌ست که از رویدادهای درونی سازمان، نفع یا زیان می‌بینند و متقابلا روی وضعیتِ مجموعه تاثیر می‌گذارند. برای موفقیت در بازاریابی و فروش هر پدیده‌ای، از جمله ایدۀ انقلاب یا محصول حکومت، به‌خصوص در محیط متغیر عصر حاضر، تجزیه و تحلیل و شناخت هر یک از این ذی‌نفعان ضروری‌ست. در واقع برای ترکیب درست عناصر آمیختۀ بازاریابی بایستی به مطالعه این عوامل پرداخت تا به سازگاری با محیط کلان رسید و از فرصت‌ها نهایت بهره‌برداری را برد. این عوامل محیطی به دو دستۀ اصلیِ درونی و بیرونی تقسیم می‌شوند.

در بررسی انقلاب ۵۷ محیط درونی شامل تمامی عناصری‌ست که در داخل کشور اثری مستقیم بر بازاریابی و فروش ایدۀ انقلاب و محصول جمهوری اسلامی داشته‌اند. محیط بیرونی هم شامل نیروهای حاصل از تحولات جهانی و مناسبات خارجی‌ست که مستقیم و غیرمستقیم، زمینه‌های انقلاب را فراهم کرده‌اند. در محیط بیرونی معمولا فرصت و تهدید وجود دارد و در محیط درونی قوت و ضعف. هنر روشن‌فکران جامعه، از یک طرف تقویت قوت‌های درونی، برای به کارگیری فرصت‌های محیطی‌ست. از طرف دیگر تضعیف ضعف‌های درونی برای مقابله با تهدیدهای محیطی. هر دوی این رویکردها هم بایستی در جهت برآوردن نیازهای مردم باشند. از این منظر، با توجه به شرایط جهانی، انقلاب ۵۷ می‌توانست قوتی بی‌نظیر برای احیای انقلاب مشروطه باشد، اما به بزرگ‌ترین ضعف در مسیر تعدیل ساختار قدرت تبدیل شد.

محیط داخلی و انقلاب ۵۷

با اینکه کنترل اصلی حاکمان معمولا روی عوامل درونی‌ست اما هرچه به عصر حاضر نزدیک‌تر شده‌ایم این کنترل کمتر شده و ماهیتش تغییرات بیشتری کرده است. در نظام‌های پادشاهی کلاسیک که تصمیمات مهم و اثرگذار توسط شخص شاه گرفته می‌شدند معمولا امیال، روحیات و علایق شخصی او تعیین‌کننده بودند و مردم عادی جایی در معادلات قدرت نداشتند. علایق شاهان هم معمولا به‌دلیل ارتباطات محدود، تاثیر زیادی از سایر بخش‌های دنیا نمی‌گرفتند و در دایره‌ای بسته محبوس بودند. در دوران پهلوی، با توجه به جو جامعۀ جهانی و تشدید تاثیرات فرهنگی و اجتماعی کشورها بر هم، علایق پادشاهان تا حدودی از شکل فردی و سلیقه شخصی خارج شد و تحت‌تاثیر دنیا رشد کرد. این ارتقاء سلیقه شخصی، لاجرم خود را در سطح کشورداری هم نشان داد و در زمینه‌های مختلف، تحولاتی

درخور ایجاد کرد. در واقع چون این دو پادشاه، به‌عنوان قوی‌ترین ذی‌نفع داخلی، بیشترین منابع را برای هدایت فعالیت‌های کلان کشور در اختیار داشتند، آن ارتقاء سلیقه شخصی اثر زیادی بر جامعه می‌گذارد. این اثرگذاری از طریق عاملیت آن‌ها در برنامه‌ریزی، هماهنگی، هدایت‌کنندگی و کنترل به جامعه تزریق می‌شود.

بعد از انقلاب، جمهوری اسلامی تبدیل به مهم‌ترین ذی‌نفع جامعه می‌شود. اما رهبران جدید تمایل و اعتقاد چندانی به تاثیرپذیری از محیط کلان جهانی در زمینه‌های مختلفی مانند اجتماعی، سیاسی و فرهنگی ندارند. نتیجهٔ چنین رویکردی بازگشت شرایط جامعه به پیش از دوران پهلوی‌ست. نوعی واگرد تاریخی که دوباره تمام تصمیمات مهم جامعه، برای صرف منابع، منطبق با سلیقه و روحیات افرادی شده که از تاثیرات شرایط روز دنیا بی‌نصیب می‌باشند. یعنی، چه در زمان پهلوی چه جمهوری اسلامی بسیاری از تصمیمات کلان، منطبق با خواست شخصی نفر اول کشور گرفته می‌شوند. با این تفاوت که در دوران پهلوی سلیقه و نوع نگاه رئیس کشور در بسیاری زمینه‌ها، به‌خاطرِ تعامل مثبت با دنیا رشد کرده بود. در مورد خود پهلوی و جمهوری اسلامی به‌صورت وسیع در فصل‌های مختلف کتاب صحبت شده است. در ادامه سایر عوامل محیط داخلی به‌صورت مجزا تشریح می‌شوند.

۱- مردم/مشتری و انقلاب ۵۷

مردم درعین‌حال که اصلی‌ترین مشتریان حکومت‌ها هستند، ارزشمندترین دارایی کشور نیز محسوب می‌شوند و می‌توانند به بزرگ‌ترین قوت یا ضعف هر جامعه‌ای تبدیل شوند. نیروی انسانی در حکومت، جایی‌ست که عامل اصلی تولید، خود بزرگ‌ترین گروه مشتری را تشکیل می‌دهد و می‌تواند به‌عنوان قوی‌ترین رقیب نظام حاکم ظهور کند. به همین دلیل تمرکز روی این بخش از بازار سیاست، بزرگ‌ترین وظیفه حاکمان است. دلیل وجودی حکومت‌ها، مردم هستند. در واقع حکومت‌ها هستند تا با بهره‌گیری از فرصت‌های بیرونی و قوت‌های درونی، تهدیدهای بیرونی و ضعف‌های درونی را کاهش دهند و با تخصیص درست منابع، نیازهای مختلف مردم را مرتفع کنند و آن‌ها را به سطوح بالاتری در هرم مازلو هدایت نمایند. حکومتی مطلوب است که در آن تمام اجزا چنان هماهنگ عمل می‌کنند که ملزومات اولیهٔ رشد و پیشرفت همگانی فراهم شود و ارزشی ممتاز برای مردم خلق گردد. به‌عنوان مثالی ملموس از اثر مردم می‌توان به بررسی

مختصر تاثیر سطح سواد در دوران انقلاب پرداخت. در اواخر دوران پهلوی، با وجود تلاش‌های سپاه دانش کماکان بیش از نیمی از جمعیت کشور بی‌سواد بودند. بسیاری از افرادی که در آمارهای آن دوره باسواد ذکر می‌شوند هم اساسا تنها خواندن و نوشتن می‌دانسته‌اند. هر قدر سطح سواد عمومی جامعه پایین‌تر باشد، تاثیرپذیری افراد از پروموشن‌های پوپولیستی، تولیدات خرافی و محصولات مذهبی بیشتر است. این بخش از جامعه، که تا ماه‌های آخر حکومت پهلوی در فرایند وقوع انقلاب نقش چندانی نداشتند، در شکل‌گیری و قوام نظام جمهوری اسلامی نقش فعالی بازی می‌کنند. در واقع بسیاری از آن‌ها به‌دلیل همان تاثیرپذیری که بالا ذکر شد به‌شدت تحت‌تاثیر فعالیت‌های پروموشنی جمهوری اسلامی قرار می‌گیرند، از حالت انفعال خارج می‌شوند و تبدیل به قوی‌ترین ابزار در دست روحانیون می‌گردند. این حالت از همان دوران انقلاب، که شایعه دیده شدن تصویر خمینی در ماه همه‌گیر می‌شود، خود را نشان می‌دهد. درعین‌حال با اینکه تبدیل به مهم‌ترین اهرم و منبع روحانیون برای پیشبرد ماموریت آن‌ها می‌شوند کمترین اهمیت را پیدا می‌کنند و از موضع مشتری حکومت خارج می‌شوند. به‌دلیل اهمیت تحلیل این بخش، به وضعیت مشتری در جمهوری اسلامی انتهای فصل پرداخته می‌شود.

۲- محیط اقتصادی و انقلاب ۵۷

محیط اقتصادی شامل عواملی‌ست که بر قدرت خرید و الگوی هزینه کردن مردم تأثیر می‌گذارند و محرک بازار می‌شوند. تاثیر قدرت خرید مردم بر شرایط جامعه متقابل است. مثلا عواملی نظیر درآمد جاری، سطح قیمت‌ها، میزان پس‌انداز و سیاست‌های اعتباری که الگوی هزینه را تعیین می‌کنند خود در شکل‌گیری تحولات اجتماعی نقشی اساسی دارند. به‌بیان ساده در اقتصاد، قدرت خرید فعلی مردم ارتباط مستقیمی با نحوهٔ توزیع درآمد دارد. عامل تعیین‌کنندهٔ توزیع درآمد نیز ساختار اقتصادی کشور است که آن هم متاثر از نظام سیاسی می‌باشد. بر همین اساس می‌توان گفت چه پیش از انقلاب و چه پس از آن، اختلاف سطح درآمد و الگوی توزیع ثروت، همیشه یکی از علل بروز اعتراضات مردمی بوده‌اند.

یک الگوی ساده در این زمینه عبارت است از ۱- جامعه‌ای که در آن اکثریت با درآمدهای بسیار پایین زندگی می‌کنند. ۲- جامعه‌ای که اکثریت درآمدهای بالا دارند. ۳- جامعه‌ای که اکثر مردم درآمد متوسط دارند.[1] در دهه‌های پایانی حکومت پهلوی، به‌خصوص با تاسیس کارخانه‌های تولیدی در دههٔ ۴۰،

به‌خوبی آغاز حرکت جامعه در جهت سومین الگوی توزیع درآمد یعنی اکثریت با درآمد متوسط را می‌توان دید. اما بعد از انقلاب، الگوی توزیع درآمدی مردم با یک پله سقوط به اولین الگو بازگشته، به درآمدهای بسیار پایین برای اکثریت و درآمدهای بسیار بالا برای اقلیت تغییر یافته است. اقتصاد کشورها ممکن است دارای یکی از ساختارهای زیر باشد.

الف- اقتصاد معیشتی که در آن اکثر مردم کشاورز هستند. رعایایی که مصرف‌کنندهٔ تولیدات خود می‌باشند و از مازاد آن برای رفع سایر نیازهای خانواده بهره می‌برند. اقتصاد غالب ایران تا دورهٔ قاجار این‌گونه است. اما با فوران نفت از اولین چاه در مسجد سلیمان، به پلهٔ بعدی صعود می‌نماید.

ب- اقتصاد صادرکنندهٔ مواد اولیه که ایران تقریباً طی یک‌صد سال اخیر بر مدارِ همین الگو چرخیده است. این‌گونه اقتصادها برای کشورهای پیشرفته، بازار خوبی در زمینهٔ تجهیزات استخراج، مواد مصرفی، سلاح و وسایل حمل و نقل می‌باشند.

ج- اقتصاد در حال صنعتی شدن که معمولا کشورها دارای طبقهٔ ثروتمند جدید و طبقهٔ متوسط رو به رشد هستند. در دو دههٔ آخر حکومت محمدرضا پهلوی، با توجه به راه‌اندازی تعداد زیادی کارخانه‌های صنعتی، کشور در حال گذار از اقتصاد مبتنی بر صادرات مواد اولیه به این مرحله بود. بعد از انقلاب، مصادرهٔ کارخانه‌ها و بعد مدیریت آن‌ها توسط افراد غیرمتخصص وابسته به روحانیون، کشور را دوباره به مرحلهٔ قبل راند. به‌عنوان مثال کوچکی از تصمیم‌گیری افراد غیرمتخصص، می‌توان به برندهایی اشاره کرد که نام‌شان بعد از انقلاب به بدترین وجه ممکن تغییر یافت.[۲]

د- اقتصاد صنعتی، متعلق به کشورهایی‌ست که صادرکنندهٔ کالای صنعتی و وجوه سرمایه‌گذاری هستند. لازمهٔ رسیدن به اقتصاد صنعتی، ساختار سیاسی مناسب است. ساختار سیاسی مناسب هم جایی شکل می‌گیرد که قدرت و ثروت به‌درستی توزیع شوند. در تاریخ معاصر ایران اگر انقلاب مشروطه درست پیش می‌رفت و رشد سیاسی جامعه و متعاقب آن توزیع مناسب قدرت متوقف نمی‌شد، توزیع ثروت نیز به‌صورت متعادل آغاز می‌شد و حالا احتمالا کشور دارای اقتصادی صنعتی بود. انقلاب مشروطه ابتدا روی توزیع مناسب قدرت تمرکز داشت. در زمان محمدعلی‌شاه با اعمال نفوذ روحانیون در متمم قانون اساسی، مشروعه نیز به مشروطه اضافه شد تا توزیع قدرت در جامعه دوباره به‌چالش کشیده شود. این‌گونه دست‌اندازی‌ها، در کنار مقاومت خود شاهان برای اجرای مشروطه، اصلی‌ترین مانع توزیع مناسب ثروت در جامعه شد تا آشفتگی اقتصادی پا برجا مانده و حادتر شود.

۳- محیط جمعیت‌شناختی و انقلاب ۵۷

جمعیت‌شناسی، مطالعهٔ لایه‌های مختلف بافت جامعه برحسب مواردی مانند تعداد، تراکم، سن، جنس، نژاد، اشتغال و موقعیت جغرافیایی می‌باشد. تحولاتی نظیر تغییر ساختار جمعیتی، تغییر خصوصیات خانواده، جابه‌جایی جغرافیایی جمعیت و افزایش تعداد کارمندان اینجا مورد بررسی قرار می‌گیرند. به‌عنوان مثال در این زمینه می‌توان به افزایش اعتبار کارمندان و کارگران شرکت‌های بزرگ در دوران پهلوی دوم به‌خصوص در دهه‌های ۴۰ و ۵۰ اشاره کرد. این افزایش اعتبار، خود نشانگر حرکت ساختارهای مدیریتی بازار به سمت نظم عمومی و سامان یافتن فعالیت‌های اقتصادی‌ست. در واقع از همین نشانه‌ها می‌توان حرکت جامعه به سمت مدرنیته را تشخیص داد. بعد از انقلاب این نظم نوپا برهم خورد و پول و ثروت به‌صورت بی‌قاعده در جامعه‌ای که مبنایش بر بازار سیاه و دلالی شده بود توزیع شد. از همین مثال کوچک می‌توان به اهمیت مطالعات جمعیت‌شناختی برای درک بازاریابی حکومتی پی‌برد. در ادامه به چند مورد در این زمینه می‌پردازیم.

الف- رشد جمعیت و تغییر ساختار خانواده: شامل عوامل اثرگذاری مانند اندازه، نرخ رشد، تعداد فرزندان، ازدواج دیر هنگام و کار زنان پیش و پس از انقلاب ۵۷ می‌شود. به‌عنوان نمونه می‌توان به چند مورد اشاره کرد. بعد از انقلاب میانگین سن ازدواج بالا رفته است. یکی از اصلی‌ترین دلایل این اتفاق را بایستی در مشکلات اقتصادی جامعه جستجو کرد. کم شدن نرخ زادوولد نیز از نگرانی‌های مسئولین جمهوری اسلامی‌ست که آن را هم بایستی در سیاست‌های ناشی از ماموریت بیان‌شده روحانیون جستجو کرد. وقتی مردم کشور مشتری حکومت نیستند و منابع برای آن‌ها صرف نمی‌شود، خودبه‌خود امور عادی زندگی مانند ازدواج و فرزندآوری نیز تحت‌تأثیر کمبود منابع جاری در جامعه قرار می‌گیرد. در این مورد می‌توان به مهاجرت بسیاری از جوانان کشور، که هم خود نیروی مولد می‌باشند و هم توان فرزندآوری دارند، به‌دلیل تاثیرات ماموریت جمهوری اسلامی بر زندگی عادی نیز اشاره کرد. افزایش حضور زنان در بازار کار را بعد از انقلاب می‌توان به‌عنوان نکته‌ای مثبت مورد توجه قرار داد. دلایل این افزایش عبارتند از

۱- افزایش مشکلات اقتصادی خانواده‌ها.

۲- تلاش زنان برای مقابله با محدودیت‌های اعمال‌شده.

۳- افزایش سطح عمومی سواد بانوان.

ب- ترکیب گروه سنی جمعیت کشور: تغییر در ترکیب ساختار سنی جامعه همیشه از اهمیت بالایی برخوردار است. ممکن است جامعه به سمت مسن‌تر شدن پیش برود یا در آستانهٔ انفجار جمعیتی باشد. جمعیت ایران بعد از انقلاب تقریباً دو برابر شد و از دههٔ ۶۰ به بعد شاهد انفجار جمعیت بودیم. نیروی جوان و فراوانی که می‌توانست با تدوین ماموریتی درست، فرصتی تاریخی برای رشد جامعه فراهم کند، به‌دلیل تصفیه‌های گوناگون جمهوری اسلامی و اوضاع خراب اقتصادی، به یکی از بزرگ‌ترین تهدیدات تاریخی بدل شده است. تهدید از این جهت که برخی نیروهای با کیفیت، به‌شکل مهاجرت، برای همیشه از کشور کوچ کرده‌اند. برخی نیز به‌دلیل شرایط اقتصادی خراب به انواع ناهنجاری گرفتار شده‌اند.

ج- وضعیت قومی و نژادی: ایران کشوری‌ست با اقوام و نژادهای گوناگون. رضاشاه تلاش کرد با ایجاد یکپارچگی، وحدت فرماندهی را بالا ببرد. در دوران محمدرضا پهلوی هم به‌دلیل شرایط ممتاز ایران در منطقه، بیشتر اقوام از اینکه بخشی از ایران هستند احساس رضایت و مباهات داشتند. بعد از روی کار آمدن جمهوری اسلامی این تنوع قومی، به‌دلیل نوع تقسیم بازار روحانیون، تبدیل به تهدید شده است. تبعیض‌های مختلف، شکلی حکومتی‌مکتبی به خود گرفته‌اند و با نارضایتی اقوام به تهدید تمامیت ارضی منجر شده‌اند.

ه- وضعیت تعلیم و تربیت: مردم از نظر برخورداری از سطح آموزش به ۵ دستهٔ بی‌سواد، دبیرستانی، فارغ‌التحصیل دبیرستانی، فارغ‌التحصیل مراکز آموزش عالی و متخصصین تقسیم می‌شوند. در دوران پهلوی، به‌خصوص در دهه‌های ۴۰ و ۵۰ افزایش سطح تحصیلات و فارغ‌التحصیلان دانشگاهی، نیازها و خواسته‌های مردم را تغییر داده بود. محرک بخش زیادی از اعتراضات، دانشجویانی بودند که کتب تازه ترجمه‌شده را می‌خواندند و نیازهای درونی‌شان تغییر می‌کرد. بعد از انقلاب هم فارغ‌التحصیلان دانشگاه‌های تازه تاسیسی مانند آزاد، بافت جمعیتی را تحت‌تأثیر قرار داده‌اند. در هر دو برههٔ فوق، افزایش ترجمهٔ کتب و فارغ‌التحصیلان رشته‌های علوم انسانی اثرات ملموسی بر بافت جمعیت‌شناختی جامعه داشته‌اند.

د- نقل و انتقالات جغرافیایی جمعیت: مهاجرت در تاریخ معاصر ایران، یکی از مهم‌ترین علل تغییر بافت جمعیتی کشور و در نتیجه تحولات سیاسی و

اجتماعی بوده است. این پدیده زمان پهلوی دوم، به‌شکل مهاجرت‌های فراوان داخلی خودنمایی می‌کند و نظم سنتی را تحت‌تأثیر خود قرار می‌دهد. همان گونه که کشورهای مهاجرپذیر از بافت جمعیتی خود محافظت می‌کنند، در دوران پهلوی هم بایستی با رویکردهای مناسب در توزیع منابع، تغییر محل زندگی مردم مدیریت می‌شد. این پدیده در جمهوری اسلامی، به‌شکل مهاجرت‌های گسترده به خارج از کشور درمی‌آید. تفاوت اصلی اینجاست که در دوران پهلوی مهاجرت درون خانه است و سرمایه‌های انسانی از دست نمی‌روند. مضاف بر اینکه دلایل و اثرات این دو مهاجرت متفاوتند. جابه‌جایی نیروی انسانی در دوران شاه ناشی از حرکت جامعه از ساختار فئودالیته به سمت مدرنیته بود. اگر جامعه یک دهه تحمل می‌کرد احتمالا نیروی انسانیِ جابه‌جا شده، جذب کارخانه‌ها و صنایع می‌شدند و طبقۀ متوسط به‌طور کامل شکل می‌گرفت. اما مهاجرت به خارج، در دوران جمهوری اسلامی، ناشی از اثرات ماموریت تعریف شده توسط روحانیون است. سرمایه‌ای که احتمالا هرگز به چرخۀ تولید کشور بازنخواهد گشت.

۴- محیط سیاسی و قانونی و انقلاب ۵۷

شامل مجموعه قوانین، ادارات دولتی، احزاب سیاسی و گروه‌های غیررسمی‌ست که جامعه را مدیریت می‌کنند. این محیط در ایران معاصر، چالش برانگیزترین پارامتر اثرگذار بر تحولات می‌باشد. اهمیت محیط سیاسی و قانونی از آن‌روست که تمام محیط‌های دیگر، تحت‌تأثیر مستقیم آن قرار می‌گیرند. در پاسخ به این پرسشِ همیشگی که اقتصاد مهم‌تر است یا فرهنگ، بایستی گفت سیاست. چون تا زمانی که به‌دلیل وجود ساختار سیاسی نامناسب، منابع به‌درستی توزیع نشوند نه فرهنگ درست می‌شود نه اقتصاد.

مهم‌ترین شاخص برای بررسی محیط قانونی، قانون اساسی کشور است. از آنجا که قانون اساسی جمهوری اسلامی تبدیل به بیانیۀ ماموریت سازمان روحانیت شده، تمام اجزا این محیط بازتابی از فرهنگِ حوزه‌های علمیۀ روحانیت شیعه شده است. در تبعیت از اصل ولایت فقیه، به‌جز قوای سه‌گانه، سازمان‌های زیادی وجود دارند که مستقیما زیرنظر بیت رهبری اداره می‌شوند. انحصاری که از تمایل زیاد روحانیون برای کنترل کامل محیط داخلی پرده برمی‌دارد. با کنترل رسانه‌های اصلی، نیروهای مسلح، برخی سازمان‌های مالی بسیار مهم، مراکز قانون‌گذاری و نظارتی عملا تمام ابزارهای مدیریت جامعه به انحصار کامل رهبر درآمده‌اند.

مجموعه‌هایی که عموما معاف از مالیات و بازرسی هستند و الگوی مالی سنتی سازمان روحانیت، بر اساس دریافت وجوهات، در مورد آن‌ها اعمال شده است.[۳] روحانیونی که طی قرون متمادی عادت به جذبِ بدون نظارت منابع مالی داشتند، حالا که به قدرت رسیده‌اند، همان روند را به‌شکل مدرن‌تر ادامه داده‌اند. این شرایط وقتی پیچیده‌تر می‌شود که بودجهٔ این سازمان‌ها تحت روندی شبه‌مدرن تحتِ‌نظر قوهٔ مجریه و مصوبهٔ قوهٔ مقننه تأمین شده، ولی زیرنظر رهبر اداره می‌شوند. در هر صورت بخش زیادی از درآمدها و هزینه‌های بیت رهبری هرگز گزارش نمی‌شوند و تنها نشانه‌هایی از برخی درآمدها با عناوینی مانند سهم امام و بیت رهبری برای مردم مشخص است. معمولا انتخاب مسئولین این سازمان‌ها هم، محل بروز اختلافات عمیق بین مردم و حاکمیت است. به‌عنوان مثال مردم در انتخابات ریاست جمهوری نشان می‌دهند یک جریان فکری را نمی‌پسندند اما ولی‌فقیه همان جریان فکری را به‌صورت انتصابی در جایگاهی هم‌عرض قرار می‌دهد و اراده فردی‌اش را بر خواست جمعی تحمیل می‌کند.[۴] فهرست این سازمان‌ها، حوزه‌های تحت‌کنترل مستقیم رهبر را نشان می‌دهد.

۱- سازمان صدا و سیمای جمهوری اسلامی ایران
۲- سپاه پاسداران انقلاب اسلامی
۳- شورای نگهبان
۴- قوهٔ قضائیه ایران
۵- نیروهای مسلح جمهوری اسلامی ایران
۶- شورای عالی امنیت ملی
۷- سازمان بسیج مستضعفین
۸- نیروی انتظامی
۹- بنیاد حفظ آثار و نشر ارزش‌های دفاع مقدس
۱۰- سازمان اوقاف و امور خیریه
۱۱- سازمان حج و زیارت
۱۲- سازمان فرهنگ و ارتباطات اسلامی
۱۳- شورای عالی انقلاب فرهنگی
۱۴- شورای عالی فضای مجازی
۱۵- آستان قدس رضوی
۱۶- آستان مقدس معصومه

۱۷- آستان مقدس احمدی و محمدی - شاهچراغ
۱۸- بنیاد پانزده خرداد
۱۹- بنیاد مستضعفان انقلاب اسلامی
۲۰- بنیاد مسکن انقلاب اسلامی
۲۱- دفتر تبلیغات اسلامی
۲۲- سازمان تبلیغات اسلامی
۲۳- ستاد اجرایی فرمان امام
۲۴- سازمان اقتصادی کوثر
۲۵- شورای سیاستگذاری ائمهٔ جمعه
۲۶- شورای عالی قرآن
۲۷- شورای هماهنگی تبلیغات اسلامی
۲۸- کمیته امداد امام خمینی
۲۹- مؤسسه اطلاعات
۳۰- بنیاد علوی
۳۱- مجمع جهانی تقریب مذاهب اسلامی
۳۲- حوزهٔ علمیهٔ قم
۳۳- بنیاد برکت
۳۴- مؤسسه کیهان
۳۵- مرکز طبع و نشر قرآن جمهوری اسلامی ایران
۳۶ - نهاد نمایندگی مقام رهبری در دانشگاه‌ها

ساختار سازمانی در جمهوری اسلامی

برای درک بهتر محیط قانونی و سیاسی نظام جمهوری اسلامی، بایستی از منظر شکل‌گیری ساختار به آن توجه کرد. ساختار سازمانی عموما با هدف تقسیم، سازماندهی، هماهنگی و کنترل فعالیت‌های افرادِ شاغل در یک مجموعه طراحی می‌شود و ابزاری‌ست به‌منظورِ یک‌پارچه‌سازی عملکردها، تعیین الگوهای تعاملی، تقسیم درست وظایف و اختیارات و تعیین اینکه هرکس بایستی به چه کسی گزارش بدهد. از خطاهای تحلیلی، سنجش ساختار سازمانی جمهوری اسلامی بر اساس الگویی‌های رایج در کشورهای غربی‌ست.

در صورتی که ایران دو ساختار درهم تنیده به نام‌های دولت و نظام دارد که یکی

بر اساس الگوهای مدرن و دیگری با تاسی به الگوهای سنتی و کهن چیدمان شده‌اند. دولت، ساختار سازمانی مشخص و مدرنی دارد. بعد از رئیس‌جمهوری، وزیران و معاونین و سایر رده‌های شغلی را شاهدیم. مثلا در وزارت کشور شاهد تقسیم‌بندی جغرافیایی با عناوینی مانند استاندار، فرماندار و بخش‌دار هستیم. اما در بررسی ساختار سازمانی خود نظام، با پدیده‌ای مواجه می‌شویم که با هیچ‌یک از اصول علم مدیریت همخوانی ندارد و الگوهای تعاملی آن، وظایف و اختیارات را در هاله‌ای از ابهام فرو برده است. همین دوگانگی دولت و نظام، که نمادی‌ست از تقابل و غلبۀ سنت بر مدرنیته و چیرگی گذشته بر حال، ماهیت سنت‌گرا و گذشته‌گرای جمهوری اسلامی را برملا می‌کند. در واقع اگر ساختار دولت را نمادی از جمهوریت نظام بدانیم در دل ساختار نظام، که نمادی از حکومت اسلامی‌ست، مفهوم بایستۀ خود را از دست داده است. ضمن اینکه از حیز انتفاع خارج شده، عملا ابزاری برای پرت کردن حواس عمومی از مراکز اصلی تصمیم‌گیری شده است. این در حالی‌ست که مردم به‌صورت مستقیم فقط مجاز به انتخاب رئیس دولت هستند و طرح‌های اصلاحی ساختاری ارجاعِ به مجلس نیز تنها در حیطۀ دولت عرضه می‌شوند نه نظام. در ادامه به‌منظورِ بررسی ساختار سازمانی نظام از سه بُعد شناخته‌شده و مورد قبول تئوری‌های نوین مدیریت که عبارتند از میزان رسمیت، پیچیدگی و تمرکز بهره می‌گیریم.

بُعد رسمیت(۵) ساختار در جمهوری اسلامی

رسمیت طی یک‌صد سال اخیر، پس از تحول عظیم در علم مدیریت با نظریه‌های فردریک تیلور(۶) و بعد ورود نظریه بروکراسی ماکس وبر(۷) به تئوری‌های مدیریت، اهمیت ویژه‌ای یافته است. این بُعد پای‌بندی به دستورالعمل‌ها، روش‌های اجرایی و ارتباطات مکتوب را نشان می‌دهد و به استانداردسازی مشاغل ارجاع می‌دهد. هر قدر سازمانی دارای رسمیت بیشتری باشد، شفافیت و پاسخ‌گویی بیشتری بر آن حاکم است. بُعدی که اعمال سلایق شخصی را به حداقل می‌رساند و موجبات ارزیابی درست و دقیق عملکردها را فراهم می‌آورد. رسمیت در ساختار، به‌جز تحدید سلایق شخصی، امکان رشد مراکز غیررسمی و اعمال نفوذ در اهداف و دستورالعمل‌ها را نیز به حداقل می‌رساند.

اما در ساختارهای سنتیِ قائم به فرد، عملا غیرممکن است. از همین روست که در نظام جمهوری اسلامی، بروکراسی بی‌قاعده اعمال شده است. در بخش‌های

کم‌اهمیت به‌شکل وسیعی شاهد کاغذبازی هستیم اما در مراکز اصلی تصمیم‌گیری، هیچ‌گونه شفافیتی وجود ندارد. تصمیم‌گیری‌ها معطوف به شخص اول است و مراکز متعدد غیررسمی اعمال نفوذ، همگی ریشه در بیت رهبری به‌عنوان مرکز تجمع قدرت دارند. عدم شفافیت در میزان رسمیت ساختار سازمانی و ابهام در وجود دستورالعمل‌ها، روش‌های اجرایی، معیارهای عملی و استانداردهای تصمیم‌گیریِ خود بیت رهبری، کل نظام را در هاله‌ای از تاریکی فرو برده و به تمام سطوح تسری یافته است. وقتی چارچوب‌های ساختاری مرکز اصلی قدرت در معرض دید، قضاوت، نظارت عمومی و پاسخ‌گویی نیست و پنهانی عمل می‌کند، همه‌گیری فساد لاجرم می‌باشد. در واقع در ساختار سنتی و غیرشفاف نظام، با مرکزیت بیت رهبری، یا اصلا دستورالعملی برای تنظیم مناسبات وجود ندارد و تصمیمات بر اساس منویات درونی افراد گرفته می‌شود، یا وجود دارد اما به اطلاع عموم نرسیده است.

الف- بخشی از این عدم شفافیت به تاثیر روانی و سازمانی حوزهٔ علمیه، که استانداردسازی در آن معنا ندارد، باز می‌گردد.

ب- بخشی ناشی از این واقعیت است که چون اساسا مردم ایران به‌عنوان مشتری جمهوری اسلامی تعریف نشده‌اند و مفروض است که منابع کشور به آن‌ها تعلق ندارد روحانیون خود را ملزم به پاسخ‌گویی نمی‌دانند.

ج- بخشی نیز ناشی از ماهیت پیچیدهٔ ماموریتی‌ست که برای جمهوری اسلامی تعریف شده است.

در هر صورت این عدم شفافیت به تمام ارکان جامعه سرایت کرده است. به‌عنوان نمونه‌ای از تسری عدم شفافیت و فقدان استانداردهای تعریف شده در حیطهٔ قانون‌گذاری می‌توان به نظارت استصوابی شورای نگهبان اشاره کرد. رد و تایید صلاحیت‌ها، که کیفیت تصمیم‌گیری و عملکرد شورا را نشان می‌دهند، عموما با جملات کلی و مبهم توجیه می‌شوند. این توجیهات نشانگر عدم وجود دستورالعمل‌های شفاف به منزله معیار هستند و بعید است طی این سال‌ها مستندسازی حرفه‌ای بر اساس واقعیات صورت گرفته باشد. در نتیجه کیفیت و ملاک‌های رد و تایید صلاحیت‌ها، هیچ‌گاه برای مردم قابل‌اندازه‌گیری نیست. به‌عنوان مثالی دیگر می‌توان به مقوله تفسیر قانون اساسی توسط شورای نگهبان اشاره کرد. فرایندی که ضدِ رسمیت است و امکان هرگونه برداشت بر مبنای منافع محفلی را فراهم می‌نماید. فقه‌های شورای نگهبان با الگوبرداری از رشته کاری خود،

که تفسیر احکام اسلام است، برای قانون اساسی هم باب تفسیر را گشوده‌اند که این در ذات، دشمن رسمیت ساختار سازمانی‌ست. تفاسیری که با روح قانون‌گرایی هم در تضادند و نوعی حکومت ژله‌ای به وجود آورده‌اند که با جانشینی صاحبان قدرت می‌تواند تغییر وضعیت بدهد. در واقع رفتارها در انطباق با خواست یک شخص مورد ارزیابی قرار می‌گیرند نه اینکه عملکرد تمامی افراد با استانداردهای برآمده از رسمیت مورد سنجش قرار گیرند. همین عدم وجود استانداردهای ثابت و اعلام‌شده، رفتارها و تصمیمات غیرقابل‌کنترل و پیش‌بینی را همه‌گیر کرده‌اند. البته پرواضح است که بر مبنای تفکر سنتی، از ابتدا قصد و اراده‌ای جدی برای استانداردسازی عمومی وجود نداشته تا نوعی آزادی عمل به ولی‌فقیه داده شود و او در چارچوبی مشخص، محصور نگردد.

بُعد پیچیدگی[۸] ساختار در جمهوری اسلامی

پیچیدگیِ ساختار نشانگر میزان تفکیک وظایف و اختیارات اعضای مختلف سازمان است. تفکیکی که در نهایت به تعادل و تناسب بین مسئولیت و پاسخ‌گویی منجر می‌شود. تمامی سیستم‌های مدیریتی نوین دنیا، تلاش‌شان حرکت به سمت سادگی‌ست و از پیچیدگی بالا، که همیشه به‌شدت هزینه‌زاست، پرهیز می‌کنند. از منظر این بُعد، ساختار سازمانی جمهوری اسلامی به‌دلیل پیچیدگی بسیار بالا، با هیچ‌یک از اصول طراحی ساختار سازمانی همخوانی ندارد و منجر به‌نوعی آشفتگی بی‌مانند شده است. به‌عنوان مثالی از پیچیدگی بالا، اعضای مجلس خبرگان به‌عنوان سازمان بالاسری رهبر، توسط اعضای شورای نگهبان، یکی از سازمان‌های زیرنظر رهبر تایید صلاحیت می‌شوند. اینکه بالادستِ یک شخص را زیردست او تایید صلاحیت کند، به‌لحاظ علمی، با هیچ‌یک از تئوری‌های مدیریتی قابل‌توضیح و توجیه نیست.

البته به‌طورکلی در ساختار سازمانی جمهوری اسلامی، این یک ترفند محفلی‌ست که زیردست و بالادست، در جاهای مختلف، بالادست و زیردست هم هستند. مثلا احمد جنتی و ابراهیم رئیسی در مجلس خبرگان بالادست رهبرند، اما در شورای نگهبان پایین‌دست وی می‌باشند. چنین چیدمانِ درهم تنیده‌ای از روابط و پیوندهای درون‌گروهی، باعث گره خوردن منافع مقامات می‌شود، همه را به‌هم وابسته می‌کند و هسته‌ای غیرقابل‌نفوذ ایجاد می‌نماید. همین درهم تنیدگیِ منافع سبب شده رهبر، با وجود اختیارات بی‌حصر، تنها به‌صورت سمبلیک در برابر

مجلس خبرگان پاسخ‌گو باشد و عملا مسئولیتی متوجه او نیست. سیکل ناقصی که باعث شده طی چند دهه، رهبران جمهوری اسلامی حتی یک‌بار در برابر مجلس خبرگان، برای تصمیمات و مشکلات مختلف مورد پرسش قرار نگیرند.

اتفاق دیگری که از ابتدا در ساختار سازمانی جمهوری اسلامی افتاده، خلق باکس‌های مختلف وظیفه‌ای موازی، مانند مجمع تشخیص مصلحت، در جای‌جای چارت سازمانی‌ست. آشفتگی ناشی از وجود این‌همه مراکز مختلف تصمیم‌گیری، در قالب پست‌های سازمانی گوناگون به‌شکل شورا، مجلس و مجمع امکان پیش بردن ایدئولوژی‌های محفلی را، بدون مشخص شدن منشأ واقعی تصمیمات، فراهم نموده و پیچیدگی را به بالاترین حد ممکن رسانده است. این مراکز تصمیم‌گیری حتی وحدت فرماندهی را در ساختار از بین برده‌اند. با اینکه ولی‌فقیه فرمانده کل قواست اما احتمالا در برخی تصمیمات، نیروهای درهم تنیده‌ای که منافع و اهداف خود را پی می‌گیرند اثرگذارند و ساز خود را کوک می‌کنند.

از منظری دیگر می‌توان گفت این ساختار درهم و برهم، که برآمده از الگوی مدیریتی حوزه و فرهنگ سنتی روحانیت است، خودآگاه یا ناخودگاه، به‌صورت یک استراتژی رقابتی برای مقابله با رقبای داخلی و به‌خصوص پتانسیل نهفته در عامه مردم عمل نموده است. تئوریسین‌ها و مسئولین نظام، از دهۀ ۶۰ در اقدامی پیشگیرانه و عجول، تمام خلاءهای بالقوۀ قدرت در محیط داخلی را پیش‌بینی و پر کرده‌اند. مثلا مجمع تشخیص مصلحت، به‌عنوان باکس سازمانی خارج از قوای سه‌گانه، به‌گونه‌ای برای روز مبادا پایه‌ریزی شده که یکی از اصلی‌ترین وظایفش، حل اختلافات بین مجلس و شورای نگهبان است. اما نکتۀ اصلی این است که اعضای مجمع را رهبر انتخاب می‌کند و در نظر او اداره می‌شود.

در واقع برعکس کشورهای پیشرفته و مترقی که از علوم نوین مدیریت بهره می‌برند تا به ساختاری مناسب برسند، روحانیون از این علوم به‌گونه‌ای استفاده کرده‌اند که به خدمت سنت و گذشته درآیند و تحقق ماموریت آن‌ها را امکان‌پذیر نمایند. در موضوعاتی مانند ساختار، تلاش بی‌وقفه‌ای که برای تسلط سنت بر جامعه‌ای متاثر از مدرنیته جهانی صورت گرفته، نتیجه به‌شکل آشفتگی و هرج‌ومرج مدیریتی بروز نموده است. ساختار جمهوری اسلامی برآمده از زندگی قومی و سنتی سازمان روحانیت است اما بستر جامعه و زندگی مردم عادی سال‌هاست تمایل به خروج از حالت قبیله‌ای پیدا کرده و الگوها تغییر کرده‌اند. با این اوصاف، حتی نوع ساختار قومی‌قبیله‌اِی شکل گرفته در جمهوری اسلامی نیز ناقص و معیوب است.

در ساختار قبایل بدوی، در ازای سرسپردگی اعضا به موجودیت قوم، قبیله از آن‌ها حمایت کامل می‌کرد و زندگی آن‌ها را تامین می‌نمود. در جمهوری اسلامی اما، سرسپردگی به قبیله، که در حالت معمول کشور معنا می‌شود، رهبران را ملزم به تامین زندگی زیردستان نمی‌کند و تنها تزریق هر روزه ماموریت سازمان روحانیت، حمایت بایسته را در پی دارد. با این توضیح شاهدیم که حتی ساختارهای اقوام بدوی، از ساختار نظام حاکم بر ایران سالم‌تر و به‌روزترند. به همین خاطر بعد از انقلاب ۵۷ حکومت‌پذیری به‌صورت وسیع اتفاق نیافتاده است.

در هر صورت وجود این‌همه پیچیدگی که در تناقض کامل با اصل تفکیک در طراحی ساختار سازمانی‌ست برای جامعه‌ای که در عصر ارتباطات زندگی می‌کند، حکم سم را دارد. زهری که به‌شکل تحمیل هزینه‌های سنگین تصمیم‌گیری و گم شدن مسئولیت‌ها و اختیارات خودنمایی می‌کند و در تنگنا، برای فرار از پاسخ‌گویی، به گروه‌های فشار روی می‌آورد.

بُعد تمرکز[۹] ساختار در جمهوری اسلامی

این بُعد، به میزان تجمع اختیارات و مسئولیت‌ها، در نقطه‌ای خاص از سازمان اشاره دارد و به مسئله توزیع قدرت برمی‌گردد. تراکم قدرت در یک نقطه، دلالت بر تمرکز دارد و عدم تراکم یا تراکم کم، نشانه عدم تمرکز است. در جمهوری اسلامی، بیت رهبری نقطۀ مرکزی تمرکز قدرت می‌باشد و اطراف آن لایه‌هایی از دایره‌های درهم نشسته، ساختار واقعی نظام را تشکیل می‌دهند. دایره‌ای اصلی و کوچک، در حد یک نقطه، که تمام قدرت در آن متمرکز است و دایره‌های فرعی، که حول محور آن نقطه شکل گرفته‌اند.

دایره‌های فرعی، نشانگر گروه‌های مختلف جامعه است. در این دایره‌ها هر قدر فردی به ولایت فقیه معتقدتر باشد، یا حداقل تظاهر بیشتری کند، امکان حرکت در شعاع دایره، به سمت مرکز آن که محل تجمع منابع است بیشتر می‌شود. مثلا جامعۀ دانشگاهی یک دایره است اما نسبت و فاصلۀ اعضای این جامعه با مرکز قدرت، بر اساس میزان اعتقاد و سرسپردگی به شخص ولی‌فقیه تعیین می‌شود. شرایطی که باعث شده تمام منابع کشور در مرکز دایره‌ها، که می‌شود مرکز دایرۀ اصلی، به‌صورت محدود و غیرقابل‌نفوذ قفل شوند. نقطه‌ای که هرچه گذشته کوچک‌تر و نزدیکی به آن سخت‌تر شده است. طرح شماتیک صفحه بعد، که خیره شدن به آن باعث سرگیجه می‌شود، نشانگر ساختار دوار جمهوری اسلامی‌ست.

نماد عینی تمرکز در ساختار مدیریتی جمهوری اسلامی را می‌توان در تجمع جغرافیایی قدرت در تهران و عدم تمایل به توزیع آن مشاهده کرد. همین باعث شده هرچه از تهران دورتر می‌شویم، نفوذ، اثرگذاری و کنترل جمهوری اسلامی کمتر شود و در نزدیکی مرزها به حداقل برسد. در واقع چون ذات جمهوری اسلامی بر مبنای انحصار و تمرکز قدرت است، هرگونه تصور ادارهٔ فدرالی و واگذاری اختیار به استان‌ها، از پیش مردود می‌باشد.

یکی از دلایل این‌همه تمرکز قدرت در بیت رهبر اول و ثانی را می‌توان در سنتی جست که در آن مردان پا به سن گذاشته، اختیار کسب‌وکارشان را به پسران‌شان می‌سپارند. این اتفاق در حکومت‌داری جمهوری اسلامی نیز افتاده و ادارهٔ کشور شبیه تجارتی خانوادگی شده است. همان‌گونه که در زمان رهبر اول فرزندش احمد، بدون داشتن هیچ منصب رسمی نفوذ بالایی در ادارهٔ کشور داشت، زمان رهبر ثانی نیز هرچه گذشته صحبت از دخالت فرزندانش در امور بیشتر شده است.[۱۰] جابه‌جایی قدرت واقعی از رفسنجانی به سوی خامنه‌ای هم دقیقا از زمانی شروع شد که فرزندان رهبر ثانی بزرگ شدند و به ادارهٔ بیت پدری روی آوردند. در واقع رفسنجانی اواخر عمر، حتی اگر توان تاثیرگذاری روی شخص رهبر ثانی را به‌دلیل سال‌ها دوستی و کمک‌های مالی داشت، امکان نفوذ روی فرزندان وی را که نورسیده بودند هرگز نمی‌یافت.

به‌طور خلاصه می‌توان گفت ساختار جمهوری اسلامی به‌شدت متمرکز و پیچیده می‌باشد و رسمیت در آن بسیار پایین است. در صورتی که در سازمان‌های موفق مدرن، تمرکز کم، پیچیدگی پایین و رسمیت بالاست. نتیجهٔ این شرایط افزایش شدید هزینه‌های جانی، مالی، روانی و تاریخی‌ست که سال‌هاست به مردم تحمیل شده است.

۵- محیط فرهنگی و انقلاب ۵۷

نیروهای تشکیل دهنده محیط فرهنگی، که بر بازار اثر بالایی دارند عبارتند از ارزش‌ها، باورها، احساسات، ادراک و رجحان‌ها. اعتقادات مردم در درون جامعه شکل می‌گیرد و متاثر از شرایط محیطی‌ست. سپس این اعتقادات برای افراد، جهانی را ترسیم می‌کند که تعیین‌کنندهٔ روابط آن‌ها با خودشان و دیگران است. به‌عنوان مثالی از این تاثیرات متقابل می‌توان به همه‌گیری فلسفه‌های اگزیستانسیالیستی در دهه‌های ۴۰ و ۵۰ خورشیدی در ایران اشاره کرد. این همه‌گیری که به‌دلیل اقبال جهانی به فلسفه‌های اومانیستی‌ست، منجر به تغییر پیش‌فرض غیرقابل‌کنترل بودن محیط و بی‌ارادگی در پذیرش آن می‌شود. کتاب "اگزیستانسیالیسم و اصالت بشر" اثر ژان پل سارتر برای نخستین‌بار سال ۱۳۴۴ ترجمه و چاپ می‌شود. این کتاب موضوع تقدم وجود بر ماهیت را به‌صورت جدی مطرح می‌کند و جبرگرایی را در جامعهٔ روشن‌فکری ایران تضعیف می‌کند. همین احساس که انسان می‌تواند سرنوشت خود را در دست بگیرد و خویشتن را بسازد، در نهایت باعث تقویت روحیهٔ مبارزه با حکومت پهلوی می‌گردد. مضاف بر اینکه بسیاری از ایرانیانی که در آن دوران برای ادامه تحصیل به خارج از کشور می‌رفتند، فرانسه را انتخاب می‌کردند. این دانشجویان در نشست‌هایی که سارتر حضور داشته شرکت می‌کرده‌اند و از نزدیک او را می‌شناخته‌اند. همین آشنایی‌ها باعث دریافت و انتقال مستقیم افکار او به داخل کشور می‌شود. مثلا بحث مسئولیت‌پذیری سارتر، بی‌واسطه وارد فضای روشن‌فکری جامعه می‌گردد.[۱۱] در همین شرایطی که بدنهٔ روشن‌فکری جامعه، تحت‌تأثیر این فلاسفه با اعتقاد به اختیار و مسئولیت، مبارزات را چیدمان کرده‌اند، هنوز نوعی تقدیرگرایی را در شخص شاه شاهدیم.[۱۲] در نهایت همین تفاوت نگاه و اعتقاد مبارزان، به اینکه می‌توانند سرنوشت خود را در دست بگیرند، بر تسلیم بودن شاه در برابر تقدیر غلبه می‌کند و او را به واگذاری قدرت وامی‌دارد. در واقع نسبت مردم در قبال حکومت حاکم، برآمده از مواضع و دیدگاه‌های آن‌هاست. محافظین از آن دفاع، سازندگان آن را اداره، بهره‌کشان درصدد بهره‌کشی، تغییردهندگان در پیِ تحول، کاوش‌گران به‌دنبال چیزهای عمیق‌تری در جامعه می‌باشند و در نهایت فراریانی داریم که به‌دنبال ترک آن هستند. در بررسی شرایط جامعهٔ پیش از انقلاب، شاهدیم که هرچه به بهمن ۵۷ نزدیک‌تر می‌شویم، بر تعداد تغییردهندگان افزوده و

از تعداد محافظین کاسته می‌شود. بعد از انقلاب اما بیش از هر گروهی شاهد فراریانی هستیم که به‌دنبال مهاجرت می‌باشند. این نشان می‌دهد پیش از انقلاب فضا آنقدری باز بوده که اکثریت جامعه، توان بالقوه برای تغییر شرایط را در خود ببینند و احتمال بهبود اوضاع را بدهند.

باورهای اولیه و ثانویه و انقلاب ۵۷

یکی از ضعف‌های سیاست‌گذاری فرهنگی در دوران پهلوی، تلاش دستگاه‌های حکومتی برای تغییر باورهای ثانویهٔ جامعه به‌جای باورهای درونی مردم است. تغییر باورهای ثانویه همیشه متزلزل و موقتی و سطحی بوده و در برابر باورهای درونی مردم تاب نمی‌آورد. مثلا اعتقاد به ازدواج یک باور درونی است، اما اینکه مردم باید زود ازدواج کنند یک باور ثانویه می‌باشد. بازاریابانی که برای کالاهای مربوط به خانواده برنامه‌ریزی می‌کنند، می‌توانند به‌طورِ مؤثر در مورد اینکه مردم دیرتر ازدواج کنند بحث کنند، اما در مورد اینکه اصلاً ازدواج نکنند نمی‌توانند کاری انجام دهند. حکومت‌هایی که به رشد پایدار می‌رسند و از ثبات همه‌جانبه برخوردارند، تلاش مداومی می‌کنند که باورهای درونی مردم را تغییر دهند، که بعد از آن باورهای ثانویه خودبه‌خود دگرگون می‌شوند.
مدرنیته ضمن اینکه خود نتیجهٔ تغییر باورهای درونی مردم است، به‌صورت متقابل، باورهای درونی جدیدی نیز به وجود می‌آورد. سیستم پهلوی، به‌عنوان متولی عبور جامعه به مدرنیته، به‌جای برنامه‌ریزی پایه‌ای در مدارس و رسانه‌ها برای تغییر و اصلاح باورهای درونی مردم، به‌منظورِ آماده‌سازی آن‌ها برای جامعهٔ مدرن و صنعتی، روی تغییر باورهای ثانویه انرژی می‌گذارد. مثلا در زمان پهلوی اول، کشف حجاب تغییر یک باور ثانویه در جامعهٔ مردسالار آن روزگار بود. در زمان پهلوی دوم هم تغییر تقویم به شاهنشاهی تغییر ثانویه‌ای بود که با باورهای درونی مردم سازگاری نداشت.[۱۳] اجازهٔ اجرا به برخی برنامه‌های فرهنگی و به‌خصوص فیلم‌های سینمایی صحنه‌دار که در مردم حساسیت ایجاد می‌کرد نیز نشانگر سهل‌انگاری در مورد حساسیت‌های جامعهٔ مردسالار ایرانی و دست کم گرفتن ارزش‌های درونی عمومی‌ست. در نهایت همین باورهای درونی، که از صدها سال پیش شکل گرفته بودند، قبل از اینکه شکسته شوند و انسانی تازه متولد گردد، به کمک روحانیون آمدند و انقلاب بهمن ۵۷ رقم خورد.
قاطبهٔ باورهای درونی مردم، در طول تاریخ و به‌صورت سنتی، توسط متولیان

مذهبی شکل گرفته‌اند و در اختیار روحانیون بوده‌اند. بعد از انقلاب، تلاشی بی‌سابقه برای تقویت همان باورهای درونیِ مورد نظر سازمان روحانیت را شاهدیم. در واقع روحانیتی که پیش از این با امکانات محدودتر، باورهای درونی مردم را می‌ساخت بعد از انقلاب تمام منابع کشور را برای تقویت همان باورهای درونی بسیج کرد.

۶- محیط تکنولوژیکی و انقلاب ۵۷

به‌عنوان یکی از مهم‌ترین جنبه‌های زندگی بشرِ معاصر، شامل عواملی‌ست که فن آوری‌ها، محصولات و فرصت‌های جدیدی را فراهم می‌کنند. پیش از انقلاب، ظهور دستگاه چاپ، رادیو، تلویزیون، هواپیما و اتومبیل به شکل‌گیری انقلاب کمک شایانی کردند. مثلا تاثیر دستگاه چاپ در تولید شب‌نامه‌ها، هواپیما جهت تسهیل مسافرت به خارج یا رادیوهایی مانند بی‌بی‌سی روی افکار عمومی آن زمان، غیرقابل‌انکار است. حتی تاثیر میکروفن، به‌عنوان ابزاری برای تسهیل بازاریابی ایدهٔ انقلاب قابل‌مشاهده است.

بعد از انقلاب، ظهور اینترنت بیشترین تاثیر را در فرایند زندگی مردم داشته است. شبکه‌های اجتماعی گوناگون با قابلیت‌های متفاوتی که دارند درعین‌حال که به افزایش آگاهی و تعاملات عمومی کمک شایانی کرده‌اند، خود تبدیل به ابزاری در دست تئوریسین‌های پروموشنی جمهوری اسلامی شده‌اند. جهت‌دهی افکار عمومی، فروش ایده‌های حکومتی، جمع‌آوری اطلاعات و تخریب رقبا حداقل کاری‌ست که توسط بخش‌های مختلف نظام پیگیری می‌شوند. ادعای راه‌اندازی ارتش سایبری ایران با هزار گردان از اهمیت تکنولوژی‌های مرتبط با اینترنت پرده برمی‌دارد.[۱۴]

محیط خارجی و انقلاب ۵۷

تاثیر محیط خارجی در تحولات داخلی غیرقابل‌انکار است. در این کتاب به کرّات از تاثیر پیشرفت‌های دنیا و به‌خصوص اثر تکنولوژی‌های نوین بر تحولات داخلی ایران صحبت شده است. به‌خصوص حالا که دنیا به دهکده‌ای کوچک تبدیل شده، هر که روی کره خاکی زندگی می‌کند، به‌نوعی ذی‌نفع سایر کشورها محسوب می‌شود. چون حتماً جایی از زندگی‌اش، کم و زیاد، گره‌خورده با سرنوشت سایر ممالک است. در این بین ایرانِ معاصر، به‌دلیل موقعیت جغرافیایی و سهمی که از ذخایر نفت و گاز دنیا دارد، دایرهٔ ذی‌نفعانش طی یک‌صدسال اخیر بسیار وسیع

شده است. هر کس که در زندگی روزمره از انرژی‌های فسیلی بهره می‌برد، به‌نوعی با رویدادهای این کشور مرتبط است. در واقع حساسیت‌ها روی انقلاب ایران از ابتدا بسیار بالا بود چون بر زندگی تمام مردم دنیا اثر داشت.

به‌طورکلی تاثیر عوامل خارجی را بایستی در زمینه‌های فرهنگی، اجتماعی، اقتصادی، تکنولوژیکی و سیاسی مورد بررسی قرار داد. از بین این عوامل بیشترین توجه تابه‌حال به تاثیر عوامل سیاسی روی انقلاب ایران معطوف شده و با سابقۀ ذهنی که از تئوری توطئه وجود دارد، از این منظر بیشتر به آن پرداخته شده است. طرفداران جمهوری اسلامی و روحانیون در پی رد کامل هرگونه تاثیر خارجی هستند و برخی مخالفان جمهوری اسلامی تمام اتفاقات را نتیجۀ یک توطئه بین‌المللی می‌دانند. اما باید توجه داشت که در مورد تحولاتی مانند انقلاب ایران، عوامل متعدد درونی و بیرونی دست‌به‌دست هم می‌دهند تا نیرویی برای تغییری عظیم به‌حرکت درآید و نمی‌توان تنها یک عامل محیطی را موثر دانست.

تاثیر تحولات خارجی در شکل‌گیری انقلاب ایران از جمله مباحثی‌ست که به دلایل متعددی، مثل طبقه‌بندی اطلاعات توسط سازمان‌های اطلاعاتی کشورهای مختلف، به‌راحتی قابل تحلیل نیست. آنچه مسلم اینکه شناخت و رصد شیعۀ سیاسی توسط مغرب زمین، از قرن‌ها پیش شروع شده بود. ژان شاردن، سیاح و بازرگان فرانسوی در زمان شاه عباس دوم تحلیل درستی از نسبت روحانیون با حکومت دارد.(۱۵) او در آن زمان عنوان می‌کند بخش اقلیتی از روحانیون و علمای شیعه حکومت را در زمان غیبت امام زمان حق خود می‌دانند. این یعنی حدود سیصدسال پیش از انقلاب، اروپاییان پتانسیل نهفته در سازمان روحانیت برای در دست گرفتن قدرت را می‌شناخته‌اند. احتمالا بعد از آن هم سیر افزایش تمایل سازمان روحانیت برای قبضه قدرت را پی‌گرفته‌اند. با این پیشینه، بعید به نظر می‌رسد توسعه نظریه ولایت فقیه از چشم‌شان پنهان مانده باشد و از تحلیلِ درستِ عواقب روی کار آمدن حکومتی مذهبی با محوریت ولایت فقیه در ایران غافل بوده باشند. مضاف بر اینکه خود اروپا تجربۀ غلبۀ مذهب بر سیاست را در قرون وسطی داشت و به ابعاد مختلف این سیستم حکومتی کاملا آگاه بود.

موارد دیگری هم در تاریخ معاصر وجود دارند که می‌توان به آن‌ها اشاره کرد. بارزترین نقطه عطف اثر عوامل سیاسی بیرونی، تشکیل کنفرانس گوادلوپ با شرکت سران آمریکا، فرانسه، انگلستان و آلمان غربی در دی‌ماه پنجاه و هفت است.(۱۶) در این نشست، رهبران بین‌المللی به این نتیجه می‌رسند برای حفظ

منافع‌شان چاره‌ای جز تغییر بازار سیاست ایران نیست. مذاکرات و نامه‌نگاری‌های خمینی و اطرافیانش با نمایندگان آمریکا برای دست‌یابی به حمایت آن‌ها هم قابلِ‌توجه است.[۱۷] در واقع همان گونه که خمینی از صادق خلخالی و مهدی بازرگان استفادهٔ ابزاری می‌کند و در اولین فرصت آن‌ها را کنار می‌گذارد، از ایالات متحده هم برای تثبیت خود استفادهٔ ابزاری می‌کند و با اشغال سفارت آمریکا آن‌ها را کنار می‌گذارد. حتی اگر بعد از انقلاب دخالت‌های پنهانی کشورهای خارجی و به‌خصوص بلوک شرق جدی باشد دلیل اصلی، ساختار جمهوری اسلامی‌ست. ماموریت و چشم‌انداز تعریف شده، این ظرفیت را ایجاد کرده که در روابط پنهانی، ایران بازیچه منافع دیگران بشود.

در هر صورت انقلاب به وقوع می‌پیوندد و اثرات این تغییر به‌صورت واکنشی وسیع به بازار دنیا برمی‌گردد. بالا بودن حساسیت‌های ذاتی روی ایران، وقتی با سیاست‌های تنش‌زای جمهوری اسلامی در روابط بین‌الملل همراه می‌شود، اثرات زیادی برجا می‌گذارد. مناسبات ایران بر اساس ماموریتی که روحانیون تدارک می‌بینند تغییر می‌کند و متحدان استراتژیک قبلی به‌عنوان رقبای جدید تعریف می‌شوند. در دنیای مدرن، که مبتنی بر تعاملات وسیع بر اساس مزیت نسبی‌ست استقلال معنای سنتی خود را از دست داده و هیچ کشوری نمی‌تواند ذی‌نفعان خارجی را حذف کند. این‌روزها کاملا پذیرفته شده است که تمام کشورها، ذی‌نفع هم می‌باشند. در صورتی که پیام مستتر در شعار "نه غربی نه شرقی جمهوری اسلامی" که اوایل انقلاب روی آن تاکید می‌شد، حذف تمام ذی‌نفعان مهم خارجی‌ست. طبیعتا این سیاست در کنار استراتژی صدور انقلاب، حداکثر حساسیت جهانی را برای کشوری که دارای نفت است به‌همراه خواهد آورد. شروع جنگ بین ایران و عراق، اشغال سفارت آمریکا توسط نیروهای طرفدار روحانیون و تعریف اسرائیل به‌عنوان دشمن اصلی، تمام بازارهای جهانی و به‌خصوص منطقه‌ای را تحت‌تأثیر قرار می‌دهد. این تاثیر برای برخی کشورهای همسایه از طریق جذب سرمایه‌های داخل ایران و هجوم گردشگر، به فرصت تبدیل می‌شود و برای برخی هم به‌شکل تهدید امنیتی بروز می‌کند. در نهایت اثرات متقابل بیرونی و درونی این شرایط، به‌شکل فرصت و تهدید روی هم اثر می‌گذارند. به عنوان مثال، سیاستِ جذب مهاجر توسط کانادا و استرالیا در حوزهٔ جمعیت‌شناختی، فرصتی می‌شود برای فرار از تهدیدات داخلی و منجر به خروج بخش زیادی از نیروهای متخصص ایرانی می‌شود و بافت جمعیتی کشور را تحت‌اثر قرار می‌دهد. از طرف دیگر، در عین حضور نخبگان جامعه در سایر

کشورها، به‌دلیل سیاست‌های پُرتنش جمهوری اسلامی، اعتبار و احترام ایرانیان در جامعهٔ جهانی کاهش می‌یابد. در واقع چون جمهوری اسلامی اساسا مردم ایران را مشتری خود نمی‌داند، بخشی از خدمات نرمال حکومتی، که ایجاد حس مهم بودن در مردم است کاملا مخدوش شده است. در صورتی که در دورهٔ پهلوی، با گسترش مناسبات خارجی، هم احترام جامعهٔ ایرانی در مجامع جهانی بالا بود هم زمینه‌های زیادی برای رشد اقتصادی و فرهنگی فراهم شده بود.
یکی دیگر از شاخص‌های مقایسه وضعیت روابط خارجی ایران، پیش و پس از انقلاب، توانایی و تمایل به عضویت در سازمان‌های جهانی‌ست. جمهوری اسلامی نتوانسته یا نخواسته به هیچ سازمان و بنیاد بین‌المللی مهم و اثرگذاری مانند سازمان تجارت جهانی بپیوندد و اکثر عضویت‌ها که عموما با ماموریت نظام در تعارض‌اند مربوط به پیش از انقلاب هستند.[۱۸] به‌عنوان مثال شورای حقوق بشر سازمان ملل متحد که از آن می‌توان به‌عنوان سازمان جهانی حمایت از حقوق مصرف‌کنندگان خدمات حکومتی تعبیر کرد، هرساله گزارش مفصلی از موارد نقص حقوق بشر در جمهوری اسلامی ارائه می‌کند که با ماهیت ماموریت نظام در تعارض است. برای جبران این خلاء، جمهوری اسلامی سعی کرده با ایجاد اتحادهای کوچک با برخی کشورهای نه چندان اثرگذار، زمینه‌های اجرای ماموریت خود را تقویت کند.

مشتری یعنی یک نفر

سازمان‌های موفق امروزی، همه بر این اصل که بایستی شدیداً متمرکز بر نیازهای مشتری باشند اشتراک نظر دارند. به همین دلیل می‌کوشند، انگیزهٔ کافی برای خلقِ ارزش مورد نظر مشتری را در تمامی افراد زیرمجموعه خود ایجاد کنند. مشتری را همانند روحی می‌دانند که در کالبد بازار دمیده می‌شود و به آن جان می‌بخشد. در مقام مقایسه، همان گونه که وجود شرکت‌ها وابسته به حضور مشتریان است و بدون آن‌ها تجارتی پایه‌گذاری نخواهد شد، وجود حکومت‌ها نیز بر مبنای وجود مردم معنا پیدا می‌کند.

نسبت جمهوری اسلامی با مشتری حکومت

برای بررسی نسبت جمهوری اسلامی با مردم، ابتدا بایستی دید در این سال‌ها به‌طورکلی بین حاکمیت و مردم، چه گذشته است. در مواجهه اول بین روحانیون

و مردم، واژهٔ جمهوری اسلامی در قالب یک کلمه به همه‌پرسی گذاشته می‌شود. بعد کَم‌کَم این کلمه گسترش پیدا می‌کند تا در نهایت تبدیل به یک ایدئولوژی خاص می‌شود. مردم به کلمهٔ جمهوری اسلامی به‌مثابه ظرفی خالی، پاسخ مثبت می‌دهند اما از محتوای آن بی‌خبرند. بعد از فروش این کلمه، در همه‌پرسی ۱۲ فروردین ۵۸، بخش‌های دیگر محصول، در هیاهوی جنگ و هیجان انقلاب به جامعه فروخته می‌شوند. بعد از آن ولایت فقیه، به‌شکل ایده‌ای کلی و مبهم و غیر مدرج، که حتی بر سر تفسیر آن بین رهبر اول و ثانی اختلاف نظر وجود دارد، با استفاده از شرایط، در قانون اساسی گنجانده و به مردم فروخته می‌شود.[۱۹] همان گونه که قابل‌ملاحظه است نسبت جمهوری اسلامی از ابتدا با مردم، به‌عنوان اصلی‌ترین مشتریان خود، بر اساس شفافیت نبوده و همواره از آن‌ها سوءاستفاده شده است.

مشتری‌شناسی حکومتی

از مهم‌ترین مباحث روز بازاریابی دنیا، مشتری‌مداری‌ست که اشاره به تمرکز تمام فعالیت‌ها، در تمام زمینه‌ها، روی نیاز مشتری دارد. اما پیش از آنکه بتوان بر مدارِ مشتری چرخید بایستی مشتری را تعریف کرد. اینجا مشتری‌شناسی به معنای تمیز مشتری حقیقی از واقعی‌ست، نه شناخت ویژگی‌ها و روحیات و رفتارهای مشتری بالقوه و بالفعل. مشتری واقعی کسی‌ست که در حال حاضر همه در خدمت او هستند اما مشتری حقیقی کسی‌ست که همه باید در خدمت او باشند.

برای تمیز مشتری حقیقی از واقعی باید این سوال مهم پرسیده شود که حالا نیاز چه کسی برآورده می‌شود و رضایت چه کسی مهم است. از این منظر، جامعه وقتی به سعادت می‌رسد که مشتری حقیقی با واقعی یکی باشد. اگر جای این دو عوض شده باشد بی‌تعادلی همه‌گیر می‌شود. به‌عنوان مثالی ملموس از اهمیت شناخت مشتری، از بسیاری از مدیران فروشگاه‌های زنجیره‌ای اگر پرسیده شود مشتری آن‌ها کیست و چه می‌فروشند خواهند گفت عموم مردم مشتری ما هستند و همه‌چیز در فروشگاه فروخته می‌شود. اما فروشگاه‌های زنجیره‌ای در واقع فضا می‌فروشند و مشتریان رده اول آن‌ها تولیدکنندگان هستند.

اهمیت مشتری‌شناسی در حکومت‌داری از آن‌روست که وجود مشتری غیرحقیقی اما واقعی، ریشه بسیاری از فسادهاست. حکومت‌های توتالیتر معمولا با استحمار، تطمیع یا زور جای خادم و مخدوم را عوض می‌کنند. این جابه‌جایی از بالا

به پایین تسری می‌یابد، تمام سیستم را بیمار می‌کند و ریشهٔ عقب‌ماندگی‌ها می‌شود. مشتری حقیقی حکومت تمام شهروندان کشور هستند. اما مشتری واقعی شخص اول مملکت می‌باشد. اگر در حکومتی حاکمان بر مدارِ مردم بچرخند، مشتری‌مداری حقیقی در جریان است و اگر مردم بر مدارِ حاکمان بچرخند اوضاع برعکس شده است. در بازاریابی، تحقیقاتی با عنوان سنجش رضایت مشتری وجود دارد که در آن، شرکت‌ها و برندها، به‌منظورِ هماهنگی با مشتریان برای رفع نیاز آن‌ها، میزان رضایت از محصول را می‌سنجند. بایستی دید در چه کشورهایی سنجش رضایت مردم مدنظر قرار گرفته و آیا اساسا دنیا به این بلوغ رسیده که همانند بازار آزاد، رضایت مردم از سیستم سیاسی با تحقیقات رضایت مشتری سنجیده شود.

مشتری از دیدگاه جمهوری اسلامی

در تمام حکومت‌های خودکامه تاریخ، جای مشتری حقیقی و واقعی جابه‌جا می‌شود و مشتری اصلی برای همه مردم، شخص اول کشور است. اگر در جوامع دموکراتیک، نگاه‌ها از بالا به پایین و بسوی مردم است در حکومت‌هایی مانند جمهوری اسلامی، تمام نگاه‌ها از پایین به بالا و بسوی رهبر است. شرایطی وارونه که به‌جای نهادینه شدن مشتری‌مداری، رئیس‌مداری و ولایت‌مداری بسط و گسترش یافته و به‌جای خریدار، رضایت فروشنده دنبال می‌گردد. این نگاه از پایین به بالا یعنی برای کارمند عادی، جلب‌رضایت مدیر بالاسری اولویت است. برای مدیران، جلب‌رضایت معاونین، برای معاونین جلب‌رضایت روسای قوا و برای روسای قوا جلب‌رضایت رهبر مهم است. در نهایت برای تمام افراد جامعه، رضایت بالاسری‌ها در صورتی محقق می‌شود که در راستای جلب‌رضایت رهبر باشد. راه جلب رضایت رهبر هم به‌شکل مانیفست نظام در مفهوم ولایت فقیه اعلام و همه‌جا تسری یافته است. در این چرخهٔ معیوب، چون جلب‌رضایت مدیر بالاسری منجر به رشد کاری می‌شود، کارکنان به‌جای تمرکز روی رفع نیاز مردم روی نیاز مدیران متمرکز می‌شوند. این قاعده، تمام سیستم را از بالاترین ارکان تا پایین‌ترین بخش‌ها ویروسی می‌کند و به اختلالی ذاتی در چرخهٔ تولید منجر می‌شود. برخوردِ بد بسیاری از کارمندان ادارات با ارباب رجوع از همین موضوع نشأت می‌گیرد، چون نیاز مردم اصلا در محاسبات رشد، عدد قابلِ‌توجهی نیست.

در جهانی که مشتری نقطهٔ پرگار هرگونه ارائه خدمتی‌ست، به‌کار بردن الفاظی

مانند مقام معظم رهبری یا معظّم‌له برای رهبر جمهوری اسلامی خود به تنهایی نشانگر تعریف مشتری در این نظام می‌باشد. در صورتی که در دموکراسی واقعی تنها مقام معظم، مردمی هستند که به‌عنوان مشتریان اصلی حکومت همه باید در خدمت آن‌ها باشند. در حکومت پهلوی هم از لفظ انقلاب سفید شاه و ملت استفاده می‌شد و با قرار گرفتن نام شخص اول پیش از مردم، او را مقدم بر مشتری می‌دانستند. هرگاه حکام و رسانه‌ها آموختند نام مردم مقدم بر هر نامی‌ست و تنها مردم را معظّم‌له بدانند، می‌توان به نشانه‌هایی از دموکراسی امیدوار شد. در ادامه می‌بینیم که چطور در جمهوری اسلامی تنها یک مشتری برای جلب‌رضایت وجود دارد.

مشتریِ ارکان مختلف جمهوری اسلامی

الف- مشتری رهبر جمهوری اسلامی: در هیچ‌یک از شرح وظایف رهبر در قانون اساسی جمهوری اسلامی، کلامی از مردم به‌مثابه مشتری به میان نیامده است. در عوض با بازی با کلمات و جملات، اختیارات رهبر در قالب وظایف او برشمرده شده‌اند. چون در قانون اساسی برای رهبر مشتری زمینی تعریف نشده خودبه‌خود خودش، نیازهای درونی خودش، اعتقادات و امیال و ولی‌فقیه درون خودش تبدیل به مشتری او می‌شوند. وقتی برای مقامی در آن جایگاه مشتری تعریف نمی‌شود، به‌صورت تلویحی به او اعلام شده چون بسیار مهم است، می‌تواند در پیِ رضایت درونی خود باشد و اینجا آغاز تمامیت‌خواهی‌ست.

ب- مشتری رئیس‌جمهوری: رئیس‌جمهوری هنگام کاندیداتوری بایستی رضایت گروه‌ها و افراد مختلف را به‌عنوان مشتری جلب نماید. اولین مشتری، شورای نگهبانی‌ست که وی را تایید صلاحیت می‌کند. از آنجا که اعضای شورای نگهبان قبلا رضایت رهبر را برای عضویت در این شورا جلب کرده‌اند و مشتری اصلی آن‌ها رهبر است، پس رضایت شورای نگهبان، همان رضایت رهبر می‌باشد و در واقع اولین مشتریِ کاندیدا، رهبر است. به هنگام انتخابات ظاهرا مشتریِ رئیس‌جمهوری آینده، مردم عادی هستند که بایستی رای بدهند اما اینجا هم چون قبلا رهبر با تایید صلاحیت کاندیدا، رضایت خود را اعلام کرده، با تمام تلاشی که ممکن است مردم بکنند، مشتری اصلی رهبر است. بعد از برگزاری انتخابات، رهبر به‌صورت مستقیم و بی‌واسطه، به هنگام تنفیذ حکم ریاست جمهوری، مشتری

رئیس‌جمهوری می‌شود. بعد از آن هم چون در جمهوری اسلامی تنفیذ قابل‌استرداد توسط رهبر است و تنها او می‌تواند هر آینه حکم ریاست جمهوری را معلق کند، مشتری اصلی رئیس‌جمهوری تا انتهای دورهٔ ۴ سالهٔ رهبر می‌باشد. بعد از مراسم تنفیذ و به هنگام تحلیف، اعضای مجلس شورای اسلامی، که قبلا رهبر با تایید صلاحیت آن‌ها در شورای نگهبان، رضایت خود را از حضورشان در مجلس اعلام کرده، مشتری رئیس‌جمهوری می‌شوند. در قسم‌نامه‌ها هم نحوهٔ سوگند خوردن نشان‌دهنده مشتری واقعی‌ست. در مراسم تحلیف، رئیس‌جمهوری ابتدا با اشاره مستقیم به قانون اساسی با ولی‌فقیه بیعت می‌کند و بعد به مردم اشاره می‌شود.

ج- مشتری اعضای مجلس شورای اسلامی: در خصوص کاندیداهای مجلس نیز مانند کاندیداهای ریاست جمهوری، ابتدا شورای نگهبان بایستی صلاحیت‌ها را با نظارت استصوابی تایید کند. این بدان معناست که همانند رئیس‌جمهوری، تنها یک مشتری واقعی برای نماینده‌ها وجود دارد و او رهبر است.

د- مشتری اعضای مجلس خبرگان رهبری: اصلی‌ترین تناقض مشتری‌مداری در جمهوری اسلامی اینجا رخ می‌دهد. در قانون، مجلس خبرگان بالا دست رهبر است و وظیفه نظارت بر او را به‌عهده دارد. اما چون اعضای این مجلس، توسط شورای نگهبان که زیردست رهبر است تعیین می‌شوند، عملا این مجلس خبرگان است که در نظر رهبری‌ست. بعد از رضایت رهبر، که از طریق شورای نگهبان به‌صورت غیرمستقیم ابلاغ شده، مردم طی انتخاباتی محدود و نامحسوس، مشتریِ کاندیداهای مجلس خبرگان می‌شوند. از آنجا که رهبر بیشترین اختیارات را دارد پس انتخابات مربوط به او بایستی بیشترین حساسیت را در جامعه ایجاد نماید. اما جمهوری اسلامی با هم‌زمان کردن انتخابات خبرگان با انتخابات مجلس و ایجاد هیاهو در انتخابات مجلس، به‌صورت کاملا مهندسی‌شده، باعث کم شدن حساسیت مردم به انتخابات خبرگان رهبری می‌شود.

ه- مشتری شورای نگهبان: نیمی از اعضای شورای نگهبان، مستقیما توسط رهبر انتخاب می‌شوند. نیم دیگر نیز غیرمستقیم، توسط رئیس قوهٔ قضاییه‌ای که زیرنظر رهبر است انتخاب و به مجلس پیشنهاد می‌شوند. این یعنی مشتری اصلی و مستقیم شورای نگهبان رهبر است. از وظایف شورای نگهبان تایید مصوبات مجلس،

تفسیر قانون اساسی و نظارت استصوابی‌ست. در این شرایط، شورای نگهبان قوانینی را تایید می‌کند که رضایت رهبر را در پی داشته باشد و قانون اساسی را به‌گونه‌ای تفسیر می‌کند که نظر رهبر جلب شود. در نظارت استصوابی نیز کسانی تایید صلاحیت می‌شوند که رضایت رهبر به‌عنوان مشتری جلب شود. این بدان معناست که مشتریِ تمام ارکان حکومت و متعاقب آن تمام مردم تنها یک نفر، یعنی رهبر است.

ر- مشتری رئیس قوهٔ قضاییه: وقتی رئیس قوهٔ قضاییه مستقیما توسط رهبر انتخاب می‌شود، مشتری اصلی و مستقیم وی رهبری‌ست. این قاعده در مورد تمام پست‌های بالای سازمانی مانند صدا و سیما، نیروهای مسلح، ستاد فرامین امام و ... که مستقیما توسط رهبر انتخاب می‌شوند قابل‌تعمیم است. این مقامات به‌صورت ذاتی، مشتری خود را رهبر می‌دانند نه مردم.

همان گونه که تشریح شد سیکل مشتری‌شناسی و مشتری‌مداری در جمهوری اسلامی ناقص و معیوب و یک‌طرفه است. ممکن است گفته شود در شرکت‌های خصوصی هم مدیران و معاونین، توسط مدیر عامل انتخاب می‌شوند و این وضعیت نافی مشتری‌مداری نیست. نکتهٔ ظریف اینجاست که در شرکت‌های خصوصی، چون مشتریِ خودِ مدیرعامل مردم تعریف شده‌اند نه نیاز درونش، خودبه‌خود توجه کارکنان به سمت تامین نیازهای مشتریان هدایت می‌شود. در جمهوری اسلامی این سیکل کامل طی نمی‌شود و در نیازهای رهبر متوقف می‌ماند.

در جمع‌بندی می‌توان گفت چون رؤسای قوای سه‌گانه در چارچوب جلب‌رضایت رهبر قبلا موفق بوده‌اند، معاونینی که در پی جلب نظر روسای قوا هستند در حقیقت در پی جلب‌رضایت رهبری موفق می‌باشند. این قاعده به‌خصوص در بخش دولتی، تا پایین‌دست‌ترین پست‌های سازمانی تسری می‌یابد و هر کس که رضایت بالاسری خود را اصل بگیرد، رضایت رهبر را به‌عنوان مشتری اصلی، اصل گرفته است. هر کسی که حتی به‌صورت ناخودآگاه، به‌دنبال جلب‌رضایت رئیس بالاسری باشد، در واقع در پی جلب‌رضایت رهبر است.

با تمام این احوال، آشفتگی‌های دیگری نیز در تعریف مشتری در نظام جمهوری اسلامی وجود دارد. مثلا وقتی رئیس‌جمهوری به قانون اساسی سوگند می‌خورد، که در آن اولویت مستضعفان جهان است نه مردم کشور، در واقع به مشتری اشتباه قسم می‌خورد و ذاتاً نمی‌تواند در پی رفع نیاز مردم ایران باشد. حتی این‌همه

تاکیدی که از سوی مقامات مبنی بر حفظ آبروی نظام نزد بیگانگان می‌شود، نشانگر هدف‌گیری اشتباه و خطا در مشتری‌شناسی مقامات جمهوری اسلامی‌ست. آبروی هر نظام حکومتی بایستی پیش مشتری اصلی، یعنی مردم حفظ شود.

فصل پانزدهم

فرآیند تصمیم گیری خرید

و انقلاب ۵۷

هیچ کالای مهمی یکباره خریداری نمی‌شود. ورای هر عمل خریدی، فرآیندی از مراحل تصمیم‌گیری وجود دارد که خریدار طی می‌کند تا برای گزینش محصول یا خدمت تصمیم بگیرد. فرآیندی که با توجه به اهمیت کالا متفاوت است و با احساس نیاز شروع می‌شود و تا رفتار پس از خرید ادامه می‌یابد. در فرایند تصمیم‌گیری برای خرید کالایی که به بازار عرضه می‌شود معمولا ۵ نقش اساسی وجود دارد. در ادامه این ۵ نقش را که توسط گروه‌های سیاسی و عامه مردم ایفا شدند و ایدۀ انقلاب ۵۷ و متعاقب آن کالای حکومتی جمهوری اسلامی فروش رفت بررسی می‌کنیم.

پیش‌قدم‌ها: شامل کسانی‌ست که برای اولین‌بار کالا را می‌خرند و آن را به دیگران پیشنهاد می‌کنند. پیش‌قدم‌های خرید ایدۀ انقلاب توسط عموم مردم را بایستی بین رهبران فکری و عملیِ مخالف حکومت پهلوی جستجو کرد. در واقع رهبران تمام گروه‌های مخالف، نقش پیش‌گامی داشته‌اند. در این بین، در کنار تمام فعالیت‌هایی که انجام می‌شد، واقعه سیاهکل چون برای نخستین‌بار برای تسخیر یک واحد نظامی از سلاح استفاده شد از اهمیت ویژه‌ای برخوردار است. نفس فعالیت‌های مسلحانه، ایدۀ براندازی نظام پهلوی را در ذهن‌ها تقویت می‌کرد. خمینی هم سال ۴۲ در مقابل حکومت شاهنشاهی قرار گرفت اما اعتراض او شکل براندازی نداشت. پیش‌قدم‌های خرید کالای جمهوری اسلامی هم نزدیکان خمینی بودند.

تاثیرگذارها: کسانی را شامل می‌شود که نظر و توصیه‌شان بر تصمیم خرید مردم اثرگذار است. در مورد ایدۀ انقلاب ۵۷ تمامی مخالفان حکومت پهلوی، از طیف‌های مختلف فکری و شغلی مانند سیاسیون، دانشگاهیان و هنرمندان که روی افکار عمومی اثر داشتند، در این دسته قرار می‌گیرند. بعد از انقلاب هم در خرید کالای جمهوری اسلامی به‌جز خود روحانیون تمام کسانی که نزد افکار عمومی احترام و اعتباری داشتند و ایدۀ تشکیل حکومتی با این قانون اساسی را پذیرفتند جزو این گروه می‌باشند.

تصمیم‌گیرندگان: تصمیم نهایی برای خرید کالا با این افراد است. مهم‌ترین تصمیم‌گیران خرید نهایی ایدۀ انقلاب را می‌توان کسانی که شورای سلطنت را

منحل کردند و به‌خصوص نظامیانی که بیانیهٔ بی‌طرفی ارتش را صادر نمودند دانست."[1] در کنار این‌ها، کسانی که در ماه‌های آخر حکومت پهلوی در شهرهای مختلف به خیابان‌ها ریختند و به‌صورت واضح تقاضای انقلاب را فریاد زدند را نیز می‌توان اینجا قرار داد. تصمیم‌گیرندگان اصلی برای خرید کالای جمهوری اسلامی را می‌توان رهبران گروه‌های مختلف مبارز دانست که در همه‌پرسی فروردین ۵۸ و تدوین قانون اساسی با روحانیون همکاری کردند.

خریداران: کسانی که خرید نهایی را انجام می‌دهند. اکثر مردم ایران در بهمن‌ماه ۵۷ خریدار ایدهٔ انقلاب شدند. بعد از آن، تمام ۹۷ درصدی که در فروردین‌ماه ۵۸ به جمهوری اسلامی رای آری دادند، خریداران محصول جمهوری اسلامی می‌باشند.

استفاده‌کنندگان: شامل تمام کسانی‌ست که از کالا یا خدمتِ خریداری‌شده استفاده می‌کنند و آن را به مصرف می‌رسانند. مصرف‌کنندگان کالای انقلاب همان نسلی هستند که انقلاب را پایه‌گذاری کردند و با حضور در خیابان‌ها، از مصرف موقت این کالا لذت بردند. در مورد کالای جمهوری اسلامی ماجرا کمی متفاوت است. پیش‌فرض فروش این محصول از ابتدا بر این بوده که رأی‌دهندگان فروردین ۵۸ مصرف‌کنندگان بالفعل هستند و تمام نسل‌های بعدی، مصرف‌کنندگان بالقوه خواهند بود. خریدی توسط یک نسل انجام شده، با این زمینهٔ ذهنی که تمام نسل‌های بعدی باید همان کالا را مصرف کنند.

رفتار پیچیده در خرید و انقلاب ۵۷

خریداران معمولا برای خرید کالاهای گران‌قیمت و پُرریسک فرایند طولانی‌تری را طی می‌کنند و تحقیقات وسیع‌تری انجام می‌دهند. هرچه کالا گران‌تر و حساس‌تر باشد قاعدتا بررسی بیشتری صورت می‌گیرد. مثلا کسی که دارویی حساس برای خود و خانواده‌اش می‌خرد در مورد مرجع تهیه دارو و نوع دارو حتماً اطمینان حاصل می‌کند. این وسواس در خرید کالای حکومتیِ جدید برای ایران، به خرج داده نمی‌شود. در واقع چون تغییر ساختار حکومت، خریدی بسیار گران‌قیمت و پُرریسک است، انتظار رفتار خرید پیچیده‌تری از مردم می‌رفته است. رفتار خرید پیچیده، مستلزم فرایندی سه مرحله‌ای‌ست.

الف - بر مبنای احساس نیازی که درون خریدار پدیدار شده، دربارهٔ کالا باورهایی در او ایجاد می‌گردند.
ب - ایمان به لزوم خرید پدید می‌آید.
ج - در نهایت خریدار فکورانه به انتخاب می‌پردازد.

اما در مورد کالای حکومتی جمهوری اسلامی، گویی مردم از روی هیجان یا برای کاهش تنش، سریع به خرید کالای عرضه‌شده و موجود تن می‌دهند. در این خرید تاریخی، برعکس آنچه باید، مردم اول خرید می‌کنند، بعد به باورهای جدید دست می‌یابند و در نهایت صاحب مجموعه‌ای از عقاید می‌شوند.

لزوم درگیری مشتری با کالا و جمهوری اسلامی

هر قدر سطح درگیری مشتری با کالا بیشتر باشد، وابستگی بیشتر می‌شود و احتمال اعتراض به کیفیت کمِ کالا کمتر می‌گردد. بعد از فروش ایدهٔ انقلاب و نظام جمهوری اسلامی، روحانیون به‌مثابه بازاریابانی حرفه‌ای و تعلیم دیده، کالای خود را به محصولی با سطح درگیری زیاد تبدیل می‌کنند. برای ایجاد درگیری بالا بین کالا و مشتریان چند قاعدهٔ اصلی وجود دارد.
۱- در گام نخست بایستی بین کالا و یک مسئلهِ درگیرکننده ارتباط برقرار گردد. برای این منظور روحانیون کالای جمهوری اسلامی را بیش از هر چیز به مذهب پیوند می‌زنند. مسائلی مانند ولی‌فقیه، قیام عاشورا، وارثان زمین، ظهور منجی و تشکیل امت اسلامی تماما جهت پیوند زدن جمهوری اسلامی با عمیق‌ترین ارزش‌های درونی مردم مطرح شده‌اند.
۲- کالا بایستی به برخی وضعیت‌های شخصیِ درگیرکننده ارتباط یابد. در این بخش جمهوری اسلامی بیش از هر چیز از وقوع جنگ ۸ ساله سود برده است. در واقع اینکه گفته می‌شود جنگ نعمت است از این ناحیه هم قابل‌تفسیر است. تقریباً تمام مشتریان راضی و ناراضی محصول حکومتی روحانیون، در خانواده یا اقوام خود کسی را دارند که در جبهه از میان رفته باشد. برنامه‌های پروموشنی وسیع حکومتی که در خصوص شهدا انجام شده و پیش از این در موردش بحث شد، به‌منظورِ ایجاد درگیری شدیدِ شخصی و عمومی با کالای حکومت بوده است. کشته‌هایی که از جبهه بازمی‌گشتند، در هر صورت مستقیم و غیرمستقیم تمام مردم را با خود درگیر کرده بودند.

۳- برای بالا بردن سطح درگیری بین مشتری و کالا بایستی فعالیت‌های پروموشنی به‌گونه‌ای طراحی شوند که احساسات و عواطف مرتبط با ارزش‌های شخصی مردم را برانگیزند. تمام محتوای پروموشنی تولیدی در نظام جمهوری اسلامی، به‌نحوی، در خدمت افزایش درگیری مردم با کالای حکومتی روحانیون است. حجم عظیم تولیدات هنری، متون خبری، تحلیل و تفسیر احکام فقهی در این راستا تنظیم شده‌اند. در دهۀ ۶۰ که تنها دو شبکه تلویزیونی وجود داشت و مطبوعات به‌صورت انحصاری در اختیار نظام حاکم بودند، تلاش برای ایجاد این درگیری از سنین کودکی آغاز می‌شدند. پیوند زدن جمهوری اسلامی با تمامیت ارضی کشور نیز اینجا قابل تحلیل است.

۴- برای کالایی که دارای درگیری کم است بایستی ویژگی مهمی در نظر گرفته شود تا آن را به محصولی با درگیری بالا تبدیل کند. جمهوری اسلامی در ابتدای شکل‌گیری، کالایی با درگیری کم محسوب می‌شد و تنها یک نام بود. با قرار گرفتن اصل ولایت فقیه در متن قانون اساسی، به‌عنوان مهم‌ترین ویژگی حکومت جدید، تمام جوانب زندگی مردم درگیر با حکومت شد.

مراحل فرایند خرید ایدۀ انقلاب ۵۷

۱- پی‌بردن به وجود مشکل: وقتی که خریدار میان وضع موجود و وضع مطلوب تفاوتی احساس کند یعنی مشکلی وجود دارد. برای بسیاری از رهبران مبارز و بازاریابان اصلی ایدۀ انقلاب، تفاوت آنچه هست با آنچه باید باشد، بیشتر از هر جایی در حیطۀ شیوۀ تقسیم قدرت و منابع معنا پیدا می‌کرد. اما برای بسیاری از مردم عادی در جامعۀ مردسالار آن روز، معمولی‌ترین محرک‌ها، مانند بی‌بندوباری جنسی، نشان‌دهنده وجود مشکل بود. درک وجود مشکل هم می‌تواند ناشی از محرک‌های داخلی یا خارجی باشد. پیش از انقلاب تشخیص وجود مشکل برای اکثر فعالین سیاسی، گروه‌های مرجع و مردم عادی، ناشی از محرک‌های بیرونی بوده است. مقایسه وضعیت ایران با اروپا، تحریک عوامل خارجی، شایعه‌سازی و تبلیغات منفی ازاین‌دست محرک‌های بیرونی می‌باشند.

۲- جستجوی اطلاعات: افراد معمولا پس از تشخیص مشکل و احساس نیاز به محصول یا خدمتی جدید، به‌دنبال جمع‌آوری اطلاعات می‌روند. پیش از انقلاب برای مردم عادی، که گرفتار زندگی روزمره بودند، جمع‌آوری اطلاعات برای خرید

کالایی در حد انقلاب و نظام حکومتی جدید عملا غیرممکن بود. نزدیک‌ترین تجربهٔ خرید ایده‌ای نظیر انقلاب هم مربوط به دوران مشروطه بود که ۷۲ سال از آن می‌گذشت و آن نسل از میان رفته بود. لاجرم بخشی از علاقه‌مندان به فروش کالای انقلاب به کاوش برای کسب اطلاعات از منابع قدیمی شیعی روی می‌آورند. بخشی هم به الگوبرداری از کشورهای انقلابی می‌پردازند. اخبار مربوط به انقلاب در سایر کشورها و تاثیر شخصیت‌هایی مانند چگوارا اینجا قابل‌تأمل است. کاوشی که سطحی می‌ماند و همراه با تحلیل درست نیست. انقلابیون چنان از الگوبرداری‌های خود اطمینان دارند که به تفاوت‌های موجود بین بافت جامعهٔ ایرانی با سایر ملل انقلابی و حتی شرایط صدر اسلام توجه نمی‌کنند.

۳- ارزیابی آلترناتیوها: مشتری پس از اینکه از منابع گوناگون اطلاعات لازم را کسب کرد، به ارزیابی محصولات مختلف بر اساس ویژگی‌های متمایز آن‌ها می‌پردازد. در دوران منتهی به انقلاب ۵۷ اساسا سه گزینه اصلی وجود داشت. ۱- ادامه حکومت شاهنشاهی به‌شکل موجود. ۲- ادامه حکومت شاهنشاهی با تلاش برای اصلاحات. ۳- انقلاب و برپایی حکومت جدید. به نظر می‌رسد مبارزان، بدون تلاش و مطالعه کافی، گزینه سوم را انتخاب کرده‌اند و مطالبات اصلاح‌طلبانه به‌اندازهٔ کافی بیان نمی‌شوند. حساسیت کم سیستم پهلوی در مورد تحولات عمیق جامعه، در کنار نزدیک‌بینی مفرط گروه‌های مختلف مبارز همه را به سمت گزینه انقلاب سوق می‌دهد. در صورتی که اگر هدف اصلاح سیستم بود، روی کار آمدن بختیار فرصتی بود برای اصلاحات اساسی، به‌گونه‌ای که شاه هم نتواند به انحصار قدرت بازگردد. غفلت و فاصله گرفتن از تفکر اصلاحی چنان موج عظیمی از انرژی علیه شاه برمی‌انگیزد که دولت بختیار مستعجل می‌شود و جامعه بلافاصله وارد انحصاری همه‌جانبه می‌گردد.[۲]

۴- تصمیم به خرید: وقتی‌ست که خریدار محصول مورد نظر خود را یافته و برای خرید آن به قطعیت رسیده باشد. در این مرحله هر قدر بازاریابان، در هنر فروشندگی، به ظرافت‌ها و مهارت‌های بیشتری مجهز باشند موفق‌تر خواهند بود. تصمیم به خرید کالای انقلاب توسط عموم مردم، چند سالی طول می‌کشد و مبارزان مختلف با زمینه‌سازی به مرحلهٔ فروش نهایی انقلاب می‌رسند. اما برای اکثریت مردم، تصمیم به انتخاب جمهوری اسلامی، به‌عنوان محصول آینده سیستم

حکومتی، آنی‌ست و مرحلهٔ ارزیابی را اصلا طی نمی‌کند. روشن‌فکرانی که تا پیش از آن اصرار زیادی به نبودن شاه داشتند، در برابر قدرت و مهارت بازاریابی و عرضهٔ کالا توسط روحانیون دست‌شان خالی‌ست. روحانیونی که برای فروش کالاهای فقهی تجربهٔ منبر رفتن داشتند محصول جمهوری اسلامی را به‌راحتی می‌فروشند.

۵- رفتار پس از خرید: مردم پس از خرید محصول، آنچه خریده‌اند را با توقعات پیش از خرید خود مقایسه می‌کنند. رضایت از خرید، تابعی‌ست از نزدیکی انتظارات با مزایا و عملکرد کالا. اگر عملکرد محصول کمتر از حد انتظار مشتری باشد ناراضی می‌شود، اگر در حد انتظار باشد رضایتمندی در پی خواهد داشت و در صورتی که مزایای کالا فراتر از انتظار باشند مشتری مسرور خواهد شد. مسرت همه‌گیری که طی ماه‌های اولیهٔ خرید کالای انقلاب، در سطح جامعه جاری‌ست ناشی از آزادسازی انرژی متراکم مردم است. سُروری که دوام زیادی نمی‌آورد و با اتفاقات بعدی، انرژی آزادشده، از جهات مختلف با شدت بیشتری دربند می‌شود. در مورد کالای جمهوری اسلامی اما رفتار پس از خرید مردم پیچیده‌تر است. برخی که بر مدار قدرت اند کماکان راضی از خریدند، اما اکثریت خریداران و مصرف‌کنندگان ناراضی می‌باشند. مشتریان ناراضی به‌گونه‌های مختلفی عکس‌العمل نشان می‌دهند.
الف- بسیاری به تحریم و عدم تعامل با کالای خریداری‌شده از راه‌هایی مانند مهاجرت و خانه‌نشینی روی آورده‌اند.
ب- برخی با براندازی تلاش می‌کنند کالا را مسترد نمایند.
ج- بعضی دست به اقدامات قانونی می‌زنند و مثلا در دادگاه‌های بین‌المللی از نتایج مصرف کالای جمهوری اسلامی شکایت می‌کنند.
د- عده‌ای با پیوستن به‌جریان اصلاحات سعی می‌کنند کالای خریداری‌شده را تعمیر کنند.
ه- بسیاری نیز با تحریم انتخابات، خرید مجدد کالای جمهوری اسلامی را متوقف می‌کنند.

صرفِ‌نظر از اینکه مشتریان ناراضی حکومت فعلی ایران کدام یک از شیوه‌های فوق را در پیش گرفته‌اند، همگی به اطرافیان خود و به‌خصوص نسل بعدی در مورد مصرف این کالا هشدار می‌دهند. همان گونه که استراتژی شرکت‌ها برای برخورد با مشتریان ناراضی متفاوت است حکومت‌ها نیز برخوردهای متفاوتی با آن‌ها دارند. جمهوری اسلامی، طی سال‌های گذشته، عکس‌العمل تمام مشتریان ناراضی را

به‌نحوی به نفع خود تمام کرده است. مثلا نتیجهٔ تحریم کالای جمهوری اسلامی و مهاجرت و عدم تعامل با حکومت، خالی شدن صحنه و امکان انحصار بیشتر منابع بوده است. در مواجه با مستردکنندگان برخورد قهری صورت می‌گیرد و اشاره می‌کنند که از ابتدا شرط خرید، غیرقابل‌استرداد بودن کالا ذکر شده و قصد ندارند به هیچ وجه آنچه فروخته شده را پس بگیرند. گویی در رسیدی که برای محصول جمهوری اسلامی، در همه‌پرسی قانون اساسی صادر شده و مردمِ آن دوره آن را امضاء کرده‌اند، قید شده که کالای فروخته‌شده به‌هیچ‌وجه پس گرفته نمی‌شود و تا ابد هر که در این جغرافیاست، باید از آن استفاده کند.

در خصوص تعمیر و اصلاح کالای خریداری‌شده هم، تئوریسین‌های جمهوری اسلامی با ایجاد انحراف، جریان اصلاحات را به فرصتی برای تجدید قوا و پیشبرد ماموریت خود تبدیل کرده‌اند. تحریم انتخابات هم چون تمام مشتریان ناراضی به آن پای‌بند نیستند، فرصتی شده تا روحانیون به قبضه قدرت در مراکزی بپردازند که بر مبنای جمهوریت نظام، قرار بوده مسئولینش از سوی مردم انتخاب شوند. انتخاب ریاست جمهوری سال ۸۴ از همین دست بهره‌برداری‌ها بود. عدم مشارکت وسیع مردم موجب بهره‌برداری محفلی از انتخابات شد. درک عمومی این تاکتیک، باعث شور و هیجانی فراگیر برای انتخابات سال ۸۸ شد. مشارکت بالا در این انتخابات، عکس‌العملی همگانی به سوءاستفاده از تحریم انتخابات سال ۸۴ بود.[۳] در هر صورت نتیجهٔ تمام تلاش‌ها برای پس دادن کالای روحانیون بهانه‌ای شده برای شناسایی و تصفیهٔ بیشتر مشتریان ناراضی.

عوامل موثر در خرید ایدهٔ انقلاب ۵۷

۱- نقش عوامل فرهنگی در خرید ایدهٔ انقلاب ۵۷

فرهنگ به‌عنوان یکی از اصلی‌ترین علل تعیین و تنظیم رفتار اشخاص، عبارت از مجموعه نمادها، نهادها و روش‌هایی‌ست که از نسلی به نسل دیگر منتقل می‌شوند. فرهنگ که اساسی‌ترین دلیل شکل‌گیری خواسته‌هاست، می‌تواند عمیق‌ترین اثرات را بر رفتار خرید مردم بگذارد. نمادها ممکن است مانند تلقیات، باورها و ارزش‌ها نا‌ملموس یا مانند شیوهٔ خانه‌سازی ملموس باشند. بر این اساس می‌توان اصلی‌ترین دلیل خرید ایدهٔ انقلاب ۵۷ توسط مردم را موضوعات فرهنگی دانست. حتی رشد اقتصادی دهه‌های ۴۰ و ۵۰ و بعد افزایش تورم را می‌توان بر اساس تاثیری که

روی وضعیت فرهنگی جامعه داشته‌اند مورد توجه قرار داد. تغییرات فرهنگی از آن جهت نسبت به رشد اقتصادی اثرگذارترند که مدت زمان بیشتری صرف آن‌ها می‌شود. هر کسی ممکن است در اثر حادثه‌ای، یک‌شبه متمول شود، اما هیچ‌کسی در اثر هیچ حادثه‌ای یک‌شبه باورهای عمیقش تغییر نمی‌کند.

در دورهٔ پهلوی، برنامه‌های اجتماعی و اقتصادی معمولا بدون توجه به شرایط فرهنگی پی‌گرفته می‌شدند. جامعه‌ای که در آن هنوز فرهنگ جاهلی، برای بسیاری، گروه مرجع به‌حساب می‌آمد، به زمان بیشتری برای رشد مولفه‌های فرهنگی نیاز داشت.

در واقع از آنجا که فرهنگ مردم در طول زمان تغییر می‌یابد و الگوهای جدید جانشین کهنه‌ها می‌شوند، بازاریابان حکومتی همیشه بایستی گوش به زنگ باشند که تغییرات فرهنگی را شناسایی کنند و محصولات مورد نیاز جامعه را عرضه نمایند. در دورهٔ پهلوی هم، سرمایه‌گذاری اصلی فرهنگی بایستی از مدارس شروع می‌شد. انقلابیون مخالف پهلوی نیز در آن دوره با دست گذاشتن روی همین مولفه‌های حساسیت‌زای فرهنگی، مردم را علیه نظام شاهنشاهی تحریک کردند. بعد از انقلاب، با توجه به‌شدت بسته بودن محیط، شرایط فرهنگی جامعه نه تنها بهبود نیافته که در بسیاری زمینه‌ها سقوط بی‌سابقه‌ای را تجربه می‌کند. مثلا کماکان گروه‌های فشار در جامعه حضور دارند و لمپن‌های قداره‌کش در شبکه‌های اجتماعی حکمرانی می‌کنند.

۲- نقش عوامل اجتماعی در خرید ایدهٔ انقلاب ۵۷

افرادی که به طبقات اجتماعی مشابهی تعلق دارند معمولا رفتارهای خرید همانندی بروز می‌دهند. عوامل تعیین‌کننده طبقهٔ اجتماعی افراد، در جوامع گوناگون، یکسان نیستند. پارامترهایی مانند ثروت، درآمد، مدرک تحصیلی و وابستگی‌های خانوادگی نمونه‌هایی از عوامل تعیین‌کننده طبقهٔ اجتماعی افراد می‌باشند. با توجه به تغییراتی که این طبقه‌بندی‌ها در گذر زمان پیدا می‌کنند، نیازها و خواسته‌ها نیز تغییر می‌کنند. به همین دلیل یکی از مباحث مهم در مدیریت بازار، بررسی واکنش‌های مشابه و یکسان هر یک از طبقات جامعه نسبت به آمیختهٔ بازاریابی‌ست. برای تحلیل علل انقلاب از زاویه دید عوامل اجتماعی، بایستی برخی از آن‌ها را مورد توجه قرار داد. یکی از مهم‌ترین عوامل اجتماعی نقش گروه‌های مرجع است. اما به‌دلیل اهمیت ویژه این بحث در این کتاب، موضوع گروه‌های مرجع در فصل آخر به‌صورت مجزا مورد توجه قرار خواهد گرفت.

الف- خانواده: اعضای خانواده، به‌عنوان مهم‌ترین نهاد خریدار نهایی خدمات و کالاها، بر رفتار و انتخاب یکدیگر اثرگذارند. از همین روست که بازاریابان معمولا علاقه‌مندند از نقش و نفوذ هر یک از آن‌ها بر خرید یکدیگر در انواع محصولات و خدمات آگاه شوند. با بررسی خانواده در زمان پهلوی می‌توان مشاهده کرد عامل بسیاری از تغییرات منتهی به انقلاب ۵۷ در خانواده‌ها شکل گرفته است. وجود خانواده‌های متعددی که تمام فرزندان آن‌ها به یک گروه سیاسی خاص گرایش داشته‌اند، موید این نظر است. اگر در خانواده‌ای فردی به مجاهدین می‌پیوسته، احتمال اینکه سایر اعضا از او پیروی کنند، بسیار بالا بوده است.[۴] موضوع قابلِ‌توجه دیگر متعصب، بسته و سنتی بودن فضای بسیاری از خانواده‌های ایرانی آن دوران است. تعصبی که باعث می‌شود بسیاری از آزادی‌های زنان به پای ترویج بی‌بندوباری توسط حکومت گذاشته شود. روحانیون نیز از این تعصب سود می‌بردند و به تحریک مردم و تبلیغ علیه نظام پهلوی می‌پردازند.

ب- نقش‌ها و موقعیت‌ها: نقش‌ها و موقعیت‌های اجتماعی مختلفی که افراد جامعه در طول زندگی پیدا می‌کنند، همگی بر رفتار خرید آن‌ها اثرگذارند. نقش، مانند رهبر، هماهنگ کننده، کنترل‌کننده و غیره شامل فعالیت‌هایی‌ست که افراد در رابطه با دیگرانی که در جمع حضور دارند انجام می‌دهند. هر نقشی نوع خاصی از احترام را به‌همراه می‌آورد و افراد اغلب، محصولاتی را انتخاب می‌کنند که باعث افزایش مقام اجتماعی آن‌ها شوند. در دوران پهلوی هم به نظر می‌رسد نقش معترض و مخالف نظام شاهنشاهی برای بسیاری، احترام به ارمغان می‌آورده است.[۵] از همین روست که نقش‌های معترض سینمایی مورد توجه آن‌چنانی قرار می‌گرفتند.[۶]

۳- نقش عوامل فردی در خرید ایدهٔ انقلاب ۵۷

شامل ویژگی‌های شخصی مانند سن، شغل، اوضاع اقتصادی، سبک زندگی، شخصیت و تلقیات فردی می‌باشد که بر تصمیمات خرید تاثیر مستقیم دارند. در ادامه به بررسی مختصر سه مورد در این زمینه می‌پردازیم.

الف- سبک: نوع و شکل زندگی‌ست و نشان می‌دهد افراد جامعه منابع و وقت‌شان را چگونه صرف می‌کنند، چه چیزهایی را مهم می‌دانند، علایق و منافع را چگونه

تعریف می‌کنند و در مورد خود و جهان اطراف چگونه می‌اندیشند. نگاهی به سبک زندگی پیش از انقلاب مردم نشان می‌دهد جامعه کماکان، غرق در سنت‌های قدیمی بوده است. به‌عنوان مثال، فراوانی قمه‌کشی، کفتربازی و رجزخوانی نشانگر جامعه‌ای‌ست که آمادگی زیادی برای درگیری خیابانی دارد و بخشی از مردم از آن لذت می‌برند. همین روحیه، در جریان انقلاب به خیابان‌ها کشیده می‌شود و به درگیری‌ها دامن می‌زند. بعد از انقلاب هم روحانیون با به خدمت گرفتن پتانسیل‌های این بخش از جامعه، به ایجاد ارعاب و سرکوب مخالفان مبادرت می‌نمایند. در مورد سبک زندگی می‌توان گفت این‌روزها نوجوانان نقاط مختلف جهان بیشتر از آنکه شبیه والدین خود باشند شبیه هم هستند. یعنی، به دلیل گسترش ارتباطات، افکار و سبک زندگی دختر نوجوانی که در ایران زندگی می‌کند به دختران نوجوان سایر کشورهای جهان، از آمریکای شمالی گرفته تا اروپا، نزدیک است. این موضوع اصلی‌ترین تهدید برای حکومت سنت‌گرای روحانیون بوده و در نهایت جمهوری اسلامی را در خود حل خواهد کرد.

ب- تلقیات و برداشت‌ها: طرز تلقی افراد در رفتارهای مثبت یا منفی آن‌ها نسبت به پدیده‌های پیرامون برملا می‌شود. این تلقیات نقش مهمی در ارزیابی گزینه‌ها و تصمیم به خرید محصول انقلاب داشته‌اند. مثلا تلقی عموم مردم از جشن‌های ۲۵۰۰ ساله نه احیای احترام تاریخی ایرانی که رواج بی‌پروایی و حیف‌ومیل اقتصادی بوده است. سیستم اطلاع‌رسانی شاهنشاهی با توجه به اینکه مشتری اصلی این رویداد را خارجی‌ها قرار داده بود، به افکار عمومی داخلی به‌اندازهٔ کافی توجه و التفات نداشته است.

ج- خصوصیات شخصیتی: به‌عنوان الگوی واکنشی، در ادراک و رفتار خریدار تاثیر می‌گذارند. مثلا ما با نام‌گذاری افراد با برچسب خجالتی، متکی به نفس، مهاجم، سلطه‌گر، درون‌گرا، برون‌گرا و منعطف آنان را تحت‌تأثیر خصوصیات ویژه‌ای می‌دانیم که واکنش‌های خاصی از خود بروز خواهند داد. بازتاب شخصیتی افراد را می‌توان در انتخاب نوع پوشاک، ماشین و حتی رستوران‌هایی که غذا می‌خورند مشاهده کرد. تجزیه و تحلیل و شناخت شخصیت افراد اثرگذار در انقلاب ۵۷، آینه‌ای تمام‌قد از وضعیت آن روز جامعه به ما می‌دهد. این بررسی در مورد شریعتی، به‌عنوان بازاریاب انقلاب، در این کتاب انجام شد.

۴ - نقش عوامل روان‌شناختی در خرید انقلاب ۵۷

با مطالعه عوامل روان‌شناختی مانند انگیزاننده‌ها، ادراک، خودپنداری و یادگیری می‌توان به‌صورت عمیق‌تری به چگونگی و چرایی رفتار مردم در دورهٔ پیش از انقلاب پرداخت. در ادامه به بررسی چهار مورد از این عوامل می‌پردازیم.

الف- انگیزه: نیرویی درونی‌ست برای بروز رفتاری که نیازی را ارضا می‌کند. همان طور که در فصل دوم بیان شد کانون موضوعات بازاریابی، نیازهای مردم است. به همان نسبت، انگیزهٔ رفع نیازها هم از اهمیت ویژه‌ای برخوردارند. بازاریابان انقلاب ۵۷ با تحریک نیازها، انگیزهٔ لازم را برای خرید ایدهٔ انقلاب ایجاد می‌کردند.

ب- ادراک(۷)**:** فرآیندی که فرد از طریق گزینش، سازمان دهی و تفسیر اطلاعاتی که در اطرافش وجود دارند تصویری با معنا از جهان برای خود خلق می‌کند. مردم معمولا از اطلاعات و پیام‌های موجود در محیط، مواردی را که مطابقِ نیازها، خواسته‌ها، تمایلات و نگرش‌های‌شان باشد انتخاب می‌کنند. طی انقلاب ایران ابتدا روشن‌فکران و مبارزان و بعد مردم عادی به‌شدت دچار ادراک گزینشی می‌شوند و گویی تنها چیزهایی را می‌بینند و می‌شنوند که به سرنگونی رژیم پهلوی منجر شود. همین جاست که تمام دستاوردهای اقتصادی، روابط خوب بین‌المللی، آزادی‌های مذهبی و مواردی از این دست نادیده گرفته می‌شوند.

ج- خودپنداری(۸)**:** اشاره دارد به نگرش هر کس به خودش و تصویری که فکر می‌کند دیگران از او دارند. روان‌شناسان بین خودپنداریِ حقیقی و خودپنداریِ ایده‌آل تفاوت قائل‌اند. خودپنداری ایده‌آل که معمولا بیشتر از خودپنداری حقیقی در رفتار افراد تاثیرگذار است یعنی اینکه دوست داریم دیگران ما را چگونه ببینند. بر همین اساس خودپنداری ایده‌آل خمینی به‌عنوان موسای زمان، صادق خلخالی به‌عنوان نماینده خداوند روی زمین برای از بین بردن فساد، رفسنجانی به‌عنوان امیرکبیر زمان و خامنه‌ای به‌عنوان ولی امر مسلمین، دلیل بسیاری از اتفاقات اجتماعی و سیاسی بعد از انقلاب بوده‌اند.

د- یادگیری: به معنی ایجاد تغییرات دائمی در رفتار است. یادگیری معمولا حاصل تاثیر متقابل تمایلات، محرک‌ها، شرایط، کنش‌ها، واکنش‌ها و عوامل

تقویت‌کنندهٔ موجود در محیط است. نگرش و باور افراد از طریق یادگیری و عمل به آموخته‌ها شکل می‌گیرد. بسیاری از رفتارهای خریداران ناشی از همین مبحث است. در فرایند یادگیری، مردم می‌آموزند از چه منابع اطلاعاتی سود ببرند، کدام معیارهای ارزیابی را به کار گیرند و چگونه خرید کنند. یادگیریِ ناشی از کنش‌ها و واکنش‌های جدیدی که در دوران انقلاب ۵۷ و سال‌های بعد از آن به وجود آمد باعث بروز رفتارهای پایداری در مردم شده است. پدیده‌هایی مانند عادت به صف ایستادن، رعایت نکردن قوانین رانندگی، قضاوت دیگران، همه‌فن‌حریف بودن، تجمل‌گرایی و کم شدن عزت‌نفس از جمله رفتارهایی هستند که بعد از انقلاب ۵۷ تشدید شده‌اند.

فصل شانزدهم

رقیب و رقابت
و انقلاب ۵۷

آدام اسمیت، رقابت را تلاش برای تخصیص منابع تولیدی به با ارزش‌ترین کاربرد آن‌ها تعریف می‌کند. از این منظر دلیل اصلی رقابت، محدودیت منابع است. تلاش گروه‌های مختلف، برای جذب امکانات بیشتر به‌منظورِ دست‌یابی به اهداف مورد نظر خود، معمولا به هم‌چشمی می‌انجامد. اگر مانند سایر زمینه‌ها، حکومت‌داری را نیز یک صنعت ببینیم گروه‌های مختلف سیاسی، رقبایی هستند در اتمسفر بازار سیاست که قصد عرضهٔ کالای خود را دارند. برخی حکومت‌های حاکم توان سازگاری بالایی با رقبای بالقوه و بالفعل خود دارند و بعضی نیز همواره به منازعه و حذف رقبا مشغول‌اند. در واقع به میزانی که بین رقبای سیاسی داخلی، اعتقاد به اهمیت منافع ملی مشترک باشد، تعادل رقابتی برقرار می‌شود. هر قدر اشتراک نظر در مورد اهمیت و محوریت منافع ملی و مصداق‌های آن بیشتر باشد یکپارچگی سیاسی بیشتری حاصل می‌شود. وجود سعه صدر بین رقبا برای جامعه، آرامش به ارمغان می‌آورد و عدم تحمل حضور رقیب تشنج را افزایش می‌دهد. اینکه گروه‌های مختلف، در تعاریف خود، مردم را مشتری حکومت بدانند یا حکومت را مشتری مردم نیز اثر زیادی بر فضای رقابتی سیاسی می‌گذارد.

برای درک بهتر رابطهٔ رقابت و سیاست در حکومت‌ها می‌توانیم قضیه را الگویی سه‌وجهی ببینیم که ارتباط بین ۱- متغیرهای رقابتی ۲- تعداد رقبا ۳- میزان انحصار موجود، تعیین‌کنندهٔ شرایط رقابتی‌ست. منظور از متغیرهای رقابتی زمینه‌های اقتصادی، اجتماعی، فرهنگی، هنری، تکنولوژیکی و سیاسی‌ست که مردم را به حکومت پیوند می‌دهند. افزایش تعداد این متغیرها با افزایش تعداد رقبا رابطهٔ مستقیم دارد. یعنی هر قدر حکومتِ حاکم در متغیرهای بیشتری دخالت کند تعداد کسانی که شکل رقیب می‌گیرند بیشتر خواهد شد. اگر حکومت تنها عرصه‌های سیاسی را کنترل کند فقط علاقه‌مندان به سیاست شمایل رقیب می‌یابند، اما وقتی قصد کنترل تمام زمینه‌های فوق‌الذکر را داشته باشد تک‌تک افراد جامعه به رقیب تبدیل می‌شوند.

وقتی همه پارامترها، در این متغیرها (مذهبی، رسانه‌ای، نظامی، اقتصادی، فرهنگی، امنیتی و تکنولوژیکی)، به‌صورت انحصاری در اختیار حکومت است، هر فعالیت مستقلی به‌عنوان اقدامی رقابتی جهت تضعیف نظام حاکم تفسیر می‌شود. هر قدر انحصار بیشتر باشد متغیرها بیشتر می‌شوند و هر قدر متغیرها بیشتر شوند رقبا بیشتر می‌شوند. مثلا شرکتی که به‌صورت انحصاری خودکار می‌فروشد تنها با ورودِ خودکارفروش جدید احساس رقابت می‌کند. ولی شرکتی که فروش

همه‌چیز را انحصاری در اختیار دارد، از ورود مستقل هر کس به هر زمینه‌ای، احساس رقابت می‌کند. با زیاد شدن تعداد رقبا شرایط عملا از کنترل خارج می‌شود و هر شهروندی برای حکومت به‌شکل رقیبی بالقوه درمی‌آید. کسی که روسری از سر برمی‌دارد(مذهبی)، کسی که وبلاگی با تعداد محدودی مخاطب دارد(رسانه‌ای)، کسی که اقدام مسلحانه می‌کند(امنیتی)، کسی که کارآفرینی می‌کند(اقتصادی)، کسی که حزب تشکیل می‌دهد(سیاسی)، کسی که می‌نویسد و تولید محتوای صوتی‌تصویری می‌کند(فرهنگی) و کسی که به شرایط اعتراض دارد همگی رقیب اقتدار و انحصار تلقی می‌شوند. شرایطی که جمهوری اسلامی از ابتدای روی کار آمدن برای خود و مردم رقم زده است.

البته تئوریسین‌های نظام، به‌منظورِ نمایش وجود رقابت سیاسی، دو جناح اصول‌گرا و اصلاح‌طلب خلق کرده‌اند که قبلا کارکردشان توضیح داده شد. در صورتی که رقیب ماهوی سازمان روحانیت، آینده و گذشته است. گذشتهٔ کشور و هر آنچه پیش از انقلاب ۵۷ اتفاق افتاده، مانند فرهنگ باستانی، اماکن تاریخی و شعرای ملی را رقیب خود می‌دانند. آینده را نیز که در مدرنیته تجلی می‌یابد و نحوهٔ توزیع قدرت و تخصیص منابع بین ذی‌نفعان را اصلاح می‌کند برنمی‌تابند. با این رویکرد، زمان را متوقف و دنیا را به آخر رسیده می‌بینند. یعنی از نظر این سازمان آنچه از گذشته اهلیت یادآوری و پرورش دارد، خط تاریخی اسلام تا جمهوری اسلامی‌ست. بعد از این هم تنها آنچه در چارچوب ماموریت تعریف شده این سازمان قرار گیرد حق حضور دارد. به‌جز این، همه هرچه در گذشته و آینده باشد رقیب محسوب می‌گردد.

رقابت‌پذیری[1] و حکومت‌های تمامیت‌خواه

معنی اصلی رقابت‌پذیری، میزان توانایی و قدرت یک مجموعه در رقابت با رقباست. اما با توجه به تمایلی که آدمیزاد برای انحصار قدرت سیاسی دارد می‌توان از آن، مفهوم پذیرش اصل رقابت را نیز استخراج کرد. پذیرش اصل رقابت از مهم‌ترین شاخص‌های تشخیص سلامت واقعی یک سیستم حکومتی‌ست. تمایلی که در حکومت‌ها برای انحصارطلبی و مقابله با دموکراسی وجود دارد ناشی از نگاه غیررقابتی آن‌هاست. نگاهی که به‌صورت قیاسی از بالاترین سطوح مدیریتی به پایین‌ترین اقشار جامعه نشت می‌کند. هر قدر رویکردها و عملکردهایِ ضدرقابتی بیشتر شود، انحصار شکل جدی‌تری می‌گیرد و هر قدر انحصار جدی‌تر شود اصل رقابت‌پذیری

مهجورتر می‌ماند. در صورتی که پذیرش این اصل سبب می‌شود سیستم‌های حکومتی، برای افزایش توان مواجهه با رقبا، شایستگی‌های ذاتی و اکتسابی خود را در جهت رفع نیازهای مردم بالا ببرند. اینجا رابطه‌ای سه‌وجهی را شاهدیم. هر قدر اعتقاد و پای‌بندی به اصل رقابت بیشتر شود، احزاب خود را برای رویارویی با رقبا مجهزتر می‌کنند و هر قدر مجهزتر شوند توان رقابتی‌شان بالاتر می‌رود. برنده نهایی مردمی هستند که گروه‌های مدعی ارائه خدمات حکومتی مجبورند، برای رفع نیازهای آن‌ها، هر روز بیشتر بیاموزند.

حکومتی که رقبای خود را از بین می‌برد در واقع مسیر رشد شایستگی خود را می‌بندد و خود را در سیکلی معیوب محبوس می‌کند. لازمهٔ پویایی جامعه، وجود طرز فکرهای مختلفی‌ست که در تعارض با هم، به رشد همگانی کمک می‌کنند.[۲] اما حکومت‌های تمامیت‌خواه، از آنجا که تضاد را برنمی‌تابند، رشد جامعه را متوقف می‌کنند. جمهوری اسلامی هم از بدو تاسیس در پی همشکل‌گزینی و همشکل‌سازی مردم بوده است. باب شدن اصطلاحاتی مانند دگراندیشان نشأت گرفته از همین یکدست‌خواهی‌ست. به‌عنوان مثالی از عدم توانایی و تمایل به پذیرش وجود دیدگاه‌های مختلف می‌توان انحلال حزب جمهوری اسلامی، به بهانه وجود تضاد در نگرش‌های اقتصادی را مثال زد.[۳] حزبی تشکیل می‌شود اما بعد بدون توجه به فلسفهٔ وجودی گروه که هم‌افزایی‌ست، چون افراد شبیه هم نیستند منحل می‌گردد.

رقابت و دموکراسی

رقابت‌پذیری در مملکت‌داری، نشانگر میزان توانایی حکومت حاکم در رفع نیازهای اصلی مردم، در برابر سایر گروه‌های مدعی قدرت است. اما اینکه ساختار سیاسی یک کشور چقدر رقابت‌پذیر شکل گرفته است، برآمده از میزان نهادینه بودن دموکراسی در ساختارهای جامعه است. هر قدر دموکراسی نهادینه‌تر باشد، رقابت واقعی بین مدعیان حکومت، برای رفع نیازهای اصلی مردم، جدی‌تر می‌شود و به تعدیل و تقسیم بیشتری در قدرت منجر می‌گردد. لازمهٔ دموکراسی، چینش ساختار سیاسی به‌گونه‌ای‌ست که تمام گروه‌های سیاسی و افراد مستعد، امکان دست‌یابی به منابع جهت رفع نیازهای عمومی را داشته باشند. در دموکراسی واقعی، گروه‌های سیاسی با توجه به اینکه چه نوع نیازی را با چه کیفیتی برآورده می‌نمایند از بازار سیاست سهم خواهند داشت. صِرفِ داشتن قدرت نظامی،

اقتصادی و رسانه‌ای تعیین‌کننده نخواهد بود و افزایش سهم بازار، ناشی از داشتن نقطه تمایزی‌ست که نیازهای بیشتری از مردم را به نحو موثرتری برآورده نماید. افزایش طرفداران حکومت یا بالا بردن مقطعی نرخ مشارکت در انتخابات نیز نشانگر دموکراسی ناشی از قبول اصل رقابت نیست. بلکه، حفظ روحیهٔ رقابت‌پذیری در بلندمدت است که به فرهنگ دموکراسی‌خواهی تاویل می‌شود. نهادینه شدن این روحیه به این معناست که در تمامی برهه‌های زمانی، برآوردن نیازهای واقعی مردم، به‌عنوان اصلی دائمی و همیشگی پذیرفته شده باشد. با این رویکرد، برخلاف حکومت‌های تمامیت‌خواه که چیدمان سیاسی در خدمت تقدس‌بخشی به جایگاه رهبری‌ست، در دموکراسی ریاست کشور شغلی‌ست با مسئولیت‌های زیاد، اختیارات فراوان و پرداختی‌های خوب که همیشه زیر ذره‌بین می‌باشد. وقتی جامعه‌ای ریاست کشور را تنها به‌عنوان یک شغل می‌بیند، دچار بیماری شخصیت‌پرستی و تقدس‌گرایی نمی‌شود که بعد، همه به خدمت رهبر درآیند به جای اینکه رهبر در خدمت مردم باشد.

بزرگ‌ترین رقیب حکومت‌های توتالیتر

بزرگ‌ترین رقیب واقعی حکومت‌های تمامیت‌خواه، که در نهایت تبدیل به بزرگ‌ترین تهدید می‌شود، ماموریت‌ها، چشم‌اندازها، اهداف، عملکردها، ذهنیت‌ها و استراتژی‌های خودشان است. این‌گونه ساختارهای سیاسی معمولا به‌قدری درگیر نیروهای رقیب بالقوه و بالفعلِ تعریف شده می‌شوند که از تهدید اصلی، که خودشان هستند غافل می‌مانند. چون این رقیب درون نظام شکل گرفته و خود نظام است، یا مقابله با آن را ضروری نمی‌دانند و بخشی از ماهیت خود می‌پندارند یا اگر به وخامت اوضاع پی‌ببرند و درصدد اصلاح برآیند، باید تن به جراحی داخلی بدهند. برای جراحی هم چون نگران کاهش نفوذشان نزد مردم هستند، حاضر به همکاری با هیچ گروهی، که خارج از حاکمیت باشد نیستند. پس مجبورند مثل جراحی که خود بایستی عمل قلب باز را روی خود انجام دهد عمل نمایند. از طرفی چون در این‌گونه سیستم‌ها فساد همه‌گیر است همه از ترس آسیب دیدن، از زیر بار مسئولیت برای کمک به عمل فرار می‌کنند. سیکل معیوبی که به افزایش روزافزون تباهی منجر می‌شود. گاهی هم فساد به‌عنوان بخشی از هویت حکومت پذیرفته می‌شود که در این صورت برملاکنندگان آن به‌جای تشویق بایکوت، تنبیه و طرد همگانی می‌شوند.

رقبای خوش‌رفتار، رقبای بدرفتار

در عرصه‌های جهانی حکومت‌هایی که ضوابط و عرف بین‌المللی را زیر پا می‌گذارند، تعادل جهانی را برهم می‌زنند، در پی افزایش سهم نفوذ خود در بازارهای داخلی و خارجی از طریق گسترش ناامنی هستند و صادرات ایدئولوژی در دستور کارشان است، رقبای بدرفتار محسوب می‌شوند. در مورد جمهوری اسلامی هم چون ماموریتش در تقابل موجودیت و هویت دیگران است از همان ابتدا باب رقابت خشن، در همه زمینه‌ها باز شده است. به‌بیانی جمهوری اسلامی هم به جنگ رقبای قوی رفته هم به جنگ رقبای ضعیف، هم رقبای نزدیک را هدف قرار داده هم رقبای دور را. انتخابی که باعث شده در عرصه‌های جهانی، به‌عنوان رقیبی بدرفتار شناخته شود.
در مقابل، رقبای خوش‌رفتار ضوابط و مقررات عمومی پذیرفته‌شده بین‌المللی را رعایت می‌کنند، از تصورات و پندارهای واقع‌گرایانه‌ای دربارهٔ توان بالقوهٔ رشد خود برخوردارند، خود را مشغول به بخشی از اقتصاد جهانی می‌کنند که در آن مزیت دارند، بر اساس ارزش اقتصادی که در دنیا خلق می‌کنند توقعاتی معقول دارند، مقدار سهم بازار خود در عرصه‌های گوناگون را می‌پذیرند، رابطهٔ هزینه و منفعت را درک می‌کنند، خواهان جامعهٔ جهانی سالم هستند و سایر کشورها، به‌خصوص همسایگان را به آرامش بیشتر از طریق کاهش هزینه‌های مربوط به بی‌ثباتی تشویق می‌کنند.

رقیب‌شناسی در دوران پهلوی

بخشی از هدف تجزیه و تحلیل شرایط رقابتی در بازار، تشخیص رقبای قوی بالقوه به‌منظورِ چیدمان استراتژی درست در قبال آن‌هاست. همان‌گونه که ابتدای فصل بیان شد، می‌توان برای رقیب‌شناسی دو مفهوم در نظر گرفت. یکی تعیین و تشخیص اینکه چه کسانی رقیب هستند و دیگر اینکه هر یک از این رقبا چه ویژگی‌هایی دارند. در این بخش منظور از رقیب‌شناسی بررسی عملکرد حکومت پهلوی در تشخیص رقبای واقعی‌ست.
حکومت پهلوی رقیب اصلی خود را در درجه نخست حزب توده و بعد سایر گروه‌های مبارز تعریف کرده بود. موضع‌گیری محمدرضا پهلوی در مورد حزب رستاخیز و اشاره او حدود سه سال پیش از انقلاب به توده‌ای‌ها نشانه‌ای کوچک از این ادعاست.[۴] در صورتی که حکم حرام بودن عضویت در حزب رستاخیز

را خمینی صادر می‌کند. توجه به مواضع روحانیون، از انقلاب مشروطه به این طرف، نشان می‌دهد رقیب اصلی بالقوهٔ حکومت شاهنشاهی طی آن ۷۲ سال همواره روحانیون بوده‌اند. به‌عنوان مثالی از نیت‌شناسی روحانیون، وقتی خمینی در سخنرانی دوم فروردین سال ۴۲ به‌کرّات از جملهٔ "اگر روحانیون نفوذ داشتند" استفاده می‌کند نیاز به نفوذ بیشتر را برملا می‌نماید. روحانیون تا آن زمان نفوذ غیررسمی داشتند و تمنای نفوذ بیشتر عملا به معنی در اختیار گرفتن قدرت رسمی بود. بررسی مواضع افرادی مثل فضل‌الله نوری و حسن مُدرس نیز ما را به همین نقطه می‌رساند. بعد از روی کارآمدن پهلوی دوم، رشد فعالیت‌های روحانیون، با هدف گسترش توان رقابتی خود نیز چشم‌گیر است. تاسیس مدارس مذهبی مانند حقانی و راه‌اندازی مهدیه در شهرهای مختلف از همین زاویه قابلِ‌توجه است. این هدف در دههٔ ۴۰ با راه‌اندازی حسینیه ارشاد شکلی مدرن هم به خود می‌گیرد. نتیجهٔ افزایش توان رقابتی، اثرگذاری و نفوذ بیشتر و فروش وسیع‌تر و راحت‌تر کالاست. روندی که سیستم پهلوی از آن غفلت می‌کند و رقیب اصلی بالقوهٔ خود را نادیده می‌گیرد. مثلا تعداد روستائیانی که در طول زندگی خود با فردی توده‌ای هم صحبت شده بودند و از او اثر گرفته بودند با روستاییانی که با روحانیون هم‌کلام بوده‌اند قابل‌قیاس نیست.

مواردی ازاین‌دست نشان می‌دهد اگرچه حزب توده از سوی همسایه شمالی حمایت می‌شد اما بین مردم، آگاهی از وجود کالای روحانیون و ترجیح آن بسیار بیشتر بوده و حداقل بایستی به هر دوی این رقبا به یک اندازه پرداخته می‌شد. شاید دلیل این عدم توجه، حساب بیش از حد پهلوی روی حمایت روحانیون و مراجع غیرسیاسی بوده است. در مقاله "استعمار سرخ و سیاه" اشاره می‌شود که چون خمینی نتوانسته در سلسله مراتب مذهبی جایگاهی به‌دست آورد به‌دنبال شهرت از طریق سیاست است. این خود نشانه‌ای‌ست که سیستم پهلوی روی حمایت روحانیونی که به جایگاهی رسیده بودند حساب باز کرده بوده است. در واقع نظام پهلوی به‌درستی روحانیون را به دو بخش تقسیم کرده بود. عده‌ای که خواهان هم‌زیستی با نظام پادشاهی بودند و تعداد قلیلی که تمایل به براندازی داشتند. مشکل محاسباتی زمانی پیش آمد که سیستم پهلوی احتمال ایجاد سینرژی بسیار بالا هنگام پیوند این بخش قلیل با توده مردمِ مستعد برای بی‌نظمی را دست کم گرفت. مضاف بر اینکه تعداد خود روحانیونی که خواهان قدرت سیاسی بودند نیز زیاد شده بود.

عوامل موثر در بررسی رقبای سیاسی پهلوی

۱- اندازهٔ رقیب سیاسی: اندازهٔ یک رقیب سیاسی با شاخص‌هایی مانند کمیت و کیفیت نیروی انسانی، منابع مالی و گستردگی فعالیت‌ها سنجیده می‌شود. پیش از انقلاب، قطعا بعد از حکومت پهلوی، بزرگ‌ترین اندازه از آنِ سازمان روحانیت بوده است. منابع وسیع مالی، نیروی انسانی تربیت‌شده در حوزه‌های علمیه و مدارس مذهبی، پراکندگی جغرافیایی، حضور قانونی در سراسر کشور و امکان تبلیغ عرفی نشانگر اندازهٔ بازار سازمان روحانیت است.

۲- تاریخچهٔ حضور رقیب در جامعه: بعد از نظام پادشاهی با قدمت چندهزارساله، روحانیت قدیمی‌ترین سازمان حاضر در جامعه بود. این قدمت به‌هیچ‌عنوان با زمان حضور سایر گروه‌های رقیب قابل‌قیاس نیست. آغاز حضور روحانیون در بافت جامعهٔ ایرانی، به اشکال مختلف، مربوط به حملهٔ اعراب به ایران است. اما به‌صورت رسمی ۱۰۰۰ سال پیش که فقه جعفری توسط شیخ طوسی رسمیت یافت و حوزهٔ علمیهٔ نجف راه افتاد این حضور فعال‌تر و سازمان‌یافته‌تر شد.(۵)

۳- نقطه نظرات و موضع‌گیری‌های رقیب: موضع‌گیری‌های صریح خمینی، به‌خصوص بعد از مرگ بروجردی نشان از نیت براندازی داشته‌اند. او برعکس بروجردی، از نواب‌صفوی و فداییان اسلام که اقدامات مسلحانه انجام می‌دادند حمایت می‌کند.(۶) بررسی فعالیت‌های حوزوی خمینی در بسط نظریه ولایت فقیه از مکاسب، صغار مؤمنین، اطفال و مهجورین به کل حکومت اسلامی، امور سیاسی، اجتماعی و حاکمیت نیز نیت‌شناسی دقیقی از برنامهٔ آینده او می‌توانست به دست دهد.(۷) تحلیلی که بایستی بخش‌های اطلاعاتی زمان پهلوی روی محتوای تولیدی روحانیون انجام می‌دادند.

خمینی در فعالیت‌های سال چهل و دوی خود برای اولین‌بار به‌صورت جدی و علنی به کالای سازمان روحانیت، بُعد سیاسی را اضافه می‌کند. تا پیش از آن، ابعاد سیاسی محصول روحانیون پنهان و بالقوه بودند. در واقع خمینی‌ست که کالا را بسط سیاسی می‌دهد و به مصرف‌کنندگان عام عرضه می‌نماید. پیش از او مدرس هم رودرروی شاه زمان خود ایستاده بود اما این تقابل در محیط مجلس، در اتمسفر سیاسی و به‌عنوان یک نماینده مجلس اتفاق افتاده بود. خمینی خارج

از محیط سیاسی، از تریبون منبر و در نقش یک روحانی به تقابل با شاه می‌پردازد. فعالیت‌های سال چهل و دوی او مانند بیانیهٔ "شاه دوستی یعنی غارتگری" و سخنرانی روز عاشورا دقیقا رونمایی هرچه بیشتر از بُعد سیاسی کالای روحانیون در محیط عمومی‌ست.[۸] واقعه مدرسهٔ فیضیه و تظاهرات پانزده خرداد ازآن‌روی که به شناخته‌تر شدن بُعد سیاسی کالای روحانیون در سطح جامعه کمک کردند در تاریخ معاصر اهمیتی ویژه دارند.

اما چون این فعالیت‌ها به‌شکل مقابله مسلحانه نیستند دو پیامد دارد. یکی اینکه آنقدری حساسیت ایجاد نمی‌کند یا حداقل بهانه‌ای فراهم نمی‌شود که به سرکوب شدیدا قهری منجر شود. دیگر اینکه چهره‌ای غیرخشن و مورد اطمینان به روحانیون بین مردم می‌بخشد. در صورتی که سایر گروه‌های مبارز به این دو نکتهٔ ظریف دقت کمتری دارند و برخوردهای مسلحانه‌شان مردم عادی را می‌ترساند. شاید خمینی از تجربهٔ نواب‌صفوی درس لازم را گرفته بوده است.[۹] گویی بعد از اعدام نواب‌صفوی، سازمان روحانیت از خطر اعمال خشونت مستقیم آگاه می‌شود و با تغییر استراتژی، از ترور مستقیم و فیزیکی مخالفان برای دوره‌ای دست می‌کشد تا هم از اعضای خود محافظت کند هم جذب حداکثری توده مردم را پیش ببرد.

۴- ساختار تشکیلاتی گروه رقیب: روحانیون تنها گروه مخالف نظام پهلوی بودند که از قرن‌ها پیش، سازماندهی غیررسمی اما منسجم و قانونی داشتند. توسعه و احیای حوزهٔ علمیهٔ قم وضعیت ساختاری و تشکیلاتی روحانیون را قوام بیشتری هم داده بود.[۱۰]

۵- جایگاه رقیب در جامعه: روحانیون به اعتبار انتصاب خود به پیشوایان مذهبی، پیوند کالایشان با معنویات و سال‌ها حضور در جامعه مورد احترام اقشار سنتی جامعه بودند. مضاف بر اینکه روحانیونِ با تقوا و پرهیزگاری در جامعه حضور داشتند که احترام مردم را برانگیزند و برای کلیت سازمان روحانیت اعتبار خریداری کنند.

در بررسی عوامل فوق می‌بینیم که هیچ‌یک از رقبا دارای چنین امکاناتی نبوده‌اند. غفلت از این موارد نشانگر ضعف سیستم مدیریت پهلوی در تجزیه و تحلیل داده‌های مربوط به رقباست. به‌قدری نگرانی از نفوذ و دومینوی کمونیسم رشد

کرده بود که از اصلی‌ترین رقیب بالقوهٔ و تاریخی نظام پادشاهی غفلت شد. به‌جز سیستم پهلوی، سایر گروه‌های مبارز هم تحلیل درستی از وضعیت رقابتی بازار و جایگاه خود نداشته‌اند. در هر صورت اگر سیستم‌های مدیریت اطلاعات پهلوی به سه متغیر زیر توجه می‌کردند، احتمالا حداقل به‌اندازهٔ حزب توده به سازمان روحانیت نیز توجه می‌شد.

الف- سهم از منابع: وجوهات، موقوفات و نذوراتی که در اختیار سازمان روحانیت بود به‌خوبی نشانگر توان مالی این رقیب بالقوهٔ حکومت است.

ب- سهم ذهنی: نشانگر نسبت آشنایی ذهنی مردم با گروه‌های مختلف سیاسی‌ست. درصدی از مردم که از وجود کالای سازمان روحانیت و ویژگی‌های آن، به نسبت سایر گروه‌های رقیب باخبر بودند. مسلم اینکه تمام مردم از وجود روحانیون باخبر بودند و ویژگی‌های کالای آن‌ها را می‌شناختند. اما باید دید چند درصد، از وجود سایر رقبا و ویژگی کالایشان با اطلاع بوده‌اند.

ج- سهم عاطفی: بیانگر نسبت و درصد ارتباط عاطفی عامه مردم با گروه‌های مختلف سیاسی‌ست. اگر بانک عاطفی مردم را صد واحد در نظر بگیریم باید دید به هر یک از گروه‌های رقیب نظام پهلوی چند واحد می‌رسید. از این منظر هم مشخص است با توجه به نوع کالای روحانیون و به‌خصوص مردم‌داری و ارتباط عاطفی افرادی مانند محمود طالقانی این شاخص در آن‌ها از تمام مبارزان قوی‌تر بوده است.

رقیب‌شناسی جمهوری اسلامی

در بازار، هر فرد یا گروهی که بتواند کالایی جایگزین عرضه کند و نیازی مشخص از مشتری را مرتفع نماید، رقیب به‌حساب می‌آید. اما اینکه یک مجموعه چه کسی را رقیب خود می‌داند، برخواسته از ماموریتی‌ست که برای خود تعریف کرده است. مثلا برای یک آژانس هواپیمایی، که ماموریت خود را جابه‌جایی تمام انسان‌های روی کره زمین قرار داده، رقبای دور و نزدیکی وجود دارند. برای این آژانس هر وسیله‌ای که بتواند انسان را از نقطهٔ آ به نقطهٔ ب برساند، مثل دوچرخه، موتورسیکلت، قطار، خودرو و سایر شرکت‌های هواپیمایی رقیب محسوب می‌شوند.

در این بین شرکت‌های هواپیمایی رقیب نزدیک، خودرو و قطار رقبای دور و موتورسیکلت و دوچرخه رقبای بسیار دور محسوب می‌شوند.
شرکت‌ها معمولا به‌دلیل محدودیت منابع روی بخش‌های خاصی از بازار تمرکز می‌کنند تا با رقبای محدودی دست‌وپنجه نرم کنند. در واقع در عالم تجارت، هیچ شرکتی گستره فعالیت‌های خود را آنقدر وسیع تعریف نمی‌کند که تمام رقبا، نزدیک به‌حساب آیند. اما در سیاست گاهی این اتفاق می‌افتد و جمهوری اسلامی با ماموریت بیان‌شده خود، از این الگو پیروی کرده است. همان گونه که قبلا هم اشاره شد به‌دلیل وضعیت پارامترهای رقابتی، انحصار کامل در جمهوری اسلامی و تعیین گستره فعالیت‌ها بیشتر از ظرفیت‌ها، عملا تعداد رقبای ریزودرشت اقتدار نظام بسیار زیادند طوری که هرگونه اعتراض صنفی، دانشجویی، مطبوعاتی و حتی فعالیت در فضای مجازی به‌عنوان اقدامی رقابتی ارزیابی می‌شود که بایستی با آن مقابله گردد. با این اوصاف نوع رقابتی که جمهوری اسلامی برای خود تعریف کرده، ژنریک است. یعنی روحانیون تمام گروه‌ها و افرادی که برای تصاحب حتی بخش کوچکی از منابع موجود تلاش کنند را در زمره رقبای خود قرار می‌دهند. برای جمهوری اسلامی، بعد از سرکوب نیروهای مخالف اول انقلاب، جدی‌ترین رقیب همیشه مردم بوده‌اند و با پدیده‌ای نادر روبه‌روییم که مشتری، رقیب است. از مهم‌ترین ابزارهای مقابله و مواجهه حکومت با این رقیب می‌توان به پر کردن و مشغول کردن ذهن مردم با انواع اطلاعات غیرضروری اشاره کرد.
روحانیون بارها و بارها استراتژی‌ها و ماموریت‌های خود را بیان کرده‌اند و پیشِ چشم همگان است. آنچه باعث شده این اطلاعات کمتر مورد توجه عمومی قرار بگیرند، فقدان تحلیل درست از داده‌هایی‌ست که بایستی به‌صورت اطلاعات در اختیار مردم قرار بگیرند. این‌کار وظیفه روشن‌فکران و تحلیل‌گران جامعه بوده است. عدم وجود تحلیل‌های قابل فهم در کنار شلوغی ذهن مردم، به‌دلیل بحران‌های متعدد و مشکلات اقتصادی، قدرت آن‌ها را تقلیل داده است. در دوران انقلاب هم شرایط همین گونه بوده است. روشن‌فکرانی که بایستی داده‌های روحانیون را تحلیل می‌کردند و به‌صورت اطلاعات در اختیار عموم قرار می‌دادند، خود مصرف‌کنندهٔ داده‌های خام می‌شوند و به تمجید از کالای آن‌ها و خود آن‌ها می‌پردازند. برداشت درست از سخنرانی‌ها و مصاحبه‌های خمینی یا تحلیل کتاب ولایت فقیه او یا حتی مطالعه درست متن قانون اساسی، احتمالا می‌توانست از تمرکز قدرت در راس هرم جلوگیری نماید.

تفاوت پهلوی و جمهوری اسلامی در رقیب‌شناسی

تک حزبی شدن حکومت پهلوی و به رسمیت نشناختن گروه‌های میانه‌رو را می‌توان از نشانه‌های استعداد کم حکومت شاهنشاهی در پذیرش اصل رقابت در عرصه سیاست قلمداد کرد. در جمهوری اسلامی این عدم توانایی گسترش یافته و به تمام عرصه‌های فرهنگی، اقتصادی، اجتماعی، تکنولوژیکی و صد البته سیاسی تعمیم یافته است. تفاوت این دو نظام در تعریف رقیب این است که پهلوی، خطر فعالیت‌های رقابتی را تنها در عرصه سیاسی تعریف کرده بود و گسترش فعالیت‌های اقتصادی و فرهنگی و آموزشی را زمینه‌ای برای ایجاد پتانسیل رقابت با خود نمی‌دید. اما در جمهوری اسلامی، حتی فعالیت‌های اقتصادی موفق و فعالان اقتصادی موثق به‌عنوان رقیبی بالقوه در نظر گرفته می‌شوند. از همین روست که ابتدای انقلاب تمام صنایع بزرگ مصادره می‌شوند و فعالیت‌های بزرگ اقتصادی انحصاری می‌گردند. در واقع جمهوری اسلامی از طریق این مصادره‌ها به‌جز اینکه نیاز به منابع خود را مرتفع می‌نماید امکان ظهور و قوت رقبا را نیز تضعیف می‌کند. بعد از آن هم اگر فعالیتی اقتصادی به‌صورت اتفاقی و خودجوش جهش داشته، به سراغ کارآفرینان رفته‌اند و با آن‌ها شریک شده‌اند تا هیچ زمینه‌ای برای رقابت و ظهور رقبای حتی دور وجود نداشته باشد. اینکه گفته می‌شود عوامل حکومت هر جا موفقیت اقتصادی وجود داشته باشد دخیل می‌شوند ناشی از تمامیت‌خواهی کلیت نظام است. قرار نیست هیچ فرد یا شرکتی آنقدر بزرگ شود که شاید روزی خودش تهدیدی برای حاکمیت محسوب شود یا به رقبای سیاسی کمک مالی نماید.

رقیب‌تراشی و رقیب‌مداری در جمهوری اسلامی

جمهوری اسلامی از ابتدا به‌جای مشتری‌مداری رقیب‌مداری پیشه کرده و با رقیب‌تراشی و دشمن‌تراشی، بهانه‌فروشی و هراس‌فروشی کرده است. رقیب‌تراشی موقتی یا دائمی وسیع، این امکان را به روحانیون داده است که در دوره‌های مختلف با ایجاد بحران‌های گوناگون کیفیت پایین کالای خود را توجیه نمایند. مثلا وقوع و تداوم جنگ ۸ ساله فرصتی شد برای مشغول کردن مردم به یک رقیب خارجیِ نامشروع تا حکومت بتواند رقبای داخلی مشروع را سرکوب کند. در عرصه جهانی هم از ابتدا آمریکا با این بهانه که در پی غارت منابع داخلی‌ست، مهم‌ترین رقیب معرفی شد. در واژه‌شناسی این دشمنی کلمۀ کلیدی منابع کشور است. یعنی روحانیون، آمریکا را به‌عنوان رقیبی برای منابعی که به‌صورت انحصاری

در اختیار گرفته‌اند می‌بینند. از طرف دیگر وقتی رقیبی بزرگ برای حکومت تراشیده می‌شود، در هر صورت نتیجه به‌لحاظ بازارگرمی، به نفع هیات حاکمه‌ای مدعی‌ست. چون حتی کوچک‌ترین پیروزی در قبال قوی‌ترین کشور دنیا، کارکرد پروموشنی زیادی دارد. واکنش هیجان‌زده خامنه‌ای بعد از گل تیم ملی فوتبال ایران به آمریکا، گروگان‌گیری دیپلمات‌ها یا مانور زیاد رسانه‌های جمهوری اسلامی روی ملوانان اسیرشده از همین ناحیه است.[۱۱] کارکرد دیگر رقیب‌تراشی، سرکوب نیروهای مخالف و آرمان‌گرای داخلی، به بهانه ارتباط آن‌ها با دشمنِ معرفی‌شده از سوی حکومت است.

پنج نیروی اصلی رقابت پورتر[۱۲] در جمهوری اسلامی

بر اساس تئوری ارائه شده توسط مایکل پورتر، در هر زمینه‌ای پنج نیروی اصلی رقابتی قابلِ‌بررسی هستند.

۱- رقبای صنعت: در زمینهٔ حکومت‌داری، رقبای داخل صنعت گروه‌هایی هستند که با حاکمیت فعلی بر سر قدرت هم‌چشمی دارند و تهدیدی جدی محسوب می‌شوند. از این نظر نزدیک‌ترین کالای رقیب جمهوری اسلامی همیشه نهاد سلطنت و به‌خصوص دودمان پهلوی بوده است. روحانیون نیز از ابتدا بیشترین کوشش خود را برای خنثی کردن اثر این رقیب به‌کار برده‌اند. در این رقابت، بازار سیاست ایران وقتی تغییر می‌کند که این رقیب دیرینه به‌اندازهٔ کافی قوی بشود، انگیزهٔ کافی برای رسیدن به قدرت داشته باشد، بتواند کالای مورد نیاز مردم را تامین کند و نارضایتی از کالای جمهوری اسلامی به حداکثر برسد.

۲- تازه واردهای بالقوه: گروه‌های سیاسیِ تازه شکل گرفته اپوزیسیون را شامل می‌شود. با توجه به گذشت چند دهه از انقلاب، ورود نسل جدید به جامعه با سبک زندگی و نگرش‌های متفاوت نیز رقیبی جدید برای جمهوری اسلامی محسوب می‌شود. در دههٔ ۴۰ و ۵۰ نیز شاهد رشد و پیوستن نسلی به جامعه بودیم که از ماجرای ۲۸ امرداد سال ۳۲ آسیب جدی ندیده بودند.

۳- جانشینان: منظور از کالای جانشین محصولی‌ست که در پیِ برآوردن نیازهای مشابه مشتریان باشد. به نظر می‌توان گروه‌هایی مانند ملی‌مذهبی‌ها که رویکردی

مذهبی دارند را ذکر کرد. اینجا کالای جانشین را در زمینهٔ رهبری نیز می‌توان کمی توضیح داد. چون خمینی هنگام در دست گرفتن زمام امور حدود ۸۰ ساله بود، مسئله جانشینی او از ابتدا مطرح بود. پس از فوت وی این تهدید جدی، با کوشش رفسنجانی و تغییر برخی مفاد قانون اساسی در همه‌پرسی بازنگری، حل و فصل شد.[۱۳] بعد از آن نیز هر قدر سن رهبر ثانی بالاتر رفته گمانه‌زنی‌های جدی در مورد رهبر بعدی افزایش یافته است.

۴- خریداران: جدی‌ترین تهدید برای حکومت‌های معاصر ایرانی، همواره عدم رضایت مردم به‌عنوان خریداران اصلی خدمات حکومتی بوده است. توان رو به افزایش چانه‌زنی مردم در مورد خواسته‌های خود در بازار سیاست ایران، تهدیدی‌ست جدی برای هر حکومتی که قدرت را در دست بگیرد و در جهت رفع نیازهای آن‌ها اقدام نکند.

۵ - عرضه‌کنندگان: اینجا منظور تامین‌کنندگان مواد اولیه می‌باشد. در این زمینه می‌توان به وجود تحریم‌های وسیع و مشکلات عدیده برای مبادلات تجاری بین جمهوری اسلامی و دول مختلف دنیا اشاره کرد. تهدیدی که در زمینه‌های مختلف اقتصادی، فرهنگی و اجتماعی قابل‌لمس است.

واکنش رقابتی در جمهوری اسلامی

بعد از انقلاب، خمینی ابتدا صبر می‌کند تا سررشته تمام منابع انسانی و غیرانسانی را در دست بگیرد، بعد شروع به حذف رقبای داخلی به شیوه‌های گوناگون می‌کند. بعد از تثبیت اولیه، چون حکومت‌های تمامیت‌خواه ذاتاً مردم را رقیب قدرت خود می‌دانند، رویکرد رقیب‌شناسی داخلی روحانیون تغییر می‌کند. در واقع این‌گونه حکومت‌ها نمی‌توانند میان مردم و رقبای واقعی تفاوت قائل شوند. حکومت رقیب‌مداری که همه را رقیب بالقوهٔ خود می‌پندارد، رفتارش عکس‌العملی در برابر عمل دیگران است و به جای جلب رضایت عمومی، در پی خاموش‌سازی هرگونه نارضایتی‌ست. با این شرایط جمهوری اسلامی به‌شکل جنگنده‌ای درآمده که بازاریابان خود را اعم از طلاب، سپاه، بسیج، حراست و لباس‌شخصی‌ها همواره در آماده‌باش کامل نگه داشته است. وظیفه این بازاریابان نظارت دائمی بر رقیبان

کوچک و بزرگ به‌منظورِ پیدا کردن نقاط ضعف، برای تخریب قدرت اعتراضی‌شان است. نتیجهٔ این رویکرد شکل‌گیری حکومتی‌ست که با حالتی انفعالی‌واکنشی به‌جایِ تمرکز و تلاش برای تامین رضایت مردم، رفتارهای خود را بر اساس اقدامات رقبا سازماندهی می‌کند.

ابزار استراتژیک رقابتی روحانیون

روحانیون همیشه از احکام فقهی به‌عنوان اهرمی روانی و ابزاری استراتژیک و اختصاصی برای از میدان به در کردن رقبا بهره برده‌اند. حرام اعلام کردن ماهی ازون برون، شطرنج، تنباکو، قند، پپسی، رادیو، تلویزیون، دوش حمام، شناسنامه و بعد حلال اعلام کردن آن‌ها برحسب موقعیت، نمونه‌های ساده‌ای از ابزار استراتژیک روحانیون هستند. بسیاری مواقع این استفاده موقتی بوده و در برخی موارد، مانند حرمت موسیقی و حجاب، به‌جریانی تاریخی تبدیل شده‌اند. این ترفندهای استراتژیک گاهی به‌منظورِ یادآوری حضور روحانیت در جامعه برای ماندن در دایرهٔ توجهات و تاکید بر اهمیت احکام فقهی نیز پی‌گرفته شده‌اند. مثلا مواردی مانند شطرنج، تخته‌نَرد و پاسورِ بدون قمار، چون سرگرمی‌های فکری بوده‌اند و توجه مردم را از روحانیت دور می‌کرده‌اند، حرام اعلام شده‌اند. در برخی موارد هم از این ابزار استراتژیک به‌منظورِ ایجاد غفلت از مشکلات اصلی استفاده شده است. وجود تابلوهای فراوان "لطفا حجاب خود را رعایت کنید" از این منظر قابلِ‌بررسی‌ست. به‌طورکلی یک استراتژی رقابتی فتوایی در ایران وجود دارد که از طریق آن می‌توان رقبا را از میدان به در کرد. کافی‌ست در یک مورد مشخص، نظر یکی از مراجع تقلید بر حرام بودن چیزی جلب شود تا با کمترین هزینه رقیب از میدان بدر شود. مثلا کالای جدیدی به بازار عرضه می‌شود که با کالاهای موجود رقابت می‌کند. اگر صاحب کالای قدیمی بتواند به بهانه‌ای از مرجع تقلیدی حکم به حرام بودن کالای جدید را بگیرد، بدون هیچ هزینه‌ای رقیب نوپا از میدان به در می‌شود. این در حالی‌ست که مراجع تقلید، با وجود شرایط بغرنج مدیریتی و ساختاری، فتوایی اثرگذار برای حل مشکلات اساسی کشور صادر نمی‌کنند. در واقع فتواهایی که منافع و دسترسی خود سازمان روحانیت به منابع را به خطر اندازد معمولا صادر نمی‌شود. به‌طور خلاصه می‌توان گفت جمهوری اسلامی از ابتدا اهرم‌های روانی مختلفی را به‌عنوان ابزار استراتژیک رقابتی به‌کار گرفته است. حجاب اجباری در قبال زنان، سانسور در قبال هنرمندان، گرانی و تورم در قبال عامه مردم،

امر به معروف و نهی از منکر در قبال جوانان و گسترش علوم اسلامی در قبال علوم انسانی ازاین‌دست ابزارها می‌باشند.

فصل هفدهم

صدور انقلاب
بازاریابی بین الملل
و انقلاب ۵۷

در تعریفی ساده، بازاریابی بین‌المللی[1] یعنی بعد از فروش و رضایت مشتریِ داخلی از کالای تولیدی، مدیران رو به سایر بازارها می‌کنند. بعد از اینکه کالا بازارهای متعددی را فتح کرد، شرکت کَم‌کَم شکلی بین‌المللی به خود می‌گیرد و تولید و فروش محصولات خود را بر اساس مزیت نسبیِ مناطق مختلف جهان سازماندهی می‌کند. مجموعه‌ای که به این مرحله می‌رسد در زمینه‌های تحقیق، توسعه، تولید، تدارکات، بازاریابی، امور مالی و اعتبار برند به فرصت‌های زیادی دست می‌یابد که رقبای محلی از آن‌ها محروم‌اند. وجود چنین مزایایی هر صاحب برندی را وسوسه به گسترش بازار خود در خارج از مرزها می‌کند. اما بازاریابی بین‌المللی به همان نسبت که دارای مزایای متعددی‌ست سختی‌ها و پیچیدگی‌های زیادی نیز دارد.

صدور انقلاب ۵۷ به‌عنوان بازاریابی بین‌الملل

قبلا عنوان شد که صدور انقلاب، به‌عنوان استراتژی تشکیل امتِ واحدِ اسلامی، در بدنهٔ ماموریت جمهوری اسلامی نشسته است. همین موضوع آن را به بخشی از هویت نظام تبدیل کرده و بدون آن، حضور روحانیون در قدرت زیر سوال می‌رود. این صدور، در مکانیزم عملکرد روحانیون، حکم موتور محرکِ حرکت به سمت ماموریت را دارد و به‌قدری حیاتی‌ست که برای آن نیروی نظامی مخصوصی در قالب سپاه قدس تربیت شده است. یعنی بدون صدور انقلاب از طریق سپاه قدس و سایر بخش‌های نظام، ماموریت جمهوری اسلامی به انجام نمی‌رسد و بدون ماموریت هم دلیل نشستن روحانیون بر مصدر امور از بین می‌رود.

به همین خاطر است که علی‌رغم تغییر لحن مقامات جمهوری اسلامی، در توضیح صدور انقلاب، تا وقتی که ماموریت بیان‌شده روحانیون تشکیل امت اسلامی‌ست، این صدور ادامه خواهد داشت و همانند نیرویی مکنده در پی جذب منابع محیطی خواهد بود. تغییر کلمات و الفاظ هم تاکتیکی‌ست برای پنهان کردن اهمیت آن. مثلا در چشم‌انداز بیست‌ساله، در آخرین خطوط، صدور انقلاب با لحنی ملایم "الهام‌بخش، فعال و مؤثر در جهان اسلام" بیان شده است. خمینی هم، به‌عنوان صاحب برند جمهوری اسلامی، تنها چند ماه بعد از پذیرش قطعنامه ۵۹۸ و قبول پایان جنگ در نامه‌ای که به گورباچف می‌نویسد، سعی در کم کردن حساسیت‌های محیطی دارد.

وی می‌نویسد"صدور انقلاب به معنای دخالت در شئون مردم کشورهای دیگر نیست. بلکه به معنای پاسخ دادن به سوال‌های فکری بشر تشنهٔ معارف الهی است".[2]

اهمیت توضیحی که خمینی به گورباچف می‌دهد از آن‌روست که تنها به فاصلهٔ چند ماه پس از نخستین شکست سنگین در صدور مستقیم انقلاب بیان شده است. روحانیون در اولین گام تلاش کردند به شیوه‌های کلاسیک و سنتی، مانند صدر اسلام که از طریق تصرف سایر سرزمین‌ها، اسلام صادر می‌شد، انقلاب را صادر کنند. اما نه تنها موفق نشدند بلکه شعارهای‌شان حساسیت‌های جهانی را نیز برانگیخت. کمی جلوتر در مورد شیوه‌های مختلف صدور کالا توضیح خواهیم داد. به‌منظورِ نیت‌شناسی روحانیون از صدور انقلاب، در بررسی همین توضیح خمینی به گورباچف، می‌توان نوعی تناقض ماهیتی و بازی با الفاظ را مشاهده کرد. از یک طرف صدور انقلاب پاسخی به پرسش‌های بشر تشنه معارف الهی عنوان می‌شود، از طرف دیگر معنای ذاتیِ کلمهٔ انقلاب، منقلب شدن و دگرگونی‌ست. اگر می‌گفت منظور از صدور انقلاب، ایجاد نیاز به معنویات در مردم سایر کشورهاست با معنی کلمهٔ انقلاب سازگاری داشت. در واقع برای ایجاد نیاز است که دیگران را منقلب می‌کنند نه برای پاسخ به نیاز. اگر خودشان منقلب شده باشند، نیاز ایجاد شده باشد، از مرحلهٔ خواسته عبور کرده باشد و شکل تقاضا گرفته باشد می‌توان با ارائه الگویی که امتحان خود را پس داده، دیگران را جذب کرد. مضاف بر اینکه با دیدگاه ولایی، ایجاد هرگونه انقلاب درون دیگران، به‌منظورِ برانگیختن نیاز و دگرگونی، حق ولی‌فقیه است. پس موضوع، پاسخ به نیاز دیگران نبوده بلکه ایجاد نیاز در آن‌ها بوده است. در هر صورت این تلاش برای تعدیل و توضیح صدور انقلاب در گذر زمان پرسش‌هایی را به ذهن متبادر می‌نماید.

۱- آیا از همان ابتدا در انتخاب ترکیب کلمات صدور انقلاب بی‌دقتی صورت گرفته است؟ پاسخ خیر است چون دقیق‌ترین کلماتی که برای ابزار و استراتژی تشکیل امت واحد اسلامی می‌توانسته به‌کار برود همین صدور انقلاب است.

۲- آیا این توضیحات و تعدیل‌ها عقب‌نشینی از استراتژی‌های اولیهٔ انقلابیون محسوب می‌شود؟ پاسخ این پرسش هم خیر است چون بعد از اینکه جمهوری اسلامی از شیوهٔ سنتی صدور کالای انقلاب ناامید شد، با روش‌های دیگری این استراتژی را پی‌گرفته است.

۳- آیا این توضیحات و تعدیل‌ها توجیهی‌ست برای کم کردن حساسیت‌های جهانی روی استراتژی صدور انقلاب؟ با تلاش‌های مستمری که جمهوری اسلامی برای صدور انقلاب از راه‌های گوناگون انجام می‌دهد، پاسخ این پرسش بلی‌ست. یعنی از تاکتیک تغییر لحن استفاده شده تا اصلی‌ترین استراتژی جمهوری اسلامی پنهان بماند.

جمهوری اسلامی و لزوم ورود به بازارهای بین‌المللی

لزوم ورود به بازارهای بین‌المللی اولین و مهم‌ترین پرسشی‌ست که هنگام تصمیم‌گیری برای ورود به بازارهای جهانی بایستی به آن پاسخ داد. همان گونه که گفته شد با ماموریتی که برای جمهوری اسلامی تدوین شده، ورود به بازارهای جهانی لاجرم بوده است. این یعنی ماهیت جمهوری اسلامی، که از ماموریتش نشأت گرفته، وابسته به صدور انقلاب است. سازمان روحانیتِ شیعه هم که بدون جمهوری اسلامی بسیار ضعیف می‌شود. پس بقای سازمان روحانیت وابسته به صدور انقلاب است. تناقض اصلی جایی بروز می‌کند که مجبور باشی برای بقای خود در بازارهای جهانی حضور یابی اما کالایت مناسب بازارهای جهانی نباشد. برخی کالاها، فارغ از مفید و مضر بودن، اساسا قابلیت صدور ندارند و به‌شدت محلی می‌باشند.

تشکیل امت اسلامی با محوریت ولایت فقیه، مدل شکل گرفته در ذهن تئوریسین‌های جمهوری اسلامی و روحانیونِ بر سر قدرت است. این کالای به‌شدت محلی، حتی در داخل ایران هم موفق نبوده و نتوانسته نیازها را برآورده کند. نمی‌توان توقع داشت محصولی که تنها نیازهای یک سازمان در یک کشور را برآورده می‌کند، قابلیت صدور به تمام دنیا را داشته باشد. شرکت‌های بزرگ، اولین کاری که انجام می‌دهند، انطباق کالای خود با ویژگی‌های فرهنگی، عرفی و شرعی بازارهای صادراتی‌ست. در صورتی که محصول روحانیون، به‌دلیل نقطه تمایزی که با مکتبی بودن برای خود ایجاد کرده، اساسا امکان صادراتی شدن را ندارد.

بازارهایی که باید وارد شد و عملکرد جمهوری اسلامی

پاسخ به این پرسش که باید به کدام بازارها وارد شد هم در ماموریت جمهوری اسلامی وجود دارد. برای برقراری حکومت عدل الهی، با پیوند به منجی عالم بشریت، بازار هدف، تمام دنیاست. از دورترین نقاطِ دورترین قاره تا نزدیک‌ترین ملل جزو بشریت هستند و بایستی کالا به ایشان عرضه شود. اما روحانیون، پس از سعی و خطاهای اولیه آموختند که ترتیب و اولویت ورود به بخش‌های مختلف بازار متفاوت است. اصلی‌ترین پارامتر تعیین‌کنندهٔ اولویت، برای ورود به سایر بازارها برای جمهوری اسلامی، هم‌راستایی آن منطقهٔ جغرافیایی با ماموریت نظام است.

برای درک بهتر این موضوع می‌توان به مقایسه افغانستان و عراق پرداخت. با وجودی که مشترکات فرهنگی، تاریخی و زبانی با افغانستان بیشتر از عراق است اما چون این کشور نمی‌تواند به پیشبرد ماموریت روحانیون کمک زیادی کند مورد توجه ویژه نیست. افغانستان تنها در حد تشکیل لشگر فاطمیون، با نیروی انسانی کم‌هزینه می‌تواند به تحقق ماموریت جمهوری اسلامی کمک کند.[۳] در سوی دیگر، عراقی‌ست که اهمیت ویژه‌ای دارد. این اهمیت به‌گونه‌ای‌ست که حملهٔ آمریکا و سرنگونی صدام به نقطه عطفی در پیشبرد استراتژی صدور انقلاب تبدیل می‌شود. این کشور از چند جهت دارای اهمیت استراتژیک است.

الف- حوزهٔ علمیهٔ نجف

ب- بارگاه امامان شیعه و به‌خصوص کربلا

ج- موقعیت جغرافیایی

د- پروپاگاندا روی شکست صدام به‌عنوان نشانه‌ای از بر حق بودن ماموریت جمهوری اسلامی.

نجف در طول تاریخ همواره خانه اصلی روحانیون شیعه محسوب می‌شده و به آن تعلق خاطر دارند. رفت‌وآمد زیاد به عراق به‌دلیل وجود حوزهٔ علمیه و بارگاه امامان شیعه نیز خودبه‌خود احساس آشنایی بیشتری به آن‌ها می‌دهد. بین اماکن مذهبی عراق، کربلا از دو جهت اهمیتی خاص دارد.

۱- همان گونه که در فصل دهم توضیح داده شد جمهوری اسلامی بخش زیادی از انرژی لازم برای بقا را از طریق ایجاد وفاداری در طرفدارانش با امام سوم شیعیان تامین می‌کند.

۲- این شهر اولین نقطه استراتژیک خارجی برای تشکیل امت واحد اسلامی توسط روحانیون شیعی‌ست. تسخیر کربلا به منزله فتح جهان اسلام و برتری روحانیون شیعه بر سایر مذاهب اسلامی‌ست. دومین نقطه استراتژیک قدس یا اورشلیم است که فتح آن تداعی‌گر غلبه بر تمام ادیان ابراهیمی می‌باشد. برای برقراری حکومت عدل الهی، برای تمام بشریت، بایستی در گام نخست جهان اسلام از طریق کربلا و بعد تمام دنیا از طریق قدس فتح گردند. این دو مکان برای لشگر صاحب زمان، در یک مسیر جغرافیایی قرار دارند. از همین‌روست که شعار "راه قدس از کربلا می‌گذرد" کلیدِ فهمِ استراتژی صدور انقلاب می‌باشد. اگر توجه جمهوری اسلامی هیچ‌گاه به فتح مکه و مدینه جلب نمی‌شود و نقطه استراتژیک محسوب نمی‌شوند به‌دلیل جغرافیای شبه جزیره و محل قرار گیری آن است.

عمیق‌ترین ریشهٔ اختلاف با اسرائیل را همین جا باید جست. در واقع برای اجرای ماموریت تشکیل امت اسلامی، در اختیار گرفتن قدس به‌عنوان مهم‌ترین نقطه استراتژیک، لاجرم می‌نماید. چرایی وجود جمهوری اسلامی در محیط، بدون ماموریتِ تعریف شده از بین می‌رود و شرط انجام ماموریت هم نبودن اسرائیل است. مشکل و اختلاف اصلی جایی بروز می‌نماید که بقای اسرائیل هم در گرو تداوم تسلطش بر قدس است. مضاف بر اینکه این شهر برای سایر مذاهب و ادیان ابراهیمی هم تقدس ویژه‌ای دارد. اهمیت بالای سوریه و لبنان هم ناشی از نزدیکی آن‌ها به بیت‌المقدس است. در واقع تمام هزینه‌هایی که جمهوری اسلامی در این دو منطقه کرده، از تلاش برای نزدیک ماندن به قدس می‌آید.

روحانیون برای به‌خاطرسپاری عمومی اهمیت قدس از شیوه‌های پروموشنی گوناگونی نیز سود برده‌اند. در تقویم، آخرین جمعه ماه رمضان روز قدس نام‌گذاری شده و هرساله به این مناسبت راه‌پیمایی سراسری برگزار می‌شود. یکی از شمالی‌ترین میادین تهران قدس نام‌گذاری شده است. شهرستانی در اطراف تهران به قدس تغییر نام داده است. نام نیروی ویژه صدور انقلاب سپاه قدس می‌باشد. یک‌سال‌ونیم بعد از شروع جنگ یکی از بزرگ‌ترین عملیات‌های ایران با نام بیت‌المقدس نام‌گذاری شده بود. در کنار روزنامه، جام ورزشی و دانشگاه که قدس نام گرفته‌اند تعداد زیادی ساختمان و خیابان هم سراسر کشور با این نام وجود دارند.

نحوهٔ ورود به بازارهای منتخب و عملکرد جمهوری اسلامی

برای بررسی نحوهٔ ورود به بازارهای صادراتی پارامترهای گوناگونی بررسی می‌شوند.
۱- فاصلهٔ جغرافیایی.
۲- وضعیت اقتصادی مثل درآمد سرانه، نرخ رشد اقتصادی، وضعیت توسعه و مصرف سرانه.
۳- وضعیت فرهنگی مثل زبان، سنن، آیین‌ها، ارزش‌ها، عرف و شرع. مثلا زبان مشترک باعث کاهش هزینه‌های تبلیغاتی می‌شود.
۴- وضعیت جمعیت‌شناختی مثل تحصیلات، هرم جمعیتی و نرخ رشد جمعیت.
۵- وضعیت سیاسی مثل ثبات، قوانین و سازمان‌های تصمیم‌گیرنده.
روحانیون هم در تصمیم‌گیری‌های خود، برای تحقق ماموریت تعریف شده، برخی

پارامترهای بالا را در نظر داشته‌اند. دو شیوه‌ای که برای صدور کالا از طریق سرمایه‌گذاری مستقیم وجود دارند عبارتند از الف- ایجاد واحد تولیدی. ب- سرمایه‌گذاری مشترک. سه راه هم با سرمایه‌گذاری غیرمستقیم وجود دارند که عبارتند از الف- صادرات ب- واگذاری حق امتیاز ج- اعطای نمایندگی. تمام برنامه‌های صدور انقلاب جمهوری اسلامی را در قالب یکی از روش‌های فوق می‌توان مورد توجه قرار داد. همان‌گونه که گفته شد برای تحقق صدور انقلاب، نخست تلاش می‌شود به شیوهٔ سنتی با فتح کربلا و بعد بیت‌المقدس عمل شود. اما پس از مدتی وجود موانع متعدد به جمهوری اسلامی آموخت روش‌های پیچیده‌تر، ظریف‌تر و پیشرفته‌تری که بالا ذکر شدند را به‌کار گیرد. مثلا تشکیل سازمان‌هایی برای لابی‌گری در قالب اپوزیسیون، که به استناد برخی مدارک، وابسته به جمهوری اسلامی هستند را می‌توان تاسیس دفتر نمایندگی در کشورهایی مثل کانادا، آمریکا و اروپا ارزیابی کرد. کمک‌های بی‌دریغ برای بازسازی عتبات و احداث مسجد در کپنهاگ را می‌توان در قالب گسترش واحدهای تولیدی اعتقادات شیعه در نظر گرفت.[۴] حمایت همه‌جانبه از دولی مانند سوریه و لبنان، ساخت خانه در ونزویلا و مجلس در جیبوتی نوعی سرمایه‌گذاری مشترک هستند. تشکیل سازمان حشدالشعبی را می‌توان نوعی واگذاری امتیاز تلقی کرد که بر اساس همان فلسفهٔ تشکیل سپاه، برای حمایت از سازمان روحانیت، پی‌ریزی شده است.[۵] در این تقسیم‌بندی‌ها اقدامات تروریستی منتسب به نیروی قدس را می‌توان به‌عنوان تضعیف و تصفیهٔ رقیبِ مقاوم در برابر ماموریت دانست. اعزام نیروهای طرفدار، در قالب مهاجر به سایر کشورها هم صادرات مستقیم است.

در واقع در کشورهایی مانند کانادا و دول اروپایی که امکان سرمایه‌گذاری مشترک وجود نداشته، نیروی انسانی اعزام شده، تا ضمن صرف کمترین هزینه، نفوذ زیرپوستی و غیرقابل‌تشخیص اتفاق بیفتد. این کشورها به‌لحاظ جغرافیایی، برای تشکیل امت واحد اسلامی، در مسیر استراتژیک نیستند، دورند و تفاوت‌های فرهنگی زیادی دارند. با این‌حال به‌دلیل اثرگذاری دولت‌های‌شان در مناسبات جهانی و حضور مخالفان تبعیدی در آن‌ها، بی‌اهمیت هم نیستند. پس، از شیوهٔ اعزام بازاریابِ پوششی استفاده شده است. اما در کشورهای نزدیک و استراتژیک مانند عراق و سوریه سرمایه‌گذاری مستقیم صورت گرفته است. در تمام این تصمیم‌گیری‌ها هم معیار اصلی برای سنجش عمل، کمک به پیشبرد ماموریت نظام است.

صدور انقلاب ۵۷ و آمیختهٔ بازاریابی

هرگونه صادراتی که بدون انطباق محصول با شرایط اقتصادی، اقلیمی، اجتماعی، فرهنگی، سیاسی، تاریخی و تکنولوژیکی کشور مقصد صورت گیرد، محکوم به شکست است. در خصوص نحوهٔ چیدمان آمیختهٔ بازاریابی، برای ورود به بازارهای جهانی دو تصمیم اصلی پیش روی جمهوری اسلامی قرار داشته است. یکی الگوبرداری از همان ترکیب آمیخته‌ای که در داخل ایران مورد استفاده قرار گرفته بود. یعنی همان محصول، شیوهٔ پروموشن، قیمت‌گذاری، توزیع، نیروی انسانی، فرایند و شواهد فیزیکی که برای مردم ایران به‌کار گرفته شد. دیگری انتخاب و تطبیق اجزا آمیختهٔ بازاریابی متناسب با کشورهای مقصد انقلاب است.

از آنجا که صدور انقلاب از همان نخستین گام‌های تسخیر قدرت مطرح شده است، می‌توان نتیجه گرفت روحانیون، فرصت و امکانی برای ارزیابی و انطباق کالای خود با سایر فرهنگ‌ها نداشته‌اند. حملهٔ زود هنگام صدام هم مانعی می‌شود برای تمرکز روی این بخش از کار.[۶] مضاف بر اینکه لزوم این انطباق هم احساس نمی‌شده است. خاطرات اوایل انقلاب مسئولین نظام مبنی بر اینکه تصور می‌کرده‌اند صدور انقلاب با برگزاری نماز جماعت در چمن یکی از بلوارهای هاوانا محقق می‌شود نشان از همین خامی‌ست.[۷] تصور روحانیون بر این بوده که سایر کشورهای دنیا نیز برای خرید محصول آن‌ها هزینه‌ای برابر مردم ایران پرداخت خواهند کرد. اما با گذشت زمان، با تجربه‌ای که به‌دست می‌آورند و از مفاهیم مدیریت استراتژیک و بازاریابی استفاده می‌کنند، در شیوه‌های خود تجدیدنظر می‌کنند و مولفه‌های محیطی را نیز در نظر می‌گیرند. در هر صورت استراتژی صدور انقلاب آثارش را در جامعهٔ ایرانی به‌گونه‌ای نشان داده که حالا بیشترین صادرات نه انقلاب، نفت و انرژی بلکه ارزشمندترین دارایی کشور یعنی نیروی انسانی نخبه است.

پرسش‌ها و پاسخ‌ها در ارتباط با جمهوری اسلامی

اختلافات عمیق مردم ایران و سایر کشورهای دنیا با جمهوری اسلامی در پاسخی‌ست که برای پرسش‌ها وجود دارد. روحانیون جواب تمام سوالات را در زنجیره‌ای از حلقه‌های متصل‌کنندهٔ ماموریت، چشم‌انداز، اهداف و ارزش‌ها می‌بینند که تسبیح‌وار به‌هم وابسته‌اند. اگر جمهوری اسلامی را در یک پکیج کامل نقد کنیم، نیاز به هیچ پرسشی نیست و پاسخ‌ها را خود روحانیون پیش‌روی‌مان

گذاشته‌اند. حجم انبوه تولید احکام فقهی طی قرون متمادی، که کماکان ادامه دارد باعث شده از این محتوا در راستای پاسخ به پرسش‌ها استفاده شود. یک پکیج کامل بازاریابی، بدون هیچ جای خالی. در واقع پاسخ بسیاری از پرسش‌های مرتبط با جمهوری اسلامی در بطن ماموریت‌ها، چشم‌اندازها، دستورالعمل‌ها و روش‌های اجرایی که برگرفته از احکام فقهی و سایر محتواهای تولیدی روحانیون می‌باشند، تعبیه شده‌اند.

با این‌حال اکثر اوقات سوالاتی از سوی کارشناسان مطرح می‌شوند که پاسخ‌شان بدیهی‌ست. انتقادات فعالین سیاسی نیز بیشتر به دستورالعمل‌ها و روش‌های اجرایی‌ست. مثلا وقتی منتقدی در مقام نقد و پرسش از جمهوری اسلامی می‌پرسد که ماموریت مبارزه با اسرائیل را چه کسی به شما داده؟ مردم ایران کی چنین درخواستی از شما داشته‌اند؟ می‌توان نتیجه گرفت پرسش‌کننده اصلا مکانیسم حیات و ماموریت جمهوری اسلامی را نفهمیده است. همان طور که بالاتر توضیح داده شد نابودی اسرائیل شرط بقای جمهوری اسلامی‌ست. مضاف بر اینکه روحانیون اصلا مردم ایران را مشتری و ذی‌نفع خود نمی‌دانند که چنین اجازه‌ای از آن‌ها بگیرند. طرح پرسش‌هایی چنین بدیهی و تقلیل مشکلات و انتقادات جامعه در حد دستورالعمل‌ها، عملا مفری می‌شود برای پیگیری ماموریت‌های اصلی توسط مسئولین نظام.

مشکل و تعارض اصلی بین جمهوری اسلامی و دیگران جایی بروز می‌کند که پاسخ به پرسش‌های اساسی در عرف زندگی مدرن به‌گونه دیگری داده می‌شود. مثلا مشتری اصلیِ هر حکومتی، مردم کشور فرض می‌شوند و منابع هر سرزمینی متعلق به مردم همان جاست، نه آن‌گونه که روحانیون تعریف کرده‌اند، وارثان زمین و صالحان. حاکمان قدرت خود را از مردم سرزمین خود می‌گیرند نه از احکام فقهی و شرعی. حکومتی که قدرت خود را از مردم می‌گیرد ماموریت خود را در راستای رفع نیازهای همان مردم تنظیم می‌کند نه بر اساس نیازهای سازمان متبوع خود. اینکه مردمِ سایر کشورها در قبال حکومت و مردم ایران دچار بهت و تعجب می‌شوند از همین جا نشأت می‌گیرد. در واقع این افراد، با رجوع به دولت‌مردان خود، ملاک ارزیابی‌شان برای عملکرد حکومت‌ها با معیاری که روحانیون مدنظر دارند همخوانی ندارد.

نتیجهٔ این شرایط، مخابره تصویری ناسازگار از مردم ایران به سایر ملل دنیاست. در صورتی که پاسخ خود مردم ایران نیز به این پرسش‌ها با روحانیون متفاوت

است. یعنی مردم ایران هم توقع‌شان از حکومت خود شبیه مردم سایر بخش‌های دنیاست. در فضای رقابتی امروز دنیا، مردم توقع دارند مسئولین حکومتی، حرفه‌ای باشند، اطلاعات کاملی از نیازهای آن‌ها داشته باشند، توانایی و تمایل پاسخ‌گویی به سئوالات را داشته باشند، آینده‌نگر باشند، پست حکومتی خود را فرصتی برای منافع شخصی نبینند، تصور نکنند در مورد علایق مردم علم غیب دارند، رفتاری صادقانه، سرعت‌عمل و نوآوری داشته باشند. اختلافات جایی عمیق‌تر می‌شود که پاسخ‌های روحانیون به پرسش‌های اساسی تنها در راستای رفع نیازهای سازمان روحانیت، طرفداران داخلی آن‌ها و وارثان زمین معنا می‌یابد و دیگران نادیده گرفته می‌شوند. ریشهٔ تمام این اختلافات هم در ماموریتی‌ست که از برداشت ذهنی یک جریان فکریِ تاریخی تدوین شده و زندگی هر کس که در دایرهٔ اعتقادی آن نباشد را به خطر می‌اندازد.

فصل هجدهم

بازاریابی فقهی

همان‌گونه که در فصل دوم اشاره شد، هر کالایی برای رفع نیازی به جامعه عرضه می‌شود. در این فصل هم به احکام فقهی به‌عنوان محصولاتی نگاه شده که برای رفع نیازی به جامعه عرضه شده‌اند و طی قرون متمادی به حضور خود ادامه داده‌اند. اینکه این نیاز چیست و چقدر واقعی یا کاذب است موضوع نوشتار حاضر نیست و محل مجادله دین‌ستیزان و دین‌پرستان می‌باشد. ضمن اینکه بحث‌های پیچیده‌ای در مورد ولایت فقیه، توسط سایر زیرمجموعه‌های علوم انسانی، به‌خصوص حقوقدانان و حوزوی‌ها می‌شود که این نوشتار جای آن‌ها نیست. اینجا سعی شده در چارچوب علم مدیریت و به‌عنوان یک محصول خدماتی در زندگی جاری، به‌صورت کاربردی مختصری تحلیل شود. لازمهٔ درک بهتر این محصول بررسی مختصر روند تاریخی شکل‌گیری آن است.

سال‌های نخست ظهور اسلام، علم فقه معنای مصطلح فعلی را نداشته و بعدا تکامل یافته است. بعد از امامان شیعه نخستین رویدادهای مهم تاریخی فقه، تولید محتوا در قالب دو کتاب اصول کافیِ شیخ کلینی و المبسوطِ شیخ طوسی می‌باشد.[۱] شیخ طوسی در تلاش وافری که برای استقلال فقه شیعی انجام داد، برخلاف گذشتگان، استدلال را وارد احکام فقهی کرد.[۲] از آن پس این شخصی‌سازی محصول توسط سایر مجتهدان رواج یافت تا تاثیر فراوانی بر سیر تکوین آن در جامعه بگذارد.

پانصدسال بعد از آن، حکومت عثمانی قدرت مطلق جهان اسلام است و سرزمین‌های بسیاری را تحت‌پوشش خود دارد. صفویه ظهور می‌کند و شاه اسماعیل اول، برای استقلال حکومت خود از عثمانی، ترفندی به‌کار می‌برد که این‌روزها به برندینگ شهری[۳] مشهور است. شیوه‌ای که در آن یک حیطهٔ جغرافیایی مانند کشور، شهر یا حتی روستا به‌منظورِ ساختن برندی مستقل و قابل‌شناسایی در برابر سایر اماکن، با یک ویژگی خاص متمایز می‌شود. شاهِ صفوی، فارغ از نیات و اثرات کارش، مذهب رسمی کشور را با قاطعیت شیعه اعلام و حکومت خود را از عثمانی و اعراب متمایز می‌نماید و سرنوشت فرهنگی و سیاسی دیگری برای این خطه رقم می‌زند. بعد از آن هم اخلاف شاه اسماعیل، به‌منظورِ تقویت این وجه تمایز، به علمای شیعه فرصت، قدرت و امکانات فراوان می‌دهند.

از اینجا به بعد روحانیون، دانسته یا نادانسته، در یک استراتژی کلان حکومتی شریک می‌شوند. صفویه برای تقویت استراتژی برندینگ شهری خود، به‌جز گسترش حضور رسمی روحانیون در ساختار حکومت، سرمایه‌گذاری فراوانی نیز روی تولید محتوای مخصوص شیعه می‌کند. تولید انبوه این‌گونه محتوا،

در برابر تولیدات اهل تسنن، توسط محمدباقر مجلسی، در همین دوره اتفاق می‌افتد و کمیت و تنوع کالا بالا می‌رود. از آن پس هم روحانیون، کم‌وبیش و به اشکال گوناگون روی مناسبات سیاسی کشور اثرگذارند تا به انقلاب می‌رسیم که فصل جدیدی برای تکوین و تکمیل کالای فقهی‌ست.

در این برهه است که تکامل بازاریابی مذهبی، بر مبنای فقه جعفری، که از قرن‌ها پیش شروع و مواد مورد نیاز آن در حوزه‌های علمیه قوام یافته بود رخ می‌دهد. به‌بیانی، از زمانی که شیخ طوسی اولین حوزهٔ علمیهٔ مخصوص شیعه را بنا نهاد و فقه جعفری شکل سازمانی گرفت، خودآگاه یا ناخودآگاه، اجزای مورد نیاز برای بازاریابی فقهی کَم‌کَم گردِهم آمدند تا در نهایت با ارائه محصول ولایت فقیه کامل شوند. این اجزا شامل مواردی مانند خود کالا، پرورش بازاریاب، تکوین شیوه‌های پروموشنی، تقویت روش‌های توزیع محصول، تشکیل سازمان مورد نیاز و تاسیس مدارس بازاریابی می‌باشند. در این فصل به پاره‌ای از این موارد پرداخته می‌شود.

بسط کالای سیاسی فقهی

کالای فقهی، محصول سازمان روحانیت شیعه است. در واقع کار فقیه استخراج، استدلال و تدوین احکام شرعی از قرآن، سنّت، اجماع و عقل می‌باشد.[۴] حاصل این فرایند تولید کالا، به‌شکل احکامی‌ست که دارای ویژگی‌های محصولات خدماتی می‌باشند. روحانیون طی قرون متمادی فرایند فوق را برای تولید کالای مورد نظر خود به‌طور مستمر پی‌گرفته‌اند. این استمرار به آن‌ها مشروعیت و مرجعیتی اجتماعی می‌دهد که به واسطهٔ آن می‌توانند به مرور برای کالای متبوع خود پتانسیل‌های بیشتری تعبیه کنند. کالای مذکور به عصر حاضر که می‌رسد، به‌دلیل همان پتانسیل‌های تعبیه‌شده، شدیدترین شکل سیاسی خود را پیدا می‌کند. برای اولین‌بار کاملا مبنای حکومتی می‌یابد تا از سقوط نفوذ سنتی روحانیون جلوگیری گردد.

قدیم‌ترها به‌دلیل عدم وجود ساختارهای اجتماعی، سرپرستی بخش‌هایی از جامعه مانند ایتام و مجانین، که آسیب‌پذیر بودند، به‌صورت طبیعی و غریزی به فقه‌ها سپرده شده بود تا در قالب ولایت، قسمتی از درآمد وجوهاتی خود را به جامعه بازگردانند. همان وظیفه‌ای که این‌روزها به عهدهٔ دولت‌هاست تا در قبال مالیات، به اقشار آسیب‌پذیر کمک کنند. ولایتی که فقه‌ها در امور فوق داشتند در طول زمان، با استفاده از استراتژی بسط کالا، گسترش می‌یابد.

در استراتژی بسط کالا ممکن است برای کالای موجود با همین ویژگی‌ها کاربردهای جدیدی تعریف شود یا با افزودن ویژگی‌های جدید، برای آن، مشتریان تازه پیدا شوند. روحانیون هر دو راه فوق را هم‌زمان پیش می‌گیرند و در حوزه‌های علمیه به جنبه‌های تئوریک ولایت فقیه می‌افزایند. مثلا مرتضی انصاری، به‌عنوان یکی از تئوریسین‌های توسعه کالای ولایت فقیه کاربرد آن را در عرصه حکومت‌داری بسط می‌دهد. با اینکه او متعاقبا در اجرای آن تردید می‌نماید اما در هر صورت به آن بُعد جدیدی به‌شکل پتانسیلی بالقوه می‌افزاید.[۵] در واقع خمینی تنها تکمیل‌کنندهٔ فرایند بازاریابی و فروشندهٔ نهایی کالایی‌ست که طی قرن‌ها توسط هوش جمعی روحانیون خلق و به‌لحاظ نظری بسط یافته بود.

به عصر حاضر که می‌رسیم کالای ولایت فقیه، که در دل کالاهای فقهی قوام یافته بود، در دستان تیمِ فروشی ورزیده قرار می‌گیرد تا از ضعف رقیب تاریخی سود ببرد و خود را بفروشد. در این میانه، با فروش ولایت فقیه، کلیت کالای فقهی که در آستانهٔ نابودی بود هم دوباره احیا می‌شود. هر چند زیر سایه ولایت فقیه قرار می‌گیرد و تحت‌الشعاع آن می‌ماند.

ریشه‌یابی بسط کالای روحانیون شیعه را بایستی در پیوند بین فقه، ولایت و مهدویت جستجو کرد. این پیوند به ارائه نظریه ولایت فقیه، به‌عنوان یک پکیج کامل کالای حکومتی، ختم می‌شود. برای شناخت بهتر این بستهٔ کامل کالایی بایستی سه مفهوم کلیدی فقه، ولایت و مهدویت در پیوند با هم به‌صورت مختصر بررسی شوند. واژهٔ فقه در اصل به معنی دانستن و فهمیدن است. اما چون مسلمانان فهم دین را شریف‌تر و بزرگ‌تر از سایر علوم می‌دانسته‌اند، فقط علم به احکام دینی را فقه نامیده‌اند. بر این اساس شغلی با عنوان فقیه که متخصص استخراج و عرضهٔ مفاهیم دینی‌ست خلق می‌شود. ریشهٔ ولایت هم از کلمهٔ ولی به معنای امارت و سلطنت بر جان و مال و امور دیگران است. مهدویت هم در مذهب شیعهٔ دوازده امامی به مفهوم ظهور امام دوازدهم شیعیان به‌عنوان منجی آخرالزمان برای نجات و رهایی انسان‌ها و برقراری صلح و عدالت می‌باشد. این سه مفهوم وقتی با هم پیوند می‌خورند، ولایت فقیه به‌عنوان کالایی خدماتی‌مذهبی‌حکومتی خلق می‌شود. استدلال روحانیون برای برقراری این پیوند سه جانبه این است که فقه‌ها نایبان عام امام معصوم در زمان غیبت او می‌باشند. این نیابت به آن‌ها اجازه می‌دهد در تمام امور، به‌عنوان ولی به مردم سلطنت داشته باشند.

به‌عبارت ساده چون امام شیعیان غایب است آنکه متخصص استخراج و عرضهٔ

احکام دینی‌ست، اختیار جان و مال و تمام امورات زندگی مردم را داراست. اما برای عرضهٔ پکیج کامل چنین کالایی به مشتریان جدید و در سطح کشوری پهناور، لزوم، اقتضا و آمادگی زمانی و محیطی مورد نیاز است. این زمینه بالاخره در دوران محمدرضا پهلوی فراهم می‌شود. در بزنگاهی تاریخی و حساس، که سازمان روحانیت به‌دلیل رشد وجوه مختلف مدرنیته در آستانهٔ از دست دادن نفوذ سنتی خود است، تمام آن پتانسیل‌های بالقوه را بالفعل می‌کند. مشتری کالای ولایت فقیه، که در گذشته به بخش کوچکی از جامعه در امور بی‌متولی و به‌ویژه برای افراد ناتوان محدود می‌شد، تمام جامعه فرض می‌شود. بعد در تمام امور اعم از جانی و مالی و برای همه افراد از جمله عاقل و بالغ عرضه و به مصرف عمومی می‌رسد. روحانیون، بازار هدف کوچک ولایت فقیه را بازتعریف می‌کنند و از مهارت تاریخی خود در بازاریابی سود می‌برند و تمام جامعه را مصرف‌کنندهٔ این کالا می‌نمایند. در گامی فراتر محصول خود را برای جامعهٔ بشری هم مفید تشخیص می‌دهند و در راه فروش آن به تمام دنیا، نیت به صدور انقلاب می‌نمایند.

ولایت فقیه از منظر رفتار سازمانی و مدیریت

از منظر علم مدیریت و رفتار سازمانی ایرادات متعددی به ولایت فقیه وارد است. در واقع افزایش دامنهٔ مشتریان ولی‌فقیه از افراد ناتوان، برخی امور بی‌متولی و مکاسب به تمام جامعه، یعنی فرض شده تمام افراد جامعه ناتوان و تمام امور کشور بی‌متولی هستند. اینجا چند نمونه از ایرادات مدیریتی بیان می‌شوند.

۱- بر اساس تئوری X و Y از داگلاس مک‌گریگور،[۶] انسان‌ها در دو سر طیفی قرار دارند که نوع نگاه آن‌ها به دیگران را نشان می‌دهد. رهبرانی با مفروضات X اعتقاد دارند مردم ذاتاً تنبل، متنفر از کار، فراری از رشد و مسئولیت‌گریزند. بایستی مجبور، کنترل و با تنبیه ترسانده شوند تا برای رسیدن به اهداف تلاش کنند و شکوفا شوند. چون بلندهمتی و جاه‌طلبی ندارند نیاز و ترجیحشان هدایت شدن توسط دیگران است و بیش از هر چیز خواهان امنیت هستند. نگاه ولایی از ابتدا بر اساس همین فرض بنا شده است. اصرار روحانیون به پذیرش ولایت توسط تمام مردم یعنی از دید آن‌ها کل جامعه نابالغانی هستند که در همه زمینه‌ها نیاز به سرپرست دارند. این جملهٔ خمینی که "شما را به مقام انسانیت می‌رسانیم" نماد کامل چنین رویکردی‌ست. افزودن مطلقه به ولایت فقیه در بازنگری قانون اساسی شدیدترین شکل ممکنِ فرض X می‌باشد.

در مقابل، فرض Y می‌گوید کار فیزیکی و فکری به‌اندازهٔ بازی و تفریح برای مردم خوشایند است و همه در شرایط مناسب خودبه‌خود می‌آموزند مسئولیت‌پذیر باشند. ظرفیت استفاده از هوش و خلاقیت برای حل مشکلات به‌صورتِ وسیع بین تمام مردم وجود دارد و مختص عده‌ای خاص نیست. تنها ابزار برای به تلاش واداشتن افراد، کنترل از بالا و ترس از تنبیه نیست و انسان‌ها به‌خاطرِ حس تعهد به هدف، نوعی خودهدایتی و خودکنترلی دارند. میزان تعهد به اهداف نیز متناسب با پاداش‌های مادی و غیرمادی تغییر می‌یابد.

مهم‌ترین نکته این است که وقتی حکومتی پایه‌های خود را بر مفروضات X می‌گذارد، رفتار جامعه نیز خودبه‌خود به همین سمت و سو می‌رود. نوع نگاه رهبران در رفتار مردم انعکاس می‌یابد و اثر خود را در بلندمدت می‌گذارد و همه با فرض X رشد می‌یابند. به همین دلیل بعد از انقلاب، میانگین کار مفید در بخش خصوصی ۱۱ ساعت و دولتی کمتر از ۲۲ دقیقه در هفته شده است.(۷) این همه‌گیری فرار از کار و تلاش، نشأت گرفته از نوع نگاه روحانیون به‌عنوان گروه مرجع سیاسی جامعه است. اما برعکس وقتی حکومتی پایه‌های خود را بر اساس فرض Y می‌گذارد و به شعور مشتری و خردِ جمعی اطمینان می‌کند، مجال رشد انسانی فراهم می‌گردد. مردم از کودکی خودکنترل بار می‌آیند و استقلال و خلاقیت خود را حفظ می‌کنند. فرض Y با فلسفه و اصل ولایت فقیه دارای تضاد کامل ماهیتی‌ست. جالب اینکه هرچه به عصر حاضر نزدیک‌تر شده‌ایم سازمان‌های موفق بیشتری بر اساس فرض Y رشد کرده‌اند.(۸)

نکتهٔ کلیدی دیگر این است که مفروضات فوق، در نوع نگاه رهبران است و لزوما در جامعه غالب نیست. یعنی ممکن است اکثر افراد جامعه دارای ویژگی‌های مفروض Y باشند اما رهبر آن‌ها را به شکل افرادی با ویژگی‌های X ببیند و آنقدر روی نقطه نظر خود تکیه کند تا همه را شبیه فرض X نماید. تفاوت اصلی بین روحیه و کیفیت عملکرد نیروی انسانی پرورش یافته در دوران پهلوی و بعد از آن از همین زاویه قابلِ‌توجه است. اینکه چگونه شخصی به نگاه X یا Y می‌رسد هم تا حدودی برآمده از محیط رشد و آموزش اوست. گاهی نیز در اثر فوران شخصیت‌پرستی، اعتمادبه‌نفس کاذبی در رهبران ایجاد می‌شود و خود را بسیار برتر و بالاتر از دیگران می‌بینند.

۲- پایه‌گذاری و بسط اصل ولایت فقیه، با توصیفاتی مانند صغار و مهجورین، بر پیش‌فرض عدم بلوغ تمام مردم گذاشته شده است. کریس آرجریس(۹)

هفت شاخص اصلی زیر را برای تشخیص افراد نابالغ عنوان می‌کند.
الف- منفعلانه و واکنشی عمل می‌کنند.
ب- به دیگران وابسته‌اند و نمی‌توانند مستقل بیندیشند.
ج- رفتارهای محدود دارند و تکراری و کلیشه‌ای برخورد می‌کنند.
د- احساسات و اهداف‌شان زودگذر و سطحی‌ست.
ر- با چشم‌اندازی کوتاه‌مدت، برای آینده طرح خاصی ندارند.
ز- زیردست هستند و منتظر هدایت شدن می‌باشند.
ه- خودآگاهی بسیار پایینی دارند و ارزش‌ها، علائق، ضعف‌ها و قوت‌های خود را نمی‌شناسند.

مشکل اصلی جایی بروز می‌نماید که وجود چنین نگاهی از سوی رهبران، خودبه‌خود باعث گسترش و نهادینه شدن چنین ویژگی‌هایی می‌شود. از سوی دیگر افراد بالغی که رفتارهای برعکس موارد فوق را دارند تحمل نمی‌شوند و به اشکال مختلفی از دورِ حضور فعال در جامعه حذف می‌گردند.

۳- در مورد امور بی‌متولی نیز بایستی خاطرنشان کرد طراحی ساختارهای حکومتی معاصر به‌گونه‌ای‌ست که هیچ امری بی‌متولی نمی‌ماند. قانون و ساختار سازمانی حکومت‌ها تکلیف و مسئولیت این‌گونه امور را، که قبلا به‌دلیل نبودن متولی به روحانیون سپرده می‌شد به صراحت روشن کرده‌اند. مثلا رتق و فتق امور افراد ناتوان به مراکزی خاص واگذار شده و سازمان‌هایی مانند اوقاف، بهزیستی، شیرخوارگاه و دارالمجانین با بودجه‌ای مشخص از دولت، متولی همین امورند. نیازی نیست فقه‌ها مثل گذشته به واسطهٔ دریافت وجوهات و درآمدهای ناشی از موقوفات سرپرستی کسی را به‌عهده بگیرند. پس بر اساس وظایف سنتی ولی‌فقیه، وجود شغلی به نام ولایت فقیه حتی به اندازهٔ گذشته هم موضوعیت ندارد چه رسد به بسط آن به تمام جامعه. اتفاقاً مخالفت و جدل روحانیون، چه در گذشته و چه حالا با نهادینه شدن قانون و شکل درست گرفتن ساختار حکومت، از همین ناحیه قابل‌فهم است. در این صورت بخش زیادی از آنچه به‌صورت سنتی در حیطهٔ اختیار سازمان روحانیت بوده، از کنترل آن‌ها خارج و تکلیف‌شان به‌صورت واضح مشخص می‌شود.

۴- با محوریت اصل ولایت فقیه کنترل به‌عنوان یکی از پنج رکن اصلی علم مدیریت موضوعیت خود را کاملا از دست می‌دهد. ساختار سازمانی نظام جمهوری اسلامی به گونه‌ای‌ست که ولی و رهبر سیاسی یکی می‌باشند. این یعنی کسی که در راس هرم قرار می‌گیرد از یک‌سو منابع وسیع کشور را به‌صورت انحصاری

در اختیار دارد و از سوی دیگر اختیار جان و مال مردم در دست اوست. انحصار منابع و اختیار بی‌حد باعث افزایش شدید اثرگذاری هرگونه تصمیم رهبر روی زندگی تمام مردم می‌شود. از آنجا که آدمیزاد ظرفیت روانی محدودی دارد تبعات هرگونه خطایی از سوی رهبر، ولو کوچک، بسیار وسیع بوده و همانند موجی سهمگین، در غیاب اصل کنترل، تمام جامعه را درمی‌نوردد.

۵ - در مباحث رفتار سازمانی نوع نگاه مدیران به زیردستان در طیفی بین کارگرایی و کارمندگرایی قرار می‌گیرد. نمود کامل کارگرایی در شرایط جنگی بروز می‌نماید که سربازان بایستی گوش به فرمان فرمانده، بدون لحظه‌ای تردید تصمیمات را بپذیرند. ولایت فقیه هم دقیقا افراد جامعه را در هر شرایطی گوش به فرمان می‌خواهد و رسما به انتهای طیف کارگرایی تعلق دارد. در این وضعیت، فقط به انجام کار توجه می‌شود و وضعیت معیشتی و روانی زیردستان مهم نیست. این جملهٔ خمینی که "ما مامور به ادای تکلیف و وظیفه‌ایم نه مامور به نتیجه" دقیقا با روحیهٔ کارگرایی کامل، جهت دست‌یابی به ماموریت جمهوری اسلامی تعبیه شده و خودبه‌خود جامعه را به شرایط جنگی کشانده است.(۱۰)
اشخاص بالغ و توانا ممکن است با هوشیاری در وضعیت اورژانسی، کاملا کارگرا برخورد کنند و مثلا ولایت بدن خود را به یک جراح بدهند. اما این ولایت در صورتی اهلیت دارد که شخصا داده شده باشد. مضاف بر اینکه متغیری‌ست وابسته به زمان و ممکن است امروز داده شود و فردا گرفته شود. ممکن است فردی در طول زندگی خود اصلا نیازی به جراحی پیدا نکند که ولایت بدن خود را به کسی بدهد. استدلال جمهوری اسلامی بر این است که اکثریت مردم در همه‌پرسی قانون اساسی موافقت خود را با مصرف کالای ولایت فقیه اعلام کرده‌اند، پس ولایت در تصمیم‌گیری را واگذار کرده‌اند. اشاره وزیرخارجه وقت، وقتی که می‌گوید "خودمان انتخاب کردیم که جور دیگری زندگی کنیم" به همین موضوع است.(۱۱)
اینجا نسبیتِ زمانی مطرح می‌شود. حتی اگر فرض بگیریم تمام رأی‌دهندگان به قانون اساسی، در هر دو دورهٔ همه‌پرسی، از ویژگی‌ها و تبعات مصرف محصول ولایت فقیه آگاه بوده‌اند دو نکتهٔ نقض قابلِ‌توجه است.

۱- چه تعداد از کسانی که در همه‌پرسی قانون اساسی با اصل ولایت فقیه موافقت کردند، ولایت داده‌شده را پس نگرفته‌اند. افرادی که سال ۵۸ کالای ولایت فقیه

را خریدند، به اعتبار روحانیون خوش‌نام تاریخ، هیجان ناشی از انقلاب و شعارهای تبلیغاتی چنین کرده‌اند. از بین رفتن خوش‌نامی تاریخی، فروکش کردن هیجان ناشی از شور انقلابی و عمل نشدن به وعده‌های اول انقلاب هر یک به تنهایی می‌تواند دلیلی باشد برای از بین رفتن ولایتی که داده شده است.

۲- چه تعداد از افرادی که زمان همه‌پرسی قانون اساسی، یا به دنیا نیامده بوده‌اند یا در سن رای‌دهی نبوده‌اند، ولایت تصمیمات خود را به فقیه داده‌اند. از این منظر اعتبار زمانی ولایتی که در همه‌پرسی قانون اساسی فاکتور آن صادر شد سال‌هاست منقضی شده است.

آمیختهٔ بازاریابی فقهی

محصول: در بازاریابی فقهی، استنباط، تقسیر و به‌روزرسانی برخی احکام اسلامی، به‌عنوان محصولاتی در نظر گرفته شده که می‌توان آن‌ها را به مردم عرضه کرد و فروخت. با این وجود روحانیون، علاوه بر فروش احکام شرعی، مناسک مذهبی را نیز در شکل نماز و روزه برای اموات می‌فروشند. تمام محصولات تولیدی فقهی از رابطهٔ بین چند متغیر یعنی خود، خدا، دیگران و شرایط به اشکال زیر قابل استخراج‌اند.

الف - جایز: اموری که مسلمانان اجازه دارند انجام دهند و خود سه دسته است. الف) مباح که انجام دادن و ندادن آن از نظر دین مانعی ندارد. ب) مکروه که ترجیح به ترک آن است ولی انجام آن نیز مجاز است. ج) مستحب که انجام دادن آن بهتر است اما انجام ندادن آن اشکال شرعی ندارد.
ب - واجب: کارهایی که باید انجام شوند و ترک آن‌ها شرعاً گناه بوده و مجاز نیست.
ج - حرام: نباید انجام شوند.

تمام محصولات فقهی که باعث ارائه کالاهای خدماتی گوناگونی در عرصه‌های سیاسی، اجتماعی، اقتصادی، فرهنگی و حتی نظامی به جامعه می‌شدند در یکی از دسته‌بندی‌های فوق قرار می‌گیرند. منبع اصلی و سنتی تامین مواد اولیه برای تولید

این محصولات نیز بعد از قرآن، کتب اربعه به‌عنوان پراهمیت‌ترین کتاب‌های حدیث نزد شیعه می‌باشند.[۱۲] در کنار موارد فوق، منابع دیگری هم هستند که معروفترین آن‌ها بحارالانوارِ محمدباقر مجلسی‌ست. او که با قدرت سیاسی بسیار در دربار صفویه زندگی مجللی داشته، در این کتاب اقدام به جمع‌آوری وسیع منابع شیعی بدون تحقیق در درستی آن‌ها نموده است.[۱۳] بعد از اقدام شیخ طوسی، در ورود استدلال و عباراتِ خودِ فقیه به احکام فقهی، کار محمدباقر مجلسی دومین قدم برای افزایش احتمال ورود مواد اولیهٔ ناخالص به محصولات فقهی بوده است. در تقویم رسمی جمهوری اسلامی روز ۳۰ امرداد به صورت کامل به نام محمدباقر مجلسی اختصاص یافته است. در صورتی که هیچ روزی به نام شیخ طوسی، کلینی یا شیخ صدوق که تامین‌کنندگان اصلی منابع معتبر فقهی هستند نمی‌باشد. خود این انتخاب نشانگر قرابت و نزدیکی ساختار جمهوری اسلامی به اندیشه‌های محمدباقر مجلسی در دوران صفویه است. یعنی همان گونه که شاه اسماعیل برای اهداف شخصی از مذهب شیعه استفادهٔ ابزاری کرد، روحانیون معاصر نیز همان کار را می‌کنند. گویی محمدباقر مجلسی سلسله صفویه را برانداخته و خود بر مسند قدرت نیز نشسته است. در هر صورت روحانیون در جمهوری اسلامی، به دلیل تاکید فراوان روی کالاهای فقهی و به‌خصوص ولایت فقیه، دچار نزدیک‌بینی شدیدی شده‌اند. تعصب و وفاداری بیش از حد روی محصولات فقهی، حتی در تعریف مشتری توسط آن‌ها اثرگذاشته و نیازهای عموم مردم مغفول مانده است.

قیمت: قیمت کالای فقهی، تا پیش از انقلاب ۵۷ وجوهات پرداختی به روحانیون بود. بعد از آن، با افزایش موقتی و شدید تقاضا، تا واگذاری تمام اختیار جان و مال مردم بالا رفت. در واقع کم شدن اعتبار سازمان روحانیت و سازماندهی ساختارهای اقتصادی، مانند اخذ مالیات، سبب کاهش هر روزه قیمت احکام فقهی و از رونق افتادن بازار روحانیون می‌شد. خطری که بعد از انقلاب با بالا بردن شدید قیمت محصولات خود، سعی در دفع آن داشته‌اند.

توزیع: محل توزیع کالای فقه‌ها، مغز و ذهن توده مردم شیعه مذهب می‌باشد. حوزه‌های علمیه نقاط فروش اولیه بوده‌اند. بعد از انقلاب، از تمام نقاط احتمالیِ تماس بهره‌برداری شده است. مثلا حضور روحانیون در اماکنی مثل مترو برای پاسخ‌گویی به مسائل شرعی یا حضور آن‌ها در فضای مجازی نقاط فروش جدید

در بازاریابی فقهی می‌باشند. بسط ایام فاطمیه را نیز می‌توان کوششی در این زمینه دانست.

پروموشن: فعالیت‌های پروموشنی برای کالاهای فقهی از ابتدا به شیوه‌های مختلفی مانند فروش شخصی، تبلیغ دهان‌به‌دهان و سخنرانی در اجتماعات پی‌گرفته شده است. مهم‌ترین ابزار نیز حنجره روحانیون بوده است. بعد از انقلاب هر چهار زیرمجموعه فعالیت‌های پروموشنی یعنی تبلیغات، روابط‌عمومی، فروش شخصی و پیشبرد فروش به خدمت بازاریابی فقهی درآمدند.

تجهیزات و شواهد فیزیکی: روحانیون تا پیش از انقلاب بیشترین بهره را در این زمینه از لباس خود می‌بردند. بعد از انقلاب با توجه به منابع بی‌پایان، انواع و اقسام تجهیزات فیزیکی مانند تلویزیون، برای اعتباربخشی به کالای فقهی مورد استفاده قرار گرفته‌اند.

نیروی انسانی: مهم‌ترین و اصلی‌ترین بازاریابان محصولات فقهی، روحانیون تربیت‌شده در حوزه‌های علمیه هستند. اولین حوزۀ علمیه‌ای که توسط شیخ طوسی ۱۰۰۰ سال پیش در شهر نجف تاسیس شد، در واقع اولین آموزشگاه تخصصی و رسمی بازاریابی برای پرورش بازاریاب فقهی در تاریخ است. شیخ طوسی در این حوزه به روایتی ۳۰۰ مجتهد تربیت می‌کند که حکم اساتید بازاریابی فقهی را دارند. اساتیدی که پس از آموزش و پراکنده شدن در جامعه، به پرورش بازاریاب و فروشندۀ فقهی با درجه‌بندی‌های مختلفی مبادرت کردند. روندی که در طول تاریخ ادامه داشته و جمهوری اسلامی از آن حداکثر استفاده را برده است.

فرایند: فرایند بازاریابی فقهی طی قرن‌ها تغییر چندانی نکرده بود. طلاب ابتدا در حوزه‌های علمیه آموزش لازم را می‌دیدند، با محصول، که احکام فقهی‌ست آشنا می‌شدند و شیوه‌های جذب مشتری را از طریق تمرین سخنوری و منبر رفتن می‌آموختند. بعد در جامعه پخش می‌شدند و با فروش همان احکام، روزگار می‌گذراندند. پس از انقلاب ضمن حفظ شیوه‌های سنتی، استفاده از تریبون‌های نماز جمعه، برنامه‌های رادیو تلویزیونی و سخنرانی در ایونت‌های مختلف فرایند فروش کوتاه‌تر و سریع‌تر شده است.

خلاصه‌ای از مفاهیم در بازاریابی فقهی

همان‌گونه که قبلا بیان شد نیاز روحانیون برای در دست گرفتن قدرت، دسترسی به منابع، به‌منظورِ حفظ نفوذ سازمان روحانیت بوده است. ریشهٔ تک‌تک تصمیمات و اتفاقات، به نیازها و خواسته‌های روحانیون برمی‌گردد. نظریه ولایت فقیه شکل بومی‌شده حکومت‌های تمامیت‌خواهی‌ست که گه‌گاه در گوشه و کنار جهان ظهور می‌کنند و به جوامع تحمیل می‌شوند. در واقع در جمهوری اسلامی سعی شده کالای تمامیت‌خواهی با استفاده از مولفه‌های مذهبی، بومی شود و به خواسته تبدیل گردد. بعضی از حکومت‌های تمامیت‌خواه برای بومی‌سازی سعی می‌کنند مذهبی بر اساس نظریه‌های خود بسازند، اما اینجا مواد اولیهٔ لازم برای برقراری حکومتی انحصاری‌مذهبی طی قرن‌ها تدارک دیده شده بود. بعد از این مرحله، عرضه و تقاضا مطرح می‌شود. یعنی خواسته وقتی با قدرتِ پرداخت کردن هزینه همراه شود تبدیل به تقاضا می‌گردد. در تمام طول تاریخ فقه‌ها سود اصلی خود را هنگام عرضه، به‌صورت غیرمستقیم و از طریق وجوهات می‌برده‌اند.

بعد از انقلاب ۵۷ کالای فقهی به صورت انبوه، از طریق قانون اساسی، بین مردم توزیع شد و بدون اینکه مشخصات آن به‌درستی شرح داده شود، تقاضای کاذب برای آن بالا رفت. روحانیت نیز بر اساس اصل عرضه و تقاضا، قیمت را تا حد اختیار جان و مال مردم بالا برد، رسید فروش صادر کرد و حالا هم جنس فروخته‌شده را پس نمی‌گیرد. معامله‌ای که بین مردم و سازمان روحانیت جوش خورده است، چون از ابتدا در آن غش بوده و یک‌سویه می‌باشد بر اساس حکم خود فقه‌ها مشمول قاعدهٔ خیار غبن شده، شرعا و عرفا باطل است.[۱۴] به‌لحاظ تشکیل بازار نیز محصول ولایت فقیه از همان ابتدا در بازاری انحصاری عرضه شد تا امکان هرگونه عدم فروش از بین برود. یعنی اصلا بازار، به معنی جایی که کالاهای متنوع عرضه می‌شوند تا خریدار مختار در انتخاب باشد، شکل نگرفته است.

فروشندگان این کالا در درجه اول فقه‌هایی هستند که در حوزه‌های علمیه درس خوانده‌اند و در رده بعد تمام روحانیون و طلابی می‌باشند که در رده‌های مختلف در جامعه حضور داشته‌اند. بزرگ‌ترین فروشندهٔ معاصر هم خمینی‌ست که توانست کشوری پهناور را از طریق فروش احکام فقهی به اختیار خود درآورد. مشتری احکام فقهی به‌صورت سنتی مردم مذهبی بوده‌اند اما روحانیون در چرخشی تاریخی مشتری اصلی را به وارثان زمین تغییر داده‌اند. روحانیون هیچ‌گونه شراکت و رقابتی را نیز برنمی‌تابند.

فصل نوزدهم

سیر تاریخی
قدرت روحانیون

منشأ توانستنِ انجام هر کاری، چه امور روزمره و عادی چه کارهای بزرگی مانند کشورداری، قدرت است. در واقع بعد از خواستن و قبل از توانستن، متغیر تعیین‌کننده‌ای به نام قدرت وجود دارد که به‌شکل اثرگذاری، اقتدار، نفوذ و استیلا بروز می‌نماید. در مباحث رهبری، قدرت به معنای توانایی نفوذ در رفتار دیگران به‌نحوی‌ست که تصمیمات رهبر را بپذیرند و آن‌گونه که او می‌خواهد عمل نمایند. فرق اصلی رهبری و مدیریت در این است که رهبر با قلب مخاطب در ارتباط است، اما مدیر با مغز زیردست در تعامل می‌باشد. توانایی رهبری، ناشی از قدرت نفوذ او در اعتقادات و طرز تفکر دیگران است، به‌گونه‌ای که با میل و رغبت از او پیروی کنند. با این اوصاف در رهبری، چون عواطف مردم درگیر می‌شود، همیشه خطر پوپولیسم و پیروی کورکورانه وجود دارد و دیکتاتوری استعداد بالایی برای ظهور می‌یابد. شاید به همین دلیل است که در کشورهای پیشرفته ساختارهای سیاسی معمولا به‌گونه‌ای چیدمان شده‌اند که زمام‌داران، در قامت مدیر ظاهر شوند نه رهبر.

منابع مورد نیاز برای رهبری در علوم رفتاری توسط دو روان‌شناس اجتماعی به نام‌های جان دنتون فرنچ و برترام اچ راوِن، ۵ مورد قدرت تنبیه، تشویق، تخصص، کاریزما و مقام بیان شده‌اند.[1] قدرت تنبیه، حکم بازدارنده دارد و در طیفی از اعدام و شکنجه تا تهدید به بی‌کاری و خانه‌نشینی قرار می‌گیرد. تشویق، پاداشی‌ست که زمام‌داران در ازای رفتار دل‌خواه‌شان به زیردستان اعطا می‌کنند و می‌تواند در شکل عوام‌فریبانه به تطمیع منجر شود. تخصص، مستقل‌ترین نوع قدرت است و بر اساس توانایی افراد در انجام امور حرفه‌ای قابل‌تشخیص می‌باشد. کاریزما، ضمن اشاره به جاذبه‌های شخصیتی، پارامترهای مختلفی از چهره تا انرژی درونی را نیز دربرمی‌گیرد. آخرین مورد، قدرت مقام رسمی‌ست که به واسطهٔ پست سازمانی، دستورالعمل‌ها و قوانین در اختیار فرد قرار می‌گیرد.

سیر تاریخی صعود و افول قدرت روحانیون

نقاط عطفی که به افزایش قدرت روحانیون شیعه منجر شده‌اند را می‌توان در سه مقطع ۱- تاسیس حوزهٔ علمیهٔ نجف ۲- روی کارآمدن سلسله صفویه ۳- انقلاب ۵۷ مورد توجه قرار داد. تا پیش از راه‌اندازی حوزهٔ علمیهٔ نجف بیشترین نفوذ روحانیون ناشی از قدرت شخصیت و کاریزمای آن‌ها بود. با تاسیس این سازمان، پایه‌های تقویت تخصص گذاشته می‌شود و روزافزون رشد می‌کند.

تا جایی که به اصلی‌ترین منبع قدرت آن‌ها تبدیل می‌شود و از طریق احکام شرعی نفوذشان را بسط می‌دهد. شرایطی که تا زمان صرافت شاهان صفویه برای استفاده از قدرت تخصص روحانیون، برای تقویت پایه‌های حکومت خود در قبال عثمانی ادامه دارد.

شاهان صفوی، هم امکان دسترسی آن‌ها به قدرت میز و مقام حکومتی را فراهم می‌کنند هم با تدارک امکانات و تامین منابع مالی، به گسترش کمّی مباحث فقهی کمک می‌کنند. در واقع روحانیون امکانی می‌یابند که دو مبنای قبلی قدرت خود را تقویت کنند و به سایر حیطه‌ها یعنی تنبیه، تشویق و مقام نیز ورود نمایند. بعد از آن هم، تا انقلاب ۵۷ همواره شاهد تلاش‌های روحانیون برای بسط قدرت خود در هر پنج مبنای فوق هستیم. مثلا اولین‌بار به‌صورتِ جدی در جنبش تنباکوست که میرزای شیرازی با استفاده از قدرت تنبیه در برابر شاه و اطرافیانش قدرت‌نمایی می‌کند.[۲] یا تلاش‌های بی‌وقفهٔ فضل‌الله نوری برای نفوذ در قانون اساسی و کوشش سایر روحانیون برای در اختیار گرفتن کرسی‌های مجلس، ناشی از تمایل آن‌ها به گسترش قدرت مقام رسمی‌ست.

استفاده از این منابع قدرت جسته و گریخته و با سعی و خطا ادامه دارد تا انقلاب ۵۷ که در دست گرفتن انحصاری قدرت مقام رسمی به روحانیون تقدیم می‌شود. بعد از آن از هر پنج منبع قدرت، با حداکثر توان، به نفع خود سود می‌برند. به‌شکل وسیعی از تنبیه با انواع شیوه‌های تصفیه، مانند اعدام‌های گسترده بهره می‌برند. با دادن امتیازهای ویژه به پیروان خود قدرت تشویق را عملیاتی می‌کنند. با فعالیت‌های وسیع پروموشنی در پیِ ایجاد شخصیتی کاریزماتیک برای رهبر اول و ثانی برمی‌آیند. با اختصاص بودجه‌های وسیع به حوزه‌های علمیه، افزایش قدرت تخصص را نیز در برنامه‌های خود می‌گنجانند. اما تاریخ نشان داده که هیچ گروهی نمی‌تواند برای طولانی‌مدت تمام مبانی قدرت را انحصاری در اختیار بگیرد. نتیجهٔ اصرار روحانیون به استفاده از تمامی منابع قدرت، کم شدن نفوذ تخصص و از بین رفتن کاریزمای آن‌هاست. یعنی دو قدرتی که به‌صورت سنتی تا پیش از صفویه در اختیارشان بود را از دست داده‌اند و حالا با قدرت مقام رسمی و تنبیه بی‌وقفه به حیات خود ادامه می‌دهند. اما تنبیه منفی‌ترین وجه قدرت است که تا حد امکان بایستی از آن اجتناب کرد. بیشترین اقبال برای ایجاد انگیزهٔ وفاداری در دیگران و بروز رفتارهای مشخص، تشویق و پاداش است. با این وجود روحانیون از این ابزار تنها برای نزدیکان و هم‌فکران خود بهره برده‌اند. در حکومت روحانیون برای مردم

عادی، پاداش کارهای خوب به دنیای دیگر حواله می‌شود، اما عقوبت کارهای بد همین جا داده می‌شود. اگر روزه‌خواری کنی شلاقش را همین جا خواهی خورد، اگر روزه‌داری کنی کسی تضمینی برای حتی یک زندگی عادی به تو نخواهد داد. رویکردی که به دین‌گریزی همگانی منجر شده است. به نظر می‌رسد خودِ روحانیون هم، به از دست رفتن قدرت تخصص و کاریزمای خود اشراف دارند که در پی حفظ نسبی‌ترین مبنای قدرت که مقام است، با منفی‌ترین ابزار که تنبیه است می‌باشند.

قوت‌های سازمان روحانیت برای استفاده از فرصت انقلاب ۵۷

از دید این کتاب یکی از اصلی‌ترین دلایل بروز انقلاب، عدم استفاده سیستم پهلوی از اصول بازاریابی و آشنایی و استفاده کامل روحانیون از این اصول است. روحانیون به‌عنوان اساتید بازاریابی، جمهوری اسلامی را هم بر مبنای یک سیستم هوشمند بازاریابی شکل داده‌اند. کمپین هدفمندی که در آن اجزای کامل یک برنامۀ جامع بازاریابی بی‌وقفه کار می‌کنند و برخی مکانیزم‌های آن، مثلا در قبال رقبا، خودکار عمل می‌نمایند. در میان سطور این کتاب به برخی دلایلی که باعث شد روحانیون به‌راحتی انقلاب ایران را جهت‌دهی کنند و حکومت بعدی را پایه‌ریزی نمایند اشاره شد. اینجا با نیم‌نگاهی به وظایف اصلی مدیریت، که هنری فایول[۳] آن‌ها را برنامه‌ریزی، سازماندهی، رهبری، هماهنگی و کنترل می‌داند به این دلایل ریزتر می‌پردازیم. وظایفی که وقتی در راستای جذب مشتری برای فروش کالایی قرار می‌گیرند موفقیت و شکست هر سازمانی را در بازار رقم می‌زنند. با اینکه پیش از انقلاب گروه‌های اصلی مخالف پهلوی، هر یک به نسبت اندازه خود، این وظایف را پی‌گرفته‌اند اما هیچ کدام وضعیتی مشابه سازمان روحانیت نداشته‌اند.

همان طور که قبلا ذکر شد روحانیون در طول قرن‌ها به‌نوعی هوش جمعی بازاریابی دست‌یافته بودند. این توانایی با وجود رهبری برخی شخصیت‌های مذهبی و قدرت بازدارندگی آن‌ها، تا دهۀ ۴۰ خورشیدی، وزنش به سمت در اختیار گرفتن کامل قدرت مقام، منفی‌ست. در این دوره به‌دلیل تغییرات محیط کلان و فقدان رهبران قبلی، کَم‌کَم تمایل به در دست گرفتن قدرت سیاسی تشدید می‌شود.[۴] در واقع این بخش از روحانیون بدون توجه به عواقب کار، تصمیم به هزینه کردن تمام بانک

عاطفی و معنوی سازمان روحانیت برای در دست گرفتن قدرت مقام می‌کنند.
پارامترهای زیر نشانگر برخی ظرفیت‌های سازمان روحانیت برای اجرای وظایف اصلی پنج‌گانه مدیریت فایول با رویکرد بازار هستند. ظرفیت‌های بالقوه‌ای که به بازاریابی یک‌پارچه[۵] منتهی می‌شوند تا روحانیون با مدیریتِ یک کمپین کامل بازاریابی، تمام قدرت سیاسی را در دست بگیرند. در تمام موارد زیر تنها سازمان پادشاهی‌ست که امکاناتی برابر یا فراتر از روحانیت داشته و سایر گروه‌ها فاصله‌شان زیاد بود.
۱- بعد از سازمان پادشاهی، سازمان روحانیت شیعه با قدمتی هزارساله قدیمی‌ترین تشکیلات کشور به‌حساب می‌آمد. با این سابقه، سازوکار انجام وظایف مدیریتی به‌صورت سنتی درون این سازمان شکل گرفته بود.
۲- روحانیون در کنار پادشاهان همواره یکی از دو گروه اصلی مرجع برای ایرانیان طی قرون گذشته بوده‌اند.
۳- هم‌پیمانی سازمان روحانیت با بازار، امکان بهره‌مندی از منابع وسیع مالی مانند اموال سید ابوالفضل تولیت و بنیاد طاهر را فراهم می‌کرد.[۶] مضاف بر اینکه وجوهات پرداختی توسط بازاریان مذهبی، قابلِ‌توجه بوده است. خمس، زکات، سهم امام، هدایای زوار به اماکن متبرکه هم اختیارش با اعضای سازمان روحانیت بوده است. این منابع مالی، برای انجام وظایف مدیریتی بسیار حیاتی بوده‌اند.
۴- سازمان روحانیت برای انجام وظایف مدیریتی همواره دارای رهبرانی بوده که از وثوقی همگانیِ درون سازمانی برخوردار بوده‌اند.
۵- روحانیون پیش از انقلاب هرگز دسته‌دسته نمی‌شوند و برعکس سایر گروه‌ها، به انشعابات گوناگون تقسیم نمی‌شوند. اگرچه بعضاً بعضی از اعضا در گروه‌های مختلف سیاسی حضور می‌یابند، اما شاکلهٔ سازمان روحانیت تا انقلاب حفظ می‌گردد. این یکپارچگی ناشی از انجام وظایف مدیریتی فوق بوده است.
۶- حوزه‌های علمیه طی سالیان متمادی به‌صورت قانونی، کانونِ برنامه‌ریزی، سازماندهی و هماهنگی روحانیون بوده‌اند. چنین امکان مشابهی را فقط دربار شاهان داشته‌اند.
۷- سازمان روحانیت در دوران پهلوی در کنار حوزه‌های علمیه، با تاسیس مراکز رسمی و قانونی مانند مدارس مذهبی، به پرورش بازاریابان حرفه‌ای فقهی با گرایش سیاست مبادرت نموده بود. این مراکز به‌مثابه آموزشگاه‌های بازاریابی، به کانون اجرای هر پنج وظیفهٔ مدیریتی با رویکرد سیاسی تبدیل شده بودند.

۸- مبانی نظری تولیدی سازمان روحانیت، به‌دلیل پیوند با مذهب در جامعهٔ سنتی ایران، نسبت به سایر تولیدات از ریشه‌ای وسیع‌تر و عمیق‌تر برخوردار بود. به‌بیانی کالای سیاسیِ وارداتی نبود و با اعتقادات عمیق مردمِ مذهبی گره خورده بود.

۹- سازمان روحانیت بسته‌بندی مشخصی به‌صورت لباس متحدالشکل داشت. به‌لحاظ برندینگ شخصی، برای یک گروه مرجع، بسته‌بندی متمایزی که به‌راحتی قابل‌شناسایی باشد از اهمیت بالایی برخوردار است. ضمن اینکه این بسته‌بندی مشترک، خودبه‌خود امکان انجام وظایف پنج‌گانه را بالا می‌برد.

۱۰- اعضای سازمان روحانیت، نطاقانی حرفه‌ای بودند که در منابر و جلسات مذهبی از این توانایی برای انجام وظایف فوق بهره می‌بردند.

۱۱- سال‌ها تمرین برای فروش احکام فقهی، اعضای این سازمان را به فروشندگان زبردست ایده و محتوا تبدیل کرده بود. به همین دلیل روان‌شناسی فروش را به‌خوبی می‌شناختند و به‌کار می‌بردند.

۱۲- اعضای سازمان روحانیت برای قرن‌ها، بخشی از شغل‌شان فروش وقایع تاریخی به‌شکل داستان بوده است. از این منظر در ایجاد حس امپاتی و سمپاتی در مردم تواناتر از دیگران بوده‌اند.

۱۳- روحانیون با استراتژی تقیه به‌خوبی آموخته بودند به‌وقت لزوم چگونه در برابر رقبایِ بقای خود دوام آورند و اهداف واقعی را پنهان نمایند.

۱۴- اعضای سازمان روحانیت، به دلیل در اختیار داشتن سیستم آموزش سنتی، می‌دانستند چگونه دیگران را تحت‌تعلیم درآورند و زیر نفوذ خود بگیرند.

۱۵- سازمان روحانیت به‌جز افراد معمم، لشگری از نیروی انسانی بالقوه و بالفعل، به‌شکل غیرمعمم‌های مذهبی در اختیار داشت.

۱۶- سازمان روحانیت بیشترین نقاط فروش را برای انجام وظایف مدیریتی و عرضهٔ کالای خود در اختیار داشت. مهدیه‌ها، مدارس نوین مذهبی، مجالس و اماکن دینی حکم نقاط فروش رسمی را برای آن داشته‌اند.

۱۷- موادِ اولیهٔ مورد نیاز به‌منظورِ تولید محصول حکومتی برای بعد از انقلاب نیز بیشتر از هر گروهی در اختیار این سازمان بوده است. به جز کتب ولایت فقیه خمینی و منتظری و حجم عظیم مواد اولیهٔ سنتی، به‌شکل احکام فقهی، برای تولید محصول جمهوری اسلامی، شریعتی هم با نوآوری در فرم، به فراهم نمودن مواد اولیهٔ مدرن کمک شایانی کرده است.[۷]

۱۸- وجود ایونت‌های بسیار بزرگ مذهبی، مانند مراسم ایام محرم و ماه رمضان،

جایگاه‌یابی را برای اعضای سازمان روحانیت سهل می‌کرد. به‌عنوان شاهدِ عینی می‌توان از تظاهرات تاسوعا و عاشورای سال ۵۷ یاد کرد که در آذرماه این سال و ماه‌های پایانی حکومت پهلوی، رنگ اسلامیِ کاملی به انقلاب زد.

۱۹- طبقات اجتماعی مرتبط با سازمان روحانیت، طیف وسیعی از دربار تا کشاورزان را در برمی‌گرفت. اما مثلا طبقهٔ اجتماعی درگیر با روشن‌فکران، بسیار محدود و معمولا شامل قشر مرفه یا دانشجو می‌شد. که البته شریعتی بخشی از این طیف را نیز به سمت روحانیتِ سنتی سوق داد.

۲۰- پروموشن برای سازمان روحانیت حداقل هزینهٔ مالی را در پی داشته است چون اعضا حین انجام وظایف شغلی به تبلیغ برای خود می‌پرداخته‌اند. در صورتی که سایر مبارزان، در کنار شغل روزمره به بازاریابی برای ایده‌های خود مشغول بوده‌اند.

۲۱- طلاب حوزه‌های علمیه، به‌عنوان بازاریابان سازمان روحانیت، حین آموزش دیدن، از طریق شهریه و تقسیمی تامین مالی هم می‌شدند.(۸)

۲۲- اعضای سازمان روحانیت، به‌دلیل معافیت از خدمت سربازی، دو سال فرصت بیشتری برای سازماندهی کارهای خود داشته‌اند.

۲۳- سازمان روحانیت با جا انداختن موضوع مقلد و اهمیت مرجع تقلید، بخش زیادی از مردم را به پیروی بی‌سوال از خود عادت داده بود. عموما افرادی که تمایل بیشتری به پیروی دارند، از گروه مرجع مورد نظر خود بیشتر دنباله‌روی می‌کنند.

۲۴- اعضای ارشد سازمان روحانیت، به‌دلیل عادت به صدور فتوا، به ظرافت‌های صدور فرمان، به‌گونه‌ای که توده مردم از آن‌ها پیروی کنند به‌خوبی آشنا بوده‌اند.

نگاهی کلی به عملکرد بازاریابی سازمان روحانیت در انقلاب ۵۷

همان‌گونه که گفته شد روحانیون پیش از انقلاب مشروطه، در جریان تحریم تنباکو توسط میرزای شیرازی در زمان ناصرالدین‌شاه، قدرت خود را محک زده بودند. نفوذ کلام معممین تا اندرونی شاهی، برآوردی حدودی از میزان قدرت به آن‌ها داده بود. بعد از آن محک است که فضل‌الله نوری، یکی از شاگردان میرزای شیرازی، در جریان مشروطیت به‌صورت مستقیم تلاش می‌کند بخشی از قدرت مقام را به روحانیون هدیه دهد. اینجا هم سازمان روحانیت موفق می‌شود در متمم

قانون اساسی، شروط اسلامی را وارد ساختار رسمی ادارهٔ کشور کند و دوباره قدرت خود را محک بزند. این زورآزمایی ادامه دارد تا می‌رسیم به انقلاب. در این زمان روحانیونی که به‌دلیل قرن‌ها تلاش برای فروش ایده‌های مبتنی بر فقه، به‌نوعی هوشِ هیجانیِ جمعی در بازاریابی دست‌یافته بودند، از فرصت استفاده می‌کنند و قدرت را کامل در دست می‌گیرند. در صورتی که مثلا توده‌ای‌هایی که اساسا با مفاهیم اصلی بازار مشکل داشتند، قطعا نمی‌توانستند در بازاریابی برای کالای خود بین مردم با روحانیون رقابت کنند.

برخی معتقدند روحانیون تنها به‌خاطرِ کمک‌های خارجی توانستند حکومت را در دست بگیرند و در آن جایگاه بنشینند. حتی با وجود قبول این کمک‌ها نمی‌توان منکر توانایی بازاریابی آن‌ها، آماده بودن محصول‌شان، نیروی انسانی زیاد و تعلیم دیده، کانال‌های توزیع جامع و کم بودن اختلافات درون سازمانی‌شان نسبت به سایر گروه‌ها شد. مضاف بر اینکه در سال‌های پایانی حکومت پهلوی، چون روحانیون می‌دانند چه می‌خواهند، به‌صورت هدفمند از سینرژی بالای تمام گروه‌ها به نفع خود سود می‌برند. مهم‌ترین ویژگی خمینی که او را قادر به ایجاد این سینرژی می‌کند، یکپارچگی وجودی ناشی از ماموریتی‌ست که برای خود تعریف کرده بود. این یکپارچگی به او تمرکزی بالا می‌بخشد تا هر لحظه از زمان بداند برای تحقق اهدافش چه کاری باید انجام دهد.

در هر صورت روحانیون انقلاب را به نام خود به ثبت می‌رسانند و بعد از آن هم در یک بازه زمانی، با استفاده از تکنیک‌های بازاریابی فقهی، محصول خود را فرآوری نهایی می‌کنند، می‌فروشند و برای همه‌جا می‌اندازند. با بازارشناسی دقیقی که ناشی از شناخت دقیق حساسیت‌ها و ضعف‌های توده مردم است، مدیریت بحران می‌کنند و با همین پشتوانه برای خود بازارسازی کاملی انجام می‌دهند. بعد از آن اما، با گذشت زمان و به‌خصوص کم شدن بحران جنگ، نیازها و خواسته‌های واقعی مردم سرباز می‌کند و روحانیونی که دچار نزدیک‌بینی بودند، نمی‌توانند بازارداری کنند و در نهایت تنها به بازارگرمی روی می‌آوردند.

روحانیون تا پیش از در دست گرفتن سرخط منابع جامعه، بازارگرا هستند و بعد از آن محصول‌گرا می‌شوند. درعین‌حال با آگاهی از اینکه مشتری اصلی‌شان مردم ایران نیستند و محصول‌شان نمی‌تواند نیازهای آن‌ها را برآورده کند، اصلی‌ترین کاری که بعد از تثبیت قدرت انجام داده‌اند بازارگرمی‌ست. این مفهوم به مجموعه فعالیت‌های پروموشنی به‌منظورِ اطلاع‌رسانی، متقاعدسازی و ترغیب مشتریان

به خرید کالای حکومت در برابر کالای رقبا، ارجاع می‌دهد. متقاعد کردن مردم به حضور در انتخابات دوره‌های مختلف ریاست جمهوری، نتیجهٔ صرف انرژی در اتاق‌های فکر نظام، به‌منظورِ همین بازارگرمی‌ست.

یکی از دلایلی که روحانیون تنها در این بُعد حرفه‌ای عمل کرده‌اند، پیشینهٔ تحصیل حوزوی آن‌هاست. یکی از دو انتخاب رشته طلاب، هنگام تحصیل در حوزه‌های علمیه، گرایش تبلیغ‌محور یا مُبَلغ‌پرور است.(۹) یعنی پروموشن عملا، خیلی پیش‌تر از دانشگاه‌ها، در حوزه‌های علمیه تدریس می‌شده است و یکی از دو انتخاب اصلی طلاب می‌باشد. با این اوصاف در تمام این سال‌ها به کاری پرداخته‌اند که در آن به‌صورت حرفه‌ای آموزش دیده‌اند. حوزه حتی از سال‌ها پیش تقسیم‌بندی جغرافیایی و زمانی هم برای دانش‌آموخته‌گان تبلیغات خود داشته است. طلبه پس از تحصیل تبلیغات، یا به‌صورتِ دائمی به شهر و محله خود بازمی‌گردد و روحانی آنجا می‌شود یا در موسم تبلیغ مانند ماه رمضان، دههٔ اول ماه محرم و دههٔ آخر ماه صفر، به‌صورتِ موقت به شهرها و روستاها سفر می‌کند و کار پروموشنی انجام می‌دهد. مکانِ تبلیغ و بازارگرمی هم پیش از این‌ها به اماکن مذهبی خلاصه می‌شد ولی بعد از انقلاب به‌جز استفاده از تمام امکانات پروموشنی، حضور فیزیکی در ادارات، کارخانجات، پادگان‌ها، دانشگاه‌ها، ورزشگاه‌ها و حتی اماکن عمومی در دستور کار قرار گرفته است.

روحانیون به‌جز آموزش تبلیغات در حوزه‌های علمیه، طی جنگِ ۸ ساله هم به‌خوبی تمرین بازارگرمی کرده‌اند و در آن دوره، بیش از پیش به اهمیت و کارکرد این مفهوم در بازار سیاست ایران پی‌برده‌اند. تلاش برای گرم کردن بازار جنگ از طریق ایجاد شور و اشتیاق با نوحه‌خوانی، ساخت مستندهای تلویزیونی و طرح شعارهای هیجانی درس‌های لازم را به مسئولینِ به تخت نشسته داده‌اند. ضمن اینکه به‌منظورِ بازارگرمی، مفاهیم زیادی نیز به نفع کالای جمهوری اسلامی مصادره شده‌اند. مثلا استفاده از اصطلاح "ضد انقلاب" برای سرکوب مخالفان، مصادرهٔ مفاهیم به نفع حکومت است. در صورتی که بسیاری از این مخالفان، ضد جمهوری اسلامی و ولایت فقیه بودند نه انقلابی که خودشان مرتکب شده‌اند.

وجه دیگری که در حکومت روحانیون باید بدان توجه کرد بازارگردی‌ست. به‌عنوان نمونه‌ای ساده از بازارگردی می‌توان شرکت در نمایشگاه‌های بین‌المللی و حضور در بطن بازارهای گوناگون را عنوان کرد. این گردش‌ها دید مدیران را بازتر می‌کنند و افق‌های تازه‌تری به روی بازاریابان می‌گشایند. در سیاست، این بازارگردی به‌شکل

حضور در جلسات و گردهمایی‌های مختلف سیاسی جهانی، آشنایی با شیوهٔ کشورداریِ ممالک پیشرفته و ارتباط نزدیک و دوستانه با سیاست‌مداران موفق دنیا معنا می‌یابد. اکثر مسئولین ارشد جمهوری اسلامی، در دایره‌ای محدود زیسته‌اند و فرصت زندگی و حضور غیردیپلماتیک در کشورهای دموکراتیک را نداشته‌اند. بعد از انقلاب هم، با تفرعنی روحانی، به دور خود حصاری سخت کشیده‌اند، به دنیا کرامت‌فروشی کرده‌اند و همواره از تعامل دوستانه با سیاست‌مداران تراز اول دنیا پرهیز نموده‌اند. رهبر ثانی هیچ‌گاه از ایران خارج نمی‌شود تا ارتباطی صمیمانه با دیگران برقرار نماید و شخصا از دنیا باخبر شود. هیچ‌گاه در مصاحبه با رسانه‌های جهانی شرکت نمی‌کند تا مستقیما در معرض افکار عمومی قرار بگیرد.

فصل بیستم

مرجعیت از دست رفتهٔ روحانیت

گروه‌های مرجع[۱] معمولا افراد مشهوری هستند که بر ارزش‌ها، تلقیات و رفتار دیگران اثر می‌گذارند. به‌طورکلی می‌توان گفت دیدگاه‌های مردم منجر به گرایشات آنها می‌شود و بعد این گرایشات الگوهای رفتاری عمومی را شکل می‌دهند. وقتی دیدگاه‌ها در پیروی از گروه‌های مرجع، جهت‌گیری مشخصی می‌یابند خودبه‌خود منجر به الگوهای رفتاری عمومی می‌شوند. هایمن[۲] روان‌شناسی‌ست که سال ۱۹۴۲ اولین‌بار اصطلاح گروه مرجع را به‌کار برد. بر اساس نظر او از آنجا که موقعیت و منزلت اجتماعی افراد به واسطهٔ موقعیت نسبی آن‌ها با دیگران تعریف می‌شود، تصور مردم از مقام و منزلت خود، به گروهی که خود را با آن مقایسه می‌کنند بستگی دارد. ارزش‌های مفروض گروه‌های مرجع، اساس رفتار مردم عادی قرار می‌گیرد، خود را با آن‌ها مقایسه می‌کنند و در شکل‌دهی نگرش و رفتار خویش از آن‌ها تبعیت می‌نمایند.

این گروه‌ها که با توجه به اقتضای شرایطِ اجتماعی و فرهنگیِ جوامع مختلف شکل می‌گیرند، در تمام طول تاریخ وجود داشته‌اند. در جامعهٔ ایرانی، تا پیش از حرفه‌ای شدن فعالیت‌های هنری و ورزشی و ظهور رسانه‌های جدیدی مثل تلویزیون و سینما و اهمیت یافتن مُد می‌توان پهلوانان، حاکمان، روشن‌فکران، علما و شعرا را جزو مهم‌ترین گروه‌های مرجع اجتماعی دانست. گروه‌های دیگری مانند عرفا و صوفیان هم بوده‌اند که در دوره‌های زمانی مشخصی به مهم‌ترین گروه مرجع جامعه تبدیل شده‌اند. اما تاثیر آنها پیوسته و مداوم نبوده و به عصر حاضر که می‌رسیم حضور چشم‌گیری در جامعه نداشته‌اند. شعرای کلاسیکی که شعرهای‌شان در تاریخ معاصر اثرگذاری اجتماعی و سیاسی زیادی ندارد نیز اینجا مدنظر نمی‌باشند. به همین دلیل شعرای معترض معاصر در زمرهٔ روشن‌فکران دیده شده‌اند. بین علما هم، با توجه به موضوعیت کتاب، روحانیون مورد بررسی قرار می‌گیرند.

گروه مرجع پهلوانان

پهلوانی که در ایران پیشینه‌ای به بلندای تاریخ دارد، در لغت به معنای دلیری، زورمندی و توانایی‌ست. سنت‌های پهلوانی و زورخانه‌ای و طبقات اجتماعی مانند جوانمردان، لوطیان، فتیان و عیاران از دوران کهن حضور داشته‌اند. این گروه‌ها به‌دلیل برخورداری از خصلت‌هایی مانند شجاعت، از خودگذشتگی، ساده‌زیستی، دستگیری از مستمندان و ستمدیدگان و زندگی بین عامه مردم همیشه الگوهای

مردمی بوده‌اند. قوی‌ترین مجموعه، در ارائه تصویری اسطوره‌ای از فرهنگ پهلوانی نیز شاهنامه فردوسی‌ست که قدمتی هزارساله دارد. بعد از آن، به‌جا ماندن داستان و تصویری اسطوره‌ای از پوریای ولی‌ست که علاقه مردم کوچه و بازار به این گروه مرجع را نشان می‌دهد.[۳]

پهلوانان در بطن جامعه به ایفای نقش اجتماعی خود مشغول‌اند تا که در دوران قاجار ظهور پهلوان ابراهیم یزدی، توجه و علاقه ناصرالدین‌شاه را به‌خود جلب می‌کند و موجب صدور فرمان برگزاری مراسم کشتی‌گیری در پایتخت می‌شود. به نظر می‌رسد از همین جا که مراسم زورآزمایی حالتی حکومتی می‌یابد، استقلال این گروه مرجع کَم‌کَم به‌صورت جدی تحت‌الشعاع قرار می‌گیرد. جلوتر که می‌آییم، به‌خصوص بعد از شهریور ۱۳۲۰ و رفتن رضاشاه، طبقهٔ اجتماعی جدیدی از دل زورخانه ظهور می‌کند که به جاهل‌ها، کلاه مخملی‌ها و داش‌مشدی‌ها معروف‌اند. گروهی که در قالب محله‌گردان‌ها اثرات زیادی بر مناسبات اجتماعی و سیاسی دوران پهلوی می‌گذارند و بسیاری اوقات به نیروی کمکی روحانیت یا پادشاهی بدل می‌شوند. مثلا شعبان جعفری طرفدار شاه است اما طیب حاج‌رضایی هواخواه خمینی می‌شود.[۴] این هر دو طیف، با اینکه با زورخانه جایگاه‌یابی می‌شوند اما از ویژگی‌های اخلاقی پهلوانی اسطوره‌ای فاصله دارند.

در لایه‌ای عمیق‌تر از این طبقهٔ اجتماعی، فرهنگ پهلوانی اصیل با ویژگی‌هایی که بالا ذکر شدند، بعد از پوریای ولی از طریق حلقه‌های کوچک ادامه می‌یابد تا با تختی دوباره به اوج می‌رسد و شمایلی اسطوره‌ای می‌یابد. اما این طبقهٔ اجتماعی، با وجود پتانسیل‌های بالا، همواره در حد مرجعی اخلاقی باقی می‌ماند و توان ایجاد تحولات عظیم را نمی‌یابد. در صورتی که یکی از اصلی‌ترین دلایل رشد ژاپن تزریق فرهنگ سامورایی، که معادل پهلوانی ایرانی‌ست، به فرهنگ کاری بوده است. در واقع ویژگی‌هایی مانند سخت‌کوشی، دلاوری و از خودگذشتگی سامورایی‌ها وارد فرهنگ کاری ژاپنی می‌شود و به تحولات فرهنگی و اقتصادی جامعه کمک می‌کند. در همان دوره که ژاپن از این ظرفیت‌ها سود می‌برده، ناصرالدین‌شاه پهلوان یزدی را به‌عنوان قاپوچی به دربانی دربار می‌گمارد. به‌بیانی جامعهٔ ایرانی هرگز از ظرفیت‌های فرهنگ اصیل پهلوانی برای رشد همه‌جانبه استفاده نکرده و بهره‌برداری‌ها در حد توصیه‌های اخلاقی مانده‌اند.

در حکومت روحانیون هم هیچ‌گاه تمایلی برای غلبهٔ این فرهنگ بر جامعه وجود نداشته و تنها وقتی به آن توجه شده که به ماموریت سازمان روحانیت کمک کند.

با این رویکرد دلایل بی‌توجهی و بی‌علاقه‌گی سازمان روحانیت به شاهنامه فردوسی را می‌توان از دو جهت تفسیر کرد.
۱- تمکین صددرصد به هیچ فردی، ولو ولی‌فقیه، در ذات فرهنگ پهلوانی اصیل نیست. ۲- شاهنامه به تقویت وجه ایرانی شخصیت و فرهنگ مردم، که یکی از رقبای اصلی سازمان روحانیت است، منجر می‌شود.

گروه مرجع حاکمان

در این کتاب هر جا اشاره‌ای به سیستم پادشاهی شده، به‌نوعی بررسی این گروه مرجع صورت گرفته است. برای نشان دادن اثرات تاریخی و بلندمدت این گروه در زندگی مردم، به اشاره‌ای مختصر بسنده می‌کنیم. برای این اشاره کوچک می‌توان به دورهٔ حدود یک‌صدسالهٔ حکومت سه پادشاه قاجار یعنی فتحعلی‌شاه، محمدشاه و ناصرالدین‌شاه که مقارن با شروع و اوج‌گیری انقلاب صنعتی در اروپاست پرداخت. این کنکاش نشان خواهد داد عادات و علایق این پادشاهان، در تعارض و بی‌خبری از دنیای اطراف، چه نتایجی برای شرایط فعلی جامعهٔ ایرانی داشته است. از موضوعاتی مانند تعدد زوجات فتحعلی‌شاه و ناصرالدین‌شاه هم می‌گذریم، که اولی با حداقل ۱۰۰ همسر و حدود ۳۰۰ پسر و دومی با حداقل ۸۵ همسر قطعا مجالی برای کشورداری و ترقی‌خواهی نداشته‌اند. در بخش قبلی، به تاثیر بلندمدت نگاه ناصرالدین‌شاه به فرهنگ پهلوانی اشاره شد و اینجا فقط یک مورد دیگر ذکر می‌شود.
ناصرالدین‌شاه که هم عصر ملکه ویکتوریا و امپراطور میجیِ ژاپنی‌ست ۵۰ سال، یعنی نیم قرن حکومت می‌کند و علایق شخصی‌اش بر نیازهای تاریخی جامعه تحمیل می‌شود. ملکه بریتانیا با شایستگیِ زیاد انقلاب صنعتی را در انگلستان به اوج می‌رساند. امپراتور میجی با دوراندیشی از سیستم آموزشی، صنایع جدید و شیوهٔ حکومت‌داری اروپاییان الگوبرداری می‌کند. ناصرالدین‌شاه اما علاقه‌مند به هنر نمایش و تئاتر است. علاقه‌ای که او را وامی‌دارد بعد از سفرِ اروپا، با الگوبرداری از آلبرت هال لندن، تکیه دولت را بنا نهد. شیفتگی او به نمایش و عکاسی به فرزندش مظفرالدین‌شاه هم منتقل می‌شود و او از سفر اروپا دوربین فیلم‌برداری به سوغات می‌آورد. حاصل بلندمدت علایق این سه زمامدار می‌شود انگلستان قدرتمند، ژاپن پیشرفته و ایران صاحب سبک در هنر سینما. در واقع اثرات علاقه‌مندی ناصرالدین‌شاه به هنر نمایش، سرخط تحولی شده که کماکان

اثرش در جامعه قابل‌لمس است. بر این اساس، اگرچه رشد سینمای کشور را مدیون ناصرالدین‌شاه هستیم، عدم رشد در سایر زمینه‌ها را او مدیون ماست.

گروه مرجع روشن‌فکران

از دورهٔ قاجار گروه مرجعی در جامعه شکل می‌گیرد که آن‌ها را روشن‌فکران می‌نامیم. به‌کار بردن این اصطلاح به این معنا نیست که تمام این افراد پرسش‌گری داشته‌اند، بلکه برای سهولت در یک‌پارچه کردن گروه‌های مختلف از آن استفاده شده است. در این کتاب مواقعی که به گروه‌های مبارز اشاره شده منظور همین بخش از جامعه است. گروهی که به اشکال مختلفی مانند هنرمند، روزنامه‌نگار، فعال سیاسی و استاد دانشگاه در جامعه حضور دارند و در دوران مشروطه و بعد از آن، سرمنشأ بسیاری از تحولات می‌شوند. اما به دلایلی که پیش از این هم ذکر شد، مانند منابع مالی محدود، سابقهٔ کم حضور تاریخی و نشناختن لایه‌های عمیق جامعه، اثرات‌شان معمولا مهم اما مقطعی بوده است.
در واقع هیچ‌گاه مرجعیت اجتماعی‌شان در جامعه غالب نمی‌شود و به توده مردم احاطه نمی‌یابند. به همین دلیل در مشروطه کردن حکومت ناکام می‌مانند و در مبارزه با پهلوی هم، خواسته یا ناخواسته، به خدمت روحانیون درمی‌آیند. روشن‌فکرانی که از ابتدای ظهور با هر دو کهن‌سازمانِ پادشاهی و روحانیت درگیرند، اما چون زیرساخت‌های جامعه به نفع‌شان نیست، در مقاطع مختلف از هر دو قدرت شکست می‌خورند. بزرگ‌ترین شکست‌شان هم در انقلاب ۵۷ است که با روحانیون علیه سازمان پادشاهی متحد می‌شوند اما بعد از رفتن شاه، به شدیدترین وجه ممکن طرد می‌گردند. بدون همکاری این دو گروه امکان حذف سازمان پادشاهی نبود. روحانیون پتانسیل‌های تاریخی غیرفعال داشتند که نیاز به عمل‌گرایی داشت. در عوض مبارزان نیروی جوانی و انگیزه داشتند. در تلفیق این دو، حرکت به سوی انقلاب میسر شد. مبارزان حکم موتور محرک و انرژی لازم برای انقلاب را داشتند و روحانیون حکم عاقل‌مردی که می‌داند کجا و چگونه از این انرژی به نفع خود سود ببرد. خود خمینی هم سرمنشأ بخشی از اعتراضات بوده است، اما کار اصلی او استفاده و جهت‌دهی انرژی رهاشده و بی‌هدفی‌ست که سرگردان مانده بود. انرژی‌های آزادشده را از طریق تکنیک‌های پروموشنی مثل صدور اطلاعیه، به نام می‌زند و از طریق اطرافیانش جهت‌دهی می‌کند تا در یک دورهٔ زمانی مشخص اختیار نیروی انسانی را در دست بگیرد.

انقلاب ایران دارای سه جبههٔ اصلی یعنی سازمان پادشاهی، سازمان روحانیت و سازمان‌های کوچک مبارزان بود. سه جبهه‌ای که هر یک به اندازهٔ خود در به وجود آمدن شرایط فعلی نقش دارند و البته ماهیت نقش نیز متفاوت است. اگر دو شاخص اصلیِ ارزیابی عملکرد را نیت و عملکرد بگیریم ایراد اصلی حکومت پهلوی فقدان برنامه‌ای منسجم برای مدرن کردن جامعه است. در آن دوران، نه تنها جامعه آمادگی لازم برای تغییر از نظم سنتی به نظم مدرن را نیافته بود بلکه حتی زیرسیستم‌های خود حکومت پهلوی هم تعلیم دیده و آماده نبودند. اینجا ایراد اصلی به عملکرد است نه نیت. اشکال سازمان روحانیت، به‌خصوص روحانیون غیرسیاسی، عدم توانایی یا تمایل برای به‌روز کردن تولیدات خود، ناتوانی در کنترل بخش سیاسیِ طبقهٔ اجتماعی خود و قدرت‌طلبی عده‌ای از آن‌هاست. اینجا ایراد به نیت و عملکَرد هر دو وارد است.
ایراد به مبارزان از جنس سطحی بودن، احساساتی بودن، زودباوری، قدرت‌طلبی، عدم شناخت لایه‌ها و مناسبات قدرت و عدم درک مرحلهٔ تاریخی حرکت جامعه است. به نظر می‌رسد عدم توانایی در درک شرایط جامعه، جوگیری ناشی از شرایط جهانی و در اواخر کار، تحت‌اثر روحانیون سیاسی قرار گرفتن، بسیاری را به مبارزه با پهلوی واداشته است. در قبال حکومت پهلوی احساساتی عمل می‌کنند، در قبال روحانیون زودباورند، در قبال تاریخ گنگ‌اند و در قبال جَو جهانی جوگیر می‌باشند. همین تناقض، بلاتکلیفی و سطحی بودن، آن‌ها را به سمت روحانیون می‌کشاند. ویژگی‌هایی که وقتی با اعمال خشونت شدید از سوی آن‌ها همراه می‌شود، در نهایت مردم را هم از آن‌ها می‌ترساند و به دامان روحانیون می‌اندازد. بعد از انقلاب که سرخط منابع و رسانه‌ها به‌دست سازمان روحانیت می‌افتد و ابزار لازم برای کنترل اوضاع و پیشبرد اهداف فراهم می‌شود، دیگر کاری از این گروه ساخته نیست. خود نیز قربانی شرایطی می‌شوند که در ایجاد آن نقش موتور محرکه را داشته‌اند. اینجا ایراد به برخی گروه‌ها و اشخاص عملکردی‌ست و به بعضی نیتی.
در ایرانِ آن دوران و البته هنوز هم، مردم عادی درگیر ایسم‌ها نبودند و بسترهای فرهنگی، اجتماعی و اقتصادی با تفکرات و فعالیت‌های بسیاری از این مبارزان در تعارض کامل بوده است. تناقضاتی که به زندگی خودِ این افراد هم رسوخ کرده بود. مثلا بیژن جَزَنی که از پایه‌گذاران اصلی سازمان چریک‌های فدایی خلق است، در زندگی شغلی و روزمره، شرکت تبلیغاتی و بازاریابی داشته است. تیمی که با همکاری افرادی مانند علی حاتمی و عباس کیارستمی، اولین تیزرهای

تبلیغاتیِ برندهایی مانند ارج، آدامس خروس و بانک ملی را ساخته‌اند. حتی عباس کیارستمی را جزنی برای رشد در تبلیغات و ورود به دنیای حرفه‌ای فیلم‌سازی راهنمایی می‌کند.[۵] این نشانگر آنست که جزنی، مکانیزم بازار آزاد را می‌شناخته و برای رشد در آن به دیگران کمک هم می‌کرده است. خودش هم به مکانیزم بازار آزاد اعتقاد داشته که شرکت‌های تبلیغاتی پرسپولیس و تبلی فیلم را راه می‌اندازد. به‌بیانی جزنی و شرکایش در دههٔ چهل که تولید انبوه با راه‌اندازی کارخانجات جدید امکان‌پذیر می‌شود، با تاسیس شرکت‌های بازاریابی و تبلیغاتی، به مکانیزم بازار آزاد، در حد کلان کمک می‌کنند و به درآمد سرشاری می‌رسند. تضاد موجود بین مشی سیاسی جزنی به‌عنوان یکی از اصلی‌ترین تئوریسین‌های کمونیست‌مسلکِ مخالف پهلوی با زندگی روزمره و شغلی او نشانگر تناقض‌های اساسیِ درونی و بیرونیِ برخی مخالفان پهلوی‌ست. به همین دلیل گفته شد که در اطلاقِ عنوان روشن‌فکر، به‌عنوان کسی که پرسش‌گری دارد، به تمام مبارزان با پهلوی بایستی احتیاط کرد.

از اصلی‌ترین شروط روشن‌فکری، درک دورهٔ تاریخی‌ست که جامعه در آن قرار دارد. در صورتی که قریب‌به‌اتفاق این مبارزان درک درستی از مدرنیته و مزایای آن نداشته‌اند. روشن‌فکران واقعی آن دوران، کسانی بودند که بی‌جنجال با فعالیت‌های وسیع اقتصادی در پی عبور جامعه از نیازهای سطح اول و دوم مازلو با استفاده از شاخص‌های مدرنیته بودند. اگر فعالین سیاسی و مبارزان با پهلوی، نیمی از فسفر ذهنی و انرژی جسمی که برای براندازی حکومت وقت صرف کردند را برای بسط و گسترش زیرساخت‌های تئوریک و عملی اقتصادی مصرف می‌کردند، حالا جامعهٔ ایرانی در مسیر دیگری بود.

روحانیون تا پیش از انقلاب نه عجله پهلوی را دارند نه خشونت مبارزان را به نمایش می‌گذارند. بخشی از اقبال مردم به آن‌ها به‌دلیل رفتارهای خشونت‌آمیزی‌ست که برخی از گروه‌های مبارز در دوران پهلوی نشان می‌دهند. گویی مردم با پدیده‌ای ناشناخته مواجه شده بودند که حفاظت از خود را در حمایت از روحانیون می‌جستند. روحانیون آگاه به وضعیت، با به‌کارگیری تکنیک‌های پروموشنی مردم را جذب می‌کنند. در واقع بخشی از اتهاماتی مانند خشونت ساواک و عجله کردن سیستمِ پهلوی، دقیقا به مبارزان هم وارد است. در هر صورت خشونت‌هایی مانند ترور شاه ۲۷ ساله توسط حزب توده بازتاب وسیعی بین عموم مردم داشته است.[۶] به‌لحاظ بازاریابی، گروه‌هایی که اقدامات مسلحانه می‌کردند، مستقیم به سراغ ایجاد

تقاضا در مردم می‌رفته‌اند. بدون اینکه نیاز درون مردم جوانه زده باشد و به خواسته تبدیل شده باشد، تمنای ایجاد تقاضای دگرگونی از سوی مردم داشته‌اند. مثل کسی که دیگران را برای خرید کالایی که خود نمی‌شناسد تحت‌فشار بگذارد. در هر صورت پیش از انقلاب نه گفتمان غالب و نه تولید محتوای هیچ‌یک از این گروه‌ها مباحث دموکراتیک نیست که به ماموریت و چشم‌انداز درست ختم شود. با نوع انقلابی که در ایران رخ می‌دهد، نوع عملکرد گروه‌های مبارز و در سوی دیگر قوت‌های سازمان روحانیت، قدرت لاجرم به این سازمان می‌رسید. روشن‌فکران یا از این موضوع غافل بودند یا حکومتِ سازمان روحانیت را بر سازمان سلطنت ترجیح دادند.

گروه مرجع روحانیون

روحانیون به‌عنوان گروه مرجعی بسیار اثرگذار، همیشه و همه‌جا حضور داشته‌اند. پیش از این‌ها، در اثر محدودیت‌های اجتماعی و ارتباطی و قوتِ باورهای مذهبی در تمام فرهنگ‌ها، روحانیونِ مذاهب گوناگون در کنار پادشاهان یکی از مهم‌ترین گروه‌های مرجع بوده‌اند.

گروهی که در طول تاریخ با رسمیت، سطح دسترسی بالا و ارتباط تنگاتنگ، با اعتقادات و عواطف مردم سروکار داشته‌اند، آن‌ها را کنترل و جهت‌دهی می‌کرده‌اند و سبب ایجاد و تقویت احساس هویت می‌شده‌اند. به‌جز این جنبه‌های روانی، چون سازمان روحانیت از طریق احکام فقهی کالاهای خدماتی گوناگونی در عرصه‌های مختلف به جامعه عرضه می‌کرد، مرجعیتش در زمینه‌های اجرایی کشور هم تقویت شده بود. در واقع مرجعیت روحانیت شیعه مرجعیتی ساده نبود و ابعاد گوناگونی یافته بود. مثلا در سیستم آموزش سنتی، هم محتوا هم مکانیزم آموزشی را سازمان روحانیت تعیین می‌کرده است. در مکتب‌خانه‌ها قرآن آموزش داده می‌شد و در حوزه‌های علمیه، طلاب به مراتبِ بالای آموزشی راه می‌یافتند. در سیستم اقتصادی، هم بخشی از گردش مالی کشور به‌شکل خمس، زکات، سهم امام و موقوفات در اختیار این سازمان بود، هم مکانیزم گردش مالی را با تعیین شرایط معامله، فسخ و عقد قرارداد تعیین می‌کرد. در سیستم قضایی، هم تعیین و فرمان حد، سنگسار، دیه، اعدام و مواردی ازاین‌دست به‌صورت سنتی با آن بود، هم بر اجرای برخی احکام نظارت می‌کرد. مضاف بر اینکه اجرای امور روزمره‌ای مانند ازدواج، طلاق، صیغه،

تعیین آب کر، نجاست و تمیزی نیز بعهدهٔ اعضای این سازمان بوده است. به‌اندازهٔ توضیح‌المسائل هر یک از روحانیون ارشد می‌توان مورد و مثال آورد. تمامی این خدمات هم از طریق احکام فقهی به جامعه عرضه می‌شده‌اند. از مثال‌های ملموس تاریخی، در اثرگذاری روحانیون به‌عنوان گروه مرجع، می‌توان به فتوای تحریم تنباکو توسط میرزای شیرازی اشاره کرد.

تغییر مرجعیت

جامعهٔ ایرانی به قاجاریه که می‌رسد، به تاسی از شرایط جهانی با حرکت به سمت مدرنیته، شروع به شکستن روابط و ضوابط سنتی می‌کند. مسیری که در آن مرجعیت حاکمان و روحانیون هر دو تحت‌تأثیر قرار می‌گیرد. شاهان قاجار توانایی هماهنگی با تغییرات را ندارند و از گردونه حذف می‌شوند و پهلوی جای آن‌ها را می‌گیرد. شاهان پهلوی، با تاثیرپذیری از همسایگان و ملل مترقی دنیا، نگاه و سلیقه شخصی‌شان رشد می‌کند و تبدیل به مجریان مدرنیزاسیون می‌شوند. به‌خصوص محمدرضا پهلوی که بخشی از نوجوانی و جوانی‌اش در مدارس اروپا گذشته بود، می‌کوشید با به‌روز نگه داشتن خود در زمینه‌های مختلف مرجعیتش را حفظ کند. اما روحانیون با وجود احساس خطر، به‌دلیل عدم توانایی یا تمایل برای به‌روز شدن، نمی‌توانند خود را با شرایط جدید هماهنگ کنند و شروع به چالش‌آفرینی می‌کنند. از آغاز، با هر گامی که جامعه به سمت مدرنیته برمی‌دارد، چون بخشی از مرجعیت و نفوذشان کم می‌شود، کشمکش و جنگی آشکار و نهان را رقم می‌زنند.

نقاط عطف اصلی تقابل روحانیت با مدرنیت را می‌توان در پنج دوره مورد توجه قرار داد. در چهار برههٔ اول، بخشی از نفوذ و مرجعیت روحانیون تهدید می‌شده است، در آخرین برهه همه‌چیز به نفعشان تمام می‌شود.

۱- اولین اعزام‌های دانشجویی به اروپا و تاسیس دارالفنون.
۲- جنبش مشروطه.
۳- اصلاحات ساختاری رضاشاه.
۴- انقلاب سفید.
۵- انقلاب ۵۷.

اولین زنگ خطر، با تغییر تدریجی سیستم آموزشی کشور و تهدید انحصار روحانیون بر این بخش به‌صدا درمی‌آید. چالش بعدی، جنبش مشروطه است که با

طرح قانون اساسی، پاشنه آشیل سازمان روحانیت را هدف می‌گیرد. بعد از آن با روی کار آمدن رضاشاه و برخی اقدامات او مانند پایه‌گذاری یا گسترش سازمان‌ها و ساختارهای اقتصادی و اجتماعی جدید، بخش بیشتری از مرجعیت روحانیون به‌خطر می‌افتد. به دههٔ ۴۰ که می‌رسیم، انقلاب سفیدِ محمدرضاشاه که تمام اصول نوزده‌گانه‌اش از بین بَرنده نفوذ روحانیت سنتی‌ست، آخرین ضربات را به مرجعیت روحانیت وارد می‌کند. به‌طورکلی می‌توان گفت اکثر قوت‌هایی که در فصل قبل برای سازمان روحانیت برشمرده شد، با مدرنیته تضعیف می‌شدند و به تغییر و تعدیل مرجعیت اجتماعی منتهی می شدند. اینجا برای بررسی اثرات مدرنیت بر سازمان روحانیت چند مورد را بررسی می‌کنیم.

۱- سیستم آموزش کشور برای قرن‌ها، به صورت انحصاری در اختیار روحانیون بوده است. بعد از تاسیس دارالفنون و اعزام دانشجو به اروپا این انحصار شکسته می‌شود. در دورهٔ پهلوی دوم، تاسیس گستردهٔ مدارس نوین، دانشگاه‌ها و تشکیل سپاه دانش این انحصار را بیش از پیش خدشه‌دار می‌کند و جامعه به سمت خروج کامل از انحصار سازمان روحانیت بر آموزش حرکت می‌کند. روحانیون با در اختیار داشتن سیستم آموزش کشور، ارزش‌های درونی جامعه را بر اساس مذهب و احکام فقهی شکل می‌دادند. از دست رفتن این انحصار، به معنی از کف رفتن اختیار درونیات جامعه از دست آنها بوده است.

۲- مبنای حفظ مرجعیت روحانیون در جامعه، عرضهٔ خدمات بر اساس احکام فقهی بوده است. بخش مهمی از قوانین جامعه تا زمان مشروطه نیز بر اساس این احکام چیدمان می‌شدند. قانون اساسی مشروطه، این قاعده را می‌شکست و جامعه را به سمت جایگزینی مفاد قانون با احکام فقهی سوق می‌داد. در واقع با وجود قانون و اجرای آن، تمام مرجعیتی که روحانیت از طریق فقاهت در زمینه‌های مختلف برای خود فراهم کرده بود به خطر می‌افتاد.

۳- برخی از سازوکارهای اجتماعی و اقتصادی هم به‌شدت متاثر از احکام فقهی بودند. با مدرن شدن این سازوکارها، تسلط روحانیون بر بخش‌های زیادی از جامعه از بین می‌رفت. مثلا برقراری مالیاتِ سازمان‌یافته، به کاهش درآمد روحانیون از وجوهات منجر می‌شد. اجرای اصلاحات ارضی، تسلط بر موقوفات را از بین می‌برد. تشکیل دادگستری، صدور و اجرای احکام جزایی توسط روحانیون را تحت‌الشعاع قرار می‌داد. با تشکیل ارتش مدرن، تحتِ‌نظر پادشاه، حکم فقهی جهاد و بالطبع اثرگذاری روحانیون بر بخش نظامی جامعه از بین می‌رفت.

۴- تا پیش از مدرنیته، بخشی از کارکرد منبر مساجد پخش خبر و اطلاع‌رسانی بود. با شروع انتشار روزنامه در زمان محمدشاه این بخش هم تهدید می‌شود.[۷] به مشروطه که می‌رسیم تعداد روزنامه‌ها زیاد می‌شود و بعد از آن، راه‌اندازی رادیو و تلویزیون در دوران پهلوی ماجرا را جدی‌تر می‌کند. این رسانه‌ها به‌جز بستن دست روحانیون در اعلام خبر، چون منجر به‌نوعی آموزش ارزش‌های درونی و جهت‌دهی افکار عمومی می‌شدند، تضعیف‌کنندهٔ قدرت مرجعیت اجتماعی روحانیون و نفوذ آن‌ها هم بودند. موارد جزئی دیگری مانند اعلام شروع و پایان ماه رمضان، محرم و صفر از طریق دیدن هلال ماه نیز به عهدهٔ روحانیون بود که با استفاده از ابزارهای نوین، اختیار این موارد، از قدرت آن‌ها خارج می‌شد.

۵- دههٔ ۴۰ خورشیدی، تحول بسیار مهم دیگری جدی می‌شود که آخرین بندهای اتصال سازمان روحانیت به جامعه را تهدید می‌کند. روحانیتی که پیش از این در برخی نقاط استراتژیکِ اعمال نفوذ خود تضعیف شده بود، حالا در آستانهٔ تهدیدِ مکانیزم اعمال نفوذ نیز قرار می‌گیرد. مکانیزم روانی مورد استفادهٔ روحانیون برای اتصال خودبه‌خود و دائمی به مردم، جهت اجرای احکام فقهی، رابطهٔ مقلد و مرجع تقلید بوده است، که با ظهور ستارگان جدید از دههٔ ۴۰ مورد تهدید جدی قرار می‌گیرد. همه‌گیر شدن سینما، تلویزیون، صفحه گرامافون و رونق ورزش‌هایی مانند فوتبال، تمایل جامعه به تقلید از گروه‌های مرجع نوظهوری مانند هنرمندان و ورزش‌کاران را بالا می‌برد. دیدگاه‌های مردم و در نتیجه گرایشات و الگوی‌های رفتار عمومی شروع به تغییر می‌کنند و جوانان به سمت تقلید از این ستارگان سوق می‌یابند. تکه‌کلام‌های هنرپیشه‌های سینما و تلویزیون زمزمه می‌شود، ترانه‌های خواننده‌های محبوب و مشهور خوانده می‌شود و در مجلات و روزنامه‌ها توجه به سبک جدید زندگی جلب می‌گردد. موفقیت غیرمنتظره برخی فیلم‌ها و ترانه‌ها نیز به این ماجرا دامن می‌زند و جدی‌ترین زنگ خطر برای سازمان روحانیت به‌صدا درمی‌آید. یعنی به‌جز خودِ ابزارهای مرجعیت، مکانیزم عملکرد مرجعیت روحانیت شیعه هم به خطر می‌افتد.

استراتژی سازمان روحانیت در قبال تغییرات

با توجه به اینکه هیچ‌یک از مظاهر مدرنیته برای روحانیون بی‌اهمیت نبوده، بر اساس تاثیری که روی بقای سازمان روحانیت داشته‌اند، راهبردهای مختلفی در قبال‌شان اخذ شده و گاهاً تلاش شده به فرصت تبدیل شوند. در برابر سیستم

آموزش نوین، استراتژی نفوذ در محتوای دروس، حضور به‌عنوان معلم و استاد و تاسیس مدارس نوین استفاده شده است. در مقابله با مشروطه استراتژی تحمیل قوانین فقهی بر قانون اساسی پیش گرفته شده است. در کنار آن حضور فیزیکی در مجلس در دستور کار قرار گرفته تا تاثیر بر طرح و تصویت قوانین و لوایح امکان‌پذیر باشد. در برابر انقلاب سفید، با توجه به اهمیت آن، با سخنرانی، صدور اطلاعیه و تحریک عمومی مخالفتی همه‌جانبه پیش گرفته شده است. در برابر دستور استفاده از لباس متحدالشکل، در دورهٔ رضاشاه، تحریک مردم و ایجاد درگیری صورت گرفته است. در موارد کم‌اهمیت‌تری مانند دوش حمام، با ایجاد تغییر جزئی در احکام فقهی، موضوع کماکان تحت‌نفوذ روحانیون باقی مانده است. اما با توجه به تاثیرپذیری از تحولات جهانیِ ناشی از نهادینه شدن خردگرایی، رشد فلسفه‌های نوینی مثل امانیسم، گسترشِ وسایل ارتباط جمعی، شکل مدرن گرفتن ساختارهای حکومتی و اجتماعی، اجرایی شدن اصولی مانند تقسیم‌کار و رشد طبقهٔ متوسط تحصیل‌کرده، این ترفندها به‌اندازهٔ کافی موثر واقع نمی‌شوند. در واقع روحانیتی که با بَر دار شدن فضل‌الله نوری به میزان جدی بودن تغییرات بنیادین پی‌برده و در اجرای استراتژی‌های خود نیز موفقیت کامل به‌دست نیاورده، درمی‌یابد مقابله با مدرنیته امکان‌پذیر نیست. در این شرایط با تهدید مکانیزم مرجع تقلید و مقلد در دههٔ چهل، تغییر مرجعیت جدی‌تر هم می‌شود و بخشی از روحانیت که توجه جامعه را انحصاری از آن خود می‌خواهد، تحمل حضور رقبای جدید را ندارد و نمی‌تواند مکانیزم حضور خود را ترمیم کند، استراتژی جدیدی در پیش می‌گیرد.

تغییر استراتژی برای حفظ مرجعیت

استراتژی اول: استراتژی جدید روحانیت، بالفعل کردن تمام پتانسیل‌های تاریخیِ ذخیره‌شده از زمان صفویه برای در اختیار گرفتن مرجعیت و قدرت کامل سیاسی‌ست. وقتی خمینی سال ۴۲ به کرّات می‌گوید "آقایان من اعلام خطر می‌کنم" یا وقتی به‌صورت پیاپی سخنرانی خود را با "اگر روحانیت نفوذ داشت" شروع می‌کند، در واقع زودتر از دیگران در خطر بودن مرجعیت سنتی سازمان روحانیت شیعه را فهمیده و آن را گوشزد می‌نماید. سازمان روحانیت در حساس‌ترین برهه تاریخی خود، دو انتخاب پیش رو داشت.

۱- خود را به‌روز کند و در هم‌زیستی با مدرنیته بقایِ مسالمت‌آمیز خود را تضمین نماید.

۲- از پتانسیل‌های خود استفاده کند و با در اختیار گرفتن قدرت سیاسی، بقا و نفوذ بیشتر خود را به جامعه تحمیل نماید. خمینی رهبریِ بخش اقلیت سازمان روحانیت را به‌منظورِ اجرای استراتژی براندازی به‌عهده می‌گیرد و تا سال ۵۷ بسیاری از روحانیون را با خود همراه می‌نماید.

سازمان روحانیت از اوایل دههٔ ۴۰ خورشیدی، به‌جای تلاش برای کسبِ بلوغ هم‌زیستی با جامعهٔ مدرن، به سمت خالی کردن زیر پای سازمان پادشاهی می‌رود تا قدرت سیاسی را در دست بگیرد. در واقع روحانیونی که حاضر به تعدیل و تقسیم قدرت با مردم، به‌عنوان شریک سوم نبودند، وقتی نظام پادشاهی، در راستای همگامی با جامعهٔ جهانی، به اصلاح الگوی سنتی زندگی ایرانی مبادرت نمود، در اولین فرصتِ ممکن او را هم از قدرت ساقط کردند. سایر گروه‌ها و افراد مبارز هم که تحلیل درستی از لایه‌های زیرین جنگ قدرت ندارند و قواعد و اصول آن را نمی‌شناسند، به‌صورت متحدان نانوشتهٔ روحانیون درمی‌آیند و ابزاری می‌شوند برای پیشبرد آخرین استراتژی سازمان روحانیت در قبال مدرنیت.

روحانیون طی تمام آن سال‌ها، با استفاده از استراتژی‌های مختلف، یا مشغول جدل با روشن‌فکران بوده‌اند یا پادشاهان. گاهی با پادشاهان متحد می‌شوند علیه روشن‌فکران، گاهی با روشن‌فکران متحد می‌شوند علیه پادشاهان. در جریان مشروطه با پادشاهان متحد می‌شوند برای شکست روشن‌فکران. در جمهوری‌خواهی رضاخان با روشن‌فکران متحد می‌شوند علیه پادشاهان. جنگ و جدلی سه جانبه که تا انقلاب ۵۷ طول می‌کشد و روشن‌فکران و پادشاهانی که هیچ‌گاه نیاموختند با هم متحد شوند، بالاخره در این مقطع، هر دو توسط روحانیت از صحنه حذف می‌شوند.

استراتژی دوم: روحانیونی که در هیچ‌یک از مراحل نبرد با مدرنیته پیروزی کامل به‌دست نیاورده بودند و برآیند جدال‌شان به زیان‌شان بود، ناگهان سال ۵۷ پیروزی غیرمنتظره‌ای بر تمام مظاهر مدرنیته به‌دست می‌آورند. از اینجا به بعد استراتژی زیرِ سیطرهٔ خود کشیدن مدرنیته و تبدیل آن به ابزاری برای بقای سازمان روحانیت اجرایی می‌شود. تا به‌ناچار، اگر قرار است بخش‌هایی از ساختار جامعهٔ مدرن شود، زیر سیطرهٔ سنت و سازمان روحانیت اتفاق بیفتد.

از آن پس تمامی منابع کشور به خدمت سنت و ماموریت سازمان روحانیت درمی‌آیند. با تامین محتوای مورد نظر، سیستم آموزش نوین از دوران دبستان،

ابزاری در خدمت تقویت روحانیون می‌شود. دانشگاه‌های متعددی زیرنظر روحانیون تاسیس می‌شوند و با برگزاری نماز جمعه در دانشگاه تهران، نماد آموزش نوین کشور، تریبون آموزش سنتی می‌شود. قانون اساسی تبدیل به بیانیهٔ ماموریت سازمان روحانیت می‌شود و سایر قوانین نیز بر همین اساس تنظیم می‌شوند. رسانه‌های مدرن، مانند رادیو و تلویزیون، تبدیل به تریبون روحانیون برای ترویج سنت می‌شوند و سینما ابزاری می‌شود برای تولید محتوای ایدئولوژیک. از فرم سازمان‌های مدرن، در قالب بنیاد مستضعفین و ستاد فرامین امام استفاده می‌شود تا منابع مالی جامعه بر سیاق وجوهات، در اختیار سازمان روحانیت قرار بگیرد. ارتش زیرنظر رهبر قرار می‌گیرد و در کنار آن حتی سپاه پاسداران تاسیس می‌شود، تا این‌گونه بی‌اثر شدن حکم جهاد ترمیم شود. از همه مهم‌تر ساختار سازمانی نظام، سنتی طراح می‌شود تا بر ساختار سایر بخش‌های حکومت، مانند قوای سه‌گانه که مدرن هستند چیرگی پیدا کند. ضمن اینکه در تلاشی مستمر، با استراتژی صدور انقلاب، حتی به‌شکلِ احکامی مانند فتوای قتل سلمان رشدی، کوشش می‌شود غلبهٔ سنت شیعی بر مدرنیتهِ جهانی، در تمام دنیا پیاده شود.

از مکانیزم اصلی مرجعیت روحانیت، که رابطهٔ مقلد، تقلید و مرجع تقلید بود هم غفلت نمی‌شود و به سرعت و با شیوه‌های پروموشنی، روحانیون به‌عنوان تنها گروه مرجع مقبول جامعه عرضه می‌شوند. هم‌زمان به‌منظورِ بازسازی مکانیزم اتصال مردم به روحانیت، خانه‌نشینی و تبعید ستارگانِ پیش از انقلاب در دستور کار قرار می‌گیرد، تا تنها گروه مرجع موجودِ قابل‌تقلید روحانیون باشند. بعد از آن هم تا ترمیم حلقهٔ اتصال صبر می‌شود، سپس اجازهٔ ستاره‌سازی کنترل‌شده داده می‌شود.

تداوم جدال

اگر مواضع روحانیون را بعد از انقلاب در قبال روند پیشرفت تکنولوژی بررسی کنیم می‌بینیم با وجود انحصار قدرت، جدال با مدرنیته کماکان ادامه دارد. جدلی که نشان می‌دهد بسیازی از مواضع جنجالی روحانیون، با هدف نفی یا کنترل مظاهر نوین مدرنیته بوده و حالا به‌جز احکام شرعی، اهرم ممنوعیت قانونی نیز در چنته است. تقابلی که حتی به کاربردی‌ترین و موثرترین رشته‌های آکادمیک علوم انسانی مثل اقتصاد، حقوق، مدیریت و جامعه‌شناسی که روحانیون آن‌ها را به‌چشم رقیب فقه می‌نگرند و ذاتاً مخالف‌اند هم کشیده شده است. در واقع اعمال محدودیت‌ها و ممنوعیت‌ها برای ویدیو، ماهواره، اینترنت و شبکه‌های اجتماعی از

جنس همان تحریم دوش حمام است.
اما همان گونه که پیش از این‌ها توانایی جلوگیری از پیشرفت مظاهر مدرنیته وجود نداشته، بعد از انقلاب هم سدِ حرکت تاریخ امکان‌پذیر نیست. روحانیونی که بعد از دهه‌ها جنگ با مدرنیته به این نکته آگاهی یافته‌اند، استاد تغییر استراتژی نیز شده‌اند. مثلا در مورد شبکه‌های اجتماعی که امکان فیلترینگِ همه‌جانبه وجود ندارد، با عدم فیلتر اینستاگرام ابتدا مردم را به سمت آن هدایت کرده‌اند و بعد با تولید انبوه محتوای جهت‌دار و تامین خوراک ذهنی مورد نظر خود، که عموما اخبار حاشیه‌ای هستند، سعی در کنترل و سیطره بر آن نموده‌اند. در واقع با عدم فیلتر آن، ابتدا همه به سمت این شبکه اجتماعی هدایت شده‌اند، بعد در محدودهٔ آن، خوراک فکری مورد نظر تامین می‌شود. فلسفهٔ وجودی شبکه‌های اجتماعی رفع نیاز سطح سوم مازلو یعنی روابط انسانی‌ست، اما جمهوری اسلامی در تلاشی مستمر کاربری آن را به پخش اخبار زرد و جهت‌دارِ حکومتی تغییر داده است. البته همین شبکه اجتماعی هم در مواردی مانند اعتراضات ۱۴۰۱، جایی که حجم محتوای تولیدی به ضررحاکمیت است فیلتر می‌شود. با اینحال همانگونه که ذکر شد امکان ممانعت از رشد جامعه برای هیچ شخص و سازمانی وجود ندارد. مثلا بعد از آبان ۹۸ با آمدن کرونا حکومت با اعمال محدودیت‌های گوناگون قریب دوسال پیوستگی اعتراضات را عقب انداخت. از سوی دیگر خانه‌نشینی ناشی از ذات این بیماری اقبال عمومی به فضای مجازی را زیاد کرد. مثلا کلاس‌های درسی، مجازی شد. در نتیجه فرهنگ استفاده از فضای مجازی به شدت رشد کرد. در فضای مجازی هم دایره ارتباطی و اطلاعاتی افراد گسترش وسیعی یافت و به‌خصوص جوانان و نوجوانان در معرض افکار گوناگون قرار گرفتند. این شرایط به‌جز اینکه همه را به تن دادن به اقتدار دنیای مجازی به‌عنوان یکی از اصلی‌ترین مظاهر دنیای مدرن مجبور کرد، سطح مطالباتِ نسلی که در آستانه پیوستن به جامعه بود را به شکل غیرمنتظره‌ای بالا برد و در اعتراضات ۱۴۰۱ به تقاضای تغییرات، عمقی تاریخی بخشید. در واقع مجازی شدن فضای زندگی بخش زیادی از ابزارهای حکومت، مانند اتمسفر ایدئولوژیک مدارس را کُند کرد تا گسست حاکمیت از جوانان کامل شود و بدین‌سان فرصت کرونا برای حکومت، تبدیل به بزرگترین تهدید شد. بسیاری از دیگر مواضع روحانیون نیز در جهت همین حفظ مرجعیت و نفوذ، قابل تحلیل است. چرا با شادی مخالف‌اند؟ چون بخشی از منابع مالی سازمان روحانیت، ناشی از گسترش غم است. چرا با رقص و پارتی مخالف‌اند؟ چون به‌جز

تولید و توزیع شادی کارکرد بسیاری از احکام فقهی در مورد روابط زن و مرد را مخدوش می‌نماید. چرا با اسیدپاشی مسامحه می‌شود؟ چون اسیدپاشی موجب رخنه ترس و نگرانی در زنان می‌شود و آن‌ها را بیش از پیش تحت‌کنترل، در چارچوب‌های مورد نظر روحانیون نگه می‌دارد. چرا زنان نمی‌توانند رئیس‌جمهور شوند؟ چون قوت زنان کارکرد احکام فقهی را تضعیف می‌کند. در واقع بسیاری از احکام فقهی به رابطهٔ زنان با مردان، خانواده و جامعه می‌پردازد و آزادی آنان این احکام را تضعیف می‌کند. چرا با سگ‌گردانی و سگ داشتن مخالفت می‌شود؟ چون کاربرد حکم فقهی نجس بودن سگ را از بین می‌برد و در نتیجه سازمان روحانیت را ضعیف می‌کند.(۸) چرا به گسترش طبِ سنتی‌اسلامی کمک می‌شود و مثلا در برابر تجویز روغن بنفشه برای کرونا عکس‌العمل قاطعی نمی‌بینیم؟ چون گسترش این‌گونه طب موجب تقویت سنت در زمینهٔ پزشکی می‌شود و به بقا و گسترش نفوذ سازمان روحانیت کمک می‌کند.

تلفیق مرجعیت

بعد از انقلاب ۵۷ روحانیت و حاکمیت، که در طول تاریخ به‌صورت سنتی دو گروه مرجع مجزا اما اثرگذار بوده‌اند، تجمیع و در شکلی واحد، در معرض الگوبرداری مردم قرار می‌گیرند. یکی شدنی که نتیجه‌اش بروز تناقضات پیدا و پنهان فرهنگی، اجتماعی، اقتصادی و اخلاقی در تمام سطوح جامعه می‌باشد. مردم از گروه‌های مرجعِ مختلف انتظارات متفاوتی دارند و در پیِ رفع نیازهای درونی خود، به تناسب، به آن‌ها مراجعه می‌کنند. مثلا توقع کسی که به قهرمانی ورزشی مراجعه می‌کند تندرستی، قدرت بدنی و تناسب اندام است. اگر قواعد زندگی سلامت، توسط ورزش‌کار مذکور رعایت نشود و مطابق انتظارات رفتار نکند، پس از مدتی مرجعیتش مخدوش می‌شود. اما شرط ورزیدگی بدنی در مورد هنرمندان کمتر صدق می‌کند و بیشتر به توانایی فکری، خلاقیت و سبک زندگی آن‌ها توجه می‌شود.

تا پیش از انقلاب توقع مردم از روحانیون و سیاسیون، تفکیک شده بود. در انطباقی ساده با هرم مازلو، توقع مردم عادی در مراجعه به روحانیون برآورده شدن نیازهایی مانند خیرخواهی، سلامتِ نفس، صداقت، تقوا و پرهیزگاری بود. انتظاری که از روحانیون تراز اول تا سطح خودیابی و خودشناسی بالا می‌رفت. اما به‌طورکلی از سیاسیون برآورده شدن سطوح دیگری توقع می‌رود و انتظار قدرت‌طلبی، زرنگی،

واقع‌بینی، شیطنت و فریب از آن‌ها امری عادی‌ست. وقتی روحانیت سیاست‌مدار شد و در تلفیق، هر دو گروه مرجع را در اختیار گرفت، ریسک سازمانیِ بزرگی به جان خرید. بعد از این تلفیق، مجبور بود ویژگی‌های سیاست‌مداران را که در بسیاری موارد در تضاد با مرجعیت روحانیت بود، در خود تقویت کند و درعینِ‌حال تمام نیازهای مردم در هرم مازلو را به تنهایی برآورده نماید که غیرممکن بود. همین ناتوانی در نهایت منجر به از دست رفتن مزیت رقابتی تاریخی‌اش که در پرهیزکاری، امانت‌داری و صداقت نمود می‌یافت شد. به‌عنوان مثال وقتی اولین همه‌پرسی مهندسی شد، در تدوین قانون اساسی اصل ولایت فقیه با رندی در متن گنجانده شد، به وعده‌ها عمل نشد و از کلماتی مانند خدعه استفاده شد، از دست رفتن این نقطه تمایز تاریخی آغاز گردید. با تداوم تصمیماتی از این دست و افزایش دروغ و فساد، حیطهٔ آسیب از اعتبار سازمان روحانیت فراتر رفت و به اعتقادات عمیق مردم نسبت به اصول مذهب رسید.

گروه مرجع مطرود

نتیجهٔ تلفیق روحانیت و سیاست در ابتدا سردرگمی جامعه بود. کَم‌کَم که چیرگی صفات سیاسی بر مذهبی عیان شد و در سطح کلان، در مواردی مانند تعریف ماموریت حفظ نظام، خود را نشان داد اثرات این تلفیق نمایان شد. روحانیون نه تنها امتیازهای تاریخی و مرجعیت اجتماعی خود را از دست دادند بلکه به مطرودترین گروه مرجع جامعه تبدیل شدند. افراد با نگرش‌ها، ارزش‌ها و رفتارهای گروه‌های مرجعِ مطرود مخالف‌اند، مایل نیستند شبیه آن‌ها شوند و برعکسِ توصیه‌های آن‌ها عمل می‌کنند.

از طرف دیگر چون در حکومت‌های تمامیت‌خواه قرار نیست عکس و نام هیچ‌کس بیشتر از شخص اول مملکت به‌چشم بخورد، بیشترین تصویر و کلامی که مردم با آن مواجه‌اند، متعلق به رهبری روحانی‌ست. در سطوح پایین‌تر هم، از تمام امکانات و منابع موجود مانند برنامه‌های تلویزیونی استفاده شده تا روحانیون بیشترین تاثیر را روی رفتار، گفتار و منش مردم داشته باشند. وظیفه روزمره آن‌ها هم، به‌صورتِ سنتی، دعوت به مواردی مانند تقوا، خیرخواهی، محبت و تقویت مذهب است. نتیجه اینکه هرچه حکومت اصرار بیشتری روی در معرض دید و اثرگذار بودن روحانیون دارد و بیشتر ارزش‌های اخلاقی را از طریق آن‌ها توصیه می‌کند، مردم بیشتر از مذهب، اخلاق و تقوا فاصله می‌گیرند. در واقع نتیجهٔ تصمیم

روحانیون برای در دست گرفتن قدرت سیاسی، بعد از چند دهه، تبدیل سازمان روحانیت به گروه مرجعی مطرود است که هرچه بگوید مردم تمایل دارند برعکس آن عمل کنند.
می‌توان گفت یکی از دلایلی که روحانیون حفظ نظام را بزرگ‌ترین ماموریت زیرمجموعه خود تعریف کرده‌اند و در استفاده از منابع کشور خویشتن‌داری ندارند، آگاهی به بزرگی ریسکی‌ست که با در اختیار گرفتن مرجعیت سیاسی مرتکب شده‌اند. تصمیمی که در کوتاه‌مدت موثر بوده اما در بلندمدت موجودیت سازمان متبوع آنها، حتی به‌صورت مسالمت‌آمیز، مورد تهدید جدی‌ست. گویی بر اساس همان هوشِ جمعیِ بازاریابی می‌دانند اگر این موقعیت از دست برود، رسما تمام سرمایه تاریخی خود را باخته‌اند. گروهی که در آستانهٔ کم شدن نفوذ خود در اثر جبر تاریخ، حاضر به تعدیل قدرت خود در بخش‌هایی از ساختار جامعه نشد، تا در هم‌زیستی با مدرنیته به حیات خود ادامه دهد، در مسیری گام نهاد که حالا مجبور است تمام توان خود را برای بقا بسیج کند. بر اساس همان هوش جمعی، به عدم امکان ماندگاری بلندمدت این موقعیت واقف است، پس با پیوند به ظهور منجی، در پی آن است که قدرت خود را نه از مردم بلکه از آخرالزمان بگیرد. با قدرتی که روحانیون طی قرن‌ها به‌دست آورده بودند، تنها نوعی حکمت عمیق می‌توانست مانع از حرکت آن‌ها در این مسیر پُرریسک باشد. بصیرتی که اگر هم در برخی وجود داشت، مغلوب بخشی شد که برای این بصیرت ارزشی قائل نبود.

تاثیرات ملموس روحانیون سیاسی به‌عنوان گروه مرجع روی جامعهٔ ایرانی

روحانیون سیاسی تمام تلاش خود را کرده‌اند که با بهره‌گیری از منابع پنج‌گانه قدرت، روی جامعه تاثیر مورد نظر خود را بگذارند.
۱- نخستین تاثیر، اطلاعاتی بوده است. دههٔ ۶۰ که بخش زیادی از مردم، عقاید این گروه را به‌عنوان داده‌هایی با ارزشِ فراوان قبول می‌کردند و بر اساس آن رفتارهای خود را تنظیم می‌نمودند، شاهد این تاثیریم.
۲- در تاثیر بعدی که هنجاری‌ست، تلاش برای شرطی‌سازی رفتار مردم صورت گرفته است. به این مفهوم که هر کس، سبک زندگی و رفتاری موردپسند روحانیون را پی‌بگیرد، پاداش‌هایی به‌شکل ارتقاء شغلی و مالی دریافت می‌کند، در غیراین‌صورت به شیوه‌های مختلف تنبیه و تصفیه خواهد شد.

۳- آخرین، مهم‌ترین و پایدارترین اثری که روحانیون دنبال کرده‌اند، هویتی بوده است. تلاش برای ایجاد تغییرات هویتی در شخصیت اعضای جامعهٔ ایرانی، با درونی‌سازی عمومی جهان‌بینی و ارزش‌های این گروه، از همان ابتدای انقلاب آغاز شد. اما علی‌رغم کوشش فراوان، اقبال به رسوم و آیین‌های کُهن، علاقه به اماکن باستانی، توجه به تولیدات فرهنگی زمان پهلوی و مواردی ازاین‌دست نشانگر عدم موفقیت روحانیون در تاثیر عمیق هویتی‌ست. عدم موفقیتی که می‌تواند دلایلی مانند نامناسب بودن کالای روحانیون برای حکمرانی، مطرود شدن این گروه، عمیق بودن هویت ایرانی و افزایش ارتباطات داشته باشد.

با این‌حال تلاش‌های انجام شده برای هنجارسازی و شرطی‌سازی بی‌تاثیر نبوده است. آنچه در جامعهٔ ایرانی از بی‌قانونی و هنجارشکنی در حوزه‌های مختلف اجتماعی، فرهنگی و اقتصادی شاهدیم، مستقیم و غیرمستقیم، ریشه در رفتارها و ساختار فکری روحانیون سیاست‌مدار دارد. وقتی روحانیون الگوی نظم سنتیِ نظام مدیریتی حوزوی را که در آن عرف غالب است، به تمام ارکان مملکت‌داری تسری داده‌اند، خودبه‌خود انواع و اقسام بی‌نظمی و ناهنجاری در جامعه ریشه می‌گیرد. نظم نوینی که دانشگاه بر اساس آن شکل گرفته، مشخص می‌کند کِی بیایی، کِی بروی، استاد کیست، محتوای درسی چیست و درس چند واحدی‌ست. برعکس، نظم حوزه‌های علمیه سنتی‌ست و مثلا هر وقت می‌توانی بیایی، هر کس می‌تواند درس بدهد و حتی درجه‌بندی تحصیلاتی کاملا مشخصی وجود ندارد. وقتی تربیت‌شدگان این سیستم آموزشی، در راس حکومتی در دنیای مدرن قرار می‌گیرند، لاجرم نظم سنتی، که حالا بی‌نظمی محسوب می‌شود، به تمام ارکان جامعه تحمیل می‌گردد و آشفتگی به بار می‌آورد. در واقع ساختار ذهنی روحانیون همانند ساختار سازمانی حوزه‌های علمیه‌ای‌ست که تا پیش از انقلاب تفاوت چندانی با دورهٔ شیخ طوسی نمی‌کرده‌اند. بعد از انقلاب هم، با وجود بودجه‌های عظیم، بیشتر به ظواهر توجه شده و محتوا تغییری نکرده است. از سوی دیگر، وقتی در حوزه‌ای تحصیل می‌کنی که محدود به محتوا و منابع قدیمی‌ست، حاصل، ذهنی بسته و بی‌انعطاف خواهد بود. اصرار به تحمیل الگوی چنین ساختار و محتوایی به تمام جامعه، نتیجه‌ای جز نابودی منابع انسانی و غیرانسانی نداشته و مانند بسیاری از برندها، که بعد از انقلاب فرو ریختند، نگرانی از فروپاشی برند ایران جدی‌ست.[۹] در ادامه چند مورد از اثرات فرهنگی و اجتماعی روحانیون و مسئولین نظام در لایه‌های مختلف جامعه ذکر می‌شوند.

ریشهٔ گران‌فروشی کسبه خرده‌پا را بایستی در گران‌فروشی روحانیون برای کالای جمهوری اسلامی جست. ریشهٔ بی‌اعتمادی مردم به هم را بایستی در بی‌اعتمادی رهبر اول و ثانی به نزدیک‌ترین یاران‌شان جست. ریشهٔ رها نکردن میزهای مدیریتی توسط بازنشستگان را بایستی در میانگین سنی روحانیونِ بر سر کار جست.[۱۰] ریشهٔ اختلاس‌ها و رشوه‌های خرد و کلان را بایستی در خروج سرمایه از کشور توسط روحانیون به نام پسران‌شان جست. ریشهٔ بی‌ارزشی تخصص‌گرایی را بایستی در نشستن روحانیون در مناصبی که در آن‌ها تخصص ندارند جست. ریشهٔ فرار همگانی از مالیات را بایستی در معاف از مالیات بودن سازمان‌های زیرنظر رهبر جست. ریشهٔ استفاده ابزاری از دیگران را بایستی در استفادهٔ ابزاری از افراد و گروه‌های اوایل انقلاب جست.[۱۱] ریشهٔ قانون‌شکنی‌های کوچک را بایستی در شکستن قانون اساسی در بازنگری، به نفع رهبر ثانی جست. ریشهٔ سرک کشیدن به زندگی خصوصی دیگران به‌منظورِ اخاذی را بایستی در مناظره‌های تلویزیونی انتخابات ریاست جمهوری سال ۸۸ جست.[۱۲] ریشهٔ بی‌ارزشی تحقیقات علمی را بایستی در شیوهٔ تحقیقاتِ از درون خودروی رئیس‌جمهوری جست.[۱۳] ریشهٔ بی‌ارزشی زمان‌بندی در جامعه را بایستی در جایز نبودن بستن ساعت مچی در حوزه‌های علمیه جست. ریشهٔ جولان ارازل در خیابان‌ها و فضای مجازی را بایستی در استفادهٔ حکومت از همین اوباش جست. ریشهٔ هیزی خیابانی مردان را بایستی در ذوق زدگی نمایندگان مجلس در برخورد با نماینده پارلمان اروپا جست.[۱۴] ریشهٔ عدم وجود دیسیپلین کاری و پوشیدن دمپایی در محل کار را بایستی در نعلین پوشیدن روحانیون جست. ریشهٔ همه‌گیر شدن بدقولی را بایستی در بدقولی به وعده‌های اول انقلاب جست.[۱۵] ریشهٔ گسترش فرهنگ زیرآب‌زنی را بایستی در تصفیه‌های جوروا‌جور نیروی انسانی توسط جمهوری اسلامی جست. ریشهٔ عدم احترام به حقوق شهروندی را بایستی در شعار مرگ بر ضدولایت فقیه جست. ریشهٔ بی‌ارزشی کار را بایستی در فرهنگِ کار نکردن بین روحانیون جست. ریشهٔ دومینوی فساد را بایستی در دگرکنترل بار آمدن افراد جامعه به‌خاطرِ فرهنگ تقلید انحصاری جست.[۱۶]

تاثیرات عمیق حکومت روحانیون روی جامعهٔ ایرانی

در کنار تاثیرات کوتاه‌مدت و ملموسی که گفته شد، انقلاب ۵۷ و حکومت روحانیون، مانند هر تغییر کلان دیگری، اثرات عمیقی که در بستر تقابل سنت و مدرنیته

قابل‌فهم است نیز داشته است. همان گونه که بیان شد، روحانیون به‌درستی دریافته بودند طی حکومت پهلوی‌ها برخی پایه‌های مدرنیته چنان در جامعه ریشه گرفته که حذف آن‌ها مقدور نیست. پس در انطباق استراتژی برای بقای سازمان روحانیت، تلاش شد در بسیاری زمینه‌ها فرم و ظرف مدرنیته حفظ شود، اما با محتوای سنتی پر گردد. شرایطی که باعثِ پذیرش راحت‌تر برخی مظاهر مدرنیته توسط بطن جامعه شد. مثلا مخاطب خانوادگی سینما افزایش چشم‌گیری یافت و اجازهٔ تحصیل در دانشگاه به دختران خانواده‌های سنتی راحت‌تر داده شد.

نتیجه، محکم شدن و گسترشِ پذیرش فرم مدرنیته در جامعه است. اما آنچه سازمان روحانیت از آن غافل بود تعارض ذاتی فرم مدرنیته با محتوای سنتی‌ست. در واقع چون فرم مدرن برای محتوای سنتی طراحی نشده، در تضادی بنیادین، اصطکاک و تنش در جامعه روزمره و نهادینه شده است. تناقضی که به دلیل پویایی مدرنیته، به فرسایش و عقب‌نشینی مستمر سنت منتجٍ شده است. مثلا درس روش تحقیق که بخش مهمی از دروس دانشگاهی‌ست، ذاتاً با تقلید مذهبی در تناقض است. ذهنِ خو گرفته به نگاه پژوهشیِ ناشی از این درس در مسائل اجتماعی، حقوقی و مدیریتی، خودبه‌خود به تسری این عادت به تمام وجوه زندگی، از جمله امور اعتقادی و مذهبی متمایل می‌شود. در عرصه عمومی هم جنبش انقلاب‌گونه شهریور ۱۴۰۱ که سنگینی نظم حکومتی دیکته‌شدهٔ چند دهه‌ای را برهم زد و جوانی و طراوت را علیه تمایلات واپس‌گرایانه به رخ کشید، غلبه بخش مهمی از محتوای زندگی مدرن بر سنت بود.

در واقع اگرچه روحانیون برای پیشبرد اهداف‌شان فرم مدرنیته را از آن خود کردند و زیر سیطرهٔ سنت بردند، اما وجود تعارضات ذاتی، ناتوانی جمهوری اسلامی در مدیریت تناقضات و رو به جلو بودن حرکت جامعهٔ جهانی، بیش از هر زمانی ارزش‌های حتی مفید سنتی را در خطر نابودی قرار داده است. از این منظر، جامعهٔ ایرانی کماکان در مرحلهٔ گذار است اما استراتژی سازمان روحانیت برای استفادهٔ ابزاری از فرم مدرنیته در جهت بقای خود، به این گذار شکل و شرایطی منحصر و بی‌سابقه داده است. شرایطی که در آن، به خصوص جوانان، با حساسیت بالا روی مسایل محیطی و سیاسی به شدت درگیر تحلیل‌های گوناگون شده‌اند و به بلوغی بی‌نظیر دست یافته‌اند.

به‌لحاظ تاریخی، سازمان روحانیت شیعه، علیرغم هوشِ جمعیِ تاریخی، حساس‌ترین دورهٔ زمانیِ ممکن رهبری خود را به خمینی که از عمق تغییراتِ

دنیای مدرن بی‌خبر بود سپرد. چون رشد خردگرایی و گسترش وسیع امکانات مدرن، شرایطِ حذف مناسبات سنتی و مذهبی را بیش از همیشه برای بشر فراهم کرده است. وضعیتی که در آن کوچک‌ترین خطای هر یک از اعضای سازمان روحانیت، به‌خصوص در جایگاه سیاست، به‌چشم همگان می‌آید، نقد صریح می‌شود و روی اذهان عمومی اثر می‌گذارد. به‌جز این حالا این حضورِ انحصاری در قدرت سیاسی، باعث شده سنت‌ها، شخصیت‌ها و روایت‌های تاریخیِ مذهبی نیز با مبانی روز و بدون ملاحظاتِ مرسوم اعتقادی، نقد و نفی شوند. دوران رنسانس که حکومت مذهبی‌ها در اروپا از بین رفت، از آنجا که تقابل، به‌طور ذاتی نمی‌توانست به شدت حالا باشد، اعتقادات قلبی بسیاری از مسیحیان پابرجا ماند. با این توضیح، این پتانسیل در ایران شکل گرفته که برای اولین‌بار در طول تاریخ مردم یک کشور، با میان‌بر، از لاییک و سکولار بودن بگذرند و به پیشروترین جامعه در نفرت از باورهای مذهبی و متولیان آن تبدیل شوند.

پی‌نوشت‌ها

فصل اول

۱. سخنرانی روح‌الله خمینی ۲۵ خرداد ۱۳۵۸ در جمع پرسنل نیروی هوایی
۲. مصاحبهٔ روح‌الله خمینی با اوریانا فالاچی به تاریخ ۲ مهر ۱۳۵۸
۳. این نامه در ۲۲ خرداد ۵۶ به‌صورت سرگشاده و خطاب به محمد رضا پهلوی نوشته شد. امضاءکنندگان هر سه از اعضای جبههٔ ملی بودند.
۴. Cult of Personality
۵. این خاطره‌گویی توسط نعیمه اشراقی کار را به کمیسیون فرهنگی مجلس کشاند. رجوع به گزارش ۲۶ مهر ۱۳۹۲ رادیو فردا با عنوان "بررسی کامنت جنجالی نعیمه اشراقی در کمیسیون فرهنگی مجلس"
۶. به اعتقاد مسلمانان امدادهای غیبی کمک‌هایی هستند که در شرایط ویژه از طرف خداوند به مومنان اعطا می‌شود.

فصل دوم

۱. Need
۲. ثروت ملل (An Inquiry into the Nature and Causes of the Wealth of Nations) اثر آدام اسمیت (Adam Smith) توسط انتشارات پیام به ترجمهٔ سیروس ابراهیم زاده منتشر شده است.
۳. بشر چیست (What Is Man) از مارک تواین (Mark Twain) اولین‌بار سال ۱۳۴۴ توسط انتشارات پرنده آبی به ترجمهٔ محمد حسن گنجی چاپ شد.
۴. Abraham Maslow
۵. اریک فروم (Erich Fromm) در کتاب هنر عشق ورزیدن (The art of loving) یکی از ۴ تمرین عشق‌ورزی را احترام می‌داند و آنجا این تعریف را عرضه می‌کند.
۶. به‌عنوان دو نمونه می‌توان از علی‌اکبر رفسنجانی و بیژن جزنی نام برد. با اینکه هر دو از مخالفان شناخته‌شده حکومت پهلوی بوده‌اند اما ممانعتی برای فعالیت‌های وسیع اقتصادی نداشته‌اند. رجوع به مصاحبهٔ احمد هاشمی بهرمانی برادر رفسنجانی با خبرگزاری ایسنا در تاریخ ۱۷ خرداد ۹۶ با عنوان "ناگفته‌های برادر کمترشناخته‌شده آیت الله هاشمی". همچنین مصاحبهٔ هارون یشایایی، شریک بیژن جزنی، در تاریخ ۲۱ شهریور ۹۸ با روزنامه شرق.
۷. رجوع به گزارش ۲۵ بهمن ۹۱ روزنامه دنیای اقتصاد با عنوان "داستان تغذیه رایگان در مدارس ایران"
۸. "حزب رستاخیز ملت ایران"معروف به "حزب رستاخیز" به‌عنوان تنها حزب فراگیر، به دستور محمدرضا پهلوی ۱۱ اسفند ۱۳۵۳ خورشیدی تشکیل شد.
۹. در دورهٔ ریاست شاه بر سازمان اوپک قیمت نفت خام افزایش می‌یابد. او در مصاحبه‌های مختلفی که با خبرنگاران غربی دارد از این افزایش دفاع می‌کند و در برابر تقاضا برای کاهش قیمت مقاومت دارد. لینک مصاحبهٔ شاه با خبرنگاران غربی با عنوان "جواب محمدرضا پهلوی به خبرنگاران مختلف خارجی در خصوص افزایش قیمت نفت" در یوتیوب موجود است.
۱۰. روح‌الله خمینی در سخنرانی ۱۰ اسفند ۵۷ در مدرسهٔ فیضیه قم وعده می‌دهد که به‌جز ارتقاء زندگی مادی مردم آن‌ها را به مقام انسانیت می‌رساند. فیلم این سخنرانی در یوتیوب موجود است.
۱۱. Want
۱۲. ازدواج سفید زندگی مشترک بدون رسمیت قانونی‌ست.
۱۳. Demand
۱۴. شاه در ۱۴ آبان ۵۷ متنی را از طریق رسانه‌های عمومی خواند که به "پیام انقلاب شما را شنیدم" معروف است. در این متن شاه تعهد می‌دهد قانون مشروطه را اجرا کند. فیلم این پیام در یوتوب موجود است.
۱۵. Unity of Command

۱۶. تقاضای منفی (Negative Demand)، تقاضای صفر (No Demand)، تقاضای پنهان یا نهفته (Latent Demand)، تقاضای رو به پایین (Faltering Demand) تقاضای بی‌قاعده یا نامنظم (Irregular Demand)، تقاضای کامل (Full Demand)، تقاضای بیش از حد (Overfull Demand)، تقاضای ناسالم (Unwholesome Demand)
۱۷. جلال آل‌احمد و صمد بهرنگی نویسنده‌های ایرانی و غلامرضا تختی قهرمان کشتی هر سه کسانی هستند که به مرگ زود هنگام از دنیا می‌روند و شایعه می‌شود که مرگ آن‌ها توسط ساواک انجام شده است.
۱۸. در آن دوران شایعات زیادی در مورد فساد اخلاقی و مالی اشرف پهلوی بر سر زبان‌ها می‌افتد. این شایعات هنوز در رسانه‌های جمهوری اسلامی به‌شکل پروپاگاندای ضدپهلوی مطرح می‌شوند. رجوع به گزارش ۱۸دی ۱۳۹۴ مشرق نیوز با عنوان "ناگفته‌هایی از روابط خصوصی شاه و اشرف پهلوی".
۱۹. این سخنرانی دو روز متوالی در تاریخ ۲۰ و ۲۱ آبان ۱۳۵۰ در حسینیه ارشاد ایراد شد. رجوع به وبسایت شریعتی.
۲۰. اشاره به یورش مسلحانهٔ هواداران سازمان چریک‌های فدایی خلق ایران به پاسگاه ژاندارمری سیاهکل ۱۹ بهمن ۱۳۴۹ است.
۲۱. نظارت استصوابی نظارت همراه با حق دخالت و تصمیم‌گیری شورای نگهبان بر انتخابات مجلس خبرگان رهبری، ریاست جمهوری، مجلس شورای اسلامی‌ست.

فصل سوم

۱. رجوع به وبسایت بولتن‌نیوز تاریخ ۲۱ مهر ۱۳۹۵ با عنوان "بالاخره تخصص بالاتر است یا تعهد و تقوا؟"
۲. ساختار بازار از جمله مباحثی‌ست که افراد مختلفی مانند آدام اسمیت و کارل مارکس در مورد آن بحث کرده‌اند. برای بازار هفت نوع ساختار تعریف شده که اینجا با توجه به موضوع به ۵ مورد اشاره شده است.
۳. ساختار رقابت کامل (Competitive Market)، ساختار رقابت انحصاری (Monopolistic Competition)، ساختار انحصار چندجانبه (Oligopoly)، ساختار انحصار کامل در طرف تقاضا (Monopsony)، انحصار کامل (Monopoly)
۴. خصوصی‌سازی در قانون برنامهٔ سوم توسعه تحت‌عنوان "ساماندهی شرکت‌های دولتی و واگذاری سهام آن‌ها"مطرح شد. بعد از آن در سال ۱۳۸۰ سازمان خصوصی‌سازی با ارجاع به اصل چهل و چهارم قانون اساسی شکل گرفت. رجوع به وبسایت مجلس شورای اسلامی.
۵. در تاریخ ۱۰ تیر ۱۳۵۸ طبق مصوبه شورای انقلاب با عنوان "قانون حفاظت و توسعه صنایع ایران" اموال تعدادی از کارآفرینان و سرمایه‌داران مشمول مصادره می‌شود. وبسایت مجلس شورای اسلامی تعداد این افراد را ۵۱ نفر اعلام کرده در صورتی که سایر منابع به ۵۳ نفر اشاره می‌کنند. اما روند مصادرهٔ اموال به همین لیست ختم نمی‌شود و بسیار فراتر می‌رود. به‌عنوان مثال بعد از گذشت ۴۰ سال از انقلاب حسن شماعی‌زاده آهنگ‌ساز مطرح ایرانی از مصادرهٔ منزل فرزندانش در اینستاگرامش خبر می‌دهد.
۶. در دو جلدی که از شریعتی با عنوان آثار گوناگون به چاپ رسیده، در یادداشتی، ایدهٔ تشکیل دانشگاه آزاد اسلامی را مطرح می‌کند.
۷. Sergio Zyman
۸. Philip Kotler
۹. سخنرانی احمد خاتمی به‌عنوان عضو هیئت رئیسه مجلس خبرگان رهبری، در تاریخ ۲۴ بهمن ۱۳۹۵ در جمع مردم تربت حیدریه. رجوع به گزارش باشگاه خبرنگاران جوان در تاریخ ۲۵بهمن۱۳۹۵.
۱۰. حذف نخست‌وزیری در بازنگری قانون اساسی سال ۱۳۶۸صورت گرفت. یعنی هم‌زمان با مطلقه شدن ولایت فقیه این پست سازمانی حذف می‌شود.
۱۱. در این تاریخ حکم تشکیل ستاد انقلاب فرهنگی صادر می‌شود.

۱۲. منظور همه‌پرسی قانون اساسی‌ست که در تاریخ ۱۱ و ۱۲ آذر ۱۳۵۸ برگزار شد.
۱۳. این اصلاح CRM مخفف (Customer Relationship Management) می‌باشد.
۱۴. در دورهٔ گارانتی در صورت بروز مشکل کالا پس گرفته می‌شود اما در وارانتی اگر محصول با مشکلی روبرو شد تعمیر و تعویض قطعات صورت می‌گیرد.
۱۵. سازمان چریک‌های فدایی خلق ایران سازمانی سیاسی و نظامی مارکسیستی بود که در سال ۱۳۵۰ برای مبارزه با حکومت محمدرضا پهلوی تشکیل شد. این سازمان از اتحاد دو گروه چپ زیرزمینی به وجود آمد و در دههٔ ۵۰، با اعتقاد به مشی چریکی، به چندین عملیات مسلحانه جهت شعله‌ور ساختن انقلاب در ایران دست زد.
۱۶. رجوع به گزارش ۲۴ بهمن ۱۳۸۸ رادیو فردا با عنوان"اصل ولایت فقیه در پیش‌نویس قانون اساسی وجود نداشت"
۱۷. برای بررسی نظرات افراد مختلف در مجلس خبرگان قانون اساسی مراجعه به گزارش ۲۲ شهریور ۱۳۸۹ رادیو فردا با عنوان "چگونه ولایت فقیه به قانون اساسی ایران اضافه شد؟"
۱۸. فلسفهٔ تولید (Production Philosophy)، فلسفهٔ کالا (Product Philosophy)، فلسفهٔ فروش (Selling Philosophy)، فلسفهٔ بازاریابی (Marketing Philosophy)، فلسفهٔ بازاریابی اجتماعی (Social Marketing Philosophy)
۱۹. Marketing Myopia
۲۰. برای اولین‌بار در سال ۱۹۶۰ تئودور لویت (Theodore Levitt) در مجله HBR مقاله‌ای را تحت‌عنوان نزدیک‌بینی بازاریابی نوشت. بعد این مفهوم به کتب مرجع بازاریابی راه یافت.
۲۱. Kutuzov
۲۲. جملات از کتاب جنگ و صلح (Peace And War)، لئو تولستوی (Leo Tolstoy)، ترجمهٔ کاظم انصاری، انتشارات امیرکبیر نقل به مضمون شده‌اند.
۲۳. روح‌الله خمینی خود در سخنرانی در جمع فرماندهان نظامی در تاریخ ۲۴ خرداد ماه ۱۳۶۰ به شرح ماوقع می‌پردازد. رجوع به وبسایت خمینی.

فصل چهارم

۱. کارتر ۱۰ دی‌ماه ۵۶ در کاخ نیاوران ایران را جزیره ثبات می‌خواند و مقاله مذکور ۱۷ دی‌ماه به چاپ می‌رسد. رجوع به گزارش مورخ ۱۰ بهمن ۱۳۸۷ وبسایت بی‌بی‌سی با عنوان "دولت جیمی کارتر و انقلاب ایران."
۲. مصطفی خمینی فرزند روح‌الله خمینی ۱ آبان ۱۳۵۶ در ۴۷ سالگی به‌طور ناگهانی در شهر نجف درمی‌گذرد.
۳. فیلم مصاحبهٔ شاه با خبرنگاران غربی در مورد ناآرامی‌ها در یوتیوب و آپارات موجود است.
۴. امیرحسین فطانت باعث دستگیری کرامت دانشیان و خسرو گلسرخی می‌شود. رجوع به گزارش ۵ اردیبهشت ۱۳۹۳ بی‌بی‌سی با عنوان "حکایت دست اول از لو رفتن دانشیان و گلسرخی".سیروس نهاوندی هم با همکاری ساواک تشکیلاتی به ظاهر مخالف پهلوی با عنوان سازمان آزادی‌بخش خلق‌های ایران راه‌اندازی می‌کند. رجوع به وبسایت ایران بوم مقاله تاریخ ۲۵ فروردین ۱۳۹۲.
۵. اطلاعات بیشتر در وبسایت رجانیوز به تاریخ ۲۹ شهریور ۱۳۹۰با عنوان "اسناد ارتباط هاشمی با سازمان مجاهدین خلق."
۶. امیرعباس هویدا از بهمن۱۳۴۳ تا امرداد ۱۳۵۶ نخست‌وزیر ایران است. بعد از آن تا آبان ۵۷ وزیر دربار می‌شود. سه ماه پیش از انقلاب بدون دلیل خاصی به زندان می‌افتد. بعد از آن هم با اینکه امکان فرار داشته بدون هیچ مقاومتی خود را به نیروهای انقلابی تسلیم می‌کند. رجوع به گزارش تاریخ ۱۸ فروردین ۱۳۹۷ بی‌بی‌سی با عنوان "حکایت روزی که امیر عباس هویدا تیر باران شد."
۷. Management Information System
۸. علی خامنه‌ای در دیدار ماه رمضان سال ۹۶ خود با دانشجویان عنوان می‌کند "من به همه‌ی آن هسته‌های فکری و عملیِ جهادی، فکری، فرهنگی در سرتاسر کشور مرتبا می‌گویم: هرکدام کار

کنید؛ مستقل و به قول میدان جنگ، آتش به اختیار." رجوع به وبسایت خامنه‌ای.

۹. قتل‌های زنجیره‌ای، به کشتار برخی از شخصیت‌های سیاسی و اجتماعیِ منتقد نظام جمهوری اسلامی به دست پرسنل وزارت اطلاعات در دههٔ هفتاد اشاره دارد. رجوع به گزارش مورخ ۲ آذر ۱۳۸۸ بی‌بی‌سی با عنوان "بازخوانی پرونده قتل‌های زنجیره‌ای".

۱۰. حمله به سفارت عربستان در تهران روز شنبه ۱۲ دی ۱۳۹۴ پس از اعدام شیخ نمر، فقیه شیعی مخالف دولت عربستان انجام شد. پس از پخش خبر اعدام، معترضان ابتدا در مشهد، به ساختمان کنسول‌گری عربستان حمله کردند و مواد آتش‌زا پرتاب کردند. بعد در تهران تعدادی تجمع‌کننده وارد ساختمان سفارت شدند، پرچم عربستان را به زیر کشیدند و پس از تخریب اموال داخل ساختمان بنای داخلی سفارت را به آتش کشیدند. منابع متعدد داخلی و خارجی در این مورد گزارش تهیه کرده‌اند.

۱۱. بعد از فوت محمدرضا شجریان، استاد آواز ایران، خیابانی در تهران به نام او شد. چند روز بعد تعدادی معدود جمع می‌شوند و تابلو را خودسرانه عوض می‌کنند. رجوع به گزارش مورخ ۵ دی ۱۳۹۹ وبسایت فرار و با عنوان "تابلوی خیابان استاد شجریان ترمیم شد"

۱۲. منظور مهدی جهانگیری برادر اسحاق جهانگیری و صبا کردافشاری‌ست. رجوع به وبسایت بی‌بی‌سی در تاریخ‌های ۷ بهمن ۱۳۹۹ و ۱۹ آبان ۱۳۹۹.

۱۳. Market Size

۱۴. Emotional Intelligence

۱۵. Market Share

۱۶. روح‌الله خمینی در تاریخ ۱۲ بهمن ۱۳۵۷ پس از ورود به تهران به بهشتِ‌زهرا می‌رود و سخنرانی می‌کند.

۱۷. به این سه کار در بازاریابیSTP اطلاق می‌گردد. قسمت‌بندی (Segmentation) هدف‌گذاری (Targeting) جایگاه‌یابی (Positioning)

۱۸. تقسیم جغرافیایی (Geographical) تقسیم جمعیت‌شناختی (Demographical) تقسیم روان‌شناختی (Psychological) تقسیم رفتاری (Behavioral)

۱۹. Niche Marketing

۲۰. حسینیه کردن کاخ سفید و برگزاری مراسم نیمه شعبان در کاخ باکینگهام و مواردی ازاین‌دست بارها از سوی تئوریسین‌های تندروی جمهوری اسلامی مطرح شده است. فیلم این اظهارنظرها در آپارات و یوتیوب موجود است.

۲۱. برای اطلاعات بیشتر رجوع به مجله HBR مارچ ۲۰۱۵ مقاله‌ای با عنوان Red Ocean Traps توسط Renee Mauborgne & W. Chan Kim

۲۲. جشن‌هایی که به مناسبت دو هزار و پانصدمین سال تاریخ مدون شاهنشاهی ایران و در زمان سلطنت محمدرضا پهلوی از ۲۰ مهر تا ۲۴ مهر ۱۳۵۰ در تخت جمشید برگزار شد. در این جشن‌ها سران و مقامات حکومتی مختلفی از سراسر جهان شرکت کردند.

۲۳. سلمان رشدی نویسنده بریتانیایی هندی‌تبار است که به‌دلیل نوشتن کتاب آیات شیطانی از سوی روح‌الله خمینی برای او حکم ارتداد و قتل صادر شد. این ماجرا تنش‌های زیادی در دنیا ایجاد کرد. این حکم در وبسایت خمینی به تاریخ ۲۵ بهمن ۱۳۶۷ موجود است.

۲۴. تنها در دولت احمدی نژاد حداقل به ۲۲ کشور جهان کمک‌های مالی هنگفت صورت گرفته است. گزارش این کمک‌ها در منابع متعددی ذکر شده‌اند. وبسایت بیتوته هم فهرست برخی از این کمک‌ها را با عنوان "تمام کمک‌های مالی دولت نهم و دهم به کشورهای خارجی/ از نوار غزه تا برادر مرحوم چاوز" ذکر کرده است.

فصل پنجم

۱. ناملموس بودن (Intangibility)، تفکیک‌ناپذیری (Inseparability)، تغییرپذیری (Variability)، فناپذیری (Perishability)

پی‌نوشت

۲. سرنگونی حکومت تزارها در سال ۱۹۱۷ رخ داد و به برپایی اتحاد جماهیر شوروی انجامید. بعد از آن روسیه حدود ۵ سال درگیر جنگ داخلی بین ارتش سرخ و ارتش سفید بود.

۳. اصغر قندچی ۵ ماه پیش از مرگش در تاریخ ۹ فروردین ۱۳۹۸ در مصاحبه‌ای که با وبسایت Bitrun.ir با عنوان "مردی که می‌توانست صنعت خودروی ایران را متحول کند" کرد به شرح مبسوطی از فعالیت‌های خود پرداخت.

۴. این مدل ارزیابی کیفیت خدمات (Servqual) بین سال‌های ۱۹۸۳ تا ۱۹۸۸ توسط سه محقق به نام‌های A. Parasuraman, Valarie A. Zeithaml and Len Berry, ارائه و مورد توجه قرار گرفت.

۵. Marketing Mix

۶. ۷P (price, product, place, promotion, process, people and physical evidence)

۷. برای اطلاعات بیشتر رجوع شود به مقاله روزنامه دنیای اقتصاد در تاریخ ۱۹ اسفند ۱۳۹۹ با عنوان "گذری بر قانون اصلاحات ارضی در ایران"

فصل ششم

۱. عصمت‌الملوک دولتشاهی همسر چهارم رضاشاه از نوادگان فتحعلی شاه قاجار بود.

۲. عمادالدین باقی در مصاحبه‌ای که با خبرگزاری جمهوری اسلامی، ایرنا، در تاریخ ۲۳ بهمن ۱۳۹۷ با عنوان "چگونه به آمار شهدای انقلاب رسیدم" انجام داد تعداد کشته‌های واقعه ۱۷ شهریور را ۸۸ نفر ذکر می‌کند. در صورتی که پیش از انقلاب اعداد ۴ هزار نفر عنوان می‌شوند و مجلس اول شورای اسلامی هم تعداد کشته‌ها را بیش از ۶۰ هزار نفر اعلام می‌کند.

۳. بر اساس مقاله‌ای در روزنامه همشهری با عنوان "نقشه‌کشی جلال" در تاریخ ۲۶ تیر ۱۳۹۹ توسط پرنیان سلطانی، زمین خانه جلال توسط ادارهٔ فرهنگ شاهنشاهی به او واگذار شده بوده است.

۴. مادر محمدعلی شاه، تاج‌الملوک معروف به ام‌الخاقان بوده که به‌دلیل مخالفت شاه با مشروطه از سوی مخالفان مورد هجمه زیادی قرار گرفته است. اطلاعات بیشتر گزارش مورخ ۱۴ مهر ۹۵ خبرگزاری ایسنا با عنوان " چرا دختر امیرکبیر در تاریخ بدنام شد؟

۵. نورالدین کیانوری به‌عنوان دبیر اول کمیته مرکزی حزب توده سیاست جدید این حزب را پشتیبانی از انقلاب ایران و ائتلاف با نیروهای انقلابی/مذهبی علیه طرفداران رژیم پهلوی تعریف کرد. حتی در سال‌های اول انقلاب از صادق خلخالی به‌دلیل اعدام نیروهای ضدانقلاب و امپریالیسم دفاع می‌کرد. رجوع به گزارش ۱۹ تیر ۹۸ خبرگزاری ایسنا.

۶. Customization

۷. Product Life Cycle

۸. معرفی (Introduction) رشد (Growth) بلوغ (Maturity) زوال (Decline)

۹. سینما رکس آبادان ۲۸ امرداد ۱۳۵۷ دچار آتش‌سوزی گردید و چندصد نفر کشته شدند. ابتدا شایع بود کار ساواک است. اما بعدها با محاکمه فردی به نام حسین تکبعلی زاده و سایر اخبار پراکنده این باور به‌شدت قوت گرفت که کار انقلابیون بوده است. اطلاعات بیشتر مقاله مورخ ۳ شهریور ۱۳۸۹ وبسایت رادیو فردا با عنوان "سالگرد آتش زدن سینما رکس آبادان؛ روایت حادثه از زبان شاهدان"

۱۰. Entropy

فصل هفتم

۱. Subjective theory of value

۲. Opportunity Costs

۳. Implicit Costs

۴. Explicit Costs

۵. Penetration Pricing

۶. در قیمت‌گذاری پرستیژی (Prestige Pricing) این ایده وجود دارد که مشتریان محصول گران را

مترادف با محصول بسیار با کیفیت می‌دانند.

فصل هشتم

۱. (۵M) Mission, Money, Massage, Media & Measurement
۲. Advertising, Personal Sale, Public Relation & Sales Promotion
۳. در مورد نحوهٔ مرگ تختی اختلاف نظر وجود دارد.
۴. شاه می‌گوید "کسی که وارد این تشکیلات سیاسی نشود و معتقد و مؤمن به این سه اصلی که من گفتم نباشد، دو راه برایش وجود دارد: یا یک فردی است متعلق به یک تشکیلات غیرقانونی، یعنی به اصطلاح خودمان توده‌ای یعنی باز به اصطلاح خودمان و با قدرت اثبات، بی وطن. چنین کسی جایش یا در زندان ایران است، یا اگر بخواهد فردا با کمال میل بدون اخذ حق عوارضی، گذرنامه را در دستش می‌گذاریم و به هر جائی که دلش می‌خواهد برود خارج، چون ایرانی نیست، وطن که ندارد و عملیاتش هم که قانونی نیست، غیرقانونی است و قانون هم مجازاتش را معین کرده است". کنایه شاه، به سرزمین مورد علاقه توده‌ای‌ها یعنی شوروی بوده است. اما چون با صراحت پیام خود را ارسال نمی‌کند سخنش تحریف می‌شود به‌گونه‌ای که گویی گفته هر کس عضو حزب رستاخیز نمی‌شود از ایران برود. اطلاعات بیشتر گزارش تاریخ ۲۶ تیر ۱۳۹۸ بی‌بی‌سی با عنوان "افسانه رستاخیز: آیا شاه گفت پاسپورت بگیرید و بروید".
۵. مثلا ترانه جنگل که در سال ۱۳۵۲ توسط ایرج جنتی عطایی سروده و داریوش اقبالی آن را اجرا می‌کند اشاره به واقعه سیاهکل دارد.رجوع به مصاحبهٔ برنامهٔ به‌عبارت دیگر بی‌بی‌سی با داریوش اقبالی به تاریخ ۱دی ۱۳۹۰
۶. در شهر قصه تیپ‌های مختلف انسانی، هر یک با توجه به روحیات خود، ماسک یک حیوان را به‌صورت دارند.
۷. از مطهری قریب ۱۰۰ عنوان کتاب و از شریعتی ۳۶ جلد مجموعه آثار و از مهدی بازرگان ۸۷ عنوان به‌جا مانده است.
۸. (Point of Sale) POS
۹. تیتر "شاه رفت" با حروف ۸۴ سیاه چاپ شد.
۱۰. در بهار ۱۳۶۰ مناظره‌هایی به‌صورت تلویزیونی میان گروه‌های سیاسی برگزاری می‌شود. در صورتی که در این زمان همه‌پرسی جمهوری اسلامی و قانون اساسی تمام شده است.
۱۱. در مناقشات ۲۸ امرداد ۳۲ شاه سه روز از ایران به ایتالیا می‌رود و وقتی اوضاع به سودش می‌شود بازمی‌گردد.
۱۲. اف ای تی اف (FATF) یا گروه ویژه اقدامات مالی فقط یک سازمان غیردولتی است که سیاست‌ها و استانداردهای مبارزه با پول‌شویی و تامین مالی تروریسم را وضع کرده و ارتقاء می‌دهد. این سازمان در سال ۱۹۸۹ تاسیس شده، مقر آن در پاریس است و ۱۹۸ کشور جهان عضو آن هستند. www.fatf-gafi.org
۱۳. سیدحسین طباطبایی بروجردی مرجع عام شیعه بود که در سال ۱۳۴۰ از دنیا می‌رود. او مخالف تندوری‌های اسلامی و برقراری حکومت اسلامی بوده است. رجوع به وبسایت خمینی بخش خاطرات صادق طباطبایی. میرزا رضای کرمانی هم به تحریک سید جمال‌الدین اسدآبادی ناصرالدین‌شاه را ترور می‌کند. اطلاعات بیشتر گزارش تاریخ ۲۱ امرداد ۱۳۹۶ ایسنا به نام "فرجام قاتل ناصرالدین‌شاه چه بود؟"
۱۴. بایکوت فیلمی‌ست ضدمارکسیستی به کارگردانی و نویسندگی محسن مخملباف که در سال ۱۳۶۴ ساخته شد. قلاده‌های طلا یک فیلم پروپاگاندایی‌ست به کارگردانی ابوالقاسم طالبی محصول سال ۱۳۹۰ که حوادث پس از انتخابات ۸۸ را به روایت جمهوری اسلامی به تصویر کشیده است.
۱۵. Tagline
۱۶. Slogan
۱۷. Naruhito
۱۸. این تگ‌لاین "ریوا" نام دارد که از ترکیب دو واژهٔ "ری" به معنی نظم و یا فرمان و "وا" به معنی

صلح و یا توازن تشکیل شده است. اطلاعات بیشتر در گزارش ۱۲فروردین ۱۳۹۸ بی‌بی‌سی با عنوان "ژاپن نام دورهٔ جدید امپراتوری را اعلام کرد"

۱۹. Event Marketing
۲۰. رجوع به گزارش تاریخ ۱۴۰۱/۷/۹ دویچه‌وله
۲۱. رجوع به گزارش تاریخ سی مهر دویچه‌وله

فصل نهم

۱. Distribution Channel
۲. مجلس خبرگان رهبری سال ۱۳۶۴ حسینعلی منتظری را به جانشینی خمینی به قائم مقامی رهبری انتخاب کرد. اما او پس از بروز اختلافات متعدد، برکنار شد.
۳. Capillary Distribution
۴. مثلا مهدی بازرگان به‌همراه یدالله سحابی شرکت سمرقند را اداره می‌کردند که اتفاقاً میرحسین موسوی هم به‌عنوان مدیر در آن مشغول بوده است. رجوع به سایت تاریخ ایرانی مقاله مورخ ۲ اسفند ۱۳۹۲ با نام "از میرحسین تا بازرگان در ساختمان یاد". یا بیژن جزنی که در تبلی فیلم و پرسپولیس به کار در زمینهٔ تبلیغات مشغول بوده قطعا به‌طور تمام‌وقت نمی‌توانسته به توزیع ایده‌های سازمان چریک‌های فدایی خلق بپردازد. رجوع به مصاحبهٔ یشایایی با روزنامه شرق۲۱ شهریور۹۸.

فصل دهم

۱. Employee Branding
۲. مدرسهٔ حقانی در ۱ فروردین ۱۳۳۹ خورشیدی تاسیس شد. بسیاری از دانش آموختگان آن پس از انقلاب به مدیریت ارشد دستگاه‌های قضایی و امنیتی جمهوری اسلامی درآمدند. انجمن حجتیه با هدف دفاع از اسلام در برابر بهائیت و تلاش برای فراهم کردن زمینهٔ ظهور امام زمان در سال ۱۳۳۲ به رهبری یک روحانی شیعه به نام شیخ محمود حلبی تأسیس شد.
۳. احمد علم‌الهدی امام جمعه مشهد سال ۹۲ خورشیدی در همایش وحدت حوزه و دانشگاه که در سالن همایش‌های دانشگاه علوم اسلامی رضوی مشهد برگزار شد اعلام کرد "امیرکبیر عامل سکولاریسم ایران است."
۴. اطلاعات بیشتر وبسایت رادیو فردا گزارش تاریخ ۹ شهریور ۱۳۸۸ با عنوان "انتقاد خامنه‌ای از تحصیل دو میلیون دانشجو در رشته‌های علوم انسانی."
۵. محمد مهدی فولادوند پیرامون عمر خیام تحقیق می‌کند. محمد علی اسلامی ندوشن هند و کامنولث را بررسی می‌کند و فضائل بلخ، تز علی شریعتی‌ست.
۶. عالیخانی از ۱۳۴۱ تا ۱۳۴۸وزیر اقتصاد است تحولات مثبت زیادی در زمینهٔ اقتصادی ایجاد می‌کند. اطلاعات بیشتر در گزارش ۵ تیر ۱۳۹۸ رادیو فردا با عنوان "مرگ معمار اقتصاد صنعتی ایران در غربت"
۷. روح‌الله خمینی متولد ۱۲۸۱ خورشیدی‌ست. او سال ۱۳۴۳ از کشور خارج می‌شود و ۱۳۵۷ بازمی‌گردد.
۸. زهرا اشراقی در مصاحبه با مرجان توحیدی در روزنامه شرق تاریخ ۲۲ آبان ۱۳۹۶ برخی از ناگفته‌ها از جمله عدم خروج خمینی از جمکران را بیان کرد.
۹. پرسونا که توسط کارل گوستاویونگ عرضه شده در روان‌شناسی تحلیلی به معنی تلاش برای تاثیر گذاری بر دیگران و پنهان کردن ماهیت حقیقی خود از طریق نقاب شخصیتی‌ست.
۱۰. شریعتمداری که با ولایت فقیه مخالف بوده به اتهام طرح ترور خمینی از مرجعیت خلع می‌شود و تا آخر عمر در حصر خانگی می‌ماند. رجوع به مصاحبه با حسین شریعتمداری با رادیو زمانه به تاریخ ۱۴ اسفند ۱۳۸۷. طالقانی هم حدود یک سال بعد از انقلاب به نحو مرموزی درمی‌گذرد. رجوع به

گفت‌گوی مجتبی طالقانی با برنامهٔ بی‌پرده بی‌تعارف صدای آمریکا در تاریخ ۲۳ژوئن ۲۰۱۵.

۱۱. صادق خلخالی از ۲۴ بهمن ۱۳۵۷ تا اسفند ۱۳۵۸ که اولین و مهم‌ترین سال تثبیت جمهوری اسلامی‌ست حاکم شرع بوده است.

۱۲. محسن رضایی، دبیر مجمع تشخص مصلحت نظام و فرمانده اسبق سپاه پاسداران سال ۸۹ در نشست بررسی نقش عملیات‌های والفجر ۸ و کربلای ۵ در روند پایان جنگ که در محل مرکزی محل بررسی اسناد و تحقیقات دفاع مقدس برگزار شد، گفته بود "بازرگان بزرگ‌ترین کلاهی بود که امام بر سر آمریکا گذاشت." اگر امام در اوایل انقلاب مهدی بازرگان را بر سر کار نمی‌گذاشت شاید انقلاب به ثمر نمی‌رسید.

۱۳. در سال ۱۹۸۳ بیژن سیف‌خانی فرنگی کار ایرانی حریف خود از تیم اسرائیل به نام رابینسون کوناشویلی را در رقابت‌های کشتی آزاد و فرنگی قهرمانی جهان در کی‌یف اوکراین شکست داد. وقتی خبر پیروزی سیف‌خانی در رسانه‌های ایران منتشر شد، علی‌اکبر ولایتی وزیر وقت امور خارجه دستور بازگشت کاروان ایران به کشور را صادر کرد و این مسابقه، آخرین رقابت دو حریف در مسابقات ورزشی پس از انقلاب محسوب می‌شود و ورزشکاران ایرانی از مسابقه با اسرائیل منع شدند. رجوع به گزارش ۷ آذر ۹۶ خبرگزاری ایسنا با عنوان "از کی قرار شد با اسرائیل مسابقه ندهیم".

۱۴. بکشید ما را، جملهٔ معروف روح‌الله خمینی‌ست که بعد از ترور مرتضی مطهری در تاریخ ۱۴ اردیبهشت ۱۳۵۸ بیان کرد. تیر ۱۳۹۹ به مناسبت پنجاهمین سال ایجاد بهشت‌زهرا توسط شهردار تهران جشن تولد برگزار شد.

۱۵. منتظری از دو جهت در تشکیل حکومت اسلامی اهمیت دارد. اول اینکه او داری کتابی چهار جلدی به نام "اسات فی ولایة الفقیه وفقه الدولة الإسلامیة" در این زمینه است و از مهم‌ترین تئوریسین‌های این اصل می‌باشد. دوم اینکه او رئیس مجلس خبرگان قانون اساسی بوده و در تصویب این اصل اثر ثاقبی داشته است. در مورد نحوهٔ مرگ احمد خمینی و رفسنجانی هم ابهامات زیادی وجود دارد و این مرگ‌ها به حکومت نسبت داده می‌شوند.

۱۶. روح‌الله زم روزنامه‌نگاری بود که از خارج از کشور ربوده شد و داخل اعدام شد. او فرزند یکی از روحانیون صاحب منصب از ابتدای انقلاب بود. احمد رضایی فرزند محسن رضایی رئیس سپاه پاسداران در دوران جنگ و دبیر مجمع تشخیص مصلحت نظام بود. او از ایران به آمریکا فرار کرد و بعدها در هتلی در دبی به‌طرز مشکوکی در ۳۵ سالگی از دنیا رفت.

۱۷. شاپور بختیار آخرین نخست‌وزیر پهلوی و از مخالفان سرسخت جمهوری اسلامی به‌همراه منشی‌اش در ۱۵ امرداد ۱۳۷۰ در منزلش در پاریس به‌طرز فجیعی کشته شد. شهریار شفیق پسر اشرف پهلوی و خواهرزاده شاه حدود ۱۰ ماه بعد از انقلاب در پاریس روبروی منزل مادرش ترور شد. فریدون فرخزاد هنرمند ایرانی که در منزلش در بن آلمان در تاریخ ۱۶امرداد ۱۳۷۱ سلاخی شد.

۱۸. یکی از موارد مطرح در قتل‌های زنجیره‌ای ایران است. در این عملیات ناموفق که در ۱۶ امرداد ۱۳۷۵ دستگاه اطلاعاتی جمهوری اسلامی قصد داشته تعداد زیادی از چهره‌های فرهنگی کشور را یک‌جا با اتوبوس به ته دره بیندازد. رجوع به گزارش ۱۵ امرداد ۱۳۹۴ بی‌بی‌سی با عنوان اتوبوس مرگ.

۱۹. کارون حاجی‌زاده، فرزند حمید حاجی‌زاده نویسنده، در جریان قتل‌های زنجیره‌ای به هنگام قتل پدرش با ۱۶ ضربه چاقو به‌طرز فجیعی به قتل می‌رسد. رجوع به گزارش مورخ ۵ آذر ۱۳۹۹ رادیو فردا.

۲۰. حصر خانگی میرحسین موسوی نخست‌وزیر دهۀ ۶۰ و مهدی کروبی رئیس مجلس ایران بعد از درگیری‌های انتخابات ریاست جمهوری سال ۸۸.

۲۱. Cronyism

۲۲. او در فرمانروایی ۳۴ ساله خود بر اصفهان، بیش از ۵۰ اثر و بنای تاریخی و باغ ایرانی دوران صفویه را نابود می‌کند. در انقراض نسل ببر، پلنگ، مارال، گاومیش وحشی و شوکا نیز نقش عمده‌ای داشته است. رجوع به گزارش ۲۷ آذر ۱۳۹۳ خبرآنلاین با عنوان "کار نیمه تمام ظل‌السلطان".

۲۳. مثلا فضل‌الله نوری آخوند است، نوه‌اش کیانوری رئیس حزب توده می‌شود که با مریم فیروز، دختر

فرمانفرمای قاجار، که اتفاقاً دختر عمه مصدق ملی‌گراست ازدواج می‌کند. یا بختیار ملی‌گرا و مخالف شاه، پسر عموی ثریا همسر دوم شاه است. به‌غیر از نسبت‌های فامیلی، نسبت‌های دوستی هم در این بین بسیار به‌چشم می‌خورند. مثلا رضاشاه برای پدر طالقانی احترام بسیاری قائل بوده، پسر طالقانی که بعدا مارکسیست شد شاگرد یدالله سحابی وزیر فرهنگ مصدق بوده است. خانواده‌های پدری طالقانی و جلال آل‌احمد ارتباطی وسیع داشته‌اند و پدر طالقانی با پدر مهدی بازرگان دوست و رفیق نزدیک بوده‌اند و اقدام به تشکیل مجالسی منظم برای تبلیغ اسلام می‌کرده‌اند. نسبت‌های فامیلی روح‌الله خمینی، موسی صدر و عبدالکریم حائری یزدی نیز جالب است. به‌عنوان نمونه، حسین خمینی نوه مشترک عبدالکریم حائری و روح‌الله خمینی‌ست. توجه به نام‌های بالا نشان می‌دهد بسیاری از اثرگذاران سیاسی کشور یا از تبار پادشاهان بوده‌اند یا روحانیون.

۲۴. Relationship Marketing

۲۵. Pareto

۲۶. ویزیتوری، به‌عنوان بخش کوچکی از بازاریابی، شغلی‌ست که در مویرگ‌های اقتصادی، خون جاری می‌کند و به‌شدت در جامعهٔ ایرانی مورد نیاز است. به‌طورکلی گسترش مشاغل مرتبط با بازاریابی باعث پرورش نسلی برون‌گرا، فعال و اجتماعی می‌شود که همواره در پی گسترش روابط خود هستند. به‌دلیل تعامل دائمی با بازار، درک بهتری از شرایط جامعه می‌یابند و چون اثرات سیاست بر اقتصاد را بدون فوت وقت حس می‌کنند، آگاهی و حساسیتی درخور پیدا می‌کنند. بازاریابان برای اینکه همیشه به‌روز باشند به‌شدت آموزش‌پذیر می‌شوند و اطلاعات وسیعی در مورد اتفاقات روز جامعه، از ورزش و هنر گرفته تا تکنولوژی‌های نوین کسب می‌کنند. این آگاهی در نهایت موجب افزایش شعور سیاسی جامعه شده، در زندگی خصوصی افراد نیز مفید خواهد بود. مشاغل بازاریابی به سیستم‌های اجتماعی و اقتصادیِ بسته فشار می‌آورند که باز شوند چون اساسا بازاریابی در بازار آزاد مفهوم پیدا می‌کند. مضاف بر اینکه چون بازاریابان می‌آموزند بهترین شیوه برای فروش بلندمدت، دوست شدن و یافتن وجه مشترک با مشتریان است، تمرین خوبی برای دموکراسی‌ست. توان بالای مذاکره و عادت به مشاوره دادن بی‌دریغ به مشتریان، بازاریابان را به گفت‌گو برای حل مسائل عادت می‌دهد و مشکل بزرگ ناتوانی گپ و گفت بین ایرانیان را حل می‌کند. بازاریابان می‌آموزند صمیمیت مصنوعی و جملات اغراق‌آمیز، همانند آنچه اوایل انقلاب توسط روحانیون عرضه شد، در بلندمدت کارایی ندارد و سلبِ اعتماد می‌کند. در هر صورت خودانگیختگی، هوش هیجانی، استقامت، انعطاف‌پذیری، مثبت‌اندیشی، پیگیری مداوم و کار تیمی از ویژگی‌هایی‌ست که بازاریابان بایستی تقویت کنند و این موارد به خروج سیستم سیاسی و اجتماعی ایران از بن‌بست کمک می‌کنند.

۲۷. مرتضی انصاری از فقه‌های به نام شیعه حدود ۱۵۰ سال پیش میزیسته است. او در کتاب مکاسب خود به بعد سیاسی فقیه جامع الشرایط می‌پردازد.

۲۸. حسن آیت با عضویت در هیئت رئیسه مجلس خبرگان قانون اساسی، نقش کلیدی در ارائه و الحاق اصل ولایت فقیه به قانون اساسی ایران ایفا نمود. او در تاریخ ۱۴امرداد ۱۳۶۰ مقابل منزلش ترور شد. اطلاعات بیشتر مقاله مورخ ۲۶ آپریل ۲۰۱۹ وبسایت گویا نیوز با عنوان "حسن آیت، چهرهٔ مرموز سیاست ایران، که بود؟"

۲۹. علی مشکینی ریاست هیئتی که سال ۶۸ برای بازنگری قانون اساسی تشکیل شد را به‌عهده داشت.

۳۰. خانواده شریعتی سنتی و مذهبی بوده‌اند و خانواده همسرش متجدد و بازاری.

۳۱. Ego

۳۲. ژان پل سارتر فیلسوف اگزیستانسیالیست و نویسنده فرانسوی بود که از جنبش‌های چریکی و انقلاب‌های مختلف دنیا حمایت می‌کرد. لویی ماسینیون هم شرق‌شناس و اسلام‌شناس فرانسوی بود.

۳۳. احمد کسروی در نوجوانی وارد مدرسهٔ طالبیه تبریز می‌شود و به تحصیل علوم اسلامی می‌پردازد. پس از مدتی به‌عنوان مبلغ شیعی ملبس به لباس روحانیت می‌گردد و حتی مدتی پیش نماز مسجد کسروی در محله حکم‌آباد تبریز می‌شود. بعد لباس روحانیت را از تن به درمی‌آورد و منتقد سرسخت

سازمان روحانیت شیعی می‌شود. در نهایت به خاطر اعتقادات ضدمذهبی‌اش در محل کار خود ترور می‌گردد. رجوع به گزارش ۲۵ اسفند ۱۳۹۰ بی‌بی‌سی با عنوان "زندگینامه احمد کسروی".

۳۴. شریعتی در سال ۱۹۶۳ تز دکترایش را در ۱۵۵ صفحه به زبان فرانسه و با عنوان فضائل بلخ ارائه کرد. به گفته علی رهنما در کتاب Pioneers of Islamic Revival او توانست با کمترین نمره ممکن که فقط برای قبولی کافی است، مدرک خودش را بگیرد.

۳۵. هانا آرنت فیلسوف سیاسی و تاریخ نگار آلمانی/ آمریکایی بود که از آلمان نازی گریخت. زمینهٔ آثار او موضوعاتی همچون دموکراسی، اقتدارگرایی و تمامیت‌خواهی حکومت‌های استبدادی است.

۳۶. آرتور کویستلر، جرج اورول و اینیاتسیوسیلونه هر سه در کتاب‌های خود به شرایط حکومت‌های دیکتاتوری پرداخته‌اند.

۳۷. ملک‌المتکلمین از خطبای مشهور دورهٔ مشروطیت است که توسط محمدعلی‌شاه کشته می‌شود. با این‌حال هم ناظم‌الاسلام کرمانی در مورد نیت او در مشروطه تردید اساسی دارد و هم مجدالاسلام کرمانی که دوست صمیمی‌اش بوده به ضعف شدید او در برابر پول و مسائل مالی اشاره می‌کند. رجوع به کتاب تاریخ بیداری ایرانیان نوشتهٔ ناظم‌الاسلام کرمانی ج ۴.

۳۸. رابیندرانات تاگور (Rabindranath Tagore) شاعر، فیلسوف، موسیقیدان و چهره‌پرداز اهل بنگال هند بود. ژرژ گورویچ (Georges Gurvitch) هم جامعه‌شناس فرانسوی، زاده روسیه و استاد جامعه‌شناسی دانشگاه سوربن بود.

فصل یازدهم

۱. رجوع به وبسایت شبکه اجتهاد به تاریخ ۸ اسفند ۱۳۹۶ نوشتار "نقش شیخ طوسی در تحول و گسترش علوم اسلامی" از مکارم شیرازی.

۲. عباس میرزا فرزند و ولی‌عهد فتحعلی‌شاه بود که پیش از رسیدن به پادشاهی در ۴۴ سالگی از دنیا می‌رود.

۳. در اکتبر ۱۹۰۵، تزار نیکلای دوم بیانیهٔ اکتبر معروف را صادر می‌نماید و ایجاد دومای ملی (مجلس قانونگذاری) تأیید می‌شود. از آن پس هیچ قانونی بدون تصویب از سوی دوما نمی‌توانست به مرحلهٔ اجرا درآید. مظفرالدین‌شاه فرمان مشروطه را در آگست ۱۹۰۶ امضاء می‌کند.

۴. خامنه‌ای در دیدار بسیجیان در تاریخ ۶ آذر ۱۳۹۸ شرح کاملی از وارثان زمین می‌دهد که در وبسایت او به تاریخ ۸ آذر ۱۳۹۸ موجود است.

۵. مصدق در آن دوره نماینده مجلس است.

۶. بر اساس اعلام وبسایت Indexmundi تورم در سال ۵۶ به بالای ۲۷ درصد می‌رسد. وبسایت الف در گزارش ۱۲ دی ۱۳۸۹ با نام "جدول نرخ تورم در ۷۳ سال گذشته" تورم این سال را بالای ۲۵ درصد اعلام نموده است.

فصل سیزدهم

۱. Mission

۲. Mission Statement

۳. این تعداد به‌جز مواردی‌ست که این دو کلمه در نام جمهوری اسلامی ایران به‌کار رفته‌اند.

۴. می‌توان آن را در راستای ایجاد کیش شخصیت مورد توجه قرار داد.

۵. برای اطلاع بیشتر از ارتباط پیتر دراکر (Peter Drucker) با بیانیهٔ ماموریت رجوع به مقاله زیر Tim Johnson, What's the point of mission statements? burlingtonfreepress, Jan ۲,۲۰۱۴.

۶. ۱۵ خرداد ۱۳۵۸ در مدرسهٔ فیضیه قم.

۷. سخنرانی ۲۵ آبان سال ۶۰ در جمع مسئولان بنیاد شهید. همچنین جلد ۱۵ صحیفه امام صفحه ۳۶۵

۸. روح‌الله خمینی این نامه را ۱۱ دی ۱۳۶۷ (اولین روز سال ۱۹۸۹ میلادی) توسط چند نماینده به

میخائیل گورباچف آخرین دبیرکل حزب کمونیست شوروی تسلیم کرد.
۹. اطلاعات بیشتر در گزارش ایران اینترنشنال ۲ مهر ۱۳۹۷ به نام "آیت الله خمینی؛ تحریک صدام به جنگ"
۱۰. طبق گزارش تاریخ ۱۱ شهریور ۱۳۹۸ خبرگزاری رکنا شهرداری تهران در دورهٔ قالیباف رقمی بالغ بر ۶۹ هزار میلیارد تومان رسوایی مالی بر جا گذاشته است. طبق گزارش ۲ تیر ۱۳۹۴ بی‌بی‌سی به نقل از وزیر نفت در دورهٔ احمدی نژاد دکل نفتی به نام دین به ارزش ۷۸ میلیون دلار مفقود شده است.
۱۱. سید محمد خاتمی به‌عنوان رئیس‌جمهوری اصلاحات بارها فعالیت‌های اصلاحی خود را در حیطهٔ اصول پذیرفته‌شده جمهوری اسلامی عنوان کرده است. برای نمونه رجوع به گزارش ۳۱ شهریور۱۳۹۱ رادیو فردا با عنوان "خاتمی: طرد براندازی، نقد تندروی، اصلاح نظام".
۱۲. روح‌الله حسینیان در۲۷ اردیبهشت ماه ۱۳۹۲ در نشستی با اعضای جبههٔ پایداری در منطقه خراسان جملاتی با این مضمون بیان می‌کند. بعد از آنکه خبر رسانه‌ای می‌شود مرکز اسناد انقلاب اسلامی آن را تکذیب می‌نماید.
۱۳. این پیشرفت بارها از سوی روحانیون گوشزد شده است. به‌عنوان مثال در تاریخ ۱۶ بهمن ۱۳۹۹ آملی لاریجانی رئیس مجمع تشخیص مصلحت نظام، در جلسه مجمع سخنانی ازاین‌دست ابراز کرد.
۱۴. رسول فلاحتی، نماینده ولی‌فقیه در استان گیلان و امام جمعه موقت رشت در هشتمین جشنواره استانی اسوه‌های صبر و مقاومت که روز یکشنبه ۱۹ بهمن ۱۳۹۹ در این شهر برگزار شد این ادعا را مطرح کرد.
۱۵. شدت و سرعت جذب به چرایی یک گروه برای ترسیم کانالی به جاودانگی نیز بستگی کامل به سطح نیازهای فرد دارد.
۱۶. البته این سوای کسانی‌ست که ماموریت زندگی خود را جمع‌آوری ثروت و قدرت تعریف کرده‌اند و از ماموریت روحانیون به‌عنوان ابزاری برای رفع نیازهای شخصی خود سود می‌برند و با بهره‌برداری از منابع کشور اهداف فردی را پیش می‌برند.
۱۷. این چشم‌اندازها توسط حسن عباسی یکی از تحلیل‌گران سیاسی تندروی جمهوری اسلامی با نام برنامهٔ ۱۴۴۴ عرضه شده است. ویدیوی اظهارات وی در یوتیوب و آپارات موجود است.
۱۸. Vision
۱۹. Values

فصل چهاردهم

۱. شاخص‌های اقتصادی متنوعی برای ارزیابی کشورها مورد سنجش قرار می‌گیرند. اینجا چون موضوع کتاب صرفا اقتصادی نیست یک الگوی ساده مورد توجه قرار گرفته است.
۲. می‌توان به تغییر نام برند جانسون اند جانسون به فیروز اشاره کرد. فیروز نام مناسبی برای محصولات آرایشی بهداشتی به خصوص در حیطهٔ کودک نیست. مراجعه به وبسایت شرکت فیروز.
۳. در دههٔ ۹۰ خورشیدی چند بار خبرهای پراکنده از لغو معافیت مالیاتی بنیادهای خاص پخش شد اما اجرایی نشدند. به گزارش ۲۲ آذر ۱۳۹۳ رادیو آمریکا دارایی ستاد فرامین امام به تنهایی ۹۵ میلیارد دلار ارزیابی شد.
۴. در انتخابات سال ۹۲ سه رقیب اصلی حسن روحانی، ابراهیم رئیسی و محمدباقر قالیباف بودند. مردم روحانی را انتخاب کردند اما ولی‌فقیه رئیسی را به‌عنوان رئیس قوهٔ قضاییه که از نظر سازمانی هم‌تراز رئیس‌جمهوری است انتخاب کرد. قالیباف هم بعدتر به‌عنوان رئیس قوهٔ مقننه هم‌تراز آن دو قرار گرفت.
۵. Formalization
۶. Frederick Winslow Taylor
۷. Max Weber
۸. Complexity

۹. Centralization
۱۰. احمد خمینی بعد از مرگ پدرش به عضویت در مجمع تشخیص مصلحت نظام، شورای عالی امنیت ملی و شورای عالی انقلاب فرهنگی درمی‌آید. رجوع به نوشتار "سید احمد خمینی پس از رحلت امام" در وبسایت خمینی.
۱۱. سارتر در کتاب "اگزیستانسیالیم و اصالت بشر" عنوان می‌دارد اگر یک فلج مادرزاد نتواند قهرمان دوی ماراتن شود، خودش مقصر است. این کتاب اولین‌بار توسط انتشارات نیلوفر به ترجمهٔ مصطفی رحیمی در سال ۱۳۴۴ به چاپ می‌رسد.
۱۲. این تقدیرگرایی در آخرین مصاحبهٔ شاه با دیوید فراست (David Frost) در سال ۱۹۸۰ در جزیره باهاما کاملا مشهود است.
۱۳. روز ۲۴ اسفند سال ۱۳۵۴ مجلس شورای ملی و مجلس سنای ایران در جلسه مشترکی تصمیم گرفتند که تقویم رسمی کشور را از هجری شمسی به شاهنشاهی تغییر کند. تاریخ شاهنشاهی با مبداء تاریخ تاجگذاری کوروش با قدمت ۲۵۰۰ ساله در نظر گرفته شد.
۱۴. غلامرضا سلیمانی رئیس سازمان بسیج مستضعفین در تاریخ ۱۶شهریور ۱۳۹۸ تشکیل هزار گردان ارتش سایبری را تایید کرد.
۱۵. رجوع به کتاب جلد ۵ سفرنامه شاردن، ترجمهٔ اقبال یغمایی، بخش "باورهای ایرانیان دربارهٔ حقّ حکومت".
۱۶. کنفرانس گوادلوپ (Guadeloupe) در تاریخ ۱۴تا ۱۷ دی ۱۳۵۷ با حضور ۴ قدرت اصلی بلوک غرب یعنی آمریکا، انگلستان، فرانسه و آلمان غربی در جزیره گوادلوپ فرانسه ۱۰ روز قبل از خروج شاه از ایران برگزار شد. اطلاعات بیشتر در گزارش ۱۳خرداد ۱۳۹۵ بی‌بی‌سی با عنوان "آمریکا چطور از شاه قطع امید کرد". همچنین مصاحبهٔ ژیسکار دستن با روزنامه توس در تاریخ ۲۳ شهریور ۱۳۷۷.
۱۷. رجوع به گزارش تاریخ ۱۳خرداد ۱۳۹۵ بی‌بی‌سی با عنوان "آمریکا چطور از شاه قطع امید کرد."
۱۸. World Trade Organization
۱۹. علی خامنه‌ای در سال ۶۶ در خطبه نماز جمعه در مورد روابط کار و کارگر و کارفرما اشاره می‌کند که اقدام دولت اسلامی به معنی برهم زدن قوانین پذیرفته‌شده اسلامی نیست. (روزنامه اطلاعات ۱۲ دی ۶۶) روح‌الله خمینی در پاسخ به او طی نامه‌ای عنوان می‌کند حکومت که شعبه‌ای از ولایت مطلقه رسول الله است مقدم بر تمام احکام حتی نماز و روزه و حج است. برای اطلاعات بیشتر مراجعه شود به وبسایت پرسمان دانشگاهیان (نهاد نمایندگی رهبری در دانشگاه‌ها) مطلبی که در تاریخ ۱۳۹۰/۸/۱۸ تحت‌عنوان "قضیه مخالفت خمینی با برداشت حضرت آیت الله خامنه‌ای از ولایت فقیه" به چاپ رسیده است.

فصل پانزدهم

۱. این اعلامیه صبح روز ۲۲ بهمن ۱۳۵۷ با حضور ۲۷ تن از امرای ارتش صادر می‌شود.
۲. دولت بختیار با تمام اصلاحاتی که انجام می‌دهد، مانند آزاد کردن زندانیان سیاسی، انتخاب آزاد وزرا و انحلال ساواک تنها ۳۷ روز از ۱۶ دی ماه تا ۲۲ بهمن۱۳۵۷ بر سرکار می‌ماند.
۳. در انتخاب ریاست جمهوری سال ۸۴ نرخ مشارکت در دور دوم ۵۹/۷۶ درصد بود. این نرخ در انتخابات سال ۸۸ به ۸۴/۸۳ درصد رسید. مراجعه به گزارش وبسایت انتخاب به تاریخ ۲۶ فروردین ۱۳۹۶ با عنوان "دوره‌های مختلف انتخابات ریاست جمهوری از نگاه آمار".
۴. به‌عنوان مثال چهار نفر از فرزندان خانواده آذر رضایی، همسر موسی خیابانی، به پیروی از برادر بزرگ‌تر خود عضو سازمان مجاهدین خلق بوده‌اند. یا عضویت اشرف دهقانی و خانواده‌اش در گروه چریک‌های فدایی خلق، نشانگر اثرگذاری اعضای خانواده بر یک‌دیگر است. همین موضوع در خانواده‌های مذهبی، توده‌ای و سلطنت‌طلب هم قابل‌بسط است.
۵. هوشنگ توزیع در مستند "رفاقت" به این نکته بین هنرمندان اشاره‌ای دارد.
۶. فیلم‌هایی مانند قیصر، رضا موتوری، سفر سنگ، علف‌های هرز و فریاد زیر آب نمونه‌ای از این

فیلم‌ها هستند.
۷. Perceptions
۸. Self-Concept

فصل شانزدهم

۱. Competitiveness
۲. در بازار سنتی ایران رقیب با بار مثبت معنایی، همچراغ خطاب می‌شد.
۳. حزب جمهوری اسلامی در ۲۹ بهمن ۱۳۵۷ اعلام موجودیت می‌کند اما بر اثر اختلاف‌های داخلی بر سر دیدگاه‌های مالی در ۱۱ خرداد ۱۳۶۶ منحل می‌گردد. اطلاعات بیشتر رجوع به مصاحبهٔ تسنیم با امیر سعید نقی زاده در تاریخ ۱۳خرداد ۱۳۹۶ با عنوان نقش موسوی در انحلال حزب جمهوری.
۴. در پی‌نوشت ۴ فصل ۸ در این مورد توضیح داده شد.
۵. رجوع به پی‌نوشت ۱ فصل ۱۱.
۶. فدائیان اسلام سال ۱۳۲۴ احمد کسروی، منتقد مذهب شیعه را با ضربات متعدد چاقو ترور کردند. سپس بین سال‌های ۱۳۲۸ تا ۱۳۳۲ دو نخست‌وزیر کشور عبدالحسین هژیر، حاجی علی رزم‌آرا را به قتل رساندند. مراجعه به گزارش ۲۴ اسفند ۱۳۹۰ بی‌بی‌سی با عنوان "ترورهای فدائیان اسلام".
۷. مصاحبهٔ سیدمحمود هاشمی شاهرودی، با ماهنامه پاسدار اسلام، سال سی و چهارم، شماره ۴۰۵ و ۴۰۶ آبان و آذر ۱۳۹۴، ص ۱۲ نشان می‌دهد چگونه از چند سال پیش از انقلاب نظر خمینی در مورد بسط ایدهٔ ولایت فقیه مورد توجه برخی روحانیون قرار گرفته است.
۸. متن این اعلامیه در وبسایت خمینی وجود دارد.
۹. نواب‌صفوی در ۲۷ دی ۱۳۳۴ به‌دلیل ترور و اقدامات مسلحانه اعدام می‌شود.
۱۰. توسعه و احیای حوزهٔ علمیهٔ قم توسط عبدالکریم حائری یزدی در سال ۱۳۰۱ اتفاق می‌افتد.
۱۱. در مرحلهٔ گروهی جام جهانی ۱۹۹۸حمید استیلی موفق شد به آمریکا گل بزند که با تشویق زیاد خامنه‌ای همراه شد. ۲۲ دی ۱۳۹۴ دو فروند قایق جنگی آمریکایی حامل ۱۰ ملوان توسط سپاه پاسداران به‌دلیل ورود غیرقانونی به آب‌های سرزمینی ایران دستگیر شدند و ۱۶ ساعت بعد آزاد شدند. خامنه‌ای به فرماندهان این اقدام نشان فتح داد. بعد از اشغال سفارت آمریکا در تاریخ در ۱۳ آبان ۱۳۵۸ توسط دانشجویان خط امام این نیروها ۴۴۴ روز در اسارت ایران بودند.
۱۲. Michael Porter
۱۳. در بازنگری قانون اساسی شرط مرجعیت رهبر که بزرگ‌ترین مانع برای رهبری خامنه‌ای بود برداشته شد.

فصل هفدهم

۱. International Marketing
۲. متن این نامه در وبسایت خمینی موجود است.
۳. لشکر فاطمیون یک نیروی شبه نظامی وابسته به سپاه قدس ایران و متشکل از داوطلبان افغانستانی است که برای اعزام به سوریه و جنگیدن در کنار نیروهای بشار اسد علیه مخالفانش بسیج شده‌اند. اطلاعات تکمیلی در مقاله زیر
Phillip Smith, Iran's Afghan Shiite Fighters in Syriai, Washington Institute, Jun ۳,۲۰۱۴
۴. در سال ۱۳۸۲ ستاد بازسازی عتبات عالیات در ایران تشکیل شده است که در تمام استان‌ها نمایندگی دارد.
۵. حشدالشعبی به بخشی از نیروهای مبارز عراق گفته می‌شود که از سال ۲۰۱۴ با هدف مبارزه علیه داعش سازماندهی شدند. الگوی شکل‌گیری این واحد نظامی نیروی بسیج ایران بوده است.

اطلاعات بیشتر خبرگزاری رسا تاریخ ۲۵ آبان ۱۳۹۳

۶. جنگ ایران و عراق در ۳۱ شهریور ۱۳۵۹ حدود یکسال و هفت ماه بعد از انقلاب آغاز شد.
۷. رجوع به خاطرات علی‌اکبر ناطق نوری برای شرکت در اجلاس بین‌المجالس کوبا در سال ۶۰.

فصل هجدهم

۱. شیخ کلینی از اهالی روستای کلین از توابع ری بوده و زمان امام یازدهم شیعیان به دنیا آمده و با چهار سفیری که شیعیان به هنگام غیبت صغرای منجی آنها را نماینده امام زمان می‌دانند هم عصر بوده است.
۲. رجوع به پی‌نوشت ۱ فصل ۱۱.
۳. Urban Branding
۴. اجماع به معنی اتفاق نظر جماعتی از علما بر یکی از امور دینی‌ست. سنّت عبارت است از سخن و عمل معصوم، پیامبر اسلام و امامان شیعه.
۵. رجوع به پی‌نوشت ۲۲ فصل ۱۰.
۶. Douglas McGregor
۷. رجوع به گزارش ۲۵ بهمن ۱۳۹۹ وبسایت الف.
۸. سازمان‌های موفقی مانند گوگل از این الگو پیروی می‌کنند.
۹. Chris Argyris
۱۰. خمینی در چند مورد از سخنرانی‌های خود این جمله را تکرار کرده است. رجوع به وب‌سایت خمینی.
۱۱. محمدجواد ظریف وزیر امور خارجه ایران در پاسخ به‌دلیل خوب نبودن روابط ایران با کشورهای دنیا در برنامهٔ تلویزیونی حالا خورشید در تابستان سال ۹۷ این جمله را گفت.
۱۲. کتب اربعه عبارتند از الکافی اثر کلینی، مَن لایَحضُرُه الفَقیه، تألیف شیخ صدوق؛ تَهذیبُ الأحکام و الاستبصار فِیمَا اختُلف مِن الاخبار هر دو تالیف شیخ طوسی.
۱۳. محمدباقر مجلسی، متولد ۱۰۰۶ و مرگ ۱۰۷۷ خورشیدی، معروف به علامه مجلسی فقیه شیعه در دوران شاه سلیمان و شاه سلطان حسین صفوی بود. کتاب بحارالانوار در ۱۱۰ جلد موجود است اما صاحب نظران ایرادات زیادی به کیفیت مطالب آن وارد کرده‌اند. رجوع به وبسایت مباحثات مورخ ۲ شهریور ۱۳۹۳ مقاله‌ای به نام "مواجهه با بحارالانوار".
۱۴. خیار غبن، به این معنی است که اگر یکی از طرفین ببیند که در اثر معامله متضرر شده و این ضرر فاحش است، امکان فسخ قرارداد را دارد.

فصل نوزدهم

۱. آنچه به‌عنوان ۵ منبع قدرت رهبری شناخته می‌شود نتیجهٔ تحقیق این دو محقق (John French & Bertram H. Raven) در سال ۱۹۵۹ بود. ۶ سال بعد در ۱۹۶۵راون اطلاعات را نیز به‌عنوان ششمین منبع قدرت اضافه کرد. در واقع تحقیقات این دو ابتدا روی قدرت اجتماعی بود و بعدها از همین اصول برای تشریح قدرت رهبر استفاده شد.
۲. فتوای تحریم تنباکو در زمان ناصرالدین‌شاه توسط میرزای شیرازی صادر شد. شاه که برای سفر به فرنگ مشکل مالی داشت با اعطای امتیاز انحصاری توتون و تنباکوی ایران به مدت ۵۰ سال به شرکت تالبوت انگلیسی موافقت کرده بود. با فتوای تحریم حتی زنان حرمسرای شاه به شکستن قلیان‌ها مبادرت کردند.
۳. Henry Fayol
۴. فعالیت‌های سیاسی خمینی بعد از فوت بروجردی در سال ۱۳۴۰، که مخالف تشکیل حکومت اسلامی بود تشدید می‌شود.
۵. Integrated Marketing
۶. تولیت از مالکان بزرگ قم و متولی حرم فاطمه معصومه بوده است و بخش بزرگی از ثروتش را به

نام همسرش طاهره در قالب بنیاد طاهر وقف امور خیریه می‌کند. اموال او کمک بزرگی به انقلابیون بوده است. مراجعه به وبسایت رفسنجانی.

۷. بر اساس وب‌سایت خمینی کتاب ولایت فقیه او پاییز ۱۳۴۹ در بیروت چاپ می‌شود. بعد از آن هم سال ۱۳۵۶ توسط انتشارات امیرکبیر به فارسی در داخل کشور با اضافاتی به چاپ می‌رسد.

۸. تقسیمی پولی‌ست که به‌صورت پراکنده از طریق علما به طلاب داده می‌شود. شهریه به‌صورت منظم اول هر ماه قمری پرداخت می‌شود.

۹. طلاب در حوزه‌های علمیه می‌توانند وارد دورهٔ بلندمدت که اجتهادمحور یا مجتهدپرور است بشوند یا کوتاه‌مدت که تبلیغ‌محور یا مبلغ‌پرور است.

فصل بیستم

۱. Reference Group

۲. Hyman

۳. پوریای ولی با نام اصلی محمود خوارزمی پهلوان نامدار و شاعر ایرانی‌ست. وی حدود ۷۰۰ سال پیش زندگی می‌کرده و به حسن اخلاق و قوت جسمی شهره بوده است.

۴. شعبان جعفری یا "شعبون بی‌مخ "یکی از موثرین چرخش قدرت در ۲۸ امرداد سال۳۲ به نفع شاه بود. وی از زورخانه‌داران معروف تهران بود. طیب حاج‌رضایی از معروف‌ترین لات‌های تهران معاصر است که باستانی‌کار بوده و سال ۴۲ به هواخواهی خمینی درمی‌آید و اعدام می‌شود.

۵. رجوع به مصاحبهٔ تاریخ ۲۱ شهریور ۹۸ هارون یشایایی شریک جزنی با روزنامه شرق. همچنین وبسایت تاریخ ایرانی مورخ ۲۱دی ۱۳۹۲. همچنین گزارش ۱۴ بهمن ۱۳۹۹ روزنامه شرق با عنوان "سینمای عباس کیارستمی ۵۰ ساله شد."

۶. این ترور نافرجام در ۲۱ فروردین ۱۳۴۴ توسط فردی به نام رضا شمس‌آبادی عضو گارد شاهنشاهی در کاخ مرمر اتفاق می‌افتد.

۷. نخستین روزنامه به نام کاغذ اخبار توسط فردی به نام میرزا صالح شیرازی در زمان محمدشاه قاجار به چاپ می‌رسد. رجوع به مقاله "انتشار نخستین روزنامه ایران" در روزنامه دنیای اقتصاد مورخ ۱۷ آبان ۱۳۹۴.

۸. ۹ بهمن ۱۳۹۷ حسین رحیمی فرمانده انتظامی تهران بزرگ در گفت‌گو با خبرنگار حوادث و انتظامی گروه اجتماعی باشگاه خبرنگاران جوان، اظهار کرد: با افرادی که در اماکن عمومی اقدام به سگ گردانی می‌کنند، برخورد جدی خواهد شد. بعد و قبل از آن هم بارها این ممنوعیت به اشکال مختلف تکرار شده است.

۹. برندهای پررونقی مانند ارج، کفش ملی و آزمایش بعد از انقلاب از رونق افتادند.

۱۰. میانگین سنی مجلس خبرگان رهبری بالا ۸۰ سال است.

۱۱. رجوع به پی‌نوشت ۱۲ فصل ۱۰.

۱۲. در مناظره‌های تلویزیونی انتخابات ریاست جمهوری سال ۸۸ احمدی نژاد با حالتی باج‌گیرانه برگه‌ای را در دست گرفته بود و میرحسین موسوی را با "بگم بگم" تهدید می‌کرد.

۱۳. خرداد ۱۳۹۸ حسن روحانی در دیدار با روزنامه‌نگاران ابراز کرد که "من روزانه نظرسنجی می‌کنم؛ یعنی در خیابون وقتی با ماشین می‌روم تمام چهره‌های مردم را نگاه می‌کنم؛ اینکه چند نفر لبخند دارند، چند نفر عصبانی‌اند، چند نفر قیافه‌شان گرفته و به هر شهری و در هر جمعیتی می‌روم، خودم نظرسنجی می‌کنم."

۱۴. سلفی بعضی از نمایندگان مجلس ایران با فدریکا موگرینی، مسئول سیاست خارجی اتحادیه اروپا در جریان مراسم تحلیف حسن روحانی ۱۴ امرداد ۱۳۹۶ که گویی اختیار از کف داده بودند به سلفی حقارت مشهور شد.

۱۵. قول‌های اول انقلاب روحانیون مانند آب و برق مجانی و خانه‌دار کردن مردم انجام نشده‌اند.

۱۶. برعکس دورهٔ جمهوری اسلامی، تشتت آرا و وجود گروه‌های مختلف در زمان پهلوی، نشان‌دهنده معیار درونی مردم در آن دوره است.

منابع

منابع انگلیسی

Philip T. Kotler &Gary Armstrong, Principles of Marketing, 17th Edition, Pearson, 2017
Stephen P. Robbins&Timothy A. Judge, Organizational Behavior, 18th Edition, Pearson, 2018
Philip T. Kotler& Kevin Lane Keller, Marketing Management, 15th Edition, Pearson, 2015
Fred R. David, Strategic Management: Concepts and Cases, 13th Edition, Prentice Hall, 2010
Richard L. Daft, Management, 13th Edition, Cengage Learning, 2017
Stephen P. Robbins, Organization Theory: Structures, Designs, and Applications, 3rd Edition, Prentice Hall, January 11, 1990
Michael R. Solomon, Consumer Behavior: Buying, Having, and Being, Pearson; 12th edition, 2016
Warren J. Keegan & Mark C. Green, Global Marketing, 9th Edition, Pearson, 2017
Kotabe, Masaaki (Mike) & Helsen, Kristiaan, Global Marketing Management, 4th ed, Wiley, 2007
James F. Stoner, R. Edward Freeman, Daniel R. Gilbert, Management,Pearson; 6th edition
Jennifer Lees-Marshment, Political Marketing: Principles and Applications, 3rd Edition, Routledge, 2019
Paul Hersey & Kenneth Blanchard &Dewey Johnson, Management of Organizational Behavior, 10th edition, Pearson, 2012
Jack Welch, Suzy Welch, Winning, Harper Business; 1st edition 2005
Jack Welch, Suzy Welch, Winning: The Answers, Harper Business, 2006
Philip Kotler, According to Kotler, Amacom 2005
Sergio Zyman with Armin Brott. John, Wiley & Sons, The End of Advertising as We Know It, 2003
Jim Collins, Good to Great, 1st edition, Harper Business, 2001
Jane Imber, Betsy-Ann Toffler, Dictionary of Marketing Terms, Barrons, 2008
Michael Guolla, George Belch, Michael Belch, Advertising and Promotion: An Integrated Marketing Communications Perspective, McGraw-Hill Ryerson; 6th edition 2017Jochen Wirtz, Christopher Lovelock, Services Marketing: People, Technology, Strategy, World Scientific Publishing; 8th edition 2016
David Ogilvy, Ogilvy on Advertising, Prion; 2014
An Analysis of the Potential Target Market through the Application of the STP Principle/Model, Johnson Kampamba, August 2015
http://psyc604.stasson.org/Raven.pdf
David A. AakerStrategic Market Management, Wiley; 10th edition, 2013
Aaker on Branding: 20 Principles That Drive Success, Morgan James Publishing, 2014
Ronald D. Smith, Strategic Planning for Public Relations, Routledge; 5th edition, 2017
C. A. PrestonEvent Marketing,Wiley; 2 edition, 2012
Gary Dessler, Human Resource Management, Pearson 15th Edition, 2016
Leon Schiffman, Joseph Wisenblit, Consumer Behavior, Pearson; 11th edition, 2014
Laura Lake, what a Reference Groups Is in Marketing, The balance small business, January 20, 2019
Christopher H. Lovelock & Jochen Wirtz, Services Marketing: People, Technology, Strategy, 7th Edition, Prentice Hall, 2010
https://www.hetwebsite.net/het/essays/margrev/oppcost.htm
http://informationr.net/ir/6-3/paper105.html
The use of event marketing management strategies, Moise Daniela & Georgescu Bogdanb & Zgură Danielc, Procedia- Social and Behavioral Sciences, 2012
https://www.researchgate.net/publication/281521878_An_Analysis_of_the_Potential_Target_Market_through_the_Application_of_the_STP_PrincipleModel
https://www.researchgate.net/publication/267989820_Service_Quality_Servqual_and_its_Effect_on_Customer_Satisfaction_in_Retailing_Introduction_-Measures_of_Service_Quality
https://books.google.ca/books?id=M6YYsvH9SjwC&printsec=frontcover&redir_esc=y#v=onepage&q&f=false

منابع فارسی

تجزیه و تحلیل سیستم‌ها و روش‌ها، شمس السادات زاهدی، دانشگاه پیام نور، ۱۳۹۰
مدیریت بازاریابی، احمد روستا، داور ونوس، عبدالحمید ابراهیمی، انتشارات سمت، ۱۳۹۷
علی رضائیان، مدیریت رفتار سازمانی، انتشارات سمت، ۱۳۷۹
اقتصاد مدیریت، ایوان داگلاس، نشر نی، سیدجواد پورمقیم
تئوری و مسائل اقتصاد خرد، دومینیک سالواتوره، حمیرضا ارباب، نشر نی
انسان و مرگ، غلامحسین معتمدی، نشر مرکز، ۱۳۸۷
مجموعه آثار علی شریعتی، مشتمل بر ۳۶ جلد، چاپ بنیاد شریعتی
طرحی از یک زندگی، پوران شریعت رضوی، نشر چاپخش، ۱۳۸۲
برتراند راسل، قدرت، نجف دریابندری، انتشارات خوارزمی،۱۳۷۱، تهران.
متن قانون اساسی جمهوری اسلامی: https://rc.majlis.ir/fa/content/iran_constitution
متن چشم‌انداز بیست‌ساله: 132295/https://rc.majlis.ir/fa/law/show
متن گام دوم انقلاب: 41673=https://farsi.khamenei.ir/message-content?id
متن کتاب به سوی تمدن بزرگ
http://besooyetamaddonebozorg.blogspot.com/p/blog-page.html
وبسایت شریعتی https://drshariati.org
وبسایت خمینی http://www.imam-khomeini.ir و http://emam.com
وبسایت خامنه‌ای https://farsi.khamenei.ir